EDITION
Directeurs de collection et auteurs : Dominique AUZIAS et Jean-Paul LABOURDETTE
Auteurs : Maïlys ALBERTO, Saliha HADJ-DJILANI, Jean-Paul LABOURDETTE, Dominique AUZIAS et alter
Directeur Editorial : Stéphan SZEREMETA
Responsable Editorial Monde : Patrick MARINGE
Rédaction Monde : Caroline MICHELOT, Morgane VESLIN, Pierre-Yves SOUCHET et Leena BRISACQ
Rédaction France : François TOURNIE, Jeff BUCHE, Perrine GALAZKA et Talatah FAVREAU

FABRICATION
Responsable Studio : Sophie LECHERTIER assistée de Romain AUDREN
Maquette et Montage : Julie BORDES, Élodie CLAVIER, Sandrine MECKING, Delphine PAGANO et Laurie PILLOIS
Iconographie et Cartographie : Audrey LALOY

WEB ET NUMERIQUE
Directeur Web : Louis GENEAU de LAMARLIERE
Directeur technique : Lionel CAZAUMAYOU
Chef de projet et développeurs : Jean-Marc REYMUND, Cédric MAILLOUX, Florian FAZER et Anthony GUYOT
Community Manager : Cyprien de CANSON

DIRECTION COMMERCIALE
Responsable Régies locales : Michel GRANSEIGNE
Responsable recrutement Régies locales : Victor CORREIA
Relation Clientèle : Vimla MEETTOO

REGIE NATIONALE
Responsable Régie Nationale : Aurélien MILTENBERGER assisté de Sandra RUFFIEUX
Chefs de Publicité : Caroline AUBRY, Perrine DE CARNE MARCEIN, Caroline GENTELET, Florian MEYBERGER, Stéphanie MORRIS et Caroline PREAU

REGIE INTERNATIONALE
Directrice : Karine VIROT assistée de Elise CADIOU et Elisa MORLAND
Chefs de Publicité : Jean-Marc FARAGUET et Guillaume LABOUREUR
Régie HAWAII : Diane CLAYTON
DIFFUSION ET PROMOTION

DIFFUSION ET PROMOTION
Directrice des Ventes : Bénédicte MOULET assistée d'Aissatou DIOP et Alicia FILANKEMBO
Responsable des ventes : Jean-Pierre GHEZ assisté de Nathalie GONCALVES
Relations Presse-Partenariats : Jean-Mary MARCHAL

ADMINISTRATION
Président : Jean-Paul LABOURDETTE
Directeur Administratif et Financier : Gérard BRODIN
Directrice des Ressources Humaines : Dina BOURDEAU assistée de Sandra MORAIS et de Naommi CHOQUET
Responsable informatique : Pascal LE GOFF
Responsable Comptabilité : Valérie DECOTTIGNIES assistée de Jeannine DEMIRDJIAN, Oumy DIOUF et Christelle MANEBARD
Recouvrement : Fabien BONNAN assisté de Sandra BRIJLALL
Standard : Jehanne AOUMEUR

PETIT FUTÉ HAWAII 2015
Petit Futé a été fondé par Dominique AUZIAS.
Il est édité par Les Nouvelles Editions de l'Université
18, rue des Volontaires - 75015 Paris.
✆ 01 53 69 70 00 - Fax 01 42 73 15 24
Internet : www.petitfute.com
SAS au capital de 1 000 000 € -
RC PARIS B 309 769 966
Couverture : © RandyJayBraun
Impression : GROUPE CORLET IMPRIMEUR -
14110 Condé-sur-Noireau
Dépôt légal : 25/04/2015
ISBN : 9782746987227

Pour nous contacter par email, indiquez le nom de famille en minuscule suivi de @petitfute.com
Pour le courrier des lecteurs : info@petitfute.com

Aloha e komo mai !

Oui, le paradis existe ! Et Hawaii en est l'écrin. Eaux turquoise, sable blanc, cocotiers, ukulélé, colliers de fleurs, climat exceptionnel... Comment ne pas trouver son bonheur dans cette destination aussi sublime que multiple !

À 17 heures de vol de Paris, au milieu du Pacifique nord, c'est un archipel polynésien qui compte 8 îles et une centaine d'îlots. Six d'entre elles se visitent, les autres étant privées ou inhabitées. Chacune a son identité propre, son surnom. Oahu, « la plus populaire » et la plus connue, offre la folie urbaine de la très américaine Honolulu mais aussi la douceur de vivre de Haleiwa, capitale des surfeurs, sans oublier Pearl Harbor. Et c'est aussi la terre natale de Barack Obama, le seul président américain né à Hawaii ! Quant à Maui, « l'île de la vallée », entre son volcan endormi et sa féerique route de Hana, c'est un jardin tropical à ciel ouvert. Hawaii, la « Big Island », réunit le plus haut sommet du Pacifique et le volcan le plus actif du monde. Plus paisible, Kauai, « l'île jardin », est un festival de couleurs où l'émeraude de la Na Pali Coast côtoie l'ocre du Waimea Canyon. Lanai, « l'enjôleuse », et Molokai « l'authentique », de taille plus modeste, restent d'incontournables perles sauvages.

Grâce à sa prodigieuse diversité et la gentillesse de ses habitants, Hawaii est une vraie destination de rêve que nous vous invitons à découvrir d'urgence.

L'équipe de rédaction

REMERCIEMENTS. Un immense merci à Andrea P. Oka de Stryker Weiner et à tous ceux qui ont partagé mon aventure : Elodie, Greg et Panina, Camille, JP, Emilie, Juliette, Sarah, Charlotte et ses précieux conseils, James et son site du Wanderlion, ainsi qu'à toute l'équipe de Kauai.

W0416239

PEFC
10-31-1510
Certifié PEFC
Ce produit est issu de forêts gérées durablement et de sources contrôlées.
pefc-france.org

Sommaire

LANAI

MOLOKAI

KAUAI

PENSE FUTÉ

Hanalei
Kilauea
Anahola
Wailua
Lihu`e
Kekaha
Hanapepe
Koloa
KAUAI
Puuwai
NIIHAU
0
20 km

Kahuku
Mokule'ia
Hale'iwa
Ka'a'awa
Wahiwa
Makaha
Ma'ili
Pearl City
Kane'ohe
Kailua
Waipahu
Nanakuli
Waimanalo Beach
Kapolei
Honolulu
OAHU
0
20 km

Hawaii

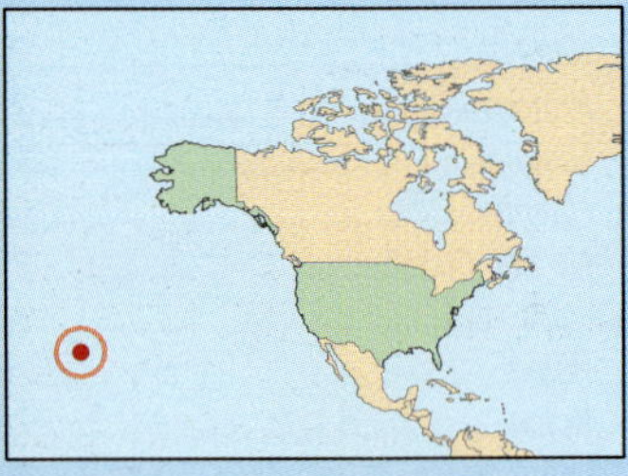

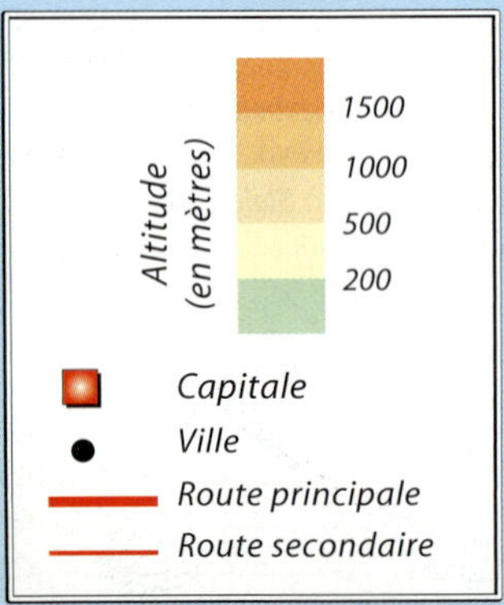
Altitude (en mètres)
1500
1000
500
200
Capitale
Ville
Route principale
Route secondaire

KAUAI
OAHU
MOLOKAI
LANAI
MAUI
BIG ISLAND
Principales îles d'Hawaii

Halawa
Maunaloa
Hoolehua
Kaunakakai
Kamalo
MOLOKAI
Kapalua
Kahana
Lower Pa'ia
Wailuku
Kahului
Lahaina
West Maui Mountains
Makawao
Lanay City
LANAI
Hana
Haleakala National Park
MAUI
0
20 km
KAHOOLAWE

Hawi
Kapa`au
Koala Mountains
Honoka`a
Pa`auilo
Kawaihae
Waimea
O`okala
Laupahoehoe
Papa`aloa
Waikoloa
Hakalau
Akala Falls State Park
Honomu
Pepe`ekeo
Mauna Kea
Papa`ikou
Wailuku River State Park
Hilo
Hualalai
Kailua-Kona
Holualoa
Kea`au
Keauhou
Kurtistown
Honalo
Kainaliu
Mountain View
Kealakekua
Captain Cook
Ola`a Rain Forest
Pahoa
Mauna Loa
Volcano
Kealia
Hawaii volcanoes National Park
Southwest Rift Zone
Pahala
Manuka State Wayside Park
BIG ISLAND
Ocean View
Wai`ohinu
Na`alehu
0
20 km

Plumeria.

Survol de Hanauma Bay.

Lave du Kilauea se jetant dans la mer, Big Island.

Poipu Beach, Kauai.

Les plus de Hawaii

Le sens de l'Aloha

Les Hawaiiens ont un sens de l'accueil et de l'hospitalité légendaires qu'on appelle « Aloha Spirit », ou « sens de l'Aloha ». Ici résidents comme voyageurs ont le sourire et le dialogue faciles, et on prend le temps de réellement discuter. En cas de pépin, les gens chercheront à vous aider en redoublant d'efforts. C'est un réel plaisir.

Un creuset de cultures

Hawaii, qui fait partie du triangle polynésien, doit sa culture multiple à une population aux origines étonnamment diverses. Afin de subvenir aux besoins en main-d'œuvre de l'industrie sucrière, en plein essor au XIXe siècle, l'archipel a accueilli plusieurs vagues migratoires et ces travailleurs se sont durablement installés à Hawaii. La plupart des habitants sont les descendants directs de ces hommes et de ces femmes qui venaient de Chine, du Japon, des Philippines, de Corée, du Portugal ou même de Porto Rico… Et point de ghetto à Hawaii, comme sur le continent américain ! Tout Hawaiien est issu d'un mélange ethnique, de quatre origines différentes au minimum, et parfois c'est à y perdre son latin. Certains sont d'ailleurs bien incapables d'être précis sur le sujet. Peu importe ! Ce qui compte c'est d'être hawaiien après tout.

Un climat exceptionnel

Il fait bon toute l'année à Hawaii. Grâce à des alizés doux, un soleil éblouissant et des températures clémentes (entre 25 °C et 30 °C), Hawaii est la destination de toutes les saisons. Pour autant, la monotonie n'est pas l'apanage du climat de l'archipel qui comprend tout de même 11 des 13 zones climatiques du monde. Une variation qui dépend de l'élévation, du relief, de l'exposition aux vents, des précipitations sur les différentes îles… C'est ainsi qu'au sommet du Mauna Kea, à Big Island, ou au cratère du Haleakala, à Maui, les températures glaciales correspondent au climat polaire ! Parallèlement, sur le littoral de ces deux mêmes îles, il règne pourtant une chaleur tropicale et on bronze sur le sable chaud.

Une nature prodigieuse

Les superlatifs manquent pour décrire la généreuse nature hawaiienne… Les scénaristes de *Lost* – série tournée intégralement à Hawaii – ne s'y sont pas trompés : bien qu'habitées, ces îles sont encore aujourd'hui des terres intactes et pures. Une sorte de paradis perdu qui ne pouvait qu'être un nouveau départ pour les rescapés d'un crash aérien, coupés du monde à tout jamais. Mais la réalité dépasse la fiction car les images de la série ne rendent pas justice à la beauté des paysages de l'archipel. Il faut être sur place et partir à la découverte de ces contrées pour mesurer à quel point Hawaii est magnifique. Les plages sont sublimes, et parmi les plus belles du monde, à l'image de Lanikai Beach, une des plages préférées du président Barack Obama, dont la résidence secondaire est toute proche. Quant aux multiples reliefs créés par l'activité volcanique et creusés par des cours d'eau abondants, ils sont tout simplement sublimes. Comment ne pas être charmé par la verdoyante et acérée Na Pali Coast à Kauai ou encore par le relief lunaire de la caldera du volcan Kilauea, à Big Island ? Sans oublier l'incroyable diversité de la faune et de la flore sur toutes les îles… À titre indicatif, les eaux de Hawaii contiennent, à elles seules 110 espèces de poissons qu'on ne trouve nulle part ailleurs.

Nuuanu Pali Lookout, vue sur Honolulu.

Fiche technique

Argent

Monnaie

Le dollar US (US$ ou US$).

Taux de change

Il est variable. Le cours en mars 2015 était : 1 € = 1,13 US$; 1 US$ = à 0,80 €.

Idées de budget

- **Petit budget :** environ 80 US$ par jour (hébergement 25 US$-50 US$, restauration 40 US$, bus : 2,50 US$ le ticket).
- **Budget moyen :** environ 150 US$ par jour (hébergement 80 US$, restauration 60 US$, voiture de location de 30 US$ à 40 US$ par jour).
- **Gros budget :** environ 240 US$ par jour (hébergement 120 US$-150 US$, restauration 80 US$, voiture de location de 30 US$ à 40 US$ par jour).
- **A ajouter selon le programme :** les vols A/R inter-îles entre 80 US$ et 150 US$.

Hawaii en bref

L'Etat

État américain depuis le 21 août 1959. Le 50e et dernier Etat à avoir été intégré dans l'Union.

- **Capitale :** Honolulu – Oahu.
- **Superficie :** 16 638 km² avec les 8 îles principales, soit Oahu, Maui, Lanai, Molokai, Kahoolawe, Kauai, Nihau et Big Island.
- **Langues officielles :** l'anglais et le hawaiien.
- **Autres langues parlées :** le *pidgin*, le créole local, qui a été inventé par les ouvriers qui travaillaient dans les plantations de canne à sucre au XIXe siècle. Il reste très implanté et parlé par la plupart des habitants, qui le maîtrisent souvent mieux que le hawaiien.
- **Surnom :** the Aloha State.
- **Devise :** « Ua mau ke ea o ka aina i ka pono » (hawaiien), ce qui signifie : « La vie du pays se perpétue dans la vertu ». Cette devise figure sur les pièces de 25 cents ; elles ne sont émises que depuis 2008.

La population

- **Population totale :** 1 404 054 habitants (estimation 2013), répartis sur 7 des 8 îles principales de l'archipel (seule Kahoolawe est inhabitée). 70 % de la population se concentre sur Oahu qui compte environ 953 000 habitants.
- **Densité :** la densité globale de l'archipel est de 81,10 habitants par km² en 2010 mais

Diamond Head crater, Honolulu.

Drapeau hawaiien

Le drapeau d'Hawaii, aussi appelé « Ka Hae Hawai'i », est le drapeau officiel de l'État d'Hawaii. En haut du drapeau, à gauche, se trouve l'Union Jack – le drapeau anglais – rappel de l'époque, de 1794 à 1843, où Hawaii était assimilée à un protectorat britannique. Il a été le drapeau d'Hawaii jusqu'en 1816, date à laquelle ont été ajoutées huit bandes horizontales bleues, blanches et rouges.
Elles symbolisent les principales îles de l'archipel : Oahu, Maui, Lanai, Molokai, Kauai, Kahoolawe et Niihau.

elle varie considérablement selon les îles. Oahu : 615,8 habitants par km^2. Big Island : 17,7 habitants par km^2. Maui : 72,2 habitants par km^2. Kauai : 46,8 habitants par km^2. Molokai : 10,9 habitants par km^2. Lanai : 8,6 habitants par km^2. Nihau : 1 habitant par km^2.

- **Origines ethniques :** Hawaiiens : 9 % dont 20 % d'origine hawaiienne mais dont le groupe ethnique dominant est autre. Blancs : 26,8 % (chiffre en augmentation constante en raison de l'installation des retraités américains). Asiatiques : 41,5 %. Afro-Américains : 1,8 %. Latino-Américains : 7,2 %. Avec deux origines ou plus : 20,1 %.

L'économie

- **PIB d'Hawaii :** 71,9 millions de dollars (2014). Un tiers est fourni par l'industrie du tourisme.
- **Pourcentage du PIB des États-Unis :** 0,4 %.
- **Taux de croissance :** 2,6 % (2014).
- **Taux de chômage :** 4,4 % (2014).

Téléphone

- **Indicatif du pays :** 001 pour les Etats-Unis puis 808 pour Hawaii.
- **Pour joindre Hawaii depuis la France :** composer le 001 (indicatif des États-Unis) puis le numéro de 10 chiffres.
- **Pour joindre la France depuis Hawaii :** composer le 00 33 puis le numéro sans le premier 0 (ex : 00+33+1+48 87 43 21)

On peut téléphoner des cabines avec des cartes prépayées (qu'on achète dans les supermarchés ou les épiceries) mais aussi avec des pièces (mais il faut en prévoir un paquet et en glisser dans la fente aussi vite que l'éclair !).

Décalage horaire

12h en moins par rapport à l'heure française. Ainsi, quand il est minuit à Paris, il est 12h à Hawaii. En hiver, comptez seulement 11h de décalage car Hawaii n'observe pas le passage de l'heure d'été à l'heure d'hiver.

© MAËLYS ALBERTO

Tiki polynésien.

© LUDOVIC COSTE

Pu'uhonua o Honaunau National Park, Big Island.

Formalités

Les touristes français ont besoin d'une autorisation ESTA pour tout séjour à Hawaï et aux Etats-Unis de moins de 90 jours.
Elle s'obtient sur le site officiel de l'ESTA (https://esta.cbp.dhs.gov). Pour cela il suffit de remplir un formulaire en ligne et une confirmation vous est envoyée par email dans un délai de 24h. L'autorisation est valable pendant deux ans, dans la limite de validité de votre passeport. Cette autorisation coûte 14 US$ et doit être complétée par un passeport valide pendant 6 mois après la date de départ et un billet d'avion retour. La règle est la même pour le Luxembourg, la Belgique ou encore la Suisse. Les Canadiens n'ont pas besoin d'autorisation.

Climat

A Hawaii, les températures sont estivales toute l'année mais sur chaque île, le climat peut varier considérablement en fonction de la côte sur laquelle on se trouve. La règle est toujours la même : la côte nord, dite « au vent », est assez humide (en raison des alizés porteurs de pluie), tandis que la côte ouest et sud, dite « sous le vent », est ensoleillée et sèche. Ce n'est pas un hasard si la plupart des complexes touristiques sont installés sur la côte « sous le vent » !
En fonction des activités qu'on souhaite pratiquer pendant ses vacances, il convient d'opter pour l'hiver ou l'été. L'hiver, la mer est plutôt agitée, et c'est la saison du surf. L'été, la mer est beaucoup plus calme, propice à la baignade, aux cours de surf pour débutants, au snorkeling et aux balades en kayak.

Saisonnalité

Les températures sont clémentes toute l'année à Hawaii mais on a coutume de distinguer 2 saisons : l'hiver, avec 25 °C en moyenne et quelques averses, et l'été, plus chaud et plus sec, avec 30 °C environ.

Bon à savoir. L'hiver et l'été étant les deux hautes saisons touristiques d'Hawaii, il est beaucoup moins cher de voyager en dehors de ces deux saisons. C'est d'autant plus judicieux que le climat est clément toute l'année à Hawaii !

Honolulu

Janvier	Février	Mars	Avril	Mai	Juin	Juillet	Août	Sept.	Octobre	Nov.	Déc.
19°/ 26°	19°/ 26°	19°/ 26°	20°/ 27°	21°/ 28°	22°/ 29°	23°/ 29°	23°/ 29°	23°/ 30°	22°/ 29°	21°/ 28°	20°/ 26°

Idées de séjour

Même si les six îles accessibles d'Hawaii sont proches et bien desservies par les vols inter-îles, il faut au moins trois semaines pour les visiter toutes. Elles ont chacune leur identité propre ainsi que des sites magnifiques à visiter, sans oublier leurs nombreuses plages paradisiaques... Donc sur chacune d'entre elles, on a envie de s'attarder toujours plus. Cependant en fonction des activités que l'on souhaite pratiquer, certaines sont à visiter en priorité. C'est ainsi que les fêtards, les passionnés de surf ou de bronzette trouveront leur bonheur à Oahu tandis que les assoiffés d'aventure préfèreront partir en randonnée à travers les grands espaces volcaniques de Big Island ou dans le Waimea Canyon à Kauai.

Séjours courts : une semaine, une île

Si on reste une semaine à Hawaii, il vaut mieux se concentrer sur l'une des quatre îles les plus importantes : Oahu, Maui, Big Island ou Kauai. En raison du décalage horaire assez éprouvant, il est fatigant de reprendre l'avion presque tout de suite pour aller sur une autre île. Et, surtout, une semaine suffit tout juste à véritablement visiter chacune de ces quatre îles !

Une semaine à Oahu

Il est judicieux de réserver un hôtel à Waikiki afin d'y dormir toute la semaine. En étant basé à Waikiki, on peut en effet facilement sillonner toute l'île et visiter une partie différente d'Oahu chaque jour (bonne desserte routière et trajets courts).

- **Jour 1 : Waikiki.** Arriver à l'aéroport de Honolulu, la veille ou tôt le matin. Passer la journée sur les différentes plages de Waikiki et prendre un cours de surf. À 18h30, rendez-vous à Kuhio Beach pour assister au spectacle (gratuit) de *hula* et s'initier à cette danse. Ensuite, s'orienter vers l'un des bars très animés du coin et déguster ses premiers *pupus* (en-cas salés hawaiiens) accompagnés d'un *mai-tai*.

- **Jour 2 : Chinatown et le centre historique de Honolulu.** Le matin à Chinatown. Balade dans Chinatown et shopping. Déjeuner dans l'un des restaurants asiatiques sur place. L'après-midi au centre historique. Découverte des monuments et des musées du centre historique.

- **Jour 3 : Hanauma Bay.** Passer la journée sur la baie cristalline de Hanauma. Activités : baignade, bronzette et surtout snorkeling (l'un des meilleurs spots de l'archipel) ! Les sportifs pourront combiner avec la randonnée de Koko Crater, juste en face. En soirée : aller à un *luau*. Il faut assister à un *luau* (dîner-spectacle traditionnel hawaiien) au moins une fois lors de son séjour car il donne un aperçu à la fois culturel et culinaire de l'archipel. On vous recommande le « Paradise Cove Luau ».

- **Jour 4 : le mémorial de Pearl Harbor et le Bishop Museum.** Le matin à Pearl Harbor. Arrivée tôt le matin, entre 7h30 et 8h, pour éviter les longues files d'attente. Visite de l'Arizona Memorial, du USS Bowfin Submarine Museum and Park et du Battleship USS Missouri Memorial. Retour à Honolulu en fin de matinée et déjeuner dans le centre historique. L'après-midi au Bishop Museum. Visite du Hawaiian Hall, Polynesian Hall et du Science Adventure Center.

- **Jour 5 : la côte nord.** Le matin : découverte de la ville de Haleiwa. Shopping dans les boutiques de surf et les galeries d'art (ne pas manquer celle de Ron Artis), visite du North Shore Surf and Cultural Museum et de l'église Liliuokalani, dégustation d'une *shave-ice* chez Aoki's ou Matsumoto. Baignade et déjeuner sur place. L'après-midi : la route des plages de Waimea à Sunset Beach. Une halte à Ehukai Beach, Sunset Beach et Waimea Beach : trois spots de surf mondialement connus où se déroulent, chaque hiver, des épreuves du championnat de surf « Triple Crown of Surfing »

- **Jour 6 : la côte est.** Matinée entre les plages de Waimanalo, Kailua Beach Park puis à la paradisiaque Lanikai Beach. Garder une ou deux heures pour tester une sortie kayak et voir les tortues. À 13h : remonter la côte est vers le nord. Visite du temple japonais Byodo In (fermeture à 17h30) puis dégustation de crevettes grillées dans un des « shrimp trucks » (camions à crevettes) autour de Kahuku.

- **Jour 7 : Diamond Head et les hauteurs de Honolulu.** Le matin à Diamond Head. Randonnée à Diamond Head, vers 7h du matin pour éviter la chaleur et la foule. À midi : le quartier d'Ala Moana. Déjeuner et shopping dans l'Ala Moana Shopping Center.

L'après-midi dans les hauteurs de Honolulu. Visite du Contemporary Museum, balade au parc Lyon Arboretum et randonnée jusqu'aux chutes d'eau de Manoa.

Une semaine à Maui

Jour 1 : Lahaina. Arriver à l'aéroport de Kahului tôt le matin ou la veille. Prendre un hôtel à Lahaina le premier jour car c'est une ville où on peut tout faire à pied et l'un des rares endroits de Maui où la vie nocturne est animée. La journée sera consacrée à la visite des musées et des monuments historiques, au shopping dans les boutiques des charmantes ruelles du centre-ville, avec en prime une séance de *whale-watching* (observation des baleines) si c'est la saison (de décembre à avril ; prévoir 4 heures de temps disponible). Pour déjeuner ou dîner, Lahaina compte aussi bien des restaurants bon marché que des bonnes tables.

Jour 2 : plages de Kaanapali. Passer la journée sur la superbe côte de Kaanapali, à la découverte de ses plages de rêve où l'on peut se baigner sans danger et faire du snorkeling (Black Rock Beach est un excellent spot). Déjeuner au Whalers Village, à proximité, où l'on en profitera pour faire les magasins. Le soir, il serait judicieux de dormir à Lahaina, qui n'est qu'à 15 minutes de route et où les hôtels sont beaucoup moins chers qu'à Kaanapali.

Jour 3 : Iao Valley et environs. Le matin, randonnée à travers la jolie et verdoyante Iao Valley, surplombée par l'étonnant pic, le « Iao Needle », résultat de l'érosion volcanique pendant plusieurs milliers d'années. Vers midi, pique-nique aux Tropical Gardens of Maui (Jardin botanique aux plantes endémiques d'Hawaii). L'après-midi, visite du Kepaniwai Park & Hawaii Nature Center, qui, à travers sculptures et pavillons, rend hommage à tous les groupes de migrants venus s'installer à Maui et plus généralement à Hawaii. Le soir, aller à Kihei, où l'on trouvera un appartement ou un Bed & Breakfast pour la nuit. Dîner et sortie au Kihei Kalama Village, où se trouvent tous les restaurants et bars.

Jour 4 : Makena. Passer la journée sur les sublimes plages de Makena (Black Sand Beach et Big Beach sont incontournables !). Pique-nique sur place ou déjeuner au centre commercial de Wailea, au nord (à 15 minutes de route). Vers 17h, prendre la route vers le nord et poser ses valises dans un des hôtels de Wailuku (au centre de l'île) ou de Paia, sur la côte nord. Dîner en ville à Paia ou Wailuku.

Jour 5 : la route de Hana. Départ tôt de Paia. On appelle « route de Hana », une longue route sinueuse parsemée de spectacles naturels époustoufflants, entre chutes d'eaux majestueuses et plages secrètes, forêts exotiques odorantes et panoramas superbes. Cette route commence à Paia pour se terminer à Hana.

Jour 6. Commencer la journée par les étapes au sud de Hana : Wailua Falls et randonnée sur le Pipiwai Trail. Retourner à Hana pour pique-niquer sur la jolie plage de Red Sand Beach. Prendre l'après-midi pour revenir vers Wailuku ou Paia en faisant des arrêts supplémentaires sur la route de Hana.

Jour 7 : le volcan Haleakala et la route de Kula. Le matin : le volcan Haleakala. Il faut prévoir de partir tôt de son hôtel pour pouvoir assister au lever de soleil sur le volcan Haleakala, entre 5h45 et 7h. Le Haleakala, « maison du soleil » en hawaiien, est un volcan endormi (3 055 m d'altitude) qui occupe les deux tiers de Maui. En partant de Kahului, il faut 2 heures pour parcourir les 38 miles (61 km) qui mènent au cratère. La montée en voiture est raide et sinueuse. S'armer de patience car on n'aperçoit le cratère que sur la fin du trajet et après de multiples étapes. L'après-midi : la route de Kula. Elle traverse tout le centre de l'île et termine sa course dans les plaines d'Ulupakua. Les immanquables : l'Ulupakua Ranch, les vignes Tedeschi et les champs de lavande « Alii Kula Lavender ». Dormir à Wailuku ou Kahului, pour être près de l'aéroport pour son vol le lendemain.

Une semaine à Big Island

Jour 1 : Kailua-Kona. Prendre un vol qui atterrit à l'aéroport de Kona et réserver un hôtel à Kailua-Kona pour deux nuits. Arrêt d'une heure à Kaloko-Honokohau National Park pour voir la lave et les tortues. Visite du centre-ville et déjeuner dans l'un des restaurants en bord de mer. L'après-midi, faire une excursion en mer à partir de Kailua Pier (kayak, plongée sous-marine, snorkeling ou nage avec les dauphins). Le soir, dîner dans l'un des restaurants en ville ou assister au luau « Island Breeze Luau » (dîner-spectacle traditionnel hawaiien).

Jour 2 : Kohala Coast. Prendre la route avec des sandwichs tôt le matin pour remonter la Kohala Coast. En chemin visiter les différentes plages de Kekaha Kai National Park. Faire une pause pique-nique sur la plage du Four Season et attendre 13h pour voir les enfants nourrir la raie. Continuer la route vers le nord en s'arrêtant aux plages de Aneahoomalu (et voir les dauphins du Hilton), Kiholo Bay et Mauna Kea Beach.

Jour 3 : la côte au sud de Kailua-Kona. Réserver un hôtel pour deux nuits à Captain Cook. Le matin, faire du snorkeling à Kealakekua Bay. L'après-midi, visite du Puuhonua O Honaunau National Historical Park et de la « Kona Coffee Historical Farm » (musée vivant sur l'histoire des pionniers du café). Le soir, dîner chez « Paparoni's » (restaurant italien), à Captain Cook, ou au « Teshima » (restaurant japonais), à Honalo.

Jour 4 : le parc national des Volcans d'Hawaii. Quitter son hôtel sur la côte sud de Kailua-Kona à 6h du matin, car le trajet jusqu'à l'entrée du parc national des Volcans dure 2 heures et qu'il faut prévoir une journée entière pour la visite. Principaux arrêts à faire, dans l'ordre : Kilauea Visitor's Center (centre d'information), Kilauea Caldera (point de vue sur la caldera du volcan), Thomas A. Jaggar Museum (musée sur les volcans de Big Island), les pétroglyphes de Puu Loa et la coulée de lave au bout de la Chain of Craters Road. Prévoir de pique-niquer et préparer son repas la veille (zéro supérette dans le coin !). En début de soirée, aller à Hilo, où l'on aura réservé au préalable un hébergement pour la nuit.

Jour 5 : Hilo. La ville est idéalement située, à seulement 45 minutes du parc national des Volcans et à 1h30 du Mauna Kea. Consacrer cette journée à la visite de la paisible et authentique Hilo. Le matin, Imiloa Astronomy Center (musée à voir impérativement avant d'aller au Mauna Kea), Pacific Tsunami Museum (sur l'histoire des tsunamis à Hilo, Hawaii et dans le monde). L'après-midi, Banyan Drive (superbe route bordée de banians), et snorkeling sur les différentes plages.

Jour 6 : le Mauna Kea. Le Mauna Kea est une des plus hautes montagnes du monde (4 205 m) et son atmosphère est si pure que le plus important observatoire d'astronomie de la planète a été installé à son sommet (13 télescopes). Deux attractions touristiques majeures sur place : le spectacle du coucher de soleil dont la beauté est unique au monde et la séance d'observation des étoiles (précision et clarté exceptionnelles). Le matin, s'arrêter aux Rainbow Falls (chutes d'eau) et visiter les Kaumana Caves (grottes) situées sur la route qui va au Mauna Kea. L'après-midi, prendre la route de Saddle Road (la seule qui mène au Mauna Kea) en début d'après-midi, afin de prendre le temps de faire différents arrêts pour s'acclimater à l'altitude. Attention 4x4 obligatoire car la route est caillouteuse et la montée raide. Entre 17h et 18h, contempler le sublime coucher de soleil sur le Mauna Kea. En profiter pour se restaurer et se réhydrater. De 18h à 21h, faire une séance d'observation des étoiles avec une agence touristique ou l'Onizuka Visitor's Center. Vers 22h, retour à Hilo.

Jour 7 : Waimea. Quitter Hilo tôt le matin afin d'avoir le plus de temps possible à Waimea. Cette ville mérite le détour car elle contraste avec le reste de Big Island : c'est, avant tout, une terre d'élevage et de terroirs où la culture cow-boy est implantée depuis longtemps. Le matin, visite des Parker Ranch Historic Homes. L'après-midi, balade à cheval organisée dans un des ranchs sur place. En fonction de son vol retour, prendre la route pour l'aéroport en fin d'après-midi ou le lendemain matin (avec nuit à Waimea en ce cas).

Une semaine à Kauai

Jour 1 : Lihue. Arriver à l'aéroport de Lihue la veille ou le matin même. Il est conseillé de prendre un hôtel à Lihue même, afin de consacrer une journée aux plages environnantes. Le matin, visite du Kauai Museum et du Grove Farm Homestead Museum. Vers midi, aller au port de Lihue, le Nawiliwili Harbor, et se baigner à Kalapaki Beach. Choisir un des restaurants du port pour déjeuner et profiter d'une magnifique vue sur la mer. L'après-midi, visiter la Kilohana Plantation (ancienne maison de propriétaire de plantation sucrière) puis aller faire un tour aux Wailua Falls (chutes d'eau). En soirée, dîner puis prendre un verre au port de Lihue car la vie nocturne y est animée.

Jour 2 : Waimea Canyon. Partir tôt le matin pour faire le trajet jusqu'au Waimea Canyon (1h). Le Waimea Canyon est un immanquable de Kauai ! Avec ses montagnes rougeâtres au relief irréel, il a été surnommé le Grand Canyon du Pacifique... On parcourt le parc en voiture. Faire un arrêt aux deux plus beaux points de vue sur le canyon : le Waimea Lookout et le Puu Hina Hina Lookout. Compléter cette approche par une randonnée dans le canyon (de 1h30 à 3h selon sa forme). Prévoir un pique-nique.

Jour 3 : Na Pali Coast ou forêt de Kokee. Les montagnes verdoyantes et acérées de la sublime Na Pali ne sont pas accessibles par la route. Trois moyens pour s'y rendre : à pied, par la mer ou par les airs. Si on choisit de faire la randonnée, il faut y consacrer la journée (ne pas y aller s'il a plu la veille ou s'il pleut sous peine de chute mortelle à cause du terrain glissant). C'est le même cas de figure si on y va en kayak ou en bateau. Seul le survol en hélicoptère ne prend qu'une heure, mais il serait dommage de s'en contenter. La randonnée part de la côte nord mais toutes les excursions guidées partent de Waimea ou Hanapepe. Si vous choisissez l'option randonnée, profitez de la journée pour visiter la forêt de Kokee et ses multiples sentiers.

Jour 4 : Poipu et Wailua State Park. Passer la journée sur les divines plages de sable fin de la luxueuse station balnéaire de Poipu pour reposer les muscles. Se balader sur Maha'ulepu Trail et pique-niquer sur sa plage sauvage. Prendre la voiture direction Kapaa et faire un arrêt à Opaekaa Falls et Lydgate Beach.

Jour 5 : la côte nord, de Hanalei à Haena. Le matin, baignade sur les différentes plages de Hanalei, avec, pourquoi pas, une initiation au surf ou à la planche à voile. L'après-midi, reprendre la Highway 56 en direction de l'ouest pour arriver jusqu'à Haena où s'achève la route. Nager et bronzer sur les superbes plages autour de Haena. En début de soirée, rentrer à Hanalei.

Jour 6 : Na Pali Coast. Ceux qui ont choisi de faire la randonnée, pourront y consacrer la journée. Ceux qui ne veulent en faire qu'une partie pourront passer l'après-midi à snorkeler sur Anini Beach.

Jour 7 : retour à Lihue pour prendre l'avion en faisant un arrêt kayak sur la Wailua River et visite de Fern Grotto.

Séjours longs

Les séjours proposés ci-dessous sont d'une durée de deux semaines. Si on a la chance de passer trois ou quatre semaines à Hawaii, on peut alors faire 3 ou 4 îles en combinant les séjours proposés ici !
Il est même possible d'en faire 5 : il suffit d'opter pour 15 jours Maui/Lanai/Molokai et d'y ajouter le séjour « Une semaine, une île » d'Oahu, Big Island ou Kauai.
On arrive alors à un florilège d'îles toutes très différentes, ce qui donne déjà un bel aperçu de l'archipel !

Une semaine à Oahu et une semaine à Kauai

Combiner Oahu et Kauai en un séjour de deux semaines permet d'allier l'ambiance festive et urbaine d'Oahu à celle plus naturelle et paisible de Kauai. Sans oublier les superbes plages nombreuses sur les deux îles. Cette formule conviendra particulièrement aux touristes à la fois fêtards et avides d'aventure. Commencer par l'effervescente Oahu et se ressourcer à Kauai. Suivre successivement le programme d'une semaine à Oahu puis celui d'une semaine à Kauai.

Une semaine à Big Island et une semaine à Kauai

Ce type de séjour s'adresse avant tout aux amoureux de la nature et aux passionnés de randonnée.
Le farniente sur les multiples plages des deux îles reste, en outre, tout à fait possible pour une pause paradisiaque de temps en

Transport inter-îles

Le seul moyen d'aller d'une île à l'autre c'est l'avion. Vous trouverez plusieurs compagnies aériennes pour les dessertes mais les prix se valent. Réservez tôt pour obtenir les meilleurs prix.
Pas de bateau donc entre les îles principales Oahu, Maui, Kauai et Big Island car les distances sont beaucoup trop longues et ce ne serait pas pratique du tout. Les seules traversées en bateau se font entre Maui/Lanai et Maui/Molokai qui font partie du même comté et où les distances sont vraiment courtes.

temps ! Suivre successivement le programme d'une semaine à Big Island puis celui d'une semaine à Kauai.

Une semaine à Maui et une semaine entre Molokai et Lanai

Un séjour d'une semaine à Maui permet déjà de bien découvrir l'île elle-même. La deuxième semaine, on peut donc aisément se consacrer à ces îles « sœurs » qui font partie du même comté, à savoir Lanai et Molokai. Dans la mesure où elles sont facilement desservies en ferry à partir du port de Lahaina, à Maui, il est conseillé de combiner leur visite avec celle de Maui (les vols vers Lanai et Molokai sont assez rares à partir des autres îles et beaucoup plus coûteux !). Le seul inconvénient majeur c'est, qu'aussi fou que cela puisse paraître, les ferries n'assurent pas de liaison entre Lanai et Molokai. Donc, si on veut visiter les deux îles, on est obligé de retourner à Lahaina pour prendre un bateau vers l'une ou l'autre île. Que l'on choisisse de visiter Lanai ou Molokai en premier, il est préférable de prévoir de dormir une nuit à Lahaina pour se reposer avant d'entreprendre de visiter la deuxième île. D'autant plus que les bateaux partent dès le petit matin et qu'il est donc plus pratique d'être déjà sur place, avec des heures de sommeil en plus et du stress en moins ! Pour la première semaine, se reporter au programme de visite à Maui présenté un peu plus haut. Quant à la deuxième semaine, qu'il convient de partager entre Lanai et Molokai, le séjour pourrait s'organiser comme suit :

- **Jour 1 : Lanai.** De Maui à Lanai. La veille, dormez dans un hôtel à Lahaina afin de pouvoir prendre un des premiers ferries de la compagnie « Expeditions Ferry », qui partent pour Lanai dès 6h45 du matin (durée de la traversée : 45 minutes. Réserver à l'avance). Arrivée en début de matinée à Manele Harbor, à Lanai. Prendre le shuttle et se faire déposer à Lanai City. Récupérer son véhicule de location : choisir un 4X4 car c'est le seul moyen d'accéder au nord et au sud de l'île. Prendre un hôtel dans Lanai City même. Le matin à Lanai City : visite du musée Lanai Culture and Heritage Center puis shopping dans les boutiques d'artisanat et les galeries d'art. Déjeuner dans un restaurant du centre-ville. L'après-midi, entre randonnées et plages : faire le sentier de randonnée du Munro Trail puis aller se baigner dans les eaux de la magnifique Hulopoe Beach, histoire de se rafraîchir. Le soir : aller prendre l'apéro au bar lounge du Four Seasons Lodge Resort at Koele, tout en assistant à leur spectacle de hula (gratuit). Dîner en ville avant 21h car après tout ferme. Nuit sur place.
- **Jour 2 : Lanai.** Une journée consacrée au nord de l'île (4X4 obligatoire). Le matin : visiter successivement le Garden of the Gods et la Kanepuu Preserve, qui sont deux sites naturels, superbes et préservés. Prévoir un pique-nique (ni supérette ni restaurant dans le coin). L'après-midi : aller se baigner et bronzer à Poihua Beach et Shipwreck Beach. Le soir : retour à Lanai City. Dîner et nuit sur place.
- **Jour 3 : Lanai.** Le matin dans l'est de l'île (4X4 obligatoire). Partir à la découverte de l'ancien village de Kemoku puis de l'étang de Naha. Prévoir un pique-nique. L'après-midi dans le sud de l'île : visiter le site archéologique de Kaunolu puis aller observer les mystérieux pétroglyphes de Luahiwa. Vers 17h, retour à Lanai City et direction Manele Harbor (port). Le dernier bateau pour Maui étant à 18h45, il faut prévoir d'être au port à 18h au plus tard, l'enregistrement se faisant 30 minutes avant le départ. Retour sur Maui : si vous avez pris le dernier bateau, vous arriverez à 19h30 à Lahaina. Vu l'heure tardive, il vaut mieux avoir prévu de dormir à Lahaina ce soir-là, d'autant plus que les départs pour Molokai ont lieu très tôt le lendemain matin du port de Lahaina.
- **Jour 4 : Molokai.** De Maui à Molokai. Départ du port de Lahaina par le ferry Molokai Princess, à 7h15 (tous les jours, sauf le dimanche). Se présenter à l'enregistrement 30 minutes avant le départ, au plus tard. Durée du trajet : 90 minutes. Prendre un petit déjeuner léger en raison des forts courants dans le canal qui peuvent donner la nausée. L'arrivée à Kaunakakai. Arrivée au port de Kaunakakai à 8h45. Si vous avez réservé votre voiture de location à l'avance (fortement conseillé), une navette du loueur vous acheminera directement du port à l'agence.Le matin à Kaunakakai. Poser ses valises en ville, à l'hôtel Molokai (le seul de l'île) ou dans un Bed & Breakfast. Réserver toutes les nuits au même endroit : l'île est bien desservie à partir de Kaunakakai et on est déjà près du port pour le ferry du retour... Prendre le temps de se promener dans le centre-ville, flâner, faire les boutiques. Immersion totale dans la culture locale.L'après-midi dans les environs de Kaunakakai. Se rendre ensuite à la « Purdy's Natural Macadamia Nut Farm », une ferme pédagogique autour de la noix de macadamia.

Vers 17h, redescendre vers Kaunakakai et aller à la Kapuaiwa Coconut Grove (immense cocoteraie) pour prendre des photos à la fois insolites et magnifiques au moment du coucher de soleil (entre 17h et 18h). En soirée : dîner puis prendre un verre à Kaunakakai (avant 22h car après tout est fermé). Nuit sur place.

Jour 5 : Molokai. Le matin dans les environs de Kaunakakai (partie 2). À partir de Kaunakakai, rouler jusqu'au bout de la route 470 vers le nord. Un peu avant la fin, sur la gauche, on aperçoit le R. W. Meyer Sugar Mill and Museum and Molokai Museum (musée consacré à une ancienne exploitation de sucre et à l'histoire de Molokai), qui mérite une visite. Aller ensuite se balader dans la forêt de Palaau (tout au bout de la 470) ; faire un stop au Kalaupapa Lookout (point de vue panoramique sur la péninsule de Kalaupapa, avec panneaux explicatifs) et au Kauleonanahoa (ou le phallus de Nanahoa), une énorme pierre de forme phallique, entourée de légendes. L'après-midi à l'ouest de l'île : faire une halte au village de Mauna Loa pour visiter l'étonnante Big Wind Kite Factory, qui est à la fois un atelier de confection de cerfs-volants artisanaux et une boutique de souvenirs. Allez ensuite vous prélasser à Papohaku Beach, une grande plage de sable doré. Le soir : rentrer à Kaunakakai. Tester un nouveau restaurant pour dîner puis rentrer dormir à l'hôtel.

Jour 6 : Molokai. La journée à Kalaupapa. La descente, à pied ou à dos de mule, de la montagne qui surplombe la péninsule de Kalaupapa pour en atteindre le village, est l'attraction majeure de l'île. Kalaupapa a pourtant vécu coupée du monde pendant près d'un siècle car le site était un lieu de quarantaine pour une communauté d'hommes et de femmes souffrant de la lèpre. Les malades et leurs descendants y résident encore aujourd'hui. Un véritable must : la descente à dos de mule prend 7h, mais c'est une expérience inoubliable.

Jour 7 : Molokai. La journée sur la côte sud-est de Molokai. Le matin : à partir de Kaunakakai, prendre la route 450 qui longe la côte vers l'est. S'arrêter aux différents points d'intérêt : l'étang de Kalokoeli, l'église Saint-Joseph, le Smith Bronte Landing (lieu d'atterrissage catastrophe du premier vol USA/Hawaii) et l'église Lady of Sorrows. Prévoir un pique-nique pour déjeuner. Début d'après-midi : aller nager dans les eaux transparentes du Waialua Beach Park. Retour en ferry à Lahaina, sur Maui, pour prendre l'avion à l'aéroport de Kahului.

Séjours thématiques

Les séjours thématiques suivants étant assez courts et se déroulant sur plusieurs îles, il conviendra de les intégrer dans un séjour de deux à trois semaines minimum.

Les volcans d'Hawaii

Hawaii compte des volcans éteints à Maui et Oahu, ainsi qu'un volcan en activité à Big Island. C'est donc sur ces trois îles que le séjour doit s'organiser. Un bref passage à Oahu pour une randonnée à Diamond Head, avant de faire un saut sur l'île de Maui pour arpenter le parc national du volcan Haleakala et monter au cratère du Haleakala pour assister au lever du soleil (un must !). Enfin, sur Big Island, le parc national des Volcans permet de parcourir la route « Crater Rim Drive » et s'arrêter aux

Elvis Presley et Hawaii

Toutes générations confondues, on a tous en tête l'image du King vêtu d'une chemise hawaiienne, un collier de fleurs au cou et jouant du ukulélé... De fait, l'artiste a durablement popularisé l'archipel comme destination touristique aux États-Unis mais aussi à travers le monde. C'est ainsi que, le 14 janvier 1973, il donne à Honolulu le premier concert de l'histoire retransmis par satellite. L'impact médiatique mondial qui s'ensuit est énorme : le concert est regardé simultanément par 1 milliard de spectateurs dans 43 pays ! C'est à la fin des années 1950 qu'Elvis découvre l'archipel et en tombe immédiatement amoureux. Dès lors et jusqu'à la fin de sa vie, il n'aura de cesse d'y retourner, pour raisons professionnelles mais aussi pour y passer des vacances.

Il a notamment joué dans trois films tournés sur place où il tient le rôle principal : *Blue Hawaii* (1961), *Girls ! Girls ! Girls !* (1962) et *Paradise Hawaiian Style* (1966).

Un fan américain d'Elvis, Martin Nolet, a recensé absolument tous les endroits de l'archipel fréquentés par le chanteur sur son site, photos d'archives à l'appui : www.elvisinhawaii.com

nombreux points d'intérêt. A Big Island, vous ne manquerez pas, bien sûr, d'aller contempler la coulée de lave du volcan Kilauea

Farniente à la plage et sports nautiques

De tout l'archipel, c'est sans doute à Oahu et à Maui que les sports nautiques et le farniente peuvent se pratiquer le plus aisément.

Sur Oahu, les célèbres plages de Waikiki sont un must, avec pourquoi pas un cours de surf au programme. Puis, direction l'ouest, pour une journée sur la baie cristalline de Hanauma Bay avec baignade, bronzette et, surtout, snorkeling car c'est l'un des meilleurs spots de l'archipel ! Enchaînez alors avec la route des plages du littoral de la pointe sud-ouest d'Oahu, de Hanauma Bay à Makapuu Beach. Les boogie-boarders confirmés pourront s'éclater à Sandy Beach ou à Makapuu Beach. Sur la côte est, on trouve deux immanquables : Waimanalo Beach, qui est un très bon spot de boogie-board et snorkeling, et Kailua Beach, dont l'exposition aux vents est idéale pour la pratique du surf et de la planche à voile.

Les meilleures plages de surf du monde se concentrent toutes sur la côte nord. Parmi les plus connues : Ehukai Beach, Sunset Beach et Waimea Beach où se déroulent, chaque hiver, des épreuves du championnat de surf international « Triple Crown of Surfing ».

Sur l'île de Maui, on commencera par la superbe côte de Kaanapali, à la découverte de ses merveilleuses plages où l'on peut se baigner sans danger et faire du snorkeling (Black Rock Beach est un excellent spot). Quant aux plages de Makena, Black Sand Beach et Big Beach, leur sable moelleux et doré est parfait pour le farniente et la bronzette. Mais attention aux courants forts ! Aux environs de Paia, ne manquez pas Hookipa Beach qui est LA plage réservée aux véliplanchistes pros (même si on n'y connaît rien, le spectacle mérite le détour !)

Sur les traces d'Elvis

Le séjour se déroulera essentiellement sur l'île d'Oahu, avec une expédition à Kauai. À l'arrivée à Honolulu, faire un tour à l'hôtel Hilton Hawaiian Village où Elvis a donné son concert « Aloha from Hawaii », en 1973, puis se rendre dans le quartier Ala Moana. Monter dans l'Aloha Tower pour avoir une vue panoramique sur Honolulu et redescendre pour aller se baigner à Ala Moana Beach où ont été tournées des séquences du film *Blue Hawaii* (1961).

On passera aussi une journée sur la baie cristalline Hanauma Bay car c'est là qu'ont été tournées de nombreuses scènes de *Blue Hawaii* (1961). Puis, visite du Memorial de Pearl Harbor où Elvis a donné un concert en 1961, avant de se rendre sur les hauteurs de Honolulu pour visiter le musée d'Art et suivre la Tantalus Drive que le King traverse dans *Blue Hawaii* (1961).

On ira ensuite sur la côte est pour faire une balade à cheval au Kualoa Ranch. Juste en face, se trouve l'îlot Mokolii, aussi appelé « Chinaman's Hat » en raison de sa forme conique : c'est là qu'a eu lieu une partie du tournage de *Paradise Hawaiian Style*. Visiter le Polynesian Cultural Center à Laie et assister au spectacle. De nombreuses scènes de *Paradise Hawaiian Style* y ont été tournées, notamment celle où Elvis interprète « This is my heaven ».

On change d'île, mais pas de thème : sur Kauai, prendre la route et longer la côte est vers le nord jusqu'au Wailua State Park. Visiter le Kamokila Hawaiian Village et louer un kayak pour faire une balade sur la rivière Wailua jusqu'à la Fern Grotto (grotte). Cette rivière figure dans plusieurs séquences du film *Blue Hawaii* (1961). Sur le chemin du retour vers Lihue, aller se rafraîchir à Lydgate Beach, que l'on voit aussi dans le film. Retourner sur la côte est, au nord de Lihue, et consacrer sa journée aux superbes plages qui s'étendent de Kapaa à Kilauea. L'une d'elles, Anahola Beach, figure aussi dans *Blue Hawaii* (1961).

Côte est d'Oahu.

Comment partir ?

PARTIR EN VOYAGE ORGANISÉ

À destination d'Hawaii vous trouverez principalement des agences vous proposant des voyages sur mesure ou en combinant avec un circuit aux États-Unis. À vous donc de construire votre séjour selon vos envies et votre rythme.

Voyagistes

Spécialistes

Vous trouverez ici les tour-opérateurs spécialisés dans votre destination. Ils produisent eux-mêmes leurs voyages et sont généralement de très bon conseil car ils connaissent la région sur le bout des doigts. À noter que leurs tarifs se révèlent souvent un peu plus élevés que ceux des généralistes.

■ ALL WAYS ON WHEELS
4, les Hauts Sauviers – Chemin des Clops
Bédoin ✆ 04 90 12 86 80
www.allwaysonwheels.com
Spécialiste des voyages insolites en moto, All Ways On Wheels propose un séjour « Soleil de l'Ouest et volcans hawaiens ». Au programme : 17 jours à la découverte de la Californie, l'Arizona et l'île de Big Island à Hawaï.

■ AMPLITUDES
60, rue Sainte Anne (2e) – Paris
✆ 01 42 86 84 98 – www.amplitudes.com
contact@amplitudes.com
Spécialiste des voyages sur mesure, cette agence vous propose Hawaii à la carte avec vols, séjours en hôtellerie, combinés avec plusieurs îles ou en extension avec un autotour qu'Amplitudes Voyages propose dans son catalogue États-Unis.

Autre adresse : 20 rue du Rempart-Saint-Etienne – 31000 Toulouse ; ✆ 05 67 31 70 00

■ AVENTURE ET VOLCANS
BP 3154 – 73, cours de la Liberté
Cedex 03 Lyon ✆ 04 78 60 51 11
www.aventurevolcans.com
lyon@aventurevolcans.com
Le concept d'Aventure et Volcans est simple : l'agence organise sur les cinq continents des circuits axés sur les volcans et la marche. Plusieurs circuits sont possibles à Hawaii pour aller s'approcher au plus près ou survoler les volcans, caldeiras et autres tunnels de lave de l'archipel.

■ AVENTURIA
42, rue de l'Université (7e) – Lyon
✆ 08 05 16 01 95 – www.aventuria.com
Ouvert lundi et samedi de 10h à 18h et du mardi au vendredi de 9h30 à 18h30.
Spécialiste des Etats-Unis, ce tour-opérateur fabrique entièrement ses programmes et les distribue exclusivement dans ses propres agences. Avec l'aide de conseillers en voyage expérimentés, vous construirez votre itinéraire idéal et vous personnaliserez totalement votre voyage à l'aide de leur sélection d'étapes de charme et de modules variés d'escapades. Découverte individuelle à votre rythme, hébergements authentiques, tout est à la carte. Cette agence propose du sur mesure à Hawaii avec excursions entre plages et volcans, autotours, vols, hébergements, transferts…

Autres adresses : à Bordeaux, Lille, Marseille, Nantes, Paris, Strasbourg • Espace Afrique d'Aventuria, 9 rue Gentil, 69002 Lyon • Espace Amériques d'Aventuria, 9 quai des Célestins 69002 Lyon

■ EXOTIC VOYAGES – ROUTE D'HAWAII
34, rue Robert Giraudineau
Vincennes
✆ 01 43 74 94 42 / 01 43 74 96 67
www.exoticvoyages.fr
info@exoticvoyages.fr
L'équipe de la Route d'Hawaii est à votre disposition pour vous faire découvrir cette destination mythique où volcans et plages ne font qu'un, où la nature y est luxuriante et généreuse et l'eau est si chaude et turquoise qu'elle attire les plus grands surfeurs du monde... Bref c'est assurément l'endroit idéal pour passer des vacances parfaites. Alors confiez vos vacances à de vrais spécialistes et amoureux de la destination !

Autre adresse : contactez Route d'Hawaii au ✆ 01 43 74 96 67 ou par mail Info@routeautourdumonde.com ou rendez-vous à l'agence (sur rendez-vous uniquement) à Vincennes.

route d'Hawaï
Découvrez l'un des plus beaux décors du monde...
Des plages paradisiaques d'Honolulu au volcan de Maui, sans oublier les somptueuses cascades, Hawaï et ses îles vous offrent une diversité de paysages formant un des plus beaux décors du monde...
Nous vous aidons à organiser votre voyage d'île en île afin de partir à la découverte de l'archipel le plus isolé de l'Océan Pacifique.
Contactez dès maintenant Delphine et Charlène, vos spécialistes de la destination, qui seront à votre écoute pour vous concocter le voyage de vos rêves, car
« un voyage réfléchi est un voyage réussi » !
34, rue Robert Giraudineau
94300 VINCENNES
info@routeautourdumonde.com
✆ 01 43 74 96 67

■ **BACK ROADS**
14, place Denfert-Rochereau (14e)
Paris ✆ 01 43 22 65 65
www.backroads.fr – contact@backroads.fr
Back Roads propose une sélection d'hôtels et des voyages sur mesure. Cette agence vous permet effectivement de découvrir les îles voisines de l'archipel d'Hawaii avec vols, transferts, location de voiture et excursions.

■ **EVANEOS**
✆ 01 84 17 73 35 – www.evaneos.com
Evaneos.com s'adresse à tous les amateurs de voyages en liberté et sur-mesure qui veulent maîtriser leur budget et payer le vrai prix de leur voyage… sans sacrifier la qualité. Jeunes ou seniors, individuels, couples, familles ou copains, la plate-forme les met en relation avec les agents locaux pour leur permettre de découvrir un pays à leur rythme, de façon plus ou moins sportive, en bivouac ou en 5 étoiles, toujours selon leurs goûts personnels, hors des sentiers battus et en toute sécurité. Plusieurs idées de voyages sur mesure et personnalisables sont proposées à Hawaii.

■ **LA MAISON DES ÉTATS-UNIS**
3, rue Cassette (6e) – Paris
✆ 01 53 63 13 43
www.maisondesetatsunis.com
Loin du tourisme de masse, la Maison des Etats-Unis réinvente pour vous le voyage en Amérique du Nord à travers des escapades en individuel ou en groupe, suivant toujours des itinéraires maison. L'équipe est composée à la fois de spécialistes, mais aussi de vrais voyageurs qui apportent une touche personnelle. Le tour opérateur propose plusieurs séjours entre 9 et 16 jours à la découverte de l'archipel de Hawaii entre plages de sable blanc, volcans, jungles luxuriantes et chutes d'eau.

■ **OBJECTIF USA**
9 quai des Célestins (2e) – Lyon
✆ 04 72 77 98 98
www.objectif-ameriques.com
Ouvert du lundi au vendredi de 10h à 12h30 et de 14h à 18h30, et le samedi de 10h à 13h et de 14h à 18h. Cette agence propose du sur mesure à Hawaii avec excursions, autotours, vols, hébergements, transferts…

■ **USA TRAVEL**
Boulevard Louis-Schmidt 75
Bruxelles ✆ +32 2 734 97 00
www.usatravel.be
USA Travel, c'est de nombreuses années d'expérience pour organiser votre voyage sur mesure aux Etats-Unis et au Canada. Plusieurs options sont possibles pour s'envoler vers Oahu, Maui et Big Island.

Généralistes

Vous trouverez ici les tour-opérateurs dits « généralistes ».
Ils produisent des offres et revendent le plus souvent des produits packagés par d'autres sur un large panel de destinations. S'ils délivrent des conseils moins pointus que les spécialistes, ils proposent des tarifs généralement plus attractifs.

■ **EXPEDIA FRANCE**
✆ 01 57 32 49 86
www.expedia.fr
Expedia est le site français n° 1 mondial du voyage en ligne. Un large choix de 300 compagnies aériennes, 240 000 hôtels, plus de 5 000 stations de prise en charge pour la location de voitures et la possibilité de réserver parmi 5 000 activités sur votre lieu de vacances. Cette approche sur mesure du voyage est enrichie par une offre très complète comprenant prix réduits, séjours tout compris, départs à la dernière minute…

■ **NOUVELLES FRONTIÈRES**
✆ 0 825 000 747
www.nouvelles-frontieres.fr
Nouvelles Frontières, un savoir-faire incomparable depuis plus de 50 ans. Des propositions de circuits, d'itinéraires à la carte, des séjours balnéaires et d'escapades imaginés et construits par des spécialistes de chaque destination.

■ **PROMOVACANCES**
✆ 0 899 860 879
www.promovacances.com
Promovacances propose de nombreux séjours touristiques, des week-ends, ainsi qu'un très large choix de billets d'avion à tarifs négociés sur vols charters et réguliers, des locations, des hôtels à prix réduits. Également, des promotions de dernière minute, les bons plans du jour. Informations pratiques pour préparer son voyage : pays, santé, formalités, aéroports, voyagistes, compagnies aériennes.

Sites comparateurs et enchères

Plusieurs sites permettent de comparer les offres de voyages (packages, vols secs, etc.) et d'avoir ainsi un panel des possibilités et donc des prix. Ils renvoient ensuite l'internaute directement sur le site où est proposée l'offre sélectionnée.

■ EASYVOYAGE

www.easyvoyage.com

Le concept d'Easyvoyage.com peut se résumer en trois mots : s'informer, comparer et réserver. Des infos pratiques sur quelque 255 destinations en ligne (saisonnalité, visa, agenda...) vous permettent de penser plus efficacement votre voyage. Après avoir choisi votre destination de départ selon votre profil (famille, budget...), Easyvoyage.com vous offre la possibilité d'interroger plusieurs sites à la fois concernant les vols, les séjours ou les circuits. Enfin grâce à ce méta-moteur performant, vous pouvez réserver directement sur plusieurs bases de réservation (Lastminute, Go Voyages, Directours... et bien d'autres).

■ ILLICOTRAVEL

www.illicotravel.com

Illicotravel permet de trouver le meilleur prix pour organiser vos voyages autour du monde. Vous y comparerez les billets d'avion, hôtels, locations de voitures et séjours. Ce site très simple offre des fonctionnalités très utiles comme le baromètre des prix pour connaître les meilleurs prix sur les vols à plus ou moins 8 jours. Le site propose également des filtres permettant de trouver facilement le produit qui répond à tous vos souhaits (escales, aéroport de départ, circuit, voyagiste...).

■ JETCOST

www.jetcost.com

Jetcost compare les prix des billets d'avion et trouve le vol le moins cher parmi les offres et les promotions des compagnies aériennes régulières et *low cost*. Le site est également un comparateur d'hébergements, de loueurs d'automobiles et de séjours, circuits et croisières.

Réceptif

■ NOHEA ADVENTURE HAWAII

HONOLULU ✆ +1 808 721 4728

www.noheaadventure.com

info@noheaadventure.com

Pour les tarifs, envoyer un email directement à l'agence avec une demande de devis pour le séjour souhaité.

Seule agence de voyages francophone basée à Honolulu, Nohea Adventure propose toutes sortes de formules de séjour, autotours, voyages à la carte, guidés ou en groupe. Elle est gérée par un Français, Bruno Sillac, passionné de la région depuis 20 ans. Bruno et son équipe ont une solide connaissance du terrain sur l'ensemble des îles de Hawaii (Oahu, Big Island, Maui, Kauai). L'agence organise une variété d'activités (plongée, randonnées, surf, ascension de volcans) ainsi que le logement et les transports. L'agence a aussi mis en place plusieurs formules de voyage à thème : aventure, lune de miel ou encore le Lava Tour. Les services de Nohea s'adaptent donc bien à la diversité des activités sur place à Hawaii et cela en fonction des préférences de chaque voyageur. Une bonne adresse locale à retenir.

PARTIR SEUL

En avion

Principales compagnies desservant la destination

Les vols vers Honolulu s'opèrent avec escale aux États-Unis ou Canada.

Comptez environ 17h de vol. Veillez à ne pas multiplier les stops pour ne pas perdre trop de temps et passer la moitié de votre trajet dans les aéroports en attendant votre prochain avion.

► **Prix moyen d'un vol Paris-Honolulu** : à partir de 900 € depuis Paris. À noter que la variation de prix dépend de la compagnie empruntée mais, surtout, du délai de réservation. Pour obtenir des tarifs intéressants, il est indispensable de s'y prendre très en avance.

Surbooking, annulation, retard de vol : obtenez une indemnisation !

AIR-INDEMNITE.COM
www.air-indemnite.com
contact@air-indemnite.com

Des problèmes d'avion (retard de vol, annulation ou surbooking) gâchent le séjour de millions de vacanciers chaque année. Bonne nouvelle : selon la réglementation, les voyageurs ont droit jusqu'à 600 € d'indemnité par passager ! Mauvaise nouvelle : devant la complexité juridique et les lourdeurs administratives, très peu de passagers parviennent en réalité à se faire indemniser.

La solution? air-indemnite.com, pionnier et leader français depuis 2007, simplifiera toutes les démarches en prenant en charge l'intégralité de la procédure. Analyse et construction du dossier, échanges avec la compagnie, suivi de la procédure, versement des indemnités : air-indemnite.com s'occupe de tout et obtient gain de cause dans 9 cas sur 10. Air-indemnite.com se rémunère uniquement par une commission sur l'indemnité reçue. Si la réclamation n'aboutit pas, rien ne sera donc déboursé !

AIR FRANCE
Invalides
2, Rue Robert Esnault-Pelterie (7e) – Paris
✆ 0892 70 26 54 / 3654 – www.airfrance.fr
Air France assure des vols quotidiens vers Honolulu (sauf le dimanche) en *code-share* avec Delta Airlines.

ALASKA AIRLINES
66, avenue des Champs Elysées (8e)
Paris ✆ 0 825 827 097
www.alaskaair.com
La compagnie assure des liaisons intérieures aux États-Unis entre Lihu'e et Seattle, entre Honolulu et Seattle mais aussi avec Anchorage, liaisons vers Kahului depuis Oakland, Portland, Seattle et Anchorage et liaisons vers Kona des aéroports d'Oakland et Seattle.

DELTA AIRLINES
✆ 0 811 64 00 05 – www.delta.com
Depuis Paris, Delta Airlines propose plusieurs vols avec escale vers Kauai, Honolulu, Kahului et Kona.

UNITED AIRLINES
✆ 01 71 23 03 35 – www.united.com
United airlines dessert Honolulu avec escale à San Francisco.

Sites comparateurs

Certains sites vous aideront à trouver des billets d'avion au meilleur prix. Certains d'entre eux comparent les prix des compagnies régulières et *low cost*. Vous trouverez des vols secs (transport aérien vendu seul, sans autres prestations) au meilleur prix.

EASY VOLS
www.easyvols.fr
contact@easyvoyage.fr

MOMONDO
www.momondo.fr
Comparez les vols les moins chers et les hôtels momondo.fr. Momondo est un comparateur de vols et d'hôtels danois qui interroge plusieurs centaines de compagnies aériennes afin de proposer les meilleurs billets d'avion possible aux voyageurs. Principal concurrent de Skyscanner, Momondo n'est pas une agence de voyage, mais un moteur de recherche de billets d'avion qui ne cesse de grandir : c'est un service gratuit et aucun billet n'est vendu sur le site.

Location de voitures

BSP AUTO
✆ 01 43 46 20 74
www.bsp-auto.com
Ouvert du lundi au vendredi de 9h à 21h30 ; le week-end de 9h à 20h. Location de voitures sur votre mobile.
La plus importante sélection de grands loueurs dans les gares, aéroports et centres-villes. Les prix proposés sont parmi les plus compétitifs du marché. Les tarifs comprennent toujours le kilométrage illimité et les assurances. Les bonus BSP : réservez dès maintenant et payez seulement 5 jours avant la prise de votre véhicule, pas de frais de dossier ni d'annulation, la moins chère des options zéro franchise.

■ ALAMO – RENT A CAR

✆ 08 05 54 25 10
www.alamo.fr
Avec plus de 40 ans d'expérience, Alamo possède actuellement plus d'1 million de véhicules au service de 15 millions de voyageurs chaque année, répartis dans 1 248 agences implantées dans 43 pays. Des tarifs spécifiques sont proposés, comme Alamo Gold aux États-Unis et au Canada, le forfait de location de voiture tout compris incluant le GPS, les assurances, les taxes, les frais d'aéroport, un plein d'essence et les conducteurs supplémentaires. Alamo met tout en œuvre pour une location de voiture sans souci.

■ AUTO EUROPE

✆ 0 800 940 557
www.autoeurope.fr
reservations@autoeurope.fr
Auto Europe négocie toute l'année des tarifs privilégiés auprès des loueurs internationaux et locaux afin de proposer à ses clients des prix compétitifs. Les conditions Auto Europe : le kilométrage illimité, les assurances et taxes incluses dans de tout petits prix et des surclassements gratuits pour certaines destinations. Vous pouvez récupérer ou laisser votre véhicule à l'aéroport ou en ville.

■ DISCOUNT HAWAII CAR RENTAL

HONOLULU
✆ +1 808 292 1930
www.discounthawaiicarrental.com
Discount Hawaii Car Rental travaille avec les principales agences de location de voitures présentes à Hawaï (Alamo, Dollar, Hertz, Avis...) pour offrir des réservations à prix réduits. Vous bénéficiez ainsi d'une gamme de choix plus large avec la possibilité de modifier la réservation à tout moment et sans frais de dossier. Une entreprise à l'écoute pour un choix sûr et économique.

■ LOCATIONDEVOITURE.FR

✆ 0 800 73 33 33
✆ 01 73 79 33 33
www.locationdevoiture.fr
Appel gratuit.
Ce site Internet vous permet de comparer les offres de plusieurs courtiers et de louer une voiture quelle que soit votre destination. Un large choix de voitures citadines, monospaces, cabriolets, 4x4... L'évaluation de l'assurance et les avis clients sont affichés pour chacune des offres. Annulation gratuite jusqu'à 24h à l'avance.

■ TRAVELERCAR

✆ 01 73 79 27 21
www.travelercar.com
contact@travelercar.com
Service disponible aux aéroports de Roissy-CDG, Orly et Beauvais.
TravelerCar est une plateforme d'économie du partage appliquée à la voiture. L'idée qui préside à ce service innovant est finalement assez simple : voyager futé, faire des économies et agir éco-responsablement en mutualisant l'usage de votre voiture durant vos vacances. Vous contactez TravelerCar en amont afin de rendre votre véhicule disponible à la location pendant la durée de votre voyage. TravelerCar s'occupe de tout (prise en charge de la voiture sur un parking de

l'aéroport de départ, mise en ligne de votre voiture sur l'interface de location, gestion de la location et des paiements, assurance tous risques, remise de la voiture à l'aéroport le jour de votre retour, etc.). Quand bien même votre voiture ne serait pas louée, ce service vous permet non seulement de vous rendre à l'aéroport et d'en repartir sans passer par la case transports en commun ou taxi mais aussi de ne pas payer de parking à l'aéroport pour la période de votre voyage ! Vous pourrez également louer une voiture sur l'interface TravelerCar.com, à des tarifs souvent très avantageux par rapport aux loueurs habituels.

SÉJOURNER

Se loger

Le secret pour avoir les meilleurs prix sur toutes les îles c'est de réserver tôt, surtout en période de haute saison, à savoir l'hiver et l'été.

- **Pour les petits budgets**, il faut s'orienter vers les auberges de jeunesse et les Bed & Breakfast qui sont entre 25 et 50 US$ la nuit. Pour les budgets les plus serrés, le camping est une très bonne option : gratuits ou payants (10 US$), la plupart nécessitent au préalable l'obtention d'un permis qu'on récupère au bureau local du Comté en général.

- **Pour ceux qui ont un peu plus de souplesse** au niveau financier, il est possible de dormir dans des hôtels de charme ou même des grands complexes de luxe américains à partir de 100 US$ la chambre. En fonction du nombre de nuitées, les tarifs sont souvent dégressifs et il peut être judicieux de rester au même hôtel tout au long de séjour.

Se déplacer

Avion

- **Vols inter-îles.** Si on envisage de visiter plusieurs îles, il est conseillé de réserver son vol long courrier en même temps que ses vols inter-îles afin d'avoir les meilleurs prix et d'être sûr d'avoir de la place aux jours et horaires voulus et, ce, encore plus pendant les périodes de pic touristique. La durée d'un aller-simple entre deux îles s'échelonne de 30 à 50 minutes maximum (vol entre Big Island et Kauai : les deux îles qui sont à l'extrême opposé l'une de l'autre dans l'archipel). On perd donc relativement peu de temps dans les avions.

Bateau

Il existe deux compagnies de ferry à Hawaii. « Expedition Ferry » qui fait la liaison Lahaina (Maui) / Manele Harbor (Lanai) et « Molokai Princess » qui fait la liaison Lahaina (Maui) / Kaunakakai (Molokai). Le ferry est le moyen le plus pratique et le moins coûteux pour se rendre sur les îles de Lanai et Molokai.

Bus

Pour circuler au sein des îles, la solution la moins coûteuse reste celle des transports en communs, quand ils existent... Pas de tramway ou de train, mais des lignes de bus dans la majorité des îles. On en trouve à Oahu (2,50 US$ le billet avec une correspondance), à Maui (2 US$ le billet sans correspondance), à Kauai (1,50 US$ le billet sans correspondance) et à Big Island (2 US$). Aucun réseau de bus à Molokai et Lanai. Cependant – à l'exception d'Oahu – le bus n'est pas très pratique pour visiter toute une île : les passages sont peu fréquents avec une quasi-inexistence le week-end et des lignes ne couvrent que certaines zones de l'île. On risque donc de perdre du temps et de rester sur sa faim, si on ne compte que sur moyen de transports là.

- **La combinaison bus/vélo.** À Big Island et Oahu, il est possible d'accrocher son vélo au bus (pour 1 US$ de plus à Big Island) et donc de parcourir la distance restante – de l'arrêt jusqu'à destination – en deux-roues ; la combinaison bus/vélo est donc un bon moyen de gagner du temps et de l'argent sur ces deux îles.

Voiture

De façon générale, la voiture de location est incontestablement le meilleur moyen de visiter chacune des îles.
La voiture compacte de base est entre 30 et 40 US$ par jour. La CB (Visa, Amex, Mastercard) est obligatoire pour toute réservation. Les conducteurs âgés de 21 à 24 ans doivent en général s'acquitter de 25 US$ supplémentaires par jour car ils auraient plus de risques d'accidents... Quelques enseignes de location ne font pas payer cette taxe, mais ils sont rares (se renseigner avant sur le site internet du loueur).

S'orienter

Makai/Mauka. Pour indiquer les directions, les hawaiiens utilisent très souvent les termes « makai » qui signifie en direction de la mer et « mauka » qui veut dire « vers la montagne ».

Balises indiquant les miles. Des balises indiquant des distances en miles permettent de s'orienter sur les routes de toutes les îles de l'archipel. Très souvent, elles remplacent même les panneaux, et de nombreux sites sont indiqués au moyen de ces repères seuls. Un hôtel peut par exemple se trouver entre les balises 19 et 20 miles sur l'autoroute. Ce sont des indications précieuses qu'on retrouve tout au long de ce guide pour toutes les adresses concernées.

Quant aux conducteurs de 18 à 21 ans, il leur est souvent interdit de louer une voiture pour les mêmes raisons… Heureusement, certaines agences locales (hors grandes enseignes) acceptent tout de même de leur louer un véhicule mais on les compte sur les doigts de la main. Si cependant les refus pleuvent, ils peuvent toujours louer une moto, un vélo ou encore utiliser le bus. Dans tous les cas, il est impératif de réserver son véhicule à l'avance, non seulement pour bénéficier du tarif le plus intéressant mais aussi pour s'assurer de ne pas se retrouver sans voiture du tout ! Eh oui, ça arrive plus souvent qu'on ne le croit, si on s'y prend à la dernière minute, surtout en haute-saison (hiver et été).

Stationnement. Il existe des places gratuites dans toutes les îles. Mais à moins d'arriver à la première heure, autant vous le dire tout de suite, vous n'êtes pas le seul touriste et les places seront souvent prises… Il faudra donc vous résoudre à payer le stationnement… Deux solutions : le parking « au forfait » qui fonctionne par tranche horaire non compressible (1h, 3h, 5h, etc.) ou le stationnement dans la rue avec le bon vieux parcmètre pour lequel il faut prévoir beaucoup de petite monnaie (pas de système de paiement par carte).

Le code de la route à Hawaii. Les règles de conduite à Hawaii sont dans l'ensemble identiques à celles des États-Unis. Les limites de vitesse dépassent rarement 55 miles/h (90 km/h) et sont plutôt de 45 miles/h (70 km/h), même sur les autoroutes ! On est donc très tenté de faire des excès de vitesse quand on a l'habitude de conduire en France. Certes, les radars n'existent pas à Hawaii mais attention des policiers se cachent sur le bord de la route et ils ont des radars mobiles… et gare à celui qui se fait pincer car les amendes sont très salées et non négociables (de 200 $ à 500 $). Pour le taux d'alcoolémie maximum autorisé, il faut prendre ses précautions aussi car c'est l'un des plus bas de tout le territoire américain : 0,08% si on a plus de 21 ans (0,05% à Oahu) et 0,02% pour les moins de 21 ans. Un verre de vin suffit à atteindre ce dernier chiffre, donc les Mai Tai (cocktail hawaiien à base de rhum) il faut définitivement les oublier avant de prendre le volant !

Taxi

A Honolulu et dans tous les aéroports, on trouve des taxis assez facilement et il est inutile de les réserver.

Cependant sur le reste de l'île d'Oahu – en dehors d'Honolulu – et sur toutes les autres îles, il faut presque systématiquement réserver son taxi à l'avance, sachant que tous n'ont pas un service 24h/24. Le taxi à Hawaii n'est pas ruineux et pas plus cher qu'aux États-Unis (à condition de ne pas l'utiliser tous les quatre matins !). Le prix de la course ne varie guère d'une compagnie à l'autre mais pensez tout de même à demander le tarif du trajet avant pour être à l'abri des mauvaises surprises.

On trouvera les coordonnées des différentes compagnies de taxi classées par région, tout au long de ce guide.

Deux-roues

Le réseau routier des différentes îles est assez mal adapté aux vélos en général.

Il est donc préférable de ne l'utiliser que de manière occasionnelle ou de faire la combinaison bus/vélo, sachant qu'elle n'est possible que sur Big Island et Oahu.

Retrouvez le sommaire en début de guide

DÉCOUVERTE

Hawaii en 30 mots-clés

Aloha

Le sens premier d'Aloha en hawaiien est « amour » ou « affection ». Dans le langage courant, il signifie le plus souvent « bonjour », mais aussi « bienvenue » ou « au revoir ». On parle d' « Aloha Spirit » pour qualifier l'esprit chaleureux des Hawaiiens et leur sens spontané de l'hospitalité, tant et si bien que l'État de Hawaii a été surnommé l'« Aloha State ». Ces deux mots figurent d'ailleurs sur les plaques d'immatriculation des véhicules.

Café

Hawaii est le seul État américain à produire du café sur son sol et à le commercialiser. 6 500 ha de terres sont consacrés à sa culture à travers l'archipel et près de 3 000 tonnes de grains de café y sont produits chaque année. C'est grâce aux plants de caféiers que le chef Boki, gouverneur de Honolulu, rapporta de son voyage au Brésil (1813) que la culture du café s'est implantée à Oahu avant de s'étendre aux autres îles de Hawaii. Et c'est sur la côte ouest de Big Island qu'est produit le café Kona – du nom de la région où on le cultive – le plus célèbre de l'archipel et le mieux exporté. Si le café n'est aujourd'hui plus cultivé à Oahu et Maui, il l'est toujours à Kauai et Molokai où, tout comme à Big Island, on peut visiter des champs de caféiers.

Rainbow Falls.

Capitaine Cook

Le capitaine anglais James Cook, navigateur et explorateur, a découvert l'archipel de Hawaii en 1778. Il l'appela les « îles Sandwich » en l'honneur du comte britannique Sandwich. D'abord pris pour un dieu par les îliens, Cook sera assassiné au cours d'une bataille entre Britanniques et Hawaiiens – qui se sont entre-temps rendu compte de leur méprise, malheureusement pour lui ! – en 1779, à Kealakekua Bay, sur l'île de Big Island, où se trouve aujourd'hui le monument à sa mémoire.

Duke Kahanamoku, ou le « surf spirit »

Le surf est né à Hawaii, où il est un véritable sport national. Pratiqué dès le XVe siècle par la plupart des Hawaiiens, il sera décrié par les missionnaires, au XIXe siècle, qui trouveront la quasi-nudité des surfeurs indécente. Il sera donc interdit et manquera de disparaître.
Au début du XXe siècle, Duke Kahanamoku, nageur et surfeur hors pair, va pourtant réussir à le réhabiliter. Après avoir remporté plusieurs médailles aux Jeux olympiques de Stockholm, en 1912, il exporte le « surf spirit » en Australie, où ce sport rencontre un succès immédiat. Le surf gagne ensuite les États-Unis et devient une véritable industrie, dans les années 1960. Auréolé de toutes ses victoires, Duke est devenu une vraie icône pour les Hawaiiens d'aujourd'hui et, plus généralement, pour tous les passionnés de surf à travers le monde.

Heiau

Un *heiau* est un temple dédié à un dieu de la religion hawaiienne (souvent Lono, le dieu de la moisson), qui était polythéiste et riche d'une mythologie comparable à celle de la Grèce. Malheureusement, on ne peut visiter aucun *heiau* car la plupart sont en ruines. C'est tout simplement parce qu'au moment de

© JOEY BOYLAN – ISTOCKPHOTO

Danseuse de hula sur une plage hawaiienne.

l'évangélisation officielle de Hawaii, en 1819, le roi Kamehameha II a fait détruire tous les *heiau* et les idoles de l'archipel afin de faire disparaitre définitivement cette religion ancestrale. Ce n'est qu'à partir du XXe siècle que les sites des *heiau* ont été progressivement réhabilités et protégés.

Hula

Quand on pense Polynésie, on voit des vahinés à la peau dorée et aux longs cheveux noirs qui dansent le ventre dénudé avec un collier de fleur autour du cou. Cette danse sensuelle est appelée *hula*, elle est pratiquée par ces jolies femmes mais aussi par les hommes, dans une version un peu plus dynamique. Les spectacles et leçons de *hula* sont partout à Hawaï, impossible de ne pas en profiter au moins une fois pendant son séjour. Elle fait partie de l'héritage culturel transmis aux jeunes générations dans les collèges et lycées polynésiens de l'archipel.

Humuhumunukunukuapuaa

Quel mot long et étrange, n'est-ce pas ? Pour arriver à le prononcer, le secret, c'est de procéder syllabe par syllabe. Un nom à connaître car c'est celui du poisson officiel de Hawaii.

Il s'agit du Rhinecanthus rectangulus, ou baliste écharpe, une espèce endémique des eaux de l'archipel et qui vit principalement sur les récifs de corail. Son appellation hawaiienne signifie « nez de cochon », faisant allusion à l'éperon bizarre qu'il porte derrière la tête. Il est également reconnaissable à son corps orange et brun sur le dessus et blanc au niveau de la tête et du ventre.

Kapa

C'est l'étoffe introduite par les premiers Polynésiens venus à Hawaii et qui servait à confectionner le pagne des hommes et les jupes des femmes. On l'obtenait en battant l'écorce des jeunes arbres préalablement ramollie dans de l'eau salée. Le matériau était ensuite retravaillé à plat et orné de motifs.

Le *kapa* était répandu à travers tout le triangle polynésien, mais c'est seulement à Hawaii qu'il était teinté au moyen de colorants, à base de plantes notamment. Ce tissu est encore fabriqué aujourd'hui et les natifs hawaiiens (d'origine polynésienne) organisent régulièrement des ateliers pour perpétuer cet art ancestral.

Kapu

Vous verrez souvent le mot « Kapu » sur des panneaux au bord de la route ou à l'entrée de certains sentiers dans les parcs naturels nationaux. Ce mot hawaiien signifie « interdit ». Cette idée d'interdit qu'on retrouve sur tout le triangle polynésien – on dit « tabu » en tahitien d'où le mot français « tabou » –, est d'origine religieuse. Jusqu'à l'abolition de la religion hawaiienne, en 1819, les *kapu* régissaient véritablement la société. Entre autres *kapu* célèbres, on sait que les hommes et les femmes ne pouvaient pas manger ensemble et que les pauvres ne pouvaient pas approcher les nobles, ou « alii ». Ne pas respecter un *kapu*, c'était briser l'ordre établi par les dieux. Les coupables d'un tel acte étaient mis à mort par strangulation afin que la communauté ne subisse pas de vengeance des dieux par la faute du pécheur (tsunamis, éruption volcanique, tremblement de terre, etc.).

Certains parvenaient cependant à prendre la fuite, échappant ainsi à la condamnation sans appel de leurs semblables, mais ils étaient ainsi banis de leur village à tout jamais.

Kamaina

Ce mot signifie « enfant de la terre » et désigne les Hawaiiens de naissance. Il est appliqué par extension à tous les résidents de l'archipel, par opposition aux « malihini », les touristes qui viennent à Hawaii pour la première fois (à partir de la deuxième fois, on dit juste « touriste », d'après un local !), et aux « haole », les étrangers. Sur présentation d'un justificatif de domicile, les « kamaina » ont ainsi droit à des réductions importantes sur presque tous les tickets d'entrée des musées et autres attractions sur l'archipel.

Kukui

Originaire d'Asie du Sud-Est et très certainement introduit dans l'archipel par les Polynésiens, le *kukui* est l'arbre officiel de Hawaii. Presque tout peut servir dans cet arbre précieux. Les Hawaiiens utilisaient ses noix pour produire le pigment noir des tatouages ou encore de l'huile pour alimenter les lampes. De nos jours, les noix de *kukui* servent à composer des *lei* ou à orner des objets artisanaux. L'huile qui en est issue est également utilisée en cosmétologie car elle aurait des propriétés hydratantes et des vertus anti-âge.

Statue de Kamehameha drapée de lei devant le Aliiolani Hale, Honolulu.

Lei

Le *lei* est un collier de coquillages ou de fleurs qui, dans toute la Polynésie, est offert en guise de bienvenue ou pour dire au revoir, mais, avant tout, en signe d'affection envers une personne étrangère ou un proche. On offre également des *lei* à l'occasion des cérémonies importantes, telles qu'une naissance ou une remise de diplôme. Chacune des îles de l'archipel a son *lei* officiel avec ses propres fleurs ; le *lei* d'Oahu est jaune tandis que celui de Hawaii est rouge. Tout voyageur qui vient pour la première fois à Hawaii et qui, dès son arrivée à l'aéroport, se voit offrir un magnifique collier de fleurs, n'oubliera plus le parfum raffiné du jasmin, de l'*ohia Lehua*, du frangipanier… Enfin, sur toutes les îles hawaiiennes, tous les 1er mai, on fête le Lei Day, jour où on confectionne et échange différents *lei*. En comparaison, notre brin de muguet fait bien piètre figure…

Luau

Un *luau* est un banquet hawaiien qui réunit à l'origine le cercle restreint de l' « ohana », c'est-à-dire la famille. On peut y déguster, entre autres plats traditionnels de l'archipel, du *poke* (cubes de poissons cru mariné), du saumon *lomi* (saumon mariné avec tomates et oignons), du *kalua pig* (porc cuit à l'étouffée) ou encore du *haupia* (pudding à l'ananas et au lait de coco).

Depuis l'explosion du tourisme au XXe siècle, le *luau* est un banquet destiné aux touristes, avec danses et musiques traditionnelles : un dîner-spectacle, parfois un peu kitsch mais incontournable.

Macadamia

Hawaii est un gros producteur de noix de macadamia. Les arbres en produisent en permanence. Une fois arrivées à maturité, les noix tombent : il suffit alors de se baisser pour ramasser la récolte ! Un seul arbre peut produire jusqu'à 65 kg de noix par an… Avec la fin de l'ère sucrière sur l'archipel, au XXe siècle, de nombreux champs de canne à sucre ont été remplacés par des plantations d'arbres à noix de macadamia. Les boutiques de souvenirs en vendent à tous les parfums : caramel, chocolat, wasabi, oignon… Une grande variété qui explique le succès de ce produit local auprès des touristes. Et c'est tellement bon, qu'une fois qu'on y a goûté, il est quasiment impossible de ne pas en acheter au moins une boîte.

L'oie « nene » espèce endémique de Hawaii.

Moa

Les *moa* (poules et coqs) sont absolument partout à Hawaï. Du centre-ville à la plage, vous en croiserez tous les jours, principalement sur l'île de Kauai. Veillez à ne pas laisser de la nourriture ou des boissons sans attention, sous peine de trouver une poule le bec dedans. Les rumeurs sur leur origine sont nombreuses, parmi elles celle des immigrants portugais qui les auraient amenées avec eux pour faire des combats. A Kauai c'est l'ouragan de 1992 qui les aurait libérées, permettant ainsi leur prolifération. Ces animaux ne sont pas sacrés à Hawaï mais vous observerez qu'on leur accorde un grand respect. Il n'est pas rare de voir des bouchons sur la route causés par une poule et ses poussins pas entièrement décidés à traverser.

Nene

L'oie *nene* est une espèce endémique et symbolique de Hawaii, qui a bien failli disparaître ! Quand elle est déclarée espèce protégée, en 1957, il ne reste plus que 40 individus à travers l'archipel. Grâce à d'importants programmes d'élevage en captivité et de réintroduction dans la nature, on dénombre aujourd'hui un peu plus de 1 000 oies *nene* à Hawaii. On les rencontre surtout en altitude, au sommet du Haleakala, à Maui, ou encore dans la caldera du volcan Kilauea, à Big Island. Cette oie montagnarde est reconnaissable à ses pattes à moitié palmées. D'après les scientifiques, c'est le résultat de l'adaptation au milieu : l'oie *nene* s'étant installée dans les hauteurs et ne nageant plus, ses palmes se sont progressivement atrophiées.

Pearl Harbor

Le 7 décembre 1941, une attaque japonaise surprise est lancée contre la base navale américaine de Pearl Harbor, située sur l'île d'Oahu. Résultat : 2 403 morts et 1 178 blessés du côté des Américains.
Un véritable choc aux États-Unis qui précipitera l'entrée des Américains dans la Seconde Guerre mondiale. Le bateau USS Arizona gît désormais à 12 m de fond dans la baie, avec à son bord 1 177 hommes, qui reposent encore à l'intérieur de l'épave.
Un mémorial a été installé a proximité pour rendre hommage à ces marins, à peine âgés de 20 ans en moyenne, dont on peut lire les noms gravés en lettres d'or sur une immense plaque de marbre blanc.

Paniolo

Terme local pour désigner les cow-boys hawaiiens. Au milieu du XIXe siècle, les *vaqueros* (cow-boys mexicains) sont venus à Big Island pour enseigner les rudiments du métier de cow-boy aux Hawaiiens qui s'occupaient depuis peu de troupeaux. Comme ils parlaient espagnol, les locaux les ont baptisés « Paniolos », qui est en fait une déformation du mot « espagnol ». Cette appellation est passée dans le langage et désigne depuis les cow-boys hawaiiens en général. Ils sont établis principalement au nord de Big Island, dans la région de Waimea, et dans l'arrière-pays de Maui, à Makawao.

Pétroglyphes

Les pétroglyphes sont les vestiges archéologiques polynésiens les plus anciens que l'on connaisse. Ces dessins gravés sur pierre sont attribués aux tout premiers peuples de la région. Ce sont en général des motifs assez naïfs qui représentent des formes humaines ou animales. On en trouve sur la plupart des îles du triangle polynésien – y compris à Tahiti – et ils sont nombreux à Hawaii.

Parmi les plus connus : les pétroglyphes sur les flancs du Puu Loa, dans le parc national des Volcans, sur Big Island.

Pidgin

L'anglais et le hawaiien sont les deux langues officielles de Hawaii, mais on peut dire que le *pidgin* est la langue officieuse de l'archipel dans la mesure où elle est parlée par la plupart des locaux. C'est une langue qui reflète parfaitement le cosmopolitisme de Hawaii puisqu'elle dérive aussi bien du chinois que du portugais ou du hawaiien. Le *pidgin* est né du besoin de communiquer des immigrés d'origines très diverses qui travaillaient dans les plantations sucrières au XIXe siècle. C'est donc en quelque sorte la langue créole hawaiienne.

Polynésiens

Les Hawaiiens sont polynésiens au même titre que nos compatriotes tahitiens ! Géographiquement d'abord, puisque l'ensemble de la Polynésie correspond à un triangle dont les trois sommets sont Hawaii, le nord de la Nouvelle-Zélande et l'île de Pâques, mais surtout, historiquement, puisque ce sont les Polynésiens, originaires des îles Marquises, qui ont, les premiers, colonisé l'archipel, vers 500 apr. J.-C. À partir des années 1000, une deuxième vague de colons polynésiens, tahitiens cette fois, déferla sur les îles de Hawaii, ce qui ancra définitivement les habitants de l'archipel dans la culture polynésienne.

Pupus

Les *pupus* (prononcer « pou-pou-z ») sont des assortiments d'amuse-gueule typiquement hawaiiens, généralement composés de crevettes frites, de graines de soja, de petits pois salés et de sushis. Dans les restaurants, on sert les *pupus* les plus variés. Les « heavy pupus » sont des en-cas chauds et froids : tempuras de légumes, cuisses de poulet grillé, *poke* (cubes de poisson cru mariné dans de la sauce soja), brochettes de bœuf teriyaki... À eux seuls, les « heavy pupus » peuvent constituer un repas. Il est donc conseillé de se renseigner sur le type de *pupus* servis avant de commander la suite !

Shaka

Le salut hawaiien typique est le *shaka*. C'est un signe de la main où le pouce et l'auriculaire sont relevés alors que les autres doigts restent pliés. Il caractérise le fameux « Aloha Spirit » et implique un état d'esprit positif et détendu. C'est une façon de dire bonjour ou de remercier quelqu'un. Très répandu chez les surfeurs, il est aussi utilisé par tout le reste de la population hawaiienne jusque dans les établissements officiels, tels que les bureaux de poste ou... les commissariats de police. Sur la route, c'est le geste d'usage pour remercier un automobiliste qui vous cède le passage alors que la priorité lui est due : le conducteur passe son bras par la fenêtre et agite sa main qui forme un *shaka*.

Tatouage

À l'origine, les tatouages, *kakau* en hawaiien, avaient une seule et même fonction chez tous les peuples du triangle polynésien : effrayer l'ennemi. Constitués de formes géométriques élaborées, ils étaient dessinés sur le corps au moyen d'une teinture noire issue des noix de *kukui*. Ils s'ajoutaient au fur et à mesure de la vie d'un individu et indiquaient en détail son parcours personnel (exploits, famille, mariage, décès...). Les tatouages des guerriers hawaiiens étaient les plus impressionnants : la moitié du corps était peinte en noir tandis que l'autre restait intacte. Interdits, au XIXe siècle, par les missionnaires qui y voyaient un signe diabolique, ils ont été progressivement réintroduits dans l'archipel tout au long du XXe siècle. Aujourd'hui, ils symbolisent avant tout un retour aux sources ou une appartenance à la communauté des Hawaiiens natifs (descendants des Polynésiens, qui sont les premiers habitants de l'archipel).

Taro

Cultivé à Hawaii, le *taro* est un tubercule riche en amidon, l'équivalent de notre pomme de terre. Il a été introduit sur l'archipel par les premiers Polynésiens venus habiter à Hawaii et on le trouve aussi à Tahiti. Le *taro* est cultivé avec les racines dans l'eau. Aujourd'hui on ne trouve des champs de *taros* qu'à Kauai et Maui car, à partir du XIXe siècle, leur culture a été remplacée par d'autres plus rentables (riz, ananas, canne à sucre...).

C'est pourtant un ingrédient important dans les plats traditionnels de l'archipel. Selon la mythologie hawaiienne, l'humanité aurait été créée à partir d'un plant de *taro*. Dès les origines et pendant mille ans, cette plante sacrée fut largement cultivée par les Hawaiiens, qui en développèrent jusqu'à 300 espèces. Si jamais vous en achetez et décidez de le cuisiner, surtout faites le bien cuire, sinon il sera terriblement amer et immangeable !

Faire – Ne pas faire

Faire

▶ **Salutations :** pour se saluer ou dire « bonjour », tout le monde ici dit « Aloha », mot qui a une connotation affective beaucoup plus forte que le simple « hello » ou « hi » anglais. À votre tour, il faut donc répondre « Aloha ».

▶ **Souriez**, rendez sourire pour sourire ; c'est une politesse quasiment obligatoire à Hawaii, et on s'y habitue très vite, même si on est d'un naturel plutôt râleur. Les soucis et les montres sont à laisser à la consigne de l'aéroport.

▶ **Respectez** les temples traditionnels hawaiiens, ou « heiau ». Ils sont certes en ruines mais ils sont entretenus et restent des lieux sacrés pour les locaux qui viennent souvent s'y recueillir. À l'occasion de leur visite, il convient d'adopter une attitude calme et silencieuse et, surtout, ne jamais emporter la moindre pierre trouvée sur place, aussi petite soit-elle, ce serait un véritable sacrilège ! Ceux qui le font sont d'ailleurs assez vite frappés, paraît-il, d'une malédiction. À bon entendeur…

▶ **Le pourboire est obligatoire :** dans tous les États américains, le pourboire est obligatoire. Le service n'est en effet pas inclus, comme en France, dans l'addition. Au restaurant, dans les bars ou les discothèques, il faut donc ajouter 15 % de l'addition hors taxe en guise de pourboire. Il est aussi recommandé de donner un pourboire de 1 US$ minimum aux chauffeurs de taxis et bagagistes. Si vous ne donnez rien, on ne vous fera pas de remarque mais on n'en pensera pas moins ! Vous serez très mal vus et cela dégraderait, une fois de plus, l'image du touriste français à l'étranger.

▶ **Mettre de l'argent dans les parcmètres :** resquiller ne fait pas partie de la mentalité hawaiienne et, de toute façon, la police fait des rondes de vérification régulièrement. En cas d'oubli, amende salée garantie. Prévoir beaucoup de pièces pour recharger les parcmètres : il n'existe pas, comme en France, de systèmes de paiement avec des cartes de stationnement.

Ne pas faire

▶ **Ne pas faire le malin à la douane :** on ne le répétera jamais assez, ne faites surtout pas le malin à la douane en arrivant aux États-Unis, et Hawaii en fait partie ! Contentez-vous de répondre aux questions posées et de vous plier aux instructions données. Sinon, vous êtes bon pour passer de longues heures à tenter de vous expliquer et il n'est pas sûr qu'on vous croie !

▶ **Ne jamais refuser un *lei* :** les Hawaiiens sont très chaleureux et accueillants avec leurs visiteurs. Même si vous êtes fatigué par votre voyage ou allergique aux fleurs, ne refusez surtout jamais un *lei*, ce serait vraiment interprété comme une insulte !

▶ **Ne pas recueillir de corail vivant dans la mer :** les barrières de corail sont nombreuses à Hawaii mais elles sont toutes protégées et indispensables à l'écosystème. Il est donc formellement interdit d'en prélever ne serait-ce qu'un centimètre carré. Même s'il se porte beaucoup mieux ces dernières années, le corail hawaiien a en effet subi beaucoup de ravages par le passé et il ne pousse que de quelques centimètres par an…

▶ **Nudisme ou seins nus :** le nudisme est illégal à Hawaii. Même s'il est vrai que la déferlante hippie sur l'archipel, dans les années 1960, a durablement modifié les mentalités locales, il n'y subsiste guère qu'une ou deux plages naturistes, toutes îles confondues. Little Beach, à Makena, sur Maui, est certainement la plus connue. Mais c'est une simple tolérance officieuse de la part des autorités. Cela ne veut pas dire qu'on peut se mettre nu partout ! Les seins nus sont également interdits.

▶ **Spots de surf « réservés » :** les spots de surf les plus connus sont très fréquentés par les touristes et cela ne dérange absolument pas les surfeurs locaux. Mais, attention, ils ont certains spots secrets que vous pouvez être amené à découvrir, surtout si vous êtes un surfeur chevronné… Le hic, c'est que les Hawaiiens veulent en général garder ce secret pour eux et ils verront donc d'un mauvais œil l'arrivée d'un nouveau venu sur leur plage. Eh oui, l'Aloha des surfeurs hawaiiens a des limites ! S'ils ne vous font aucune observation – c'est rare –, tant mieux pour vous, mais s'ils vous font comprendre que vous êtes un intrus, ne cherchez surtout pas à parlementer en disant que « la plage appartient à tout le monde… » Ils risquent alors de vous expliquer, pas très gentiment, qu'ils sont chez eux. Ce serait un peu dommage, sur une île paradisiaque, de finir aux urgences…

Tiki

Les premiers tikis sont apparus sur l'archipel au XVe siècle, une époque où la sculpture connaissait un important essor dans le triangle polynésien. Dans la culture hawaiienne, les dieux peuvent revêtir différentes formes mais, le plus souvent, ils apparaissent sous une forme humaine. Les tikis constituent les représentations humaines de ces divinités, travaillées dans le bois, la pierre ou d'autres matériaux. Ils ont des formes trapues et leurs proportions symbolisent la puissance, l'abondance et la bonté.

Tsunami

Ce mot japonais (tsu : port, et nami : vague) désigne un raz-de-marée ; un fléau mondialement médiatisé, le 25 décembre 2004, quand il a frappé l'Asie du Sud- Est.
Hawaii a été frappée par de nombreux tsunamis. On en a dénombré une quarantaine depuis 1819, dont trois au XXe siècle, particulièrement dévastateurs. Le premier, provoqué par un mouvement de plaques tectoniques au large, a frappé la baie de Hilo, à Big Island, le 1er avril 1946. Bilan : 159 morts. Le deuxième, dû à un séisme sous-marin, a touché la même région, le 23 mai 1960, causant 61 morts. Le troisième, provoqué par un séisme d'une magnitude de 7,2, était le plus gros de tous et s'abattit sur la côte sud-est de Big Island le 29 novembre 1975. Il entraîna la mort de 2 personnes mais, surtout, des dégâts matériels considérables (plus de 1 million de dollars). Depuis 1949, il existe un centre d'alerte des tsunamis dans le Pacifique, ou PTWC (Pacific Tsunami Warning Center). Basé sur un système perfectionné d'échanges entre toutes les stations sismologiques de la zone, il se trouve précisément à Hawaii, à Ewa Beach (Oahu).

Vue sur Honululu.

Ukulélé

Le ukulélé est sans nul doute l'instrument le plus célèbre de la musique hawaiienne. Pourtant il n'a pas été inventé par les Hawaiiens, ni même par d'autres Polynésiens ! Il est en fait une adaptation de la braguinha portugaise, une petite guitare. Ce sont des immigrants portugais originaires de l'île de Madère, venus travailler dans les plantations de canne à sucre de l'archipel, au XIXe siècle, qui l'ont apporté dans leurs bagages. Peu de temps après, dans une petite lutherie portugaise à Honolulu, a été fabriqué le premier ukulélé. En hawaiien, « uku-lele » signifie littéralement « puce sauteuse » en raison des mouvements rapides des doigts du musicien sur les quatre cordes de l'instrument.

Volcans

Les îles de Hawaii sont composées essentiellement de roches volcaniques car elles sont toutes nées de volcans, d'où leur omniprésence sur l'archipel. Mais excepté le Kilauea, sur Big Island, dont l'éruption n'est pas dangereuse, la plupart des volcans sont éteints. Parmi les volcans éteints les plus impressionnants, figurent le Mauna Loa, qui serait le plus gros volcan du monde, et le Mauna Kea (4 205 m), qui est une des plus hautes montagnes de la planète (si on part de sa base océanique, son sommet dépasse même celui de l'Éverest !).

Waikiki

S'étendant sur près de 2 km, Waikiki, toute bordée de cocotiers, avec son sable fin et ses eaux turquoise, est certainement une des plages les plus connues du Pacifique. Son nom seul suffit à faire rêver. Cependant les 5 millions de touristes qui l'envahissent chaque année, les tours hôtelières omniprésentes, les milliers de restaurants et de boutiques installés à proximité, feront sûrement fuir le voyageur en quête de nature et de calme. Ironie de l'histoire : le terme hawaiien « waikiki » signifie « eaux jaillissantes » ... Même si la plage est magnifique, on est bien loin d'une étendue de sable sauvage, avec cette rangée de tours design qui bordent le front de mer !

Survol de Hawaii

GÉOGRAPHIE

La Polynésie

Même si Hawaii semble, vue sur une carte, au milieu de nulle part, elle fait pourtant partie d'un ensemble cohérent de l'Océan Pacifique qui compte trois zones insulaires : la Micronésie, la Mélanésie et la Polynésie française. Elles se distinguent par des civilisations différentes et par la date d'arrivée de leurs premiers habitants. Hawaii n'est qu'une partie de ce triangle de 10 000 km de côté délimité la Nouvelle-Zélande et l'île de Pâques. Une formidable étendue, dont les premiers habitants sont tous polynésiens. La Polynésie est en effet un ensemble géographique, ethnique et culturel, la Polynésie française n'est qu'une appellation administrative : il ne faut pas les confondre ! Hawaii, la Polynésie française, la Nouvelle-Zélande, l'île de Pâques (sous dépendance du Chili), les îles Cook (protégées par la Nouvelle-Zélande) font partie de ce qu'on appelle la Polynésie occidentale. Wallis-et-Futuna (autre territoire d'outre-mer français), les Tuvalu, les Tokelau, les Tonga, les Samoa occidentales, les Samoa américaines et les Niue forment la Polynésie orientale.

L'archipel de Hawaii

Hawaii est l'archipel le plus isolé du monde. Il est au beau milieu de l'océan Pacifique, à 3 850 km de la Californie et à 6 195 km du Japon. Ses 132 îles et îlots s'étendent sur 2 451 km. Les huit îles principales sont, du nord au sud : Niihau, Kauai, Oahu, Molokai, Lanai, Kahoolawe, Maui et Big Island (ou Hawaii).

Elles sont toutes habitées, à l'exception de Kahoolawe (fermée aux visiteurs).

Niihau, bien que peuplée, n'est ouverte aux touristes que de manière exceptionnelle. Quant aux îlots du nord-ouest de l'archipel, qui s'étendent au large de Kauai et Niihau, ils auraient été habités autrefois mais ne le sont plus guère aujourd'hui que par des oiseaux ou des phoques.

Les six îles que l'on peut visiter

De par leur taille, on distingue quatre îles importantes : Oahu, Big Island, Maui et Kauai. S'y ajoutent deux petites îles : Lanai et Molokai.

- **Oahu.** Avec ses 1 574 km^2 de superficie, c'est la troisième plus grande île hawaiienne. C'est là que se trouve la capitale de l'État, Honolulu, et donc le cœur de la vie économique de l'archipel. Le reste de l'île est encore préservé et peu urbanisé. Située au sud-est de Kauai et au nord-ouest de Maui, Oahu bénéficie d'une position centrale assez pratique si l'on souhaite visiter les autres îles.

Haleakala National Park.

Ses sites les plus célèbres sont la superbe plage de Waikiki, le mémorial de Pearl Harbor et la côte nord, où ont lieu les épreuves du championnat mondial de surf.

Big Island (Hawaii). D'une superficie de 10 461 km^2, c'est la plus grande île de Hawaii, d'où son surnom de « Big Island ». Son véritable nom est Hawaii et, comme c'était l'île la plus imposante, elle a donné son nom à l'ensemble de l'archipel. Toutes les autres îles de celui-ci pourraient en effet y être contenues, et il resterait encore de l'espace ! Située à l'extrême sud-est de la chaîne îlienne, c'est la plus jeune (800 000 ans) et la seule à avoir un volcan en activité, le Kilauea. Et c'est le moins qu'on puisse dire car ce volcan est le plus actif de la planète. Rien d'étonnant à ce que 2,5 millions de visiteurs se rendent au parc national des volcans de Big Island chaque année !

Maui. D'une superficie de 1 887 km^2, Maui est la deuxième plus importante île de l'archipel. Elle se trouve au nord-ouest de Big Island, d'où l'on peut l'apercevoir des côtes par temps clair. Elle est née de deux volcans sortis des eaux il y a 2 millions d'années : le West Maui, à l'ouest, et le Haleakala, à l'est. Elle a été surnommée « l'île de la Vallée » car une grande vallée relie ces deux volcans. Les paysages de la partie orientale de l'île sont luxuriants et sauvages... Pour s'en rendre compte, il suffit de parcourir la sinueuse et exceptionnellement belle « route de Hana ».

Lanai. Au sud-ouest de Maui, Lanai, avec ses 362 km^2, est la plus petite des îles qu'on peut visiter. Elle a été baptisée « l'île aux ananas » car elle était avant tout, du XIXe au XXe siècle, une terre de plantation de la compagnie Dole. Depuis la faillite de cette industrie, l'île vit principalement du tourisme de luxe. Enfin, si Lanai possède, comme les autres îles hawaiiennes, de très belles plages, c'est bien l'une des rares à avoir une forêt de pins colonnaires et un plateau désertique !

Molokai. Au nord de Maui et à l'est d'Oahu, Molokai, d'une superficie de 673 km^2, est la cinquième île de l'archipel par la taille. Sa population, essentiellement composée de Hawaiiens natifs (c'est-à-dire d'origine polynésienne) ainsi que ses paysages très préservés, lui ont valu le surnom d'île « la plus authentique ». Les voyageurs l'apprécient pour sa nature sauvage, qui se prête particulièrement bien à la randonnée, mais aussi pour ses plages immenses et magnifiques. Son site le plus visité est le village de Kalaupapa, situé sur la péninsule du même nom, où étaient exilés les lépreux de l'archipel.

Kauai. Avec ses 1 432 km^2 de superficie, cette île, située tout au nord de la chaîne îlienne et au nord-ouest d'Oahu, est la quatrième par la taille. Elle a été baptisée « l'île des jardins » en raison de sa végétation luxuriante, de sa forêt d'altitude et de la côte de Na Pali, incroyablement sculptée par les chutes d'eau. Le mont Waialeale, son point culminant, est considéré comme le point le plus arrosé de la planète, sur une île où le taux de précipitations s'élève à environ 7 500 cm^3 par an ! On comprend mieux comment l'étonnant relief du Waimea Canyon, le Grand Canyon du Pacifique, a été creusé par les eaux depuis des millénaires.

Les deux îles que l'on ne peut visiter

Kahoolawe. Au sud-ouest de Maui, Kahoolawe, d'une superficie d'à peine 116 km^2, est la plus petite des 8 îles principales. Inhabitée, elle est également fermée aux visiteurs. Comme elle a servi, pendant des décennies, à l'entraînement des bombardiers de la Marine américaine, elle a été assez abîmée et ne comporte pas de sites exceptionnels propres à attirer les foules... Ce n'est qu'au bout d'une trentaine d'années que la Marine a accepté que Kahoolawe retourne dans le giron hawaiien.

Niihau. A proximité de Kauai, Niihau, bien que peuplée, n'ouvre qu'une minuscule partie de son île aux touristes (Niihau Beach) et seulement dans le cadre des prestations d'une seule et unique agence touristique. Cette île, privée depuis le XIXe siècle, appartient à la famille Robinson. Rien à voir avec Robinson Crusoé, mais c'est un peu le même concept ! Niihau abrite une population d'à peine 200 habitants. Ses habitants vivent de pêche et d'élevage, sans électricité ni eau courante, afin de préserver le mode de vie hawaiien traditionnel.

CLIMAT

Des températures de rêve

A l'image de la beauté de ses îles, le climat de Hawaii est paradisiaque !
L'archipel, à la lisière du tropique du Cancer, bénéficie d'une atmosphère tropicale chaude, aérée par les alizés, qui correspond à ce que tout visiteur espère trouver à Hawaii : un temps idéal. Tempérées par l'immense océan, les fortes chaleurs sont rares, les températures se maintenant généralement entre 25 °C et 30 °C toute l'année. Pour schématiser, on peut dire qu'on distingue à Hawaii deux saisons : une saison chaude, l'hiver, et une saison plus chaude encore car plus sèche, l'été. Les mois d'août et septembre sont habituellement les plus chauds de l'année, tandis que ceux de janvier et février sont traditionnellement les plus frais. Si les températures peuvent varier au sein d'une même île, notamment en fonction de la saison, c'est près des côtes qu'elles sont les plus constantes. À titre d'exemple, la température moyenne sur la plage de Waikiki, au plus fort de l'été, est de 32 °C, et elle est de 27 °C en plein « hiver ».

Côte sous le vent et côte au vent

Pour bien comprendre le climat hawaiien, il faut prendre en considération l'orientation des côtes. La règle est simple et c'est la même pour chaque île : la côte sous le vent, à l'ouest et au sud, connaît un climat chaud et sec, alors que la côte au vent, à l'est et au nord, est généralement plus humide et fraîche. En résumé, si vous êtes en quête d'une nature luxuriante, foncez sur la côte au vent et si vous préférez griller au soleil, allez sur la côte sous le vent. Les parties les plus ensoleillées de l'archipel (Waikiki sur Oahu ; Waimea et Poipu Beach sur Kauai ; Kihei et Wailea sur Maui ; les côtes de Kona et Kohala sur Big Island) illustrent parfaitement cette règle.

Microclimats

L'archipel compte au total 11 des 13 zones climatiques du monde ! Il arrive donc souvent que, sur une même île, on change de climat en un temps record. Si vous vous trouvez au beau milieu d'une averse, il suffit de rouler un peu pour retrouver le soleil : appliquez la règle ci-dessus et dirigez-vous vite vers les côtes sud ou ouest ! Les îles étant toutes formées à partir de volcans, elles sont dotées de montagnes impressionnantes. Et, comme sur tous les reliefs du monde, plus on s'élève, plus les températures chutent. C'est ainsi que, quand, à Maui, il fait 4 °C au sommet du volcan Haleakala (3 055 m), la température est de 30 °C sur les plages de la côte sud ! Ce n'est donc pas être fantaisiste que de toujours prévoir, à Hawaii, plusieurs épaisseurs de vêtements, et une polaire dans son sac à dos.

Précipitations

La période où il pleut le plus sur l'archipel va d'octobre à mars. Mais rien à voir avec une saison des pluies à l'indienne. Par rapport à la mousson, le taux des précipitations à Hawaii est dérisoire : à peine 40 cm^3 de pluie par mois en moyenne. Certes, à cette époque, le ciel est parfois plus gris que le reste de l'année, mais il pleut rarement plus de trois jours d'affilée. La saison la plus sèche correspond aux mois d'été, avec moins de 16 cm^3 de pluie par mois.

ENVIRONNEMENT – ÉCOLOGIE

La biodiversité hawaiienne est menacée. Heureusement, la prise de conscience par les Hawaiiens de la nécessité de protéger leur environnement est plus forte que jamais. Associations, éducation du public, écotourisme et initiatives diverses se multiplient en ce sens.

L'environnement terrestre

Hawaii détient un record édifiant : c'est le territoire qui abrite le plus d'espèces menacées au kilomètre carré !
Deux enjeux écologiques majeurs sont à régler sur l'archipel. Il s'agit d'abord de contrôler la population d'animaux sauvages (daims, mangoustes, chèvres…) qui ne cesse de se développer, jusqu'à envahir les zones urbaines ou les plages dans certains cas, et qui accapare l'espace vital d'espèces natives de Hawaii.
Ainsi, les cochons introduits par les Polynésiens déracinent régulièrement arbres et plantes.

Sans oublier les grenouilles, qui, chaque année, sont plus nombreuses sur les flancs du Haleakala, à Maui, et perturbent tout l'écosystème local en mangeant des insectes qui assurent la pollinisation de plantes en voie de disparition. La situation est quasiment la même au niveau de la flore : les espèces invasives introduites sur les îles empiètent fortement, elles aussi, sur l'habitat des plantes endémiques, les menaçant dans leur survie même. Parmi les envahisseurs les plus enracinées, on dénombre trois espèces de lianes : mûrier, chèvrefeuille, passiflore... Le *koa*, un arbre emblématique de Hawaii, est en train de mourir à petit feu à cause de ces plantes qui lui cachent le soleil.

L'association à but non lucratif, Nature Conservancy (www.nature.org), est certainement celle qui s'est le plus investie dans la protection de l'environnement hawaiien. Ses membres ont mis au point un plan de travail très élaboré pour préserver la biodiversité de l'archipel et ses fragiles écosystèmes (Plus d'informations sur www.hawaiiecoregionplan.info).

L'environnement marin

Les écosystèmes marins se portent plutôt bien, mais cette fragile victoire n'a pas été gagnée en un jour !

Les barrières de corail sont maintenant protégées, notamment grâce à la création, en 2006, du sanctuaire marin de Papahanaumokuakea. C'est bien l'un des rares gestes écologiques de l'ancien président George W. Bush ! Le 15 septembre 2006, il donnait à la zone le statut de parc national maritime, le premier du genre aux États-Unis. S'étendant sur environ 360 000 km^2, ces 33 îles et atolls hawaiiens, situés au nord-ouest de la chaîne îlienne principale, représentent l'espace maritime protégé le plus vaste du monde. À seulement 200 km au nord de Kauai, et sur un peu plus de 2 200 km, ce corail, le plus pur et le plus préservé des États-Unis, constitue l'habitat de 7 000 espèces marines, dont 1 750 sont endémiques de Hawaii.

Sur les îles elles-mêmes, il faut noter la présence d'importantes populations de phoques moines et de tortues vertes hawaiiennes, qui sont deux espèces menacées de disparition et de 14 millions d'oiseaux marins dont 19 sont endémiques de l'archipel.

La surpêche dans les eaux de Hawaii nuit beaucoup à la biodiversité marine. De nombreuses mesures ont été prises, notamment pour lutter contre la pêche avec filets dérivants, qui attrapent indifféremment toutes sortes de poissons et mammifères marins. Tortues marines, requins, dauphins... sont ainsi pêchés par erreur, mais relâchés trop tard dans l'océan, où ils meurent d'une lente agonie. Depuis 2007, une loi a considérablement réduit l'utilisation de ces filets dérivants, mais ils ne sont toujours pas interdits.

Cascade de l'île de Maui.

L'armée et l'environnement

La présence militaire sur l'archipel constitue une menace pour l'environnement, et les Hawaiiens la contestent de plus en plus. En 2005, la population a eu la très désagréable surprise d'apprendre que 8 000 tonnes d'armes chimiques avaient été larguées au large d'Oahu pendant la Seconde Guerre mondiale. De quoi s'énerver un petit peu ! Cependant, les manœuvres militaires se poursuivent et leur impact sur l'environnement, même s'il est difficilement mesurable, est incontestable. Sans parler du contenu de dossiers classés secret-défense, qu'on ne découvrira peut-être pas avant des siècles.

Vers un tourisme durable ?

Fréquentée par 7 millions de visiteurs chaque année, Hawaii vit essentiellement de l'industrie du tourisme, et, revers de la médaille, cette industrie exponentielle est une menace pour l'environnement fragile des îles. Aussi est-il urgent de mieux en contrôler le développement. Stations balnéaires, hôtels, restaurants doivent pouvoir continuer à se construire sans nuire aux superbes paysages hawaiiens. D'où l'idée d'un tourisme responsable que l'État de Hawaii veut réussir à mettre en œuvre sur le long terme. Depuis 2002, un groupe d'experts travaille sur le sujet afin d'arriver à un modèle de tourisme durable, viable en 2050 (www.hawaii2050.org).

L'apparition de tour-opérateurs locaux tournés vers l'écotourisme ainsi que les programmes éducatifs destinés à sensibiliser la jeunesse hawaiienne sur les problèmes environnementaux, tendent à montrer qu'un changement des mentalités est véritablement amorcé. Hawaii sera peut-être, dans une trentaine d'années, un exemple mondial de tourisme durable ce qui lui permettra de rester ce paradis du Pacifique !

PARCS NATIONAUX

Hawaii compte deux parcs nationaux : le Haleakala National Park, à Maui, et le Hawaii Volcanoes National Park, à Big Island.

Haleakala National Park. Le parc, au paysage lunaire sublime, s'étend autour du cratère du volcan Haleakala.
Sa faune et sa flore sont activement protégées par les gardiens du site. On y rencontre deux espèces menacées de disparition : l'oie nene et une plante, le « sabre d'argent » (*silversword* ou *ahinahina* en hawaiien), qui doit son nom à ses aiguilles argentées.
Il existe différentes randonnées possibles à travers le cratère du volcan, mais les conditions climatiques y sont rudes (vent glacial et pluie).

Hawaii Volcanoes National Park. Le parc possède à la fois le volcan le plus actif du monde, le Kilauea, et le volcan le plus massif de la planète, le Mauna Loa.
Coté faune et flore, les espèces menacées rencontrées sont les mêmes que dans le cratère du Haleakala, à savoir le sabre d'argent et l'oie *nene*.
Des kilomètres de sentiers de randonnée ont été aménagés à travers le parc. Les parcourir permet de véritablement comprendre la réalité de l'activité volcanique.

FAUNE ET FLORE

Dans la mesure où les îles de Hawaii sont nées de volcans, aucune plante ou animal ne pouvait, à l'origine, se développer sur son sol, tout à fait impropre à la vie. Ce n'est qu'une fois la lave durcie que les graines transportées par le vent ont pu se fixer et que les oiseaux ont commencé à fréquenter ces terres nouvelles. Ce sont en fait les Polynésiens qui, lors de leur installation sur l'archipel, ont apporté sur leurs canoës des plantes et des animaux de leurs îles. Ces espèces se sont adaptées à leur nouvel environnement et ont donné celles qu'on considère aujourd'hui comme « natives » de la région. Le fait que Hawaii soit l'archipel le plus isolé du monde a permis le développement d'une faune et d'une flore uniques, avec 90 % d'espèces endémiques. Les importantes variations climatiques et les multiples microclimats qu'on retrouve sur toutes ses îles ont créé toutes les conditions nécessaires au développement d'une nature riche, à la biodiversité exceptionnelle.
Cependant, il est important de la protéger car cette nature est menacée : 28 % des espèces locales sont en voie de disparition et 75 % ont déjà disparu.

La faune

Les deux seuls mammifères natifs de Hawaii sont le phoque moine et la chauve-souris cendrée hawaiienne.

Phoque moine. Contrairement aux autres espèces de phoques, les phoques moines sont très solitaires. On les trouve essentiellement sur les îles reculées du parc marin national de Papahanaumokuakea, au nord-ouest de la chaîne îlienne principale de Hawaii.
Ces phoques sont considérés comme l'espèce américaine la plus menacée ; il n'en reste que 1 300 sur tout l'archipel !

Chauve-souris cendrée hawaiienne. Reconnaissable à son pelage roux et à sa toute petite taille d'une dizaine de centimètres à peine, la chauve-souris hawaiienne vit surtout dans les arbres et les grottes. On ne la rencontre plus guère que dans la forêt de Kokee, à Kauai et à Big Island.

© HAWAII TOURISM AUTHORITY/PIERCE M MYERS PHOTOGRAPHY

Phoque moine d'Hawaii.

© TRINASUSTERSIC – ISTOCKPHOTO

Baleine dans la baie d'Oahu.

Baleines à bosse. Chaque automne, les baleines à bosse quittent l'océan Arctique, où elles ont font des réserves de nourriture, et font cap sur les mers chaudes de Hawaii, à plus de 5 000 km.
De décembre à avril, c'est là qu'elles s'accouplent ou donnent naissance à leurs petits.

Nene. C'est l'oie emblématique et endémique de Hawaii. Seules 1 000 oies *nene* subsisteraient à l'état sauvage.
La raison ? Elles nichent près du sol, où leurs œufs sont très facilement détruits ou mangés par les prédateurs. On la rencontre surtout en altitude, au sommet du Haleakala, à Maui, ou encore dans la caldera du volcan Kilauea, à Big Island. Cette oie montagnarde est reconnaissable à ses pattes seulement à moitié palmées.

Mangoustes. C'est au XIXe siècle que les mangoustes ont été introduites sur l'archipel dans le but d'exterminer les rats des plantations de canne à sucre. L'idée aurait été bonne, à un détail près : les mangoustes sont diurnes tandis que les rats sont nocturnes ! Depuis, les mangoustes se sont en effet reproduites à une vitesse fulgurante et sont devenus de vrais nuisibles sur presque toutes les îles.

Poissons. Il existe 700 espèces différentes de poissons à Hawaii, dont 110 qu'on ne trouve nulle part ailleurs. Parmi eux, le *humuhumunukunukuapuaa*, qui est le poisson « officiel » de Hawaii.

Requins. 40 espèces de requins vivent dans les mers hawaiiennes. Huit d'entre elles se rencontrent près des côtes mais sont sans danger pour l'homme. Le requin tigre, qu'on reconnaît à sa nageoire caudale pointue et aux rayures verticales de son corps, est le plus dangereux à Hawaii car il est susceptible d'attaquer les hommes. Cependant ces attaques sont rares et ne se produisent qu'une à trois fois par an.

La flore

On dénombre 2 500 espèces de plantes natives à Hawaii.

Les fougères qui sont certainement les premières à avoir poussé à travers les coulées de lave fraîchement durcies.

L'arbre *ohia lehua*, qui pousse à une altitude variant de 300 m à 1 000 m, et qui a certainement dû naître de la lave durcie à la même période ; il est reconnaissable à ses fleurs rouges en forme de pomme.

L'arbre *koa*, une espèce d'arbre endémique de Hawaii, peut mesurer jusqu'à 31 m de haut. Ses fleurs sont jaunes. Les Hawaiiens l'utilisaient notamment pour fabriquer des planches de surf et des canoës.

Le sabre d'argent, ou *ahinahina*, qui pousse uniquement sur les cônes volcaniques, dits *cinder cones*, et qu'on trouve dans le cratère du Haleakala, à Maui, mais aussi sur le Mauna Kea et le Kilauea, à Big Island. Facilement reconnaissable à ses aiguilles argentées, cette plante vit environ vingt ans. Arrivée à maturité, elle produit de jolies fleurs violettes, pour la première et dernière fois car elle meurt peu de temps après. Attention : la cueillette est tentante mais formellement interdite.

Le *ki*, ou le *ti*, une plante aux longues, larges et solides feuilles vertes qui a été introduite sur l'archipel par les premiers habitants polynésiens. Ils l'utilisaient aussi bien pour envelopper de la nourriture que pour la toiture de leur maison. Une fois n'est pas coutume, cette plante native n'est pas menacée et pousse en abondance dans toutes les zones humides de l'archipel.

Les fleurs tropicales sont très nombreuses à Hawaii mais ce ne sont pas des espèces natives. Elles poussent cependant très bien sur l'archipel : bougainvillées, orchidées, oiseaux de paradis, anthuriums, frangipaniers…

Arbres fruitiers exotiques, tels que manguiers, papayers, avocatiers, bananiers sont légion à Hawaii ! Une promenade en pleine nature donne ainsi de nombreuses occasions de manger des fruits, qu'il suffit de cueillir ou de ramasser.

Oiseau de paradis.

Histoire

Les origines (500 apr. J.-C. – 1778)

Débarqués près de Ka Lae, au sud de Big Island, entre les années 500 à 700 apr. J.-C., les Polynésiens originaires des îles Marquises seront les premiers à découvrir et à peupler Hawaii. Une deuxième vague de Polynésiens, tahitiens cette fois, débarquent à Hawaii entre 1 000 et 1 200 apr. J.-C. Ils reprennent rapidement Hawaii aux Marquisiens, qui deviennent leurs esclaves.

Les Tahitiens marqueront durablement l'histoire de Hawaii. Ils y importent leurs traditions, leur langue mais aussi leur religion. Un prêtre tahitien du nom de Paao fonde, vers l'an 1175, l'ordre des *kahuna nui* (grands prêtres), initiant ainsi le développement d'un nouveau système social qui durera pendant des siècles. On peut comparer cette organisation sociale à celle du Moyen Age français… Sur chaque île règne dès lors un *alii nui*, le chef suprême, qui distribue les terres à des sous-chefs comme dans un système féodal. Les *alii* (nobles) sont supposés entretenir des relations avec des divinités et ce sont ces mêmes dieux qui les auraient désignés à leur rang. Juste en dessous des prêtres et des *alii*, on trouve les *makaainana* (roturiers) et, enfin, les *kaua*, qui ont brisé les *kapu* (interdits) et n'ont plus de ce fait ni propriétés ni droits.

Malheureusement, les premiers Hawaiiens n'écrivaient pas, ce qui nous laisse peu de témoignages de l'époque. Toutefois, ils racontaient leur histoire dans des *mele* (chants traditionnels) et les retranscrivaient dans des contes qui se sont transmis oralement de génération en génération.

Découverte par les Occidentaux et développement du commerce (1778-1872)

- **La découverte de Hawaii par les Anglais.** Le premier Européen à avoir accosté à Hawaii était le capitaine Cook, en 1778. Il y arriva presque par hasard, alors qu'il cherchait le passage septentrional entre le Pacifique

Les rois vus par les hawaiiens

Bien que la monarchie hawaiienne ait été abolie en 1893, les habitants de l'archipel restent très fiers de leurs rois. Et, contrairement aux Français, ils ne leur auraient pour rien au monde coupé la tête ! C'est pourquoi de nombreuses avenues, places ou rues portent leurs noms.

De 1810 à 1893, huit rois ont successivement régné sur Hawaii, mais tous n'ont pas eu le même impact sur l'archipel et certains sont plus admirés que d'autres. Kamehameha V (1863-1872) et Lunalilo (1873-1874) passent quasiment inaperçus tandis que le roi Kalakaua fait figure de héros aux yeux des Hawaiiens car il a réhabilité des traditions ancestrales majeures, comme le *hula*.

Quant à Kamehameha Ier, l'artisan de l'unification du royaume de Hawaii en 1810, les Hawaiiens l'assimilent aujourd'hui encore à un demi-dieu capable d'accomplir des exploits extraordinaires.

Les huit rois de Hawaii furent :

- **Kamehameha Ier** (1795-1819).
- **Kamehameha II,** Liholiho (1819-1824).
- **Kamehameha III,** Kauikeaouli (1824-1854).
- **Kamehameha IV,** Alexander Liholiho (1854-1863).
- **Kamehameha V,** Lot Kapuaiwa (1863-1872).
- **Lunalilo William** (1873-1874).
- **Kalakaua David** (1874-1891).
- **Liliuokalani Lydia** (1891-1893).

Le capitaine Cook (1728-1779)

S'il est un explorateur qui fit grandement progresser la connaissance du Pacifique, c'est bien James Cook qui, au cours de ses trois voyages, dressa des cartes quasi complètes. La première expédition, qu'il entreprit en 1768, fut organisée par la Royal Society of London. Cook devait conduire à Tahiti un savant astronome, Charles Green, chargé d'observer Vénus, dans le cadre d'une mission qui se déroulait au même moment au Canada et en Norvège, ainsi que deux naturalistes spécialistes de la flore et de la faune, Joseph Banks et Daniel Solander. Durant les trois mois de son séjour, Cook observa et étudia soigneusement les coutumes polynésiennes qu'il rapporta dans son journal de bord. Ce premier voyage ne se limita pas à l'approfondissement de la connaissance de Tahiti, il se poursuivit vers la Nouvelle-Zélande et l'Australie. Cook revint encore à deux reprises à Tahiti, lors de son second voyage (1772-1775) dans le Pacifique. Il en ramena Omai, un jeune Polynésien, qu'il présenta à la haute société d'Angleterre comme l'archétype du « bon sauvage ». Après avoir passé onze mois à Londres, Cook rapatria Omai à Huahine, où il lui fit construire une habitation lors de sa troisième expédition (1776-1779). C'est pendant ce même voyage, alors qu'il cherchait le « Passage Nord-Ouest » entre le Pacifique et l'Atlantique, qu'il découvrit Hawaii avant d'être tué, la même année, au cours d'un affrontement avec les Hawaiiens, le 14 février 1779.

et l'Atlantique, le fameux « Passage Nord-Ouest ». Cook fit un arrêt rapide à Hawaii (dans la baie de Waimea, sur l'île de Kauai), baptisant alors l'archipel « îles Sandwich » en hommage à son ami, Lord Earl Sandwich, qui avait financé l'expédition. Pendant ce laps de temps très court, les membres de l'équipage auraient introduit sur l'archipel des plantes occidentales invasives et, surtout, les premières maladies vénériennes (les marins avaient quand même trouvé le temps de fricoter avec les jolies vahinés !). Reparti ensuite vers le nord, le capitaine ne reviendra qu'un an plus tard, après être allé en Alaska. Cette fois, il accoste à Big Island, sur Kealakekua Bay. Cook et ses hommes sont très bien accueillis par les Hawaiiens. Et pour cause… Ils prennent Cook pour l'incarnation humaine du dieu de la moisson Lono, car ils débarquent au moment précis où les natifs célèbrent des festivités en l'honneur de ce même dieu ! Ils reçoivent donc de nombreuses offrandes et font commerce avec les Hawaiiens. Après deux semaines de fête continue, ils repartent mais de violentes tempêtes endommagent leurs bateaux et les contraignent à rebrousser chemin au bout d'une semaine. Erreur fatale ! Les Hawaiiens réalisent que Cook n'est qu'un être humain car un dieu n'aurait pu être inquiété par une simple tempête. Dès lors, des bagarres éclatent et les Hawaiiens cherchent à récupérer leurs offrandes. Le capitaine tente de négocier, mais en vain, et finit assassiné avec une partie de ses hommes, le 14 février 1779.

Kamehameha le Grand (1810-1819). Quand Cook découvre Hawaii, l'archipel est divisé et chaque île est dirigée par un chef guerrier, selon le système féodal établi par les Tahitiens à leur arrivée.

Mais, en 1810, un noble guerrier de Big Island prénommé Kamehameha parvient à unifier les îles après avoir soumis un à un tous leurs chefs. Dès lors, Kamehameha Ier gouvernera le royaume pendant 9 ans.

Pendant son règne, le bois de santal est exporté avec succès vers la Chine, le commerce avec les États-Unis et la Grande-Bretagne se développe.

Les premiers baleiniers arrivent à Kealakekua Bay en 1819 et Hawaii profite économiquement de cette nouvelle pêche grâce à sa position centrale dans l'océan Pacifique. Cependant, à la faveur de ce commerce, de plus en plus d'étrangers viennent s'installer à Hawaii et ébranlent peu à peu le pouvoir du roi Kamehameha Ier.

La dynastie des Kamehameha. Quand Kamehameha Ier meurt en 1819, son fils Liholiho lui succède et devient Kamehameha II (1819-1824). Toutefois, d'après les historiens, c'est la femme préférée du roi qui gouvernait de fait. Prénommée Kaahumanu, elle était parvenue à convaincre le roi d'abandonner l'ancestrale religion hawaiienne. Cela commença par l'abolition du système des *kapu* (interdits), qui interdisaient notamment que les femmes et les hommes mangent à la même table.

Chronologie

500-750 > Les premiers Polynésiens, les Marquisiens, s'installent à Hawaii.

1000-1200 > Arrivée à Hawaii d'une deuxième vague de Polynésiens venus de Tahiti. Installation durable des Tahitiens qui dominent les Marquisiens. Les fondements de la religion hawaiienne sont posés. Instauration d'une organisation féodale de la société.

1778 > Le capitaine Cook découvre Hawaii, qu'il baptise « Les îles Sandwich ».

1810 > Kamehameha Ier unifie l'archipel et crée le royaume de Hawaii.

1813 > Les explorateurs espagnols introduisent l'ananas sur l'archipel.

1819 > Abolition de la religion hawaiienne, destruction des temples et des idoles.

1820 > Les premiers missionnaires, originaires de Boston, s'installent à Hawaii.

1840 > Première Constitution hawaiienne. Création d'un Parlement, de la liberté religieuse et du droit de vote pour tous les hommes vivant à Hawaii.

1835 > Mise en place de la première plantation sucrière à Koloa, sur l'île de Kauai.

1848 > Traité « Grand Mahele » sur l'accès à la propriété qui amplifie les inégalités entre Hawaiiens et propriétaires terriens.

1875 > Signature du traité de réciprocité entre Hawaii et les États-Unis. Le sucre hawaiien est détaxé sur le marché américain en échange de la cession de Pearl Harbor aux Américains.

1881 > Introduction des noix de macadamia à Hawaii.

1887 > Constitution Bayonet qui donne le droit de vote aux propriétaires terriens et lèse une fois de plus les Hawaiiens, à qui il ne reste que 0,9 % des terres.

1893 > Renversement de la reine Liliuokalani et abolition de la monarchie. Mise en place d'un gouvernement provisoire.

1894 > Proclamation de la république de Hawaii. Sanford Dole est nommé gouverneur.

1898 > Annexion officielle de Hawaii par les États-Unis.

1900 > Hawaii devient un territoire américain.

1920 > Création des « Hawaiian Home Lands », des concessions louées aux Hawaiiens afin de leur redistribuer des terres. Mais, encore une fois, le système s'avère injuste pour les locaux.
Débuts du tourisme à Hawaii.

1941 > Attaque japonaise de Pearl Harbor et entrée des États-Unis dans la Seconde Guerre mondiale.

1942 > Bataille de Midway.

1945 > Reddition japonaise, le 1er septembre. Armistice, le 8 mai 1945.

1959 > Le 21 août 1959, Hawaii devient le 50e Etat des Etats-Unis.

1950-1970 > Premier boom du tourisme sur l'archipel.

1970-1980 > Naissance et renforcement d'un mouvement d'activistes hawaiiens natifs autour de l'*aloha aina* (amour de la terre).

1976 > « Project Kahoolawe Ohana » mis en place par les activistes, pour que l'armée américaine quitte l'île de Kahoolawe et y cesse les entraînements.

1er mai 1976> Voyage Hawaii/Tahiti à bord du canoë Hokulea.

1992 > Fermeture de l'exploitation Dole à Lanai.

1993 > Retrait de l'armée américaine de l'île de Kahoolawe, qui devient une réserve protégée. Voyage Hawaii/Tahiti à bord du canoë Hawaiiloa. Vote du décret « Apology Resolution », les Etats-Unis battent leur *mea culpa* devant les Hawaiiens natifs.

1995 > Fermeture de la dernière industrie sucrière de l'archipel, située sur Big Island.

4 novembre 2008 > Élection de Barack Obama, le premier président des Etats-Unis né à Hawaii.

2009 > Le Mauna Kea, plus haut sommet des îles de Hawaii, est sélectionné pour accueillir le plus grand télescope du monde, le TMT (Thirty meter télescope).

2012 > Réélection de Barack Obama à la présidence des Etats-Unis.

Ensuite, on détruisit les *heiau* (temples) ainsi que les idoles. La reine Kaahumanu devint ainsi la première femme du royaume hawaiien à exercer une véritable influence sur le pouvoir. Mais elle-même était influencée par les premiers missionnaires débarqués à Hawaii pour convertir les habitants. Elle fut l'une des premières converties, les missionnaires l'ayant persuadée que la religion de ses ancêtres n'était que barbarie.

En 1823, le roi et sa femme firent leur premier... et dernier voyage officiel en Angleterre. Comme chez tous les Hawaiiens natifs, leur immunité contre les maladies occidentales était très faible ; tous deux contractèrent alors la rougeole, mais seul le roi en mourut.

Le troisième fils de Kamehameha Ier, Kauikeaouli, âgé de 9 ans à peine, monta donc sur le trône et devint Kamehameha III (1824-1854). Le jeune roi fut placé sous la régence de Kaahumanu et le resta jusqu'à la mort de celle-ci, en 1832.

Éduqué par les missionnaires protestants, le roi ne savait pas vraiment à quel saint se vouer : il se trouva tiraillé entre les intérêts de son peuple et ceux des colons (soit, entre autres, ces mêmes missionnaires qui l'influençaient tant).

Le roi finit par opérer de profonds changements dans la société hawaiienne, changements qui, à y regarder de plus près, n'étaient pas vraiment favorables aux Hawaiiens natifs. En 1840, il établit une première Constitution hawaiienne qui mettait en place un Parlement, autorisait la liberté religieuse et donnait le droit de vote à tous les hommes vivant à Hawaii, colons inclus. Jusque-là, tout allait plus ou moins bien pour le peuple hawaiien... Huit ans plus tard, il fit voter le décret de 1848, dit « Grand Mahele » (la Grande Division), qui mettait un terme au système de propriété féodal injuste avantageant les *alii* (nobles) aux dépens des *makaaina* (roturiers). Kamehameha III posait ainsi les premières bases légales d'accession à la propriété privée, désormais ouverte à tout le monde. Le problème, c'est qu'elle l'était aussi pour les colons et les investisseurs, qui n'attendaient que ça ! Et c'est là que les Hawaiiens natifs ont été soudain considérablement désavantagés par rapport aux colons...

En moins de temps qu'il ne faut pour le dire, ces derniers achetèrent presque toutes les terres de l'archipel, laissant une véritable peau de chagrin aux Hawaiiens natifs, à qui il ne resta plus que 0,9 % de part du gâteau. Si les Hawaiiens natifs ne se sont pas précipités pour acheter des terres, c'est que la propriété n'était pas un concept vraiment implanté dans leur culture... Pour eux, la terre appartenait à tout le monde ! Une vision idéaliste aux antipodes de celle des businessmen de l'époque, qui, grâce à ces terres nouvellement acquises allaient devenir une puissance économique et politique à part entière à Hawaii.

L'émergence de l'industrie (1840-1940)

Parallèlement à l'ouverture du droit de propriété à tous les résidents de Hawaii, en 1848, l'industrie baleinière est en déclin, ce qui entraîne un report des investissements dans le domaine de l'agriculture, les colons ayant récemment acquis de nombreuses terres. Tout au long du XIXe siècle, deux cultures majeures vont se développer sur l'archipel et devenir le moteur de l'économie hawaiienne : celle de l'ananas et celle de la canne à sucre. La plupart des plantations sont dirigées par des hommes d'affaires américains ayant accédé à la propriété en 1848.

La canne à sucre. En 1835, la première plantation sucrière est fondée à Koloa, sur l'île de Kauai. Elle entraîne la création de dizaines de plantations similaires à travers l'archipel et l'industrie du sucre connaît une croissance exponentielle, devenant rapidement le business le plus lucratif de Hawaii. Il le restera jusqu'au milieu du XXe siècle.

Toutefois, au moment de ce boom industriel, les usines manquent cruellement de main-d'œuvre. C'est pourquoi, en 1850, sera votée une loi permettant l'embauche des ouvriers étrangers. Ces derniers viennent de Chine, du Japon, des Philippines et même du Portugal (seul pays européen d'où des travailleurs ont émigré vers Hawaii). L'actuelle diversité de la population hawaiienne résulte directement de cette immigration. Le cosmopolitisme hawaiien est un produit pur sucre !

L'ananas. En 1901, James D. Dole ouvre une conserverie d'ananas à Wahaiwa, sur l'île d'Oahu, posant les jalons de la « Hawaiian Pineapple Company ». En 1922, il décide de cultiver ses propres ananas sur l'île de Lanai, dont il achète les terres. C'est ainsi qu'en 1950 la compagnie Dole devient la société productrice d'ananas la plus importante du monde ! Son succès durera une bonne partie du XXe siècle, jusqu'à la faillite de l'exploitation Dole (c'est le groupe hôtelier Castle Cooke qui rachètera ses terres).

Quoi qu'il en soit, à la fin du XIXe siècle, l'industrie de l'ananas devient, après celle du sucre, la deuxième de l'archipel et le reste jusqu'au milieu des années 1940.

La fin de la monarchie et l'annexion américaine (1875-1900)

En 1874, David Kalakaua (1836-1891) devient roi. Son règne est marqué par la réhabilitation des traditions hawaiiennes auxquelles il est attaché, mais aussi par son goût du luxe, comme en témoignent sa vie dissolue et sa fréquentation des industriels étrangers. Il réintroduit la culture hawaiienne à travers deux actes fondamentaux : il remet à l'honneur le *hula* (qui avait été interdit par les missionnaires) et écrit les paroles de l'hymne national hawaiien *Hawaii Ponoi*. A peine arrivé au pouvoir, il se rend aux Etats-Unis ; c'est le premier roi de Hawaii à faire un tel voyage. C'est ainsi qu'il signe, à Washington, un traité de réciprocité avec le président américain en 1875 : en échange de la cession de la baie de Pearl Harbor, le sucre hawaiien est détaxé sur le marché US, ce qui augmente considérablement les revenus des planteurs et accentue le boom de l'industrie sucrière. Parallèlement, certains produits américains sont vendus hors taxes sur le territoire hawaiien. Les Américains voient donc, à travers ce traité, leur suprématie commerciale renforcée sur le marché hawaiien, aussi bien à l'extérieur qu'à l'intérieur de l'archipel (de nombreux industriels américains ont investi dans le sucre hawaiien). Sous la pression de la Ligue hawaiienne des propriétaires terriens, le roi signe la Constitution Bayonet, en 1887. Elle est particulièrement injuste car elle limite le droit de vote aux propriétaires terriens, ce qui exclut presque tous les Hawaiiens qui ne possèdent quasiment pas de terres et les immigrés asiatiques venus travailler dans les plantations qui n'en possèdent pas même un lopin ! C'est pourquoi un groupe de Hawaiiens, dont Robert Wilcox est le leader, tente de renverser le roi, en 1889, et de faire annuler le vote de cette Constitution. La révolte se solde par un échec. David Kalakaua meurt deux ans plus tard, à San Francisco. C'est Liliuokalani (1838-1917), sœur de David Kalakaua, qui devient alors reine. En 1893, elle est bien décidée à faire voter une nouvelle Constitution, moins favorable aux étrangers et plus équitable pour les Hawaiiens natifs. Mais, très vite, un comité de salut public est formé par des Américains vivant à Hawaii et sur le continent, pour s'opposer aux projets de la reine. Ils la renversent en 1893 et la monarchie hawaiienne est abolie. Un gouvernement provisoire constitué de colons américains prend les rênes du pouvoir. À sa tête : Sanford Dole, qui est l'un des ancêtres de la dynastie Dole. Toutes les puissances occidentales, sauf l'Angleterre, reconnaissent ce nouveau gouvernement. Le lendemain, une commission demande l'annexion de l'archipel aux États-Unis et la loi martiale est votée. Cependant, le président américain Cleveland, supplié par la princesse Kaiulani (héritière du trône), refuse l'annexion tandis que, en 1894, est proclamée la république de Hawaii avec Sanford Dole pour président. Robert Wilcox et ses amis se révoltent de nouveau, cherchant à rendre le pouvoir à la reine Liliuokalani, mais la répression est sanglante et la reine, accusée de complicité, arrêtée et mise en résidence surveillée pour une durée de 5 ans. Finalement, sous la présidence de William McKinley, le successeur de Cleveland, le Congrès vote l'annexion officielle de Hawaii, en 1898. Les Hawaiiens boycottent la cérémonie dans le calme. En 1900, Hawaii devient un territoire américain et c'est Sanford qui en devient le gouverneur.

Le début du XXe siècle

Peu après l'annexion, les Américains entreprennent d'importants travaux sur la base de Pearl Harbor qui deviendra, au cours des décennies suivantes, la plus grande base militaire de la planète. La Première Guerre mondiale, dans laquelle les États-Unis s'engagent tardivement (1917), passe quasiment inaperçue à Hawaii... Prétendument dictées par le souci de rendre aux Hawaiiens une partie de leurs terres perdues lors de la signature du traité « Grand Mahele » (1848), les « Hawaiian Home Lands » sont votées en 1920. En fait, c'est de la poudre aux yeux car les propriétaires terriens sont encore une fois bien avantagés. C'est aussi l'époque où quelques millionnaires américains viennent faire du tourisme à Hawaii. Mais ce n'est qu'un début !

La Seconde Guerre mondiale (1941-1945)

▶ **Pearl Harbor.** Le 7 décembre 1941, peu avant huit heures du matin, une attaque japonaise surprise est lancée contre la base navale américaine de Pearl Harbor, située sur l'île d'Oahu. Plusieurs centaines d'avions de chasse nippons survolent la baie pour torpiller un à un les navires et avions américains. L'objectif est simple : anéantir la flotte américaine dans le Pacifique pour ne rester que la seule puissance militaire dans cet océan. Si les tensions entre les Etats-Unis et le Japon n'avaient cessé d'augmenter depuis les tentatives d'annexion de la Chine par le Japon, l'armée américaine était loin d'imaginer un tel assaut. Résultat : en deux heures seulement on décompte 2 403 morts et 1 178 blessés du côté des Américains.

La violence de l'attaque que le Président qualifie de « lâche et injustifiée » et sa situation aux portes du continent crée un véritable choc aux États-Unis qui étaient jusqu'alors restés en dehors des conflits armés. Le Président Franklin D. Roosevelt demande l'entrée en guerre contre l'Empire du Japon, approuvé massivement par le Congrès. Dans son discours officiel, il déclare « Nous n'allons pas seulement nous défendre, mais faire en sorte que ce genre de trahison ne puisse plus jamais nous mettre en danger ». En quelques jours le jeu des alliances s'enclenche : le Japon s'unit à l'Allemagne et l'Italie déclare elle aussi la guerre aux Etats-Unis. Heureusement pour les Etats-Unis, une partie des avions de guerre et des sous-marins avait quitté la baie ce jour-là et ont donc été épargnés par l'attaque. De même, une partie des équipements de Pearl Harbor reste utilisable, ce qui permet aux Etats-Unis de réagir rapidement. La Seconde Guerre mondiale bat désormais son plein.

Le rôle stratégique de Hawaii. Suite à l'attaque de Pearl Harbor et à la victoire des Américains lors de la bataille de Midway, en 1942, Hawaii devient une base militaire stratégique de première importance pour les Américains, dans le Pacifique.

Les Hawaiiens ont été nombreux à servir les États-Unis pendant la guerre. C'est ainsi que nombre d'entre eux, d'origine japonaise, ont servi d'interprète aux soldats américains lors de la capture d'ennemis nippons. Beaucoup de Hawaiiens ont aussi combattu vaillamment sur le front en Europe. Avec la capitulation allemande du 8 mai 1945, puis la reddition des Japonais, le 1er septembre, les combats ont cessé dans le Pacifique.

Aloha State (1945-1970)

L'entrée dans l'Union. La question de l'entrée de Hawaii dans l'Union américaine se pose en fait depuis la fin de la monarchie, au Congrès américain où les débats sont passionnés à ce sujet. Le rôle stratégique de Hawaii pendant la Seconde Guerre mondiale incite les Américains à en faire un État à part entière, mais ils redoutent les conflits communautaires qui agitent l'archipel et trouvent que ce dernier est trop éloigné géographiquement du continent américain. Finalement, le 21 août 1959, Hawaii devient le 50e Etat américain.

Le développement du tourisme. Avec la fin de la Seconde Guerre mondiale et le développement du trafic aérien, les promoteurs immobiliers investissent de plus en plus dans l'industrie du tourisme à Hawaii. À partir des années 1950, les Américains commencent à s'y rendre en masse et, dès lors, leur engouement pour l'archipel ira en s'amplifiant. Parmi eux, un certain Elvis Presley, qui, tombé amoureux de Hawaii, contribuera considérablement à populariser cette destination paradisiaque en y donnant de nombreux concerts et en y tournant plusieurs films.

La renaissance hawaiienne (1970-1990)

Les « Hawaiian Home Lands » . C'est sur l'impulsion du prince Kuhio, délégué territorial au Congrès, que sont mises en place, en 1920, les dispositions des « Hawaiian Home Lands », destinées à redistribuer des terres aux Hawaiiens. Elles deviennent des dispositions légales en 1921. Ces « Homestead Lands » sont en fait des concessions louées à la population hawaiienne pour 1 US$ symbolique par an. La seule condition nécessaire pour pouvoir prétendre à l'une de ces terres, c'est de pouvoir justifier qu'on a eu au moins 50 % d'ancêtres hawaiiens natifs. Mais, comme il est dit plus haut, ce n'est que de la poudre aux yeux parce que les terres ainsi concédées sont choisies en accord avec les grands propriétaires qui contrôlent plus de la moitié du territoire. On donne donc aux Hawaiiens les terres les plus inaccessibles et les moins fertiles... Ce n'est pas un hasard si elles se répartissent essentiellement sur l'île reculée de Molokai ou sur la volcanique Big Island, difficilement cultivable. Aussi, les Hawaiiens qui reçoivent ces terres ne peuvent guère en vivre. Tout au plus, peuvent-ils y construire leur maison.

Les Hawaiiens ont très mal vécu cette répartition injuste. Ce manque d'équité va profondément nourrir le mouvement d'activistes hawaiiens, amorcé par Wilcox dès la fin du XIXe siècle et qui est à son apogée dans les années 1970.

Leur credo est l' *aloha aina*, soit l'amour de leur terre. L'île de Kahoolawe, sur laquelle s'entraîne l'armée américaine et qu'elle occupe depuis la Seconde Guerre mondiale, sera au cœur des revendications des activistes qui, en 1976, créent le « project Kahoolawe Ohana », afin de chasser la Navy de l'île. En 1993, les Hawaiiens obtiennent gain de cause car une loi vote le retrait de l'armée de Kahoolawe et confère à l'île le statut de réserve protégée.

Le voyage du Hokulea. Le canoë *Hokulea* est l'exacte réplique du canoë utilisé par les Tahitiens lorsqu'ils débarquent à Hawaii et s'y installent, vers l'an 1000. Le 1er mai 1976, des Hawaiiens embarquent sur le *Hokulea* et rament jusqu'à Tahiti. Ils utilisent exactement les mêmes méthodes de navigation que leurs ancêtres, qui s'orientaient à partir des étoiles. En effectuant ce voyage, ces Hawaiiens manifestent l'attachement à leur culture et leur besoin d'un retour aux sources.

Quand le canoë arrive à Tahiti, au bout de 33 jours, les voyageurs sont acclamés par 17 000 spectateurs et les médias relaient largement l'événement. Le fameux bateau a coulé en 1978, mais une expérience identique est menée en 1993, avec le voyage du canoë *Hawaiiloa*.

Honolulu Museum of Art.

Hawaii aujourd'hui

Recherche d'identité. Dans les années 1990, de nombreux efforts politiques sont faits envers les Hawaiiens natifs afin de réparer les injustices du passé. En 1992, la fermeture de la compagnie Dole, la gigantesque exploitation d'ananas de Lanai, puis, en 1995, celle de la dernière industrie sucrière en activité, située à Big Island, contribuent grandement à calmer les esprits... Elles marquent, en effet, la fin de près d'un siècle d'exploitation de la population locale par les propriétaires terriens. En 1993, est votée l' « Apology Resolution » (littéralement, le décret des excuses). À travers cette résolution, les États-Unis présentent leurs excuses aux Hawaiiens natifs pour avoir renversé leur monarchie en 1893 et pour les avoir privés de leur droit à l'autodétermination.

Aujourd'hui la quête d'identité se poursuit à Hawaï. Si les mouvements indépendantistes restent minoritaires, la spécificité culturelle est désormais valorisée, notamment pas la multiplication des écoles polynésiennes qui visent à transmettre aux enfants des connaissances pendant longtemps oubliées. Les cours sont dispensés en hawaiien et on y apprend les danses et chants traditionnels. Le tourisme est également le premier moyen de diffusion de la culture traditionnelle. Les *luaus* retracent l'histoire de l'archipel et partout des villages traditionnels sont reconstruits pour rétablir les liens avec le passé.

Reconversion économique. Hawaii doit trouver ses propres sources de revenus pour lutter contre la vie chère et la paupérisation causée par son isolement géographique. Le tourisme, désormais prioritaire, n'a plus cessé de se développer depuis les années 1950 et c'est aujourd'hui le principal moteur économique de Hawaii. Hawaii se spécialise donc dans le secteur tertiaire et des jeunes du continent commencent à venir s'y installer pour travailler dans l'hôtellerie. L'objectif est de proposer un tourisme de qualité et dynamique pour donner aux visiteurs envie de revenir. Et ça marche, en 2013, 65 % des visiteurs qui entraient à Hawaii étaient déjà venus sur le territoire. Hawaii tente également de développer ses relations avec l'Asie et notamment le Japon, son principal client touristique et investisseur étranger.

Politique et économie

POLITIQUE

Structure étatique

Hawaii est composée de quatre comtés : Oahu, Maui (avec Molokai et Lanai), Big Island et Kauai. Leurs élus siègent au Sénat ou à la Chambre des Représentants, comme dans le reste des États américains. Tous les quatre ans, un gouverneur est élu. Depuis décembre 2014, le démocrate David Yutaka Ige, est gouverneur d'Hawaii.

Partis

Comme dans le reste des Etats-Unis, les deux partis américains sont représentés à Hawaii : le parti républicain et le parti démocrate.

Il existe un seul parti politique indépendantiste, Hawaii Independence Party**,** officiellement reconnu depuis 2014. Une multitude de mouvements séparatistes gravitent cependant autour de l'organisation Nation of Hawaii qui milite pour l'indépendance et la souveraineté de l'archipel. S'ils restent largement minoritaires à Hawaii, vous aurez peut-être l'occasion de croiser leurs militants qui parcourent les lieux touristiques avec des 4x4 en diffusant des messages au mégaphone, surtout sur Kauai.

Enjeux actuels

La répartition des terres toujours au cœur des débats. Les combats de la communauté afro-américaine contre les lois ségrégationnistes dans les années 1960, conjugués à la renaissance culturelle hawaiienne amorcée par les activistes dans les années 1970, ont développé une conscience politique réelle chez les Hawaiiens natifs qui revendiquent désormais clairement leurs droits et réclament avant tout une juste répartition des terres de leurs ancêtres pour les membres de leur communauté. Certes, il y eut la création des « Hawaiian Home Lands », en 1920, qui permit à tout Hawaiien, contre 1 US$ symbolique par an, d'obtenir de l'État une concession de terre, à condition de pouvoir prouver qu'il a au moins 50 % d'ancêtres hawaiiens natifs.

L'OHA, un organisme en perte de vitesse

Lors de la renaissance culturelle hawaiienne, dans les années 1970, il apparut urgent de mieux gérer les intérêts des Hawaiiens natifs afin de réparer les torts qu'ils ont subis par le passé et les aider à mieux s'intégrer dans la société. C'est dans ce but qu'a été créé, en 1978, l'OHA (Office of Hawaiian Affairs), un organe politique et consultatif qui vise à améliorer les conditions de vie des citoyens hawaiiens natifs (un seul ancêtre suffit). Il dispose d'un fonds relativement important qui permet de financer écoles, hôpitaux, centres culturels… L'OHA étant un véritable acteur au niveau local et ses membres ne pouvant être élus que par des citoyens d'origines natives, la machine semblait rodée pour améliorer leur vie. Mais ces « avantages » ne concernant pas tous les Hawaiiens, qui ne pouvaient notamment pas élire les membres de l'OHA, les mécontents n'ont pas tardé à se faire entendre… Un certain Rice V. Cayetano, un « haole », soit un descendant d'Occidentaux (de missionnaires plus précisément), décida de porter plainte contre l'État pour discrimination ! Il obtint gain de cause auprès de la Cour suprême en 2000 et, depuis, tous les Hawaiiens – toutes origines confondues – peuvent participer aux élections des membres de l'OHA. Cependant, par solidarité avec les Hawaiiens natifs, de nombreux « haole » (Occidentaux) préfèrent s'abstenir lors de ces élections…

Chaque dossier est scrupuleusement étudié par la DHHL (Department of Hawaiian Home Lands), qui est l'administration officielle chargée de cette redistribution des terres. Cependant, les terres qui ont été ainsi concédées étaient isolées et peu fertiles… Bon nombre de hawaiiens y ont donc construit une maison mais tous n'en ont pas les moyens, sans compter qu'obtenir un prêt bancaire en ces temps de crise économique relève d'un parcours du combattant, souvent sans fin… C'est ainsi que, malgré l'acquisition d'un terrain, de nombreux Hawaiiens se retrouvent dans l'impasse et sont contraints de vivre sur place dans leur voiture ou dans les campings à proximité.
Enfin, pour ne rien arranger, dans les années 1980, la DHHL a été le théâtre de différents scandales. Pour engranger plus de bénéfices (1 US$ par an et par Hawaiien, c'est peu en effet !), de nombreuses terres auraient été attribuées à des investisseurs privés. L'affaire la plus connue est celle du Parker Ranch qui aurait acquis un bon nombre de terrains via la DHHL mais ce n'est pas la seule… Il est vrai que la plupart de ces concessions ont été annulées par la justice, mais les complicités entre les membres de la DHHL et les hommes d'affaires qui ont été révélées au grand jour ainsi que l'appât du gain de cet organisme d'État ont durablement porté atteinte à sa crédibilité. Aujourd'hui, la situation ne semble guère s'être améliorée : seulement 20 % de la superficie totale des « Hawaiian Home Lands » ont été distribués depuis 1921 !

Une armée omniprésente. Hawaii est l'État américain le plus militarisé : 45 000 militaires et 56 600 personnes en tout, si on inclut leur famille. Sans compter les 116 000 vétérans qui ont choisi de résider à Hawaii jusqu'à la fin de leurs jours… Il est vrai qu'après le tourisme, l'armée est le deuxième secteur économique le plus important de Hawaii. Mais la population a de plus en plus de mal à accepter cette présence militaire. D'abord en raison des impacts catastrophiques des entraînements de l'armée sur l'environnement à Hawaii mais surtout parce que les Hawaiiens natifs trouvent injuste que tant de terres des « Hawaiian Home Lands » soient, aujourd'hui encore, occupées par l'armée US. À titre d'exemple, cette dernière occupe presque un quart de l'île d'Oahu car c'est là que se trouvent les quartiers généraux des forces américaines du Pacifique, ce qui en fait la plus grande base militaire au monde !

Les velléités indépendantistes. En raison des dérapages de la DHHL et de l'élargissement de la représentativité de l'OHA à tous les Hawaiiens, le malaise est grandissant chez les citoyens natifs qui ont souvent l'impression qu'on veut les empêcher de jouer leur rôle dans la société. Ce contexte houleux a donc été plus que propice au développement de certains des mouvements souverainistes et indépendantistes, ces dernières années. Même si leurs membres ne sont pas coordonnés et qu'ils ne sont pas tous d'accord sur la méthode à employer, ils ont tous une idée commune : les Hawaiiens natifs ne doivent plus passer par des intermédiaires mais s'administrer directement eux-mêmes. Certains vont jusqu'à souhaiter le retour de la monarchie et d'autres à réclamer l'indépendance de Hawaii, à l'image du groupe « The Independent Nation of Hawaii » (www.hawaii-nation.org).

ÉCONOMIE

Principales ressources

Le tourisme est bien la ressource principale d'Hawaii. L'agriculture de l'archipel est devenue marginale. Après avoir connu les fastes de l'industrie sucrière et de la production d'ananas, du milieu du XIXe siècle au début du XXe, l'agriculture hawaiienne semble s'être endormie ! Dépassés par la concurrence de l'ananas philippin beaucoup moins cher, les agriculteurs n'en cultivent plus que sur Maui, pour entretenir le folklore. Quant à l'industrie du sucre, elle a décliné à partir des années 1930, à la suite, dit-on, des augmentations salariales obtenues par les ouvriers à force de grèves et de pressions syndicales. Sans oublier la concurrence internationale de plus en plus rude due au développement du sucre de betterave, beaucoup moins coûteux. Il ne subsiste donc plus que deux toutes petites exploitations qui fabriquent du sucre à Hawaii, l'une à Maui et l'autre à Kauai. Et, comme pour l'ananas, c'est devenu une production anecdotique. Nombre de ces champs de canne à sucre et d'ananas ont donc été reconvertis : les cultures des noix de macadamia, de café et de fruits exotiques ont pris le relais sur les différentes îles. Malgré cette adaptation, l'agriculture hawaiienne n'équivaut qu'à 2 % du PNB de l'État !

Place du tourisme

Le tourisme est la principale ressource économique de Hawaii. Il représente près de 40 % du PIB et a rapporté 14,52 milliards à l'Etat d'Hawaii en 2013, dont plus de 7 milliards pour l'île d'Oahu. En 2012 plus de 500 000 amoureux sont venus passer leur voyage de noces à Hawaii.

D'abord réservé aux très riches, dans les années 1920-1930, le tourisme s'ouvre à toutes les franges de la population américaine dans les années 1950. Le secteur devient même plus lucratif que celui de l'agriculture au cours des années 1960 : c'est une première. Et, à partir de 1980 et pendant une décennie, Hawaii enregistre ses plus importants pics de fréquentation... Malgré quelques fluctuations depuis, le tourisme reste aujourd'hui la principale source de revenus de l'État. En 2013, on a recensé 8,2 millions de visiteurs à Hawaii et ils auraient permis d'accumuler 14,52 milliards de dollars de revenus. Les 2/3 de ces touristes viennent des États-Unis et près d'1/4 du Japon. A noter : 65% des touristes qui se sont rendus à Hawaii en 2013 y étaient déjà allés auparavant. Vous êtres prévenus, vous allez en redemander !

Enjeux actuels

Vie chère et population en phase de paupérisation. Hawaii est d'abord un archipel isolé qui importe 80 % de ses produits, ce qui augmente de façon significative leur coût final pour le consommateur. Deux facteurs essentiels ont rendu la vie encore plus chère à Hawaii : la spéculation immobilière des riches Japonais, dans les années 1970, et l'important pouvoir d'achat des retraités américains venus s'installer sur l'archipel. Si on ajoute à cela la récente crise économique et le manque de terres auquel est confronté tout l'archipel mais qui est un problème accru à Hawaii, trouver une maison pour un prix décent à Hawaii relève de la gageure ! Conséquence logique : les plus faibles sont les premiers touchés. C'est ainsi que ne pouvant plus payer leur loyer, des milliers de Hawaiiens se sont retrouvés sans abri ces quinze dernières années. Ils représentent 0,5 % de la population totale et la plupart sont des Hawaiiens natifs.

C'est pour cette raison que bon nombre de citoyens hawaiiens ont décidé de quitter leur île pour s'installer sur le continent où la vie est tout de même moins chère.

Hawaii a pu bénéficier du redressement économique global des Etats-Unis depuis la fin du premier mandat de Barack Obama, mais l'Etat reste encore à la traine. En 2010 le PIB d'Hawaii avait brusquement chuté de 4 % mais il a depuis repris une progression constante de 2 % par an pour atteindre son taux record en 2013. Les revenus individuels ont eux aussi augmenté de 4 % depuis 2010. Le taux de chomage a quant à lui diminué de 2 % en quatre ans. Une évolution positive qu'Obama promet de renforcer dans ses vœux de 2015.

Lanikai Beach, Oahu.

Population et langues

POPULATION

La population totale de Hawaii est de 1 404 054 habitants (juillet 2013). Ses habitants se répartissent sur 7 des 8 îles principales de l'archipel, à savoir Oahu, Big Island, Maui, Lanai, Molokai, Kauai et Niihau. Seule Kahoolawe est inhabitée.
70 % de la population se concentre sur Oahu. La densité varie considérablement d'une île à l'autre, principalement en fonction du relief qui fait que des terres sont habitables ou non.
Hawaii a une population dont la composition est absolument unique aux États-Unis ! C'est le seul Etat où les Blancs sont en minorité et les « minorités » en majorité…
Les Américains d'origine asiatique constituent « la minorité » la plus importante puisqu'ils représentent 41 % de la population, tandis que les Blancs n'en représentent que 27 %. Au fond, rien d'étonnant à ce que Hawaii soit de loin l'État américain où le taux de mixité raciale est le plus haut puisqu'il s'élève à 24 %.

© RANDYJAYBRAUN – ISTOCKPHOTO

Danseuse de hula hawaïenne.

Les Hawaiiens natifs

Les Hawaiiens natifs, soit les descendants des Polynésiens, ne représentent que 9 % de la population ! 20 % des habitants de Hawaii déclarent cependant avoir des origines natives, même si ce n'est pas leur dominante ethnique. Depuis l'arrivée des Occidentaux à Hawaii au XVIIIe siècle, ils ont été progressivement décimés par de nombreuses maladies contre lesquelles ils n'étaient pas immunisés.
D'après l'OHA (Office of Hawaiian Affairs), les Hawaiiens natifs de descendance à 100 % polynésienne ne représenteraient en fait pas 9 % de la population mais seulement 1 %, soit à peine 8 000 personnes ! Quand, toujours selon l'OHA, on sait qu'ils sont parmi les plus pauvres et les moins bien soignés de l'État, il y a de quoi sérieusement s'inquiéter pour la survie de ce peuple ancestral…

Les Blancs

Arrivés dans le sillage du capitaine Cook, les Anglais ont été les premiers Européens à s'installer sur l'archipel dès la fin du XVIIIe siècle. Il s'agissait essentiellement de marins travaillant sur des baleiniers ou de commerçants. L'influence britannique a été très importante à Hawaii, bien plus que celle des Américains, comme en témoigne l'Union Jack sur le drapeau hawaiien.
Une deuxième importante vague de migration a eu lieu à partir de 1820, avec l'installation des premiers missionnaires protestants venus tout droit de la région de Boston. Bon nombre de ces Américains effectuèrent un éprouvant voyage en mer pour la toute première fois. La troisième vague de population occidentale à débarquer à Hawaii, à partir des années 1870, a été celle des Portugais. Originaires de Madère et des Açores, ils venaient sur l'archipel pour travailler dans les plantations sucrières qui manquaient de main-d'œuvre. Si les Portugais n'ont pas réussi à s'imposer à Hawaii, ils ont tout de même changé la musique hawaiienne à tout jamais en inventant

© HAWAII TOURISM AUTHORITY (HTA) _ TOR JOHNSON

Kayakistes se dirigeant vers les îles Mokulua, depuis Lanikai Beach.

le ukulélé, un instrument inspiré d'une petite guitare qu'ils avaient rapportée dans leurs bagages (la braguinha).

Les Asiatiques

Tout comme les Portugais, les Asiatiques sont venus s'installer à Hawaii au XIXe siècle, pour travailler dans les plantations de canne à sucre qui manquaient de main-d'œuvre.
Les premiers venus sont les Chinois, dans les années 1850. Une deuxième vague d'immigration chinoise a eu lieu dans les années 1870 et, c'est à cette même période qu'ont débarqué, pour la première fois, de nombreux ouvriers japonais. C'est aujourd'hui le groupe d'origine asiatique majoritaire à Hawaii. Les Philippins ont constitué la dernière vague d'immigration asiatique d'ampleur, de 1910 à 1930. C'est la deuxième communauté originaire d'Asie la plus importante de Hawaii.
Si les Philippins ont un niveau de vie assez modeste aujourd'hui, les Japonais et les Chinois – qui sont arrivés plus tôt – ont gravi l'échelle sociale et travaillent dans le commerce, l'administration, l'immobilier ou le tourisme.

LANGUES

Deux langues officielles

▶ **L'anglais.** C'est le capitaine britannique, James Cook, qui a introduit le premier l'anglais à Hawaii, quand il a découvert l'archipel en 1778.
Les Hawaiiens n'y comprenaient rien à l'époque ! Ce sont les missionnaires protestants, installés sur l'archipel au début du XIXe siècle, qui enseigneront l'anglais aux Hawaiiens afin de mieux les convertir au christianisme.

▶ **Le hawaiien.** Issu du polynésien, le hawaiien est, à l'origine, la langue parlée par les Marquisiens et les Tahitiens qui sont, historiquement, les premiers habitants de Hawaii. Elle a subi de nombreuses modifications au fil des ans mais elle garde les mêmes sonorités. Cependant, malgré la renaissance culturelle hawaiienne des années 1970, le hawaiien n'est quasiment pas parlé. Les locaux n'utilisent que quelques mots et expressions au quotidien et ce sont en général les seuls qu'ils connaissent !
Les 200 habitants de l'île privée de Niihau, qui vivent pratiquement en vase clos, sont les derniers sur l'archipel à parler hawaiien couramment.
On retrouve également le hawaiien dans les chansons traditionnelles, comme celles qu'on peut écouter dans des spectacles de *hula*.

Le *pidgin*, l'argot local

Le *pidgin* est le créole hawaiien. Ce sont les immigrés d'origines très diverses, qui travaillaient dans les plantations sucrières au XIXe siècle, qui l'ont inventé en s'inspirant de l'anglais. C'était pour eux une langue codée bien pratique car les propriétaires des plantations n'en comprenaient pas un traître mot !

Mode de vie

VIE SOCIALE

Naissances

Le taux de natalité à Hawaii est 13,5 pour 1000 (2014). Il est légèrement supérieur à la moyenne nationale (12,5). Les prénoms les plus attribués aux enfants ne diffèrent pas vraiment des prénoms américains. Cependant, la grande mode ces dernières années, c'est de donner un prénom polynésien en plus à son enfant, soit c'est l'équivalent du nom anglais en hawaiien, soit c'est un nom avec un sens plutôt flatteur en rapport avec la nature en général. Quelques exemples de prénoms : Malia (Marie), Kanani ou Nani (la belle), Kapua ou Pua (la fleur), Keoki (Georges), Kimo (James)… C'est une façon de mieux intégrer son enfant dans la société hawaiienne. Cette nouvelle tendance est dans la droite continuité du retour aux sources amorcé par les activistes lors de la renaissance culturelle hawaiienne des années 1970. Pour l'anecdote, les mauvaises langues racontent que plus les prénoms polynésiens des participantes au célèbre « Merrie Monarch Festival » (Le Festival de *hula* de Hawaii) sont longs, plus elles ont de chances de gagner ! Et pour preuve, Miss Aloha Hula 2012 s'appellait (respirez avant !) : Rebecca Lilinoekekapahauomaunakea Sterling of Ka`ōhao.

Famille

L'*ohana*, ou la famille en hawaiien, est une valeur fondamentale dans la culture locale. Du temps des premiers Polynésiens et jusqu'à l'abolition de la religion hawaiienne en 1819, elle ne se restreignait pas aux parents et à leurs enfants. En effet, traditionnellement, les enfants étaient très rarement élevés par leurs parents. Dès leur plus jeune âge, ils étaient confiés à des amis ou des cousins de leurs parents ou encore à leur grand-mère. S'ils étaient élevés par d'autres personnes, c'était souvent pour améliorer leur statut social. Les parents des futurs monarques confiaient généralement leur progéniture à une personne de pouvoir et cette tradition s'est poursuivie jusqu'à la fin de la monarchie. Les parents eux-mêmes étaient donc réduits à leur fonction de géniteurs et, tout au plus, devenaient-ils amis de leurs propres enfants une fois qu'ils avaient grandi. Sans oublier que la polygamie, habituelle à l'époque, agrandissait encore plus les familles ainsi que le

Les Kamehameha schools

Ouvertes en 1887, les *Kamehameha schools* sont des établissements privés mais dont la scolarité est gratuite. On en compte trois à Hawaii : une dans la région de Honolulu, à Kapalama (Oahu), une à Pukalani (Maui) et une à Keaau (Big Island). Ces écoles accueillent 6 500 élèves au total, de la maternelle au bac. C'est Bernice Pauahi Bishop (1831-1884), philanthrope et dernière descendante vivante de la dynastie Kamehameha, qui a souhaité leur création dans son testament. Elles sont entièrement financées par l'argent que rapportent les terres dont elle était propriétaire. Cependant, Bernice Pauahi Bishop a expressément demandé que seuls y soient admis des élèves étant, au moins en partie, hawaiiens natifs. Voyant la lignée Kamehameha s'éteindre avec elle et les Hawaiiens natifs de moins en moins nombreux sur l'archipel, elle a voulu faire un ultime geste pour protéger les générations futures de son peuple. Grâce à elle, des centaines de milliers de Hawaiiens natifs – souvent de milieu très modeste – ont pu avoir accès à un enseignement de qualité et faire de brillantes études supérieures. La langue hawaiienne et la civilisation polynésienne étant largement enseignées dans ces écoles, les *Kamehameha schools* ont formé de nombreux intellectuels engagés. La plupart des penseurs et militants de la renaissance culturelle hawaiienne des années 1970 y ont étudié. Certes, on entend régulièrement des Occidentaux qui vivent à Hawaii crier à la discrimination mais, dans les faits, ces écoles existent toujours et le système ainsi élaboré reste inébranlable. Bravo, Mme Pauahi Bishop !

nombre d'enfants, demi-frères et demi-sœurs... On comprend pourquoi les Hawaiiens disent souvent qu'ils sont cousins avec presque tous les habitants de l'archipel, qui font donc tous partie de leur *ohana* !

Éducation

Le système éducatif hawaiien est le même que celui des États-Unis et très différent de celui de la France. De la « preschool » (école maternelle) à la « high school » (lycée), l'enseignement est gratuit dans les établissements publics. Les établissements privés, notamment religieux, sont payants et l'enseignement y est souvent de meilleure qualité. Quant aux études supérieures, elles sont toujours très coûteuses et obligent des étudiants à lourdement s'endetter pour les financer. À Hawaii, la « Punahou School » située à Honolulu et fondée par les missionnaires protestants en 1841, est l'établissement scolaire le plus prestigieux de Hawaii et l'un des meilleurs des États-Unis. Il accueille les élèves de la maternelle au bac. Plusieurs membres de la famille royale y ont étudié au XIXe siècle et, plus récemment, Barack Obama y a effectué sa scolarité de 10 à 18 ans ! Enfin, l'Etat de Hawaii compte quatre universités mais elles ne se classent pas parmi les meilleures des Etats-Unis.

Longévité

L'espérance de vie moyenne à Hawaii est de 80 ans et c'est l'État américain où l'on vit le plus vieux aux États-Unis !

Un système de santé cher

L'infrastructure médicale est excellente à Hawaii mais le prix des soins est très élevé comme partout aux Etats-Unis, même pour les Américains, supérieur, jusqu'à cinq fois, à celui constaté en France. Une consultation chez un généraliste varie entre 80 et 100 US$. Chez un spécialiste, elle coûte un minimum de 150 US$. Le passage au service des urgences d'un hôpital est lui aussi très cher et varie selon les soins. Le coût de certaines opérations chirurgicales peut atteindre plusieurs centaines de milliers de dollars ! En cas de transfert à l'hôpital, l'admission dépend de vos garanties financières (carte de crédit). La plupart des assurances voyages prennent en charge ces frais médicaux importants mais vérifiez bien les conditions d'application avant de partir. Gardez bien les factures de soin avec vous, y compris celle des médicaments ! Une fois de retour, il vous faudra envoyer les originaux (garder une copie par sécurité) à la sécurité sociale puis à votre mutuelle qui vous rembourseront dans un délai de 3 mois en moyenne. L'assurance prendra en charge le reste.

Habitat

Comparées aux maisons du continent américain, les maisons hawaiiennes sont plus petites et leurs jardins aussi ! Tout simplement parce que l'espace est limité sur toute île. La plupart du temps, les maisons ne sont pas équipées de l'air conditionné car elles sont construites de manière à présenter une bonne exposition aux vents qui permet une ventilation naturelle des pièces.

Hobbies

Les loisirs des Hawaiiens sont très liés aux traditions polynésiennes. Beaucoup pratiquent régulièrement le surf, le canoë en club (site de la Fédération : hcrapaddler.com) ou dansent le *hula* dans l'une des nombreuses écoles de l'archipel (cours assez chers). Cependant, le rodéo, qui est un loisir répandu à Hawaii, n'a rien à voir avec la Polynésie... C'est une discipline héritée des *paniolos*, au XIXe siècle.

MŒURS ET FAITS DE SOCIÉTÉ

Le tempérament

On ne le répétera jamais assez, les Hawaiiens sont particulièrement chaleureux et accueillants. Même s'ils sont un peu timides au début, ils entrent assez facilement en conversation. Faites comme eux, souriez, intéressez-vous à eux. Et si vous leur dites deux ou trois mots de hawaiien, ils se sentiront encore plus en confiance et les échanges en seront facilités.

Les vêtements

Comme il fait souvent chaud et que la plage n'est jamais très loin, les Hawaiiens sont souvent habillés de façon très décontractée. Shorts, T-shirts et tongs composent l'essentiel des tenues.

Mais vous n'êtes pas obligé de porter une de ces chemises hawaiiennes aux motifs fleuris ! Gardez-la pour votre retour en France.

Le mariage

De nombreux Américains viennent se marier à Hawaii, mais les Hawaiiens se marient de moins en moins ! La raison en est purement économique. Les jeunes couples n'ont pas les moyens de s'acheter une maison ou un appartement ; ils préfèrent donc rester vivre chez leurs parents. La multiplication d'appartements loués aux touristes – le *Real Estate* – a aggravé le problème en réduisant le parc de logements disponibles et en faisant monter les prix. En outre, la crise financière récente a fait baisser le pouvoir d'achat des Hawaiiens et a rendu l'obtention d'un prêt immobilier encore plus difficile qu'avant !

Un taux de suicides élevé chez les adolescents

Apres avoir obtenu en 2008 le triste record du deuxième État américain où le taux de suicide est le plus élevé chez les jeunes, une bourse nationale a été accordée a l'Education Supérieure Hawaiienne pour travailler sur la prévention du suicide. Dès 2011, Hawaii est passée 5e en matière de suicide. Un chiffre qui reste alarmant pour le deuxième « Etat le plus heureux des Etats-Unis » mais qui laisse présager une amélioration.

La communauté homosexuelle

Il n'existe pas de discriminations contre les homosexuels, envers qui la société hawaiienne se montre au contraire très tolérante. C'est à Oahu, l'île de la capitale d'État, que se trouve la plus importante communauté gay de Hawaii. À Honolulu, le « Gay and Lesbian Community Services Directory » recense tous les sites et associations à connaître à Hawaii en matière de tourisme, culture ou santé www.hawaiiscene.com/gsene/comsvc.htm

RELIGION

La religion des origines (1000-1819)

Peu après leur arrivée à Hawaii, vers l'an 1000, les Tahitiens instaurent leur propre système social, basé sur une organisation féodale de la société et de nombreux « kapu », ou interdits. Ils instaurent également une religion polythéiste où la nature est omniprésente. Ils croient en différents dieux qui sont tous intrinsèquement liés à cette nature et qui peuvent à tout moment en revêtir l'apparence. C'est ainsi que la déesse des volcans, Pele, apparaît sous forme de lave ou de feu. Afin de se prémunir contre les calamités naturelles dont Hawaii est coutumière (éruptions volcaniques, tsunamis, tempêtes, sécheresse..), les Hawaiiens honorent leurs dieux par des prières constantes. C'est le « kahuna » (prêtre) qui régit la vie cultuelle et organise les cérémonies religieuses dans les « heiau » (temples). C'est seulement dans les temples dédiés à Ku, le dieu de la guerre, que l'on procédait à des sacrifices humains. En plus de Pele et de Ku, les Hawaiiens vénéraient également Lono (dieu de la moisson, du vent, de la pluie et de la paix), Kane (dieu de la création) et Kanaloa (dieu des océans). Cependant, la reine Kaahumanu, convertie au christianisme par les premiers missionnaires protestants arrivés dans l'archipel, va décider, en 1819, d'abolir l'ancestrale religion hawaiienne.

La religion aujourd'hui

Malgré la disparition de la religion hawaiienne ancestrale, de nombreuses croyances persistent et bon nombre de locaux font encore des offrandes aux autels des « heiau » (temples ou ce qu'il en reste) afin que la divinité vénérée leur porte chance, une sorte de superstition. De même, tous les Hawaiiens connaissent de nos jours les nombreux mythes et légendes transmis oralement depuis des générations. Au XIXe siècle, suite à l'introduction du christianisme à Hawaii par les missionnaires, la population était majoritairement protestante ou catholique. Mais la ferveur s'en est allée et les Hawaiiens sont beaucoup moins pratiquants aujourd'hui ! Parmi les communautés asiatiques de Hawaii, beaucoup sont restés attachés au bouddhisme de leurs ancêtres, même s'ils sont chrétiens par ailleurs, et se recueillent régulièrement dans les différents temples de l'archipel (une douzaine sur l'île d'Oahu mais quelques-uns aussi à Maui). Faible minorité de musulmans, juifs et orthodoxes.

Retrouvez le sommaire en début de guide

Arts et culture

ARCHITECTURE

L'architecture de Hawaii offre un exact reflet du passé de l'archipel.

- **Les *heiau*** sont des vestiges des temples de la religion ancestrale, présents sur toutes les îles hawaiiennes. Construits en pierre de calcaire ou de lave, la plupart ont été restaurés au cours du XXe siècle, mais il ne reste, hélas, pas grand-chose de ces temples autrefois majestueux.
- **Les maisons de plantation** ont été construites pour héberger les immigrés chinois, japonais et philippins venus s'installer à Hawaii au XIXe siècle pour travailler dans les champs de canne à sucre ou d'ananas. Ces maisons, au confort sommaire, aux toits goudronnés, étaient construites en pierre de lave et organisées autour d'une cour intérieure. On peut encore les voir sur toutes les anciennes plantations.
- **Les bâtiments de styles néoclassique et gothique** ont été construits peu après l'arrivée des premiers missionnaires de la Nouvelle-Angleterre. C'est ainsi qu'ont été édifiés, à la fin du XIXe siècle, la cathédrale gothique de Saint-Andrew ou le Iolani Palace, à Honolulu.
- **Les gratte-ciel** se sont multipliés à Honolulu, dans les années 1990, comme en témoignent les rangées de buildings aux abords de Waikiki et dans le centre financier où se dresse le gratte-ciel le plus élevé de Hawaii !
Il s'agit du First Hawaiian Center construit en 1996, le siège social de la First Hawaiian Bank, de 131 m de haut.

ARTISANAT

Les Polynésiens ont transmis aux Hawaiiens leur savoir-faire pour fabriquer des objets en bois poli. Le *koa*, un arbre endémique de Hawaii autrefois utilisé pour la construction des canoës, est le principal matériau utilisé. Les arbres *kukui*, qui sont aussi symboliques de l'archipel, produisent quant à eux des noix qui permettent de fabriquer de très jolis colliers. On peut, bien entendu, acheter des *lei* (colliers de fleurs) partout et même assister à leur fabrication. Les *lei* les plus chers sont fabriqués sur l'île privée de Niihau : ils sont faits de minuscules coquillages ramassés sur l'île (de 100 à 25 000 US$ l'un !). Les passionnés de couture apprécieront les dessus-de-lit en *patchwork*, ou « quilts », entièrement faits main et dont les secrets de fabrication remontent aux femmes tahitiennes qui travaillaient déjà le « kapa » vers 1000-1200. Cette écorce ramollie et teintée servait alors à fabriquer les jupes et pagnes des premiers Polynésiens.

Que rapporter de son voyage ?

- **Un ukulélé.** L'instrument à cordes le plus symbolique de Hawaii est un très joli souvenir à ramener même si vous ne savez pas en jouer.
- **Un *lei*.** Gardez le collier de fleurs qu'on vous donnera avant votre départ de Hawaii comme le veut la tradition ! Pour un collier moins éphémère, sachez qu'il existe aussi de très beaux *leis*, des colliers constitués uniquement de coquillages ou de noix de *kukui*.
- **Une chemise hawaiienne.** Messieurs, vous en trouverez des milliers dans les boutiques d'Hawaii ! Elles sont parfois très kitsch alors essayez bien choisir votre chemise pour pouvoir la porter, sans tomber dans le ridicule, en dehors d'Hawaii.
- **Un paquet de café.** A Hawaii, on fait du bon café et on vous recommande le café Kona *made in* Big Island.
- **Une boîte de noix de macadamia.** Les noix de macadamia sont un délice typiquement hawaiien. Sucrées ou salées, il y en a pour tous les goûts. C'est très addictif, alors si vous le pouvez, prenez en plusieurs boîtes, histoire d'avoir un peu d'avance.

CINÉMA

Très tôt, et malgré les difficultés d'acheminement du matériel, des films ont été tournés à Hawaii. Le cadre était trop beau pour que les réalisateurs s'en privent ! Un premier film, d'une durée de 18 heures, destiné à montrer les paysages tropicaux et luxuriants de Hawaii, a été tourné en 1898. En 1913, ont été tournés à Hawaii deux premiers films muets : *Hawaiian Love* et *The Shark God*. En 1937, Bing Crosby, qui interprétait le rôle d'un chargé de relations publiques pour une exploitation d'ananas, dans le film *Waikiki Wedding* (1937), remporte un oscar pour ce rôle.

La Seconde Guerre mondiale mettra fin aux tournages, mais le conflit sera une importante source d'inspiration cinématographique. C'est ainsi que, en 1953, le film *From here to eternity* a été l'un des premiers à évoquer Pearl Harbor et les jours qui ont précédé l'attaque. Burt Lancaster en était le héros et la scène où il embrasse passionnément Deborah Kerr sur le sable chaud de la plage de Halona Cove, à Oahu, est devenue mythique. La comédie musicale *South Pacific* (1958), qui raconte l'histoire d'une infirmière de l'armée qui n'arrive pas à oublier le garçon dont elle est tombée follement amoureuse, a été tournée à Kauai. En 1961, Elvis Presley a tourné à Oahu le fameux *Blue Hawaii* ! Il y tenait le rôle d'un jeune homme de retour du front qui passait son temps à jouer du ukulélé et à draguer les filles, avec sa voix de crooner et son déhanché de rockeur. Le King a interprété plusieurs tubes dans ce film, dont le fameux *Can't Help Falling in Love*. Suivront, toujours avec Elvis en vedette, les tournages hawaiiens de *Girls ! Girls ! Girls !* (1962) et *Paradise, Hawaiian Style* (1966).

Avec le tournage du spectaculaire *King Kong*, en 1976, Hawaii est devenue le site de prédilection des réalisateurs des films d'action ou d'aventures. C'est ainsi que Steven Spielberg a tourné *Les Aventuriers de l'arche perdue* (1982) et *Jurassic Park* (1992) en grande partie à Kauai. Il a fallu ensuite attendre la fin des années 1990 et le film *6 jours, 7 nuits* (1997), avec Harrison Ford et Anne Heche, pour que la jungle hawaiienne soit de nouveau à l'honneur (tournage sur Kauai). Les années 2000 seront marquées par d'autres films à succès tournés à Hawaii, comme *Pearl Harbor* (2001) ou le très drôle *Amour et Amnésie* (2004), avec Adam Sandler et Drew Barrymore.

Plus récemment, *The Descendants* d'Alexander Payne, sorti en France en 2011, a été intégralement tourné à Hawaii. Il raconte l'histoire d'une famille qui vit à Hawaii et dont la vie bascule. Le père (George Clooney) voit sa femme hospitalisée suite à un accident de bateau, et tente maladroitement de se rapprocher de ses deux filles.

Il se demande aussi s'il doit vendre les terres familiales, les dernières plages tropicales vierges des îles, héritées de ses ancêtres hawaiiens. Quand Alexandra lui révèle que sa mère avait une liaison, le monde de Matt vacille. Alors, avec ses deux filles, il part à la recherche de l'amant de sa femme...

C'est un excellent film où l'on voyage dans les îles d'Oahu et Kauai. Les paysages sont sublimes et l'histoire très touchante. Pour la petite anecdote, George Clooney a été nommé pour l'oscar du meilleur acteur en 2012 pour son rôle à contre-emploi dans le film mais c'est le Frenchy Jean Dujardin qui a remporté l'oscar pour son rôle dans *The Artist* !

Series TV à Hawaii

Hawaii a tissé une longue histoire d'amour avec les séries américaines. Et pas n'importe lesquelles ! Qui n'a pas en mémoire les chemises hawaiiennes de Tom Selleck, le héros de *Magnum* la série culte des années 1980 ? Et qui n'a jamais regardé *Hawaii, Police d'Etat*, une autre série très connue de la même époque où on suit les enquêtes de la brigade d'élite de Honolulu ? Sa version plus moderne *Hawaï 5-0* est diffusée sur CBS depuis 2010. Enfin, personne n'a pu passer à côté du phénomène mondial de la série *Lost*, qui a été tournée entre Oahu et Kauai, et notamment à Waialua, à partir de 2004. Pendant près de dix ans ses acteurs ont arpenté les plages et forêts de l'archipel, jouant les rescapés d'un crash aérien perdus sur une île bien mystérieuse.

Hawaii a également accueilli en 2012 les jeunes combattants du deuxième volet de la saga *Hunger Games, Catching Fire*. L'arène létale où les héros doivent se battre n'est autre que l'idyllique Oahu ! Avis aux fans : c'est à Kawela Bay, sur la côte Nord, qu'il faut vous rendre si vous voulez voir la plage où les tribus sont déposées.

Sur les écrans en 2015 : *Jurassic World* (*Jurassic Park 4*) tourné en partie à Oahu et Kauai, et le nouveau film de Cameron Crowe, *Aloha*, avec Rachel McAdams et Bradley Cooper, tourné à Oahu. Les rumeurs disent aussi que *Pirates des Caraïbes 5* trouverait peut-être également sa place dans les paysages hawaiiens.

DANSE

A l'origine destinée à célébrer les dieux, le *hula* est LA danse hawaiienne par excellence. Au rythme des tambours et ukulélés, les vahinés parées de colliers de fleurs et d'une jupe de raphia font onduler leurs hanches et leurs bras de façon gracieuse, tout en gardant buste et tête bien droits.

Les hommes, vêtus d'un simple pantalon, dansent aussi le *hula*, mais de façon plus dynamique, affirmant par là leur virilité. Seuls ces derniers ont le droit de chanter. Il existe aujourd'hui deux écoles distinctes de hula : le « Kahiko Hula », qui obéit aux codifications polynésiennes d'origine, et le « Hula Auana », de style plus moderne et qui s'est particulièrement répandu avec le développement du tourisme au XXe siècle. Cependant, les missionnaires protestants, qui s'installent à Hawaii au XIXe siècle, dénoncent cette danse qu'ils trouvent païenne et indécente. Sous leur influence, la royauté de Hawaii décide de la faire interdire.

Le *hula* est alors dansé dans la clandestinité, essentiellement en famille, ce qui permet à cette danse d'être transmise de génération en génération. Véritable atout touristique national, le *hula* est aujourd'hui célébré chaque année sur l'archipel à travers deux événements majeurs : le Merrie Monarch Festival (en avril) et le King Kamehameha Traditional Event and Chant Competition (en juin).

LITTÉRATURE

Mark Twain (1835-1910) fut un des premiers écrivains à avoir écrit sur Hawaii. Il y passa quatre mois en 1870 et, la même année, publia de multiples chroniques sur son voyage dans le journal *Sacramento Union*. Deux ans plus tard, ses textes sur Hawaii ont été compilés dans son ouvrage *À la dure* (1872).

Le second à avoir voyagé et publié des textes sur l'archipel fut Robert-Louis Stevenson (1850-1894), l'auteur de *Dr Jekyll et Mr Hyde*, mais aussi de *L'Ile au trésor*.

Dans son récit, *Voyages à Hawaii* (1890), il raconte notamment sa visite du village des lépreux de Kalaupapa, sur l'île de Molokai, et, surtout, sa rencontre avec le père Damien dont il dresse un portrait resté célèbre.

Autre géant de la littérature américaine d'aventures, Jack London fit plusieurs séjours à Hawaii. Certaines de ses nouvelles se passent dans l'archipel, notamment *L'Île des lépreux* (1912), qui parle des lépreux de Molokai. Il faut également citer Herman Melville, dont le grand roman *Moby Dick* (1851) a été directement inspiré de la vie de l'auteur qui fut marin sur un baleinier à Hawaii.

La littérature hawaiienne elle-même ne s'est véritablement développée que depuis la renaissance culturelle des années 1970. La plus connue des écrivains de cette époque est Lois-Ann Yamanaka (née en 1961), qui a pour particularité d'écrire en *pidgin*, le créole local.

Les anglophiles apprécieront le récit de voyage *Blue Latitudes : Boldly going where Captain Cook has gone before* de Tony Horwitz (2002). Ce journaliste américain a suivi les traces du célèbre explorateur de l'Australie jusqu'à Hawaï où James Cook a trouvé la mort. Un beau voyage dans le temps et dans le Pacifique.

En 2011 l'américaine Sarah Vowell publie *Unfamiliar Fishes* (littéralement « étranges poissons »), un récit un brin humoristique des relations entre les Etats-Unis et Hawaï à travers le temps. S'il n'a pas encore été traduit en français, ce livre est tout de même vendu en France en version papier et audio.

MÉDIAS

A Hawaï les informations ne manquent pas ! En dehors des classiques journaux américains du continent que l'on trouve partout, chaque île a un journal local et Oahu en a même plusieurs. Les différentes communautés linguistiques ont également leurs propres journaux. Il en va de même pour la télévision et la radio qui allient chaînes américaines et programmes locaux adaptés aux spectateurs. Ainsi vous noterez que les chansons sont beaucoup plus reggae que sur le continent !

HONOLULU STAR ADVERTISER
www.staradvertiser.com
Quotidien qui paraît le matin.

HONOLULU WEEKLY
www.honoluluweekly.com
Journal gratuit hebdomadaire, avec beaucoup d'informations sur Honolulu. Liste des événements de la semaine : sorties, cinémas, spectacles.

KGMB
420 Waiakamilo Road
suite 205 – Honolulu
www.hawaiinewsnow.com
Affiliée à la chaîne américaine CBS.

KHON
www.khon2.com – news@khon2.com
Affiliée à la chaîne américaine Fox.

KINE
hawaiian105.com
michol@hawaiian105.com
105.1 FM. Radio musicale très populaire qui passe tous les tubes locaux en boucle.

KKCR
4520 Hanalei Plantation Road # D
Princeville – www.kkcr.org
kkcr@kkcr.org
90.9 FM. Musique et news.

KWXX
1145 Kilauea Avenue
Hilo
www.kwxx.com
sales@kwxx.com
94.7 FM. Programmation d'hits hawaiiens.

MAUI NEWS
100 Mahalani Street
Wailuku
www.mauinews.com
Site du quotidien de Maui.

THE MOLOKAI DISPATCH
2 Kamoi St. Ste 5
Kaunakakai
www.themolokaidispatch.com
editor@themolokaidispatch.com
Site du quotidien de Molokai.

OAHU GOLD – THIS WEEK OAHU
Honolulu
Deux magazines gratuits disponibles dans les kiosques disposés un peu partout dans les rues, surtout à Waikiki. Ils contiennent pas mal d'informations sur les sorties et restaurants à Oahu. Également, à l'intérieur, de nombreux coupons de réduction pour toutes sortes d'activités.

STAR ADVERTISER
www.staradvertiser.com
webmaster@staradvertiser.com
Quotidien qui paraît l'après-midi.

THE GARDEN ISLAND
thegardenisland.com
Site du quotidien de Kauai.

WEST HAWAII TODAY
75-5580 Kuakini Highway
Kailua-Kona
westhawaiitoday.com
Site du quotidien de Big Island.

MUSIQUE

L'instrument qui caractérise Hawaii est le ukulélé, inventé par les immigrés portugais venus travailler dans les plantations de canne à sucre, au XIXe siècle. Le ukulélé est une adaptation de la « braguinha » portugaise, une petite guitare qu'ils avaient apportée dans leurs bagages. En hawaiien, « ukulele » signifie littéralement « puce sauteuse », en raison des mouvements rapides des doigts du musicien sur les quatre cordes de l'instrument.
Cette mini guitare aux sonorités si caractéristiques séduisit les monarques hawaiiens avant de devenir l'un des symboles des débuts du tourisme à Hawaii : le groupe « Waikiki

Beach » accueillait alors les visiteurs au doux son du ukulélé.
Aujourd'hui, on l'entend encore partout, aussi bien dans des concerts d'artistes contemporains hawaiiens que dans des « luau » ou des spectacles de *hula*. L'autre instrument à cordes populaire à Hawaii est la guitare « slack-key » : on en joue en pinçant les cordes après les avoir légèrement détendues. Dès lors, le son est tout autre. Ce sont les Hawaiiens qui ont inventé ce nouveau style de musique, au XIXe siècle également.
Au-delà de ces deux instruments, Hawaii est aussi le berceau de grands noms de la musique pop-rock. Le plus représentatif de l'imaginaire polynésien est sans nul doute Israel Kamakawiwo'ole, originaire d'Honolulu. La douce mélodie de son *mashup Over the rainbow / What a Wonderful World* a transporté les auditeurs du monde entier jusqu'aux plages d'Oahu.
On retrouve également le son du ukulélé et l'inspiration reggae dans les chansons pop-folk de Jack Johnson et Bruno Mars.
Plus rock, le groupe hawaiien Chokebore connait un franc succès dans les années 1990-2000, notamment grâce au soutien de Nirvana.

PEINTURE ET ARTS GRAPHIQUES

Hawaii est un archipel où l'art est à l'honneur et c'est à Oahu et à Maui que la vie artistique est la plus intense. En plus de ses nombreuses galeries, Honolulu possède deux musées remarquables : le Honolulu Museum of Art, dont la collection permanente comprend 35 000 œuvres, et le superbe Contemporary Museum, qui, perché sur les hauteurs de Honolulu, expose des œuvres à la fois contemporaines et iconoclastes. Vous y trouverez notamment les portraits polynésiens de John Kelly et les paysages hawaïens de David Howard Hitchcock, tous deux illustrant leurs impressions sur les îles au début du XXe siècle. Toujours sur Oahu, les multiples galeries d'art de la petite ville de Haleiwa valent le détour (Clark Little Photography et Haleiwa Art Gallery). Maui possède également de nombreuses galeries dont beaucoup se concentrent à Lahaina, sur la côte ouest (Peter Lik Gallery et Kai Pua Gallery pour les amateurs de flore).

SCULPTURE

Hawaii n'est pas vraiment un Etat où la sculpture est mise à l'honneur. Vous verrez de belles sculptures au Honolulu Museum of Art et au Spalding museum à Honolulu mais elles sont d'artistes étrangers en général.
Les seules sculptures véritablement hawaiiennes, ce sont les tikis. Ils constituent les représentations humaines de ces divinités, travaillées dans le bois, la pierre ou d'autres matériaux. Ils ont des formes trapues et leurs proportions symbolisent la puissance, l'abondance et la bonté.

La Tiki culture

De juin à septembre 2014 le musée du Quai Branly mit à l'honneur Hawaii et la Polynésie avec une exposition « Tiki Pop : l'Amérique rêve de son paradis polynésien ». Le phénomène Tiki Pop envahit les Etats-Unis dans les années 1950 lorsque les Américains, en quête d'exotisme, s'approprient ces sculptures divines pour en faire le symbole du paradis perdu. Faute de pouvoir sauter dans l'avion pour échapper au monde industriel de l'après-guerre, un privilège réservé aux classes supérieures, c'est la Polynésie qui vient s'installer aux Etats-Unis. Les chemises et colliers à fleurs foisonnent sur les tasses, T-shirts et autres objets du quotidien tandis que les livres et les films s'emplissent d'histoires d'amour et de rencontres entre jeunes américains et belles vahinés des mers du Sud. Dans cette douceur de vivre, le Tiki aux traits féroces réveille les instincts primitifs et désirs charnels de l'homme. Judicieusement placé à l'entrée des bars et espaces de loisirs, il invite les passants à s'adonner aux différents plaisirs.

Festivités

Janvier

■ PACIFIC ISLANDS ARTS FESTIVAL
HONOLULU
A la mi-janvier, pendant 2 jours. A Waikiki, au Kapiolani Park. Artisanat de toutes les îles hawaiiennes, spectacles de hula et dégustations de spécialités locales.

Février

■ NOUVEL AN CHINOIS
HONOLULU
A Honolulu, dans le quartier de Chinatown.
Célébration du Nouvel An chinois à Chinatown. Très beaux défilés et feux d'artifice.

Mars

■ HONOLULU FESTIVAL
www.honolulufestival.com
HONOLULU
Concerts, danses et défilés en ville.

Avril

■ MERRIE MONARCH FESTIVAL
HILO
www.merriemonarch.com
Fin mars-début avril, après Pâques. A Hilo, sur Big Island.
Pour rendre hommage à David Kalakaua, le roi bien-aimé, le dernier de Hawaii, un festival, baptisé « Merrie Monarch Festival », a lieu chaque année juste après Pâques. Au programme, entre autres manifestations, une grande parade et un concours de danse *hula*, avec des participants originaires de toutes les îles du Pacifique.

Mai

■ KAUAI POLYNESIAN FESTIVAL
LIHUE
www.kauaipolynesianfestival.org
Fin mai, à Lihue sur l'île de Kauai.
Artisanat et spectacles traditionnels de toute la Polynésie. Dégustation de plats hawaiiens.

■ LEI DAY
Le 1er mai (férié).
On confectionne et échange des *lei* (colliers de fleurs).

Juin

■ KING KAMEHAMEHA DAY
KOHALA COAST
www.kamehamehadaycelebration.org
Le 11 juin (férié). Au nord de la côte Kohala, à Big Island. Grande fête pour célébrer la mémoire du Roi Kamehameha Ier qui unifia les îles hawaiennes. Spectacles de *hula* et danses du feu, expositions d'artisanat et dégustation de spécialités polynésiennes sont organisées toute la journée.

■ MAUI FILM FESTIVAL
WAILEA – www.mauifilmfestival.com
Mi-juin. A Wailea sur Maui.
Un festival qui a présenté plus de 500 films depuis sa créations. De nombreuses célébrités américaines sont invitées à chaque édition.

Juillet

■ HALEIWA ARTS FESTIVAL
HALEIWA
www.haleiwaartsfestival.org
Mi-juillet. Pendant deux jours les rues d'Haleiwa s'emplissent de peintres, chanteurs, conteurs et danseurs. Idéal pour découvrir l'artisanat local dans une ambiance festive.

■ KILAUEA CULTURAL FESTIVAL
HAWAII VOLCANOES NATIONAL PARK
www.nps.gov/havo
A la mi-juillet. Au camp militaire, à proximité du Visitor's Center. Entrée libre (incluse dans le prix du ticket d'entrée au parc). Chaque été, le parc accueille un festival culturel qui réunit des artistes de tout l'archipel. Démonstrations de *hula*, concerts de musique traditionnelle, ateliers d'artisanat local et dégustation gratuite de plats hawaiiens.

■ PARKER RANCH RODEO
WAIMEA
parkerranch.com
Le 4 juillet à Waimea sur Big island.
Rodéo annuel du Ranch Parker pour la fête nationale depuis 1962. Des spectacles de rodéo et des courses de chevaux sont organisés toute la journée. Les petits pourront monter à cheval ou visiter la ferme. Idéal pour découvrir la culture paniolo et le métier d'éleveur de bétail.

■ **UKULELE HAWAII FESTIVAL**
HONOLULU
www.ukulelefestivalhawaii.org
Mi-juillet. C'est LE festival d'Hawaï. Chaque année des milliers de spectateurs viennent écouter les concerts gratuits de l'instrument fétiche de l'archipel.

Août

■ **MADE IN HAWAII FESTIVAL**
www.madeinhawaiifestival.com
Mi-août. Organisé par la First Hawaiian Bank, festival à l'honneur de l'artisanat local. Plus de 400 stands présentent leurs produits sur trois jours.

■ **SLACK KEY GUITAR FESTIVAL**
HONOLULU
www.slackkeyfestival.com
Mi-août. La tradition *paniolo* continue de vivre chaque année à travers cette journée de concerts au Kapiolani Park centrée autour de la guitare *slack key*, typique de l'île.

Septembre

■ **ALOHA FESTIVALS**
HONOLULU – www.alohafestivals.com
Festival dédié à la culture hawaïenne. Spectacles de danse, concerts et animations dans différentes locations.

■ **ALOHA FLORAL FESTIVAL PARADE**
Fin septembre à Honolulu.
Défilé équestre et procession florale d'Ala Moana Park à Kapiolani Park.

■ **HAWAII FOOD AND WINE FESTIVAL**
www.hawaiifoodandwinefestival.com
Depuis 2010, les îles de Maui, Oahu et Big Island mettent à l'honneur l'expérience culinaire hawaïenne. Pendant dix jours des excursions et activités sont organisées dans les villes principales avec la participation des Chefs les plus renommés.

Octobre

■ **IRONMAN**
KAILUA-KONA
www.ironman.com
Créé en 1977 le triathlon Ironman récompense chaque année les athlètes les plus méritants. Et c'est réellement un homme de fer qu'il faut être pour venir à bout de cette compétition qui figure pami les plus difficiles au monde. Au programme : 4 km de nage, 180 km de vélo et 42 km de course à pied en un jour. Mais le jeu en vaut la chandelle : 100 000 US$ sont à gagner !

■ **LAHAINA HALLOWEEN**
Le 31 octobre à Lahaina sur Maui.
Très grand et superbe défilé de personnes déguisées à l'occasion d'halloween à Lahaina.

Novembre

■ **HAWAII INTERNATIONAL FILM FESTIVAL**
Le plus grand festival du film de Hawaii. Il existe depuis 32 ans.

■ **KONA COFFEE CULTURAL FESTIVAL**
KAILUA-KONA
www.konacoffeefest.com
Dix jours en novembre.
Chaque année la ville de Kona met en avant la petite graine à l'origine de sa renommée mondiale et de son économie. Des compétitions, concerts, visites guidées et spectacles sont organisés pendant dix jours.

■ **TRIPLE CROWN OF SURFING**
www.vanstriplecrownofsurfing.com
Créée en 1983 pour récompenser le meilleur surfeur d'Hawaï, la Triple Crown of Surfing est de loin la compétition sportive la plus importante sur l'archipel. Elle se déroule chaque année de mi-novembre à mi-décembre sur les plages de la côte Nord d'Oahu. La Reef Hawaiian Pro est la première des trois épreuves de la Triple Crown of Surfing. Des vagues cadencées se brisent devant Alii Beach Park, testant l'habileté et la rapidité des surfeurs. Deuxième étape de la compétition, la Vans World Cup of Surfing est une épreuve de courage. Les vagues de Sunset Point sont de véritables rouleaux compresseurs entraînant tout sur leur passage. Enfin, la Billabong Pipe Masters est la dernière des trois épreuves. Elle se déroule sur Ehukai Beach Park où se forme la Banzai Pipeline, une vague dont l'ampleur a construit sa réputation à travers le monde. Elle est aussi très dangereuse car entourée de récifs coralliens.

Cuisine hawaiienne

PRODUITS CARACTÉRISTIQUES

La cuisine hawaiienne est aussi métissée que la population de l'archipel : elle est multiple et ouverte à de nombreuses cultures. Ainsi, bien des recettes combinent les influences asiatique et polynésienne. Toutefois, on trouve également, un peu partout à Hawaii, des *fast-foods* typiquement américains.

Ce que l'on mange au quotidien

- ***Bento.*** Plateau-repas japonais, comprenant généralement riz, sushis, makis et tempuras. Le *bento*, importé à Hawaii par les Japonais, se consomme principalement au déjeuner.
- ***Malasada.*** Beignets sucrés introduits par les immigrés portugais au XIXe siècle. Se mangent à toute heure !
- ***Plate lunch.*** Plateau-repas servi le long des routes dans des camionnettes ou dans des petits snacks. Il se compose de riz accompagné de bœuf/poulet/poisson, le tout recouvert d'une sauce épaisse.

Fabrication de shave ice.

- ***Pupus.*** Ce sont des assortiments d'amuse-gueule typiquement hawaiiens, généralement composés de crevettes frites, de graines de soja, de petits pois salés et de sushis.
Dans les restaurants, les *pupus* sont légion…
Les *heavy pupus* sont des *pupus* chauds et froids variés : tempuras de légumes, cuisses de poulet grillé, *poke* (cubes de poisson cru mariné dans de la sauce soja), brochettes de bœuf *teriyaki*… À lui seul, le *heavy pupus* peut constituer un repas. Il est donc conseillé de se renseigner sur le type de *pupus* servis avant de commander le reste.
Les *light pupus* sont des en-cas froids uniquement.
- ***Saimin.*** Une soupe de nouilles qui baigne dans un bouillon de poule/crevettes/bœuf/porc. C'est bon et roboratif.

Les spécialités hawaiiennes

- ***Ahi.*** Thon rouge, souvent servi en sashimi.
- ***Blue Hawaii.*** Cocktail bleu électrique qui doit sa couleur au curaçao qu'il contient. Son nom est un hommage au film d'Elvis Presley.
- ***Haupia.*** Délicieux pudding à l'ananas et au lait de coco. On le trouve surtout dans les *luau*.
- ***Kalua.*** Porc cuit à l'étouffée.
- ***Kulolo.*** Entre un gâteau et un flan, ce dessert est fait à base de *taro* râpé mélangé à de la noix de coco. Sa consistance vient du fait qu'il est cuit à l'étouffée dans une poêle.
- ***Laulau.*** Viande ou poisson cuits à l'étouffée dans un emballage de feuilles de *taro* et de *ti*.
- ***Lomilomi.*** Saumon en dés marinés avec oignons et tomates.
- ***Loco moco.*** Assiette de riz recouverte de *corned-beef* ou d'un œuf à la poêle, le tout agrémenté d'une sauce onctueuse. Pour déjeuner ou dîner.
- ***Macadamia nuts.*** Les noix de macadamia sont incontournables à Hawaï. Elles accompagnent les plats salés (poissons,

© MAÏLYS ALBERTO

Petit-déjeuner à Hawaii.

soupes, crevettes) ou sucrés (pancakes, glaces) mais sont surtout servies en apéritif ou en cadeau de bienvenue dans les hôtels.

- ***Mahi-mahi.*** Sorte de daurade, souvent servie grillée.
- ***Mai Tai.*** Cocktail à base de rhum et de jus de fruits servi dans tous les établissements
- ***Poi.*** Purée à base de *taro*.
- ***Poke.*** Poisson mariné ou fruits de mer marinés dans de la sauce soja avec oignons.
- ***Sel rouge.*** Récolté à Hawaï, ce sel doit sa couleur aux minéraux trouvés dans les roches volcaniques.
- ***Shave-ice.*** C'est de la glace pilée parfumée au sirop, savoureuse et pas chère (*2 US$*). La glace locale daterait du XIXe siècle, l'époque où Hawaii était une terre de plantation sucrière. Les ouvriers avaient l'habitude de saupoudrer du sucre sur de la glace pilée, pour se donner de l'énergie et se rafraîchir après de longues heures de travail dans les champs. Plus tard, le sucre a été remplacé par des sirops de toutes les couleurs et à tous les parfums. Les locaux en dégustent régulièrement, surtout quand il fait très chaud. Leurs glaces préférées sont à base d'*azuki beans* (haricots rouges sucrés japonais) ou au parfum ananas-coco.
- ***Spam.*** Ici, le *spam* n'est pas seulement un e-mail indésirable. C'est du porc en conserve très apprécié par les Hawaiiens. Ils le mangent nature ou cuisiné dans de nombreux plats. Cette étrange conserve a été introduite à Hawaii par les soldats américains pendant la Seconde Guerre mondiale. Depuis, les locaux y sont accros ; ils sont devenus les premiers mangeurs de *spam* au monde, avec une moyenne de 18 000 boîtes consommées par jour !
- ***Taro.*** Dense et nutritive, cette racine remplace le riz ou les patates dans les plats traditionnels à base de viande ou de poisson.
- ***Uala.*** Cette patate douce violette a été amenée à Hawaï par les premiers habitants. Légèrement sucrée elle se cuisine à la vapeur au four ou à la poêle.

Fish tacos

Séjourner sur un archipel sans manger de poisson serait fort regrettable. Tous les restaurants en proposent mais pas toujours à des prix accessibles aux petits budgets. Ce n'est pour autant pas une raison pour s'en priver : vous trouverez sur toutes les îles des camionnettes en bord de plage servant des *Fish Tacos* pour une dizaine de dollars. Si ce moyen de restauration a mauvaise réputation en France, les produits qui y sont servis à Hawaï sont frais et de qualité. C'est un bon moyen de goûter à de nouveaux poissons aux noms incongrus.

Fruits sur le marché de Kona.

La cuisine hawaiienne régionale

C'est en quelque sorte la cuisine à la mode, et souvent la plus chère. Créée dans les années 1990, elle marie plats asiatiques et ingrédients hawaiiens et européens en fonction de la créativité des cuisiniers. La plupart de ces plats sont sucrés-salés et épicés. Ainsi, dans une même assiette, on pourra vous servir des crevettes caramélisées accompagnées de mangue bio et de basilic. Une des figures phares de cette nouvelle tendance est le chef hawaiien Sam Choy, plusieurs fois récompensé pour la qualité de sa cuisine.

HABITUDES ALIMENTAIRES

Les horaires de repas à Hawaii sont les mêmes qu'aux Etats-Unis et donc sensiblement les mêmes qu'en France. Au niveau des restaurants, vous trouverez : des *fast-foods* à l'américaine, des restaurants à la cuisine familiale et traditionnelle hawaiienne, des restaurants de toutes les cuisines asiatiques (chinoise, philippine, japonaise, coréenne), des restaurants de cuisine fusion qui mélangent toutes ces influences et des restaurants gastronomiques haut de gamme. Vous aurez donc l'embarras du choix !

Bien que touristique, le *luau* et son buffet traditionnel est la meilleure occasion de goûter aux spécialités hawaiiennes. L'idéal est d'y aller en début de séjour pour repérer les différents ingrédients locaux. Commander un plat au restaurant vous semblera ensuite beaucoup plus facile.

Concernant le pourboire, il est obligatoire car comme partout aux Etats-Unis, le service n'est pas inclus dans l'addition. Vous devez donc vous acquitter de 15 % à 20% de la somme totale.

RECETTE

Saumon Lomi

Cette recette illustre le mélange entre la préparation traditionnelle hawaïenne et les produits importés des Etats-Unis. On retrouve ce plat dans la plupart des *luau*. Le terme *lomi* signifie « masser » ou « malaxer » en cuisine.

▶ **Ingrédients pour 4 personnes :** 225 g de saumon cru salé (s'il n'est pas déjà salé, le malaxer avec du sel et laisser au frigo toute la nuit), 5 tomates bien mûres coupées en dés, 1 tasse à café d'oignons nouveaux tranchés finnement, 1 oignon blanc coupé en julienne, 1 tasse à café de glace pilée.

▶ **Préparation.** Laisser tremper le saumon dans l'eau pendant 3-4h, rincer puis retirer la peau et les arêtes. Couper le saumon en dés et placer dans un bol. Ajouter les oignons et tomates et malaxer pour bien mélanger. Mettre au frais puis ajoutez la glace au moment de servir.

▶ **Pour plus d'informations :** consulter www.hawaii.edu/recipes, un excellent site qui donne de nombreuses recettes hawaiiennes.

Jeux, loisirs et sports

DISCIPLINES NATIONALES

Canoë

Les premiers Polynésiens venus s'installer à Hawaii – les Marquisiens (vers l'an 400) et les Tahitiens (vers l'an 1000) – étaient experts dans la conduite des canoës et c'est dans cette embarcation qu'ils ont débarqué sur l'archipel pour la première fois, après avoir parcouru des milliers de kilomètres.
Cette tradition de la pratique du canoë s'est maintenue dans toute la Polynésie à travers les âges. Sur toutes les îles hawaiiennes, de nombreux clubs sont consacrés à cette discipline, qui a sa propre fédération sur l'archipel (hcrapaddler.com). Le canoë traditionnel est souvent flanqué d'un ou deux flotteurs latéraux et s'appelle *outrigger*.

Marathon et triathlon

Hawaii n'est pas seulement un ensemble d'îles où il fait bon lézarder au soleil, c'est aussi un endroit où l'on aime beaucoup courir ! Plusieurs marathons et triathlons ont ainsi lieu toute l'année à travers l'archipel. Le plus connu et le plus impitoyable est le triathlon « Ironman », qui se déroule chaque mois d'octobre, sur Big Island, à Kailua-Kona (voir « Big Island »).

Surf

Pendant la campagne présidentielle américaine en 2008, et même après les résultats, de nombreuses boutiques de souvenirs proposaient des T-shirts portant l'inscription : « *Tous les Hawaiiens surfent, même Obama !* ».
Ces T-shirts collectors, que les touristes achetaient comme des petits pains, reflètent la réalité de l'archipel. Bien au-delà du charismatique Obama qui est un surfeur chevronné depuis son plus jeune âge… Oui, tout le monde surfe à Hawaii ! Les petits, les grands, les jeunes, les vieux, les garçons, les filles. Et, dès qu'un enfant sait nager, on lui achète une planche de surf afin qu'il affronte sa première vague. Si le surf est tellement ancré à Hawaii, c'est parce qu'il y est pratiqué depuis toujours et que c'est là qu'il a été inventé.

Kayakistes.

La plus grosse vague surfée du monde

La star hawaiienne du surf, Garrett McNamara (en 2013) et l'anglais Andrew Cotton (en 2014) se disputent le record de la plus grosse vague surfée au monde, avec une vague d'environ 30 mètres de haut au large de Nazaré, au Portugal, une station balnéaire célèbre pour ses vagues gigantesques causées par une faille au fond de la mer. Garret avait déjà obtenu ce record en 2011 en surfant sur une vague de 24 mètres.

Plus d'informations : www.garrettmcnamara.com

A l'origine les compétitions de surf étaient réservées aux membres des familles royales et même le choix de l'arbre dans lequel était découpée la planche était crucial. Le surf était donc autant une activité sociale qu'un véritable rituel. Etendu à la plupart des Hawaiiens dès le XVe siècle, il sera décrié par les missionnaires, au XIXe siècle, qui trouveront la quasi-nudité des surfeurs indécente. Interdit, il manque alors de disparaître.

Au début du XXe siècle, Duke Kahanamoku, nageur et surfeur hors pair, va pourtant réussir à le réhabiliter. Après avoir remporté plusieurs médailles aux Jeux olympiques de Stockholm, en 1912, il exporte le « surf spirit » en Australie, où ce sport rencontre un succès immédiat. Le surf gagne ensuite les États-Unis et devient une véritable industrie, dans les années 1960. Auréolé de toutes ses victoires, Duke est ainsi devenu une vraie icône pour les Hawaiiens d'aujourd'hui et, plus généralement, pour tous les passionnés de surf à travers le monde.

Chaque année, de la mi-novembre à la mi-décembre, a lieu le championnat mondial de surf « Triple Crown » sur la côte nord d'Oahu. Il comporte 3 compétitions : le Hawaiian Pro, au Haleiwa Beach park ; la World Cup of Surfing ; et, enfin, les Pipemasters à Banzai Pipeline.

Il existe plusieurs types de planches adaptées au gabarit et au niveau de pratique du surfeur. Les débutants opteront pour la *longboard,* longue et avec un avant très arrondi. Son épaisseur et donc son poids en font une planche plus stable sur la vague et plus confortable pour apprendre à pagayer avec les bras. C'est sur ce modèle qu'ont été taillées les plus vieilles planches retrouvées, celles qui appartenaient aux familles royales. Pour un surfeur de niveau intermédiaire, la *funboard* est la planche idéale. Plus large mais moins lourde, elle permet de conserver la stabilité tout en travaillant sur la prise de vague. Les pros choisiront quant à eux la *shortboard* plus fine avec un avant taillé en forme de V plus accentué qui augmente la vitesse et l'agilité sur la vague.

Rodéo

Les *paniolos* ont apporté avec eux la tradition du rodéo qui est pratiqué sur Big Island, Maui, Kauai et Oahu. Il fait même partie des options

Pagayer pour l'avenir

En mai 2014 une pirogue polynésienne a largué les amarres direction... le monde. Pendant trois ans elle fera le tour du globe pour diffuser un message de paix et promouvoir le développement durable. Appelée *Hôkûle'a* elle a construit sa renommée autour de son aller retour à Tahiti en 1976. Alors en questionnement identitaire les Hawaïens avaient voulu partir à la recherche de leurs origines en effectuant le même voyage que leurs ancêtres. Mais avant cela, la Polynesian Voyaging Society a dû trouver quelqu'un sachant utiliser les techniques de navigation traditionnelles basées sur les étoiles. Ce savoir-faire étant depuis longtemps oublié à Hawaii, c'est sur une petite île de Micronésie qu'ils ont trouvé leurs réponses. Embarqué dans l'aventure, Mau Piailug les a guidés jusqu'à destination. Depuis, les Hawaïens se sont réappropriés leur culture qu'ils affirment fièrement avec *Hôkûel'a*.

■ **HOKULEA — POLYNESIAN VOYAGING SOCIETY**
10 Sand Island Parkway – HONOLULU ✆ +1 808 842 1101
www.hokulea.com
Suivez l'avancée de la pirogue en direct sur le site Internet.

Plage de Kailua-Kona.

dans certains lycées d'Hawaii, et les filles sont loin d'être en reste. Véritable démonstration d'agilité et de prouesses en matière d'éducation des chevaux ils sont une occasion unique pour rencontrer des locaux et partager un moment d'adrénaline. Le *Cowboy Calendar* (thecowboycalendar.com) répertorie les principaux rodéos.

ACTIVITÉS À FAIRE SUR PLACE

Baignade

Étant donné l'incalculable nombre de très belles plages à Hawaii, on a l'embarras du choix pour se baigner et c'est le cas sur toutes les îles. Les plages les plus ensoleillées se trouvent en général sur les côtes sud et ouest de chaque île. Il faut cependant se méfier des courants qui sont totalement différents d'une plage à l'autre. De manière générale, il faut suivre les conseils de ce guide qui précise à chaque fois si une plage est propice à la baignade ou non. Cela dépend aussi des saisons : en hiver, la mer est beaucoup plus agitée qu'en été ! Prenez garde également à ne pas marcher sur les coraux, qui sont très coupants. Toutes les plages de Hawaii sont publiques.

Bateau

Les occasions de sorties en bateau sont nombreuses. Que ce soit pour faire du *whale-watching* (observation des baleines), en partant de Lahaina à Maui, pour aller sur un spot de plongée ou bien pour assister au coucher de soleil au large…

Boogie-board

Aussi appelé *body-board*, ce sport a été inventé dans les années 1980. Il s'adresse en général aux plus jeunes et il est beaucoup plus facile à pratiquer que le surf. On place la partie supérieure de son corps sur une planche de 1 m de long puis on se laisse glisser sur une vague qui « se brise ». Il ne faut surtout pas viser les vagues en rouleau, réservés aux surfeurs ! Chaque fois qu'une plage est un bon spot de *boogie-board,* nous le précisons dans ce guide. Un des meilleurs spots de Hawaii est celui de Sandy Beach, au sud-est d'Oahu.

Équitation

Toutes les îles de l'archipel se prêtent à des balades à cheval. Mais c'est surtout à Maui et à Big Island, îles les plus rurales, qu'elles seront les plus belles. C'est là, en effet, que vivent la plupart des *paniolos* (cow-boys hawaiiens) et que se trouvent des ranchs où l'on peut faire de magnifiques promenades à cheval.

Golf

Hawaii compte plus de 80 terrains de golf, 18-trous pour la plupart. Les plus beaux parcours se trouvent à Maui et à Lanai.

Hélicoptère

Si vous n'avez jamais volé en hélicoptère, c'est à Hawaii qu'il faut commencer ! Les survols de paysages superbes, tels que la Na Pali Coast, à Kauai, ou le volcan Kilauea, sur Big Island, laissent des souvenirs impérissables.

Kayak – Canoë

Le kayak de mer se pratique beaucoup à Hawaii, mais en été principalement car c'est la période où la mer est relativement calme.

© HAWAII TOURISM AUTHORITY (HTA) / RON DAHLQUIST

Cyclistes explorant la côte sauvage de Molokai.

Les plus belles balades, à faire seul ou en excursion, sont celles dans la baie de Kealakekua, sur Big Island, ou aux abords de la Na Pali Coast, à Kauai. On pourra également s'essayer au canoë traditionnel *outrigger* avec son ou ses flotteurs latéraux.

Kitesurfing

Le kitesurf est un sport nautique de traction. Les deux meilleurs spots de kitesurf se trouvent à Kailua Beach, sur Oahu, et à Kanaha Beach, sur Maui.

Planche à voile

Tout comme pour le surf, si on n'est pas un véliplanchiste chevronné, il faut vraiment éviter de faire de la planche là où les courants sont forts, notamment en hiver.
Les plages de la côte nord d'Oahu ou de Maui sont réservées aux surfeurs chevronnés. De toute façon, vu la taille impressionnante des rouleaux qui peuvent atteindre 10 m, personne d'autre n'oserait s'y aventurer.

Plongée sous-marine

Les fonds marins de Hawaii sont très riches, ce qui explique le franc succès rencontré par cette activité. Si vous n'en avez jamais fait, de nombreux clubs locaux proposent de vous faire passer votre baptême.
Parmi les meilleurs spots de l'archipel : China Walls, le Sea Tiger et l'épave du YO-257 à Oahu ; Honolua Bay, Molokini crater et La Perouse Bay sur Maui ; Lagon kee et Tunnels reef sur Kauai ; Kealakekua bay sur Big Island.

Randonnée pédestre

Des sentiers de randonnée ont été aménagés sur toutes les îles et dans tous les parcs naturels. La randonnée pédestre est vraiment l'occasion d'une immersion totale au cœur de la sublime nature hawaiienne ! À faire impérativement : le Hosmore Grove Nature Trail, dans le cratère du volcan Haleakala (Maui), et le Kalaulau Trail, sur la Na Pali Coast, à Kauai.

Snorkeling

On peut faire du snorkeling à peu près partout sur l'archipel. D'autant plus que les masques, palmes et tuba sont très peu encombrants ! Les sites les plus incontournables sont : Hanauma Bay (Oahu), Kealakekua Bay (Big Island) ou bien l'îlot de Molokini (au large de Maui).

Surf

Il est possible de surfer sur toutes les îles, mais ceux qui n'en ont jamais fait, choisiront de préférence l'été pour leur initiation car les vagues sont beaucoup plus douces en cette période. Pour les pros, direction les côtes nord de Maui et d'Oahu, en hiver, bien sûr ! Vous trouverez dans chaque partie du guide les meilleurs spots de l'île.

VTT

On trouve assez facilement des loueurs de VTT à Hawaii, où les somptueux paysages de l'archipel se prêtent bien à ce sport écolo. Si jamais vous décidez de ne faire qu'une seule balade à VTT, faites-la au parc national des Volcans, à Big Island.

Enfants du pays

Daniel K. Akaka

Né le 11 septembre 1924 à Honolulu, le démocrate Daniel Kahikina Akaka fut le premier sénateur de l'État de Hawaii à avoir des ancêtres hawaiiens natifs. En poste de 1990 à janvier 2013, il annonce en 2011 qu'il ne se présentera pas aux élections sénatoriales de 2012 et termine son discours par les mots hawaiiens « a hui hou » (au revoir).

Tia Carrere

Althea Rae Duhinio Janairo naît à Honolulu, le 2 janvier 1967. Elle a des origines philippine, chinoise et espagnole. À 17 ans, elle est remarquée par un producteur et s'oriente vers une carrière cinématographique. Son premier rôle est celui d'Amy dans *Zombie Nightmare* (1986).

Elle prend le pseudonyme de Tia Carrere et décroche son premier grand rôle dans *Wayne's World*, en 1992. En 2007, elle sort un album intitulé *Hawaiiana*, pour lequel elle est nominée aux Grammy Award, dans la catégorie « Meilleur album hawaiien ». La même année, elle apparaît dans la série *Nip-Tuck*. Après son passage dans *Dancing with the Stars 2*, elle se lance une nouvelle fois avec la télé-réalité en participant à *The Celibrity Apprentice 5* en 2012 sur NBC, un jeu créé par Donald Trump. Enfin, en 2013 elle apparait dans le thriller *Une mère à la dérive*.

Bethany Hamilton

Bethany Hamilton est une surfeuse américaine, née le 8 février 1990 sur l'île de Kauai.

Jeune espoir du surf, à l'âge de 13 ans, elle est attaquée par un requin au large des côtes hawaiiennes, le 31 octobre 2003. Malgré la perte du bras gauche, elle continue à pratiquer son sport.

Largement médiatisée dans le monde anglo-saxon, Bethany Hamilton est devenue un symbole pour tous les handicapés qui aspirent à mener une vie ordinaire. Elle gagne le prix du meilleur *come back* pour une athlète, au mois d'août 2004. En 2009, elle devient vice-championne du monde de surf lors du championnat à Narrabeen Beach en Australie.

Jack Johnson

Souvent associé au courant pop-rock californien, Jack Johnson est pourtant un enfant d'Hawaii. Né à Honolulu en 1975, il s'illustre d'abord en tant que surfeur, discipline qui a fait la renommée de son père Jeff Johnson. Repéré par la marque Quicksilver, il s'engage dans la compétition sportive jusqu'à un grave accident à l'âge de 17 ans. Jack change alors de carrière et d'Etat, il s'installe en Californie et se lance dans le cinéma et la musique. Il réalise notamment *Thicker than Water* et *September Sessions*, deux films sur l'univers du surf dont il écrit également les bandes sonores. Il produit ensuite neuf albums d'un folk-rock acoustique, rythmé et efficace, poussé par son mentor Ben Harper, dont le dernier *From here to now to you* sort en 2013.

Israel Kamakawiwo'ole

Originaire d'Oahu, Israel Kamakawiwo'ole est une figure phare de la musique hawaiienne traditionnelle des années 1990. C'est son *medley Over the rainbow / What a wonderful world* (1993), dont la douce mélodie a fait le tour du monde, qui l'a rendu célèbre.

On l'entend encore régulièrement dans des génériques de pub. Cet hawaiien natif a aussi durablement milité pour la défense des droits de son peuple, allant jusqu'à revendiquer l'indépendance de l'archipel dans certaines de ses chansons. Souffrant d'obésité, il meurt à seulement 38 ans.

Le « gentil géant » comme l'appellent ses fans a eu droit aux honneurs de l'État le jour de son enterrement le 10 juillet 1997 : les drapeaux sont alors en berne et son cercueil est exposé au Capitole d'Honolulu. Une statue de son buste a depuis été érigée à Waianae, sur l'île d'Oahu.

Nicole Kidman

Née le 20 juin 1967 à Honolulu de parents australiens, l'actrice américaine a la double nationalité.

Elle a été mariée à Tom Cruise, de 1990 à 2001, puis elle épouse en 2006 le chanteur de musique country Keith Urban. Elle remporte l'Oscar de la meilleure actrice, en 2002, pour son rôle dans *The Hours*.

Après avoir tourné dans une centaine de films, dont *Moulin Rouge* en 2001 et *Australia* en 2008, Nicole Kidman joue de le rôle de Grace Kelly dans le film du français Olivier Dahan, *Grace de Monaco*, sorti en 2014.

Jason Scott Lee

Les parents de Jason Scott Lee sont des Hawaiiens d'origine chinoise, partis s'installer en Californie où est né leur fils Jason Scott Lee, le 19 novembre 1966. Passionné de théâtre dès l'adolescence, il se lance rapidement dans une carrière d'acteur.

Son premier grand rôle est celui de Bruce Lee dans le film *Dragon, l'histoire de Bruce Lee* (1992). Il tourne ensuite plusieurs films à succès, comme *Rapa Nui* (1994) et *Le Livre de la Jungle* (1994) ou *La Malédiction de la Momie* (1998). En 2010, il joue dans un épisode de *Hawaii 5-0*, la série américaine inspirée de *Hawaii, police d'Etat*. Il apparait également dans le film fantastique *Le septième fils* en 2014.

Bruno Mars

Né dans le quartier de Waikiki à Honolulu en 1985 d'une mère philippine et d'un père portoricain, Peter Gene Hernandez illustre le métissage hawaïen. Connu sous son nom de scène Bruno Mars, il grandit dans la danse et la musique, se représentant régulièrement avec ses parents et ses cinq frères et sœurs. A l'âge de 18 ans il part pour Los Angeles où il travaille dans un premier temps comme auteur-compositeur. Il contribue notamment au succès de B.o.B, Adam Levine, Travie McCoy, Flo Rida ou encore Cee Lo Green dont il co-écrit les tubes. Son premier album *Doo-Wops and Hooligans* sort en 2010 et connait un succès immédiat. Il sera récompensé « Meilleur chanteur pop » aux Grammy Award pour sa chanson *Just the Way you are* en 2011 et « Album de l'année » en 2012. En France son succès est tout aussi phénoménal avec deux NRJ Music Awards dans la catégorie « Révélation internationale de l'année » et « Chanson internationale de l'année » avec *The Lazy Song* en 2012.

Bette Midler

Cette actrice et chanteuse américaine est née le 1er décembre 1945, à Honolulu.

Après ses études secondaires, elle suit des cours d'art dramatique. En 1965, elle fait de la figuration dans le film *Hawaii* (1966), ce qui lui permet de se rendre à Los Angeles puis à New York, où elle suit des leçons de chant et de danse.

En 1978, elle tient son premier grand rôle cinématographique dans *The Rose*, performance dramatique qui lui vaut d'être nommée aux oscars et de décrocher un Golden Globe. A partir de février 2008, elle se produit à Las Vegas, au Caesar Palace, dans le spectacle « The Showgirl must go on » qui est un retour sur sa carrière musicale. Elle enchaîne ainsi 200 représentations sur 3 ans. En 2013 elle participe au documentaire *Twenty feet from stardom* aux cotés de Sting, Steevie Wonder et autres grands noms de la chanson.

Barack Hussein Obama

Le 44e président des Etats-Unis est né le 4 août 1961 au Kapiolani Medical Center, à Honolulu. Il est à la fois le premier Afro-Américain de l'histoire à avoir été élu, puis réélu, à un tel poste mais aussi le seul président des États-Unis à être né à Hawaii ! Pourtant, au début de la première campagne présidentielle, on a dit de lui que c'était « un homme qui venait de nulle part » ... Les Américains avaient en effet du mal à concevoir l'héritage mixte de ce candidat au nom étrange qui avait aussi bien des origines kenyanes par son père qu'irlandaises par ses grands-parents.

Pourtant Barack Obama ne vient pas de nulle part, il vient de Hawaii ! Et quand il rentre à Hawaii, il se sent chez lui !

C'est même sa naissance à Hawaii qui lui a permis d'être candidat aux élections présidentielles ! Selon la Constitution américaine, il faut en effet que les deux parents du candidat soient américains et, si seulement un sur deux l'est, le candidat doit être né sur le sol américain. Barack Obama ayant un père kenyan devait donc prouver qu'il était bien né à Hawaii, en 1961, soit seulement deux ans après que Hawaii était devenu un État américain (1959) ! S'il était né trois ans avant, Barack Obama n'aurait pas pu se présenter... C'est d'ailleurs pourquoi, pendant la première campagne présidentielle, certains Républicans avaient fait courir la rumeur que son certificat de naissance était faux.

Né de l'union d'Ann Stanley Dunham et de Barack Obama Senior, qui se sont rencontrés à un cours de russe à l'université de Honolulu, il passe les six premières années de sa vie à Hawaii où il vit comme un local puis sa mère se remarie avec un Indonésien qu'elle suit à Djakarta, emmenant Barack avec elle. Il ne revient vivre à Honolulu qu'en 1971 pour étudier dans la prestigieuse école privée Punahou School qu'il intègre après avoir décroché une bourse. Il y étudiera de 10 à 18 ans et se fera des amis dont il est encore proche aujourd'hui. Quand sa mère retourne vivre en Indonésie, en 1975, il n'a que 14 ans et c'est sa « tutu » (grand-mère), comme il

l'appelle, qui s'occupera de lui jusqu'à son départ pour le continent américain, où il fera de brillantes études supérieures à l'université de Columbia. Quand sa mère meurt d'un cancer, en 1995, sa « tutu » est la seule famille proche qui lui reste ; elle le soutiendra tout au long de sa vie et de sa carrière politique.
C'est pourquoi quand, en pleine campagne électorale, Barack Obama apprend que sa « tutu » est dans un état critique, il prend immédiatement l'avion pour lui rendre visite à Honolulu.
Car cette grand-mère mourante est sa deuxième mère. Le fait qu'elle décède deux jours avant son élection, le 4 novembre 2008, est donc particulièrement tragique pour lui.
Depuis qu'il a été élu président des États-Unis, Barack Obama est retourné à Hawaii en famille pour y passer les vacances de Noël. C'est à Kailua, sur son île natale d'Oahu, que se trouve sa résidence hawaiienne.
Un portrait réalisé avec l'aide de l'historien François Durpaire, co-auteur de L'Amérique de Barack Obama face à la crise*, coécrit avec Olivier Richomme, éditions Démopolis.*

Kelly Preston

Mariée à John Travolta depuis 1991, l'actrice Kelly Preston naît à Honolulu, le 13 octobre 1962. Elle fait ses études secondaires dans la prestigieuse Punahou School, à Honolulu, où a également étudié Barack Obama.
Mais sa carrière est moins brillante puisqu'elle n'a jamais vraiment décollé et qu'elle a toujours eu des rôles secondaires au cinéma.

Akebono Taro

Chadwick Haaheo Rowan, de son vrai nom, naît le 8 mai 1969 à Waimanalo, sur l'île d'Oahu. Il est le premier sumotori (champion de sumo) non japonais à s'être classé n° 1 mondial, le 27 janvier 1993.
Son nom nippon d'emprunt « Akebono » signifie « aurore » et, de fait, il a inauguré une nouvelle ère en ouvrant le sumo à d'autres pays que le Japon ! À l'époque des championnats, il mesurait 2 m pour 220 kg ! Il prend sa retraite en 2001, après 13 ans de compétitions ininterrompues. Depuis sa retraite, il s'est reconverti dans le catch, luttant désormais sous le nom de « Bono Kun ». Il est sacré n°1 du Triple Crown Championship.

Michelle Wie

Née en 1989, la Hawaiienne Michelle Wie est un prodige du golf. Elle participe à ses premiers tournois de golf à 11 ans, devient la plus jeune joueuse professionnelle à 14 ans et la première femme à participer à l'USGA, le tournoi national de golf américain (2005). Elle remporte deux titres professionnels sur le circuit de la LPGA (organisation américaine de golf professionnel féminin). Sa meilleure performance est sa seconde place au tournoi LPGA de 2005. Désormais majeure et diplômée en Communication, Michelle poursuit une carrière de golfeuse professionnelle. Elle participe aux tournois LGPA annuels depuis 2009, finissant à chaque fois dans le Top 10 mais sans jamais égaler sa prestation de 2005. Sa consécration vient finalement en 2014 avec sa victoire à l'US Open féminin.

DÉCOUVERTE

Les colliers de coquillages de Niihau sont très prisés.

Lexique

La prononciation

Le hawaiien n'utilise que 12 lettres.

- **7 consonnes :** h, k, l, m, n, p, w.
- **5 voyelles :** a, e, i, o, u.

Les consonnes se prononcent à la française, sauf le « h » qu'on aspire comme en anglais, et le « w » qui se prononce « v ». Seulement deux voyelles se prononcent différemment du français : « e » se dit « ay », « u » se dit « ou ». Pas facile de prononcer les mots hawaiiens ! Ils sont souvent longs et comportent plusieurs voyelles successives... L'astuce, c'est de procéder syllabe par syllabe. Ex : *Kealakekua* donne « Kay-a-la-kay-kou-a » (nom d'une baie à Big Island). Vous verrez, c'est magique et tellement plus facile.

3 mots indispensables

- ***Aloha.*** S'utilise pour dire « bonjour » et « au revoir » mais aussi « bienvenue ». Il a une forte connotation affective qui n'existe ni dans le « hello » anglais ni dans le « bonjour » français !
- ***Mahalo.*** Signifie « merci ». En dehors des Hawaiiens eux-mêmes, hôteliers, restaurateurs et vendeurs l'utilisent à tout moment. Au même titre que le mot « Aloha ». Si vraiment vous voulez impressionner votre interlocuteur, vous pouvez lui répondre « mahalo nui loa », qui veut dire « merci beaucoup ».
- ***A hui hou.*** C'est l'autre mot, avec « aloha », pour dire « au revoir ». Il signifie en fait « à la prochaine ! » car les Hawaiiens n'aiment pas l'idée qu'un départ soit définitif, ils espèrent toujours que vous allez revenir !

25 mots à connaître pour parler comme un local

- ***Alii*** – noble hawaiien à l'époque de la royauté.
- ***Halau*** – école.
- ***Hale*** – maison.
- ***Haole*** – étranger ou Occidental.
- ***Heiau*** – temple hawaiien.
- ***Hui*** – club ou assemblée.
- ***Hula*** – danse traditionnelle hawaiienne.
- ***Imu*** – four traditionnel creusé dans la terre (on en voit dans les *luau*).
- ***Kahuna*** – prêtre à l'époque de la religion hawaiienne.
- ***Kamaaina*** – personne locale.
- ***Kane*** – homme (souvent sur la porte des toilettes).
- ***Kapu*** – interdit.
- ***Keiki*** – enfant.
- ***Kupuna*** – une personne âgée.
- ***Lanai*** – terrasse ou véranda.
- ***Lei*** – collier de fleurs ou de coquillages.
- ***Luau*** – dîner-spectacle traditionnel hawaiien.
- ***Malihini*** – nouveau venu, touriste qui vient pour la première fois.
- ***Mana*** – esprit, karma ou pouvoir divin.
- ***Ohana*** – famille.
- ***Ono*** – délicieux.
- ***Pau*** – fini, terminé.
- ***Pali*** – montagne.
- ***Pupu*** – en-cas salé pour l'apéritif.
- ***Tutu*** – grand-mère.
- ***Vahine*** – femme.

Quelques expressions idiomatiques

- ***Hiki !*** – Ok !
- ***Aole Pilikia !*** – Pas de problème !
- ***Hana hou !*** – Encore ! (très utilisé pour les rappels pendant les concerts).
- ***Maikai !*** – Excellent !

Quelques notions de *pidgin*

Le *pidgin* est le créole hawaiien. Inspiré de l'anglais, il a été inventé par les immigrés d'origines très diverses qui travaillaient dans les plantations sucrières, au XIXe siècle. Les locaux le parlent beaucoup plus que le hawaiien. C'est vraiment leur argot. Si vous leur parlez en *pidgin*, ils n'en reviendront pas !

- ***Broke da mout*** – délicieux.
- ***Da buggah*** – les gars.
- ***Bumbye*** – plus tard.
- ***Fo'real ?*** – vraiment ?
- ***Funny kine*** – étrange.
- ***I nevah like !*** – ça me tente pas !
- ***I talk da kine*** – je parle *pidgin*.
- ***How you stay ?*** – Comment ça va ?
- ***Kay den !*** – d'accord alors ! (déformation de « Ok then ! »).
- ***Whazzup ?*** – quoi de neuf ? (déformation de « What's up ? »).

OAHU

USS Arizona Memorial, Pearl Harbor.

Oahu

Océan Pacifique
Kaihalulu Beach
Pūpūkea Bay Beach Park
Kamanantui Stream
Papa'iloa Beach
Hale'iwa
Waialua
Kealia Beach
Mokule'ia
Yokohama Bay Beach
Wai'anae Range
Kaukonahua Stream
Wahiawa
Mäkaha Beach Park
Mäkaha
Mililani
Pöka'ī Bay Beach Park
Wai'anae
Mä'ili Beach Park
Ma'ili
Waipahu
Nanakuli
Nänäkuli Beach Park
Farrington HWY
Tracks Beach Park
Kahe Pt Beach Park
Makakilo
Kapolei
Ewa Beach
One'ula Beach Park
Route principale
Route secondaire
Petite route
Ligne de bus
N
0
5 km

KAUAI
OAHU
MOLOKAI
MAUI
LANAI
BIG ISLAND
Principales îles d'Hawaii
Kahuku
La'ie
Kokololio Beach Park
Hau'ula
Kahana Bay
Ka'a'awa
Waiähole Beach Park
Käne'ohe Bay
Kailua Bay
Kailua Beach Park
Lanikai Beach
Kane'ohe
Kailua
Kailua Sailboards & Kayaks
Aiea
Waimanolo Bay
Waimanolo
Waimanolo Beach
Aéroport Honolulu Int'l (HNL)
Mamala Bay
Honolulu
Sandy Beach Park
Maunalua Bay Beach Park
Hanauma Bay Nature Preserve
Kuilei Cliffs Beach Park

Oahu

Née de l'activité volcanique, il y a 3 millions d'années, Oahu est la troisième île hawaiienne par sa superficie et, de loin, la première par sa fréquentation touristique.
Oahu rassemblant par ailleurs les trois quarts de la population de Hawaii (900 000 habitants), dont la moitié se concentre à Honolulu, la capitale d'État, c'est tout naturellement qu'elle a été surnommée « the gathering island » (l'île qui rassemble).
Avec ses plages sublimes, ses centaines d'hôtels, de bars et de restaurants, Waikiki est certainement la partie la plus exaltante d'Oahu, voire d'Hawaii. Rien d'étonnant à ce que 5 millions de touristes y séjournent chaque année.
Mais Oahu ne se limite pas à la folie urbaine et festive de Waikiki. Son arrière-pays est resté sauvage et préservé, comme en témoignent les paysages tropicaux du plateau central ou les plages isolées de la côte ouest. Des villes comme Waimanalo, sur la côte est, ont ainsi gardé une taille humaine et un visage authentique, en totale adéquation avec le « Aloha Spirit ». Oahu rime aussi avec surf puisqu'elle en abrite la capitale Haleiwa. Cette petite ville tranquille de la côte nord est la Mecque du surf pour tous les amateurs de glisse car elle accueille chaque hiver la plus importante compétition mondiale de ce sport.
Oahu est également une terre chargée d'histoire puisqu'elle abrite le mémorial de Pearl Harbor, vestige de l'attaque japonaise du 7 décembre 1941 qui a entraîné l'entrée des États-Unis dans la Seconde Guerre mondiale.
Et puis, c'est aussi l'île natale du 44e président des États-Unis, Barack Obama, qui y a passé une grande partie de sa jeunesse ! Il est resté profondément attaché à Oahu et y retourne régulièrement pour des vacances en famille. Enfin, non seulement Barack Obama est un véritable enfant du pays mais il est le premier président de l'histoire des États-Unis à être né à Hawaii. Comme l'a déclaré sa femme, Michelle Obama : « On ne peut comprendre Barack que si l'on connaît Hawaii ».

HONOLULU

Capitale de l'État de Hawaii, Honolulu est aussi la plus grande ville de l'archipel avec près de 900 000 habitants. Elle devient la capitale du royaume de Hawaii, sur décision du Roi Kamehameha III, en 1845, au détriment de Lahaina (sur Maui) et elle le reste lors de l'avènement de Hawaii comme État américain en 1959. Avec le développement du tourisme au XXe siècle, naît l'un des ses quartiers les plus connus qui est le véritable emblème de l'archipel aujourd'hui, Waikiki, dont tout le monde a en tête les gratte-ciels et les plages de rêve. Cependant, Honolulu a de multiples facettes comme l'attestent son quartier chinois, son centre historique et financier ainsi que la vallée luxuriante de Manoa.

Les immanquables d'Oahu

- **Prendre un cours de surf** à Waikiki.
- **Faire la randonnée** de Diamond Head.
- **Manger des crevettes grillées** sur la route de Kahuku.
- **Savourer une *shave ice*** sur Kailua Beach.
- **Visiter le Bishop Museum** à Honolulu.
- **Siroter un *mai tai*** face au coucher de soleil à Waikiki.
- **Visiter l'USS Arizona Memorial** à Pearl Harbor.
- **Faire du snorkeling** dans les eaux cristallines de Hanauma Bay.

Quartiers

Quand on pense à Honolulu, on restreint souvent la ville à son bord de mer et à sa succession de buildings. Mais cette partie, c'est seulement Waikiki, son quartier emblématique, mais ce n'est pas tout Honolulu ! L'agglomération est en fait beaucoup plus étendue qu'on ne l'imagine de prime abord et s'organise autour de plusieurs quartiers.

Downtown Honolulu et Chinatown

▸ **Downtown Honolulu.** Situé entre Ala Moana Boulevard et Chinatown, le Downtown est le centre historique de Honolulu et le pôle financier et législatif majeur de Hawaii, comme en témoignent les bâtiments officiels établis à Bishop Square (Sénat, Chambre des Représentants, Capitole). Mais c'est aussi le quartier d'affaires de Honolulu où se concentrent banques et sièges sociaux des principales entreprises hawaiiennes. Les rues y sont donc très animées en semaine et beaucoup moins le week-end. Cependant, les sites historiques de cette partie de la ville ont tout de même leur cortège de touristes le week-end.

▸ **Chinatown.** Entre le centre historique à l'est et le ruisseau Nuuanu à l'ouest, Chinatown est un enchevêtrement de rues où travaille plus qu'elle ne vit l'essentiel de la population d'origine asiatique de Honolulu. Construit en 1860, sur le quartier chaud de Honolulu où les marins venaient s'enivrer et voir des prostituées, c'est en fait le plus ancien quartier chinois des Etats-Unis. Il a été fondé par les ouvriers asiatiques venus s'installer à Hawaii au début du XIXe siècle pour y travailler dans les plantations de sucre. C'est donc avant tout les pays d'Asie dont ces travailleurs étaient issus qui sont représentés à Chinatown, à savoir la Chine, le Japon, la Corée, les Philippines, le Viêt-Nam.

Downtown Honolulu

Honolulu
Port
Marché & Commerce
Monument ou curiosité
Musée
H3
H1
Moanalua Road
Jarrett White Road
Aliamanu Dr
Likini St
Salt Lake Blvd
Bouganville Dr
Pu'uloa Rd
Likelike Hwy
Middle St
Bishop Museum
School St
Nimitz Hwy
H1 (below)
Koapala St
Dillingham Blvd
Kalihi St
Waikamilo Rd
N. King Street
Nimitz Hwy
Sand Island Access Road
Lagoon Dr.
Ke'ehi Lagoon
Aloha Tower & Marketplace
Hawaii Maritime Center
Aéroport International d'Honolulu (HNL)
Océan Pacifique
0
2 km

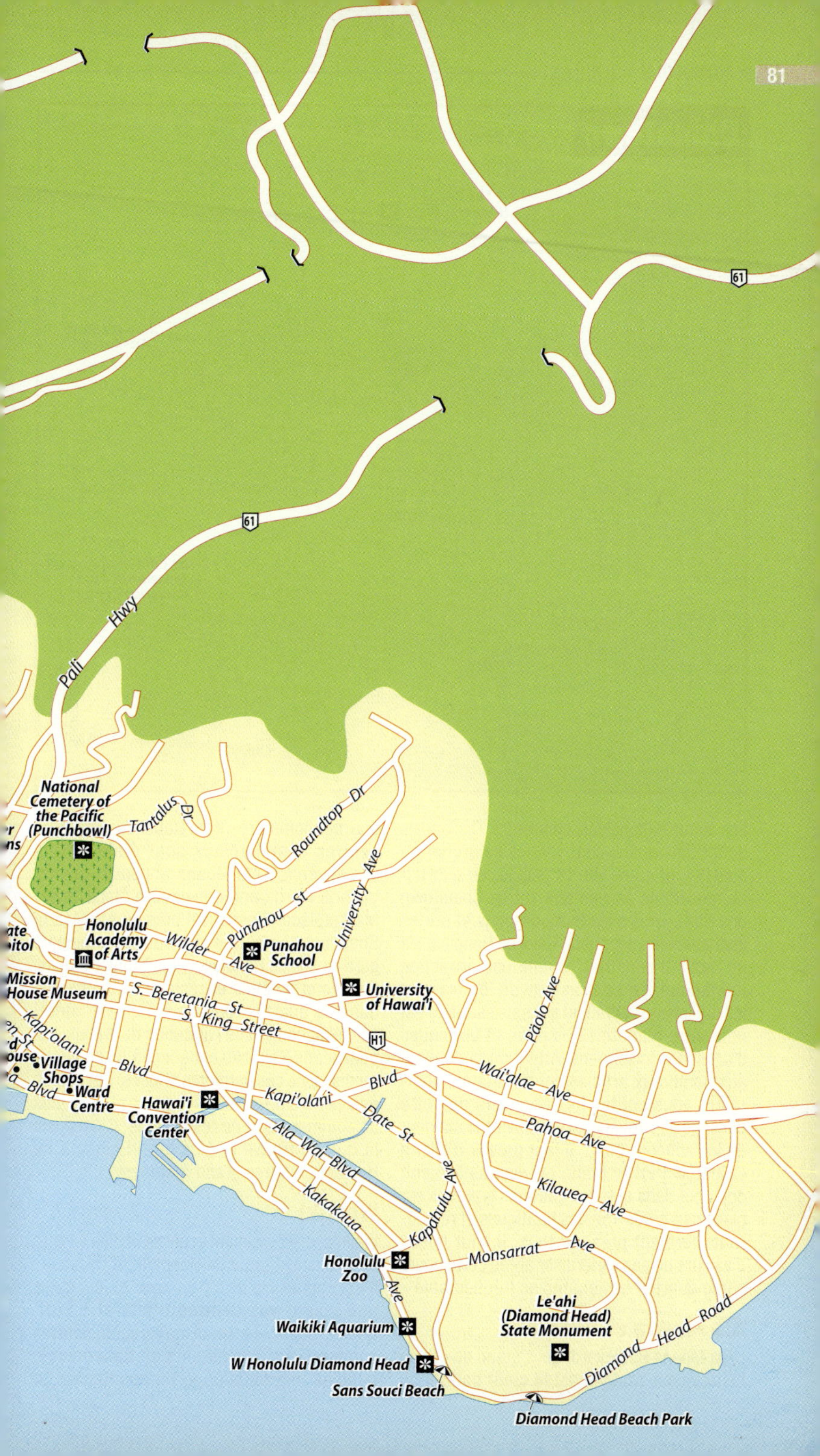

61
Pali Hwy
National Cemetery of the Pacific (Punchbowl)
Tantalus Dr
Roundtop Dr
University Ave
Punahou St
Honolulu Academy of Arts
Wilder Ave
Punahou School
University of Hawai'i
Mission House Museum
S. Beretania St
S. King Street
H1
Pāolo Ave
Wai'alae Ave
Kapi'olani Blvd
Village Shops
Ward Centre
Hawai'i Convention Center
Date St
Pahoa Ave
Ala Wai Blvd
Kakakaua
Kapahulu Ave
Kilauea Ave
Monsarrat Ave
Honolulu Zoo
Le'ahi (Diamond Head) State Monument
Waikiki Aquarium
W Honolulu Diamond Head
Sans Souci Beach
Diamond Head Road
Diamond Head Beach Park

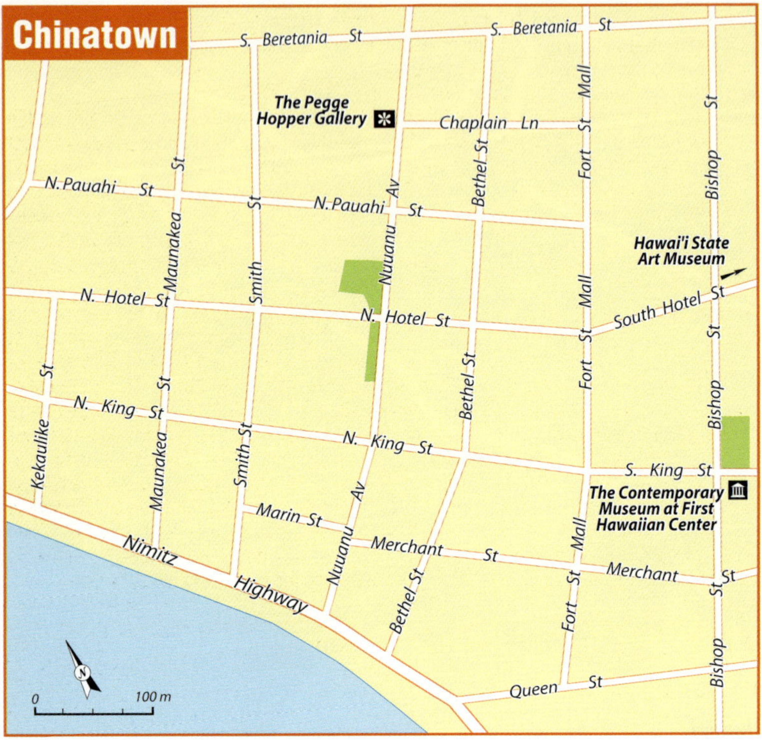

Les autres nationalités, comme les Thaïlandais ou les Taïwanais, sont venues se greffer au quartier au cours du XXe siècle. Le quartier ne ressemble en rien aux autres Chinatown des États-Unis avec leurs dragons et portes écarlates bien décorées. Celui de Honolulu n'a en rien été construit comme une attraction touristique. Le contraste avec le strass et les paillettes de Waikiki est saisissant : c'est une autre planète ! Epiceries et boutiques d'artisanat foisonnent. Attention cependant aux nombreux articles contrefaits qui pourraient vous coûter fort cher lors de votre passage à la douane, si vous aviez le malheur de les acheter. Enfin, il faut prévoir d'aller à Chinatown tôt le matin et, éventuellement, déjeuner dans une des cantines typiques sur place car, après 15h, les boutiques et restaurants ferment presque tous. Il vaut mieux d'ailleurs ne pas s'éterniser après cette heure car le quartier devient moins fréquentable

Ala Moana et Kaka'ako

L'Ala Moana Boulevard, qui s'étend du centre historique à Waikiki, est le cœur battant du quartier commerçant de Honolulu. Plusieurs centres commerciaux sont établis dans ses environs : Ala Moana Shopping Center, Victoria Ward Center ou encore Aloha Tower Marketplace. C'est aussi près du Ala Moana Shopping Center que se trouve la principale gare de bus de Honolulu. Vous trouverez aussi beaucoup d'hôtels et résidences hôtelières dans ce quartier, dont le principale intérêt est l'éloignement de l'agitation de Waikiki. Le quartier de Kakaako est quant à lui en pleine renaissance ces dernières années. Cet ancien quartier d'entrepôts accueille de plus en plus de commerces et de restaurants. C'est aussi là que se trouve le plus grand cinéma de Honolulu, un très grand multiplexe.

Waikiki

Waikiki, c'est vraiment la partie la plus vivante et la plus exaltante de Honolulu et d'Oahu.

Il est impossible de s'y ennuyer et, ce, quels que soient vos centres d'intérêt ! Surf, *boogie-board*, kayak, discothèques, centres commerciaux, restaurants en tous genres, balades, marchés ouverts, spectacles de

hula ou couchers de soleil sur la plage... Quasiment toutes les activités praticables à Hawaii se font à Waikiki !
S'étendant du cratère de Diamond Head à l'est à la rivière Ala Wai à l'est, Waikiki est longé par les cocotiers et une succession de très belles plages dont les eaux turquoise enchantent les touristes du monde entier. Et c'est tout naturellement qu'elles ont gagné la réputation d'être les plus belles plages du Pacifique. Sur seulement 2 km², Waikiki regroupe des centaines de restaurants, hôtels et magasins, le tout fréquenté par 5 millions de touristes chaque année !
Très peu de locaux s'aventurent à Waikiki et c'est surtout une population cosmopolite que l'on croise dans ses rues et sur ses plages. Si Oahu a été surnommée l'île la plus populaire, c'est d'ailleurs à Waikiki qu'elle le doit car c'est le pôle touristique majeur de l'île. L'envie d'un peu d'air et d'authenticité arrive cependant relativement rapidement, aussi faut-il prévoir des excursions sur le reste de l'île ou une balade sur Kapahulu Avenue. Cette enclave à l'est de la ville concentre antiquaires et restaurants hawaiiens fréquentés par les locaux.

Manoa Valley

Manoa Valley est une magnifique vallée tropicale qui surplombe Honolulu. Et c'est là que se trouve l'Université d'Hawaii et son superbe campus... Mais en dehors de l'Université, cette zone d'Honolulu est essentiellement résidentielle et on n'y trouve pas d'hôtels mais seulement quelques Bed & Breakfast. Plus on s'élève, plus les rues sont calmes. Les amoureux de la nature, soucieux de fuir le vacarme de Waikiki, apprécieront tout particulièrement le Lyon Arboretum et les jolies chutes de Manoa. Plus à l'ouest et juste au-dessus de l'autoroute H1, un autre quartier résidentiel plus chic : Makiki. Dans ses hauteurs, au bout de Makiki Heights Drive et Tantalus Drive, on trouve plusieurs très beaux points de vue sur Honolulu et d'agréables sentiers de randonnée à faire dans la forêt de Makiki Tantalus. Sans oublier le très riche musée d'Art contemporain de la ville.

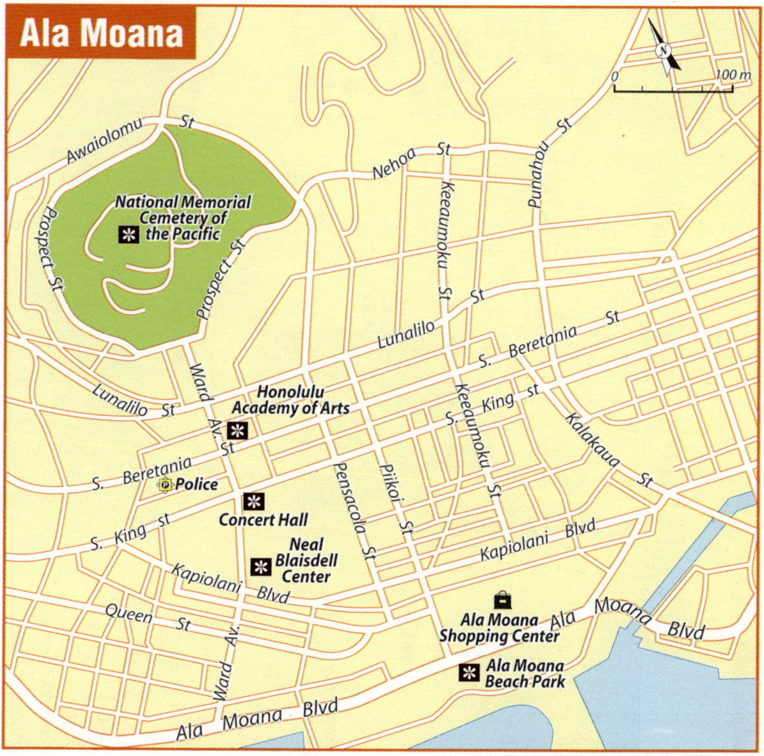

Waikiki

Ala Wai Golf Course
Ala Wai Canal
Ala Wai Blvd
McCully St
Niu St
Pau St
Keoniana St
Kuamo'o St
Kālaimoku St
Launiu St
Ka'olu St
Lewers St
Aloha Dr
Manukai
Waikolu
Royal Hawaiian Ave
Waikiki Market Place
Waikiki Trade Center
Nahua St
Walina St
Kānekapolei St
Ka'iulani Ave
Cleghorn St
Paoakalani Ave
Pualani
Ainakea
Kalakaua Ave
Kūhio Ave
Kuhio Ave
Big`Kahuna
Waikiki Shopping Plaza
Nohonani St
International Market Place
Waikiki Bus. Plaza
Prince Ed St
Koa Ave
Uluniu Ave
Lili'Uokalani Av
Ohua Ave
Lemon Rd
Kapahulu Ave
Honolulu Zoo
Lula's
Police
Ena Rd
Todai
Ala Moana Blvd
Hobron Ln
Discovery Bay
U.S. Post Office
Saratoga Rd
Beach Walk
Royal Hawaiian Shopping Center
Kalia Rd
Mall
Army Museum
Grey's Beach
Waikiki Beach
Kūhio Beach Park
Waikiki Beach Center
Monsarrat Ave
Diamond Head Road
Queen's Surf Beach
Océan Pacifique
Police
Port
Marché & Commerce
Monument ou curiosité
Musée
300m

Attention. Si vous vous rendez en voiture dans la vallée de Manoa et à Makiki en particulier : on a tôt fait de s'y perdre car les routes se ressemblent toutes et, comme ce sont des zones résidentielles au milieu de la forêt, ne comptez pas sur des passants pour vous renseigner ! La route peut donc tourner au cauchemar et on en vient vite à tourner en rond désespérément... Il vaut franchement mieux prendre un des bus qui sillonnent ces zones, au moins on est sûr de ne pas se perdre. C'est à la gare routière du Ala Moana Shopping Center qu'on prend les bus n° 5, 6 et 18 qui y mènent.

Se déplacer

L'arrivée

Avion

Bien que les autres îles tendent à développer leurs liaisons aériennes, Honolulu reste la principale porte d'entrée des vols internationaux dans l'archipel. Seuls la côte Ouest des Etats-Unis, l'Australie et le Canada ont des vols directs pour Big Island et Maui.

Il est ensuite très facile de relier les différentes îles. Les vols ne durent jamais plus d'une quarantaine de minutes et coûtent moins de 100 US$ par vol. Hawaiian Airlines et Island Air ont des avions qui décollent toutes les heures mais mieux vaut réserver à l'avance car ils se remplissent vite. D'autres compagnies effectuent des vols privés ou de fret. Les billets multi-destinations permettent de cumuler plusieurs îles sans jamais faire d'aller retour.

HAWAIIAN AIRLINES
Agence à l'aéroport
✆ +1 800 367 5320
www.hawaiianairlines.com
Comptez environ 100 US$ par vol. Il faut rajouter 25 US$ par bagage en soute à l'enregistrement (15 US$ avec la carte Hawaiianmiles).
Hawaiian Airlines dessert quotidiennement Oahu, Kauai, Maui et Big Island (Hilo et Kailua-Kona). Les vols inter-îles sont directs ou font une escale à Honolulu selon les heures. Avec plus de dix vols proposés chaque jour, mieux vaut choisir les vols directs et adapter votre emploi du temps en fonction pour ne pas perdre de temps. Des billets multidestinations permettent de faire plusieurs îles sans avoir à repasser par Honolulu. La carte Hawaiianmiles est gratuite et permet d'obtenir des réductions à chaque enregistrement de bagages en soute.

AIR CANADA
Agence à l'aéroport
✆ +1 808 247 2262
www.aircanada.com

AMERICAN AIRLINES
Agence à l'aéroport
✆ +1 800 223536
www.aa.com

DELTA AIRLINES
Agence à l'aéroport ✆ +1 800 221 1212
www.delta.com

INTERNATIONAL HONOLULU AIRPORT
300 Rodgers Boulevard
✆ +1 808 836 6411
hawaii.gov/hnl
C'est le seul aéroport de l'île. Situé à 10 minutes du centre-ville et 20 minutes de Waikiki (en l'absence d'embouteillages), il accueille dans ses trois terminaux aussi bien les vols inter-îles de l'archipel que les vols internationaux. Il faut environ 15 minutes de marche pour passer d'un terminal à l'autre, mais on peut aussi prendre les navettes gratuites Wiki Wiki, toutes les 20 minutes.
A l'arrivée, n'hésitez pas à vous servir en brochures et dépliants touristiques, il y en a partout. Ils sont gratuits et vous seront vraiment utiles. Ils recensent toutes les activités possibles et imaginables à faire sur l'île pendant la semaine ou le mois !

À noter : la présence d'une infirmerie gratuite à l'aéroport, juste à côté du petit jardin à l'étage - 1, pour ceux qui auraient besoin d'un petit *check-up* avant l'embarquement pour cause de bobo tropical de dernière minute.

Shuttle. Ces navettes fonctionnent comme des taxis collectifs entre l'aéroport et le centre-ville et stationnent en face des sorties de l'aéroport. Vous pouvez réserver à l'avance sur Internet ou acheter le billet sur place. Les principales sont Roberts et Speedi. Mieux vaut vous prévenir : elles fonctionnent à l'Aloha time, ne soyez pas exigeant sur les délais, c'est les vacances !

Taxi. Comptez environ 30 US$ la course de l'aéroport à Waikiki et un peu moins pour le centre-ville. Paiement uniquement en espèces.

Bus. Les bus 19 et 20 vont à Waikiki mais ils n'acceptent pas les valises (un comble !). Les sacs à dos sont admis.

Voiture de location. Les compagnies de location sont un peu à l'écart mais reliées à l'aéroport par des navettes qui passent toutes les dix minutes.

ISLAND AIR
Agence à l'aéroport
✆ +1 808 484 222 / +1 808 840 2444
www.islandair.com
Comptez environ 80 US$ par vol avec 15 US$ de supplément pour ajouter un bagage en soute.
Concurrente de Hawaiian Airline, la compagnie Island Air dessert entre cinq et huit fois par jour les îles d'O'ahu, Kauai, Lanai et Maui. Tous les vols passent par Honolulu. Il faut enregistrer ses bagages en soute à chaque départ.

ROBERTS HAWAII SHUTTLES
Aéroport Honolulu
✆ 1 800 831 5541
www.robertshawaii.com
CustomerService@robertshawaii.com1
Comptez 28 US$ l'aller-retour jusqu'à Waikiki.
Cette navette vous emmène jusqu'à votre hôtel depuis l'aéroport. Service présent dans les différents aéroports de l'archipel de Hawaï.

SPEEDI SHUTTLE
Aéroport Honolulu
✆ 1 877 242 5777
www.speedishuttle.com
oahu@speedishuttle.com
A partir de 26 US$ l'aller-retour jusqu'à Waikiki dans une navette partagée, 64 US$ dans une navette privative.
Cette navette relie chacun des aéroports de Hawaï aux principaux hôtels et résidences de son île respective.

UNITED AIRLINES
Agence à l'aéroport
✆ +1 800 241 6522
www.united.com

US AIRWAYS
Agence à l'aéroport
✆ +1 800 428 4322
www.usairways.com

Bus

THE BUS
Ala Moana Center
1450 Ala Moana Blvd
✆ +1 808 848 5555
www.thebus.org
Le billet est à 2,50 US$, quelle que soit la distance, correspondance comprise pendant 2 heures, à condition de le signaler au chauffeur dès le départ car il doit marquer votre ticket afin qu'il reste valable. Pass mensuel : 60 US$ (à acheter dans les 7-eleven, les supermarchés Foodland ou à TheBus Pass Office au 611 Middle Street).
Appelé tout simplement « TheBus », ce réseau de bus dessert toute l'île. Ce système de bus est relativement performant comparé à celui des autres îles et il est très utilisé par les résidents. La station de bus centrale de Honolulu, où s'opèrent les principales correspondances pour les bus en provenance de Waikiki, se situe au Ala Moana Center.
Les cyclistes trouveront leur bonheur dans l'usage des bus car ils sont équipés de supports à vélo, tandis que les surfeurs se verront refuser leur planche à l'intérieur.
Mais, soyons clairs, si le bus permet de se rendre assez vite aux principaux sites touristiques de la ville, il n'est pas toujours très facile à utiliser pour le voyageur. Il vaut mieux avoir le temps et être patient ! De nombreux changements sont parfois nécessaires et, une fois que le bus vous a déposé, il faut souvent marcher un bon moment pour arriver à destination. Sans compter l'attente indéfinie aux arrêts de bus en raison des embouteillages... On préférera donc la voiture pour les longues

Quel bus choisir ?

Voici les principales lignes de bus que vous aurez à utiliser en séjournant à Waikiki :

- **Aéroport d'Honolulu :** bus 19 et 20. Attention le bus ne prend pas les valises !
- **Hanauma Bay, Koko Crater, Sandy Beach, Sea life park :** bus 22.
- **Bishop Museum, Honolulu Museum of Art et Downtown :** bus 2.
- **Ala Moana Shopping Center :** bus 8, 19, 20, 42.
- **Côte nord :** bus 55 (Circle line) depuis Ala Moana Shopping Center.
- **Pearl Harbor :** bus 20, 42.
- **Manoa Falls :** bus 5 depuis Ala Moana Shopping Center.

distances et, si on n'a pas le choix, on pensera à jeter un œil sur le site Internet de TheBus avant de partir pour bien préparer son itinéraire et perdre le moins de temps possible.

Bateau

La seule façon de relier Oahu aux autres îles est par voie aérienne. Aucun ferry ne dessert l'île.

Voiture

Si vous avez l'intention de visiter toute l'île, il vaut mieux louer une voiture. Il faut seulement 3 heures pour faire le tour de l'île à partir de Honolulu et 1h30 pour rejoindre le nord d'Oahu. De nombreuses zones de l'île restent en outre difficiles d'accès quand on n'a pas de voiture et ce serait dommage de s'en priver. Ici, un budget voiture mérite d'être envisagé.

Location de voitures. La plupart des grands loueurs de voitures sont présents à l'aéroport. À l'arrivée, il suffit de prendre la navette correspondant à l'enseigne choisie pour aller récupérer un véhicule au dépôt.
Pour rendre le véhicule de location, il faut suivre les panneaux « Car Rental Return » à l'aéroport.

Réseau routier. Honolulu est au cœur du réseau routier d'Oahu puisque les principales autoroutes s'y rejoignent et qu'elles permettent de gagner le reste de l'île assez rapidement. En suivant les panneaux, on peut accéder assez facilement à tous les quartiers de la ville. Évitez de prendre la voiture pour visiter Chinatown, un vrai casse-tête chinois, en raison des nombreuses rues à sens unique et de parkings souvent saturés.
Sortir de la ville ou y revenir peut aussi faire office de jeu de piste ! Les noms d'autoroutes sont trompeurs. Ils changent sans prévenir, ce qui crée une certaine confusion ! Ainsi, la Kamehameha Highway est appelée indifféremment Kam Highway ou Highway 99 sur le même parcours…
Il faut bien définir son itinéraire sur une carte au préalable et s'y tenir, si on ne veut pas se perdre, ou prendre un GPS !

Stationnement. Pas facile de se garer à Honolulu. Il est donc recommandé de prendre un hôtel qui offre des places de parking, quitte à payer un supplément. Les parkings souterrains sont nombreux mais chers. Quand les places sont gratuites en ville, elles sont souvent limitées dans le temps. Il faut donc bien lire les panneaux si on ne veut pas avoir une amende ou se faire enlever sa voiture.

■ **ALAMO**
151 Kaiulani Avenue
✆ +1 888 826 6893
✆ +1 808 246 0646
www.alamo.com
Ouvert tous les jours de 7h à 20h.
Agence de location de voitures.

■ **AVIS**
A l'aéroport
✆ +1 808 245 3512
www.avis.com
Agence de location de voitures.

■ **BUDGET**
A l'aéroport ✆ +1 808 245 1901
www.budget.com
Agence de location de voitures.

■ **DISCOUNT HAWAII CAR RENTAL**
✆ +1 808 292 1930
Voir page 24.

■ **DOLLAR**
✆ +1 800 800 4000
www.dollar.com
Agence de location de voitures.

■ **ENTERPRISE**
151 Kaiulani Avenue
✆ +1 808 926 6020 / +1 800 736 8222
www.enterprise.com
Ouvert tous les jours de 7h à 20h.
Agence de location de voitures.

■ **HERTZ**
✆ +1 808 245 3356
www.hertz.com
Agence de location de voitures à l'aéroport.

En ville

Bus

La gare routière d'Honolulu est située dans le parking d'Ala Moana Shopping Center. Tous les bus d'O'ahu y passent et c'est là qu'ont lieu les correspondances pour sortir de la ville. A Waikiki les bus se prennent sur Kuhio et Kalakaua Avenues selon la direction. N'oubliez pas de préciser au chauffeur si vous faites un changement pour obtenir le bon ticket.

Taxi

■ **CHARLEY'S**
✆ +1 808 531 1300
charleystaxi.com
Compagnie de taxis.

CITY TAXI
1918 Kalani Street ✆ +1 808 524 2121
www.citytaxihonolulu.com
Compagnie de taxis.

STAR TAXI
✆ +1 808 942 7827
www.startaxihawaii.com
Réservation par téléphone obligatoire. Appeler la compagnie à l'arrivée pour leur confirmer la course.

Vélo

Honolulu comporte peu de voies cyclables et la circulation, plutôt dense, ne fait pas du vélo le moyen de déplacement idéal. La solution pour joindre l'utile à l'agréable, c'est de combiner bus et vélo dans la mesure où le transport d'un vélo est inclus dans le prix du ticket du bus. Il va sans dire que plus on s'éloigne du centre et plus rouler à vélo est agréable. La location d'un vélo revient à 15 US$ par jour en moyenne.

TROPICAL MOPED RENTALS
1980 Kalakaua Ave
✆ +1 808 941 7500
www.tropicalmopedrentals.com
Ouvert tous les jours de 8h à 17h. Location de vélo à partir de 5 US$. Mobylettes à partir de 25 US$ les 4h et 35 US$ la journée.
Situé au cœur de Waikiki, Tropical Moped Rentals loue vélos et mobylettes à petits prix. Selon votre objectif des modèles de ville, de montagne ou sportifs sont disponibles.

WAIKIKI BIKE RENTALS
✆ +1 808 391 9195
www.waikikibikerentals.com
Location de vélo à 25 US$ la journée. Tarif dégressif à partir du 3e jour.
Un peu plus cher que ses concurrents, Waikiki fournit un service plus complet. Les vélos sont loués avec un casque, un cadenas et un panier, l'idéal pour se balader en toute sécurité. La location se fait uniquement en ligne ou par téléphone. L'inconvénient c'est qu'on ne peut pas voir les vélos avant de les choisir, mais l'avantage est qu'ils sont livrés et récupérés à domicile. C'est l'occasion pour faire un contrôle technique avec le livreur avant de partir.

Moto – Scooter

La moto est un bon moyen pour se déplacer à Honolulu en général. Les routes sont larges et bien entretenues, idéal pour éviter bouchons et problèmes de parking.

HAWAIIAN STYLE RENTALS & SALES
2556 Lemon road
✆ +1 808 946 6733
www.hawaiianstylerentals.com
Ouvert tous les jours de 8h30 à 17h30. Location de mobylettes à partir de 30 US$ les 4h et 35 US$ la journée. Scooters à 75 US$ les 4h et 85 US$ la journée.
Spécialiste de la location de deux-roues, Hawaiian Style Rental bénéficie d'une situation idéale au cœur de Waikiki. Plusieurs modèles sont disponibles selon votre destination. Les *moped* (mobylettes) nécessitent un permis de conduire standard et un âge minimum de 18 ans. Elles viennent en modèle standard, sport ou deluxe. Pour les scooters il faut avoir 21 ans et un permis moto. Les tarifs sont dégressifs dès le deuxième jour de location et les véhicules peuvent être livrés tout autour de l'île à partir de deux jours de location pour deux motos.

Bateau

La seule façon de relier Oahu aux autres îles est par voie aérienne. Aucun ferry ne dessert l'île.

Voiture

Si vous envisagez de rester à Honolulu, ou Waikiki, et que vous n'avez pas l'intention de sillonner l'île, nous vous déconseillons de prendre une voiture de location d'autant plus que les embouteillages congestionnent la ville aux heures de pointe (de 7h à 9h et de 15h à 18h). Sachez enfin que Waikiki se visite facilement à pied et que le bus vous permettra d'aller dans les différents quartiers de la ville, même s'il vous faudra souvent marcher un peu à partir de l'arrêt de bus pour arriver à bon port.

▶ **Indications routières.** L'autoroute principale de Honolulu, la H1, parcourt la ville d'est en ouest de Kaimuki au sud-ouest d'Oahu. Du centre-ville, l'autoroute est accessible via Ala Moana Boulevard qui va de Waikiki à l'aéroport (elle se transforme en Nimitz Highway à l'ouest) et King Street qui lui est parallèle.
Au niveau de Chinatown et du centre historique, Beretania Street et King Street drainent tout le trafic de Honolulu ; elles sont souvent encombrées aux heures de pointe. Les nombreux sites touristiques à proximité de ces deux rues ne font qu'augmenter les bouchons pendant la haute saison (hiver et été). Le Kapiolani Boulevard part de l'autoroute H1 au

nord-ouest de la ville, au niveau de Waialae, et redescend vers Waikiki jusqu'à Kalakaua Avenue (qui permet de rejoindre Kapahulu Avenue à l'ouest) et longe Waikiki.

Pratique

Tourisme – Culture

■ **HAWAII STATE PARKS**
Department of Land and Natural Resources
1151 Punchbowl Street
Kalanimoku Building
✆ +1 808 587 0300
www.hawaiistateparks.org
dlnr@hawaii.gov
Pour tout savoir sur les State Parks d'Hawaii, leurs points d'intérêt, leurs règles de sécurité, leurs hébergements, etc.

■ **HAWAII VISITOR'S AND CONVENTION BUREAU**
2270 Kalakaua Avenue
Suite 801
✆ +1 808 923 1811
www.gohawaii.com
info@hvcb.org
Ouvert de 8h à 16h30.
Office du tourisme de l'État d'Hawaii. Nombreuses cartes et brochures gratuites.

■ **NOHEA ADVENTURE HAWAII**
✆ +1 808 721 4728
Voir page 21.

■ **OAHU VISITOR'S BUREAU**
2270 Kalakaua Avenue
Suite 801 ✆ +1 808 524 0722
www.visit-oahu.com
Office du tourisme d'Oahu. Nombreuses cartes et brochures gratuites. Mais vous trouverez ces mêmes documents à disposition dans les nombreux kiosques de l'aéroport, les rues de Waikiki ou du centre historique.

Argent

■ **BANK OF HAWAII**
2155 Kalakaua Avenue
Waikiki
✆ +1 808 543 6900 / +1 808 942 6111
Ouvert de 8h30 à 16h du lundi au jeudi et jusqu'à 18h le vendredi. Le samedi de 9h à 13h.

▶ **Autres adresses :** Ala Moana Center : 1450 Ala Moana Boulevard • Centre historique et financier : 111 S. King Street ✆ +1 808 538 4171 • Chinatown : 101 N. King Street ✆ +1 808 532 2480

■ **FIRST HAWAIIAN BANK**
2181 Kalakaua Avenue
Waikiki ✆ +1 808 844 4444
Ouvert de 8h30 à 16h du lundi au jeudi et 18h le vendredi.

▶ **Autre adresse :** centre historique et financier : 999 Bishop Street

Moyens de communication

■ **HONOLULU COFFEE COMPANY**
1450 Ala Moana Blvd
Space # 3066
www.honolulucoffee.com
Dans cette chaîne de cafés, où on sert du très bon café d'Hawaii, le wifi est gratuit pour tous les clients. Pas d'ordinateurs sur place.

■ **US POST OFFICE**
330 Saratoga Road
✆ +1 808 973 7515
www.usps.co
Ouvert du lundi au vendredi de 9h à 16h30, jusqu'à 13h le samedi.

▶ **Autres adresses :** Ala Moana Post Office 1450 Ala Moana Boulevard, Suite 1006 • Downtown Honolulu Post Office335 Merchant Street

Santé – Urgences

En cas d'urgence, toujours composer le 911, comme sur tout le reste du territoire américain.

■ **LONGS DRUGS**
1330 Pali Highway
Suite 308
✆ +1 808 536 7302 / +1 808 947 4781 / +1 808 536 2220
Pharmacie ouverte 24h/24.

■ **MEDICAL CORNER**
1860 Ala Moana Boulevard
Suite 101
✆ +1 808 943 1111
www.themedicalcorner.com
inquire@themedicalcorner.com
Des consultations moins chères que la moyenne dans cette clinique.

■ **QUEEN'S MEDICAL CENTER**
1301 Punchbowl Street
✆ +1 808 538 9011
www.queensmedicalcenter.net

■ **STRAUB CLINIC**
888 S. King Street – Suite 308
✆ +1 808 522 4000 / +1 808 522 4777
www.straubhealth.org

■ **URGENT CARE CLINIC OF WAIKIKI**
2155 Kalakaua Avenue
Suite 308
✆ +1 808 924 3399
www.waikikiclinic.org
info@waikikiclinic.org
Ouvert de 8h30 à 19h, du lundi au vendredi. De 8h30 à 17h les samedi et dimanche.

Adresses utiles

■ **DOWNTOWN POLICE SUBSTATION**
79 N. Hotel Street
✆ +1 808 529 3932
Commissariat de Police secondaire.

■ **GLOBAL VILLAGE HAWAII**
Suite 1100, 11e étage
1440 Kapiolani Boulevard
Ala Moana
✆ +1 808 943 6800
www.gvenglish.com
hawaii@gvenglish.com
Tarifs : consulter le site Internet sous l'onglet Prices *ou alors envoyer un e-mail (en français ou anglais) à l'école avec une indication de votre choix de cours, durée du séjour et option de logement préférée (famille d'accueil, résidence, appartement privée ou hôtel). Les cours sont dispensés à partir d'un minimum d'une semaine à une durée indéterminée.*
Située à deux minutes à pied de la galerie marchande Ala Moana Center, Global Village Hawaii est facile d'accès par bus. Véritable institution de l'enseignement de la langue anglaise à Hawaii, Global Village Hawaii est la première école accréditée par IALC à Honolulu. Suivis par des enseignants hautement qualifiés, les étudiants venant de tous horizons sont bien encadrés. L'institut offre plusieurs formules d'enseignement de l'apprentissage de l'anglais : des formations plus académiques telles que l'IELTS, à la préparation au diplôme de Cambridge ou le TOEIC. Pour ceux qui souhaitent poursuivre leurs études universitaires aux USA, Global Village Hawaii coopère avec plusieurs universités américaines grâce à son programme intitulé « pathways ». Différentes options d'hébergements sont proposées : chez l'habitant, en résidence ou en appartement. En plus des cours, tout un programme d'activités est offert au quotidien afin de profiter de ce séjour linguistique pour découvrir la culture hawaiienne. C'est donc l'endroit idéal pour parfaire son anglais tout en profitant du cadre exceptionnel que représente Hawaii.

■ **HAWAII STATE LIBRARY**
478 King Street
✆ +1 808 586 3500
À proximité du Iolani Palace.
Ouvert de 9h à 17h les mardi, vendredi et samedi. De 10h à 17h, le mercredi et de 9h à 20h, le jeudi.
C'est la bibliothèque de Hawaii dont le fonds est le plus riche. Plus de 500 000 ouvrages dont beaucoup traitant de l'archipel dans tous les domaines.

■ **HONOLULU POLICE DEPARTMENT**
801 S. Beretania Street
✆ +1 808 529 3111 / 911
www.honolulupd.org
Commissariat du centre-ville où se rendre en cas de problème. Comme pour le reste des Etats-Unis le numéro d'urgence est le 911.

Où surfer à O'ahu ?

Oahu est la mecque du surf avec sa côte nord très ventée. Cependant toutes ses côtes offrent des spots plus ou moins difficiles dont voici quelques exemples :

- **Niveau débutant :** la côte sud est idéale car ses vagues sont modérées. Waikiki est le meilleur endroit pour prendre des cours et louer des planches tout au long de l'année. Un peu plus à l'ouest, les vagues de Ewa Beach sont aussi agréables. Des tours organisés vous y emmènent.
- **Niveau intermédiaire :** les plages de la côte ouest sont facilement accessibles et fréquentées, principalement Makaha Beach. Elle devient cependant dangereuse en hiver.
- **Niveau professionnel :** les plages du nord et leurs rouleaux sont réservés aux pros.

Se loger

Vous pourrez vous loger à tous les prix à Honolulu, de l'auberge de jeunesse, en passant par le studio tout-confort et l'hôtel de luxe, il y en a pour tous les goûts, y compris à Waikiki. Si vous souhaitez loger à Waikiki, réservez tôt car c'est la zone la plus prisée d'Honolulu ! Vous risqueriez de ne pas trouver de chambre à la dernière minute ou de payer très très cher celles qui restent. Tous les quartiers étant bien desservis par le bus, sachez que même sans voiture de location, vous ne serez jamais bien loin de la plage de Waikiki, si vous avez choisi un hébergement dans un quartier un peu éloigné de la mer.

Downtown Honolulu et Chinatown

Plus éloignés de l'animation, les quartiers de Downtown et Chinatown se vident la nuit venue. Les quelques hôtels offrent des prix moins élevés qu'à Waikiki mais il faudra prendre le bus ou la voiture pour manger ou sortir le soir. Un bon plan si vous faites une nuit de transition avant de partir vers le Nord ou vers l'aéroport.

■ ASTON AT THE EXECUTIVE CENTRE HOTEL

1088 Bishop Street ✆ +1 877 997 6667
www.astonexecutivecentre.com

Chambre double à partir de 209 US$ vue montagne et 225 US$ vue mer. Suite à partir de 260 US$.

Chic et élégant, le Aston At the Executive Centre Hotel mérite son emplacement dans le centre d'affaires d'Honolulu. Principalement destiné aux businessmen, les chambres sont confortables et fonctionnelles. Les kitchenettes permettent une vraie autonomie et les grandes baies vitrées avec vues sur la ville ou la montagne invitent à la détente. Les principales attractions culturelles de la ville sont accessibles à pied depuis l'hôtel. Une voiture ou un bus sont cependant nécessaires pour rejoindre Waikiki et la plage.

■ HOSTELLING INTERNATIONAL HONOLULU

2323a Seaview Avenue
✆ +1 808 946 0591
www.hostelsaloha.com

25 US$ la nuit en dortoir. Dortoirs non mixtes. 2 chambres doubles à 88 US$. Réductions pour les membres de la chaîne Hostelling International. Réservations à l'avance.

Charmante auberge située dans un quartier résidentiel, à la lisière de la Manoa Valley et de l'Université d'Hawaii. 7 dortoirs qui peuvent accueillir jusqu'à 40 personnes. Clientèle internationale. En libre accès : salle TV, laverie, cuisine équipée.

Ala Moana et Kaka'ako

Tout aussi luxueux que Waikiki, le quartier d'Ala Moana alterne grands magasins et grands hôtels. Les services sont donc tout aussi prestigieux mais l'avantage est le silence la nuit venue. Une fois les vitrines fermées, les hôtels deviennent les seuls lieux d'animation. Tout est fait pour que vous n'ayez pas besoin de vous déplacer : supérettes, spectacles, concerts, tout est déjà sur place. Et si malgré tout vous souhaitez aller à Waikiki, des navettes sont à disposition dans la plupart des hôtels. Le quartier est également très bien desservi par les bus la journée et les taxis le soir. Le quartier de Kaka'ako est quant à lui peu développé au niveau des logements.

■ ILIKAI HOTEL & SUITES

1777 Ala Moana Boulevard
✆ +1 808 949 3811 – www.ilikaihotel.com

A partir de 179 US$ la chambre double avec cuisine, 215 US$ pour une vue mer. Wifi gratuit.

Situé sur la Ala Wai yacht marina, l'hôtel est à cinq minutes à pied de l'Ala Moana shopping center et non loin de Waikiki. Dans ce très grand complexe hôtelier, vous trouverez un supermarché ouvert tard, des boutiques souvenirs, une laverie, un salon de beauté, une salle de *fitness*, une belle piscine et plusieurs restaurants dont l'excellent Sarento's à la cuisine italienne onctueuse et revisitée à la sauce hawaiienne. Dans les chambres, toutes spacieuses et tout-confort, vous aurez aussi accès à de nombreuses commodités : machine à café avec café fourni gratuitement tous les jours, micro-ondes, frigo, appels locaux gratuits, TV LCD. A ne pas manquer : la sublime plage Duke Kahanamoku lagoon Beach, aux eaux turquoise et calmes, qui est accessible à pied par une petite promenade. Une très bonne adresse.

■ PAGODA HOTEL

1525 Rycroft Street ✆ +1 808 941 6143
www.pagodahotel.com

À partir de 89 US$ la chambre double. 102 US$ avec kitchenette et 116 US$ avec petit déjeuner.

Agréable hôtel à la décoration asiatique comme le suggère son nom. À proximité du

Ala Moana Shopping Center et loin de l'agitation de Waikiki. Convient parfaitement aux personnes qui veulent dévaliser les magasins du centre commercial ! Parfait également pour les familles, vu que les chambres à partir de 4 personnes ne sont vraiment pas chères, qu'elles soient avec ou sans kitchenette.

■ **THE MODERN HONOLULU HOTEL**
1775 Ala Moana Boulevard
✆ +1 808 450 3396
www.themodernhonolulu.com
De 279 US$ à 525 US$ la chambre double.
C'est l'hôtel le plus design de Honolulu ! Son *lobby* d'un blanc éclatant est absolument incroyable avec ses formes joliment épurées. Quant aux chambres, elles sont tout aussi chic et high tech. Très belle piscine, salle de fitness et excellents bars et restaurants sur place. Si vous êtes amateur de cuisine japonaise, réservez vite au Morimoto et si vous voulez faire la fête, le night-club de l'hôtel, Addiction est un des plus en vue à Honolulu. Une très belle adresse, *so chic* !

Waikiki

Séjourner à Waikiki n'est pas forcément hors de prix. De nombreuses options s'offrent aux petits budgets : auberges de jeunesse, petits hôtels familiaux en retrait de la plage, Bed and Breakfast, studios avec kitchenette… Être basé à Waikiki, c'est aussi pouvoir sillonner facilement toute l'île. À titre indicatif, la ville de Haleiwa, à l'extrême nord d'Oahu, est seulement à 1 heure de route.
Et puis, Waikiki, c'est vraiment « the place to be » avec son effervescence perpétuelle entre surfeurs, shopping, shows de *hula* et *night-clubs* où la fête bat son plein jusqu'au petit matin. Ne pas séjourner à Waikiki, ce serait passer à côté de tout ça… et de Hawaii un petit peu. Parce que le cœur de l'archipel s'y trouve et toute son énergie si positive aussi !

Bien et pas cher

■ **HALE ALOHA HOSTEL HOSTELLING INTERNATIONAL**
2417 Prince Edward Street
✆ +1 808 926 8313
www.hostelsaloha.com
Bus : 19 ou 20. De 28 US$ pour le dortoir à 120 US$ pour une chambre familiale pour 4 personnes. Wifi gratuit dans les salles communes. Réductions pour les membres de la chaîne Hostelling International. À seulement une minute à pied de la plage.
Au cœur de Waikiki, le Hale Aloha est une auberge conviviale qui compte 60 lits en dortoir de 6 personnes et quelques chambres doubles. Il faut réserver tôt pour s'assurer un lit et le séjour ne peut excéder 7 jours. Le parking à 5 US$ la journée n'offre qu'un nombre réduit de places qui profitent aux premiers arrivés. Mise à disposition de *boogies-boards* gratuitement. L'absence de couvre-feu fait enfin du Hale Aloha l'hébergement favori des voyageurs fêtards à petit budget.

■ **HAWAIIAN KING**
417 Nohonani Street
✆ +1 831 239 3477
www.hawaiiankingcondo.com
surferchick_20002001@yahoo.com
Bus : 19.
90 US$ la nuit en chambre double.
Petit hôtel familial à deux pas de la plage et de l'International Market Place. Architecture et déco des années 1960 (un peu kitsch, forcément) avec une charmante piscine ovale au milieu du jardin de l'hôtel. Personnel chaleureux et disponible. Nombreuses commodités : mise à disposition gracieuse de planches de surf, accès wi-fi à la réception, laverie en libre-service, espace barbecue. Seul inconvénient : l'absence de parking. Mais les stationnements à prix correct sont nombreux dans les environs.

■ **POLYNESIAN HOSTEL BEACH CLUB**
2484 Lemon Road
✆ +1 808 922 1340
hostelhawaii.com
polynesianhostel@gmail.com
Bus : 19 ou 20.
De 22 US$ à 31 US$ en dortoir de 4 à 12 personnes, chambre double de 36 US$ à 95 US$.
Impossible de rester seul dans cette auberge où tout est mis en œuvre pour se faire de nouveaux amis. L'éventail d'activités quotidiennes est impressionnant pour une auberge de jeunesse et leur prix est attractif. D'autres petites attentions intéresseront le globe-trotter soucieux de son porte-monnaie : café et thé en libre-service, mise à disposition gracieuse de masques et tubas, nombreux bons de réduction pour les bars locaux et stockage gratuit des bagages pour ceux qui voudraient faire une escapade de quelques jours sur les autres îles… Quant aux parties communes de l'auberge, elles sont propres et la cuisine est relativement spacieuse. Enfin, le personnel accueillant et disponible du Polynesian Hostel est bel et bien au diapason de l'« Aloha Spirit ».

ROYAL GROVE HOTEL
151 Uluniu Avenue
✆ +1 808 923 7691
www.royalgrovehotel.com
reservations@royalgrovehotel.com
Bus : 19 ou 20.
De 60 US$ à 115 US$ la chambre double (10 US$ par jour la personne supplémentaire). Possibilité de louer la chambre à la semaine à partir de 400 US$.
Un hôtel aux prix défiant toute concurrence à Waikiki. Parfait pour les familles et les budgets restreints. Mieux vaut donc réserver à l'avance ! La décoration et le mobilier sont un peu vieillots, mais une kitchenette parfaitement équipée se trouve dans de nombreuses chambres. L'air conditionné n'a pas été installé dans les chambres les plus anciennes, qui sont donc les moins chères. Bien se renseigner au moment de la réservation pour ceux qui redoutent la chaleur. Pas de parking sur place mais possibilté de se garer dans le coin dans des parkings payants.

SEASIDE HAWAIIAN HOSTEL
419 Seaside Avenue
✆ +1 808 924 3303
www.seasidehawaiianhostel.com
De 23 US$ à 31 US$ en dortoir de 4 à 8 personnes, à partir de 29 US$ en chambre double avec salle de bains partagée. Réservation pour 2 nuits minimum et 7 nuits maximum.
Les plus de cette auberge : un établissement à taille humaine situé à 5 minutes à pied de la plage, petit déjeuner gratuit avec gaufres deux fois par semaine, animations quotidiennes, cour intérieure et hamacs pour se prélasser loin de l'agitation, un *quiet tim*e imposé à 22h pour assurer la tranquillité des hôtes. Cependant la position centrale de l'auberge implique les bruits de la ville pendant la nuit. Libre accès au wi-fi. A savoir : comme dans la plupart des auberges à Hawaï, il faut traverser les dortoirs pour accéder aux chambres individuelles et à la salle de bain. Le passage est donc fréquent et l'intimité minimum.

WAIKIKI BEACHSIDE HOSTEL
2556 Lemon Road
✆ +1 808 923 9566
www.waikikibeachsidehostel.com
Bus : 19 ou 20.
De 26 US$ à 34 US$ en fonction du dortoir de 4 à 8 personnes, de 70 US$ à 231 US$ en chambre double, avec cuisine et salle de bains communes. Pris hors taxes.
À seulement 5 minutes de la plage, cette auberge offre aussi de nombreuses commodités. Le petit déjeuner et le café sont gratuits, la réception est ouverte toute la nuit, les appels locaux sont gratuits, une grande laverie et un cybercafé sont en libre-service.

WAIKIKI PRINCE HOTEL
2431 Prince Edward Street
✆ +1 808 922 1544
www.waikikiprince.com
info@waikikiprince.com
Bus : 19.
De 89 US$ à 119 US$ la chambre double selon si enfant supplémentaire ou kitchenette. Réception ouverte de 8h à 20h. Parking disponible pour 20 US$ par jour.
Etablissement simple et chaleureux d'une trentaine de chambres au tarif très abordable, avec cuisinettes équipées de fours à micro-ondes et frigos. Pas de téléphone dans les chambres. En contrepartie, appels locaux gratuits à la réception.

Confort ou charme

OHANA WAIKIKI EAST
150 Kaiulani Avenue ✆ +1 808 922 5353
www.outrigger.com
oeh@outrigger.com
Compter à partir de 116 US$, encore une fois tout est une question de vue. Compter à partir de 134 US$ les chambres avec kitchenette. Wifi illimité et gratuit dans les chambres. Parking, 25 US$ pour 24 heures. Attention espace offert en fonction de la disponibilité du parking.
Petite frère plus modeste du Waikiki Reef, Ohana East se caractérise par son aspect pratique. Situé au centre de Waikiki entre Kuhio et Kaiulani Avenue, cet hôtel est à proximité de nombreux arrêts de bus et seulement à 10 minutes à pieds de la plage de Waikiki. Il dispose de trois restaurants, un café, une piscine et une salle de gym ainsi que d'un centre d'information pour les activités. Parmi les nombreuses options de chambre, il demeure bien commode de réserver une chambre avec kitchenette. Pour ceux qui ne peuvent résister à la tentation du shopping, à noter le passage quotidien deux fois par jour d'une navette pour se rendre au fameux Premium Outlet Factory (45 minutes de route par trajet, compter 15 US$ au lieu de 75 US$ en taxi).

AQUA OASIS

320 Lewers Street ✆ +1 808 923 2300
www.aquaoasishotel.com
Bus : 19 ou 20.

À partir de 87 US$ la chambre double et 114 US$ la suite. Promotions régulières sur le site internet.

Vraiment l'adresse idéale pour se prélasser : jacuzzi et enceintes stéréo dernier cri dans chaque chambre, petit déjeuner continental offert tous les matins... Enfin, l'Oasis, récemment racheté par le groupe Aqua hotels, pourtant au cœur de l'effervescence de Waikiki, est étonnamment calme. À 5 minutes de la plage. Très bon rapport qualité-prix.

AQUA PALMS WAIKIKI

1850 Ala Moana Boulevard
✆ +1 808 947 7256 / +1 808 947 7002
www.aquapalms.com

A partir de 89 US$ la chambre double en saison basse, 119 US$ en saison haute. Wifi gratuit.

A cinq minutes à pied de la plage et du Hilton Hawaiian Village, cet hôtel de Waikiki est aussi près du Ala Moana shopping center. Les chambres sont grandes, confortables et modernes. Frigo, micro-ondes, machine à café, télé LCD dans toutes les chambres. Egalement, une petite piscine en terrasse pour se rafraîchir. Parking payant. Bon rapport qualité-prix.

AQUA WAIKIKI WAVE

2299 Kuhio Avenue ✆ +1 808 922 1262
www.aquawaikikiwave.com
waveres@aquaresorts.com

A partir de 139 US$ la chambre double. Wifi gratuit.

Un hôtel de taille moyenne et de style contemporain à quelques encablures de la plage et près de l'International Marketplace, au cœur de Waikiki. Nombreuses commodités dans les chambres spacieuses, en plus du wifi offert : frigo, micro-ondes, machine à café, Tv LCD. Salle de fitness en accès libre. Parking payant. Bon rapport qualité-prix.

DIAMOND HEAD B&B

3240 Noela Drive ✆ +1 808 923 3360
www.diamondheadbnb.com
Bus : 19.

De 150 US$ à 160 US$ la chambre double, petit déjeuner inclus. 20 US$ par nuit pour un lit supplémentaire.

Bed & Breakfast de petite taille, très convivial, à 15 minutes du Kapi'olani Park et de la plage Sans Souci. L'établissement compte seulement 3 appartements, qu'il faut réserver longtemps à l'avance ! Décoration hawaiienne boisée et colorée, typique des habitations locales dans les années 1950. Capacité d'accueil jusqu'à 4 personnes pour chaque logement. Préférer la « Princess Ruth Suite », pour le lit king size où aurait dormi l'illustre princesse de l'archipel et la vue sur le volcan Diamond Head. Pendant le petit déjeuner, Joannes, la maîtresse de maison, se joint souvent aux convives pour parler de tout et de rien. Ou comment se sentir chez soi à Hawaii.

HOTEL RENEW

129 Paokalani Avenue
✆ +1 808 687 7700
www.hotelrenew.com
info@hotelrenew.com
Bus : 19 ou 20.

A partir de 179 US$ la chambre double.

Un hôtel à l'ambiance zen et cosy. Un cocktail de bienvenue permet aux nouveaux arrivants de souffler un peu. Pour ceux qui ont un animal, lui aussi a droit à des friandises ! Chambres spacieuses et au mobilier délicieusement design pour les amateurs. Wifi et appels locaux gratuits. Petit déjeuner continental, copieux et varié, servi tous les matins dans un espace lounge très agréable pour un réveil en douceur. Pas de piscine mais la plage est à 5 minutes à pied.

VIVE HOTEL WAIKIKI

2426 Kuhio Avenue
✆ +1 808 687 2000 / +1 808 758 4062
www.vivehotelwaikiki.com
info@vivehotelwaikiki.com

Chambre double à partir de 189 US$, Petit déjeuner gratuit, appels téléphoniques locaux et WiFi haut débit gratuit dans tous les espaces publics et chambres.

Récemment installé en plein cœur de Waikiki, le Vive Hôtel Waikiki se démarque par son style élégant ainsi qu'une ambiance relax et intime. L'accueil et le service sont chaleureux, un bureau d'information est d'ailleurs à disposition afin d'organiser toutes sortes d'activités. On remarquera aussi le *lounge* au style très sophistiqué. Le petit-déjeuner (gratuit) est servi dans ce salon bien confortable, rien de mieux pour commencer la journée paisiblement. Les chambres confortables présentent un décor plutôt moderne en adéquation avec le design général. Il s'agit bien d'un hôtel au charme indéniable avec pour une fois un réel travail sur l'atmosphère à la différence des immenses hôtels environnants souvent malheureusement trop standardisés.

VIVE HOTEL WAIKIKI
Pour un séjour en toute tranquillité !
www.vivehotelwaikiki.com – info@vivehotelwaikiki.com

■ KAI ALOHA APARTMENT HOTEL

235 Saratoga Road
✆ +1 808 923 6723
www.kaialohahotel.com
Bus : 19.
100 US$ le studio de 1 à 2 personnes, de 135 US$ pour 3 et 155 US$ pour 4.
Un des plus anciens hôtels de Hawaii qui n'a rien perdu de son authenticité. Malgré le mobilier désuet, les chambres restent cosy. Une cuisine équipée dans toutes les habitations. Parfait pour les familles ou les groupes d'amis désireux de réaliser des économies. Pas de parking à l'hôtel ; il faut traverser la rue pour trouver des places pas chères.

■ MAIL SKY COURT HOTEL

2058 Kuhio Avenue ✆ +1 808 947 2828
www.mailesky.com
reservations@aquaresorts.com
A partir de 80 US$ la chambre double. Nombreuses promotions sur Internet.
Hôtel avec des chambres tout confort, à 5 minutes de la plage et des commerces. Un peu désuet mais bon rapport qualité-prix.

■ NEW OTANI KAIMANA BEACH HOTEL

2863 Kalakaua Avenue
✆ +1 808 923 1555
www.kaimana.com
rooms@kaimana.com
Bus : 19.
A partir de 183 US$ la chambre double.
Une situation exceptionnelle pour cet établissement de taille modeste qui se trouve à la fois sur la magnifique plage de Sans Souci et à quelques encablures de Diamond Head. Les chambres, convenables, offrent pour la plupart une vue imprenable sur la mer. Tranquillité garantie.

■ WAIKIKI SAND VILLA

2375 Ala Wai Boulevard
✆ +1 808 922 4744
www.sandvillahotel.com
syoshida@principlehotels.com
Bus : 19. À partir de 100 US$ la nuit pour une chambre double. Studio de 4 personnes avec kitchenette pour moins de 200 US$. Tarifs réduits pour les réservations à l'avance. Petit déjeuner gratuit.
Hôtel sans grande originalité, aux chambres correctes et fonctionnelles. Nombreuses commodités cependant : accès wi-fi au bord de la piscine et dans les chambres, bain bouillonnant et centre de *fitness*. Bien qu'éloigné de la plage, cet établissement reste une bonne affaire.

■ SHORELINE HOTEL WAIKIKI

342 Seaside Avenue
✆ +1 808 931 2444
info@jdvhotels.com
Chambres à partir de 169 US$, Wifi gratuit dans les chambres et le lounge. Café, thé et fruits gratuits toute la journée dans le lobby.
Situé en plein cœur de Waikiki, ce petit (relativement petit comparé aux complexes environnant avec parfois 800 chambres à disposition) hôtel moderne à la déco subtile et branchée demeure une très bonne option qualité/prix. Les chambres baignent dans une atmosphère élégante, feutrée et stylisée. Le personnel est toujours attentionné et on s'amuse chaque jour à lire le panneau d'information pour indiquer le temps, la taille des vagues et le mot hawaiien de la journée. Le *lobby* est fort confortable avec à disposition et gratuitement fruits, café, thé. Enfin pour alterner avec les inévitables photos de coucher de soleil de la plage, rendez-vous plutôt à la piscine située sur le toit révélant une très belle vue d'ensemble.

Luxe

■ HYATT REGENCY WAIKIKI BEACH RESORT & SPA

2424 Kalakaua Avenue
✆ +1 808 923 1234
www.waikiki.hyatt.com
Chambre double à partir de 210 US$, suite à partir de 480 US$ en basse saion. Comptez juqu'à 100 US$ de plus en haute saison.
Très certainement, l'hôtel le plus chic de Waikiki, comme le certifient ses 4 diamants, équivalent de nos étoiles, une distinction rarissime à Honolulu. Service irréprochable, hall orné d'un luxuriant jardin tropical, boutiques à n'en plus finir, salle de sport accessible 24h/24… tout respire l'harmonie, jusqu'aux chambres spacieuses et design. Quant au bar de la piscine, c'est un pur délice le soir venu : tout en se prélassant dans l'un des deux bains bouillonnants extérieurs, on se laisse envoûter par les concerts du crépuscule, un *mai taï* à la main. Et pour prolonger les plaisirs, rien de tel qu'un petit massage au Na Ho'ola Spa. Testez, le *lomi-lomi*, une potion magique contre le *jet lag*. Enfin, pour la petite histoire, Barack Obama en personne a séjourné dans cet hôtel après avoir rendu visite à sa grand-mère mourante, lors de sa première campagne électorale en 2008…
Alors, malgré les prix élevés du Hyatt Regency, forcément on se dit : « Yes, we can ».

■ **HALEKULANI**
2199 Kalia Road ✆ +1 808 923 2311
www.halekulani.com
Bus : 19 ou 20.
A partir de 495 US$ la chambre double.
Halekulani signifie « maison du paradis » en hawaiien et on comprend pourquoi l'hôtel porte ce nom ! Décoration raffinée, service haut de gamme et chambres de rêve avec vue superbe sur l'océan en font un lieu de résidence unique, très prisé par les jeunes mariés pour leur lune de miel.

■ **MOANA SURFRIDER**
2365 Kalakaua Avenue ✆ +1 808 922 3111
www.moana-surfrider.com
Bus : 19 ou 20.
A partir de 269 US$ la chambre pour 2 personnes et 854 US$ pour une suite en basse saison.
Bienvenue dans le palace-musée ! Le Moana-Surfrider est en effet le premier hôtel construit à Waikiki, en 1901, bien avant les débuts de l'essor touristique de l'archipel. Cet établissement, à l'élégance victorienne et aux chambres particulièrement classieuses, n'a rien perdu de sa fraîcheur et n'a rien à envier aux complexes hôteliers les plus modernes de la ville. Son emplacement, tout au bord de la plage, le distingue nettement de ses concurrents. Et dans ses chambres face à l'océan, même fenêtres fermées, on est bercé par le clapotis des vagues. L'imposant banian centenaire, planté juste à côté de la piscine, rend le Moana Surfrider encore plus féerique, presque éternel. Inoubliable !

■ **OUTRIGGER REEF WAIKIKI**
2169 Kalia Road ✆ +1 808 923 3111
www.outrigger.com
orf@outrigger.com
Chambres à partir de 185 US$. Les tarifs varient en fonction de la catégorie de chambre et de la vue. Ainsi, pour une chambre avec vue sur l'océan compter à partir de 340 US$. Plusieurs catégories de chambres sont proposées : Moderate, City View, Partial Ocean View, Ocean view et Ocean Front ainsi que les suites. Wifi et appels locaux gratuits.
Situé au bord de la plage, Waikiki Reef Beach Resort propose un hébergement de qualité. L'accueil et le personnel sont particulièrement attentifs avec une atmosphère très « Aloha ». Seul complexe hôtelier local à l'initiative du célèbre architecte pionnier Roy C. Kelly dans les années 1950, les lieux s'attachent à leurs origines en créant une ambiance typiquement hawaiienne et familiale. Spacieuses et impeccables, les chambres offrent un grand confort et une vue imprenable sur l'océan Pacifique. A noter aussi les trois restaurants sur place, le Kani Ka Pila Grille, The Ocean House Restaurant et le Shore Bird alternant entre gastronomie locale et internationale. Un bureau d'information permet d'organiser toutes les excursions et les transferts inter-îles.
Pour ceux qui souhaitent se détendre, rien de plus facile en se rendant côté plage où l'on peut s'essayer à de nombreuses activités nautiques telles que *paddle board*, catamaran, canoë surfing. Enfin pour alterner un peu avec la plage, une visite au Serenity Spa s'impose afin de s'initier aux massages traditionnels hawaiiens, le favori étant le Lomi Lomi.

Manoa Valley

■ **MANOA VALLEY INN**
2001 Vancouver Drive
✆ +1 808 947 6019
www.manoavalleyinn.com
De 155 US$ à 220 US$ la chambre double, hors taxes. Petit-déjeuner inclus.
Une maison victorienne classée monument historique en guise d'hôtel ! Une atmosphère d'antan, avec un mobilier et des tableaux d'époque qui séduiront les nostalgiques mais aussi les amateurs de calme car on est loin du brouhaha de Waikiki (mais de la plage aussi, hélas). La maîtresse de maison, originaire de Kauai, connaît Oahu sur le bout des doigts et se tient à la disposition de ses hôtes pour leur indiquer différents bons plans. Un jacuzzi dans le jardin.

Se restaurer

A Honolulu, on peut manger des plats de cuisine du monde entier, dont celle de Hawaii bien sûr. Côté budget, tous les voyageurs y trouvent leur compte, même les plus fauchés.

Downtown Honolulu et Chinatown

Bien et pas cher

■ **LEGENDS SEAFOOD RESTAURANT**
Chinatown Cultural Plaza
100 N. Beretania Street ✆ +1 808 532 1868
www.legendseafoodhonolulu.com
Ouvert de 10h30 à 14h et de 17h30 à 21h, du lundi au vendredi et à partir de 8h le weekend. Plats entre 5 et 15 US$.

Reef

Le plus connu des restaurants de fruits de mer de Chinatown. Quelques bons plats à base de viande ou végétariens pour les allergiques aux fruits de mer.

■ **LITTLE VILLAGE NOODLE HOUSE**
1113 Smith Street ✆ +1 808 545 3008
www.littlevillagehawaii.com
Ouvert de 10h30 à 22h30, du dimanche au jeudi, jusqu'à minuit les vendredi et samedi. Comptez autour de 10 US$ le repas.
Spécialités de nouilles, les meilleures de Chinatown selon les locaux !

■ **LUCKY BELLY**
50 North Hotel Street ✆ +1 808 531 1888
www.luckybelly.com
Ouvert du lundi au samedi de 11h à 14h et de 17h à minuit. Plats entre 10 US$ et 15 US$.
Comme son nom l'indique, vous quitterez ce restaurant le ventre tendu et heureux. Les plats sont typiques et bien présentés, l'idéal pour une initiation à la nourriture chinoise. Crevettes, ramen, canard, tout est sain et impeccablement assaisonné. Les faveurs des locaux vont aux crevettes Gyoza, servies en entrée avec une purée d'avocat et aux Oxtail Dumplings, des boulettes de bœuf accompagnées de crème de moutarde et sauce soja.

■ **SUSHI IZAKAYA GAKU**
1329 S. King Street ✆ +1 808 589 1329
Carte : 20 US$ environ (entrée autour de 8 US$).
L'*izakaya*, c'est en quelque sorte l'apéritif avec tapas, version japonaise. C'est le pendant nippon des *pupus* hawaiiens accompagnés de cocktails. Ce genre d'établissement s'est développé tout récemment à Hawaii. L'importante communauté hawaiienne d'origine japonaise en raffole et les nombreux touristes japonais aussi ! Il se pourrait d'ailleurs bien que vous vous y retrouviez entouré de Japonais. Le Gaku est devenu La référence en matière d'*izakaya* à Oahu. Le chef prépare tous les plats devant les clients et c'est excellent. Essayez le « oyster shot », des huîtres au saké glacé : un pur bonheur.

Luxe

■ **CHEF MAVRO**
1969 South King Street
✆ +1 808 944 4714 – www.chefmavro.com
chef@chefmavro.com
Ouvert de mardi à dimanche de 18h à 21h. Comptez 95 US$ pour le menu à quatre plats, 125 US$ pour le menu à six plats.
George Mavrothalassitis est un Chef français qui cartonne à Hawaii. Originaire de Marseille, il s'est installé à Honolulu il y a une vingtaine d'années et n'en est plus jamais parti (et on le comprend !). Très talentueux, il crée des plats au croisement de la cuisine hawaiienne et française. Sa spécialité c'est le poisson mais vous pourrez aussi vous régaler de viande. Les menus changent à chaque saison pour pouvoir mieux travailler les produits locaux. Tout, absolument tout, est excellent. C'est un peu cher mais les prix sont justifiés. Une très bonne adresse gastro à Honolulu. Pensez à réserver le week-end.

Ala Moana et Kaka'ako

Chaque dernier vendredi du mois le quartier de Kaka'ako s'anime de 16h à 21h pour le « Eat the street Hawaii » (mangez la rue). Au 555 South Street des stands se dressent et proposent de la nourriture autour d'un thème qui change chaque mois. Musique et spectacles sont bien sûr de la partie.

■ **GENKI SUSHI**
1er étage – 1450 Ala Moana Boulevard
✆ +1 808 942 9102
Ouvert de 10h30 à 21h, du lundi au jeudi. Jusqu'à 22h les vendredi et samedi. Assiette de 1,80 US$ à 5,15 US$.
Une envie de sushis ? C'est l'adresse idéale. Cette chaîne de bars à sushis tournants connaît un succès grandissant à Hawaii. Comme au Japon, le concept est simple : le prix des sushis qui défilent dépend de la couleur des assiettes.

■ **MORIMOTO WAIKIKI**
1775 Ala Moana Boulevard
✆ +1 808 943 5900
www.morimotowaikiki.com
Ouvert de 11h à 22h. Comptez 40 US$ le repas complet. Sushi et maki à partir de 6 US$.
Le célèbre Chef japonais Morimoto avait déjà ouvert plusieurs restaurants sur le continent américain et ils ne désemplissent pas. Il lui manquait une adresse à Hawaii et c'est désormais chose faite ! Le Modern Honolulu hotel lui a confié un bel espace au design épuré et à la très jolie terrasse. Côté cuisine, on reconnaît le style créatif de Morimoto : l'assiette de rolls ou de sushis est colorée, bien agencée, une petite œuvre d'art à elle toute seule où le Japon rencontre l'Occident. Ici, on a bien sûr ajouté une touche hawaiienne pour le plus grand bonheur de votre palais. Une vraie bonne table japonisante.

Waikiki

Bien et pas cher

■ HAILI'S
760 Palani avenue
✆ +1 808 735 8019
hailishawaiianfood.com
Ouvert de 10h à 19h, jusqu'à 22h vendredi et samedi, le dimanche de 11h à 15h. Plats entre 7 et 12 US$.
Un petit restaurant familial à la cuisine typiquement hawaiienne dans le quartier de Kapahulu, à l'angle de la Palani avenue. Rachel Haili et sa sœur y concoctent de bons petits plats, comme à la maison. C'est bon, consistant et bien préparé. Beaucoup de locaux en ont d'ailleurs fait leur cantine. Très bon rapport qualité-prix.

■ LEONARD'S
933 Kapahulu Avenue
✆ +1 808 737 5591
www.leonardshawaii.com
darlenechun@hawaii.rr.com
Ouvert de 5h30 à 22h, du dimanche au jeudi. De 5h30 à 23h les vendredi et samedi. Comptez 1 US$ pour une malasada nature et 1,35 US$ pour une fourrée.
Créée en 1952, la boulangerie Leonard's prépare depuis des décennies les fameux « malasadas ». Ce sont des beignets que les immigrés portugais, venus travailler dans les plantations de sucre au XIXe siècle, ont importés à Hawaii. « Malasadas » signifie « mal faits », car la recette de leur pâte était ratée et on les a recouverts de sucre pour faire illusion. C'est l'histoire du succès d'un échec, incontesté aujourd'hui ! La preuve : touristes et locaux font la queue en permanence chez Leonard's... À la noix de coco, au chocolat ou nature, tous les parfums sont possibles !

■ MARUKAME UDON
2310 Kuhio Avenue
Suite 124 ✆ +1 808 931 6000
www.toridollusa.com
Ouvert de 7h à 21h en semaine, de 10h à 23h le weekend. Plat à moins de 10 US$.
Cette enseigne japonaise a ouvert ses portes à Oahu en 2011 et compte déjà deux adresses à Honolulu. Dès 18h la queue enfle devant l'entrée du restaurant qui propose des nouilles et tempuras à toutes les sauces. Sa clientèle à 90% japonaise garantit l'authenticité du lieu ; quant à la fraicheur des produits, vous pourrez en juger vous même en observant le chef faire les nouilles sous vos yeux.

■ LULU'S SURF CLUB
2486 Kalakaua Avenue
✆ +1 808 926 5222
www.lulushawaii.com
aloha@lulushawaii.com
Ouvert de 7h à 2h du matin. Compter 12 US$ en moyenne pour un plat, 10 US$ de plus le soir.
Bar-restaurant aux spécialités hawaiiennes et nord-américaines. Décoration originale, avec des planches de surf partout. Une clientèle de surfeurs avec quelques pros comme Johnny Boy. *Happy-hour* de 15h à 18h : bières et cocktails entre 3 US$ et 6 US$.

■ ONO HAWAIIAN FOOD
726 Kapahulu Avenue ✆ +1 808 737 2275
Ouvert de 11h à 20h, du lundi au vendredi. 10 US$ le repas en moyenne.
Petit restaurant familial qui ne paye pas de mine mais dont la cuisine traditionnelle hawaiienne est véritablement « ono » (délicieux, en hawaiien) et pas chère du tout. Une bonne façon de s'initier aux plats typiquement locaux, sans se ruiner. Au programme : *lomilomi* (saumon mariné), porc *kalua* (cuit à l'étouffée) accompagnés de *poi* (purée à base de *taro* qui est la pomme de terre hawaiienne).

■ RAINBOW DRIVE-IN
3308 Kanaina Avenue
✆ +1 808 737 0177
www.rainbowdrivein.com
Ouvert de 7h à 21h. Plats entre 6 et 9 US$. Sandwiches et petit déjeuner à moins de 6 US$.
Excellent *fast-food* hawaiien, très fréquenté par les locaux dont on voit souvent les files d'attente. On y retrouve le délicieux *mahi mahi*, du porc grillé ou le traditionnel *loco moco*. La formule « mix plate » permet de goûter aux *mahi*, poulet et bœuf en même temps pour un prix plus que raisonnable.

■ TIKIS GRILL
2570 Kalakaua Avenue
Resort Quest Waikiki Beach Hotel
✆ +1 808 923 8454
tikisgrill.com
events@tikisgrill.com
Ouvert de 10h à minuit. Comptez 15 US$ le plat à midi et le double le soir.
Dans un cadre exotique et idyllique, illuminé par des *tiki* (torches hawaiiennes) dès la tombée de la nuit (d'où le nom de l'établissement), on peut se régaler de spécialités hawaiiennes et américaines. Très belle terrasse avec vue sur la mer. Musique *live* tous les soirs.

Bonnes tables

ARANCINO

255 Beachwalk ✆ +1 808 923 5557
www.arancino.com
Ouvert de 11h30 à 14h30 et de 17h à 22h. Pizzas de 16 à 25 US$, pâtes de 15 à 37 US$.
Le restaurant italien le plus authentique de Waikiki. Plats délicieux, préparés comme par la « mama » ! Les fans de pâtes raffolent des « spaghetti alla pescatore » (aux fruits de mer et à l'ail) et les inconditionnels de la pizza ne se lassent pas de la « owner's favorite » (aux crevettes et aux oignons de Maui).

BUHO COCINA Y CANTINA

2250 Kalakaua Ave ✆ +1 808 922 2846
buhocantina.com
Plats entre 15 US$ et 30 US$. Ouvert tous les jours de 11h à 1h et jusqu'à 2h le vendredi et samedi.
Manger mexicain à Hawaï ? Bien sûr ce n'est pas typique mais les produits sont locaux et la cuisine est de qualité. Ouvert en juillet 2014, ce restaurant s'est lancé pour défi de faire changer la réputation de la nourriture mexicaine et prouver qu'elle peut être raffinée et recherchée. Situé en extérieur sur le toit d'un immeuble, la vue sur la ville est grandiose. Tous les 5 du mois le restaurant fait la *fiesta* à partir de 18h avec musique, tapas et cocktails à prix réduits.

DUKE'S CANOE CLUB

2335 Kalakaua Avenue
Outrigger Waikiki
✆ +1 808 922 2268
www.dukeswaikiki.com
16,95 US$ pour les buffets du matin et midi. A la carte 15 US$ le plat en moyenne à midi, 25 US$ le soir. Bar ouvert de 11h à minuit.
Un des restaurants les plus populaires et les plus prisés de Waikiki. Un cadre magique avec une terrasse donnant sur la plage de l'hôtel Outrigger où les *tiki* (torches hawaiiennes) s'allument dès le soir venu. Décoration tropicale et musique hawaiienne. Les murs sont recouverts de photos du célèbre champion de surf, Duke Kahanamoku (1890-1968), qui reste une légende dans tout l'archipel et dont l'établissement porte le nom. Spécialités hawaiiennes et américaines à la carte. Le bon plan pour les petits budgets, c'est le « Barefoot Bar », à l'étage, où l'on peut siroter des cocktails et manger pour une dizaine de dollars seulement : grandes assiettes de pupus (en-cas salés), salades, sandwiches. Une valeur sûre !

JAPENGO

2424 Kalakaua Avenue
Hyatt Regency Waikiki Beach Resort & Spa
✆ +1 808 923 1234
www.waikiki.hyatt.com
Ouvert de 18h à 22h. Compter 35 US$ en moyenne ou 70 US$ pour un menu.
Situé dans le superbe hôtel Hyatt, le Japengo est un excellent restaurant fusion asiatique, au croisement des cuisines hawaienne, chinoise, thaï, coréenne et japonaise. Un régal dans un cadre raffiné ! Très bonne sélection de sakés mais attention ça monte vite à la tête !

ROY'S

226 Lewers Street
✆ +1 808 923 7697
www.roysrestaurant.com
Repas à partir de 40 US$.
Nouvelle cuisine hawaiienne concoctée par le célèbre chef Roy Yamaguchi, qui possède quelque 30 établissements de par le monde ! Celui de Waikiki est son tout premier et cela vaut le coup d'y aller ne serait-ce que pour cela. Le secret de Roy, c'est la fusion réussie de toutes les influences culinaires de la population métissée de Hawaii, de l'Asie à la Polynésie. C'est cher mais c'est de la gastronomie hawaiienne de haut niveau.

TOP OF WAIKIKI

18e étage
2270 Kalakaua Avenue
Waikiki Business Plaza
✆ +1 808 923 3877
topofwaikiki.com
Ouvert de 16h30 à 21h30. Dîner autour de 50 US$.
Le seul restaurant tournant de Waikiki avec une vue panoramique. C'est cher, mais on paie la superbe vue. La cuisine est tout aussi raffinée, elle mélange savoir-faire européen, influence asiatique et produits locaux. On retrouve par exemple les crevettes à la noix de coco, de belles pièces de bœuf et le fameux *ahi poke* qu'il faut goûter au moins une fois lors de son séjour à Hawaï.

TOWN KAIMUKI

3435 Waialae Avenue
Kaimuki ✆ +1 808 735 5900
www.townkaimuki.com
A la sortie de la ville, à égale distance de Waikiki et Manoa Valley.
Ouvert du lundi au jeudi de 7h à 21h30, jusqu'à 22h les vendredi et samedi. Autour de 13 US$ le plat à midi et 25 US$ le soir. Petit déjeuner à moins de 10 US$.

Un restaurant qui privilégie la qualité des produits bio et locaux. Côté cuisine, les plats sont inventifs, au croisement de la Méditerranée et d'Hawaii. On vous recommande la *bruschetta* ou *l'ahi* tartare. Une bonne adresse qui a le vent en poupe chez les locaux. Pensez à réserver le week-end.

Luxe

■ GYU-KAKU

307 Lewers Street
✆ +1 808 926 2989
www.gyu-kaku.com
Ouvert de 11h30 à minuit. Formules midi à moins de 15 US$, plats à la carte autour de 10 US$. Menus pour 2 à partir de 60 US$ le soir.

Restaurant de la chaîne américaine Gyu-Kaku, spécialisée en barbecue japonais, à partager à deux. La bonne affaire, c'est leur *happy hour* quotidienne, de 17h à 18h30 et de 21h30 à la fermeture : une sélection de barbecues et de bières à moitié prix !

Sortir

Si vous voulez sortir et faire la fête, c'est à Waikiki qu'il faut aller ! Les bars s'emplissent au coucher de soleil de touristes comme de locaux qui viennent admirer le spectacle. L'ambiance sur le front de mer est plutôt chic, les filles se parent de leurs plus belles robes de soirée pour siroter des cocktails un brin coûteux. Mais le décor s'y prête et le résultat est glamour. Apres cette mise en bouche, la soirée peut continuer avec l'un des nombreux *luau* d'Honolulu. Pour les petits budgets il faut viser les habituels pubs irlandais où la bière coule à flot, ambiance garantie jusque tard dans la nuit. Au-delà de Kalakaua Avenue il n'est pas toujours évident de repérer les endroits animés de la ville. Vous trouverez toutes les informations sur les soirées du moment dans les brochures touristiques disponibles à l'aéroport ou dans les kioskes en libre service du centre-ville.

Cafés – Bars

■ DUKE'S CANOE CLUB

2335 Kalakaua Avenue
Outrigger Waikiki
✆ +1 808 922 2268
www.dukeswaikiki.com
Ouvert de 16h à minuit. Bières de 5 à 7 US$, cocktails de 7 à 10 US$, pupus de 9 à 13 US$.

Ambiance garantie au Barefoot Bar, le bar du Duke's, une vraie institution pour les virées nocturnes à Waikiki. Clientèle locale et internationale. Musique *live* hawaiienne de 16h à 18h et de 22h à minuit. Également un restaurant à l'étage.

■ MAI TAI BAR

Royal Hawaiian Hotel
2259 Kalakaua Ave
✆ +1 866 716 8109
Ouvert de 10h à 23h30. Cocktails autour de 12 US$.

Idéalement situé sur le front de mer, le Mai Tai Bar rélève ses atouts au coucher de soleil. Confortablement installé à la terrasse devant un groupe de musiciens locaux qui y jouent tous les soirs, commandez un de leurs cocktails fruités. Vanille, ananas, gingembre, champagne ou noix de coco, les boissons ont autant de parfums que de couleurs exotiques. Le verre à la main, tournez-vous vers la mer pour profiter des lueurs orangées du soleil qui disparaît derrière l'horizon.

■ REAL A GASTROPUB

1020 Auahi Street
✆ +1 808 596 2526
www.realgastropub.com
troy@realgastropub.com
Ouvert de 14h à 2h du matin. Musique live le vendredi et samedi à 21h30.

Un pub ouvert en 2012 où l'on peut boire et manger à bas prix tout en écoutant de la bonne musique *live*. Loin de l'agitation touristique de Waikiki, c'est ici que vous pourrez sympathiser avec bon nombre de locaux dont ce bar est devenu le QG. Soirées à thème régulières.

■ RUMFIRE

Sheraton Waikiki
2255 Kalakaua Avenue
✆ +1 808 921 4600
www.rumfirewaikiki.com
Ouvert tous les jours de midi à minuit, et jussqu'à 1h30 le vendredi et samedi. Cocktails autour de 12 US$.

Rumfire est incontestablement l'un des bars les plus élégants de la ville. Son avantage est sa situation sur le front de mer doublée d'une vue magnifique sur le cratère de Diamond Head. C'est au coucher de soleil qu'il faut venir déguster ses cocktails pour en profiter pleinement. Essayez de profiter de l'Happy Hour de 15h à 17h pour compenser les prix assez élevés. Le bar sert des pupus délicieux et joliment présentés qui ne font qu'ajouter au charme du lieu. Des articles locaux s'y produisent tous les soirs à partir de 17h.

Clubs et discothèques

Ala Moana et Kaka'ako

ADDICTION
1775 Ala Moana Boulevard
The Modern Honolulu
www.addictionnightclub.com
Ouvert du jeudi au samedi soir.
Le club le plus tendance d'Honolulu. Déco chic et *design* à souhait, *beautiful people*, le tout dans le Modern Honolulu Hotel qui est l'hôtel le plus design de la capitale hawaiienne. Très bonne programmation musicale avec les meilleurs DJ américains. Joli jeu de lumières colorées. Notre club coup de cœur !

Waikiki

FUSION WAIKIKI
Waikiki Grand Hotel
2260 Kuhio Avenue
2e étage ✆ +1 808 924 2422
www.fusionwaikiki.com
Ouvert de 22h à 4h du matin tous les jours et à partir de 20h le vendredi et samedi.
Le seul *night-club* gay de Waikiki. Soirées karaoké, le lundi et le mardi. Des promotions sur les cocktails tout au long de la semaine. L'ambiance est à son comble à 2 heures, quand les autres bars ferment leurs portes.

HULA'S BAR AND LEI STAND
Waikiki Grand Hotel
134 Kapahulu Avenue
2e étage ✆ +1 808 923 0669
www.hulas.com
Ouvert de 22h à 2h du matin.
Intérieur design et exotique. DJ *live* tous les soirs, avec musique hawaiienne et disco à l'honneur. Le bar gay et lesbien le plus festif de Waikiki !

KELLEY O'NEIL'S
311 Lewers Street ✆ +1 808 926 1777
www.irishpubhawaii.com
questions@irishpubhawaii.com
Ouvert jusqu'à 4h du matin. Service restauration jusqu'à 21h seulement.
Un pub irlandais qui est un véritable temple de la fête à Waikiki. *Happy-hour* de 11h à 20h. *Musique live* de 20h30 à 1h30, du lundi au vendredi, et les vendredi et samedi, de 17h à 3h30. Et le dimanche, c'est le jour du concert de musique traditionnelle irlandaise, de 16h à 20h. Une fois les concerts finis, on prend la direction de la piste de danse où l'on se défoule sur les tubes du moment.

MOOSE MCGILLYCUDDY'S PUB AND CAFE
310 Lewers Street ✆ +1 808 923 0751
www.moosewaikiki.com
Ouvert jusqu'à 4h du matin. Service restauration jusqu'à 22h. Entrée : 3 US$ après 20h.
Juste en face du Kelley O'Neil's, c'est l'autre bar irlandais où l'on fait la fête ! *Happy-hour* de 16h à 19h : boissons et *pupus* à moitié prix. La piste de danse s'enflamme ensuite jusqu'au petit matin !

Spectacles

AHA'AINA LUAU
2259 Kalakaua Avenue
✆ +1 808 923 7311
www.royal-hawaiian.com
Chaque lundi, de 17h30 à 20h. Adultes 179 US$, enfants 101 US$ (de 5 à 12 ans).
Le seul *luau* (dîner traditionnel hawaiien avec spectacle) sur la plage de Waikiki. Buffet avec toutes les spécialités. Très beau spectacle !

HOUSE WITHOUT A KEY
Halekulani Hotel
2199 Kalia Road ✆ +1 808 923 2311
www.halekulani.com
info@halekulani.com
Spectacle gratuit de hula tous les soirs de 17h30 à 20h pour les clients du restaurant.
Destiné aux clients de l'hôtel Halekulani ou du restaurant, le spectacle *House without a Key* fait ses preuves depuis près de cent ans. Cocktails généreux et cuisine savoureuse sont accompagnés de musique *live* et de grâcieux *hula* dansés par d'anciennes Miss Hawaï.

KUHIO BEACH
Près de la statue Duke Kahanamoku
Sur Kalakaua Avenue et en face d'Uluniu Avenue
De l'hôtel Sheraton Moana Surfrider à Kapahulu Pier.
Du lundi au jeudi, de 18h30 à 19h30, un spectacle de *hula* gratuit, suivi d'un cours d'initiation. En prime, le superbe coucher de soleil sur la plage et l'allumage des torches *tiki* ! Arrivez tôt car il y a foule !

WAIKIKI STARLIGHT LUAU
Hilton Hawaiian Village Beach Resort and Spa – 2005 Kalia Road
✆ +1 808 949 4321
www.hiltonhawaiianvillage.com
Spectacles du dimanche au jeudi à partir de 17h30. A partir de 49,50 US$ pour les enfants (4-11 ans) et 99 US$ pour les adultes.

Un *show* qui comprend de la musique *live*, de la danse, un buffet de spécialités hawaiiennes et un *luau* haut en couleurs « A travers les mers du Sud ».

À voir – À faire

Honolulu regorge d'activités qui satisferont tous les budgets. Waikiki est le quartier du shopping et du sport. Toutes les activités nautiques y sont présentes. Les amateurs d'architecture et de culture iront plutôt du côté de Downtown et Chinatown pour visiter les musées et lieux de cultes de différentes communautés. Manoa Valley offre quant à elle ses pentes verdoyantes pour une pause fraicheur ressourçante. Enfin, si vous n'êtes pas rassasié en lèche-vitrine, dirigez-vous vers Ala Moana et son shopping center.

Visites guidées

■ OAHU GHOST TOURS

✆ 1 877 597 7325
www.oahughosttours.com
info@oahughosttours.com
De 39 US$ à 59 US$ par adulte.

Vous en avez assez de vous la couler douce à Waikiki ? Le surf ne satisfait plus vos envies de sensations fortes ? Et si on jouait à vous faire peur... C'est l'idée originale qu'ont eue les organisateurs du Oahu Ghost Tours. 3 formules de circuits, dont deux de nuit, à la rencontre des fantômes de Honolulu et d'Oahu en général. C'est garanti sans comédiens et sans trucage. Ce sont de vrais fantômes made in Hawaii qu'on rencontre ! Et on peut même les prendre en photo ! Autant vous prévenir, les Américains prennent le sujet très au sérieux et vous croiserez probablement de vrais chasseurs de fantômes qui croient dur comme fer à leur existence. Et alors que nous sommes allés à l'un des tours de nuit, en pensant nous amuser, nous avons finalement eu très peur et bien du mal à dormir ! Preuve en est que c'est très bien fait, en même temps... Mais si vous êtes plutôt du genre froussard, n'y allez pas, sous peine de ne plus fermer l'œil pendant tout votre séjour ! Cardiaques s'abstenir.

■ WAIKIKI TROLLEY

✆ +1 808 593 2822
www.waikikitrolley.com
Pass à la journée : adulte à partir de 20 US$, enfant (de 4 à 11 ans) à partir de 15 US$. Egalement disponibles : des pass de 4 jours (adultes 59 US$, enfants 41 US$) et de 7 jours avec de nombreuses entrées aux musées et aux attractions de la ville incluses (adultes 75 US$, enfants 55 US$).

Minibus charmant qui permet de visiter Honolulu et Waikiki avec la possibilité de s'arrêter aux principaux sites puis de remonter dans le trolley, à volonté, tout au long de la journée. Il existe quatre lignes thématiques au choix. Cependant, même si les commentaires du chauffeur regorgent d'anecdotes et que les stops aux sites-clés sont judicieux, c'est un peu cher pour ce que c'est. Si vous souhaitez réaliser des économies, prenez le bus n° 52, le « Circle Isle », qui part de la station du Ala Moana Center, traverse la ville et fait le tour de la moitié de l'île en 4 heures pour seulement 2,50 US$. Autre option : achetez vos billets à l'avance sur le site internet qui propose de nombreuses offres.

Downtown Honolulu et Chinatown

■ ALIIOLANI HALE

417 S. King Street
✆ +1 808 539 4999
Ouvert du lundi au vendredi, de 9h à 16h. Visite guidée et gratuite du mardi au jeudi à 10h et 15h.

Siège de la Cour suprême de Hawaii, ce bâtiment abrite par ailleurs un musée intéressant qui retrace l'histoire du système judiciaire hawaiien. Il permet de comprendre le rôle et le fonctionnement des *kapu* (tabous religieux hawaiiens) jusqu'à leur abolition en 1819, et les bases puritaines du premier code pénal (1827) établi sous l'influence des missionnaires.

■ BISHOP MUSEUM

1525 Bernice Street
✆ +1 808 847 3511
www.bishopmuseum.org
membership@bishopmuseum.org
Ouvert de 9h à 17h. Entrée : adultes 19,95 US$, enfants 14,95 US$. Visites guidées (non payantes) toutes les 30 minutes sur des thèmes divers.

Si vous décidez de ne visiter qu'un seul musée à Oahu, choisissez celui-là. Malgré la queue à l'entrée, souvent impressionnante... Il retrace, de façon complète et très documentée, l'histoire et la culture de Hawaii des origines à nos jours. Il a été fondé en 1889 par Charles Reed Bishop, en hommage à son épouse Bernice Pauahi Bishop, la dernière descendante de Kamehameha.

L'art à l'honneur

- **Gallery Walk.** Tous les premiers vendredis du mois, de 17h à 21h, Chinatown devient le centre de la vie culturelle de Honolulu. Boutiques, galeries d'art, cafés et restaurants accueillent expositions et artistes en tout genre, avec de nombreuses animations gratuites. Pour connaitre le programme en detail : www.firstfridayhawaii.com
- **ARTafterDark.** Chaque dernier vendredi du mois (sauf en novembre et en décembre), le Honolulu Museum of Art devient le cœur artistique de la ville.
De 18h à 21h : concerts, expositions d'artistes contemporains, plats traditionnels, spectacles de danse...
Plus d'informations : honolulumuseum.org/events/art_after_dark

D'abord uniquement consacré à Hawaii, le musée s'est peu à peu ouvert sur les autres cultures du Pacifique. Ainsi, il possède la plus importante collection mondiale d'objets artisanaux de Hawaii et du Pacifique ! Plus récemment, il s'est doté d'un Science Adventure Center, consacré à la volcanologie ; on peut notamment se promener à l'intérieur d'un volcan en éruption reconstitué ! Le Hawaiian Hall, sur 3 étages, s'intéresse à la culture et à l'histoire de l'archipel avant l'arrivée des Occidentaux. Le Polynesian Hall traite de toutes les autres cultures du Pacifique, y compris celles de Mélanésie et de Micronésie. Les bâtiments du musée donnent sur un grand jardin intérieur où, tout au long de l'année, se déroulent différentes animations ; on vous communiquera le programme à l'entrée. Depuis 2013 un Pacific Hall entièrement rénové présente des objets rapportés par les archéologues lors de leurs expéditions sur les différentes îles du Pacifique.

■ HAWAII STATE ART MUSEUM

250 Hotel Street
✆ +1 808 586 0900
www.state.hi.us/sfca
ronald.yamakawa@hawaii.gov
Ouvert du mardi au samedi de 10h à 16h. Entrée libre.
Édifié en 1872, sous le règne de Kamehameha V, ce petit musée présentre un peu plus de 400 œuvres d'artistes hawaiiens. De la peinture à la sculpture, les pièces abordent des sujets tels que l'imagination, la diversité ou encore l'évolution d'Hawaï. Loin des grandes institutions, beaucoup d'œuvres sont expérimentales et ne manqueront pas de vous surprendre. Pas besoin d'être un grand amateur de musées pour apprécier la visite, d'autant qu'elle peut être complétée par un déjeuner sur place.

■ HONOLULU MUSEUM OF ART

900 S. Beretania Street
✆ +1 808 532 8700
honolulumuseum.org
Ouvert de 10h à 16h30, du mardi au samedi. De 13h à 17h, le dimanche. Adultes 10 US$, gratuit jusqu'à 17 ans. Gratuit le 1er mercredi et le 3e dimanche du mois. Fondée en 1927, le Honolulu Museum of Arts possède la plus grande collection d'œuvres asiatiques des États-Unis. Également, des peintures européennes d'artistes de renom, tels que Monet, Modigliani, Cézanne ou bien Matisse. L'architecture remarquable du musée avec ses murs blancs et toits de tuile est impressionnante. A l'origine de cette construction, l'architecte newyorkais Bertram Goodhue dans les années 1920, par la suite de nombreux bâtiments ont imité ce style à Hawaii créant une architecture dite typiquement hawaïenne. En plus des collections permanentes, les expositions temporaires permettent d'apprécier et découvrir les talents des artistes locaux, très actifs à Hawaii. A noter aussi tous les derniers vendredis du mois, de janvier à octobre, de 6h à 21h, le musée prolonge ses heures d'ouvertures pour l'évènement ArtafterDark permettant d'explorer l'art sous un aspect plus nocturne. Ambiance assurée ! Le deuxième emplacement du musée, Spalding House (anciennement The Contemporary Museum, Honolulu) se situe dans les hauteurs de Heights Makiki et abrite plusieurs galeries d'art, un café, et des sculptures. Le jardin où l'on peut se restaurer offre une vue imprenable sur Diamond Head et Honolulu.

■ HAWAII STATE CAPITOL

415 Beretania Street ✆ +1 808 586 0146
Ouvert du lundi au vendredi, de 8h à 16h30. Entrée libre. Visite guidée gratuite et sur demande à 13h30 (lundi, mercredi et vendredi).

C'est dans cet édifice construit en 1969 où siègent les députés de Hawaii, est doté d'une architecture originale où les pylônes sont à l'image des cocotiers de l'archipel et les deux cônes volcaniques représentent les Chambres législatives. Dans la cour intérieure, une très belle fresque sur le thème de la mer est signée d'un artiste local. Devant l'entrée sud, vous verrez une statue de la reine Liliuokalani et face à l'entrée nord se trouve une statue du père Damien, l'illustre prêtre de Kalaupapa sur l'île de Molokai.

On peut emprunter l'ascenseur, dans la rotonde, et admirer la jolie vue depuis le 5e étage.

IOLANI PALACE

364 S. King Street
✆ +1 808 522 0832
www.iolanipalace.org
info@iolanipalace.org

Ouvert du lundi au samedi, de 9h à 16h. Audio-tour : adultes 14,75 US$, enfants (de 5 à 12 ans) 6 US$. Visite guidée (le matin seulement, sauf le lundi où il n'y en a pas) : adultes 21,75 US$, enfants (de 5 à 12 ans) 6 US$.

La visite du palais Iolani est essentielle pour bien comprendre l'histoire de Hawaii. Entre le Hawaiian State Capitol au nord et le Aliiolani Hale, se trouve un magnifique parc où a été édifié le seul et l'unique palais royal des États-Unis. Achevée en 1882, sa construction a duré 3 ans et a coûté la modique somme de 350 000 US$. Détail étonnant : le palais a bénéficié de l'électricité quatre ans avant la Maison Blanche. Après son renversement en 1893, la reine Liliuokalani y fut assignée à résidence pendant 9 mois. Ce fut la dernière souveraine de Hawaii. L'édifice abrita ensuite les bureaux de l'administration du territoire puis, à partir de 1959, de l'État américain de Hawaii. Comme il tombait en ruines, les autorités ont envisagé de le raser mais la population locale s'y opposa. Après 9 années de travaux de restauration, il a été transformé en musée. On peut visiter les 10 pièces du palais. On doit laisser ses chaussures à l'entrée et enfiler des chaussons pour ne pas rayer les somptueux parquets. Parmi les pièces maîtresses du palais, ne manquez pas les portraits de tous les monarques hawaiiens au-dessus de l'escalier central, un portrait du roi Louis-Philippe Ier qui témoigne de l'amitié entre les royaumes de France et de Hawaii, ainsi que les nombreux bibelots rapportés d'Europe par le roi Kalakaua qui prouvent son goût pour le luxe européen.

Iolani Palace.

Le Royal Hawaiian Band se produit en concert gratuitement tous les vendredis à midi au kiosque du jardin de l'Iolani Palace (rhb-music.com)

KAWAIAHAO CHURCH

957 Punchbowl Street ✆ +1 808 469 3000
www.kawaiahao.org

C'est la première église des missionnaires de Hawaii. Elle est construite entièrement en pierre de corail, 14 000 morceaux au total qu'il a fallu aller chercher au fond des mers, à plusieurs mètres de profondeur ! C'est dans cette église qu'a été couronné Kamehameha V (1854) et qu'il a épousé la reine Emma (1856). Juste en face de l'entrée, la tombe du roi Lunalilo qui succéda à Kamehameha V, mais qui régna à peine plus d'une année puisqu'il mourut en 1874, à 39 ans. La messe est dite en hawaiien tous les dimanches à 8h et 10h30.

MISSION HOUSES MUSEUM

553 S. King Street
✆ +1 808 447 3910
www.missionhouses.org

Ouvert du mardi au samedi, de 10h à 16h. Une visite guidée par heure (seules les visites guidées sont possibles) du mardi au samedi, de 11h à 15h : adultes 10 US$, étudiants 6 US$. La visite guidée est d'autant plus intéressante que c'est souvent un descendant direct des missionnaires qui est le guide !

© HAWAII TOURISM AUTHORITY (HTA) / TOR JOHNSON

Queen Emma's Summer Palace.

Les maisons où vivaient les premiers missionnaires, venus s'installer sur Oahu en 1819, sont encore debout et ont été transformées en musée. Le mobilier, la vaisselle, les livres, les tableaux, la tapisserie… Tout est resté tel quel au Mission Houses Museum. On plonge donc dans le passé et le quotidien de ces protestants originaires de la région de Boston, qui ont quitté une vie confortable pour venir convertir les Hawaiiens à leur religion. La plupart n'avaient jamais voyagé et ne connaissaient absolument rien de la culture hawaiienne. Ils ont donc appris la langue des autochtones pour mieux leur transmettre leurs croyances, allant jusqu'à traduire la Bible en hawaiien ; un exemplaire d'époque est d'ailleurs exposé dans le musée. La construction d'églises et d'écoles sur l'île, à la même époque, sont autant de témoignages du travail assidu de christianisation des prêtres auprès des locaux. La visite (obligatoirement guidée) des habitations est passionnante car elle permet de mieux comprendre le rôle fondamental joué par les missionnaires dans l'histoire de l'archipel.

■ PEGGE HOPPER GALLERY

1164 Nuuanu Avenue
✆ +1 808 524 1160
peggehopper.com
Ouvert de 11h à 16h du lundi au vendredi et 15h le samedi.
Pegge Hopper est une artiste peintre, originaire d'Oakland, qui vit depuis longtemps à Oahu. Elle est surtout connue pour ses portraits de femmes hawaiiennes.

■ QUEEN EMMA'S SUMMER PALACE

2913 Pali Highway
✆ +1 808 595 3167
daughtersofhawaii.org
Ouvert de 9h à 16h. Entrée : adultes 8 US$, enfants 1 US$. 10 US$ pour une visite guidée entre 9h et 15h (durée 30 minutes). En partant du centre-ville, prendre la H1 puis la Pali Highway vers l'est.
C'est la résidence d'été de la reine Emma et de son époux Kamehameha IV. Ce petit palais, installé dans la vallée de Nuuanu, n'a pourtant pas été construit *in situ* mais acheminé en pièces détachées de Nouvelle-Angleterre par bateau. La reine Emma en hérite en 1857 et y habite avec son époux. Ils auront un enfant qui mourra en bas âge et ses parents ne s'en remettront jamais... Vous pourrez notamment voir exposés le lit de l'enfant et un petit fauteuil lui ayant appartenu. Au début du XXe siècle, l'édifice victorien tombe en ruines et les autorités envisagent de le raser pour installer sur son emplacement un terrain de base-ball ! Heureusement, l'association « The Daughters of Hawaii » le restaure et en fait le palais préservé que l''on peut visiter aujourd'hui. Mobilier d'époque, nombreux bibelots et des cadeaux faits à la reine lors de ses voyages en Europe. À voir : le stéréoscope offert par Napoléon III, à l'occasion du séjour parisien de la reine.

SAINT ANDREW'S CATHEDRAL
229 Queen Emma Square
✆ +1 808 524 2822
www.thecathedralofstandrew.org
Ouvert du lundi au vendredi de 9h à 17h. Visite guidée gratuite tous les dimanches après la messe.
Cathédrale de style gothique, construite entre 1865 et 1958. Elle porte le nom de Saint Andrew, en hommage au roi Kamehameha IV, mort le jour de la Saint- Andrew, en novembre 1863. De très beaux vitraux encadrent l'entrée. À droite de l'entrée, vous verrez un portrait du couple royal, Kamehameha IV et la reine Emma.

SHANGRILA
✆ +1 808 532 8700
www.shangrilahawaii.org
Réservation de la visite guidée à faire auprès de l'Honolulu museum of art. Ce sont eux qui organisent la visite guidée qui a lieu du mercredi au samedi à 9h, 10h30 et 13h30. Un bus emmène les visiteurs jusqu'à la maison Shangrila depuis l'Honolulu Museum et les ramène après la visite guidée. Adultes 25 US$ (transfert inclus dans les prix).
Ne manquez pas la visite de la sublime maison Shangrila ! C'est vraiment un bijou d'architecture orientale à Hawaii. Un peu de Taj Mahal au milieu du Pacifique ! Etonnante et sublime, cette maison fut celle d'une riche héritière, Doris Duke, qui tomba amoureuse d'Hawaii dans les années 1930. Mais comme elle était aussi passionnée par les arts islamiques et, notamment par l'art moghol, suite à un voyage en Inde du nord qui la marqua profondément, elle eut l'idée de faire construire une demeure orientale à Hawaii. Et elle fit venir tous les matériaux d'Inde, du Moyen-Orient et du Maroc pour parvenir à une réelle authenticité. Vous adorerez le patio intérieur et le superbe parc qui donne sur la mer.

STATUE DE KAMEHAMEHA
Au croisement de King Street et Merchant Street.
Une superbe statue du roi Kamehameha, noire et or, recouverte de *lei* (colliers de fleurs) toute l'année en hommage à ce valeureux souverain qui a réussi à unifier les îles de Hawaii en 1810.

TEMPLE IZUMO TAISHA
215 Kukui Street
Chinatown ✆ +1 808 538 7778
Ouvert de 9h à 16h.
Magnifique temple japonais dédié au dieu shinto Okuninushi No Mikoto, qui porterait chance à ceux qui le vénèrent. Des cérémonies importantes y ont lieu tous les 10 du mois, à 19h.

TEMPLE KUAN YIN
170 N. Vineyard Boulevard
Chinatown
✆ +1 808 533 6361
Bus n° 4. Ouvert de 8h30 à 14h. En face du Foster Botanical Garden.
Le plus ancien temple bouddhiste de Hawaii. Il est dédié à Kuan Yin, la déesse chinoise de la miséricorde. Les visites sont autorisées, mais il faut garder à l'esprit que c'est un lieu de prière et rester le plus silencieux possible.

Ala Moana et Kaka'ako

ALA MOANA BEACH PARK
Accessible de 5h à 20h, baignade surveillée de 9h à 17h. En face du Ala Moana Shopping Center, sur Ala Moana Drive.

Saint Andrew's Cathedral.

Cette plage d'un kilomètre de long étant protégée par une barrière de corail, ses eaux sont une vraie piscine et on peut y nager sans risques. La péninsule à gauche, appelée « Magic Island », est très fréquentée par les joggers qui apprécient ses routes aménagées et ombragées. C'est aussi un des meilleurs points de vue d'Oahu sur le coucher de soleil. Une fois la nuit tombée, ne vous attardez pas dans le coin qui devient vite dangereux et malfamé.

ALOHA TOWER
1 Aloha Tower Drive
www.alohatower.com
Bus n° 19 ou 20. Ouvert de 9h à 17h. Entrée libre.
L'intérêt de la tour, c'est sa vue panoramique sur Honolulu du 10e étage (heureusement qu'il y a un ascenseur !). Construite en 1926, elle a servi pendant de nombreuses années de tour de contrôle aux bateaux de commerce et de tourisme. À noter également, l'énorme horloge à son sommet, la plus grande d'Hawaii.

Waikiki

Waikiki déborde d'activité nuit et jour. Les prix affichés sur les brochures donnent parfois le vertige, mais la plupart des hôtels et centre commerciaux proposent des animations gratuites et accessibles au grand public. Pour jouer du ukulélé, tester vos hanches au *hula* ou confectionner des colliers de *lei*, allez faire un tour du coté du Royal Hawaiian Center. Devant la plage, la Waikiki Beach Walk Plaza Stage offre des cours de *fitness*, yoga, danse et des concerts tout au long de l'année autour de 17h-18h, surtout l'été.

DIAMOND HEAD STATE MONUMENT
www.hawaiistateparks.org
Bus n° 58 et n° 22. Accès : Prendre Monsarrat Avenue et suivre les panneaux indiquant le cratère.
Ouvert de 6h à 18h (dernière entrée à 16h30). Entrée : 1 US$ pour les piétons ou 5 US$ par voiture.
Cratère d'un kilomètre de diamètre à l'extrémité est de Waikiki. Formé il y a 300 000 ans par une éruption volcanique explosive, il a été surnommé ainsi car, à la fin du XVIIIe siècle, des marins anglais pensaient y avoir trouvé des diamants mais ce n'était que de simples cristaux ! Bien avant, les Hawaiiens l'avaient appelé « Le'ahi », soit « couronne de feu », car la lave à son sommet permettait de guider les embarcations au large, comme une sorte de phare naturel en somme… On y accède après une petite randonnée.

Un peu d'Histoire...

Waikiki signifie « eau jaillissante », en raison des marécages qui s'étendaient autrefois sur ses terres et qui servaient essentiellement à cultiver le *taro* ou le riz jusqu'à la fin du XIXe siècle. Mais tout change dans les années 1920, grâce à la construction du canal Ala Wai, qui permet de capter les eaux des marais et d'assécher les sols. Waikiki devient alors une sorte d'île artificielle, bordée au nord et à l'ouest par Ala Wai. Dès lors, le tourisme s'y développe assez rapidement et les constructions s'y multiplient de manière exponentielle tout au long du XXe siècle, lui donnant le visage moderne qu'on lui connaît aujourd'hui.

DUKE KAHANAMOKU BEACH
La plage la plus à l'ouest de Waikiki. Face à l'hôtel Hilton Village.
C'est là que le célèbre champion de surf, Duke Kahanamoku, a appris à nager et surfer dès sa plus tendre enfance. Il paraît qu'il envoie encore des ondes positives aux surfeurs qui viennent sur sa plage… C'est une des rares plages de Waikiki où il y a des arbres et donc de l'ombre. Grâce à une petite barrière rocheuse, elle est en partie mieux abritée que les autres plages et convient bien à la baignade des enfants.

FORT DERUSSY BEACH PARK
À côté de la plage Duke Kahanamoku.
Accessible de 9h à 17h.
Large et jolie plage de sable fin où l'on peut jouer au volley et profiter de l'aire de pique-nique. Attention au corail coupant près du rivage.

GRAY'S BEACH
La plage s'étend de l'hôtel Outrigger au Royal Hawaiian.
Dans les années 1920, un petit hôtel baptisé « Gray's by the sea » était juste en face de cette plage, ce qui lui a valu son nom. C'est la plage idéale pour nager grâce à un long couloir protégé par la barrière de corail. Pour surfer, il faut ramer et aller chercher la vague au large ; il suffit de rejoindre les autres surfeurs qu'on aperçoit au loin.

■ **KUHIO BEACH**
Près de la statue Duke Kahanamoku
Sur Kalakaua Avenue et en face d'Uluniu Avenue
De l'hôtel Sheraton Moana Surfrider à Kapahulu Pier.
Démonstrations de hula le mardi, jeudi et samedi de 18h30 à 19h30. Une demi-heure plus tôt de novembre à janvier.
La jolie promenade aménagée qui borde la plage fait de Kuhio Beach un lieu vraiment romantique, où il fait bon admirer le coucher de soleil à deux ou le show de *hula* qui s'y déroule en début de soirée (18h30). C'est aussi un très bon spot de surf et de *boogie-board*. Une statue de Duke Kahanamoku avec sa planche de surf trône sur la plage ; elle est recouverte de *lei* (colliers de fleurs) en permanence.

■ **ROYAL MOANA BEACH**
Plage entre le Royal Hawaiian et le Sheraton.
Spot de baignade et de bronzette. Canoës et kayaks partent souvent de là car l'eau est très calme.

■ **SANS SOUCI BEACH**
En face du Kapiolani Park et près du Waikiki War Memorial Natatorium.
Accessible de 9h à 16h.
Les eaux de cette plage sont abritées par l'ancienne piscine olympique (le Natatorium) et sont donc propices à la baignade. Peu profondes, elles conviennent particulièrement aux enfants. Eloignée de l'agitation de Waikiki, cette plage est très fréquentée par les locaux qui y viennent souvent en famille. C'est pourquoi on l'a surnommée « Kamaina Beach » (la plage des locaux).

Punchbowl National Memorial Cemetery.

■ **WAIKIKI AQUARIUM**
2777 Kalakaua Avenue
✆ +1 808 923 9741
waquarium.org – info@waquarium.org
Bus n° 2. Ouvert de 9h à 16h30. Entrée : adultes (13-17 ans) 12 US$, enfants 5 US$. Gratuit pour les moins de 4 ans.
Aquarium spécialisé dans la culture du corail (plus de 70 espèces). Près de 450 espèces marines y sont représentées, y compris le phoque moine hawaiien en voie de disparition. C'est une très belle introduction à la faune et la flore aquatiques hawaiiennes, avant d'aller faire du snorkeling pour aller observer tout ce petit monde de plus près. A noter : les Français Gérard Fort (un chti) et Michelle du Prel (qui a longtemps vécu à Tahiti) travaillent dans l'aquarium et seront ravis de vous donner quelques explications complémentaires, si vous les sollicitez. A savoir également : Michelle fait, depuis 2013, des visites guidées de l'aquarium en français !

Manoa Valley

■ **LYON ARBORETUM**
3860 Manoa Road ✆ +1 808 988 0456
www.hawaii.edu/lyonarboretum
Bus n° 5 puis 30 minutes de marche.
Ouvert du lundi au vendredi, de 9h à 16h, et le samedi de 9h à 15h. Entrée 5 US$. Visite guidée du lundi au vendredi à 10h : 10 US$ par personne. Réservez à l'avance.
Ce parc de 77 hectares dépend de l'université de Hawaii. Il a été créé en 1918, dans le cadre d'un projet de reboisement. C'est aujourd'hui une véritable réserve pour des milliers de plantes tropicales qui sont en voie d'extinction dans leur habitat naturel.

■ **MANOA FALLS**
Au bout de Manoa Road, après le parc du Lyon Arboretum. Une fois qu'on a laissé sa voiture au parking (5 US$), un sentier mène aux chutes d'eau de Manoa Falls. La randonnée est facile et permet de s'immerger dans une forêt tropicale, sans trop s'éloigner de Waikiki.

■ **PUNCHBOWL NATIONAL MEMORIAL CEMETERY**
2177 Puowaina Drive ✆ +1 808 566 1430
Bus n° 15. Ouvert de 8h à 17h30 d'octobre à février. Jusqu'à 18h30, de mars à septembre. Entrée libre.

Les années de Barack Obama à la Punahou School

Considérée comme la meilleure école de Hawaii, la Punahou School est une école mixte privée qui accueille 3 700 étudiants, de la maternelle au lycée. Créée en 1841, elle était à l'origine réservée aux enfants des missionnaires, ce qui lui a valu d'être classée monument historique. Elle prépare aujourd'hui des élèves au cursus universitaire, et c'est une des meilleures écoles des États-Unis. Né le 4 août 1961 à Honolulu, Barack Obama a passé une grande partie de son enfance puis de son adolescence à Oahu. Issu d'un milieu modeste, il intègre la Punahou School en 1971, à 10 ans, grâce à l'obtention d'une bourse. C'est un des rares élèves afro-américains de l'école, la majorité des autres étant blancs et issus de familles aisées. « En tant qu'adolescent afro-américain, entouré de peu d'Afro-Américains, je me suis posé la question de mon identité plus fortement que les autres. » raconte Barack Obama. Il est d'ailleurs, dans les faits, en butte aux moqueries de certains de ses camarades concernant sa couleur. En effet, même si les élèves de l'école sont métissés comme la majorité des Hawaiiens, Barack n'a pas le même métissage qu'eux et, en cela, il est différent. C'est ainsi qu'ils décrètent un jour qu'il est amoureux de la seule fille noire de l'école. Barack nie alors connaître cette fille et avouera des années plus tard que c'était parce que cette fille le renvoyait à sa couleur et qu'il avait eu honte d'être noir. Il éprouvera pendant longtemps une certaine culpabilité à l'égard de cette fille qu'il a alors rejetée. Pendant les années du lycée, et jusqu'à l'obtention de son diplôme en 1979, il est inscrit au club de basket de Punahou, où il se fait de nombreux amis dont il est encore très proche aujourd'hui. À ce sujet, il a déclaré : « Le basket était un refuge pour moi. C'est là que je me suis fait mes plus proches amis et que j'ai développé mon sens de la compétition et du *fair-play.* » Pendant l'été 2008, l'école a ouvert son gymnase à Barack et à ses amis d'enfance afin qu'ils puissent jouer au basket, comme au bon vieux temps ! Les années de Barack Obama passées à la Punahou School ont durablement contribué à forger la personnalité du 44e président des États-Unis qu'il est devenu... « Cette école m'a soutenu et encouragé. Elle m'a permis de grandir et de m'épanouir. Je lui en suis infiniment reconnaissant », confie l'actuel Président des Etats-Unis.

Sources

- **obamasneighborhood.com :** un site très complet qui recense tous les lieux fréquentés par Obama de sa naissance à nos jours.
- **Encadré réalisé avec l'aide de l'historien François Durpaire** co-auteur de *Les Etats-Unis pour les Nuls* (éditons First) écrit avec Thomas Snégaroff.

■ PUNAHOU SCHOOL
1601 Punahou Street – Manoa Valley ✆ +1 808 944 5711
www.punahou.edu
Les supporters d'Obama pourront aller admirer l'école de son enfance et son joli campus à l'américaine. Attention, ne vous attendez pas à trouver des boutiques de souvenirs ou des visites guidées, il s'agit d'un lieu d'enseignement et non d'une attraction.

Sur le cratère Puowaina, où étaient autrefois enterrés les *alii* (membres de la famille royale), se trouve un cimetière de près de 50 ha. Il accueille environ 34 000 hommes et femmes, disparus au cours des différentes guerres du XXe siècle, dont le grand-père d'Obama... Un mémorial et une exposition de photos leur rendent hommage.

- **Ne manquez pas la très belle vue sur Honolulu** sur la plateforme, tout en haut du cimetière.

■ SPALDING HOUSE
2411 Makiki Heights Drive
✆ +1 808 526 1322 – www.tcmhi.org
Bus n° 15. En voiture : après la balise 5 miles, tourner à gauche sur Makiki Heights Drive.
Ouvert du mardi au samedi de 10h à 16h et, de 12h à 16h, le dimanche. Entrée : 10 US$ (donne aussi accès au Honolulu Museum of Art). Gratuit le 1e mercredi et le 3e dimanche du mois.

Petit musée d'Art contemporain qui dépend du Honolulu Museum of Art. Une collection d'œuvres des années 1940 à nos jours, ainsi que des expositions temporaires. Très belle vue sur Honolulu depuis le terre-plein du musée. On peut déjeuner sur place, pour un prix raisonnable, au Contemporary Café (ouvert jusqu'à 14h30).

Shopping

Downtown Honolulu et Chinatown

■ CINDY'S LEI SHOPPE
1034 Maunakea Street
✆ +1 808 536 6538
www.cindysleishoppe.com
info@cindysleishoppe.com
Ouvert de 6h à 18h. Comptez autour de 30 US$ le lei.
Boutique qui vend des *lei* de fleurs (colliers hawaiiens) divers et variés. On peut passer commande et faire confectionner un *lei* avec les fleurs de son choix.

■ HILO HATTIE
Nimitz Flagship Store
700 Nimitz Highway
✆ +1 808 535 6500
www.hilohattie.com
Ouvert tous les jours de 9h à 19h.
Le magasin Hilo Hattie est une institution à Hawaï. Spécialiste des souvenirs made in Hawaï en tous genres, il est présent sur les principales îles. Si les prix sont un peu élevés, Hilo Hattie à l'avantage d'offrir des activités culturelles gratuites tous les jours de 10h à 15h, l'idéal pour faire un *break* entre deux baignades. Une navette gratuite fait des arrêts tout autour de la ville pour amener les passagers à leurs ateliers de *hula*, tressage, fabrication de *lei* ou encore d'initiation au ukulélé.

Ala Moana et Kaka'ako

■ ALA MOANA CENTER
1450 Ala Moana Boulevard
✆ +1 808 306 6565
Bus 19 ou 20. Ouvert de 9h30 à 21h du lundi au samedi, de 10h à 19h le dimanche.
Avec ses 290 boutiques et restaurants, c'est le centre commercial en plein air le plus grand des États-Unis. On y trouve tout et pour tous les prix, des marques américaines connues aux magasins de souvenirs hawaiiens.

■ NATIVE BOOKS NA MEA HAWAII
1050 Ala Moana Boulevard
Ward Warehousee
✆ +1 808 591 8995
www.nameahawaii.com
Ouvert de 10h à 21h, du lundi au samedi. Jusqu'à 18h le dimanche.
Librairie spécialisée dans les ouvrages sur la culture, les traditions, les arts et l'histoire de Hawaii.

Waikiki

■ HONOLULU COOKIE COMPANY
Outrigger Waikiki on the Beach
2335 Kalakaua Ave
www.honolulucookie.com
Ouvert tous les jours de 8h à 23h.
On pourrait croire à de grossiers gâteaux conçus pour les touristes mais ces petits sablés en forme d'ananas sont en réalité délicieux. Leur goût raffiné incorpore des saveurs locales : noix de coco, café, noix de macadamia ou encore ananas. Une recette réussie. Vendus dans onze magasins à travers O'ahu, vous ne pourrez passer à côté. D'autant qu'ils offrent des dégustations bienvenues.

■ ROYAL HAWAIIAN CENTER
2201 Kalakaua Avenue
✆ +1 808 922 2299
www.royalhawaiiancenter.com
Ouvert de 10h à 22h.
Très beau centre commercial rénové récemment où se concentrent la plupart des boutiques de luxe de Waikiki, comme Bulgari ou Fendi. Des activités culturelles gratuites sont proposées tous les matins du lundi au vendredi, se renseigner la veille. Animation live les soirs du mardi au samedi. Wifi gratuit.

■ MARCHÉ
En fin d'après midi, les cahutes de Duke's Lane à Waikiki s'éveillent pour donner vie à un marché de souvenirs et artefacts en tous genres. On trouve de tout à prix négociables, les ukulélés et colliers de fleurs sont bien souvent *made in China* mais c'est l'endroit idéal pour trouver des cadeaux à rapporter.

Sports – Détente – Loisirs

Le loisir n°1 à Waikiki est la baignade dans les eaux cristallines de ses plages à perte de vue ! C'est aussi LE spot où s'essayer au surf car ses petits rouleaux se prêtent parfaitement à une initiation. C'est aussi la mer idéale pour ceux qui veulent se lancer dans le *Stand up paddle* (SUP) ou la pirogue traditionnelle (*outrigger*). Sur tout le front de mer les cabanes des Beach Boys louent du matériel. Les prix y sont un peu plus chers que dans les rues du centre, mais vous n'aurez pas à porter les lourdes planches sur votre dos... à vous de choisir.

Sports – Loisirs

DIAMOND HEAD SUMMIT TRAIL

Bus n° 58 et n° 22. Accès : prendre Monsarrat Avenue et suivre les panneaux indiquant le cratère.

Ouvert de 6h à 18h. Entrée : 1 US$ par piéton ou 5 US$ par voiture.

Une randonnée à faire absolument lors d'un séjour à Honolulu, la vue du sommet récompense largement les efforts fournis. Comptez 30 minutes jusqu'à l'accès au sommet du cratère, à 173 m d'altitude. En fin de parcours, après avoir traversé un tunnel sombre, deux options s'offrent à vous : monter un escalier assez pentu de 72 marches qui mène à un tunnel sombre, non éclairé et bas de plafond ou prendre la montée en extérieur à gauche, beaucoup plus agréable. Un conseil : faites cette randonnée tôt le matin pour éviter la chaleur et la foule. De retour au parking, un camion vend de la *shave-ice* et des snacks pour une halte rafraîchissante et méritée !

MANOA FALLS TRAIL

www.hawaiitrails.org

Au bout de Manoa Road, après le parc du Lyon Arboretum.

La randonnée qui mène aux chutes d'eau est d'un niveau facile. Le sentier, long d'un kilomètre, monte doucement et on arrive aux Manoa Falls en 20 à 30 minutes. Pour les plus motivés, des sentiers secondaires se présentent le long du chemin. Le Aihualama Trail, le Makiki Vallley Loop, le Nuuanu Trail, le Kolowalu Trail et le Waahila Ridge Trail s'adressent aux randonneurs expérimentés. Le Moleka Trail, le Manos Cliff Trail, le Judd Trail et le Puu Pia Trail peuvent être empruntés par des débutants.

MOKU SURF RENTAL

2446 Koa Ave
✆ +1 808 926 6658
www.moku-hi.com
mokuhawaii@hawaiiantel.net

Location de planche à 7 US$ de l'heure ou 30 US$ la journée. Stand Up pour 14 US$ de l'heure ou 45 US$ la journée. Leçon de surf en groupe à 40 US$ pour 1h.

A quelques pas de la plage, Moku Surf Rental loue des planches à prix compétitifs. Adaptées à tous les niveaux, les planches sont disponibles à l'heure ; la demi-journée ou plusieurs jours. Des cours de surf en groupe ou privés raviront les débutants qui débuteront dans les eaux calmes de Waikiki.

QUALITY SURFBOARDS HAWAII

1860 Ala Moana Boulevard
✆ +1 808 947 7307
www.qualitysurfboardshawaii.com
surf@QSBhawaii.com

Ouvert tous les jours de 8h à 20h. Cours de surf à partir de 75 US$ les deux heures, location de planches à 20 US$ la journée et 25 US$ pour le stand up paddle. Pour 40 US$ vous pouvez avoir un vélo et une planche de surf pour la journée.

Un peu plus excentré, Quality Surfboards Hawaii a pour avantage ses prix compétitifs, surtout pour la location de *stand up paddles*. Le matériel se loue à la journée avec des tarifs dégressifs dès le deuxième jour. Dans la limite des disponibilités, des roulettes sont mises à disposition pour transporter la planche jusqu'à la plage. Sinon mieux vaut être deux ou louer un vélo sur lequel la planche se fixe très facilement.

STAR BEACH BOYS

Kuhio Beach State Park
✆ +1 808 699 3750
www.starbeachboys.com

Ouvert de 6h à 18h. Cours de surf pour débutants à 40 US$, et 55 US$ pour le Stand up paddle. Tour de canoë Outrigger à 15 US$. Location de surf à 10 US$ l'heure et 20 US$ pour le SUP.

Les Star Beach Boys sont au cœur de l'activité nautique de Waikiki. Situés à même la plage et offrant des prix compétitifs, ils sont de loin les plus avantageux. Des planches de surf, de *stand up paddle*, *boogie board* et même des chaises de plage sont en location. Les cours sont aussi à des prix abordables et des tours de canoë *outrigger* sont proposés, une occasion unique de découvrir ces embarcations traditionnelles.

WAIKIKI BEACH SERVICES

The Royal Hawaiian
2259 Kalakaua Ave
✆ +1 808 388 1510
www.waikikibeachservices.com

Ouvert tous les jours de 8h à 17h. 25 US$ par personne pour le tour de canoë Outrigger et 60 US$ la leçon de surf ou de paddle.

Les Beach Boys du Royal Hawaiian sont installés sur la plage devant l'hôtel. Ouverts tous les jours, ils offrent des leçons de surf et stand up paddle privées ou en groupe. Les instructeurs vous accompagnent également à bord de leurs deux canoës *outriggers* pour vous apprendre à surfer sur la vague. Les groupes de quatre peuvent réserver à l'avance sur Internet mais les petits groupes doivent attendre sur place qu'un groupe se forme pour compléter le bateau. Rassurez-vous, il y a toujours du monde. Le catamaran Kepoikai accueille également des passagers cinq fois par jour.

LE CENTRE D'OAHU

Bordé par deux chaînes de montagnes, le centre d'O'ahu alterne entre grandes plaines agricoles et sommets verdoyants. Il ne présente que peu d'intérêt touristique hormis Pearl Harbor au sud et la Dole Plantation au nord.

PEARL HARBOR

Un voyage à Hawaii ne saurait être complet sans la visite de Pearl Harbor. C'est un mémorial et une visite solennelle. Certains auront peut-être du mal à s'extraire de leur plage idyllique sous les cocotiers, mais il est important d'y aller car cet épisode de l'Histoire américaine fut un tournant dans l'Histoire du monde et de l'humanité. Il a provoqué l'entrée des États-Unis dans la Seconde Guerre mondiale ; un pays qui a joué par la suite un rôle fondamental dans la résolution du conflit et qui a libéré la France. Pearl Harbor (le port des perles) doit son nom à la tradition de pêche à la perle dans ses eaux. En échange de la levée des barrières douanières sur le sucre hawaiien, les États-Unis obtiennent le droit de disposer de la baie dès 1887. À partir de 1906 – date de l'annexion de Hawaii par les États-Unis – ils commencent à y construire ce qui va devenir leur base militaire stratégique dans le Pacifique. Le 7 décembre 1941, à 7h55, un raid de l'aviation japonaise attaque par surprise Pearl Harbor. Une partie se dirige vers les postes de l'aviation américaine pour couper court à toute éventuelle riposte, tandis que le reste des avions se dirige vers la baie pour une attaque kamikaze. Les soldats en sont encore au petit-déjeuner lorsque les torpilles atteignent les premiers navires militaires. Pear Harbor s'emplit de fumée tandis que les navires chavirent un à un. La surprise et la rapidité de la frappe créent le désarroi chez les soldats qui n'ont pas le temps de sortir et sombrent avec leurs navires. La réaction américaine a cependant le temps de s'organiser pour la seconde attaque japonaise de 8h40. L'assaut dure au total deux heures et a des conséquences dévastatrices sur l'armée américaine : 2 400 militaires et civils sont tués, 188 avions détruits et 8 navires sévèrement abîmés ou coulés. Le drame de

Des camps à Hawaï

Que faire quand la nation qui vous attaque est celle qui compose l'essentiel de votre population ? C'est la question qu'ont dû se poser les Etats-Unis lors de l'attaque surprise de Pearl Harbor par les Japonais. Plus d'un tiers de la population d'Hawaï est alors nippon. Les soupçons de trahison s'élèvent rapidement et la loi martiale est imposée sur les îles, jusqu'à la fin de la guerre. Des camps sont créés pour regrouper un peu plus de 1 000 japonais de première et deuxième génération, tandis que les plus influents ou suspects sont envoyés dans d'autres prisons sur le territoire américain ou sur l'île de Guam. Inquiet devant l'ampleur et la croissance de la communauté japonaise à Hawaï, zone militaire stratégique, le gouvernement américain avait réalisé des enquêtes et études sur ses membres depuis les années 1920, d'où la réactivité au moment de l'attaque. Le nombre d'internements à Hawaï a été faible comparativement au reste des Etats américains, mais l'angoisse y a régné pendant quatre ans. Ceux envoyés hors des îles, laissés sans contact avec leurs familles, ne sont pas tous rentrés. C'est seulement dans les années 1970 que les Japonais commencent à mener des recherches et s'exprimer sur leur douleur.

▶ **En face d'Iolani Palace** à Honolulu, la Cour de Justice diffuse un documentaire sur le sujet.

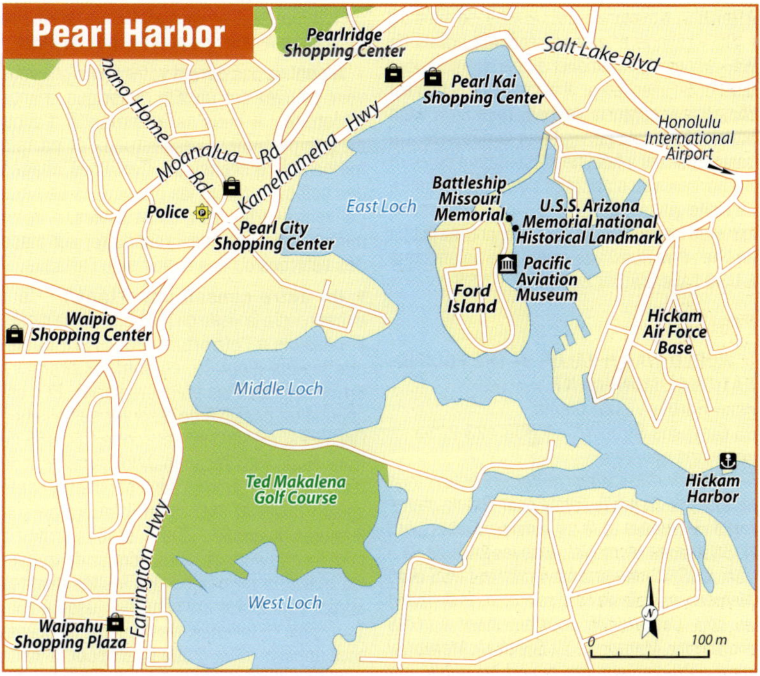

Pearl Harbor a l'effet d'un électrochoc pour les Etats-Unis, pourtant il se produit dans un climat de grande tension. Le Japon alors en pleine expansion avait commencé à étaler son empire en grignotant petit à petit la Chine et l'Asie du Sud-Est pour s'approvisionner en ressources naturelles. Mécontents et inquiets pour leur position dans le Pacifique, les Etats-Unis avaient répondu par un embargo sur les exports vers le Japon, leur coupant notamment l'accès au pétrole. En parallèle une partie de la flotte américaine est envoyée à Pearl Harbor pour se rapprocher de la zone de conflit du Pacifique, les Etats-Unis n'imaginant pas une guerre sur leur sol. Les négociations diplomatiques n'étant pas concluantes et conscient de sa taille face au Etats-Unis, le Japon sait que la rapidité et la surprise sont ses atouts. Assuré sur le front Ouest par un accord avec l'URSS, il peut consacrer ses forces à l'Est. Au matin les avions puis la flotte de Pearl Harbor sont détruits. La surprise et la violence de cette attaque pourtant bien préparée lui valent la qualification de « trahison » par le Président Roosevelt. Les Etats-Unis réalisent alors la naïveté de leur politique isolationniste. Ne pouvant désormais rester neutres, ils entrent dans la Seconde Guerre mondiale.

Aujourd'hui Pearl City est une ville résidentielle qui n'a pas d'autre attrait touristique que les lieux de mémoire de Pearl Harbor.

Transports

Pour se rendre sur place, on peut prendre la voiture, à condition de ne pas se tromper de sortie. Vous pourrez alors vous garer dans un immense parking réservé aux visiteurs. Le réseau de bus d'Oahu dessert également le mémorial via deux lignes (20 et 42) pour 2,50 US$ le trajet. C'est donc le même tarif que sur toutes les autres lignes de l'île.

▶ **Voiture.** À partir de Honolulu, suivre l'autoroute H1 vers l'ouest et prendre la sortie 15A indiquée par le panneau « Arizona Memorial Stadium ». Ne pas prendre la sortie « Pearl Harbor Exit » ! Continuer sur Kamehameha Highway et tourner à gauche, au quatrième feu, sur Arizona Memorial Place. Grand parking réservé aux visiteurs.

▶ **Bus 20 ou 42.** L'entrée à Pearl Harbor étant gratuite, dans la mesure où c'est un mémorial, cette visite ne revient donc qu'à 5 US$ (aller-retour). Sachez cependant que le trajet avec le bus public dure 1 heure, en raison des nombreux arrêts.

Attention arnaque : un service de bus dit « VIP » récupère les touristes aux hôtels de Waikiki pour les emmener à Pearl Harbor, pour 9,99 US$ l'aller-retour. Il est vrai que le bus est climatisé et confortable mais, pour un voyage aussi court, cela ne vaut pas la dépense. Un commentateur y fait une présentation de Pearl Harbor mais on n'apprend rien de particulier. La visite guidée, gratuite, du mémorial est de loin plus instructive. En résumé, prenez le bus de l'île : il va aussi vite et vous ne paierez que 5 US$ l'aller-retour au lieu de 9 US$.

Pratique

WORLD WAR II VALOR IN THE PACIFIC NATIONAL MONUMENT

Pearl Harbor Visitor Center
63 Cowpens Street © +1 808 423 2263
www.nps.gov/valr/

Le Pearl Harbor Visitor Center est ouvert tous les jours de 7h à 17h. Fermé pour Thanksgiving, le 25 décembre et le 1er janvier. Visites pour l'USS Arizona Memorial : tous les jours de 8h à 15h. L'USS Oklahoma Memorial et l'USS Utah Memorial sur l'île de Ford sont ouverts du matin au soir. Cependant, contrairement à l'USS Oklahoma Memorial, l'USS Utah Memorial n'est actuellement pas ouvert au public par navette. L'accès à l'USS Utah Memorial USS est actuellement limité aux visiteurs qui ont accès à la base militaire. Il est fortement conseillé d'arriver très tôt sur le site pour faire la queue (dès 6h30 du matin). Visite du World War II Valor in the Pacific National Monument : gratuit. Galerie d'exposition « Road to War » et « Attack » : gratuit. USS Bowfin Submarine Museum & Park : ouvert de 7h à 17h, adulte 12 US$. Battleship Missouri : de mai à septembre, ouvert de 8h à 16h, jusqu'à 17h de juin à août. Adulte 13 US$. Pacific Aviation Museum : musée ouvert de 9h à 17h, visite libre des hangars 37 & 79 : 25 US$. Sur place : snacks, toilettes, boutique, parking gratuit.

▶ **Pearl Harbor Visitor Center** : dès votre arrivée, dirigez-vous vers les bureaux d'informations situés dans la *Aloha Court* où vous pourrez retirer et/ou acheter vos billets d'entrée pour une partie ou pour tous les musées présents sur le site du Word War II. Brochure gratuite également disponible sur place.

▶ **Afin de bien organiser votre visite** et de ne pas perdre de temps, nous vous conseillons vivement de prendre en premier vos billets pour le USS *Oklahoma* Memorial : l'attente est parfois longue et on vous attribuera un horaire de visite que vous ne pourrez pas changer.

▶ **N'oubliez pas durant votre visite** que vous vous trouvez sur un site historique chargé d'histoire : il vous sera demandé d'avoir un comportement respectueux et parfois même d'être silencieux. Certaines images des combats durant les projections de films peuvent heurter les plus sensibles. A noter que vous pouvez aussi rencontrer sur place des vétérans ou des témoins de l'attaque.

▶ **Un autre conseil important :** il faut entreprendre la visite du mémorial tôt le matin, si possible à l'ouverture. Pour l'attribution des tickets d'entrée, ce sont les premiers arrivés qui sont les premiers servis. Et il est cependant possible de réserver ses billets à l'avance sur le site internet contre 1,50 US$ de frais. Nous vous recommandons vraiment de réserver votre place en ligne pendant la haute saison (hiver et été) sinon il faudra prévoir 3 heures de queue… Enfin, si vous arrivez à midi à cette période, vous risquez de trouver les guichets fermés car les visites guidées auront déjà toutes été achetées jusqu'à 15h. Toutes les 15 minutes, les numéros de tickets sont appelés et un groupe part pour la visite guidée qui dure 1h15. En attendant votre tour, vous pourrez toujours lire les différents panneaux du hall d'exposition de l'entrée. Trés bien fait et tout récent, ce hall permet de bien se remémorer les moments clés de Pearl Harbor grâce à un mini-musée à ciel ouvert dont les images d'archives très intéressantes.

À voir – À faire

BATTLESHIP MISSOURI MEMORIAL

63 Cowpens Street © +1 808 455 1600
ussmissouri.org

Pour y accéder, il faut être en possession d'un ticket que vous aurez acheté aux bureaux situés dans la Aloha Court.

Le 11 avril 1945, l'USS Missouri fut frappé par un avion japonais *Zeke* dans les eaux au nord-est d'Okinawa. Fort heureusement, aucune victime ne fut à déplorer sauf le pilote japonais dont le corps fut retrouvé dans l'épave. Durant votre visite, revivez les moments forts de cette bataille.

INTERPRETIVE WAYSIDE EXHIBITS

WWII Valor in the Pacific National Monument

Sont exposés en bordure du port des panneaux explicatifs ou des stèles invitant le visiteur à imaginer ce que fut ce jour tragique.

■ **PACIFIC AVIATION MUSEUM PEARL HARBOR**
319 Lexington Boulevard
✆ +1 808 441 1009
www.pacificaviationmuseum.org
Le musée est à 10 minutes de route de l'USS Arizona Memorial mais une navette peut vous y conduire.
Ouvert de 8h à 17h. Pour y accéder, il faut être en possession d'un ticket que vous aurez acheté aux bureaux situés dans la Aloha Court. Adultes 25 US$, enfants (de 4 à 12 ans) 12 US$. Comptez 10 US$ de plus par personne pour la visite guidée. Pour 10 US$ vous pourrez également passer 30 minutes dans un simulateur d'avion de chasse.
Le hangar 37 survécut à l'attaque du 7 décembre 1941. Après avoir visionné un film de 12 minutes présentant l'attaque surprise sur Pearl Harbor, les visiteurs découvrent un authentique « Zero japonais » puis des avions ayant combattu à l'occasion de cette journée fatidique.
Ce musée qui présente 70 ans de l'histoire de l'aviation à travers tout le Pacifique est absolument passionnant et à voir même si vous ne vous y connaissez pas en avions ! Vous pourrez aussi faire de très belles photos souvenirs devant les superbes avions exposés. Nous vous recommandons la visite guidée qui permet de bien comprendre la stratégie militaire japonaise de l'attaque de Pearl Harbor à travers les avions japonais sur place. Vous visiterez notamment les hangars 37 et 79 qui sont en fait ceux de la base de Pearl Harbor où eut lieu l'attaque du 7 décembre 1941. Et vous pourrez même y voir d'authentiques impacts de balles japonais ! Lors de cette visite, on vous racontera aussi le destin tragique, et méconnu, de ce hawaiien d'origine japonaise de l'île de Niihau qui fut pris pour un traitre suite à l'attaque et se suicida... Une curiosité à voir : un avion qu'aurait piloté George Bush dans sa jeunesse.

■ **REMEMBRANCE CIRCLE**
WWII Valor in the Pacific National Monument
Cette exposition rend hommage aux hommes, femmes et enfants militaires et civils tués à la suite de l'attaque du 7 décembre 1941. On peut voir des médailles d'honneur notées avec leurs noms inscrits en lettres d'or, une médaille de bronze et une carte de Oahu illustrant les différentes attaques.

■ **USS ARIZONA MEMORIAL**
1 Arizona Memorial Road
✆ +1 808 422 0561
www.nps.gov/valr
Entrée libre. Ouvert de 7h à 17h. Visite guidée de 8h à 15h. Tenue correcte exigée.
Tout commence par la projection d'un film documentaire d'une vingtaine de minutes où l'on voit des images d'archives de l'attaque de Pearl Harbor et de la seconde guerre mondiale. On embarque ensuite sur un bateau qui mène à un grand monument blanc en forme de bateau : l'USS Arizona Memorial. Il est juste au-dessus du navire USS Arizona, qui gît à 12 m de fond depuis l'attaque. Bombardé par les Japonais le 7 décembre 1941, il a coulé en à peine neuf minutes, entraînant dans la mort de 1 177 militaires qui reposent encore dans l'épave. Sur un mur de marbre blanc, sont inscrits les noms de ces hommes. La plupart avaient 20 ans au plus. Les savoir enfermés dans ce bateau pour l'éternité est particulièrement émouvant. Presque 70 ans après avoir été coulé, le bateau laisse encore s'échapper de l'essence qu'on distingue facilement à la surface de l'eau. Pour certains, c'est le navire qui pleure encore ses morts...

OAHU

USS Arizona Memorial.

USS BOWFIN SUBMARINE MUSEUM AND PARK

Arizona Memorial Drive ✆ +1 808 423 1341
www.ussmissouri.com

Ouvert de 8h à 17h ou 16h (de septembre à mai). Dernière visite guidée à 16h30. Pour y accéder, il faut être en possession d'un ticket que vous aurez acheté aux bureaux situés dans la Aloha Court. Billets pour la visite du sous-marin et du musée : adultes 25 US$, enfants 13 US$ (les moins de 4 ans ne sont pas admis dans le sous-marin mais le sont dans le musée). Inclus dans le pass Pearl Harbor à la journée : adultes 65 US$, enfants 35 US$. L'USS Bowfin (SS-287) est un des rares sous-marins de la Seconde Guerre mondiale encore en état. Il a été mis en service le 7 décembre 1942, exactement un an jour pour jour après l'attaque sur Pearl Harbor, et a fait de nombreuses victimes japonaises pendant la guerre, ce qui lui a valu le surnom de « Pearl Harbor Avenger » (le vengeur de Pearl Harbor). Il a aussi contribué à rendre célèbre le terme Silent Service. À partir du pont, on accède à l'habitacle qu'on peut visiter ; on comprend alors le quotidien des 80 militaires qui y vivaient. Un musée complète la visite à travers l'exposition de différents objets liés aux sous-marins et la diffusion d'un film d'archives où l'on voit ces machines de guerre en action. Sur place, un monument rend hommage aux officiers de la Marine américaine disparus pendant la seconde guerre mondiale.

USS OKLAHOMA MEMORIAL

Langley Avenue
www.ussoklahoma.com

En attendant l'heure de visite (inscrite sur votre ticket), les galeries d'exposition vous invitent à découvrir au plus près en sons et en images les événements qui ont mené à l'attaque sur Oahu et ses conséquences. Souvenirs personnels, photos, artefacts de la bataille et autres pièces vous plongent dans une vive émotion. Dirigez-vous ensuite vers le Pearl Harbor Memorial Theater qui projette un film documentaire (obligatoire) de 23 minutes sur le 7 décembre 1941 et l'attaque. Cette présentation précède immédiatement votre embarquée sur le bateau qui vous conduira à l'île de Ford. C'est ici qu'est érigé le mémorial en l'honneur des 429 soldats qui ont perdu la vie dans l'USS Oklahoma. Construit pendant la guerre de 14-18 puis envoyé en Europe durant la Guerre Civile espagnole, le navire était une véritable forteresse. Pourtant les torpilles japonaises ont eu raison de lui en le faisant basculer de coté. Il aura fallu deux ans et près de 2 000 plongeurs pour réparer et redresser l'épave. Mais le sort s'acharne sur l'USS Oklahoma qui coule en haute mer alors qu'il était remorqué vers San Francisco. Vous ne verrez donc pas le navire mais un mémorial construit à l'initiative des quelques rescapés. Le granite noir représente le bateau disparu et les piliers blancs les marins emportés avec lui.

USS UTAH MEMORIAL

Ford Island

Visite actuellement réservée aux militaires. Construit au tout début du XXe siècle, l'USS Utah a servi pendant la Première Guerre mondiale avant d'être converti en un simple navire « cible » pour les entraînements américains. C'est donc le fait qu'il était exceptionnellement amarré à la place habituelle des porte-avions qui lui a valu d'être coulé. Tout comme l'USS Oklahoma, il a chaviré sur le côté, emportant 58 marins avec lui. Il a ensuite été retourné en 1944 pour ne pas bloquer l'entrée dans la baie, mais son épave est toujours visible à la surface de l'eau.

Shopping

ALOHA STADIUM FLEA MARKET

99-500 Salt Lake Boulevard
✆ +1 808 486 6704

A 5 minutes de route de l'Arizona memorial. Ouvert de 8h à 15h les mercredi et samedi. De 6h30 à 15h le dimanche. Entrée : 1 US$. Un très grand marché aux puces installé sur l'aire de stationnement du Aloha Stadium. On y trouve de tout et ce n'est pas cher !

WAIPAHU

Waipahu est une petite ville tranquille de la campagne du plateau central, entre les montagnes Waianae à l'ouest et les Koolau Mountains à l'est. Si l'on est basé à Waikiki, il est possible de visiter ses sites en une demi-journée, car ils sont tous à 45 minutes de route maximum (en évitant les heures de pointe, bien sûr : partir après 9h et rentrer au plus tard à 16h).

AIEA LOOP TRAIL

Aiea Heights Drive ✆ +1 808 587 0300
www.hawaiistateparks.org

A 20 minutes de Waipahu. En partant de Honolulu, suivre la Highway H1 en direction de l'ouest puis la Highway 78. Prendre la sortie « Aiea ». Bus n° 11. Le Aiea Loop Trail est une randonnée d'environ 7 km au cœur de la forêt, de niveau facile et sur sentier balisé. Nombreux points de vue superbes sur Pearl Harbor et les montagnes. Compter 2h30 pour l'aller.

■ **HAWAIIAN RAILWAY**
91-1001 Renton RoadEwa Beach
✆ +1 808 681 5461
www.hawaiianrailway.com
A 15 minutes de route de Waipahu. Balade en train d'1h30 le dimanche, à 13h et à 15h. Adultes 12 US$, enfants 8 US$. De la fin du XIXe siècle au début du XXe, le transport des personnes allant d'un point à l'autre de l'île et celui du sucre des plantations se faisait en train. Chaque dimanche, une balade commentée de 1h30 dans un train d'autrefois, fait revivre cette époque aux visiteurs.

■ **HAWAII'S PLANTATION VILLAGE**
Waipahu Cultural Garden – 94-695 Waipahu Street ✆ +1 808 677 0110
www.hawaiiplantationvillage.org
Ouvert du lundi au samedi de 10h à 16h30. Visite obligatoirement guidée, une toutes les heures, jusqu'à 14h. Adultes 13 US$, enfants (de 4 à 11 ans) 5 US$, gratuit pour les moins de 3 ans. Entièrement restauré, ce village de plantation sucrière de 20 hectares donne une vision complète et intéressante du quotidien des ouvriers qui y vivaient. De nombreux meubles et bibelots ont d'ailleurs été légués au musée par leurs descendants directs. Du milieu du XIXe siècle aux années 1940, les directeurs de plantation ont fait appel à plus de 400 000 travailleurs étrangers. La population hawaiienne (les natifs) ayant été en grande partie décimée par les maladies que les Occidentaux avaient introduites sur l'archipel, les plantations manquaient cruellement de main-d'œuvre pour développer la prometteuse culture du sucre. Chinois, Japonais, Portugais, Coréens, Philippins, en quête d'une vie meilleure, sont ainsi venus s'installer à Hawaii pour travailler dans les sucreries. Pour étouffer toute revendication salariale (les salaires étaient particulièrement bas) et casser par avance toute tentative d'union, les ouvriers étaient regroupés par ethnies dans les villages. C'est ce qu'on peut constater très clairement dans ce village-ci ; on y vivait entre soi en préservant ses traditions. Toutes les communautés religieuses avaient ainsi leur lieu de culte, comme en témoignent les temples bouddhiste et shintoïste. Cependant, ces ouvriers de toutes les origines se sont peu à peu rapprochés, mélangés, et unis contre les patrons pour revendiquer de meilleurs salaires. Au XXe siècle, des grèves importantes ont finalement obligé les directeurs de plantation à revoir les salaires à la hausse. Ce sont ces augmentations successives qui auraient contribué à couler le sucre hawaiien, le rendant plus cher face à une concurrence internationale de plus en plus rude.

■ **KEAIWA HEIAU STATE CAMPS**
Aiea Heights Drive ✆ +1 808 587 0300
www.hawaiistateparks.org
A 20 minutes de Waipahu. En partant de Honolulu, suivre la Highway H1 en direction de l'ouest puis la Highway 78. Prendre la sortie « Aiea ». Bus n° 11. Permis 12 US$ par tente. Un camping dans le magnifique parc naturel de Keaiwa Heiau, au milieu des eucalyptus et des pins. Toilettes, douches, aire de pique-nique sur place.

WAHIAWA

Wahiawa est une petite ville résidentielle du plateau central sans intérêt. Seule la visite de son jardin botanique ou de la Dole Plantation vous y conduiront donc.

■ **DOLE PLANTATION**
64-1550 Kamehameha Highway
✆ +1 808 621 8408
www.dole-plantation.com
À 40 minutes de Waikiki, en prenant la H1 vers l'ouest puis la H2 vers le nord. Bus n° 52.
Ouvert de 9h30 à 17h. Visite de la plantation : adultes 5 US$, enfants (de 4 à 12 ans) 4,25 US$. Visite du labyrinthe : adultes 6 US$, enfants (de 4 à 12 ans) 4 US$. Le « Disneyland » du célèbre ananas hawaiien Dole ! Pas très authentique mais assez distrayant notamment pour son très grand magasin de souvenirs où on peut acheter de l'ananas sous toutes les formes possibles et imaginables ainsi qu'un petit train touristique qui fait le tour de l'exploitation. Le tout pour mieux comprendre l'histoire de ce fruit ainsi que sa croissance (18 mois en moyenne). Enfin, l'attraction majeure, qui plaît surtout aux enfants et à ceux qui le sont restés, c'est le « World's largest maze », soit le plus grand labyrinthe du monde selon le Guinness des Records ! Sur un parcours de près de 3 km, on peut se perdre dans des allées entièrement constituées de plantes et d'arbres tropicaux, 11 000 au total.

■ **WAHIAWA BOTANICAL GARDEN**
1396 California Avenue ✆ +1 808 621 7321
Sur la Highway H2, dans le centre-ville de Wahiawa. Ouvert de 9h à 16h. Entrée libre. Très agréable jardin tropical au milieu de la ville sans intérêt de Wahiawa. Des espèces rares d'arbres et de plantes qu'on peut identifier grâce à la brochure remise à l'accueil.

LA POINTE SUD-EST

La succession de sites et de plages superbes, du parc régional de Koko Head à la ville de Waimanolo, méritent qu'on consacre la journée à cette partie de l'île.
L'autoroute H1 part de Waikiki pour se transformer en Highway 72 à l'est (Kalanianaole Highway) y mène et il suffit de la suivre pour découvrir tous les sites à voir.

KOKO HEAD REGIONAL PARK

Le littoral de la pointe sud-est d'Oahu appartient, en grande partie, au parc naturel régional de Koko Head. C'est à leur grande préservation que des plages comme Hanauma Bay doivent leur beauté exceptionnelle.
Deux promontoires dominent le parc : Koko Head (196 m) et Koko Crater (368 m), qui sont deux anciens cônes volcaniques.

À voir – À faire

■ HALONA BLOWHOLE

Près de la balise 11 miles, sur la Highway 72
Un geyser d'eau est propulsé, à intervalles réguliers, à travers un trou creusé dans la roche par la force des vagues. Le jet est assez impressionnant puisqu'il atteint jusqu'à 9 m de hauteur, tout en émettant un bruit sourd. Ne pas aller au-delà des barrières pour voir le trou souffleur de plus près : plusieurs personnes ont fait une chute mortelle ! À noter également, la belle vue sur Molokai et Lanai à l'horizon par temps clair. Plus près, sur la gauche, on aperçoit Sandy Beach.
Enfin, c'est ici qu'ont été dispersées les cendres de la grand-mère de Barack Obama, qui est morte deux jours avant l'élection de son petit-fils.

■ HANAUMA BAY

7455 Koko Kalanianaole Highway
Accès de 6h à 18h en hiver et jusqu'à 19h en été. Tous les jours, sauf le mardi. 1 US$ le parking et 7,50 US$ par personne l'accès à la plage (gratuit pour les enfants de moins de 13 ans). Interdit de fumer.
Venir tôt pour éviter le monde et avoir une place au parking (souvent plein à craquer dès 11h). Comme il n'existe pas d'autres stationnements possibles à proximité, ne pas avoir de place compromet définitivement toute baignade à Hanauma Bay ! Si vraiment vous pensez arriver tard, il vaut mieux prendre le bus (le n° 22 à partir de Waikiki) pour éviter ce genre de déconvenue. Hanauma Bay est un des sites les plus visités d'Oahu et ses eaux turquoise apparaissent sur presque toutes les cartes postales de l'île ! Classée réserve naturelle en 1967, cette plage de sable blanc incurvée a des fonds coralliens magnifiques, fréquentés par des poissons tropicaux multicolores. C'est LA plage rêvée pour faire du snorkeling ! Pour les plus paresseux, la bronzette et la baignade y sont aussi très agréables. Très jolie vue sur Koko Head, à l'extrémité gauche de la baie.

■ KOKO CRATER

Juste après la balise 10 miles, sur la Highway 72
Bus n° 22 arrêt Hanauma Bay.
Une randonnée plus qu'originale qui vous emmène au sommet de Koko Crater en près d'une heure. Et pour cause, le sentier est en réalité un ancien chemin de fer dont les planches seront vos marches. Et des marches il y en aura : plus de 1 000 ! Ne cherchez pas à les compter, la pente accaparera bien vite toute votre attention. Ne le nions pas, le parcours est un peu scabreux, surtout le passage surélevé, mais quelle vue ! De quoi vous donner envie de redescendre et remonter pour avoir à nouveau la joie de découvrir le paysage...

■ KOKO CRATER BOTANICAL GARDENS

✆ +1 808 621 8408
Ouvert de 9h à 16h. Entrée libre.
Sur environ 60 ha à l'intérieur du cratère Koko (80 ha), un jardin botanique a été aménagé en 1958. On y trouve essentiellement des plantes africaines, des cactus, des frangipaniers et des bougainvilliers.

■ MAKAPUU BEACH PARK

A 10 minutes de Hanauma Bay, juste après Makapuu Beach. Plage surveillée de 9h à 17h30.
Une très belle plage, face à Manana Island. Excellent spot de surf et de boogie-board. Pour les pratiquants expérimentés uniquement. Elle n'est pas conseillée pour la bronzette en raison des vents forts, des nombreux rochers et de l'étroitesse du banc de sable. Il faut également éviter de s'y baigner, en raison des vagues

Koko Crater.

violentes. En ce qui concerne le nombre de blessés par an, elle rivalise facilement avec Sandy Beach !

■ MAKAPUU POINT STATE WAYSIDE

A 10 minutes de Hanauma Bay. Juste avant Makapuu Beach, sur la Highway 72.

La route a été fermée à la circulation mais on peut garer sa voiture sur le bas-côté et faire une balade d'environ 3 km aller-retour. On de très beaux points de vue sur la côte le long du chemin, notamment sur Manana Island (l'île des « lapins » car elle en a la forme et ces rongeurs en seraient les seuls habitants !) et Kaohikaipu Island (une réserve d'oiseaux depuis 1972). Le phare qu'on aperçoit au loin a été en service pendant près d'un siècle, et marque le point le plus à l'est de l'île. Dommage qu'on ne puisse plus y accéder.

■ SANDY BEACH PARK

Quelques minutes après avoir passé Halona Blowhole. Plage surveillée.

La plage préférée d'Obama quand il était ado et un des meilleurs spots de *boogie-board* de toute l'île ! Même si on n'en fait pas, le spectacle mérite le détour et... des photos ! Ce sont en effet surtout des *boogie-boarders* confirmés qui fréquentent Sandy Beach pour affronter les *breaks* de Full Point et de Half Point. Et c'est souvent assez bluffant. Il est déconseillé aux débutants de faire du *boogie-board* sur cette plage car les fractures et les déchirures musculaires sont fréquentes quand on ne mesure pas encore la force des vagues. Les maîtres nageurs, qui ont l'habitude de porter secours aux pauvres malheureux, ne pourront que vous le confirmer ! Pour vous consoler, vous pouvez faire du cerf-volant sur la pelouse du parc de la plage, où c'est une activité phare et bien moins dangereuse... Toilettes, douches sur place.

Sports – Détente – Loisirs

■ KOKO CRATER STABLES

408 Kealahou Street
Honolulu
✆ +1 808 395 2628
www.kokocraterstables.net

Tarifs de groupe : 40 US$ pour 1h de cheval et 30 US$ pour 1h de poney.

Balades à cheval et à poney dans le cratère.

WAIMANALO

Située au pied des montagnes Koolau, la petite ville de Waimanalo compte moins de 6000 habitants et la plupart sont des Hawaiiens natifs.

Il fait bon vivre dans cette petite bourgade où l'on aime prendre son temps et saluer le nouveau venu.

Rien à voir avec la folie urbaine de Waikiki, à 50 minutes de route seulement !

Pratique

■ WAIMANALO POST OFFICE

41-859 Kalanianaole Highway
✆ +1 800 275 8777

Ouvert de 9h à 15h30, du lundi au vendredi.

Se loger

■ WAIMANALO BAY STATE RECREATION AREA

Le permis 3 nuits (vendredi-lundi) coûte 32 US$ et 5 nuits (vendredi-mercredi) 52 US$.

Camping proche de la très agréable plage de Waimanalo. Toilettes, douches extérieures, eau potable, téléphones, aire de pique-nique, barbecue. Permis de camper obligatoire à demander en ligne sur le site camping.honolulu.gov.

Se restaurer

■ **KENEKE'S**
41-857 Kalanianaole Highway
✆ +1 808 259 9800 – www.kenekes.net
kenekes@hawaii.rr.com
Ouvert tous les jours de 7h à 19h. Plateau autour de 8 US$. Sandwichs et burgers à 5 US$.
Fast-food local avec toutes les spécialités hawaiiennes à bas prix. Plats chauds, salades et sandwiches. À deux pas de Waimanalo Beach, idéal pour casser la croûte entre deux baignades !

À voir – À faire

■ **NATURALLY HAWAIIAN**
41-1025 Kalanianaole Highway
✆ +1 808 259 5354
patrick@naturallyhawaiian.com
Cette agréable galerie expose les tableaux du talentueux et chaleureux Patrick Ching, qui ont pour thème la superbe nature de Hawaii. La plupart sont en vente.

■ **WAIMANALO BEACH PARK**
Plage surveillée de 9h à 17h30.
C'est une des plus belles plages de l'île. Une longue étendue de sable doré bordée d'eaux turquoise où l'on pourrait rester des journées entières, tant on y est bien. Et, surtout, on n'y est pas collé serviette contre serviette ! Étonnamment, les touristes ne viennent pas trop sur Waimanalo Beach car ils vont plutôt à Kailua Beach, plus au nord. La raison : Kailua Beach est plus adaptée aux touristes car sa ville est une mini-station balnéaire. Du coup, c'est plutôt Kailua Beach que les agences de voyages ou les réceptionnistes d'hôtel conseillent à leurs clients. À tort. La ville de Waimanalo est tellement plus authentique et sa plage aussi jolie et moins bondée ! Enfin, les fans de snorkeling et de boogie-board seront ravis car c'est un très bon spot pour les deux activités.

LA CÔTE AU VENT

S'étendant de Kailua à la pointe nord-est, la côte est dite « côte au vent » est de loin la plus belle et la plus caractéristique d'Oahu. La route suit la côte entre mer et montagne, traversant des villages construits à même la plage. Au moindre rayon de soleil ses eaux prennent une couleur turquoise d'une intensité qui ne se retrouve nulle part ailleurs. Kayaks, planches à voile, surfs et paddles foisonnent sur la baie de Kailua tandis qu'au nord les montagnes déchiquetées plongent le voyageur au cœur des décors de Lost et de Jurassic Park. C'est l'endroit idéal où séjourner dans le calme si vous restez une semaine à O'ahu ; Honolulu et la plupart des points d'intérêts étant à moins d'une heure de route.

KAILUA

Kailua est la ville la plus au sud de la côte est, dite « au vent » (c'est la plus ventée). C'est une très jolie station balnéaire où hôtels de charme, restaurants de qualité et plages superbes sont légion. Ce n'est pas un hasard si Barack Obama a choisi Kailua pour y établir sa résidence secondaire.

Transports

▶ **Voiture.** Trois autoroutes (la Highway 72, la Highway 61 et la Highway 63) permettent d'accéder à Kailua. De Waikiki ou de l'aéroport de Honolulu, il faut prendre la Pali Highway (n° 61) qui y conduit directement. Pas facile de se repérer quand on arrive au niveau du centre-ville, en raison des routes qui s'entremêlent... Si l'on ne fait pas attention, on sort tout bonnement de la ville et on doit faire demi-tour. L'astuce, c'est de rester sur Kailua Road. En fait, il ne faut pas continuer tout droit quand on arrive en ville, mais tourner à droite et suivre le panneau « Visitor's Information ». Quelques minutes plus tard, juste avant que la route ne change de nom pour devenir Wanaao Road, il faut tourner à gauche pour rester sur Kailua Road qui mène tout droit à Kailua Beach.

▶ **Bus.** À la gare routière du Ala Moana Shopping Center, il faut prendre les bus n° 56 ou 57 qui vont à Kailua. 2,50 US$ le ticket, comme sur tout le réseau de bus d'Oahu.

Pratique

Tourisme – Culture

■ **KAILUA CHAMBER OF COMMERCE AND VISITORS CENTER**
✆ 1 888 261 7997
✆ +1 808 261 7997
www.kailuachamber.com

Argent

BANK OF HAWAII
636 Kailua Road ✆ +1 808 266 4600

FIRST HAWAIIAN BANK
705 Kailua Road
✆ +1 808 261 3371

Moyens de communication

AGNES PORTUGUESE BAKE SHOP
46 Hoolai Street
✆ +1 808 262 5367
www.agnesbakeshop.com
customerservice@agnesbakeshop.com
Ouvert du mardi au samedi, de 6h à 18h. De 6h à 14h le dimanche. 2,50 US$ les 30 minutes de connexion et 7 US$ pour une heure.
Imprimante, scanner et fax. Cadre agréable et boulangerie excellente où on peut déguster les beignets « malasadas ».

KAILUA POST OFFICE
335 Hahani Street ✆ +1 808 266 3996
Ouvert du lundi au vendredi, de 8h30 à 17h. Le samedi de 9h à 16h.

KAILUA PUBLIC LIBRARY
239 Kuulei Road ✆ +1 808 266 9911
Ouvert de 10h à 17h, les lundi, mercredi, vendredi, samedi. De 13h à 20h les mardi et jeudi.
Accès Internet pour ceux qui ont la Visitor's Card de 3 mois (10 US$). Impossible d'avoir une carte pour une durée inférieure. On peut s'abonner sur place. La carte permet ensuite d'utiliser Internet dans toutes les bibliothèques de l'archipel.

KAILUA RECREATION CENTER
21 S. Kainalu Drive
✆ +1 808 266 7652
Accès Internet gratuit.
Appeler avant car leurs horaires sont variables.

Santé – Urgences

BRAUN URGENT CARE
Kailua Beach Center130 Kailua Road
✆ +1 808 261 4411
Ouvert de 8h à 20h.
Urgences assurées.

Se loger

BEACHLANE
111 Hekili Street ✆ +1 808 262 8286
www.beachlane.com
info@beachlane.com
À partir de 95 US$ la chambre double (sans le petit-déjeuner). Réservez bien à l'avance.
Un Bed & Breakfast à deux pas de la plage de Kailua Beach, comme le laisse entendre son nom. Deux chambres (une double et une quadruple) dans un *cottage cosy* à souhait. Cuisine et mobilier modernes. Serviettes de plage, chaises longues et *boogie-boards* à la disposition des clients.

KAILUA GUESTHOUSE
345 Wanaao Road
✆ +1 808 261 2637
www.kailuaguesthouse.com
info@kailuaguesthouse.com
139 US$ pour le Beach Bungalow et 159 US$ pour la Palm Cabana. 25 US$ par personne supplémentaire. Comptez 10 US$ de plus en haute saison.
Loin de l'extravagance de Waikiki, les deux appartements de Kailua Guesthouse sont parfaitement adaptés aux séjours d'une semaine. Plus spacieuse, la Palm Cabana comprend un lit double et deux lits simples, l'idéal pour une famille avec enfants. Dans la kitchenette du café de Big Island vous attend pour bien commencer la journée. Wifi et films gratuits.

Kailua.

OAHU

■ **PAPAYA PARADISE**
335 Hahani Street ✆ +1 808 266 3996
www.kailuaoahuhawaii.com
rentme@hawaii.rr.com
À partir de 100 US$ la nuit pour 2. 15 US$ par personne supplémentaire. Petit déjeuner consistant inclus. Réservation pour 3 nuits minimum.
Charmant Bed & Breakfast avec 2 appartements pouvant accueillir jusqu'à 4 personnes. Décoration simple mais hawaiienne. Piscine commune, avec une très jolie vue sur les montagnes. *Boogie-boards* et masques et tubas à disposition.

■ **PILLOWS IN PARADISE**
336 Awakea Road
✆ +1 808 262 8540 / +1 808 383 3905
pillowsinparadise.com
barbara@pillowsinparadise.com
120 US$ par nuit pour le Tropical Studio, 130 US$ par nuit pour le Lanikai Studio. 20 US$ par personne supplémentaire. 50 US$ de frais de ménage.
A dix minutes à pied seulement de Kailua Beach, Barbara offre deux studios modernes et parfaitement équipés. Dans le jardin une piscine et des transats vous attendent pour alterner avec la plage. Wifi gratuit et kitchenette pour préparer ses repas. Attention cependant, le petit déjeuner n'est inclus que la première nuit.

Se restaurer

Sur le pouce

■ **LANIKAI JUICE**
600 Kailua Road ✆ +1 808 262 2383
www.lanikaijuice.com
Ouvert du lundi au vendredi de 6h à 20h et le weekend de 7h à 19h.
Entre deux sessions bronzette courrez à Lanikai Juice vous rafraichir avec un délicieux jus de fruits frais. Papaye, banane, mangue, fruit de la passion, de quoi vous faire saliver. Testez aussi leurs *smoothies* et yaourts aux fruits.

Bien et pas cher

■ **ALOHA SALADS**
600 Kailua Road
✆ +1 808 262 2016
www.alohasalads.com
info@alohasalads.com
À côté de l'office du tourisme. Ouvert de 10h à 21h. Autour de 10 US$.
Salades à composer soi-même ou déjà prêtes. Ingrédients frais et variés.

■ **BOOTS & KIMO'S HOMESTYLE KITCHEN**
151 Hekili street
✆ +1 808 263 7929
Ouvert du lundi au vendredi de 7h30 à 14h et de 7h a 14h30 le weekend.
C'est ici que vous trouverez les meilleurs crêpes et pancakes d'Hawaï. Conséquence : vous ne serez pas les seuls, et l'attente peut être longue aux heures de pointe. L'astuce est d'y aller tôt le matin ou à partir de 13h30.

■ **CINNAMON'S RESTAURANT**
315 Uluniu Street
✆ +1 808 261 8724
www.cinnamonsrestaurant.com
cinnamonsrest@aol.com
Ouvert pour le petit déjeuner et le déjeuner, de 7h à 14h. Pas de service pour le déjeuner le dimanche. Compter environ 10 US$ pour un petit déjeuner et 12 US$ pour le déjeuner. 3,50 US$ pour un roll.
Un établissement connu pour ses onctueux « cinnamon's rolls » (gâteaux à la cannelle) faits maison et ses omelettes géantes préparées d'après des recettes locales. Soupes, sandwiches et salades au croisement des cuisines US et hawaiienne.

■ **KALAPAWAI CAFE**
306 S.Kalaheo Avenue
✆ +1 808 262 4359
www.kalapawaimarket.com
Ouvert de 6h à 21h. Service du soir à partir de 17h. Petit-déjeuner entre 4 US$ et 7 US$, repas du midi autour de 9 US$ et du soir entre 9 US$ et 26 US$.
À côté du supermarché du même nom, un petit restaurant très bon marché qui marie cuisines méditerranéenne et hawaiienne. Salades, soupes, plats chauds et sandwiches.

Bonnes tables

■ **BACI BISTRO**
30 Aulike Street
✆ +1 808 262 7555
www.bacibistro.com
Ouvert du lundi au vendredi, de 11h30 à 14h et de 17h30 à 22h. Repas entre 9 et 15 US$ le midi et 15 et 25 US$ le soir. Réservation recommandée.
Excellent restaurant italien dont la réputation n'est plus à faire. Une cuisine italienne authentique à un prix raisonnable.

À voir – À faire

KAILUA BEACH PARK

Sur Kawailoa Road. Bus n° 70.

Les eaux turquoise de cette baie sont enchanteresses et font de cette plage une des plus belles des États-Unis. Grâce à son excellente exposition aux vents, c'est aussi le meilleur spot de surf, de kitesurf et de planche à voile d'Oahu, tout au long de l'année mais surtout en hiver. Les îlots de Popoia et Mokulua qu'on aperçoit au loin sont des réserves naturelles de protection d'oiseaux, qu'il est possible de rejoindre uniquement en kayak. C'est une balade très agréable à faire.

LANIKAI BEACH PARK

Après avoir passé Kailua Beach Park, prendre à gauche au niveau du stop vers Alala Road. Continuer sur Aalapapa Drive qui devient ensuite Mokulua Drive. Bus 70.

C'est vraiment la plus belle plage du monde. Tout simplement sublime. Les mots manquent pour la décrire et rendre justice à sa beauté. Sable blanc et fin, eaux transparentes et calmes… C'est la plage rêvée pour bronzer, nager ou faire du snorkeling. En outre, on voit peu de monde sur Lanikai Beach car elle est plus difficile d'accès que les autres. Pour les couples, atmosphère romantique garantie !

ULUPO HEIAU

Près de Kailua. En direction de Kailua, sur la Pali Highway, prendre Uluoa Street à gauche puis la première à droite. Le heiau est derrière le parking du YMCA.

Comme tous les *heiau* (temple), celui d'Ulupo a été quasiment détruit après l'abolition de la religion hawaiienne en 1819. Le terrain a successivement servi de champ de *taro* puis de rizière, cultivée par les immigrants chinois, au XIXe siècle. Les marais environnants ont favorisé la pousse de plantes et de fleurs natives, ce qui rend la balade dans les ruines de ce temple bien agréable.

Sports – Détente – Loisirs

Avec Waikiki, Kailua est la reine des sports nautiques à Oahu. En face de sa splendide plage, les deux Mokulua Islands sont des réserves naturelles pour oiseaux et tortues. De nombreuses enseignes louent des kayaks ou proposent des excursions guidées pour aller les explorer.

La baie étant souvent ventée, elle est l'endroit rêvé pour les amateurs de kitesurf et planche à voile.

KAILUA BEACH ADVENTURES

130 Kailua Road ✆ +1 808 262 2555
www.kailuasailboards.com
info@kailuasailboards.com

Location de kayak ou paddle 59 US$ la demi journée, 69 US$ la journée. Kayak double 10 US$ de plus. Excursion guidée à partir de 129 US$ pour voir les tortues. Vélo 20 US$ la demi journée et 25 US$ la journée.

Spécialiste des sports nautiques, Kailua Beach Adventures loue kayaks, stand up paddles, boogie board et matériel de snorkeling et kitesurf. Pour les débutants, les moniteurs donnent des cours de surf et stand up paddle.

NAISH HAWAII

155 Hamakua Drive ✆ +1 808 262 6068
www.naish.com

À partir de 55 US$ le cours collectif de planche à voile et 100 US$ le cours individuel ou 125 US$ à deux (1h30 de cours puis 1h30 libre). Location de planches à voile (de 45 à 55 US$ la journée), kiteboards (30 US$ la journée) et stand up paddle (45 US$ la journée).

Ecole de sports nautiques fondée par Robby Naish, champion du monde de planche à voile en 1976 à seulement 13 ans ! C'est une véritable icône dans le monde de la planche à voile, tout comme Kelly Slater l'est pour les surfeurs. Ce n'est pas lui qui tient cette école mais sa famille. Nombreuses vidéos d'introduction au kitesurf sur le site de Naish Hawaii.

Lanikai Beach.

KANEOHE

Kaneohe est une petite ville d'environ 35 000 habitants à partir de laquelle commence la route de la côte est.

Cette côte, la plus riche en points d'intérêt et en activités diverses, s'étend jusqu'à Kahuku Point par la Kamehameha Highway. C'est aussi la dernière ville où l'on peut encore faire ses courses ou retirer de l'argent. Ensuite, banques et supermarchés se raréfient et il faut attendre d'être sur la côte nord pour les retrouver.

Pratique

■ BANK OF HAWAII

45-001 Kamehameha Highway
✆ +1 808 233 4670
Distributeur 24h/24

■ KANEOHE PUBLIC LIBRARY

45-829 Kamehameha Highway
✆ +1 808 233 4670
Ouvert de 10h à 17h les mardi, jeudi, vendredi. De 10h à 17h le dimanche. De 10h à 20h les lundi et mercredi. Accès Internet pour ceux qui ont la Visitor's Card de 3 mois (10 US$). Impossible d'avoir une carte pour une durée inférieure. On peut s'abonner sur place. La carte permet ensuite d'utiliser Internet dans toutes les bibliothèques de l'archipel.

■ LONG'S DRUGS

46-047 Kamehameha Highway
✆ +1 808 235 4511
Ouvert de 7h à minuit.
Pharmacie et drugstore.

Se loger

■ HOOMALUHIA BOTANICAL GARDENS

Vistor's Center – 45-680 Luluku Road
✆ +1 808 233 7323
Camping autorisé le week-end seulement, du vendredi 9h au lundi 16h. Bienvenue aux amoureux de la nature ! Le site de ce camping est simplement superbe puisqu'il est niché au cœur du magnifique jardin botanique Hoomaluhia qui s'étend sur pas moins de 160 ha. Le seul hic, c'est l'humidité que génère cette luxuriante végétation tropicale. Toilettes, douches et aires de pique-nique.

■ KUALOA REGIONAL PARK

49-479 Kamehameha Highway
Kaneohe Bay
Sur la Kamehameha Highway, environ 1 mile avant d'arriver au Kualoa Ranch. Camping possible jusqu'à 5 jours.
Plutôt familial en raison d'une plage aux eaux peu profondes à proximité. Douches, toilettes.

■ SWANZY BEACH PARK

51-369 Kamehameha Highway
Environ 10 minutes après le Kualoa Ranch, sur la Kamehameha Highway. Réservation au moins 2 semaines à l'avance. Camping possible seulement du vendredi au lundi.
Près de Swanzy Beach, une plage idéale pour la pêche et le snorkeling, ce qui explique pourquoi le camping accueille beaucoup de pêcheurs et de plongeurs. Toilettes, douches, terrain de basket.

À voir – À faire

■ BYODO IN

47-200 Kahekili Highway
✆ +1 808 239 8811
Ouvert de 9h à 17h. Entrée : adultes 3 US$, enfants 1 US$. Tourner au panneau « Valley of Temples ».
Construit en 1968 pour célébrer le centenaire de l'arrivée des premiers immigrants japonais à Hawaii, le Byodo In est en réalité la parfaite réplique d'un temple nippon situé près de Kyoto. C'est un magnifique édifice rouge, entouré d'un lac en pleine nature où s'ébattent paons, cygnes noirs et « koi » (carpes). Il est très agréable de se promener dans cette nature aménagée avec une minutie propre aux jardins bouddhistes. Le gong du temple est relativement impressionnant ; il pèse trois tonnes ! Il porterait bonheur à ceux qui le font résonner. À l'intérieur, on peut voir également un beau bouddha de 3 m. Avis aux fans : ce temple a servi de décor pour les scènes coréennes de la série *Lost* !

■ HOOMALUHIA BOTANICAL GARDENS

Vistor's Center
45-680 Luluku Road ✆ +1 808 233 7323
Sur la Kamehameha Highway, prendre Luluku Road sur la gauche. Bus n° 55. Ouvert de 9h à 16h. Visite guidée gratuite le samedi à 10h et le dimanche à 13h.
Superbe jardin tropical de 160 ha, avec de nombreuses plantes natives de Hawaii. Les sentiers sont balisés et on se balade aisément dans le parc.

■ NUUANU PALI LOOKOUT

Au nord de la Pali Highway, avant l'intersection avec la Kamehameha Highway. Ouvert de 9h à 16h. Entrée libre. Parking 3 US$.
Situé sur la crête des montagnes Koolau, le Nuuanu Pali Lookout (305 m) est très

populaire car la vue qui s'y déploie sur la côte au vent est imprenable, particulièrement sur Kaneohe Bay. C'est du haut de cette falaise qu'en 1795 Kamehameha, qui se battait pour l'unification des îles hawaiiennes, précipita les 400 soldats de l'armée adverse dans le vide. Grâce à cette victoire, le roi conquit la totalité de l'archipel.

Sports – Détente – Loisirs

■ KUALOA RANCH ET KUALOA PARK

49-560 Kamehameha Highway
✆ +1 808 237 7321
www.kualoa.com
activityinfo@kualoaranch.com
Ouvert de 8h à 17h. 69 US$ la balade à cheval ou en quad d'1h, 99 US$ les 2h. 27 US$ pour le Movie Tour ou 1h de catamaran.

Un ranch de 1 600 ha, où les paniolos (cow-boys hawaiiens) faisaient de l'élevage au XIXe siècle. Avec le développement du tourisme, ils se sont reconvertis dans d'autres activités et organisent de nombreuses excursions à travers leur ranch. Parmi les plus populaires : Balades à cheval, le « Movie Tour » en bus qui fait visiter les sites de tournages célèbres au ranch (Jurassic Park, Lost, Godzilla) et les cours de hula. Le parc régional de Kualoa, dont l'entrée se trouve au sud de celle du ranch côté mer, est juste en face de l'îlot de Mokolii, aussi appelé Chinaman's Hat (le chapeau du Chinois) en raison de sa forme conique. À marée basse, on peut marcher de la mini plage du parc jusqu'à l'îlot.

Shopping

■ TROPICAL FARMS OUTLET

49-227A Kamehameha Highway
✆ +1 808 237 7321
www.macnutfarm.com
info@macnutfarm.com
Ouvert de 9h30 à 17h.

Au Kualoa Ranch. Vente de noix de macadamia à tous les parfums et dégustation gratuite (y compris de café Kona-macadamia).

LAIE

Laie est avant tout une ville résidentielle, pas très touristique mais très mormone.
Attendez-vous à vous faire démarcher par des mormons très motivés pour vous convertir... Surtout si vous vous aventurez du côté du temple mormon !

■ LAIE POST OFFICE

55-5510 Kamehameha Highway Suite 20
✆ +1 808 293 0337
Ouvert du lundi au vendredi de 10h à 12h puis 13h à 15h. Le samedi, de 9h à 11h.

■ MALAEKAHANA CAMPGROUNDS

Kamehameha Highway
✆ +1 808 293 1736
www.malaekahana.net
Sur la Kamehameha Highway, 5 minutes après Laie en allant vers le nord. Tente : 8 US$ par personne et par nuit. Cabane pour 2 à 4 personnes : 60 US$. Suite : pour 4 personnes 115 US$.

Camping tranquille. Cabanes et suites équipées et très agréables. À proximité de la plage de Laie Bay. Possibilité de louer du matériel nautique et prendre des cours.

■ POLYNESIAN CULTURAL CENTER

55-370 Kamehameha Highway – Laie
✆ +1 808 293 3333
www.polynesia.com
internetrez@polynesia.com
Au nord de la Kamehameha Highway, à la balise 19 miles. Ouvert de midi à 21h. Visite du village seul : 39,95 US$ par adulte, 35,95 US$ pour les juniors et 31,95 US$ par enfant. Forfait avec village, spectacle et dîner : 69,95 US$ par adulte, 62,95 US$ pour les 12-17 ans et 55,95 US$ par enfant.

Sept villages de Polynésie reconstitués nous donnent ici un aperçu de toutes les cultures polynésiennes : Samoa, Aetearoa, Fidji, Hawaii, Tahiti, îles Marquises et Tonga. La plupart des danseurs et acteurs sont originaires de l'archipel polynésien. Beaucoup sont même étudiants à Oahu ! On peut se contenter de la visite du village seulement, mais c'est dommage. Des spectacles de danses et de chants polynésiens ont lieu entre 12h30 et 19h ; pour en voir un, il faut réserver un forfait (village, spectacle, dîner). C'est parfois un peu kitsch mais c'est une façon distrayante de découvrir l'histoire et les traditions de Polynésie. Le dîner (inclus dans le prix du spectacle) offre l'occasion de goûter à presque toutes les spécialités polynésiennes, mais sans une goutte d'alcool. La raison ? C'est l'Eglise mormone qui gère le centre ! Pour ses 50 ans, le centre a rénové le Hukilau Theater, un cinéma interactif à l'intérieur d'un volcan qui présente le voyage hawaïen sur la relation entre la terre et les Hawaiiens. Un magasin et restaurant d'inspiration polynésienne ouverts en 2015 régalent le palais.

TEMPLE MORMON

55645 Naniloa Loop ✆ +1 808 293 9297

À Laie, prendre la première à droite après le Shopping Center.

Un immense temple blanc trône en haut du terrain d'une ancienne plantation de 2 400 ha, rachetée par les mormons en 1865. Il est interdit de le visiter, mais si vous prenez une photo à l'entrée, on viendra gentiment vous voir pour vous inviter à faire un tour… et vous parler religion !

Difficile ensuite de repartir, car des bénévoles bien intentionnés feront tout pour vous initier à leurs croyances… Autant être prévenu !

KAHUKU

L'attraction de Kahuku, ce sont ses crevettes et rien d'autre ! Dans les environs de Kahuku, le long de la Kamehameha Highway, on trouvera, en effet, sur le bord de la route des camionnettes à crevettes (*shrimp trucks*), qui valent bien mieux que d'éventuels restaurants en ce qui concerne le rapport qualité-prix (de 10 à 12 US$ l'assiette). À condition d'aimer les crevettes, bien sûr, on mange local et pas cher !

Et pourquoi donc des crevettes ? Tout simplement parce que la région de Kahuku a pour spécialité l'aquaculture des crevettes ; elles sont donc récoltées chaque matin et préparées dans les cuisines de ces camionnettes. Parmi les recettes les plus populaires : les crevettes à l'ail ou beurre-citron. Accompagnés de riz, ces crustacés sont tout simplement délicieux et les portions consistantes.

Se loger

TURTLE BAY RESORTS

57-091 Kamehameha Hwy

A partir de 360 US$ la chambre double, 500 US$ la suite. Promotions en ligne.

L'hôtel des stars par excellence : c'est ici que les acteurs des séries et films viennent passer la nuit lorsqu'ils tournent sur la côte nord d'O'ahu. La plupart des scènes de *Lost* sont tournées à deux pas de Turtle Bay Resort. De nombreuses animations ont lieu dans l'hôtel avec notamment des cours de ukulélé gratuits trois fois par semaine, des projections de films ou matchs et un spectable polynésien hebdomadaire. Tout autour vous trouverez des sentiers de randonnée, un centre équestre et des professeurs disponibles pour enseigner tout un pannel de sports nautiques. Une formule Swing Freely permet aux amateurs de golf d'accéder aux deux parcours en illimité.

Se restaurer

FUMI'S KAHUKU SHRIMP TRUCK

56-777 Kamehameha Highway

Pas de CB.

Concurrent direct de Romy's, les crevettes de Fumi's sont tout aussi bonnes et fraîches car elles sont élevées à O'ahu. Une étape à ne pas manquer sur la côte.

ROMY'S KAHUKU PRAWNS & SHRIMPS HUT

56-781 Kamehameha Highway

✆ +1 808 232 2202

www.romyskahukuprawns.org

info@romyskahukuprawns.org

Ouvert de 10h à 18h. Entre 11 US$ et 16 US$.

Une bonne adresse de camionnette ! On peut y déguster tranquillement ses crevettes sur la terrasse. Un pur moment de bonheur.

À voir – À faire

Plusieurs sentiers de randonnée partent de Turtle Bay Resorts. Au sud une balade facile mène aux plages de Turtle Bay et Kawela Bay, cette dernière étant l'arène du film *Hunger Games 2*. A deux pas se trouve le célèbre banian géant qui a accueilli les tournages de *Lost* et *Pirates des Caraïbes 4*. Une autre randonnée part au nord vers Kahuku Point. La tranquillité des lieux permet d'observer les phoques moines qui se reposent au soleil et les mangoustes qui arpentent la forêt. Un dernier sentier traverse une réserve naturelle d'oiseaux.

LA CÔTE NORD

La côte nord s'étire de Kahuku Point à l'est, à Kaena Point, à l'ouest.

Le rythme de vie y est relax et les principales villes, Waimea et Haleiwa, peu peuplées et à taille humaine. Mais, avant tout, c'est LA région où le surf est roi à Oahu ! Si, en été, les plages de Waimea ou Haleiwa sont relativement calmes et propices à la baignade, c'est tout l'inverse en hiver, quand les vagues se déchaînent et attirent les surfeurs du monde entier. Deux importantes compétitions internationales s'y déroulent entre novembre et février : la « Superbowl of Waveriding » et la « Triple Crown of Surfing ».

WAIMEA

Des kilomètres de plages magnifiques s'étendent de Waimea à Sunset Beach. Pas vraiment de ville ni même de centre-ville digne de ce nom, mais le long de la route, se sont installés des petits commerces (snacks, boutiques de surf).
Une promenade protégée, parallèle à la Kamehameha Highway, relie Waimea et Sunset Beach ; elle est très sympa pour les cyclistes et les coureurs car on y a une très belle vue sur toute la côte.

Se loger

BACKPACKERS
59-788 Kamehameha Highway
✆ +1 808 638 7838
backpackers-hawaii.com
info@backpackers-hawaii.com
27 US$ la nuit en dortoir, 62 US$ en chambre double, de 120 à 145 US$ le studio pour 4 personnes. Cabanes sur la plage : de 72 US$ pour 2 personnes à 290 US$ pour 8 personnes.
Auberge de jeunesse confortable et propre, à deux pas de la plage Three Tables.Plusieurs formules d'hébergement : dortoirs, studios ou cabanes sur la plage. Les dortoirs sont spacieux (4 à 6 personnes) mais les studios pour 4 un peu étroits. Prêt de *boogie-boards*, masques et tubas. Internet sur place.

KE IKI BEACH BUNGALOWS
59-579 Kamehameha Highway
✆ +1 808 638 8829
www.keikibeach.com
Bungalow pour 2 à 3 personnes à partir de 195 US$ la nuit ; pour 4 à 6 personnes 230 US$. Des bungalows grand confort installés sur la plage, entre Shark's Cove et Ehukai Beach Park. On ne peut pas rêver meilleur emplacement et c'est un vrai bonheur pour les surfeurs qui y trouvent même des planches à leur disposition !

Se restaurer

TED'S BAKERY
59-024 Kamehameha Highway
✆ +1 808 638 8207
www.tedsbakery.com
En face de Sunset Beach. Ouvert de 7h à 20h. Plats à 8 US$ en moyenne.
Une boulangerie réputée pour ses onctueux beignets portugais, les fameux malassadas, et sa tarte « chocolate haupia » (au chocolat et à la noix de coco). Plats chauds et salades.

À voir – À faire

EHUKAI BEACH PARK
Sur Kenui Road
Baignade surveillée de 9h à 17h. En hiver, cette plage est réservée aux surfeurs de haut niveau. C'est là qu'a lieu chaque mois de décembre la compétition de surf « Pipeline Masters », où les pros viennent défier la Banzai Pipeline.

Triple Crown of Surfing

Les meilleurs surfeurs du monde se retrouvent sur la côte nord d'Oahu, de la mi-novembre à la mi-décembre, pour participer au championnat des « Triple Crown ». Ces trois importantes compétitions sont le Hawaiian Pro, au Haleiwa Beach Park ; la World Cup of Surfing ; et, enfin, les Pipemasters, à Banzai Pipeline.

TRIPLE CROWN OF SURFING
www.vanstriplecrownofsurfing.com
Créée en 1983 pour récompenser le meilleur surfeur d'Hawaï, la Triple Crown of Surfing est de loin la compétition sportive la plus importante sur l'archipel. Elle se déroule chaque année de mi-novembre à mi-décembre sur les plages de la côte Nord d'Oahu. La Reef Hawaiian Pro est la première des trois épreuves de la Triple Crown of Surfing. Des vagues cadencées se brisent devant Alii Beach Park, testant l'habileté et la rapidité des surfeurs. Deuxième étape de la compétition, la Vans World Cup of Surfing est une épreuve de courage. Les vagues de Sunset Point sont de véritables rouleaux compresseurs entrainant tout sur leur passage. Enfin, la Billabong Pipe Masters est la dernière des trois épreuves. Elle se déroule sur Ehukai Beach Park où se forme la Banzai Pipeline, une vague dont l'ampleur a construit sa réputation à travers le monde. Elle est aussi très dangereuse car entourée de récifs coralliens.

© HAWAII TOURISM JAPAN (HTJ)

Ke Iki Beach.

En raison de sa forme cylindrique quasi parfaite, c'est une des vagues les plus impressionnantes du monde. Mais sa proximité avec le corail en fait aussi une vague très dangereuse ; Malik Joyeux, une icône du surf tahitien, y a ainsi perdu la vie en 2005. Contrairement aux autres plages, la baignade n'y est pas très sûre en été car les courants restent assez forts, mais c'est juste ce qu'il faut pour les fans de *boogie-board.* Toilettes et douches sur place.

■ **PUU O MAHUKA HEIAU**

Sur la Kamehameha Highway, prendre Pupukea Road au niveau du Foodland. Route cabossée, rouler lentement.

Construit vers 1600, c'est le plus grand heiau (temple) d'Oahu... enfin, ce qu'il en reste. Comme tous les heiau, il a été en grande partie détruit en 1819, au moment de l'abolition de la religion hawaiienne. Quelques murs sont cependant debout et on distingue encore l'enceinte des principaux bâtiments. Dédié au dieu de la guerre, il aurait été le théâtre de nombreux sacrifices humains. Le temple étant perché sur une colline, la vue sur la baie de Waimea est splendide. C'est aussi l'endroit idéal pour admirer un magnifique coucher de soleil sur la mer, tandis que les ruines couleur terre revêtent des nuances de rouge et d'orange, particulièrement belles. Un moment de paix loin de la frénésie sportive des plages en contrebas.

■ **SHARK'S COVE**

Entre le Foodland et Kalalua Point

L'été, cette plage est un des meilleurs spots de snorkeling et de plongée sous-marine d'Oahu. C'est en effet une réserve marine protégée dont les fonds marins riches peuvent facilement rivaliser avec ceux de Hanauma Bay. Barrières de corail, grottes, poissons multicolores, tortues marines sont très faciles à observer. On y rencontre aussi des requins (dits « requins corail »), mais ils sont gentils et ne vous feront rien, sauf si vraiment vous leur cherchez des noises... En marchant vers le sud, on accède à Pupukea Beach. En marchant vers le nord, à Three Tables Beach (appelée ainsi en raison des trois plateaux rocheux qui émergent à la surface de l'eau, à marée basse). Ce sont aussi d'excellents spots de plongée en été. Douches et toilettes sur place. Pour ceux qui les auraient oubliés à l'hôtel, masque, palmes et tuba sont en vente ou en location dans des kiosques installés juste en face de la plage.

■ **SUNSET BEACH PARK**

Baignade surveillée de 9h à 17h. Juste au nord d'Ehukai Beach. Toilettes sur place.

Si, en été, on peut se baigner et faire bronzette sur cette magnifique plage au sable moelleux et doré, c'est absolument impossible en hiver ! Les vagues de 10 m de haut en moyenne, que les surfeurs chevronnés défient, sont particulièrement dangereuses. Des surfeurs téméraires et inexpérimentés y ont, hélas, déjà laissé des plumes. Prudence donc.

■ **WAIMEA BAY BEACH PARK**

En face du Waimea Valley's Gardens. Près de la balise 5 miles sur la Kamehameha Highway. Baignade surveillée de 9h à 17h.

Dans la superbe baie de Waimea, une grande plage de sable doré. En été, Waimea Beach est parfaite pour la baignade, le snorkeling ou la plongée sous-marine. En hiver, la mer se déchaîne et les vagues peuvent atteindre jusqu'à 10 m de hauteur ! Le spectacle des surfeurs en action vaut vraiment le coup d'œil à cette période, même si on n'y connaît rien ! Aire de pique-nique, toilettes, douches. Parking gratuit, mais il faut arriver tôt car il se remplit rapidement et quand il n'y a plus de place, on est obligé d'en prendre une payante à proximité...

■ **WAIMEA VALLEY'S GARDENS**

59-864 Kamehameha Highway

✆ +1 808 638 7766

www.waimeavalley.net

Ouvert de 9h à 17h. Entrée : adultes 15 US$, enfants 7,50 US$ (de 4 à 12 ans), gratuit pour les moins de 4 ans.
Parc culturel et botanique avec près de 6 000 espèces de plantes tropicales, dont certaines très rares ou endémiques de Hawaii. Des visites guidées gratuites, très intéressantes, ont lieu tout au long de la journée (10h, 11h, 13h, 14h). Au programme : histoire des plantes natives, fabrication de *lei* (colliers de fleurs), cours de *hula* et récits de légendes hawaiiennes.

Shopping

■ FOODLAND
59-720 Kamehameha Highway
✆ +1 808 638 8081
À l'intersection de Kamehameha Highway et de Pupukea Road. Ouvert de 5h à 23h.
Le plus grand supermarché de la côte nord.

■ NORTH SHORE COUNTRY MARKET
Kamehameha Highway
Face à Sunset Beach.
Un marché bio qui se tient tous les samedis. On peut acheter des produits frais et des plats à emporter aux fermiers de la région. Prix très corrects.

HALEIWA

Avec près de 4 000 habitants, la petite ville de Haleiwa est l'emblème incontournable de la côte nord et la capitale officieuse du surf mondial. Galeries d'art et boutiques de surf aux devantures colorées, restaurants hawaiiens et vendeurs de *shave-ice*, plages superbes dont les vagues gigantesques sont défiées chaque hiver par les rois de la glisse mondiale... autant d'éléments pittoresques qui font de Haleiwa un site majeur d'Oahu qu'il ne faut manquer sous aucun prétexte.

Transports

Haleiwa est au croisement de la route 83 qui parcourt la côte Nord et de la route 99 qui arrive de Honolulu.
Pour aller en bus à Haleiwa, il faut prendre le n° 52 (Wahiawa/Circle Isle) qui part de Honolulu (station du Ala Moana Center) et rejoint la côte Nord en traversant Wahiawa. Compter tout de même 1h30 pour le trajet Honolulu – Haleiwa en bus. Le tarif est le même que sur le reste du réseau, à savoir 2,50 US$.

Pratique

Argent

■ BANK OF HAWAII
66-165 Kamehameha Highway
✆ +1 808 637 6235

■ FIRST HAWAIIAN BANK
66-135 Kamehameha Highway
✆ +1 808 637 5034

Moyens de communication

■ COFFEE GALLERY
North Shore Market66-250 Kamehameha Highway
✆ +1 808 637 5355
www.roastmaster.com
Ouvert de 7h à 20h. wi-fi gratuit.
Très bon café hawaiien.

Ville de Haleiwa.

Shave-ice

La *shave-ice* est une spécialité hawaiienne. C'est de la glace pilée parfumée au sirop, savoureuse et pas chère (2 US$). Barack Obama et ses filles en raffolent ! Ils en achètent à chaque fois qu'ils viennent passer des vacances sur Oahu ! La glace aurait été créée au XIXe siècle, à l'époque où Hawaii était une terre de plantation sucrière. Les ouvriers avaient pour habitude de saupoudrer du sucre sur de la glace pilée pour se donner de l'énergie et se rafraîchir après de longues heures de travail dans les champs, en plein soleil. Plus tard, le sucre a été remplacé par des sirops de toutes les couleurs et à tous les parfums. Les locaux en dégustent régulièrement. Leurs glaces préférées sont à base de « azuki beans » (haricots rouges sucrés japonais) ou d'un mélange ananas-coco. Et, une fois qu'on y a goûté, on ne peut que cautionner ! Ainsi, Haleiwa n'est pas seulement la capitale du surf, c'est aussi la capitale de la *shave-ice* !

■ **HALEIWA POST OFFICE**
66-437 Kamehameha Highway
✆ +1 808 637 1711
Ouvert de 8h30 à 16h, du lundi au vendredi. De 9h à 12h le samedi.

Santé – Urgences

■ **HALEIWA PHARMACY**
66-145 Kamehameha Highway
✆ +1 808 637 9393
Pharmacie ouverte du lundi au vendredi, de 9h à 17h30. Le samedi jusqu'à 13h.

Orientation

Le centre-ville de Haleiwa s'organise sur un axe unique (la route 83) le long duquel s'alignent commerces et restaurants, de l'Anahulu Bridge au rond-point qui mène vers Mokuleia et Waialua.

Se loger

■ **KAIAKA BEACH PARK**
66-449 Haleiwa Road
www.co.honolulu.hi.us/parks
Accessible du vendredi au mardi inclus. En travaux début 2015. Un camping qui a pour principal avantage d'être sur la plage (attention aux courants forts cependant) et pour inconvénient majeur de n'être ouvert que du vendredi au mardi. Ce sont surtout des surfeurs qui le fréquentent, mais aussi quelques SDF. Toilettes, douches et aire de pique-nique sur place. Le permis de camper est obligatoire.

Se restaurer

Pause gourmande

■ **AOKI'S SHAVE ICE**
66-117 Kamehameha Highway
✆ +1 808 637 4827
www.aokishaveice.com
Ouvert de 11h à 19h30. Sur le même trottoir que Matsumoto Shave Ice. Même qualité, mêmes prix et beaucoup moins de monde. On ne saurait trop conseiller aux plus impatients d'aller directement chez Aoki's ! S'il y a beaucoup de clients potentiels devant son coucurrent Matsumoto, ce n'est pas parce que c'est le meilleur mais parce que c'est un des arrêts obligés de tous les bus de touristes... Enfin, la boutique est ici beaucoup plus chaleureuse que celle de Matsumoto. Elle est tenue par la même famille depuis 25 ans et, aujourd'hui, ce sont les petits-enfants Aoki qui s'en occupent.

■ **MATSUMOTO SHAVE ICE**
66-087 Kamehameha Highway
✆ +1 808 637 4827
www.matsumotoshaveice.com
Ouvert de 9h à 18h. De 2,50 à 2,75 US$. L'établissement de *shave-ice* le plus connu à Haleiwa et même à Oahu ! Pour preuve, la longue et constante file d'attente à l'entrée. Une boutique de souvenirs permet de faire ses emplettes en attendant que la file avance...

Bien et pas cher

■ **GRASS SKIRT GRILL**
66-214 Kamehameha Highway
✆ +1 808 637 4852
www.grassskirtgrill.com
Ouvert de 11h à 18h. Repas entre 6 US$ et 13 US$. Un petit restaurant à la décoration colorée qui sert toutes les spécialités hawaiiennes à base de poisson ! Pêché du jour, bien sûr ! En accompagnement, c'est généralement salade ou riz.

■ **KUA AINA**
67-160 Kamehameha Highway
✆ +1 808 637 6067
Ouvert de 11h à 20h. Burger entre 7 et 8 US$. Menu avec boisson et frites à partir de 10 US$.

Un fast-food à la hawaiienne ! Spécialités d'hamburgers consistants et croustillants, avec des ingrédients exotiques. Leur sandwich star est le « pineapple burger » ; un mélange sucré-salé onctueux dont l'odeur seule suffit à ouvrir l'appétit. Une adresse particulièrement appréciée par les locaux.

■ **WAIALUA BAKERY**
66-200 Kamehameha Highway
✆ +1 808 637 9079
Ouvert du lundi au samedi de 9h à 16h. Boissons de 3 US$ à 8 US$ et sandwiches à 7 US$. Une excellente boulangerie où on peut prendre son petit déjeuner ou son déjeuner. Tout est bio et bon ! Jus de fruits pressés et smoothies onctueux accompagnés de pain grillé aromatisé (celui au fromage et aux herbes est sûrement le meilleur) sont parfaits pour commencer la journée. Au déjeuner, des sandwiches originaux et savoureux caleront les plus affamés pour une somme modique, et notamment le « Hungry Hawaiian » (le Hawaiien affamé), à base de dinde et d'ananas, qui porte vraiment bien son nom !

Bonnes tables

■ **HALEIWA JOE'S**
66-011 Kamehameha Highway
✆ +1 808 637 8005 – www.haleiwajoes.com
Déjeuner de 11h30 à 14h et diner de 17h30 à 22h. Plats à 15-20 US$.
Le restaurant le plus chic de Haleiwa, dans un cadre exotique et décontracté. Plats à base de poisson et de fruits de mer. Très bonne carte de vins au verre (6-7 US$). À l'heure de l'apéro, le « happy-hour », de 16h30 à 18h30, plaira aux petits budgets : *pupus* variés (en-cas salés) et boissons à moitié prix. Très bon rapport qualité-prix.

À voir – À faire

▶ **Plages.** Les plages de Haleiwa ne sont certes pas aussi belles que celles de Sunset Beach ou de Waimea, mais elles sont tout de même jolies et très prisées en hiver par les surfeurs pour leurs impressionnants rouleaux. Pour connaître avec précision l'état de la mer et des rouleaux avant d'aller surfer, connectez-vous sur : www.surfline.com. Une webcam est branchée en direct sur les principaux spots d'Oahu, et de Haleiwa en particulier !

■ **HALEIWA ALII BEACH PARK**
66-167 Haleiwa Road
Accès de 6h 22h. Baignade surveillée de 9h à 17h30.
Eaux calmes en été mais déchaînées en hiver. On y dénombre 3 breaks importants au large, vers la gauche : Walls, Avalanche et Haleiwa. Avis aux jeunes surfeurs fous : ne tentez pas les deux premiers, mais le troisième est à votre portée. Toilettes, douches et aire de pique-nique sur place.

■ **HALEIWA BEACH PARK**
Sur la gauche, en direction de Waimea Bay, après avoir passé le pont Anahulu. 2 breaks fameux pendant l'hiver, sur la droite de la plage : Puaena et Puaena Point. A réserver aux experts en surf ! En été, cette plage est peu fréquentée mais accueille une importante compétition de canoë et le « Haleiwa Arts Festival », qui présente l'art et l'artisanat local. Toilettes, douches, terrain de basket et aire de pique-nique.

■ **KAWAILOA BEACH**
Longue plage qui s'étend de Puaena Point à Waimea. Très peu de baigneurs mais beaucoup de surfeurs locaux. Cette plage compterait de nombreux spots secrets que seuls les Hawaiiens connaissent et qu'ils veulent garder pour eux. Le break sur Laniakea Beach, plus au sud, baptisé Lani's, est cependant « grand public ». On croise aussi beaucoup de tortues marines sur cette Laniakea Beach, ce qui lui a valu le surnom de « Turtle Beach ». Un petit peu plus au nord, Chun's Reef est aussi un excellent spot de surf, beaucoup plus accessible aux débutants.

■ **LILIUOKALANI PROTESTANT CHURCH**
66-090 Kamehameha Highway
✆ +1 808 637 9364
En face des boutiques de shave-ice.
Une très jolie église qu'il serait dommage de manquer ! Comme c'est juste en face des vendeurs de *shave-ice*, autant aller y faire un tour avant ou après avoir mangé sa glace.

Haleiwa Art Walk

Chaque dernier samedi du mois, de 18h à 21h, les galeries d'art restent ouvertes plus tard et de nombreuses animations ont lieu dans les rues environnantes : concerts, spectacles de *hula*, expositions-ventes d'œuvres d'art... C'est le même concept que celui de la « Gallery Walk », qui a lieu à Honolulu tous les premiers vendredis du mois, dans le quartier de Chinatown.

La reine Liliuokalani passait tous ses étés à Haleiwa et venait assister à l'office dans cette église ; c'est pour cette raison que l'édifice porte aujourd'hui son nom et qu'un grand portrait de la reine trône à l'intérieur. Autre clin d'œil à cette reine bien-aimée : une horloge originale où les chiffres ont été remplacés par les 12 lettres de Liliuokalani !

■ NORTH SHORE SURF AND CULTURAL MUSEUM
66-250 Kamehameha Highway
✆ +1 808 637 8888
Ouvert de 10h à 18h, les lundi, mercredi, vendredi. De 11h à 18h, les jeudi, samedi et dimanche. Entrée libre mais dons appréciés.
Un musée à l'ambiance décontractée et empli d'« Aloha Spirit », comme le sont les surfeurs à Hawaii. Posters, photos et planches de surf collectors de toutes les légendes du surf. On peut acheter certains objets exposés.

Sports – Détente – Loisirs

■ DEEP ECOLOGY
66-456 Kamehameha Highway
✆ +1 808 637 7946
www.deepecologyhawaii.com
dive@deepecologyhawaii.com
Centre PADI 5 étoiles qui propose des cours Open Water et Advanced. Sortie plongée à la demie journée : 95 US$ sans matériel, 110 US$ avec.
Location de matériel de snorkeling. Egalement des circuits de *whale-watching* ou de *dolphin-watching*.

Rencontre avec les dents de la mer

Plusieurs enseignes proposent des rencontres, les yeux dans les yeux, avec celui que les baigneurs et surfeurs redoutent : le requin. Il en existe plusieurs espèces à Hawaï, notamment le requin des Galapagos, le requin marteau et le requin gris. Pas de panique, l'excursion est sécurisée et vous serez protégé par une cage. Frissons garantis néanmoins lorsque ces bêtes approchent.

■ HAWAII SHARK ENCOUNTERS
HALEIWA ✆ +1 808 351 9373
hawaiisharkencounters.com
105 US$ par adulte.

■ NORTH SHORE SHARK ADVENTURES
66-105 Haleiwa Road
HALEIWA ✆ +1 808 228 5900
www.sharktourshawaii.com
120 US$ par adulte, réductions sur Internet.

■ HALEIWA SURF N SEA
62-595 Kamehameha Highway
✆ +1 808 637 7873
www.surfnsea.com
surfnsea@surfnsea.com
Le cours de surf débutant (3h) est à 85 US$ par personne et celui de perfectionnement (3h) à 170 US$. La plongée est à partir de 95 US$ pour les débutants et de 75 US$ pour les confirmés. Comptez 120 US$ pour la cage aux requins.
La meilleure adresse pour prendre des cours de surf dispensés par de vrais pros. On peut aussi faire une sortie plongée sous-marine mais l'excursion la plus insolite, c'est le « Shark Tours » : on vous emmène au large au-dessus d'un banc de requins, on vous place dans une cage et on plonge la cage dans l'eau. Un conseil : si vous avez eu peur en voyant Les Dents de la mer, n'y allez pas. Même si les requins sont en fait des animaux assez peureux et inoffensifs, ça n'empêche pas de s'angoisser une fois dans la cage…

Shopping

■ HALEIWA SURF N SEA
62-595 Kamehameha Highway
✆ +1 808 637 7873
www.surfnsea.com
Une grande variété d'articles pour les surfeurs, aussi bien au niveau de leur matériel que de leurs tenues. Également, un rayon de souvenirs avec T-shirts et autres bibelots évoquant Haleiwa.

WAIALUA

Après avoir été pendant longtemps au cœur du commerce de bois de santal, Waialua a développé une importante industrie sucrière au XIXe siècle. Malheureusement, depuis la disparition de celle-ci en 1996, la ville n'a guère su se reconvertir dans d'autres productions agricoles et n'est plus aujourd'hui qu'une ville résidentielle de près de 4 000 habitants. Si on poursuit sa route jusqu'à la pointe ouest de la côte nord, les commerces du petit centre-ville de Waialua sont les derniers où on peut faire quelques emplettes.

Si vous êtes fan de la série *Lost*, sachez que la plage où l'avion s'écrase dans la série est celle de Mokuleia Beach Park, non loin de Waialua. Quant au YMCA Erdman, situé à Waialua, c'est le camp des « autres » dans la série !

Pratique

WAIALUA POST OFFICE
62-079 Nauahi Street
✆ +1 800 275 8777
Ouvert du lundi au vendredi de 10h à 16h.

WAIALUA PUBLIC LIBRARY
62-068 Kealohanui Street
✆ +1 808 637 8286
Ouvert de 9h à 18h les mardi et jeudi. Jusqu'à 17h le vendredi et 14h le samedi. Accès Internet pour ceux qui ont la Visitor's Card de 3 mois (10 US$). Impossible de s'abonner pour une durée inférieure mais la carte est ensuite valable dans toutes les bibliothèques de l'archipel.

Se loger

Aucun hôtel à Waialua, il faut donc aller dans la bourgade de Mokuleia voisine pour camper. C'est la seule solution pour ceux qui veulent dormir dans le coin.

CAMP MOKULEIA
68-729 Farrington Highway
✆ +1 808 637 3131
www.campmokuleia.com
Tente 18 US$ la nuit, chambre de 75 US$ à 115 US$ en cabine ou lodge.
Un camping tenu par l'Eglise épiscopale, mais on n'est pas obligé d'être croyant pour y planter sa tente ! Une situation idéale au beau milieu de la plage, une agréable piscine et la possibilité de louer des kayaks (15 US$ la journée) sont les points forts du Camp Mokuleia.

À voir – À faire

KAENA POINT
Une randonnée de 2h environ (l'aller simple) et de niveau facile. Pour accéder à la pointe nord-ouest de l'île, baptisée Kaena Point, il faut marcher car la route s'arrête au bout de la Farrington Highway. Le parking le plus proche du sentier de randonnée, où on peut laisser sa voiture, est celui de Mokuleia Beach. On rejoint ensuite assez facilement le sentier à pied. Le chemin longe l'ancien chemin de fer de l'industrie sucrière et mène directement à Kaena Point. On trouve là un écosystème protégé, qui fait partie du Kaena State Park, avec de nombreuses plantes natives de Hawaii. C'est aussi un lieu chargé de légendes dans la tradition hawaiienne selon laquelle les âmes des personnes récemment décédées rejoindraient celles de leurs ancêtres à cet endroit précis. Ça fait froid dans le dos et ceux qui croient aux fantômes apprécieront ! En tout cas, le vrai danger, ce n'est pas tant les fantômes que de laisser des affaires de valeur dans sa voiture... De nombreux vols ont été constatés, donc ne laissez rien de visible dans votre véhicule.

MOKULEIA BEACH PARK
Une plage aux courants assez forts, mais un très bon spot de kitesurf si on est prudent. Toilettes et douches sur place.

▶ **Avis aux fans de *Lost* :** cette plage est celle du crash de l'avion dans la série *Lost* !

YMCA CAMP ERDMAN
69-385 Farrington Highway
✆ +1 808 637 4615
www.ymcahonolulu.org/camp_erdman
Visite du site de la série Lost : 5 US$ par personne. Ce « summer camp » n'accueille pas les touristes mais les colonies de vacances. C'est là que fut tourné une partie de la série *Lost* et c'est ici qu'était installé le camp des « autres » pour ceux qui connaissent. Vous pouvez visiter les lieux et prendre des photos mais il faut veiller à ne pas prendre en photo des enfants qui séjournent sur place car c'est formellement interdit.

Sports – Détente – Loisirs

▶ **Vols de loisirs.** A partir de l'aérodrome de Dillingham Airfield, situé côté montagne juste avant la fin de la Farrington Highway, il est possible de survoler la région. Planeur et sauts en parachute, au choix ! Pour les amateurs de sensations fortes.

OCEANFRONT TRAIL RIDES
68-585 Farrington Hwy
✆ +1 808 220 5153
www.oahuhorsebackrides.com
85 US$ pour la balade de jour, 95 US$ pour la balade au coucher du soleil.
Quitte à faire du cheval sur Oahu autant que ce soit sur la plage, et pourquoi pas sur la plage qui a servi de décor aux six saisons de la série *Lost*. Pour rajouter encore un peu de romantisme, choisissez la balade au coucher du soleil pour observer les teintes changer sur l'océan.

THE ORIGINAL GLIDER RIDES
Dillingham Airfield ✆ +1 808 637 0207
www.honolulusoaring.com
Vols en planeur : 79 US$ les 10 minutes et 215 US$ pour 1h. Tarifs dégressifs pour 2 personnes. Également des vols acrobatiques, à partir de 165 US$ par personne pour 15 minutes.
Ouvert depuis 1970, Honolulu Soaring propose des vols acrobatiques ou scéniques forts en sensations. Les prix sont variables selon le nombre de personnes dans l'avion et la durée de vol désirée.

PACIFIC INTERNATIONAL SKYDIVING CENTER
Dillingham Airfield
68-760 Farrington Highway
✆ +1 808 637 7472
www.pacific-skydiving.com
skydivectr@aol.com
Pour sauter en parachute (à partir de 139 US$ en tandem).
Différentes formules de saut en parachute avec une navette gratuite depuis Waikiki. A réserver de préférence sur internet pour bénéficier des offres.

LA CÔTE SOUS LE VENT

La côte ouest d'Oahu, dite « sous le vent », est abritée par la chaîne de montagnes de Waianae. C'est la plus sauvage et la moins visitée. Ce sont surtout des Hawaiiens natifs qui y vivent et ils n'aiment pas beaucoup les touristes… Il est même recommandé d'éviter les zones isolées à la nuit tombée car certains touristes y ont déjà été agressés. Prenez le temps d'observer les lieux avant de vous installer. Parmi les différentes villes qui se succèdent sur la côte du sud au nord, les principales sont Nanakuli, Waianae, Makaha. Ce sont avant tout des villes résidentielles (chacune d'environ 10 000 habitants), sans charme particulier et qu'il ne vaut pas la peine de visiter. Les banques, postes, cliniques et supermarchés de leurs centres-villes sont néanmoins bien utiles.

KAPOLEI

A 30 minutes de Waianae et 40 minutes de Waikiki, Kapolei mérite une étape, notamment pour ses *luau*.

GERMAINE'S LUAU
91-119 Olai Street ✆ +1 808 949 6626
www.germainesluau.com
88 US$ pour les adultes, 78 US$ de 14 à 20 ans et 68 US$ à partir de 6 ans. Ouvert tous les soirs. Un peu à l'écart d'Honolulu, ce *luau* offre une expérience hawaiienne dans un show à l'américaine. Au programme : visite du Royal Court of Polynesia, déterrement traditionnel du cochon, buffet à volonté et danses présentant l'histoire d'Hawaï et des îles du Pacifique. Des bus peuvent venir vous chercher dans votre hôtel à Waikiki et vous feront une introduction au spectacle et à la culture hawaïenne pendant le trajet.

HAWAIIAN ELECTRIC BEACH PARK
Cette plage est située en face d'une centrale électrique, d'où son nom. Mais elle est surtout réputée pour être un très bon spot de surf et les amateurs de ce sport l'ont rebaptisée « Tracks », en référence au chemin de fer qui la traversait autrefois. Ici, pêche, kayak, snorkeling et baignade sont des activités praticables sans risques en été, mais avec prudence en hiver (en raison des courants plus forts).

PARADISE COVE LUAU
92-1089 Alii Nui Drive
Kapolei ✆ +1 808 842 5911
www.paradisecovehawaii.com
À partir de 88 US$ par adulte, 78 US$ par adolescent et 68 US$ par enfant.
Ce *luau* (dîner-spectacle traditionnel hawaiien) est de loin l'un des plus populaires de l'île. Toutes les spécialités culinaires de l'archipel sont au menu et le spectacle est tout simplement superbe. Enfin, contrairement au *luau* du Polynesian Cultural Center, le Paradise Cove Luau n'étant pas géré par l'Église mormone, on y sert de l'alcool !

WAIANAE

Waianae est une petite ville sans grand intérêt mais les plages tout autour sont sublimes.

Pratique

Argent

BANK OF HAWAII
68-760 Farrington Highway
✆ +1 808 696 4227
Ouvert du lundi au jeudi de 8h30 à 16h. Le vendredi, de 8h30 à 18h.

■ **FIRST HAWAIIAN BANK**
86-020 Farrington Highway
✆ +1 808 696 7042
Ouvert du lundi au jeudi de 8h30 à 16h. Le vendredi, de 8h30 à 18h. Le samedi, de 9h à 13h.

Moyens de communication

■ **WAIANAE POST OFFICE**
86-014 Farrington Highway
Ouvert du lundi au vendredi de 9h à 16h. Le samedi, de 9h à 12h.

■ **WAIANAE PUBLIC LIBRARY**
85-625 Farrington Highway
✆ +1 808 697 7868
Accès Internet avec la Visitor's Card de 3 mois (10 US$). Impossible de s'abonner pour une durée inférieure, mais cette carte permet ensuite d'accéder à Internet dans toutes les autres bibliothèques de l'archipel.

Santé – Urgences

■ **WAIANAE HEALTH CENTER**
86-260 Farrington Highway
✆ +1 808 696 7081 – www.wcchc.com
Urgences assurées 24h/24.

À voir – À faire

■ **KAENA POINT TRAIL**
Au bout de la Farrington Highway, dans Kaena State Park
A 20 minutes de Waianae.
Une randonnée facile, de 2h l'aller-retour, à travers le Kaena State Park. Le sentier suit le tracé de l'ancien chemin de fer. De très beaux points de vue sur l'océan tout le long du parcours. On observe également de nombreuses espèces protégées, comme les albatros de Laysan, qui nichent dans le parc naturel de Kaena Point State Park.

■ **KANEAKI HEIAU**
A 10 minutes de Waianae. Sur la Farrington Highway, prendre Makaha Valley Road et rejoindre Mauna Olu Street. Ouvert du mardi au dimanche de 10h à 14h. Entrée libre.
C'est un des *heiau* du XVIIe siècle les mieux restaurés de l'archipel. À l'origine, il était dédié à Kane, le dieu de l'agriculture, mais au moment de la conquête de l'archipel par Kamehameha Ier, au début du XIXe siècle, c'est finalement Ku – le dieu de la guerre – qui le supplanta. De nombreux sacrifices humains ont eu lieu dans ce temple pour honorer Kane et Ku.

■ **KEAWAULA BAY**
A 15 minutes de Waianae. Accès de 9h à 17h. Baignade surveillée. Accès en 4x4 uniquement.
Également appelée « Yokohama Bay », cette plage incurvée aux eaux cristallines est tout simplement superbe. Au confluent des courants ouest, nord et sud, la mer est souvent très agitée et les vagues atteignent jusqu'à 6 m de hauteur en hiver et 3 m en été. Seuls les *boogie-boarders* et les surfeurs expérimentés peuvent défier ces gigantesques rouleaux. Douches et toilettes.

■ **MAILI BEACH PARK**
A 5 minutes de Waianae. Accès de 9h à 17h. Baignade surveillée.
Une longue plage à réserver aux surfeurs expérimentés. Deux breaks exceptionnels : « Tumble Land » au milieu et « Green Lanterns » à l'extrémité nord. Toilettes, douches et aire de pique-nique.

■ **MAKAHA BEACH PARK**
A 5 minutes de Waianae, au nord de Makaha Valley Road. Accès de 9h à 17h. Baignade surveillée.
En hiver, les rouleaux de Makaha Beach peuvent atteindre jusqu'à 5 m de haut. C'est donc une plage très prisée par les surfeurs chevronnés et plusieurs compétitions s'y déroulent. En été, la mer, plus calme, est sans risques pour les nageurs et les fans de snorkeling. Les Makaha Caverns (grottes sous-marines creusées dans le corail et la lave) deviennent alors l'attraction majeure du coin : dauphins, raies manta et poissons multicolores y sont nombreux. Toilettes, aire de pique-nique, douches.

■ **NANAKULI BEACH PARK**
A 10 minutes de Waianae. Au sud de Maili. Accès de 9h à 17h. Baignade surveillée.
Très fréquentée par les locaux, cette plage est fort agréable pour la baignade dans sa partie sud. C'est aussi un bon spot de boogie-board dans sa partie nord, où la mer est plus agitée. Toilettes, douches, terrain de basket.

■ **POKAI BAY BEACH PARK**
À Waianae. Accès de 9h à 17h. Baignade surveillée.
Les eaux de Pokai Beach étant protégées par une longue barrière de corail, c'est l'une des plages les plus sûres pour la nage et la baignade. Au sud de la plage, le Kuilioloa Heiau (temple) dont les ruines ont été bien érodées par la mer.

BIG ISLAND

Tikis sur la plage de Pu'Uhonua o Honaunau National Historical Park.

Big Island

Mo`okini Heiau State Monument
Upolu Pt
Kauhola Pt
Hāwi
Kapa`au
Kamehameha
KOALA RANCH
Kohala Mountains
Kawaihae
Pu`ukohola Heiau National Historical Park
Mauna Kea Golf Course
Hapuna Beach State Recreation Area
Mauna Lani Courses
Waikoloa
Anaeho`omalu Beach
Kiholo Bay
KONA AEROPORT INTERNATIONAL
Hualalai
Kailua-Kona
Holualoa
Keauhou
Honalo
Kainaliu
Kealakekua
Captain Cook
Captain Cook Monument
Amy B.H. Greenwell Ethnobotanic
Kona Coffee Living History farm
Kealakekua Bay
NAPO OPO O
Honaunau
Kealia
Ho`okena Beach Park
Southwest Rift Zone
Miloli`i Beach Park
State Manuka Wayside Park
Ocean View
Ka Lae (South Pt)
19
11
190
250
270
0
10 km
Route principale
Route secondaire
Petite route
Ligne de bus
Parc national

Park
Overlook
Océan
Pacifique
Honoka`a
Pa`auilo
19
O`okala
Laupahoehoe
Papa`aloa
Hakalau
Honomu
Pepe'ekeo Pt
Pepe`ekeo
Akala Falls
State Park
Mauna Kea
Hawai`i Tropical Botanical Garden
Papa`ikou
Keaukaha Beach Park
Onekahakaha Beach Park
Leleiwi Beach Park
Rainbow Falls
Wailuku River State Park
Hilo
200
11
HILO
AEROPORT
INTERNATIONAL
Kea`au
Kurtistown
Northeast
Rift Zone
Mountain View
Hawaiï
canoes National Park
Ola a Rain
Forest
Pahoa
Isaac Hale
Country Beach Park
11
Volcano
KALAPANA
Hawaiï
volcanoes National Park
WOOD
VALLEY
Pahala
11
Punalu`u Beach Park
HAWAII
KAUAI
OAHU
MOLOKAI
MAUI
LANAI
BIG-ISLAND
Principales îles d'Hawaii

Big Island

L'île d'Hawaii a été surnommée « Big Island » en raison de son importante superficie (10 500 km²) qui fait d'elle la plus grande île de l'archipel hawaiien mais pas la plus peuplée (167 000 habitants). Toutefois, on utilise surtout le terme « Big Island » pour éviter les malentendus et ne pas prendre la partie pour le tout, soit « Hawaii l'île » pour « Hawaii l'archipel ».
Big Island concentre les principales caractéristiques des autres îles : des forêts tropicales denses, de jolies chutes d'eau, de magnifiques jardins botaniques et des plages de sable blanc aux eaux turquoise… Cependant, elle a aussi ses spécificités propres et pas des moindres ! Sur ses terres, on trouve ainsi à la fois le volcan le plus actif du monde, le Kilauea, et l'observatoire d'astronomie le plus important et le plus performant du monde, situé au sommet du Mauna Kea.
Formée il y a 400 000 ans à peine, Big Island est la plus jeune des îles de Hawaii et elle en a toute la fougue ! Entre le feu du Kilauea (écoulements permanents de lave) et la glace du Mauna Kea (neige au sommet), elle présente 11 zones climatiques différentes et semble en perpétuelle évolution. C'est ainsi que depuis 1983, pas moins de 201 ha de nouvelle terre se sont formés à Big Island en raison du durcissement de la lave au contact de l'océan. Malgré toute cette instabilité, les terres de Big Island sont pourtant fertiles et son agriculture ne cesse de se développer. Du XIXe siècle à la moitié du XXe, plus encore que sur les autres îles, c'était l'industrie du sucre qui prospérait à Big Island. Mais en raison d'une forte concurrence internationale, toutes les plantations ont fini par fermer à la fin du XXe siècle. Dès lors, les champs de canne à sucre ont été rapidement « recyclés » … Ils ont été remplacés par des caféières (surtout sur la côte de Kona), des champs de noix de macadamia et, plus récemment, par des fermes bio.
Enfin, historiquement, Big Island est l'île des origines. En 1778, le capitaine Cook découvre Hawaii en débarquant à Big Island, dans la baie de Kealakekua, et c'est aussi là qu'il sera assassiné, onze ans plus tard, par les Hawaiiens au cours d'une bataille.
L'autre personnage-clé de Big Island est Kamehameha Ier (1758-1819), ce roi qui a unifié l'archipel en 1810. Il a passé le plus clair de sa vie sur cette île. Il est né au nord de la côte de Kohala, a été élevé dans la vallée de Waipio, et il est mort à Kailua-Kona, sur la côte ouest.

Les immanquables de Big Island

- **Assister au coucher de soleil** au sommet du Mauna Kea et y commencer une initiation à l'astronomie.
- **Voir la fumée rougeoyante** s'échapper du cratère de Kilauea.
- **Faire du snorkeling** ou nager avec les dauphins à Kealakekua Bay.
- **Participer à une randonnée équestre** avec les cow-boys de Waimea.
- **Visiter une exploitation de café** sur la côte de Kona.

Route à Kapoho.

Sports nautiques à Big Island

Big Island est elle aussi un paradis des sports nautiques, voici quelques spots :

- **Surf :** les débutants pourront s'essayer sur les vagues de Kahulu'u et Lymans à l'ouest et Hapuna Beach au nord. Des cours de surf sont disponibles à Kailua-Kona.
- **Planche à voile et kitesurf** se retrouvent à Anaeho'omalu Beach Park.
- **Les kayakistes** trouvent leur bonheur tout le long de la côte Ouest

LA CÔTE DE KONA

La côte de Kona s'étend de Kailua-Kona à la pointe sud de l'île. Avec la côte de Kohala, c'est une des parties les plus touristiques de l'île. Ensoleillement à l'année, plages de rêve, hôtels et restaurants pour tous budgets, activités sportives variées... Autant d'éléments qui font le bonheur des visiteurs ! Enfin, c'est de cette région, productrice de café, que provient le nom du café hawaiien le plus connu, le fameux café Kona.

KAILUA-KONA

Avec près de 10 000 habitants, Kailua-Kona, souvent simplement appelée Kona, est la ville la plus visitée de Big Island. Conséquence directe : un grand nombre de boutiques et de restaurants destinés aux touristes sont regroupés dans Kona, ce qui rend cette ville peu authentique. Au-delà de son centre-ville, Kailua-Kona s'étend plus au sud, le long de la Keauhou Bay. Au cours du XXe siècle, c'est là que, à la suite du développement du tourisme à Hawaii, sont apparus de nombreux hôtels de luxe.

Transports

Comment y accéder et en partir

- **Avion.** Big Island a deux grands aéroports : l'un sur la côte ouest, à Kona, et l'autre sur la côte est, à Hilo. En fonction de votre lieu de résidence sur Big Island, optez sur l'aéroport le plus proche car les trajets sont longs. Comptez de 1 heure 30 à 3 heures pour relier Hilo à Kona selon la route choisie.
- **Transports depuis l'aéroport.** Aucune desserte des aéroports par les transports en commun. Certains hôtels mettent cependant une navette gratuite à la disposition de leurs clients, mais il faut la réserver à l'avance. Pour les autres, ce sera taxi, *shuttle* (navette) ou voiture de location.

■ **AIR CANADA**
✆ +1 888 247 2262
www.alaskaair.com

■ **AMERICAN AIRLINES**
✆ +1 800 433 7300 – www.aa.com

■ **DELTA AIRLINES**
✆ +1 800 221 1212 – www.delta.com

■ **HAWAIIAN AIRLINES**
✆ +1 800 367 5320
www.hawaiianair.com

■ **KONA INTERNATIONAL AIRPORT AT KEAHOLE**
73-200 Kupipi Street ✆ +1 808 327 9520
hawaii.gov/koa
La plupart des vols internationaux atterrissent à Kona, sur la côte touristique où se concentrent les plus belles plages et les plus beaux hôtels de l'île.
De l'aéroport de Kona, comptez environ 30 US$ la course en taxi jusqu'au centre-ville de Kailua-Kona, 70 US$ si vous vous rendez dans l'un des complexes hôteliers plus au nord, sur la côte dite « Kohala Coast ».

Distance et temps de trajet depuis l'aéroport de Kona

- **Hapuna Beach** – 30 min – 25 miles/40 km
- **Kamuela/Waimea** – 55 min – 38 miles/61 km
- **Kealakekua Bay** – 1 heure – 26 miles/42 km
- **Volcanoes National Park** – 3 heures – 96 miles/155 km

La circulation en voiture à Big Island

C'est le meilleur moyen pour visiter l'île. Volcans, plages et chutes d'eau ne sont en général pas accessibles autrement. En résumé, si on veut visiter toute l'île, la voiture est indispensable. Mais, attention à la longueur des trajets, ils peuvent être bien plus importants que ne le laissent prévoir les distances sur la carte. Ce n'est pas par hasard que l'île s'appelle « Big Island » ! À titre indicatif, prévoir : 3h30 entre la côte ouest et la côte est et presque 7h pour faire le tour complet de l'île ! Au niveau de l'orientation sur les routes, il est impossible de se perdre étant donné que les axes autoroutiers majeurs forment un grand cercle qui correspond au périmètre de l'île. Deux autoroutes principales font en effet le tour de Big Island, encerclant les anciens volcans au centre (Mauna Loa et Mauna Kea) et contournant le volcan actif appelé « Kilauea », au sud-ouest.

- **La Queen Kaahumanu Highway** (n° 19) part de Kailua-Kona et parcourt la moitié nord de l'île, avant de redescendre sur la côte est où elle rejoint Hilo.
- **À partir de Hilo, c'est la Mamalahoa Highway** (n° 11), aussi appelée « Hawaii Belt Road », qui prend le relais et parcourt la moitié sud de l'île, avant de remonter la côte ouest et terminer sa course à Kailua-Kona (où commence la Highway n° 19 !).
- **La Highway 190 relie, quant à elle, Kailua-Kona à Waimea**, en passant par les terres.
- **À ces autoroutes, viennent s'ajouter des routes secondaires** qu'on ne peut prendre qu'en 4X4. Sinon, c'est le dommage assuré et la plupart des contrats d'assurances des loueurs ne prennent pas en charge les incidents impliquant les voitures de tourisme ordinaires. La plus connue et la plus importante de ces routes secondaires est Saddle Road : elle relie le sud de Waimea à Hilo, en passant entre le Mauna Kea et le Mauna Loa.

■ SPEEDISHUTTLE
✆ +1 808 329 5433
www.speedishuttle.com
Réservation en ligne possible et conseillée. Service disponible seulement à l'aéroport de Kona.

■ UNITED AIRLINES
✆ +1 800 241 6522 – www.ual.com

Se déplacer

Kona est située au milieu de la côte ouest de l'île, à l'abri du mont Hualalai. Pour s'y rendre de l'aéroport, il faut prendre la Highway 19 vers le sud. Cette même route permet d'aller à Waimea, au nord, et de continuer jusqu'à Hilo, à l'est. Pour aller au sud de Kona, sur la côte de Kohala où se trouvent complexes hôteliers et belles plages, il faut prendre la Highway 11 vers le sud.

■ ALAMO
✆ +1 808 329 8896
Agence de location de voitures. Un supplément de 25 US$ par jour pour les conducteurs de 21 à 25 ans.

■ ALOHA TAXI
✆ +1 808 325 5448
Compagnie de taxis.

■ AVIS
✆ +1 808 327 3000
www.avis.com
Agence de location de voitures.

■ BUDGET
✆ +1 808 329 8511
www.budget.com
Agence de location de voitures.

■ DOLLAR
✆ +1 808 329 3162
www.dollar.com
Agence de location de voitures. Un supplément de 25 US$ par jour pour les conducteurs de 21 à 25 ans.

■ ENTERPRISE
✆ +1 808 331 2509
www.enterprise.com
Agence de location de voitures.

■ HELE-ON BUS
✆ +1 808 961 8521
www.heleonbus.org
Trajet aller 2 US$. Valise, sac à dos, vélo : 1 US$ par article.
Réseau de bus qui relie les principales villes de Big Island. La plupart des bus ne fonctionnent qu'en semaine et les trajets sont souvent très

longs ; compter 3h pour faire Kona – Hilo ! On peut se procurer les horaires des bus aux offices du tourisme et au terminus de Hilo. Ils sont également en ligne sur le site Internet de la compagnie d'autobus.

KONA AIRPORT TAXI
✆ +1 808 329 7779
Compagnie de taxis.

NATIONAL
✆ +1 800 227 7368
www.nationalcar.com
Agence de location de voitures.

SCOOTER BROTHERS
75-5725 Alii Drive
✆ +1 808 327 1080
www.scooterbrothers.com
tmokai@hawaiiantel.net
Ouvert du lundi au dimanche de 10h à 18h. CB obligatoire. Location de scooter possible à partir de 18 ans, même sans permis de conduire. Tarifs : 39,95 US$ les 4h, 59,95 US$ les 24h et 266 US$ la semaine.
Le scooter est un moyen de transport agréable pour se promener dans Kona ou aller à la plage !

THRIFTY
✆ +1 808 367 5238
www.trifty.com
Agence de location de voitures.

Pratique

Tourisme – Culture

Pas d'office du tourisme à Kona mais on peut se procurer brochures et cartes gratuites à l'aéroport.

Argent

BANK OF HAWAII
75-5595 Palani Road ✆ +1 808 326 3900
Distributeur 24h/24.

Moyens de communication

BEACH DOG INTERNET CAFE
Kona Square Marketplace
✆ +1 808 937 2278
En face de Kailua Pier. wi-fi gratuit si on consomme sur place.
6 ordinateurs avec accès Internet ou accès wifi.

KAILUA-KONA POST OFFICE
74-5577 Palani Road ✆ +1 808 331 8307
Ouvert du lundi au vendredi de 9h à 16h. Le samedi de 9h à 13h.

KAILUA-KONA PUBLIC LIBRARY
75-138 Hualalai Road
✆ +1 808 327 4327
Ouvert de 12h à 19h le mardi. De 9h à 17h les mercredi, jeudi et samedi. De 11h à 17h le vendredi.
Accès Internet avec la Visitor's Card de 3 mois (10 US$). Impossible de souscrire un abonnement pour une durée inférieure, mais la carte permet ensuite d'avoir accès à Internet dans toutes les autres bibliothèques de l'archipel.

Santé – Urgences

KONA COMMUNITY HOSPITAL
79-1019 Haukapila Street
✆ +1 808 322 9311
À 15 minutes de Kona, à Kealakekua. Urgences assurées 24h/24.

Plage de Kailua-Kona.

■ **LONGS DRUGS**
Lanihau Shopping Center
75-5595 Palani Road ✆ +1 808 329 1632
Pharmacie ouverte de 8h à 21h du lundi au samedi. De 8h à 18h le dimanche.

Se loger

Bien et pas cher

■ **KONA SEASIDE HOTEL**
75-5646 Palani Road
✆ +1 808 922 8061
www.konaseasidehotel.com
pkwoodd@seasidehotelshawaii.com
À partir de 105 US$ la chambre avec deux lits doubles ou un king size. Wifi gratuit. Tarif dégressif par semaine. Prévoir un supplément pendant la haute saison.
Un hôtel confortable, de bon rapport qualité-prix, et avec une situation centrale. TV, climatisation et réfrigérateur, fer et planche à repasser dans toutes les chambres. Évitez les chambres qui donnent sur la route car elles sont bruyantes. Deux piscines.

■ **KONA TIKI HOTEL**
75-5968 Alii Drive ✆ +1 808 329 1425
konatikihotel.com
reservations@konatikihotel.com
85 US$ la chambre simple, 99 US$ la double, 109 US$ la chambre simple ou double avec kitchenette, 159 US$ la suite. Petit déjeuner inclus. Réservations pour 3 nuits minimum ; prévoir un supplément si vous ne réservez que pour une ou deux nuits. Parking et wifi gratuits.
Un hôtel bien sympathique en bord de mer. Les chambres aux 2e et 3e étages sont plus lumineuses. La piscine est petite mais elle surplombe l'océan et on y a une vue imprenable sur le coucher de soleil.

Confort ou charme

■ **BEAR'S PLACE GUEST HOUSE**
72-1071 Puukala Road
✆ +1808 990 1383
www.bearsplacekona.com
bearsplacekona@yahoo.com
Studio de 95 US$ à 125 US$ le studio pour une personne, et de 105 US$ à 135 US$ le studio pour deux personnes. Wifi gratuit. Tarif dégressif par semaine. Prévoir un supplément pendant la haute saison.
À 5 minutes du centre-ville, dans un quartier résidentiel de Kailua-Kona, une jolie maison de 4 studios parfaitement aménagés. Des lanai (terrasses), on a vue sur la côte de Kona et c'est l'endroit idéal pour prendre son petit déjeuner ! Les maîtresses de lieux, Nanette et sa mère, sont chaleureuses et conseillent volontiers les voyageurs dans leur découverte de Big Island. Kitchenette avec micro-ondes et machine à café. Lave-linge et sèche-linge en libre service. Matelas et serviettes de plage mis à la disposition des clients.

■ **COURTYARD MARRIOTT KING KAMEHAMEHA'S KONA BEACH HOTEL**
75-5660 Palani Road
✆ +1 808 329 2911
www.konabeachhotel.com
A partir de 151 US$ la chambre double hors saison (en fonction de la vue ou non sur l'océan). Comptez un supplément important en saison pleine.
Un des plus anciens hôtels de Kona. Il a été racheté par le groupe Marriott qui a su le moderniser tout en préservant son charme d'antan. Autre élément appréciable de l'hôtel : sa situation en plein centre-ville mais au calme. Sans oublier sa plage très tranquille !

■ **MANGO SUNSET BED AND BREAKFAST INN AT LYMAN KONA COFFEE FARM**
73-4261 Mamalahoa Hwy.
✆ +1 808 325 0909
www.lymankonacoffee.com
A partir de 115 US$ par nuit pour 2 personnes, petit déjeuner inclus. 30 US$ par personne supplémentaire.
Situé sur la plantation de café de Lyman, Mango Sunset Bed and Breakfast offre trois chambres avec terrasses et vue sur la mer, et une chambre avec vue sur les montagnes. Un tour de la plantation de 90 minutes est offert aux clients, l'idéal pour découvrir le produit phare de l'île. Vous pourrez déguster le café maison tous les matins avec le petit déjeuner sur la grande terrasse. Attention, le lieu est non-fumeur.

Luxe

■ **SHERATON KONA RESORT & SPA AT KEAUHOU BAY**
78-128 Ehukai Street
✆ +1 808 930 4900
www.sheratonkeauhou.com
A partir de 199 US$ la chambre double.
À la pointe de la baie de Keauhou où la roche noire (issue de la lave durcie) contraste avec une mer bleu azur, le Sheraton Kona resort, construit en forme d'étoile afin que toutes les chambres aient vue sur la mer, s'étend sur près de 9 ha. Il est si grand qu'on s'y perd

facilement et que l'atmosphère en devient parfois impersonnelle. Heureusement, des piscines à la décoration tropicale redonnent un peu de vie à l'ensemble. Le Crystal Blue Bar est assez agréable à l'heure de l'apéro. À la tombée de la nuit, on peut observer les raies mantas dans la baie, juste à côté du bar.

Se restaurer

Vous trouverez une large gamme de restaurants, de très bon rapport qualité-prix, à Kailua-Kona, principalement le long du bord de mer.

Bien et pas cher

■ BUBBA GUMP SHRIMP CO.
75-5776 Alii Drive ✆ +808 331 8442
www.bubbagump.com
Ouvert de 10h30 à 22h30 du lundi au jeudi, jusqu'à 23h le vendredi et samedi. A partir de 8h le samedi et dimanche. Plats autour de 20 US$. Petit déjeuner entre 5 US$ et 10 US$.
Vous trouverez à Bubba Gump une ode au si célèbre film *Forrest Gump*. Attention cependant, le restaurant n'est pas le lieu de tournage du film mais une chaîne américaine qui lui rend hommage. A l'entrée vous pourrez vous asseoir sur le fameux banc sur lequel Forrest déguste sa boîte de chocolat et à l'intérieur, soyez prêt à voir vos connaissances testées par les serveurs ! Des crevettes y sont servies à toutes les sauces avec une belle vue sur la mer.

■ ISLAND LAVA JAVA
75-5799 Alii Drive
✆ +1 808 327 2161
www.islandlavajava.com
islandlavajava@hawaii.rr.com
Ouvert de 6h30 à 21h30. Comptez 20 US$ le repas en moyenne.
Excellente adresse pour le petit déjeuner : un très bon café Kona (café local) et d'onctueux *cinnamon rolls* (gâteaux à la cannelle). En prime : une jolie terrasse face à la mer et la connexion wifi gratuite pour les clients ! Sandwiches, pizzas et salades pour le déjeuner et le dîner.

■ KANAKA KAVA
75-5803 Alii Drive
Coconut Grove Market Place
✆ +1 808 883 6260
www.kanakakava.com
zack@kanakakava.com
Ouvert tous les jours de 10h à 23h, dernier service à 21h30. Comptez environ 15 US$ le repas, le verre de kava inclus.
Voilà une bonne occasion de goûter au *kava*, la fameuse boisson traditionnelle hawaiienne ! Si on ajoute à cela une cuisine locale authentique et une clientèle de joyeux drilles habitués, il serait dommage de passer à côté…

■ SEIJI BREW GARDEN & SUSHI
75-7699 Alii Drive
✆ +1 808 329 7278
www.seijissushi.com
Ouvert du mardi au dimanche de 11h30 à 15h puis de 17h à 21h. Compter entre 15 US$ et 25 US$.
Un petit restaurant familial donnant sur une cour intérieure agrémentée d'un joli jardin où est installée une terrasse. Le chef est un Japonais né à Tokyo et prénommé Seiji. Il a fait ses armes dans les plus grands restaurants nippons du continent américain pendant une vingtaine d'années. En plus des sushis, préparés devant vous, on y sert toutes les spécialités japonaises, du *teriyaki* aux nouilles ou aux tempura. Le tout pour une somme modique. Leur formule dite « Volcano », qui combine *california rolls* légèrement épicés et tempura aux crevettes, est une vraie bonne affaire.

Bonnes tables

■ LA BOURGOGNE
77-6400 Nalani Street
✆ +1 808 329 6711
À 3 miles de Kailua-Kona, sur la Highway 11, en roulant vers le sud. Une énorme pancarte indique « La Bourgogne » sur la droite. Ouvert de 18h à 22h, du mardi au samedi. Dîner entre 40 et 60 US$.

Kava, quesako ?

Le *kava* ou « Hawaiian Awa » (Piper methyscum) est une boisson relaxante naturelle. L'antidépresseur local en quelque sorte. On la prépare généralement en trempant dans de l'eau la racine de la plante pulvérisée au pilon. Elle a un goût très particulier qu'on pourrait comparer à celui d'une infusion froide, légèrement poivrée et amère. Avant leur contact avec les Européens, c'était la seule boisson enivrante que connaissaient les Hawaiiens ! À consommer donc avec modération.

À ne manquer sous aucun prétexte ! Surtout si la cuisine française vous manque. Comme le dit l'écriteau à l'entrée, il faut prononcer « Lah-bor-goan-yuh ». Cela dit, le propriétaire est un Californien prénommé Gallaher Moore, francophile mais pas francophone, qui a ouvert cet établissement en 1993 après avoir officié plusieurs années dans des restaurants gastronomiques français sur le continent américain. Pourquoi la Bourgogne ? Sûrement parce que ça sonne bien ! Toutes les spécialités de l'Hexagone figurent sur la carte : cassoulet, suprême de canard, moules à la bretonne... Enfin, la cuisine est bonne et la déco, pleine de clichés sur les « Frenchies », en fera sourire plus d'un !

■ RAYS ON THE BAY

Sheraton Resort and Spa at Keauhou Bay
78-128 Ehukai Street ✆ +1 808 930 4949
www.raysonthebay.com

Restaurant ouvert tous les jours de 17h30 à 21h30. Bar et lounge de 17h30 à 23h. Plats autour de 20 US$. Dépendant du Sheraton, le restaurant Rays on the Bay est construit au bord de l'eau sur Keauhou Bay. La vue y est exceptionnelle au coucher du soleil, mais le point fort de ce restaurant, malgré les prix un peu élevés, ce sont les raies qui viennent frôler son ponton la nuit venue. A 18h une présentation de ces animaux est offerte puis à partir de 21h des projecteurs allument l'eau. Les raies attirées par la lumière remontent à la surface tout près du restaurant. Bien sûr ces animaux sont imprévisibles et leur présence est aléatoire. Les petits budgets pourront profiter du spectacle en allant au bar.

■ THE FISH HOPPER

75-5683 Alii Drive ✆ +1 808 326 2002
www.fishhopper.com

Ouvert tous les jours de 7h30 à 21h30. Plats autour de 20 US$ le midi et 30 US$ le soir.
Amateurs de poissons et fruits de mer c'est ici qu'il faut s'arrêter. Les produits sont frais et les plats équilibrés. A cela s'ajoute une vue imprenable sur la mer, idéale au moment du coucher de soleil. Si vous commandez un Bucket of Fire ou un Volcano (un peu chers...) vous découvrirez une autre spécialité de la maison : les cocktails flambés ! Si vous êtes plus classiques essayez un Coco Hops ou un Hopper Pinneaple servis à même le fruit.

Sortir

Certes, Big Island n'est pas l'île de la fête. Rien à voir avec Oahu ou Maui. Mais, bien souvent, on entend dire que Kailua-Kona est une ville festive et que c'est « the place to be » si on veut aller danser. Tout est relatif... Elle l'est sûrement pour les habitants de Big Island, en comparaison avec le reste de l'île où la vie nocturne est égale à zéro. Mais pour le touriste un peu fêtard, c'est la déception assurée. Certes, des bars sont ouverts tard mais ils sont souvent à moitié vides et personne ne danse malgré la musique qui est à fond. Le soir, c'est agréable pour prendre un verre, mais ça s'arrête là ! Sans compter que la plupart ferment à 23h.

■ HUGGO'S ON THE ROCKS

5828 Kahakai Road ✆ +1 808 329 1493
Une bonne programmation de concerts. Rock, jazz et musique hawaiienne à l'honneur. Une clientèle plus âgée et plus huppée que dans les autres bars de la ville.

■ ISLAND BREEZE LUAU

Courtyard Marriott King Kamehameha's Kona Beach Hotel
75-5660 Palani Road ✆ +1 808 326 4969
www.islandbreezeluau.com
info@ibphawaii.com

De 17h30 à 20h30, le mardi, le jeudi et le dimanche. Adultes 87,90 US$, enfants de 5 à 12 ans 44,92 US$, gratuit pour les moins de 5 ans.
Un des plus beaux *luaus* (dîner-spectacle traditionnel hawaiien) de Big Island, sur la plage de l'hôtel Courtyard Marriott. Le spectacle est bien mené et vivant. Ne manquez pas l'arrivée de la flotte royale en canoë ! *Open-bar* et buffet de diverses spécialités hawaiiennes, comme dans la plupart des *luaus*.

■ LULU'S

75-5819 Alii Drive ✆ +1 808 331 2633
Un DJ professionnel mixe les tubes du moment, tous les week-ends, dans ce bar qui est de loin l'un des plus animés de la ville. Sur la piste de danse, se déhanchent touristes et locaux.

■ OCEANS SPORTS BAR & GRILL

Coconut Grove Marketplace
75-5811 Alii Drive
✆ +1 808 327 9494
Comme tous les bars des sports dignes de ce nom, l'Ocean Sports a une belle table de billard et des dizaines de téléviseurs qui retransmettent les matchs du moment. Mais c'est pendant le week-end que l'animation bat son plein, grâce aux indémodables soirées karaoké !

À voir – À faire

AHUENA HEIAU

Courtyard Marriott King Kamehameha's Kona Beach Hotel
75-5660 Palani Road ✆ +1 808 329 2911
Dans l'enceinte de l'hôtel King Kamehameha. Visite gratuite de 9h à 16h.
Ce *heiau* a été particulièrement bien restauré et mérite qu'on y fasse un tour. C'est un temple construit par le roi Kamehameha, qui a régné sur Hawaii de 1813 à 1819, pour honorer Lono, le dieu de l'agriculture et de la prospérité. Originaire de la région, le roi lui-même venait souvent se recueillir dans ce *heiau*. L'oiseau que l'on voit sur la plus grande statue est un pluvier doré : il aurait guidé vers Hawaii les premiers Polynésiens venus s'installer sur l'archipel.

HULA DADDY KONA COFFEE

Holualoa
74-4944 Mamalahoa Highway
✆ +1 808 327 9744 – www.huladaddy.com
Ouvert du lundi au samedi de 10h à 16h.
S'il faut choisir une plantation de café à visiter c'est celle-là. Hula Daddy offre des dégustations et des visites gratuites de sa propriété. Vous découvrirez tout sur le café, de l'arbre jusqu'à votre tasse et pourrez même observer la torréfaction en direct.

HULIHEE PALACE

75-5718 Alii Drive ✆ +1 808 329 1877
www.huliheepalace.net
Ouvert de 10h à 15h du mardi au samedi. Entrée : 8 US$.
Les États-Unis comptent trois palais royaux sur leur territoire et ils sont tous à Hawaii ! Le Hulihee Palace est l'un d'eux. Ce ravissant édifice de 2 étages a été construit en 1838 par le gouverneur John Adams Kuakini. Les matériaux sont à la fois nobles et solides : pierres de corail et de lave ainsi que du bois de Koa. Ce n'est pas étonnant qu'il ait si bien résisté au tremblement de terre de 2006, même si les membres de « The Daughters of Hawaii » (association à but non lucratif qui veille sur les monuments historiques hawaiiens) ont dû effectuer de nombreuses réparations par la suite. Certains dommages sont d'ailleurs encore visibles à l'intérieur du bâtiment et le travail de restauration se poursuit. Le ticket d'entrée sert à les financer et d'éventuels dons sont les bienvenus. Après avoir été la résidence d'été du roi David Kalakaua, pendant les années 1880, le palais revint ensuite au prince Kuhio, avant d'être laissé peu à peu à l'abandon au XXe siècle. Heureusement que les locaux ont tout mis en œuvre pour en faire le musée qu'on peut visiter aujourd'hui ! Parmi les pièces les plus intéressantes, on peut y voir des lances et des javelots ayant appartenu au roi Kamehameha.

Kokua kailua

Chaque troisième dimanche du mois, le centre historique de Kailua s'anime. Des stands en tous genres sont dressés sur Alii Drive qui devient alors piétonne, invitant les promeneurs à déambuler pour découvrir les spécialités locales de 13h à 18h. Le Hulihee Palace ouvre ses portes à 16h pour un spectacle gratuit.

▸ **Pour plus d'informations** consultez historickailuavillage.com

BIG ISLAND

Ahuena Heiau.

Ironman

Tous les mois d'octobre a lieu l'« Ironman », qui est un des triathlons les plus difficiles au monde. Les épreuves sont en effet ardues : 4 km à la nage, 180 km à vélo et 42 km de course à pied. Le tout en une seule journée ! Le vainqueur empoche la coquette somme de 100 000 US$, bien méritée tout de même !

KAHALUU BEACH PARK

Sur Alii Drive, à 5 miles au sud de Kailua-Kona.

Une plage dont le sable est gris en raison de l'érosion des pierres volcaniques. La mer, abritée par une barrière rocheuse, est très fréquentée par les tortues marines et… les plongeurs qui viennent les observer. Attention cependant aux courants forts dès qu'on dépasse la zone protégée par les rochers ! Des planches de surfs ou des leçons peuvent être réservées sur place.

KAILUA PIER

Le quai de Kailua-Kona, dit « Kailua Pier », se trouve au bout de l'Alii Drive. Construit en 1918, il concentre toutes les activités touristiques marines et c'est de là que partent la plupart des excursions en mer. La digue est aussi un bon spot de pêche. Enfin, chaque mois d'octobre, c'est le point de départ du triathlon international « Ironman », qui, comme le laisse entendre son nom, est très difficile ! Ainsi, les nageurs doivent parcourir d'une traite une distance de 4 km. Oui, rien que ça !

KALOKO-HONOKOHAU NATIONAL PARK

Highway 19

www.nps.gov/kaho

A 3 miles au sud de l'aéroport. Ouvert de 8h à 17h.

Difficile d'imaginer que des hommes aient pu vivre ici. Et pourtant des indices parsemés dans la roche prouvent que cet immense champ de lave fut un jour un lieu d'habitation pour les premiers Hawaïens. Le paysage lunaire de ce parc, à deux pas de l'aéroport, est une belle introduction aux paysages de Big Island. Des sentiers traversent la lave séchée pour rejoindre une plage où les tortues viennent fréquemment se reposer. Malgré la tentation de sortir les claquettes, munissez-vous de chaussures de marche.

KAMAKAHONU BEACH

À l'intersection d'Alii Drive et Palani Road. Accès jusqu'à 19h.

Des eaux claires et calmes, idéales pour les enfants. La pause parfaite pour les familles.

KUA BAY – MANINI'OWALI

Sur la Highway 19, entre la balise 88 et 89 miles. Route pavée qui part sur la gauche en face du cimetière des vétérans.

Une superbe plage de sable fin aux eaux cristallines. Parfaite pour la nage et le snorkeling mais vous ne serez pas seul.

LA'ALOA BAY BEACH PARK – WHITE SANDS BEACH

Sur la Highway 11, à 4 miles au sud de Kailua-Kona. Accès de 7h à 20h. Baignade surveillée de 9h à 17h. Toilettes, douches.

Hulihee Palace.

Mokuaikaua Church.

Une jolie plage de sable abritée par les cocotiers. Un très bon spot pour les *boogie-boarders* et les fans de plongée. Attention aux nombreux rochers au moment d'entrer dans l'eau.

MAKALAWENA BEACH

Sur la Highway 19, une route non goudronnée part entre les balises 89 et 90 miles. À 30 minutes de marche du parking.

Déserte et préservée, c'est une magnifique plage, mais attention aux rochers de lave très coupants, prévoir autre chose que des tongs pour la marche ! Ses eaux peu profondes sont idéales pour la bronzette et la baignade.

MAUKA MEADOWS

75-5476 Mamalahoa Highway
Holualoa
✆ +1 808 322 3636
maukameadows.com
info@maukameadows.com

Ouvert de 9h à 16h. Dernière admission à 15h30. Entrée libre.

Un magnifique jardin tropical de plusieurs hectares. Nombreux arbres fruitiers et plantes endémiques de Hawaii. Pendant la promenade, on peut cueillir les fruits de saison et les déguster tranquillement ! Tout au long de l'année, les visiteurs de ce petit jardin d'Éden se régalent ainsi de bananes onctueuses, qui ne connaissent pas de saison. Une magnifique terrasse dotée d'une superbe piscine (où il est interdit de se baigner, hélas) surplombe la baie de Kailua-Kona ; on peut s'y reposer en sirotant un petit café Kona produit sur place. Le bonheur ! Les amateurs peuvent en acheter un paquet dans une boutique à proximité (entre 10 US$ et 19 US$ l'unité selon le poids).

MOKUAIKAUA CHURCH

75-5713 Alii Drive
✆ +1 808 329 0655
www.mokuaikaua.org
pastorderek@mokuaikaua.org

C'est la plus ancienne église de l'État de Hawaii. Construite en 1820 par les missionnaires, elle a été agrandie en 1836 au moyen de pierres de *heiau* (temple), la religion hawaiienne polythéiste ayant été abolie en 1819. Son impressionnant clocher de 35 m fait de cette église le plus haut édifice de la ville. Il a d'ailleurs longtemps servi de point de repère aux navigateurs à l'approche des côtes…

OLD KONA AIRPORT PARK BEACH

Au bout de la Highway 19, à droite, juste avant la Highway 11. Accès de 7h à 20h. Toilettes, douches et aire de pique-nique.

L'ancien aéroport de Kona a fermé dans les années 1970. Peu après, une plage et un parc ont été aménagés. Mais en raison d'un rivage rocheux, la baignade y est risquée. Mieux vaut se contenter d'une séance de snorkeling ou de bronzage. Un break baptisé « Old Airport » attire également les amateurs de surf.

Sports – Détente – Loisirs

- **Nager avec les dauphins.** Si vous avez toujours rêvé de nager avec les dauphins, leur rencontre dans les eaux cristallines de la côte de Kona vous laissera un souvenir impérissable.
- **Plages.** De très jolies plages bordent la côte de Kailua-Kona et les environs.
- **Surf.** Vous trouverez à Kona tout le matériel de surf nécessaire pour aller défier les vagues des spots environnants.

Plongée. C'est depuis le port de Kona que partent les excursions de plongée vers les meilleurs spots de l'île dont la célèbre Kealakekua bay.

Whale-watching. De mi-décembre à avril, vous pourrez admirer les baleines de passage dans les eaux de l'île à travers des excursions qui partent également du port de Kona.

ALOHA KAYAK CO
79-7248 Mamalahoa Hwy
✆ +1 808 322 2868
www.alohakayak.com
89 US$ le tour avec les raies, 99 US$ pour le tour de 3h à 5h de Kealakekua Bay avec les dauphins.
Plébiscité par les touristes, ce spécialiste du kayak propose des visites guidées alliant snorkeling et rencontre avec les animaux marins. Son tour de nuit vous emmène au plus près des raies manta pour environ 45 minutes sous l'eau noire entouré de ces géants. Frissons garantis. Si les stars de Kona ne sont pas présentes ce soir-là, vous pourrez revenir gratuitement une autre nuit.

BIG ISLAND DIVERS
74-5467 Kaiwi Street
✆ +1 800 488 6068 / +1 808 329 6068
www.bigislanddivers.com
Centre PADI. Pack découverte avec 20 minutes de cours en salle, 2 plongées le matin et une autre l'après-midi, raies-mantas compris pour 140 US$ par personne.
Un excellent club qui propose entre autres des plongées de nuit avec les raies manta ! Du grand spectacle. Des sorties snorkeling (à partir de 80 US$) sont aussi organisées tous les jours.

CAPTAIN ZODIAC
74-425 Kealakehe Parkway
✆ +1 808 329 3199
www.captainzodiac.com
Excursion de snorkeling de 4 heures : 110 US$ par adulte et 83,87 US$ par enfant. Observation des baleines 84 US$ pour 3h et rencontre avec les dauphins 115 US$. Prix hors taxes. Vous aurez droit à une réduction pour toute réservation via leur site Internet.
Cette agence organise des excursions en Zodiac vers Kealakekua Bay (durée 4h) pour faire du snorkeling ou observer les dauphins.

DOLPHIN DISCOVERIES
Keauhou Bay ✆ +1 808 322 8000
www.dolphindiscoveries.com
dolphindiscoveries@aloha.net
130 US$ l'excursion de 4h pour nager avec les dauphins, repas inclus. 79 US$ pour l'excursion de snorkeling ou whale-watching de 3h ou 99 US$ pour 4h.
Départs de Keauhou Bay à 7h30, 7h45 ou midi selon le tour.

DOLPHIN JOURNEYS
75-5822 Pelekila Place
✆ +1 800 384 1218
www.dolphinjourneys.com
info@dolphinjourneys.com
216 US$ pour les excursions dauphins, 140 US$ pour les baleines ou raies manta, 250 US$ pour le combo dauphins et baleines, repas inclus.
Départs du quai de Kailua-Kona pour des excursions à thèmes : dauphins, baleines ou raies manta.

KONA HONU DIVERS
74-5583 Luhia Street
✆ +1 808 324 4668
www.konahonudivers.com
maggie_a@konahonudivers.com
De 105 à 179 US$ l'excursion de plongée sous-marine. 65 US$ à 99,95 US$ la sortie snorkeling. Prix hors taxes.
Sorties plongée pour tous les niveaux. Pendant les pauses, on a droit à de délicieux cookies et à des tranches d'ananas juteuses ! La plongée la plus impressionnante est celle de nuit, à la rencontre des raies manta lumineuses...

OCEAN SAFARI'S KAYAK ADVENTURES
Kamehameha III Road
✆ +1 808 326 4699
www.oceansafariskayaks.com
oceansafaris@peoplepc.com
Location de kayak à la journée : 25 US$ le single et 40 US$ le double, Stand up paddle : 25 US$ les 2h. Comptez 49 US$ pour un tour de kayak à la rencontre des dauphins et 79 US$ pour une leçon de Paddle ou pour le Sea Cave Tour.
Plusieurs sorties guidées en kayak. La plus belle est la « Sea Cave Tour » (3h30), qui part de Keauhou Bay et qui permet de visiter les grottes marines le long de la côte de Kona. Location de kayaks et Paddles.

PACIFIC VIBRATIONS
75-5702 Likana Ln
✆ +1 808 329 4140
pacvib@hawaii.rr.com
Ouvert de 10h à 17h30.
Vente et location de *boogie-boards* ou de planches de surf.

Visites guidées

■ KONA HISTORICAL SOCIETY
Greenwell Store
81-6551 Mamalahoa Highway
✆ +1 808 938 8825
www.konahistorical.org
khs@konahistorical.org
Comptez 15 US$ pour la visite guidée.
Cette association protège le patrimoine historique de Kailua-Kona et de toute la côte de Kona. Ses membres organisent régulièrement une visite guidée des principaux sites du centre-ville de Kailua-Kona, visite baptisée « The Historic Kailua Village Walking Tour ». Le circuit, riche d'informations passionnantes, dure 1h15 et une brochure de photos d'archives du village de Kailua est comprise dans le prix. Il faut réserver sa place une semaine à l'avance, mais si le nombre de personnes inscrites est inférieur à 10, la visite peut être annulée.

Shopping

■ ALII GARDENS MARKETPLACE
75-6129 Alii Drive
✆ +1 808 334 1381
www.aliigardensmarketplace.com
Du mardi au dimanche de 10h à 17h.
Fleurs, bijoux, café et même ukulélés sont en vente sur ce marché où il fait bon se promener.

■ HONOLUA SURF COMPANY
75-5744 Alii Drive
Kona Inn Shopping Village
✆ +1 808 329 1001
www.honoluasurf.com
info@honoluasurf.com
Vente de tenues et planches de surf.

■ KONA INN FARMERS MARKET
Kona Inn Shopping Village
75-7544 Alii Drive
www.konafarmersmarket.com
Ouvert de mercredi à dimanche de 7h à 16h. Sur le parking du Kona Inn Shopping Village.
Grand marché de produits bio à Big Island.

■ MADE ON THE BIG ISLAND
75-5660 Palani Road
Courtyard Marriott King Kamehameha's
Kona Beach Hotel
✆ +1 808 326 4949
Comme le laisse entendre son nom, ce magasin vend exclusivement des objets d'artisanat fabriqués à Big Island. Pour tous les budgets.

KEALAKEKUA

Au mile 12, on arrive au village de Kealakekua, ancré sur les hauteurs, entouré de champs de caféiers. Il est surtout connu pour sa sublime baie du même nom mais c'est le village Captain Cook qui est en le plus proche et par lequel vous y accèderez. C'est cependant une bonne base pour visiter le coin et les hébergements de charme de bon rapport qualité prix y abondent.

Transports

▸ **Voiture**. Le meilleur moyen de transport pour se rendre sur la côte de Kona, c'est la voiture. Par la Highway 11, c'est un jeu d'enfant !

■ HELE-ON BUS
✆ +1 808 961 8521 – www.heleonbus.org
2 US$ par trajet, 1 US$ supplémentaire pour les bagages ou vélos. Le bus Hilo – Kona s'arrête à Kailua-Kona, Kealakekua et Captain Cook mais il est vraiment bien plus pratique de prendre la voiture !

Pratique

Argent

■ BANK OF HAWAII
81-6638 Mamalahoa Highway
✆ +1 808 322 9377
Distributeur 24h/24.

Moyens de communication

■ KEALAKEKUA POST OFFICE
Kona Center – Mamalahoa Highway
✆ +1 800 275 8777
Ouvert de 9h à 16h30 du lundi au vendredi. De 9h30 à 12h30 le samedi.

■ KEALAKEKUA PUBLIC LIBRARY
81-6638 Mamalahoa Highway
✆ +1 808 323 7585
Ouvert de 12h à 16h les lundis, mardis et vendredis. De 14h à 19h les mercredis. De 10h à 15h les samedis. Accès Internet avec la Visitor's Card de 3 mois (10 US$). Impossible de souscrire à un abonnement pour une durée inférieure, mais la carte permet aussi d'utiliser Internet dans toutes les bibliothèques de l'archipel.

Santé – Urgences

■ KONA COMMUNITY HOSPITAL
79-1019 Haukapila Street
✆ +1 808 322 9311 – www.kch.hhsc.org
Urgences assurées 24h/24.

OSHIMA DRUGS

79-400 Mamalahoa Highway
✆ +1 808 322 3313
Ouvert du lundi au vendredi de 9h à 18h. Le samedi de 9h à 17h.

Se loger

BELLE VUE KONA

Kealakekua ✆ +1 808 328 9898
www.kona-bed-breakfast.com
bellevue@hawaii.rr.com
De 95 US$ à 165 US$, le studio pour 2 personnes. Réservations à l'avance.
Ce superbe Bed & Breakfast, niché sur une colline verdoyante, surplombe la baie de Kealakekua. La vue y est tout simplement sublime ! Le must, c'est de s'allonger sur un des transats dans le jardin et d'admirer le coucher de soleil sur l'océan… L'hôtesse, Viviane Baker, parle couramment le français et elle est vraiment aux petits soins pour ses clients. Ses deux studios, l'Orchid Suite et la Rose Garden Suite, sont très bien aménagés et ont tout le confort moderne : TV câblée, accès wi-fi, frigo, micro-ondes, machine à café… Sans oublier leurs très agréables *lanai* (terrasses) où il fait bon flâner en écoutant le silence. Une affaire en or !

PINEAPPLE PARK

81-6363 Mamalahoa Highway
✆ +1 808 323 2224
pineapple-park.com
park@aloha.net
30 US$ la nuit en dortoir, 69 US$ en chambre double avec salle de bains commune, 85 US$ avec salle de bains privative. Kayaks à louer (de 34 US$ la journée pour un single, 52 US$ pour un double et 72 US$ pour un triple).
Une auberge de jeunesse toute simple qui a pour principal avantage d'être en plein centre de Captain Cook, entre les balises 110 et 111 miles. Les chambres doubles sont un peu petites pour le prix. Le dortoir est finalement de meilleur rapport qualité-prix. Une grande cuisine parfaitement équipée et un barbecue dans le patio.

Se restaurer

TESHIMA'S

79-7251 Mamalahoa Highway
✆ +1 808 322 9140
À l'intersection de la Mamalahoa Highway et de la route n° 180. Pas de CB. Ouvert de 6h30 à 14h et de 17h à 21h. Comptez de 15 à 20 US$ le repas.
Un restaurant japonais à la décoration toute simple mais à la cuisine authentique et délicieuse. Depuis son ouverture par la famille Teshima, en 1929, il ne désemplit pas ! Pour déjeuner, prenez un *bento* (plateau repas traditionnel) : c'est frais, bon et roboratif !

À voir – À faire

H.N. GREENWELL STORE

81-6551 Mamalahoa Highway
✆ +1 808 323 3222
www.konahistorical.org
khs@konahistorical.org
Ouvert lundi et jeudi de 10h à 14h. Adultes 7 US$, enfants (de 5 à 12 ans) 3 US$, gratuit pour les moins de 5 ans.
Sur la propriété de Henry N. Greenwell, construite en 1850, on trouvait tout à la fois : un ranch, un bureau de poste, une grande boutique et la maison des Greenwell. Aujourd'hui, il ne reste de cette immense propriété qu'un bâtiment érigé en 1875 et classé monument historique. Il abrite un musée passionnant où a été reconstituée la boutique de l'époque. Comme à la Kona Coffee Living History Farm, la muséographie est vivante et c'est une vendeuse en tenue qui présente les différents articles vendus à l'époque. Tous sont riches d'enseignements sur cette période ; on découvre notamment le rôle majeur que jouaient les cow-boys hawaiiens dans l'économie et le commerce de cette période.
C'est également ici que se trouve le siège de la Kona Historical Society, qui protège le patrimoine historique de la côte de Kona et organise des visites guidées du centre-ville de Kailua-Kona.

Sports – Détente – Loisirs

KONA BOYS

79-7539 Mamalahoa Highway
✆ +1 808 328 1234
www.konaboys.com
info@konaboys.com
169 US$ l'excursion d'une demi-journée en kayak à Kealakekua Bay, repas inclus. Location du kayak à l'heure : 19 US$ le single ou 29 US$ le double. Tarifs à la journée : 54 US$ le single et 74 US$ le double.
Situé à Kealakekua, Kona Boys loue des kayaks, planches de surf et équipements de snorkeling à l'heure, la journée ou la semaine. Des excursions guidées ou cours de surfs peuvent également être organisés.

CAPTAIN COOK

Ce petit village paisible, loin des grands complexes hôteliers de Kailua-Kona, offre des possibilités d'hébergement à taille humaine fort agréables. Vous trouverez également plusieurs sites historiques intéressants à visiter dans les environs. C'est aussi par ce village que l'on accède à la célèbre baie de Kealakekua, aux fonds marins prisés par les plongeurs, et où se trouve le monument dédié au Capitaine Cook ; c'est en effet sur cette baie que fut assassiné le premier Européen qui découvrit Hawaii.

Se loger

■ HALE HOOLA B&B

85-4577 Mamalahoa Hwy
✆ +1 808 328 9117
www.hale-hoola.com
tlc@hale-hoola.com
De 125 US$ à 165 US$ la chambre double, petit déjeuner inclus.
Bob et Mary vous accueillent dans leur grande maison de bois, construite dans le style des plantations d'autrefois. Trois chambres vous attendent, dont une avec deux lits doubles pour les grandes familles. Chaque chambre a une salle de bain privée et une terrasse privée avec vue sur la mer, l'idéal pour les couchers de soleil. Le petit déjeuner est servi tous les matins sur la grande terrasse de la maison.

■ HOTEL MANAGO

81-6155 Mamalahoa Highway
Captain Cook
✆ +1 808 323 2642
www.managohotel.com
mail@managohotel.com
Chambre avec salle de bains commune, 33 US$ la single, 36 US$ la double. Avec salle de bains privative, de 59 US$ à 78 US$ la single, de 62 US$ à 81 US$ la double, de 68 US$ à 73 US$ la quadruple. Egalement, chambre à la semaine à partir de 354 US$, ou au mois à partir de 1 180 US$, les prix variant en fonction de la vue et de la salle de bains privative ou non.
Cet hôtel au confort basique est de loin l'un des moins chers de la côte de Kona. Construit en 1917 par la famille Manago, des immigrés japonais, le bâtiment n'est pas de la première fraîcheur mais cela lui confère un certain charme. La chambre la plus confortable, et la plus chère, est celle de style nippon, avec un tatami et un « furo » (bain traditionnel japonais).

■ KA'AWA LOA PLANTATION GUESTHOUSE AND RETREAT

82-5990 Napoopoo Road
✆ +1 808 323 2686
www.kaawaloaplantation.com
De 129 US$ à 199 US$ pour deux personnes.
La grande maison en bois de Greg et Michael illustre parfaitement le style de Big Island. Dans le jardin on trouve avocats, papayes, goyaves, fruits de la passion et bien sûr du café. Le choix des chambres varie selon la vue mer ou montagne et selon si la salle de bain est privée ou non. Pour un peu plus d'espace un cottage et une suite sont disponibles. Les petits déjeuners sont copieux et agrémentés de produits du jardin, un vrai plaisir.

■ RAINBOW PLANTATION

81-6327B Mamalahoa
✆ +1 808 323 2393
www.rainbowplantation.com
De 109 US$ à 129 US$ la chambre double. Petit déjeuner inclus. Prix hors taxes et 15 US$ la personne supplémentaire. Réservation pour deux nuits minimum. Au milieu d'une plantation de noix de macadamia (à consommer à volonté !), une ravissante maison de 4 chambres. Dans chaque unité : salle de bains, frigo et télé. Paons, poules et perroquets peuplent les jardins, ce qui donne parfois l'impression d'être en pleine jungle ! On est loin de l'agitation urbaine de Kailua-Kona.

Se restaurer

■ PAPARONI'S

82-6127 Mamalahoa Highway
✆ +1 808 323 2661
En face du commissariat de police et juste à côté de la Banana Bread Bakery (boulangerie). Ouvert du lundi au vendredi de 10h à 20h30. A partir de 11h le weekend. Compter de 7 US$ à 17 US$ le plat de pâtes ou la pizza.
Un véritable coin d'Italie à Hawaii. La décoration et surtout les tubes italiens qui passent en boucle, tout y est. Il faut dire que la patronne, Dina Kahele, est à moitié italienne. La plupart des ingrédients faits maison satisferont les plus fins palais : à l'évidence, pesto, sauce tomate et pain ne viennent pas du supermarché ! Pasta et pizza composent l'essentiel de la carte. La palme revient aux pizzas dont on choisit soi-même les ingrédients et la taille. Inutile de commander la plus grande, la moyenne étant à même de satisfaire les plus affamés. Une bonne sélection de vins, made in Italy également : valpolicella, montepulciano, chianti.

THE COFFEE SHACK
83-5799 Mamalahoa Highway
✆ +1 808 328 9555
www.coffeeshack.com
info2@coffeeshack.com
Entre les balises 108 et 109 miles. Ouvert de 7h30 à 15h. Plat autour de 12 US$ en moyenne.
Une très bonne adresse pour le petit déjeuner ou le déjeuner. Excellent café Kona et des omelettes fondantes à se damner. Si on ajoute à cela une terrasse avec une vue superbe sur Kealakekua Bay, un service irréprochable et des prix vraiment corrects, que demander de plus ?

À voir – À faire

AMY B. H. GREENWELL ETHNOBOTANICAL GARDEN
82-6188 Mamalahoa Highway
✆ +1 808 323 3318
www.bishopmuseum.org/greenwell
membership@bishopmuseum.org
Ouvert du mardi au dimanche de 9h à 16h. Adultes 7 US$, retraités 6 US$, gratuit pour les enfants de 12 ans et moins. Une visite guidée à 13h tous les jours (incluse dans le ticket d'entrée).
Sur environ 5 hectares, plus de 250 plantes endémiques de Hawaii. Le parc met en lumière les liens culturels forts qu'entretiennent, depuis toujours, les Hawaiiens avec ces plantes et la nature en général.

FRUIT PARK – 12 TREES PROJECT
82-5810 Napoopoo Road
✆ +1 808 772 6930 – ken@kona.net
Dans l'enceinte de la Kona Pacific Farmers Cooperative. Entrée libre mais dons bienvenus.
Ken Love, l'un des plus grands arboriculteurs de l'archipel, a fondé ce jardin éducatif sur les arbres fruitiers de Hawaii, il y a près de 10 ans. Au début, seulement 12 arbres avaient été plantés, c'est pourquoi le parc s'appelle aussi « 12 Trees Project ». Aujourd'hui, on en dénombre une soixantaine. Ken tente de réintroduire des fruits endémiques de Hawaii. Il a ainsi réintroduit une espèce de banane locale, dite « lahilahi », qui avait complètement disparu de la région et qui se développe sans problème dans le parc depuis plusieurs années. Il est interdit de cueillir des fruits, mais, si vous désirez participer à une séance de dégustation, il faut téléphoner à Ken et convenir d'un rendez-vous. Il se fera un plaisir de vous faire goûter les spécialités de son jardin ! Certains

Le capitaine Cook et la Kealakekua Bay

Navigateur et explorateur anglais, le capitaine Cook a découvert Hawaii en 1778 et, ironie du sort, il a débarqué dans la baie où il allait mourir un an plus tard. Deux débarquements qui donnèrent lieu à deux malentendus que l'on peut imputer à une soudaine et peut-être brutale rencontre entre deux civilisations. Les Occidentaux et les Hawaiiens ne parlaient pas la même langue et n'avaient pas la même culture ; il était difficile pour eux de se comprendre, surtout dès leur première rencontre... C'est pourquoi quand le capitaine Cook débarque à Kealakekua Bay en novembre 1778, il est bien loin de se douter qu'on va le prendre pour un dieu ! En effet, il ne pouvait pas savoir qu'il arrivait au moment des festivités célébrant le dieu de la moisson Lono et que les Hawaiiens allaient le prendre pour son incarnation humaine !
Ce premier débarquement se passe donc plutôt bien, vu qu'il est accueilli comme un dieu vivant et qu'on le couvre d'offrandes... La situation est tout autre un an plus tard... en février 1779. Un des bateaux de Cook a subi des dommages matériels suite à une tempête et l'équipage est contraint de débarquer à Kealakekua Bay pour y effectuer des réparations. Circonstance qui va entraîner la destruction immédiate du mythe entourant le capitaine Cook dans l'esprit des Hawaiiens : jamais un véritable dieu n'aurait pu être affaibli par une simple tempête ! Cook devient donc un menteur et l'homme à abattre, ce qui sera bientôt chose faite : il est tué par plusieurs coups violents portés à la tête et son corps est emporté... Après moult négociations, l'équipage réussit à récupérer le corps du capitaine. Enfin, ce qu'il en reste ! Cook a en effet été découpé en petits morceaux et on n'a jamais retrouvé la totalité du corps. D'après les historiens, les Hawaiiens en auraient mangé une partie ! Car, selon la tradition, manger le corps de son ennemi permettait de s'emparer de son pouvoir, de son *mana*. Triste destin pour ce pauvre Cook tout de même, même si son nom le prédestinait peut-être à finir cuit dans une marmite hawaiienne !

fruits sont vraiment étonnants, telle la Rollinia Deliciosa avec son goût de crème brûlée !

■ HIKIAU HEIAU

Au bout de Napoopoo Road

La plupart des *heiau* (temple) ayant été détruits après l'abolition de la religion hawaiienne (1819), le Hikiau Heiau n'est qu'un ensemble de ruines comme tous les autres… Il faut cependant tâcher d'imaginer ce temple du temps où il était immense et un lieu de culte majeur pour les habitants de la région. Dédié au dieu des moissons Lono, il a été le théâtre de nombreuses cérémonies en l'honneur du capitaine Cook, en 1778, les Hawaiiens ayant cru voir en ce dernier l'incarnation de leur dieu !

■ KEALAKEKUA BAY STATE HISTORICAL PARK

www.hawaiistateparks.org

Un des plus beaux sites de Big Island. Des montagnes aiguisées dominent une mer turquoise emplie de corail et de bancs de poissons multicolores. Les dauphins sont friands de ce paradis marin qu'ils aiment à fréquenter tôt le matin, avant que ne débarquent la centaine de touristes venus explorer la baie, munis de masques et tubas. C'est par la mer que l'accès à la baie est le plus simple. Sinon, il faut aller au bout de Napoopoo Road et y garer sa voiture. De là, on accède à la mini plage de Napoopoo Beach qui fait partie de la baie. Les eaux calmes de Kealakekua sont parfaites pour la nage, la plongée et le kayak.

► **Captain James Cook Monument.** Le monument qui rend hommage au capitaine James Cook (1728-1779) est un obélisque blanc d'environ 8 m de haut, sur la côte nord-ouest de la baie de Kealakekua. Il a été érigé en 1878 par les Anglais, en souvenir de leur compatriote tué par les Hawaiiens dans cette même baie, en 1779. On peut accéder au monument par la mer (l'obélisque est vraiment au bord de l'eau) ou par un petit sentier appelé le « Captain Cook Monument Trail » (début du sentier au bout de Napoopoo Road ; compter 2h30 l'aller-retour).

■ KONA COFFEE LIVING HISTORY FARM

81-6551 Mamalahoa Highway

✆ +1 808 323 2006

www.konahistorical.org

Ouvert du lundi au vendredi de 10h à 14h. Visite guidée à 10h et 14h (se présenter à 13h au plus tard). Entrée : adultes 15 US$, enfants de 5 à 12 ans 5 US$.

À faire absolument. Intéressant et original, ce musée reconstitue, d'une manière vivante et animée, l'histoire des pionniers du café Kona, de 1920 à 1945. La ferme où il se trouve était tenue par la famille Uchida, des immigrants japonais. Le personnel en tenue d'époque évolue dans la ferme, comme le faisaient les Uchida dans leur vie quotidienne et on peut à tout moment leur demander des explications sur ce que l'on voit. Grâce à cette présentation ludique, le passé acquiert beaucoup plus d'épaisseur et on assimile facilement bien plus de connaissances que dans un musée classique ! Ainsi, on peut pénétrer dans la cuisine des Uchida où la mère de famille prépare des musubi (boules de riz), que l'on peut goûter, ou bien observer un employé japonais cueillant les fruits des caféiers. On assiste aussi à tout le processus de fabrication artisanale du café à cette période : de la « kuriba » (moulin qui enlève les peaux du fruit du caféier pour n'en garder que le grain) à la « hoshidana » (plate-forme en tôle pour sécher les grains).

■ KONA PACIFIC FARMERS COOPERATIVE

82-5810 Napoopoo Road

✆ +1 808 328 2411 – www.kpfc.com

Ouvert de 9h à 16h30 du lundi au vendredi. Entrée libre.

Cette coopérative rassemble plus de 300 producteurs locaux de café Kona. Créée en 1910, elle s'est peu à peu agrandie et c'est aujourd'hui la plus ancienne et la plus importante coopérative de café Kona à travers les États-Unis. 900 tonnes de café sont traitées sur place chaque année !

La saison de production du café s'étend de juillet à janvier, c'est donc la période où les visites sont le plus intéressantes car l'activité est intense. Dans la boutique de la coopérative, on a droit à une dégustation gratuite et on peut acheter du café Kona produit in situ. Si on devient accro, on peut aussi se faire envoyer du café à domicile en commandant sur leur site Internet.

■ MILOLII BEACH PARK

Sur la Highway 11, en direction du sud et au niveau de la balise 89 miles.

Milolii est un ancien village de pêcheurs qui a été complètement ravagé par une coulée de lave en 1926. La lave durcie est présente jusque sur sa plage, qui n'est pas idéale pour faire bronzette en raison de son littoral accidenté mais qui est un très bon spot de surf.

PU'UHONUA O HONAUNAU NATIONAL HISTORICAL PARK

✆ +1 808 328 2288
www.nps.gov/puho
Accès : prendre la Highway 11 en direction du sud puis la route 160 entre les balises 103 et 104 miles. Le parc est 7 km plus bas. Ouvert de 7h au coucher du soleil. 5 US$ par véhicule et 3 US$ par personne (si on est à pied).
Ce parc historique national, au nom hawaiien difficilement prononçable, était, au XVIe siècle, une ville protégée et fortifiée. Ses remparts, de 310 m de long et de 3 m de haut, faisaient de cette cité un véritable refuge pour différentes catégories de la population dont la vie pouvait être menacée. Les femmes en temps de guerre et les briseurs de *kapu* (tabous de la religion hawaiienne) vivaient ainsi en nombre dans ce village. Le *heiau* Hale o Keawe, où serait enterré un ancêtre du roi Kamehameha Ier, a été soigneusement restauré et sa visite est intéressante. Avant de reprendre la voiture, faites un tour sur la plage au bout de la deuxième rue à gauche au bout du parking, Two Steps Beach : ses eaux sont propices au snorkeling et à la baignade. On y observe également des tortues marines et des dauphins à long bec.

Kii du Hale o Keawe, Pu'uhonua o Honaunau National Historical Park.

SAINT BENEDICT'S PAINTED CHURCH

84-5140 Painted Church Road
✆ +1 808 328 2227
www.thepaintedchurch.com
Une très jolie église, toute blanche à l'extérieur et colorée à l'intérieur. C'est le missionnaire catholique, John Velge, qui a construit cette église de 1899 à 1904. Et c'est lui qui a peint les scènes religieuses que l'on peut voir sur les murs et le plafond du bâtiment. Son but était de raconter aux Hawaiiens l'histoire de la Bible en images, sans passer par l'anglais que la plupart des natifs ne comprenaient pas. Une messe y est célébrée tous les week-ends. De l'entrée, la vue sur la baie de Kealakekua est prodigieuse. Jolie photo garantie.

Sports – Détente – Loisirs

- **Snorkeling.** La plupart des excursions de snorkeling ont lieu à Kealakekua Bay dont les fonds sont absolument sublimes ! Le départ se fait en général du port de plaisance à Kailua Kona
- **Kayak.** Kealakekua Bay est le meilleur spot de kayak de la côte de Kona. Toutes les agences y organisent des excursions.

CAPTAIN ZODIAC

74-425 Kealakehe Parkway
Kailua-Kona
✆ +1 808 329 3199
www.captainzodiac.com
info@captainzodiac.com
Excursion de snorkeling de 4 heures : 110 US$ par adulte et 83,87 US$ par enfant. Observation des baleines 84 US$ pour 3h et rencontre avec les dauphins 115 US$. Prix hors taxes. Vous aurez droit à une réduction pour toute réservation via leur site Internet.
Cette agence organise des excursions en Zodiac vers Kealakekua Bay (durée 4h), avec 2 départs par jour de Honokohau Harbor (entre l'aéroport et Kailua-Kona), à 8h15 et 13h. Sensations fortes garanties à bord ! Les pilotes du bateau foncent et ça décoiffe ! Ils ont également beaucoup d'humour et on ne s'ennuie pas une seconde.
En saison (période de reproduction, de décembre à avril), on peut observer des baleines à bosse sur le parcours. C'est fort impressionnant car on se sent tout petit avec la dizaine de touristes sur le petit bateau ! Mais elles ne sont pas méchantes et on ne risque rien... Une fois à Kealakekua Bay, tout le monde enfile ses palmes, masque et tuba fournis par l'équipage et va admirer les

magnifiques poissons multicolores au-dessus de la barrière de corail, juste en dessous du monument dédié au capitaine Cook. Au bout de 30 minutes environ, tout le monde remonte sur le Zodiac et a droit à une collation et un en-cas salé ou sucré (inclus dans le prix). Sur le chemin du retour, le bateau fait encore quelques arrêts intéressants, notamment devant d'impressionnants tunnels formés par la lave et des grottes creusées par la mer. Depuis 2014 un nouveau tour permet d'aller observer de plus près les dauphins à longs becs avec palmes, masque et tuba, une occasion unique de nager avec eux !
Enfin, la directrice de Captain Zodiac, Linda Zabolski, d'origine française, est totalement bilingue. Elle adore la France et sera ravie de vous donner des renseignements sur les excursions qu'elle organise mais aussi sur Big Island qu'elle connaît par cœur !

LE SUD DE L'ÎLE

Le Sud de l'île est constitué de l'impressionnant parc national des volcans et de la région de Kau, la pointe sud de l'île où vivent un peu moins de 6 000 habitants. Cependant, les paysages et les plages de cette pointe sud sont superbes et préservés et ont même particulièrement inspiré Mark Twain lors de sa visite de l'île. Ka Lae, ou South Point, est, par ailleurs, le point le plus au sud des États-Unis et c'est ici qu'auraient débarqué les premiers Polynésiens venus s'installer à Hawaii, en 750 apr. J.-C.
Il faut une bonne journée pour visiter cette pointe sud de Big Island et prendre le temps d'aller sur ses plages aux couleurs étonnantes. Consacrez une deuxième journée au Parc National des volcans car il est impossible de visiter ces deux zones du sud de l'île en une journée !

OCEAN VIEW

Ocean View est une petite ville d'environ 5 000 habitants qui est un bon camp de base pour rayonner dans le sud de l'île.
Elle compte en effet des bed & breakfast à petits prix. Son environnement naturel et paisible plaira aux amateurs de nature et de calme.

BOUGAINVILLEA BED & BREAKFAST

✆ +1 808 929 7089
www.bougainvilleabedandbreakfast.com
79 US$ la chambre single et 89 US$ la double, 15 US$ par couchage supplémentaire. Réservations bien à l'avance.
Très sympathique B&B, niché sur les hauteurs de la petite ville d'Ocean View. Jolie vue sur South Point à partir des lanai (terrasses) des 4 chambres, chacune avec salle de bains privative. Jacuzzi dans le jardin. Le petit déjeuner préparé par les propriétaires, Martie et Don Nitsche, est un pur régal.

KULA KAI CAVERNS

✆ +1 808 929 9725
www.kulakaicaverns.com
Accès : suivre le panneau indiquant « Kula Kai Caverns » sur la Mamalahoa Highway (n° 11) à Ocean View. Visite guidée simple (30 à 45 minutes) : adultes 20 US$, enfants 6-12 ans 10 US$. Excursion de spéléologie (plusieurs formules) : de 60 US$ à 95 US$ par personne. Sur réservation uniquement.
Les cavernes de Kula Kai sont en fait des tunnels formés par la lave durcie, il y a plus de mille ans ! C'est une curiosité géologique étonnante, à découvrir absolument. Claustrophobes s'abstenir.

MANUKA STATE WAYSIDE

Sur la Highway 11, au nord de la balise 81 miles. Entrée libre.
Conçu dans les années 1930, ce parc de 3 hectares abrite 48 espèces de plantes endémiques de Hawaii et une centaine d'autres en provenance de tout le Pacifique. C'est en suivant le sentier balisé « Manuka Loop Trail », long de 3 km, qu'on découvre cette prodigieuse nature. Il est conseillé de mettre de vraies chaussures de randonnée car le terrain est accidenté par endroits. Mais on n'est pas obligé de faire toute la randonnée ; on peut se contenter d'une petite marche pour se dégourdir les jambes et profiter de l'aire de pique-nique aménagée pour déjeuner au grand air. Ne pas oublier le spray antimoustiques, ces insectes étant voraces dans le parc !

NAALEHU

Naalehu est une ville sans intérêt touristique mais où vous pourrez vivre au rythme des locaux, loin des grands complexes hôteliers. Bon rapport qualité-prix des bed & breakfast et bon point de chute pour aller visiter le parc des volcans situé à proximité.

Transports

■ HELE-ON BUS

✆ +1 808 961 8521 – www.heleonbus.org
2 US$ pour un trajet.

Pratique

Moyens de communication

■ NAALEHU POST OFFICE

95-5663 Mamalahoa Highway
✆ +1 808 275 8777
Ouvert du lundi au vendredi de 8h à 13h et de 14h à 16h15. De 8h à 10h le samedi.

■ NAALEHU PUBLIC LIBRARY

95-5669 Hawaii Belt Road
✆ +1 808 939 2442
Accès Internet avec la Visitor's Card de 3 mois (10 US$). Pas de souscription possible pour une durée inférieure, mais la carte donne ensuite accès à Internet dans toutes les autres bibliothèques de l'archipel.

Santé – Urgences

C'est dans la petite bourgade de Pahala que se trouvent l'hôpital et l'unique pharmacie de la région, à 20 minutes de Naalehu.

■ KAU COMMUNITY PHARMACY

Suite 36 – 96-115 Kamani Street
Pahala ✆ +1 808 928 6252
Ouvert de 8h à 17h les lundi, mercredi et vendredi. De 8h à 15h le mardi.

■ KAU HOSPITAL

1 Kamani Street
Pahala
✆ +1 808 928 8331
Ouvert du lundi au vendredi de 8h à 16h30. Urgences assurées 24h/24.

Se loger

Peu d'offres de logement dans le coin. Vous trouverez essentiellement des bed & breakfast qu'il faut réserver tôt !

■ MARGO'S CORNER

✆ +1 808 929 9614
www.margoscorner.com
info@margoscorner.com
À proximité de Punaluu Black Sand Beach. À partir de 90 US$ la chambre double et 130 US$ la suite jusqu'à 6 personnes, 30 US$ supplémentaires par personne au-delà de 2. Tente dans le jardin 30 US$ par personne. Réservations au moins 7 jours à l'avance et pour 2 nuits minimum.
C'est une maison rose au milieu d'un jardin zen japonais, lui-même entouré d'une oasis tropicale. La chambre double et la suite ont une salle de bains privative, mais seule la suite est équipée d'un sauna. Le petit déjeuner est inclus dans tous les cas, même pour les campeurs. Un hébergement de très bon rapport qualité-prix et où on est sûr de décompresser !

Se restaurer

Très peu de restaurants dans le coin ! Ici, comme dans toute cette région de la pointe sud de l'île, on ne trouvera pas de restaurants où s'attabler devant un long dîner, mais plutôt des petits snacks, pas mauvais du tout, avec une ambiance vraiment typique et des produits de qualité.

■ HANA HOU RESTAURANT

95-1148 Naalehu Spur Road
✆ +1 808 929 9717
naalehurestaurant.com
Ouvert de 8h à 17h du dimanche au jeudi. Jusqu'à 20h vendredi et samedi. Plats et sandwiches entre 9 US$ et 14 US$.
Petit restaurant qui mêle cuisine US et hawaiienne. Le chef met un point d'honneur à n'utiliser que des ingrédients produits à Big Island.

■ PUNALUU BAKE SHOP

95-5642 Mamalahoa Highway
✆ +1 808 929 7343
www.bakeshophawaii.com
Ouvert de 9h à 17h. Pour un petit déjeuner, avec café, jus de fruits et pain sucré, compter environ 10 US$.
Une excellente boulangerie qui fabrique du pain sucré hawaiien à tous les parfums ! Les plus cotés sont les pains aromatisés à la mangue ou au *taro* (pomme de terre locale). C'est la halte gourmande parfaite au petit déjeuner, et le meilleur moyen de prendre des forces avant une randonnée au parc national des Volcans. Sur place ou à emporter. Depuis peu, la boulangerie fait aussi office de Visitor Center, raison de plus pour s'y arrêter !

À voir – À faire

■ PUNALUU BLACK SAND BEACH

Sur la Highway 11 (Hawaii Belt Road), en remontant vers le nord depuis Naalehu, prendre la petite route à droite, entre les balises 56 et 57 miles. Comptez 20 minutes de route.
Une magnifique plage de sable noir, une couleur due à l'érosion de la lave durcie, où

Punaluu Black Sand Beach.

viennent pondre les tortues marines. C'est l'occasion rêvée pour faire de superbes photos de ces tortues si vous avez la chance de les apercevoir.

■ **WOOD VALLEY TEMPLE**
Pahala
✆ +1 808 928 8539
www.nechung.org
A 20 min de route au nord-est de Naalehu par la Highway 11, en direction du parc des volcans. Pour une retraite, comptez de 65 US$ à 75 US$ la chambre single et de 85 US$ à 150 US$ la double.
Un magnifique temple bouddhiste, construit en 1973 par le Tibétain Nechung Rinpoche. Le dalaï-lama y a prononcé une allocution en 1980 et en 1994. On peut visiter les jardins, assister à une cérémonie ou encore y séjourner pour une véritable retraite spirituelle.

SOUTH POINT

Comme l'indique son nom, South Point, également appelé Ka lae en hawaiien, est le point le plus au sud de Big Island. Mais c'est aussi le point le plus au Sud des Etats-Unis.

Transports

▸ **Voiture.** Le meilleur moyen de locomotion pour se rendre sur la pointe sud de l'île est incontestablement la voiture. La Highway 11, qui forme une boucle entre Kailua-Kona et Hilo, mène directement à la pointe sud de l'île, que l'on parte de la côte ouest ou est de Big Island. La route change de nom en fonction de sa situation géographique, devenant la « Mamalahoa Highway » à l'ouest et « la Hawaii Belt Road » à l'est. Au sud de la Highway 11, South Point Road conduit tout droit à Ka Lae (pointe sud).

▸ **Bus.** Certes, le bus passe dans la région mais la fréquence de ses passages est si faible que le voyage relève d'un véritable parcours du combattant. Pour que le bus marque un arrêt dans la région, il faut téléphoner la veille (avant 15h) à la compagnie.
Celle-ci vous communique alors l'heure précise de passage du bus qui fait Hilo – Kau mais il n'y a qu'un arrêt par jour, dans un sens comme dans l'autre (www.heleonbus.org).

Se loger

Comme partout dans cette région calme et reculée, on trouve principalement des Bed & Breakfast, où le séjour peut être une bonne occasion de se ressourcer. Mais les hébergements ne sont pas nombreux, alors pensez à réserver tôt.

■ **KALAEKILOHANA**
94-2152 South Point Road
✆ +1 808 939 8052
www.kau-hawaii.com
kk@kau-hawaii.com
À partir de 309 US$ la chambre double, petit déjeuner inclus.
Une charmante maisonnette en pleine nature qui fait office de Bed & Breakfast. 4 chambres spacieuses avec douche, lanai (terrasse) et wi-fi. Un petit déjeuner délicieux et consistant est servi tous les matins, de 7h à 9h, dans la salle de séjour de la maison. Mais l'originalité de ce B&B réside surtout dans son programme d'ateliers d'initiation à la culture hawaiienne. Ils ont lieu sur place car les patrons tiennent à ce que leurs clients se détendent tout en s'instruisant.

À voir – À faire

KA LAE – SOUTH POINT

En roulant vers le sud sur la Mamalahoa Highway, tournez dans South Point Road, à droite (juste après la balise 70 miles), et continuez tout droit. À un moment, la route se divise en deux : prenez à gauche et continuez jusqu'au parking. Marchez vers le phare, South Point est juste derrière !

C'est le bout de terre le plus au sud des États-Unis ! C'est aussi là qu'auraient débarqué les premiers Tahitiens venus s'installer à Hawaii en 750 apr. J.-C. car c'est le point de Hawaii le plus proche de Tahiti ; les trous creusés dans la roche près du rivage auraient servi à amarrer leurs canoës. La convergence des vents est et ouest fait de Ka Lae un site particulièrement venteux (attention aux casquettes !) et propice à une très bonne pêche (à condition d'être très prudent en raison d'un relief très accidenté). Il est par ailleurs formellement déconseillé de nager ou de plonger dans ces eaux aux très forts courants. Le long de la route, on remarquera les multiples éoliennes, la plupart aujourd'hui hors service. Enfin, le parking de South Point étant entièrement gratuit, faites-le savoir à certaines personnes mal intentionnées qui essaient quand même de ponctionner les touristes.

PAPAKOLEA GREEN SAND BEACH

A partir du parking de South Point, comptez 6 km de marche aller-retour.

Le sable de Papakolea Sand Beach est d'une couleur rare : il est vert ! La couleur est due à l'olivine, un minéral vert issu des roches volcaniques. Mais, attention, pour contempler cette petite merveille, une petite marche est nécessaire.

Attention : l'office de tourisme de Big Island aurait souhaité que nous ne mentionnions plus cette plage dans le guide car de nombreux touristes ont sali cette plage précieuse. Vous ne la trouverez d'ailleurs plus dans aucun dépliant officiel de l'île... Nous la laissons dans le guide car il serait dommage que vous la ratiez mais, en échange, prenez soin de la respecter !

HAWAII VOLCANOES NATIONAL PARK

Les deux seuls et uniques volcans actifs de l'archipel hawaiien, le Kilauea et le Mauna Loa, se trouvent dans le parc national des Volcans de Hawaii qui s'étend sur 133 200 ha. De ces deux volcans est née Big Island, il y a 400 000 ans. Le Mauna Loa n'est pas entré en éruption depuis 1984, mais il reste actif selon les volcanologues car il peut se réveiller à tout moment. La situation est tout autre pour le Kilauea qui est plus jeune et en éruption permanente aujourd'hui ; les spécialistes le considèrent même comme le volcan le plus actif du monde. Au fil du temps, la lave s'est écoulée à partir de deux endroits différents du Kilauea… C'est d'abord le sommet du Kilauea qui a connu une éruption continuelle, du XIXe siècle à 1982. Pendant les vingt-six ans qui ont suivi, le sommet est resté relativement calme, mais, en 2008, le cratère Halemaumau (situé au sommet) a été le théâtre de deux éruptions successives (en mars et en avril) alors qu'il était calme

Papakolea Green Sand Beach.

Quelques recommandations...

- **Une activité volcanique variable :** il faut garder à l'esprit que le Kilauea est un volcan actif et que le Mauna Loa l'est potentiellement. Par conséquent, des éruptions nouvelles et imprévues peuvent entraîner la fermeture de certaines parties du parc ou de sa totalité. Bien téléphoner la veille ou le matin même pour s'assurer que la visite peut se faire dans des conditions normales.
- **Météo :** le temps est très variable dans le parc et peut changer d'une heure à l'autre. Il peut pleuvoir et même faire froid au niveau du sommet du Kilauea, situé à 1 240 m d'altitude ! Cependant, plus bas, au niveau de la coulée de lave, le temps est sec et venteux... Prévoir donc plusieurs épaisseurs, un k-way, une polaire et de bonnes chaussures de randonnée.
- **Nourriture :** en dehors du petit restaurant (sans grand intérêt) du Volcano House Hotel, aucun autre endroit pour s'attabler dans le parc ! Il faut donc faire des provisions avant... Ne pas oublier l'eau, qu'il faut prendre en quantité.
- **Air :** la fumée volcanique dégagée par la caldera du Kilauea ou l'écoulement de la lave dans l'océan porte le nom de « Vog » (de « Volcanic Smog »). Elle peut causer des maux de tête et des irritations nez/yeux/gorge/peau. Les femmes enceintes, les jeunes enfants, les personnes cardiaques ou asthmatiques doivent éviter de respirer cette fumée. C'est au niveau de la caldera que le « vog » est le plus épais et c'est donc là que les personnes sensibles doivent avant tout éviter de se rendre.

depuis 1924. Ce cratère ne crache pas de lave mais il émet des gaz formant une fumée de couleur rouge orange qu'on distingue mieux à la tombée de la nuit. Le flanc est du Kilauea s'est réveillé, quant à lui, le 3 janvier 1983, propulsant de la lave en fusion par le cône du PuuOo. Depuis, l'éruption est constante. Les coulées de lave, lentes, épaisses et à plus de 1 000 °C, dévalent la côte sud-est du parc et se déversent en permanence dans l'océan, ce qui modifie constamment la géographie locale. Depuis 1983, pas moins de 201 hectares de nouvelle terre se sont formés à Big Island en raison du durcissement de la lave au contact de l'océan. Même si les éruptions du Kilauea ne sont pas dangereuses en elles-mêmes pour l'homme (elles ne sont pas de nature explosive et l'évacuation de la population peut se faire en toute tranquillité), les écoulements de lave qu'elles entraînent anéantissent tout sur leur passage... Sur la partie est du Kilauea, ils ont détruit plusieurs hameaux et recouvert 15 km de route et 120 km² de terre ! Du fait de leur activité lente, le Mauna Loa et le Kilauea ont des pentes assez douces, qui ont permis l'aménagement de routes dans tout le parc. On peut donc accéder aux principaux sites en voiture et décider de faire une randonnée ou plusieurs pour approfondir la découverte des volcans. Pour une visite complète du parc, il faut donc prévoir de passer 2 à 3 jours sur place. Pour les divers services (essence, banques, hôtel...), on peut se rendre au village de Volcano, situé aux portes du parc.

Transports

Comment y accéder et en partir

- **Voiture.** Par la Highway 11 (Hawaii Belt Road), on accède au parc national des Volcans, qui n'a qu'une seule entrée. Elle se trouve à 48 km au sud-ouest de Hilo (45 minutes de route) et à 154 km au sud-est de Kailua-Kona (2h30 à 3h de route). La majorité du parc est accessible à tous types de véhicules, mais une jeep est nécessaire pour aller au bout de la Mauna Loa Road.
- **Bus.** Le Hele-On Bus, via la ligne Kau-Hilo, fait un aller-retour par jour entre la gare routière de Hilo et le Visitor's Center du parc. À partir de Hilo, on peut donc se rendre au parc pour une visite d'une journée et retourner à Hilo le soir même. Mais il faut être matinal : le bus part à 5h du matin de la gare routière pour arriver au Visitor's Park Center à 6h10 et n'en repartir qu'à 17h50 !

Un paysage lunaire ?

Pour préparer leur atterrissage sur la Lune, les astronautes de la NASA se sont entraînés sur l'un des cratères du Kilauea, le Kilauea Iki, et dans le désert de Kau (au sud du Sommet). La raison ? Les fortes similitudes du terrain du volcan avec celui de la Lune !

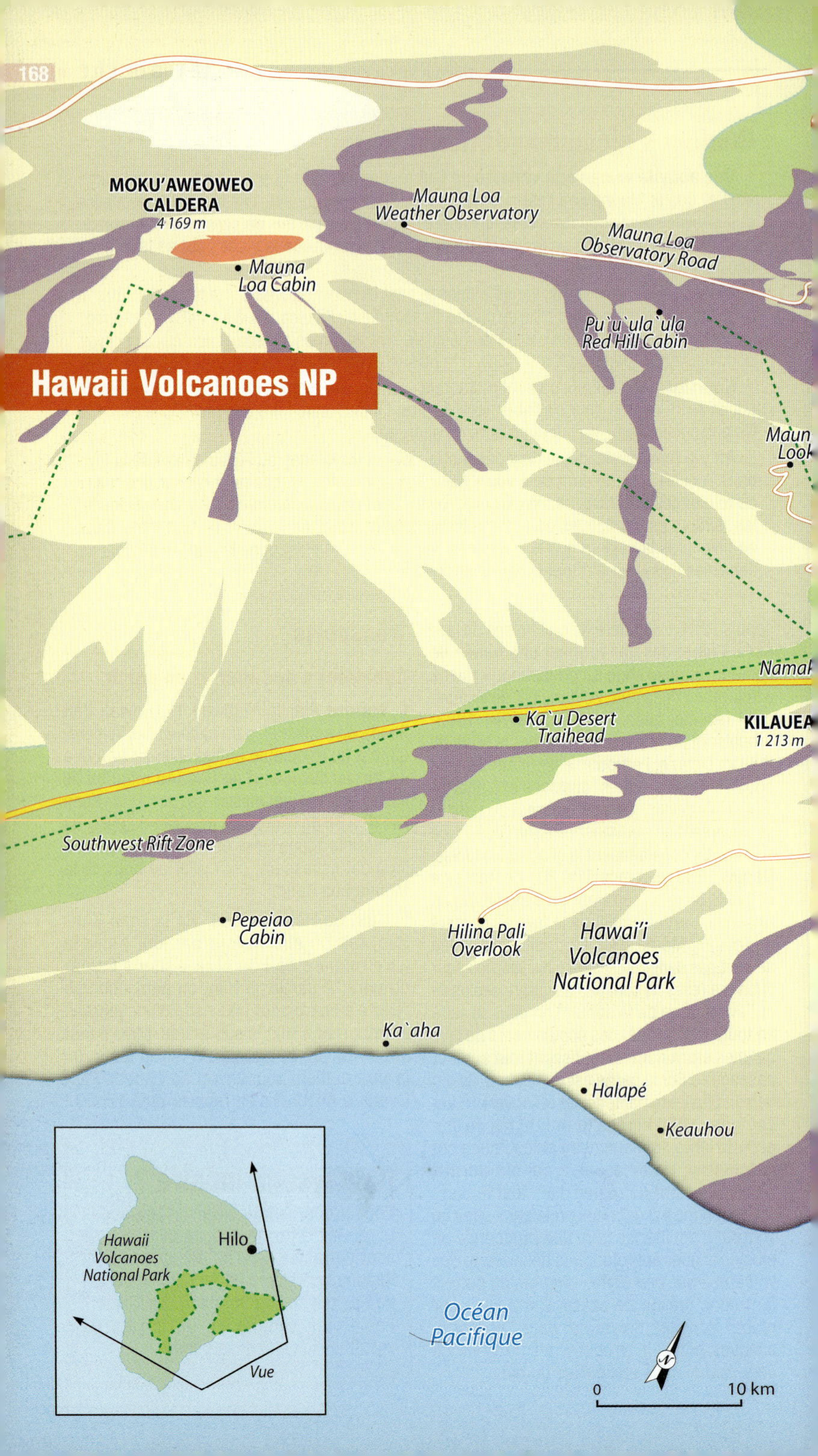

MOKU'AWEOWEO
CALDERA
4 169 m
Mauna Loa
Weather Observatory
Mauna Loa
Observatory Road
Mauna
Loa Cabin
Pu`u`ula`ula
Red Hill Cabin
Hawaii Volcanoes NP
Maun
Look
Namak
Ka`u Desert
Traihead
KILAUEA
1 213 m
Southwest Rift Zone
Pepeiao
Cabin
Hilina Pali
Overlook
Hawai'i
Volcanoes
National Park
Ka`aha
Halapé
Keauhou
Hawaii
Volcanoes
National Park
Hilo
Vue
Océan
Pacifique
N
0
10 km

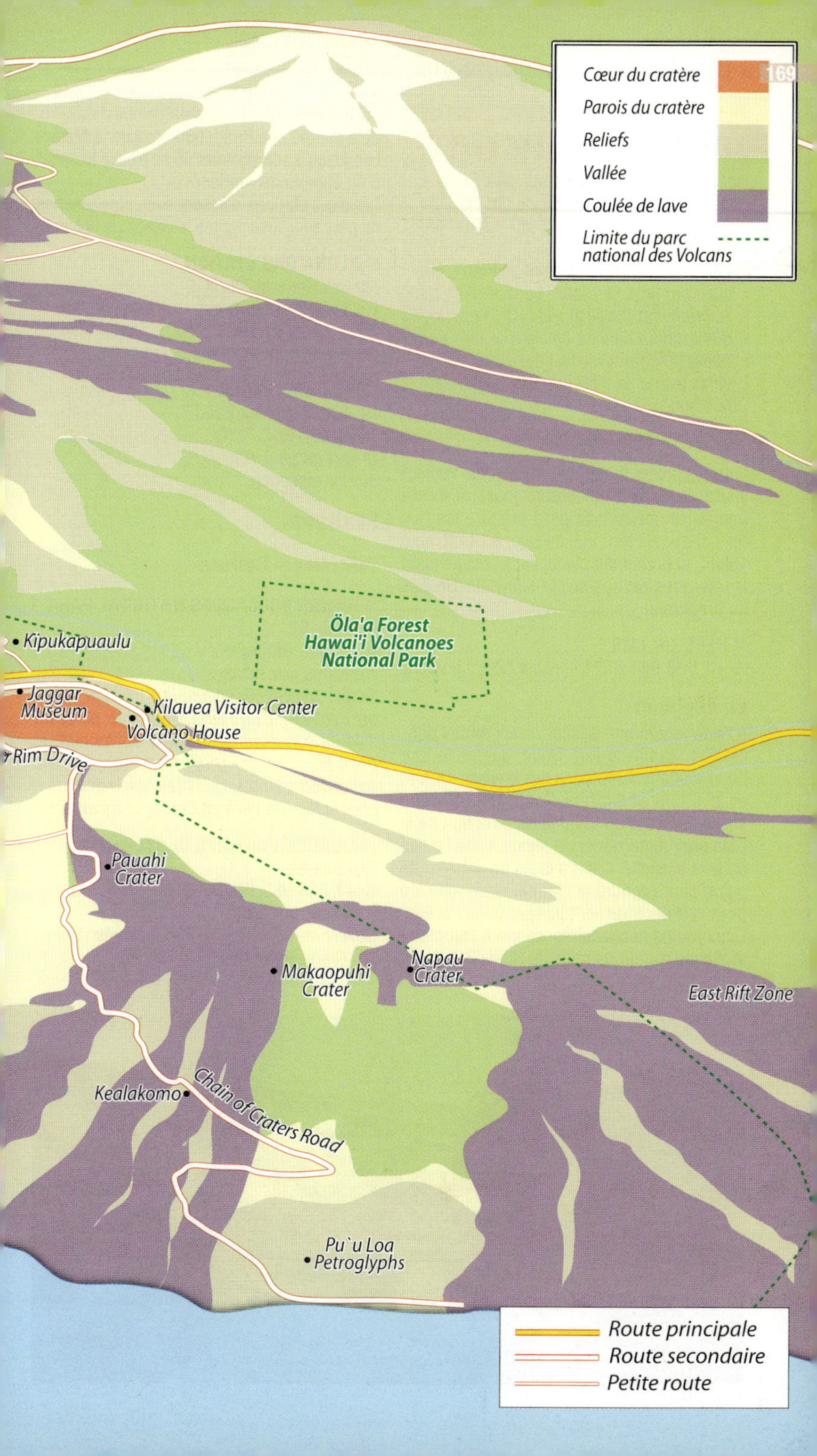
Cœur du cratère
Parois du cratère
Reliefs
Vallée
Coulée de lave
Limite du parc national des Volcans
Öla'a Forest Hawai'i Volcanoes National Park
Kipukapuaulu
Jaggar Museum
Kilauea Visitor Center
Volcano House
Rim Drive
Pauahi Crater
Makaopuhi Crater
Napau Crater
East Rift Zone
Kealakomo
Chain of Craters Road
Pu`u Loa Petroglyphs
Route principale
Route secondaire
Petite route

Pourquoi du sable vert ?

Non, les Martiens n'ont pas vécu à Hawaii ! L'explication de ce phénomène de coloration étrange du sable est purement géologique.
Les rochers volcaniques anciens qui surplombent la plage contiennent de l'olivine, un minéral vert. Or, l'érosion des rochers causée par la mer entraîne l'éparpillement de milliers de grains verts (issus de l'olivine) sur le sable de la plage.

Pour les moins matinaux, et ceux qui veulent visiter le parc en plusieurs jours, il existe une autre option : on peut prendre les bus qui partent du terminal de Hilo, à 14h40 ou à 16h40, et dormir sur place. Vérifiez cependant les horaires de bus sur le site Hele-On-bus au préalable.

■ HELE-ON BUS
✆ +1 808 961 8521 – www.heleonbus.org

Se déplacer

A l'intérieur même du parc, deux routes principales : la Crater Rim Drive, qui fait le tour de la caldera du Kilauea sur environ 18 km, et la Chain of Craters Road, qui descend sur le flanc est du Kilauea en direction de la côte pour se terminer au niveau de la coulée de lave actuelle. C'est à la fin de cette route qu'on peut prendre le chemin de randonnée pour voir l'écoulement de lave dans l'océan. Deux routes secondaires viennent compléter le réseau routier du parc : la Hilina Pali Road, qui permet d'aller dans la partie ouest du parc, et la Mauna Loa Road, qui remonte le Mauna Loa jusqu'à son sommet où se trouve le début d'un chemin de randonnée.
Les deux stations d'essence les plus proches du parc se trouvent dans le village de Volcano.

■ ALOHA GAS STATION
Kilauea General Store
19-3972 Volcano Road
✆ +1 808 967 7555
Ouvert de 6h30 à 19h15.

■ VOLCANO STORE
19-4005 Haunani Road
✆ +1 808 967 7210
Ouvert de 5h à 19h.
Station-essence.

Pratique

Tourisme – Culture

■ HAWAII VOLCANOES NATIONAL PARK
P.O. Box 52
✆ +1 808 985 6000
www.nps.gov/havo
Tarifs : 10 US$ par voiture et 5 US$ par piéton ou cycliste. L'entrée est valable pendant 7 jours consécutifs. Il existe également un pass annuel à 20 US$. Horaires : Le parc est ouvert 24h/24, mais les horaires varient pour le Kilauea Visitor's Center et les musées.

■ KILAUEA VISITOR'S CENTER
P.O. Box 52
✆ +1 808 985 6000
www.nps.gov/havo
Ouvert de 9h à 17h. A 200 m après l'entrée sur Crater Rim Drive.

Hawaii Volcanoes National Park.

Eau potable

Attention, peu d'eau potable dans le parc ! Mieux vaut en acheter à l'avance, surtout si on prévoit de faire une randonnée.
Pour les étourdis, on en trouve au Visitor's Center, au Jaggar Museum, au Thurston Lava Tubes et au camping de Namakani Paio (qui a aussi des douches !).
Quant à l'eau de source disponible dans les refuges des chemins de randonnée, il faut impérativement la traiter avec des cachets pour la purifier.

Le bâtiment héberge l'office du tourisme et la direction générale du parc. C'est donc l'arrêt obligatoire en début de visite car c'est là qu'on se procure toutes les informations utiles et indispensables. Entre autres : description et mise à jour des éruptions en cours, bulletin météo, cartes et brochures gratuites, projection d'un film d'introduction au parc (toutes les heures de 9h à 16h ; durée 25 minutes). Tout au long de la journée : présentation de la géologie des volcans par des spécialistes et randonnées guidées par des rangers (gratuit). Programme actualisé disponible sur le site Internet du parc.

Argent

Comme pour l'essence, le distributeur 24h/24 le plus proche du parc est à Volcano. Ou alors, il faut aller à Hilo, qui est plus loin. Pensez à retirer de l'argent avant de vous rendre dans le parc ou de prendre la route.

Santé – Urgences

Pas d'hôpital dans le parc. Se rendre à Hilo (à 45 minutes).

HILO MEDICAL CENTER

1190 Waianuenue Avenue
✆ +1 808 974 4700
Urgences assurées 24h/24.

Se loger

Vous trouverez 2 campings dans le parc : Nâmakanipaio et Kulanaokuaiki.
Géré par Hawaii Volcanoes Lodge Company, Nâmakanipaio est payant. Il comprend 16 emplacements pour tentes et 10 cabines de quatre personnes. Pas de réservation nécessaire pour les tentes, on paye sur place, les premiers arrivés sont les premiers servis mais vous ne pouvez y dormir que 7 nuits par mois (avec un maximum de 30 nuits par an).
Le site Kulanaokuaiki est gratuit, pas besoin de permis, il suffit d'arriver le premier. Il peut donc arriver que les campings soient complets en haute saison. Pour plus d'informations (notamment sur les disponibilités au jour le jour), téléphonez au standard général du parc.

KULANAOKUAIKI CAMPGROUND

Prendre Chain of Craters Road puis la Hilina Pali Road. Le camping est indiqué à droite sur la route, 6 km plus bas.
Camping spartiate, 8 emplacements. Pas d'ombre, pas d'eau et de la lave durcie au sol. Parfait pour ceux qui veulent se couper du monde ou se préparer pour le prochain Koh Lanta !

NAMAKANI PAIO CAMPGROUND ET CABINES

Volcano House Hotel – 1 Crater Rim Drive
✆ 866 536 7972 / 808 756 9625
www.hawaiivolcanohouse.com
reservations@hawaiivolcanohouse.com
A environ 5 km à l'ouest de l'entrée du parc, sur la Highway 11. 15 US$ par nuit pour les tentes et 80 US$ pour les cabines.
Camping agréable abrité par les arbres koa et les eucalyptus. Toilettes, douches. Egalement, dix chalets avec un lit double et lits superposés (à réserver), l'idéal pour les familles avec deux enfants ou les frileux.

À voir – À faire

Différentes haltes à faire le long des deux routes principales du parc, soit la Crater Rim Drive et la Chain of Craters Road. La route secondaire de Mauna Loa Road est à parcourir aussi. Si on veut s'arrêter partout, prévoir une journée entière.

Kipuka ?

Ce terme hawaiien désigne une étendue de verdure préservée malgré les écoulements de lave. Le contraste entre le vert de la végétation et la couleur anthracite de la lave durcie est insolite. Le *kipuka* est donc une sorte de petit miracle !

Qu'est-ce qu'une caldera ?

Même si une caldera ressemble à un cratère, ce n'est pas tout à fait ça !
C'est en fait une énorme dépression volcanique plus ou moins circulaire et qui peut atteindre jusqu'à 25 km de diamètre. Elle est créée par l'effondrement de la partie centrale du volcan lui-même dû aux éruptions qui ont vidé la chambre magmatique sous-jacente. Une caldera contient donc souvent plusieurs cratères dont certains peuvent entrer en éruption tandis que d'autres se sont endormis. C'est ainsi que le cratère Halemaumau est entré en éruption en mars et avril 2008, alors qu'il était resté calme depuis 1924.

Le long de la Mauna Loa Road. La route débute au nord-ouest de l'entrée du parc. Elle croise la Highway 11. En roulant sur la Mauna Loa Road, on traverse une belle forêt tropicale. Tout au début de la route, il faut faire une halte au Kipuka Puaulu, une enclave de forêt entourée de lave durcie. Des toilettes et une aire de pique-nique sont sur place. On s'élève ensuite progressivement jusqu'aux 2 031 m d'altitude du Mauna Loa Lookout ; c'est là que s'achève la route pavée. De ce point de vue, on peut admirer l'impressionnante montagne Mauna Loa. C'est le plus grand volcan du monde car il s'élève à 17 km de hauteur à partir de sa base sous-marine. Son sommet culmine à 4 170 m, ce qui en fait le deuxième plus haut sommet de Big Island. Enfin, avec ses 5 271 km², le Mauna Loa occupe la moitié de Big Island, à lui tout seul ! C'est également au niveau du Mauna Loa Lookout que commence le chemin de randonnée (Mauna Loa Trail) qui mène au sommet du Mauna Loa ; à réserver aux marcheurs aguerris car il faut compter 3 jours pour faire l'aller-retour !

DEVASTATION TRAIL

Au niveau de Puu Puai Overlook (point de vue).
Un sentier de moins d'un kilomètre, très facile à parcourir, qui montre les ravages causés par l'éruption du cratère Kilauea Iki en 1959. A voir cette étendue de lave durcie, qui peut imaginer qu'une forêt tropicale poussait là autrefois ? D'où le nom du chemin.

HILINA PALI ROAD

Le long de la Chain of Craters Road.
Cette route croise la Chain of Craters Road et s'enfonce dans le désert de Kau. Ses paysages lunaires sont vraiment impressionnants et il est dommage que les visiteurs fassent souvent l'impasse sur ce trajet ! La route est stoppée net à la Halina Cliff, une montagne formée par les écoulements de lave du cône PuuOo. Le Hilina Pali Overlook (706 m) offre un point de vue superbe sur l'océan.

HOLEI SEA ARCH

Un peu avant la fin de la Chain of Craters Road, sur la côte.
Une arche de près de 30 m de haut en pleine mer. Contrairement à la plupart des arches marines de Hawaii, elle n'est pas constituée de pierre mais de lave durcie que la mer a creusée. Selon la légende, c'est là que Pele (déesse des volcans) se serait violemment disputée avec sa sœur Namakaokahai (déesse des océans).

Le Halemaumau, cratère du Kilauea.

KILAUEA

Le Kilauea (« vomissant », en hawaïen) est le plus actif de la planète. Ce volcan-bouclier, situé sur le versant sud-est de l'île du Mauna Loa, est actuellement juste au-dessus du point chaud de l'archipel d'Hawaï. C'est aussi l'un des plus récents volcans émergés d'Hawaï. Son activité, suivie de près par les scientifiques depuis 1911, en fait l'un des volcans les plus étudiés et les mieux connus du monde. L'observatoire est situé au bord du cratère, non loin du centre des visiteurs. Son sommet culmine à 1 200 m au-dessus du niveau de la mer, altitude à laquelle il faut ajouter 3 700 m d'édifice sous-marin. La caldeira du Kilauea est formée d'une dépression ovale de 4 km de longueur sur 3,2 km de largeur et 165 m de profondeur, apparue il y a 1 500 ans. Son pit-cratère (Halemaumau Crater) abritait un lac jusqu'en 1924. Pour les Hawaïens, Halemaumau est la maison de Pelé, célèbre déesse réputée pour ses cheveux et ses colères. Deux rifts, est et sud-ouest, prolongent le volcan où viennent s'échouer ses importantes coulées de laves basaltiques, par l'intermédiaire de plusieurs kilomètres de tunnels. L'éruption commencée au rift est, le 3 janvier 1983, est toujours en cours. Depuis mars 2008, l'évent du cratère Halemaumau libère un panache de gaz et de vapeurs. Des cascades de lave et des explosions peuvent être observées depuis la zone aménagée. Le 5 septembre 2008, les géologues ont mis en évidence la présence d'un lac de lave situé à 100 m sous les bords de l'évent du cratère Halemaumau. Une route goudronnée permet de faire le tour de sa caldeira et d'observer de nombreuses curiosités naturelles, comme le Thurston Lava Tube (le plus long tunnel de lave du monde – 60 km). Sur le rift oriental du Kilauea, de nombreux cratères se sont formés ; ils ont été le siège d'importantes éruptions. Cette zone est appelée Chain of Craters ou encore Est Rift Zone.

KILAUEA CALDERA

Avec son sol couleur de cendre, ses 18 km de circonférence, ses 165 m de profondeur et ses émanations de fumée orangée, la caldeira du Kilauea est l'une des plus impressionnantes au monde. Du XIXe siècle jusqu'au début des années 1980, c'était vraiment la partie la plus active du volcan. Dans les années 1800, un lac entier de lave avait même fait son lit dans la caldeira !

MAUNA LOA

Mauna Loa (« longue montagne » en hawaïen) est le plus haut volcan du monde. Culminant à 4 170 m, il s'élève à 17 000 m au-dessus de sa base qui s'enfonce dans le plancher océanique. La partie émergée (527 100 hectares) représente plus de la moitié de la surface de l'île. Avec le Mauna Kea, autre immense volcan-bouclier dont les socles s'imbriquent sous la mer, il forme la plus grosse masse volcanique de la planète. Le volcan est couronné par une grande caldeira et traversé sur toute sa longueur par deux rifts d'où part la très grande majorité des coulées de lave.

Le point chaud : la clef de voûte des volcans de Hawaii

Les îles de Hawaii, toutes volcaniques, sont nées d'une gigantesque machine à volcans : le point chaud (ou « hotspot »). Il s'agit d'un endroit d'où surgit le magma mais comme il appartient au manteau terrestre, le point chaud est fixe. C'est pourtant un seul et même point chaud qui aurait créé tous les volcans, qui ont à leur tour donné naissance aux îles de l'archipel... Comment expliquer ce phénomène ? C'est en fait la plaque tectonique du Pacifique qui bouge et glisse sur le point chaud, ce qui entraîne la formation successive des volcans-îles de Hawaii. Leur alignement sur un arc de cercle, du nord au sud, suit ainsi chronologiquement la formation des îles. Au fur et à mesure des mouvements de la plaque, les volcans seraient ainsi coupés du point chaud et s'endormiraient. C'est ainsi que l'île la plus ancienne, Kauai (5 millions d'années), est au nord de l'archipel et que l'île la plus jeune, Big Island (400 000 ans), est au sud. C'est sous le Kilauea, à Big Island, que se trouverait actuellement le point chaud qui a formé toutes les autres îles. Les volcanologues ont découvert dans les années 1950, un volcan sous-marin au large des côtes de Big Island qu'ils ont baptisé « Loihi » et qu'ils croyaient éteint. Mais, comme il est entré en éruption en 1996, il est clair qu'il est récent et partage le même point chaud que celui du Kilauea. Ce volcan deviendra certainement la nouvelle île d'Hawaii, d'ici 10 000 à 100 000 ans.

Depuis 1843, 33 éruptions (en moyenne une tous les cinq ans) ont été intensivement étudiées. La quasi-totalité est d'indice d'explosivité volcanique comprise de 0 à 1. Seules quelques éruptions dérogent à ce cas général. Nous retiendrons comme dates 1852, 1868 et, plus proche de nous, la nuit du 1er juin 1950 lorsque Mauna Loa, assoupi depuis huit ans, se mit soudain à vomir de la lave à plus de 70 m de haut, par une fissure de 20 km ouverte sur son versant sud-ouest. La matière en fusion, qui progressait à près de 10 km à l'heure, atteignit la mer en moins de 3 heures et s'y enfonça sur une longueur de 800 m. L'éruption dura 23 jours et provoqua seulement quelques dégâts dans un village. Le plus impressionnant furent les 460 millions de mètres cubes de lave amassés sur les pentes environnantes, soit le macadam nécessaire pour une route à quatre voies parcourant quatre fois et demi le tour de la terre. En 1984, l'éruption a failli engloutir sous la lave la ville de Hilo, la plus grande de l'île.

La route qui mène au sommet du Mauna Loa s'ouvre à 2 000 m d'altitude, à quelque 22 km du centre administratif du parc. Elle serpente sur 28 km entre des bancs de lave ponctués d'amas de rochers.

MAUNA LOA LOOKOUT

Mauna Loa Road

2 031 m d'altitude

C'est là que s'achève la route pavée. De ce point de vue, on peut admirer l'impressionnante montagne Mauna Loa. C'est le plus grand volcan du monde car il s'élève à 17 km de hauteur à partir de sa base sous-marine. Son sommet culmine à 4 170 m, ce qui en fait le deuxième plus haut sommet de Big Island (après le Mauna Kea). Enfin, avec ses 5 271 km², le Mauna Loa occupe la moitié de Big Island, à lui tout seul ! C'est également au niveau du Mauna Loa Lookout que commence le chemin de randonnée (Mauna Loa Trail) qui mène au sommet du Mauna Loa ; à réserver aux marcheurs aguerris car il faut compter 3 jours pour faire l'aller-retour !

PUU LOA PETROGLYPHS

Au sud de la Chain of Craters Road.

La plus grande collection de pétroglyphes se trouve sur les flancs du Puu Loa. On y dénombre pas moins de 15 000 dessins ! Une petite marche de 15 minutes vous emmène à leur découverte à partir du parking.

THOMAS A. JAGGAR MUSEUM

Hawaii Belt Rd

Ouvert de 10h à 20h.

Un arrêt de 30 minutes au moins s'impose dans ce petit musée qui explique en détail la complexité géologique du parc et l'évolution de ses volcans.

Il porte le nom d'un vulcanologue qui a dirigé, en 1912, l'Observatoire des volcans, voisin du musée mais interdit aux visiteurs. C'est également Thomas A. Jaggar qui, soutenu par de nombreux scientifiques, a fait pression sur le gouvernement américain pour que cette zone volcanique devienne un parc national.

A l'extérieur du musée, un très beau point de vue sur le cratère Halemaumau et ses émissions de fumée orange. Photo à prendre, surtout une fois le soleil couché lorsque la fumée se teinte de rouge, reflétant la lave qui bouillonne au creux du cratère.

Point de vue sur le cratère Halemaumau et le Mauna Loa.

THURSTON LAVA TUBE

Ce tunnel de lave a été formé il y a 500 ans. Découvert par accident, cette galerie souterraine a été créée par la solidification de la partie supérieure du magma au contact de l'air formant un tube dans lequel la lave continue de s'écouler. Quand l'éruption s'arrête, le tunnel finit par se vider et la partie extérieure se recouvre petit à petit de végétation. Toute l'île de Big Island serait ainsi un véritable gruyère formé de tunnels de lave cachés sous la surface du sol. Le tunnel est éclairé sur une cinquantaine de mètres, ce qui suffit amplement pour la visite. Les racines de la végétation qui le surplombe commencent cependant à fissurer le tunnel qui menace de s'effondrer par endroits.

VOLCANO ART CENTER GALLERY

Crater Rim Drive ✆ +1 808 967 7565
www.volcanoartcenter.org
info@volcanoartcenter.org
Ouvert de 9h à 17h. Entrée libre.

Cette galerie, créée par une association à but non lucratif, expose plus de 300 artistes hawaiiens.

Le bâtiment qui héberge le Volcano Art Center a lui-même une longue histoire. C'était l'emplacement d'origine du Volcano House Hotel (1877) qui a été presque entièrement détruit par un incendie en 1921. Certains murs d'origine ont cependant été préservés et on les distingue facilement dans la galerie. Par la suite s'y trouva même un bureau de poste (voir la boîte aux lettres au fond du couloir), et l'édifice lui-même a manqué d'être détruit dans les années 1970. Ce sont des artistes qui se sont mobilisés et l'ont restauré pour en faire une galerie destinée à promouvoir les jeunes talents. A voir également, l'exposition photos sur les dernières éruptions du Kilauea. N'hésitez pas à consulter le site internet pour assister à l'un des nombreux événements gratuits (danse, chant, exposition...).

Sports – Détente – Loisirs

Randonnée. Pour vraiment connaître le Parc National des Volcans, il faut faire au moins une ou deux randonnées. Les plus populaires sont le Kilauea Iki Trail, une boucle de 2 à 3 heures qui traverse le cratère Kilauea Iki. Le chemin est riche d'informations sur le Kilauea et en réunit les principales caractéristiques (végétation, paysages lunaires, etc.). De même longueur, le Mauna Ulu Trail vous emmène jusqu'au pied du cratère dont l'éruption de 1969 est à l'origine du paysage lunaire sur lequel vous marchez. Les amateurs de randonnée, peuvent consacrer 2 ou 3 jours à la visite et dormir dans le parc en camping. Dans tous les cas : prévoir des provisions d'eau et de nourriture en conséquence, de la crème solaire, un k-way, une lampe de poche, une trousse de secours, de bonnes lunettes de soleil, des chaussures de randonnée solides et un pantalon plutôt qu'un short.

Une brochure détaillée des randonnées est à disposition au Visitor's Center. Avant de partir en randonnée, il est fortement conseillé de s'y renseigner également sur les conditions météo et les éventuelles éruptions.

Cartes détaillées des randonnées sur : www.nps.gov/havo/planyourvisit/hike.htm

Hélicoptère. Découvrir le Kilauea en hélicoptère est magique car les panoramas sont superbes. L'idéal c'est de prendre un vol tôt le matin car on distingue mieux les coulées de lave à l'aurore.

V.T.T. Découvrir le Kilauea à V.T.T. est assez sportif mais inoubliable. Paresseux s'abstenir.

BLUE HAWAIIAN HELICOPTERS

Waikoloa Heliport ✆ +1 808 961 5600
www.bluehawaiian.com
Tarifs par personne : de 196 à 495 US$ en fonction du tour et du confort de l'appareil. 25 US$ pour le DVD.

La compagnie d'hélicoptères de loin la plus sûre d'Hawaii. Les départs se font de l'héliport de Waikoloa situé sur la côte de Kohala, sur la Highway 19, au nord de Kailua-Kona. Le vol de 2 heures, dit « Big Island Spectacular », survole le Kilauea, la côte de Hamakua et la montagne Kohala. Tout au long du vol, on est filmé par une caméra intérieure tandis qu'une autre filme les panoramas et enregistre les commentaires du pilote. Une fois l'appareil posé, on peut se faire graver un DVD et l'acheter : un souvenir qui vaut la dépense ! Différents tours possibles.

VOLCANO BIKE TOURS

✆ +1 808 934 9199
bikevolcano.com – info@bikevolcano.com
3 heures de circuit guidé à VTT à travers le parc national des Volcans pour 105 US$ par adulte et 129 US$ pour la journée complète.

Une façon sportive et originale de visiter le parc national. Un guide mène la troupe et un camion suit pour récupérer ceux qui sont trop fatigués pour continuer. Si vos enfants ou votre compagnon ne souhaitent pas faire de vélo, il est possible de faire le circuit intégralement dans le van, pour un tarif moindre.

Visites guidées

Pour ceux qui ne peuvent consacrer qu'une journée à la visite du parc et qui ne disposent pas d'une voiture de location, il est recommandé de réserver une randonnée guidée auprès d'une agence locale.

■ HAWAII FOREST & TRAIL

Kailua-Kona
74-5035 B Queen Kaahumanu Highway
✆ +1 808 331 8505
www.hawaii-forest.com
info@hawaii-forest.com
A partir de 159 US$, repas inclus.
De loin, la meilleure agence pour visiter le parc. Différents programmes de randonnées sur la journée en petit groupe (maximum 12 personnes) et pour tous niveaux. Des guides chaleureux et experts des volcans et astronomie. Départ en bus des bureaux de l'agence, à Kailua-Kona. Le matériel adapté au tour est fourni (télescopes, gants ou encore batons de marche).

■ LAVALAND HAWAII

262 Kamehameha Avenue Hilo
✆ +1 808 430 0646
lavalandhawaii.com
lavalandhawaii@gmail.com
99 US$ pour le tour d'environ 7h, déjeuner inclus.
Spécialiste du parc national, Hank vous invite à découvrir ses secrets au sein d'un petit groupe de 12 personnes tout au plus. Les tours varient en fonction de l'activité volcanique du moment et peuvent être effectués de jour ou de nuit. Un van vous emmène aux différents points d'intérêt où de courtes marches vous attendent. Le parcours est accessible à partir de 7 ans.

VOLCANO

La petite bourgade de Volcano, d'à peine 2 000 habitants, était, au XIXe siècle, une ville de plantation sucrière grâce à la fertilité de son sol volcanique.
Le village a gardé tout son charme d'antan et il est particulièrement agréable de séjourner dans l'un des nombreux Bed & Breakfast qui s'y multiplient depuis une vingtaine d'années. Par la Highway 11 (Hawaii Belt Road), on arrive aisément à Volcano en voiture, que l'on vienne du nord ou du sud de l'île. Le bus y conduit également (ligne Hilo – Volcano : www.heleonbus.org) mais les horaires ne sont pas très pratiques.

Pratique

■ VOLCANO LAVA ROCK CAFE

19-3972 Old Volcano Road
✆ +1 808 967 8526
Ouvert de 7h30 à 17h le lundi, de 7h30 à 21h du mardi au samedi, de 7h30 à 16h le dimanche.
Café internet.

■ VOLCANO POST OFFICE

19-4030 Old Volcano Road
✆ +1 800 275 8777
Ouvert du lundi au vendredi de 7h30 à 15h30. Le samedi de 11h à 12h.
Ordinateurs à disposition avec Internet pour quelques dollars.

■ VOLCANO VISITOR'S CENTER

19-4084 Volcano Road
✆ +1 808 967 8662
Ouvert de 9h à 17h. Brochures et cartes en libre service dans ce chalet.

Se loger

■ HOLO HOLO INN

19-4036 Kalani Honua Road
✆ +1 808 967 7950
www.enable.org/holoholo
24 US$ la nuit en dortoir unisexe et 75 US$ en chambre double avec salle de bains privative.
Une auberge de jeunesse propre et bien tenue. Clientèle du monde entier. Grande cuisine et accès Internet gratuit. Ce n'est cependant pas le temple de la fête : silence obligatoire à partir de 22h.

■ VOLCANO INN

19-3820 Old Volcano Road
✆ +1 808 896 6851
www.volcanoinnhawaii.com
De 99 US$ à 149 US$ la chambre double. Tarifs dégressifs intéressants à partir de 2 nuits sur place. Petit déjeuner non inclus.
Un établissement au confort simple mais suffisant. Les chambres les plus chères ont une kitchenette, un frigo et un micro-ondes. Café et thé servis à volonté dans la salle commune. wi-fi gratuit pour tout le monde.

Se restaurer

■ THAI THAI RESTAURANT

19-4084 Old Volcano Road
✆ +1 808 967 7969
Ouvert tous les jours de 11h30 à 21h. Comptez entre 11 US$ et 25 US$ l'assiette.
Les plats de nouilles sont généreusement servis dans ce petit établissement familial.

Une bonne façon de reprendre des forces après une longue journée de marche au volcan Kilauea. Essayez les nouilles aux crevettes ou au curry ; ce sont les plus goûteuses.

À voir – À faire

■ **VOLCANO WINERY**
35 Pii Mauna Drive
✆ +1 808 967 7772
www.volcanowinery.com
info@volcanowinery.com
Ouvert de 10h à 17h30. Entrée libre. Environ 16 US$ la bouteille.

Les seuls et uniques vignobles de Big Island sont à deux pas du volcan Kilauea. On peut les visiter et acheter dans la boutique le vin produit sur place. La dégustation est gratuite. Demandez à tester les vins à succès de la Volcano Winery : le Guava Wine, qui est à base de goyave, ou le Macadamia Nut Honey Wine, à base des noix de macadamia.
Tout comme pour le vin des Tedeschi Vineyards à Maui (l'autre vignoble de l'archipel), la qualité du breuvage n'est pas exceptionnelle, mais il est toujours amusant de découvrir du vin hawaiien ou d'acheter une bouteille en souvenir.

LA RÉGION DE PUNA ET LA CÔTE HAMAKUA

La région de Puna est adossée au deux volcans actifs de l'île, éloignée de l'agitation touristique. Puna est une jolie région verdoyante qui plaît beaucoup aux visiteurs ayant soif d'aventure.
Quant à la côte Hamkua, de Hilo à Waimea, le long de la Highway 19, elle déploie un paysage à couper le souffle : chutes d'eau, champs à perte de vue et panoramas superbes sur l'océan.
Cette partie de l'île était une terre d'exploitation de la canne à sucre, du XIXe au XXe siècle, mais l'industrie sucrière a totalement disparu de la région dans les années 1990. Depuis, les autorités ont engagé un travail de valorisation et de préservation des sites historiques de la région. Entre le vieux centre de Hilo, les façades 1900 des bâtiments de Honokaa et le Hawaii Botanical Garden, la côte propulse le visiteur dans le Hawaii d'antan.

PAHOA

La ville hippie de Big Island ! C'est ici que viennent se ressourcer de nombreux visiteurs en quête de spiritualité car les cours de yoga et de méditation y sont légion. En guise de plaisanterie, les locaux ont coutume de dire que les témoins protégés par la justice américaine sont envoyés à Pahoa, car seuls des hippies vivent là-bas et que personne n'aurait l'idée de venir les chercher dans ce village de moins de 1 000 habitants ! C'est aussi le village touché par l'éruption volcanique de 2014, l'armée américaine a condamné certaines zones par mesure de sécurité.

Rue de Pahoa.

Transports

En venant de Volcano, continuez vers le nord sur la Highway 11 jusqu'à l'intersection avec la route 130, sur la droite. C'est cette dernière qu'il faut prendre car elle mène tout droit à Pahoa.

Pratique

■ **FIRST HAWAIIAN BANK**
Government Main Road
✆ +1 808 965 8621
Distributeur 24h/24.

■ **PAHOA POST OFFICE**
15-2859 Puna Road ✆ +1 808 275 8777
Ouvert du lundi au vendredi de 10h à 16h. Le samedi de 11h à 14h.

■ **PAHOA PUBLIC LIBRARY**
15-3070 Pahoa Kalapana Road
✆ +1 808 965 2171
Ouvert de 13h à 20h le lundi. De 9h à 17h du mardi au vendredi. Accès Internet avec la Visitor's Card de 3 mois (10 US$). Pas d'abonnement possible pour une durée inférieure, mais la carte donne accès à Internet dans toutes les autres bibliothèques de l'archipel.

■ **PAHOA RX PHARMACY**
15-2866 Government Road
✆ +1 808 965 7535
Pharmacie ouverte du lundi au vendredi de 9h à 17h. Le samedi de 9h à 12h.

Se loger

■ **KALANI OCEANSIDE RETREAT**
✆ +1 808 965 7828 – www.kalani.com
Sur la route 137, entre les balises 17 et 18 miles. Chambre double de 95 US$ à 195 US$. Cottages 245 US$.
L'originalité du Kalani Oceanside Retreat, c'est son programme de cours de yoga et de danse qui en font un véritable centre culturel. Ses activités sont accessibles pour les clients ou visiteurs, pour une somme très abordable. Les différentes propositions d'hébergement, de la chambre double au cottage sont spacieuses et orientées vers la nature et le bien-être. Le bain bouillonnant, le sauna et la piscine de 25 mètres sont en libre accès pour les clients.

■ **YOGA OASIS**
13-678 Pohoiki Road ✆ +1 808 965 8460
www.yogaoasis.org
yogaoasishawaii@yahoo.com
De 75 US$ à 125 US$ la single et de 100 US$ à 160 US$ la double. 10 US$ le cours de yoga.
Comment devenir zen ou le rester ? Pour répondre à la question, l'établissement propose des cours de yoga à tous ceux qui y séjournent. De très beaux chalets colorés et confortables. Les 4 chambres de la Yoga House sont encore plus jolies. Les petits budgets peuvent se rabattre sur le camping qui va de la tente simple au *tentalow*, un savant mélange entre tente et bungalow !

Se restaurer

■ **KALEO'S BAR AND GRILL**
15-2969 Pahoa Village Road
✆ 808 965 5600 – kaleoshawaii.com
Ouvert tous les jours de 11h à 21h. Environ 15 US$ le plat
Alliant produits frais, cuisine hawaiienne et influence américaine, ce restaurant offre un melting pot savoureux. Au menu, gambas à la coco, porc façon traditionnelle (Kalua) et poisson frais sauce Lilikoi. En dessert, les invités raffolent des *cheesecakes* et *banana rolls*, spécialités de la maison. Des musiciens viennent jouer en live tous les soirs, une bonne occasion pour découvrir la musique locale.

■ **PAOLO'S BISTRO**
333 Pahoa Village Road
✆ +1 808 965 7033
Ouvert du mardi au dimanche de 17h30 à 21h. 20 US$ le repas.
Un petit restaurant italien cosy où l'on mange comme chez la mama !

À voir – À faire

Pahoa est au sommet d'un triangle formé par les routes 130, 132 et 137. Le triangle d'or en quelque sorte, car de nombreux sites intéressants et des paysages sublimes y sont concentrés !

■ **ALANUIHAHA PARK**
Accès de 7h à 19h. Baignade surveillée de 9h30 à 16h45.
Une jolie plage dont les eaux sont protégées par une barrière rocheuse. Sur cette côte, c'est un des seuls endroits où l'on peut se baigner et nager en toute sécurité. Toilettes sur place.

■ **CAPE KUMUKAHI LIGHTHOUSE**
Près de l'intersection de la Highway 132 et 137.
C'est le phare miraculé de l'éruption du Kilauea de 1960 qui a complètement rasé de la carte le village de Kapoho. La lave s'est tout bonnement arrêtée au pied de l'édifice ! Selon la légende, Pelé (déesse des volcans) voulut protéger les pêcheurs en sauvant le phare.

■ **ISAAC HALE BEACH PARKPOHOIKI BEACH**
State Highway 137
Sur la Highway 137, au sud d'Alanuihaha Park.
Un des rares spots de surf de Big Island. 4 breaks du sud au nord : 1st Bay, 2nd Bay, Shacks et Bowls. Aire de pique-nique.

■ **KALAPANA**
Ou plutôt feu Kalapana… C'était en effet, autrefois, un village prospère de pêcheurs mais, entre 1989 et 1991, les coulées de lave du volcan l'ont presque intégralement rasé de la carte. Il reste quelques maisons mais elles n'ont ni électricité, ni eau, et leurs propriétaires ne parviennent pas à les revendre (malgré de multiples annonces dans les journaux et leurs prix bradés). Selon l'activité volcanique du moment, il est possible d'aller à la *viewing area* où la lave a coupé l'autoroute. D'ici une petite balade vous guide sur la lave. Un fast-food baptisé Verna's est encore debout ; il est amusant d'aller y savourer un milk-shake.

■ **KEHENA BEACH**
Sur la Highway 137, au niveau de la balise 19 miles. Cette plage de sable noir, privée en semaine, s'anime pendant le week-end. Les babas cool et les hippies de l'île aiment s'y retrouver… nus ! Mais si vous décidez de garder votre maillot, on ne vous regardera pas trop de travers.

■ **LAVA POOLS – KAPOHO TIDE POOLS**
Sur la Highway 137, prendre Kapoho-Kai Road et aller tout au bout.
Des piscines naturelles d'eau chaude produites par l'activité volcanique. Une halte de rêve pour se détendre après une rude randonnée au Kilauea. Seul l'accès des piscines proches de l'océan est autorisé au grand public, les autres étant sur une propriété privée. Excellent spot de snorkeling.

■ **LAVA TREE STATE PARK**
Sur la Highway 32
Une curiosité de la nature à ne pas manquer ! Suite à une éruption du Kilauea, en 1790, la forêt tropicale a été complètement détruite dans cette zone. Des arbres moulés dans la lave durcie sont les témoignages impressionnants de cette catastrophe. Certains font plus de 4 m de haut ! Pour des photos insolites.

■ **STAR OF THE SEA PAINTED CHURCH**
Sur la Highway 130, au nord de Kalapana.
Cette église a été sauvée par les habitants de Kalapana lors de la coulée de lave destructrice de 1989-1991. Ils l'ont déplacée à cet endroit en 1990. Construit en 1930 par le missionnaire catholique Evarest Gielen, le bâtiment est parfaitement conservé et on peut encore y voir les fresques bibliques réalisées par le même prêtre. Les offices n'y ont plus lieu car, depuis son transfert, l'église a été transformée en un centre religieux communautaire.

HILO

Hilo, avec ses 45 000 habitants, est, avec Kailua-Kona, la deuxième plus importante ville de Big Island. Mais tout les oppose ! Kailua-Kona est ensoleillée et ultra touristique tandis que Hilo est très pluvieuse (une des villes les plus humides des Etats-Unis !) et moins touristique. Ce n'est pas un hasard si la plupart des Hawaiiens natifs (polynésiens) habitent Hilo et les environs ; c'est le cœur même de l' « Aloha Spirit » de l'île. Si les vents forts ne font pas de ses plages une destination balnéaire, les environs de Hilo sont verdoyants et propices aux balades. C'est également la cité la plus proche du parc national des Volcans ou du Mauna Kea. Quant à son centre-ville, il garde son charme d'antan, malgré les terribles tsunamis qui l'ont dévasté en 1946 et 1960. Enfin, Hilo n'étant pas une destination très touristique, les prix y sont beaucoup moins élevés qu'à Kailua-Kona, surtout en ce qui concerne l'hébergement et la nourriture.

Transports

Comment y accéder et en partir

■ **HAWAIIAN AIRLINES**
www.hawaiianairlines.com
Vols directs vers Maui et Oahu.

■ **HILO INTERNATIONAL AIRPORT**
2450 Kekuanaoa Street
✆ +1 808 961 9300 – hawaii.gov/ito
L'aéroport est à 10 minutes en voiture du centre-ville de Hilo. Il n'est pas desservi par des transports publics, il faut donc prévoir un taxi ou une voiture de location. Comptez 15 US$ en taxi pour rejoindre le centre.

Se déplacer

▸ **Voiture.** En tant que centre névralgique de la côte est de Big Island, Hilo est particulièrement bien desservie. Elle est à l'intersection de la Highway 11, qui mène tout droit au parc national des Volcans, et de la Highway 19, qui traverse la côte Hamakua jusqu'à Waimea, au nord. La Saddle Road mène, quant à elle à Mauna Kea ou Kona.

■ **HARPER CAR & TRUCK RENTAL**
✆ +1 808 969 1478
www.harpershawaii.com
Ouvert de 6h30 à 17h.
Location de 4X4.

■ **HELE-ON BUS**
✆ +1 808 961 8521
www.heleonbus.org
info@heleonbus.org
Ticket 2 US$. Valise, sac à dos, vélo : 1 US$ par article.
Hilo est l'une des villes les mieux desservies par le réseau de bus local. Mais si ce service est peu onéreux, il est aussi restreint... La plupart des lignes ne fonctionnent qu'en semaine et les trajets sont souvent très longs ; comptez 3h pour faire Kona – Hilo ! On peut se procurer les horaires des bus à l'office du tourisme et à la gare routière de Hilo (Mooheau Bus Terminal). Ils sont également en ligne sur le site Internet de la compagnie Hele-on bus.

■ **HILO HARRY'S TAXI**
1410 Kinoole Street
✆ +1 808 935 7091
Service de 5h à 22h uniquement.
Compagnie de taxis.

■ **SHAKA TAXI & TOURS**
1410 Kinoole Street
✆ +1 808 987 1111
Shuttle et taxi.

Pratique

Tourisme – Culture

■ **BIG ISLAND VISITOR'S BUREAU**
250 Keawe Street
✆ +1 808 961 5797
www.bigisland.org
info@bigisland.org
Site d'information en ligne.

Moyens de communication

■ **BEACH DOG INTERNET CAFE**
62 Kinoole Street
✆ +1 808 961 5207
Achat wifi pour 20 minutes ou à l'heure.

■ **HILO DOWNTOWN POST OFFICE**
154 Waianuenue Avenue
✆ +1 808 275 8777
Ouvert du lundi au vendredi de 9h à 16h. Le samedi de 12h30 à 14h.

■ **HILO MAIN POST OFFICE**
1299 Kekuanaoa Street
✆ +1 808 275 8777
Ouvert de 8h à 16h30 du lundi au vendredi. De 8h30 à 12h30 le samedi.

■ **HILO PUBLIC LIBRARY**
300 Waianuenue Avenue
✆ +1 808 933 8888
www.hilopubliclibrary.org
Ouvert de 11h à 19h du mardi au mercredi. De 9h à 17h les jeudi et samedi. De 10h à 17h le vendredi. Accès Internet avec la Visitor's Card de 3 mois (10 US$). Pas d'abonnement possible pour une durée inférieure, mais la carte donne accès à Internet dans toutes les autres bibliothèques de l'archipel.
Une très jolie bibliothèque au cadre verdoyant et à moitié en plein air.

Santé – Urgences

■ **HILO MEDICAL CENTER**
1190 Waianuenue Avenue
✆ +1 808 974 4700 – www.hmc.hhsc.org
hhsc@hhsc.org
Urgences assurées 24h/24.

■ **ULULANI PHARMACY**
868 Ululani
Suite 107 ✆ +1 808 934 9400

Orientation

Le centre-ville possède 3 axes majeurs parallèles à la baie de Hilo : la Kamehameha Avenue, la Kilauea Avenue et la Kinoole Avenue. Les trois débouchent sur la Waianuenue, qui devient Kaumana Drive puis Saddle Road dans son prolongement ouest.

Se loger

■ **ARNOTT'S LODGE**
98 Apapane Road
✆ +1 808 981 2055
www.arnottslodge.com
mahalo@arnottslodge.com
En partant du centre de Hilo, prendre la Kalanianaole Avenue et rouler jusqu'à l'intersection. Prendre alors Apapane Road sur la gauche. 28 US$ par personne en dortoir et 14 US$ en camping. Chambre double de 55 US$ à 80 US$. Suite à 99 US$ (pour 2 personnes), 130 US$ (2 chambres) et 180 US$ (pour 3 chambres). Accès Internet : wi-fi gratuit et tablette à disposition pour recherches. Location de vélos et de palmes, masques et tubas.
Installée sur une superbe étendue de verdure, cette auberge de jeunesse présente le meilleur rapport qualité-prix de Hilo. Le directeur, Doug Arnott, est un Australien chaleureux qui vit depuis des années à Big Island et gère particulièrement bien son auberge. Il se montre plein d'attentions pour ses clients et organise souvent des soirées à thème. C'est ainsi que, chaque fin de semaine, il offre un repas à tous ceux qui séjournent dans son établissement : pizzas et bières à volonté ! Quant à la salle TV commune, on peut y visionner les films de la « DVDthèque » à volonté. Enfin, le service le plus intéressant de l'Arnott's Lodge, c'est son offre d'excursions guidées dans le parc national des Volcans (65 US$) et au Mauna Kea (130 US$). Les résidents ont droit à des tarifs vraiment bas comparés à ceux des agences de l'île et c'est très pratique quand on n'a pas de voiture. Cuisines et lave-linge. Attention pas d'arrivée après 22h.

■ **DOLPHIN BAY HOTEL**
333 Iliahi Street
✆ +1 808 935 1466
www.dolphinbayhotel.com
john@dolphinbayhotel.com
De 149 US$ à 199 US$ la chambre double, de 169 US$ à 229 US$ les chambres pour 3 à 5 personnes. Tarif dégressif à partir de deux nuits.
Très bon rapport qualité-prix. 18 chambres toutes équipées d'une kitchenette et de la TV câblée. Café et fruits frais gratuits dans le lobby.

Distance et temps de trajet depuis l'aéroport de Hilo

- **Hapuna Beach** – 1 heure 45 – 73 miles/117 km
- **Kailua-Kona** – 3 heures – 96 miles/155 km ou 1 heure 30 par Saddle Road – 79 miles/127 km
- **Kaimu Black and Sand Beach** – 1 heure 15 – 30 miles/48 km
- **Kamuela/Waimea** – 1 heure 35 – 55 miles/88 km
- **Volcanoes National Park** – 1 heure 15 – 30 miles/48 km

■ **UNCLE BILLY BAY HOTEL**
87 Banyan Drive ✆ +1 808 935 0861
www.unclebilly.com
A partir de 99 US$ la chambre double. Petit déjeuner inclus. Wifi gratuit.
Un petit hôtel situé sur la célèbre avenue Banyan Drive, à deux pas du centre-ville de Hilo. Les chambres sont basiques avec frigo, terrasse, télé câblée et climatisation. Piscine et parking gratuit.

■ **WILD GINGER INN**
100 Puueo Street ✆ +1 808 935 5556
www.wildgingerinnhilo.com
tlcwgi@yahoo.com
A partir de 65 US$ la chambre double, 95 US$ la triple, de 115 US$ la quadruple. En hostel : 30 US$ par personne en dortoir et 45 US$ en chambre individuelle. Camping : 15 US$ la nuit.
Un hôtel tout simple dans une ancienne maison d'ouvriers de plantation. Un joli jardin tropical avec un espace barbecue. Toutes les chambres ont une kitchenette et une TV. Fruits offerts de 8h à 10h. Pour les petits budgets, le dortoir ou les chambres de la partie hostel feront l'affaire. Et, ceux qui veulent réaliser encore plus d'économies pourront même camper sur place. Une bonne affaire.

Se restaurer

Bien et pas cher

■ **BAYFRONT COFFEE, KAVA & TEA COMPANY**
116 Kamehameha Avenue
✆ +1 808 935 1155
Ouvert de 10h à 21h du lundi au jeudi. De 10h à 22h le vendredi et samedi. Salades et sandwiches bio environ 5 US$.
Ce petit restaurant au cadre chaleureux fabrique et vend son propre *kava*, la boisson hawaiienne qui fait tourner la tête. Ses prix étant corrects (4 US$ le demi et 5 US$ la pinte), c'est l'occasion de goûter ! Concerts tous les soirs.

■ **BEAR'S COFFEE**
106 Keawe Street
✆ +1 808 935 0708
Ouvert du lundi au samedi de 7h à 14h30. Le dimanche de 7h à 11h. Comptez 10 US$ le repas.
Le rendez-vous favori des locaux pour le petit déjeuner. Ce sont les gaufres onctueuses et le bon café qui font le succès de l'établissement. Au déjeuner, salades consistantes et énormes sandwiches.

■ **CAFE 100**
969 Kilauea Avenue
✆ +1 808 935 8683
www.cafe100hilo.com
Ouvert de 6h30 à 20h30. Fermeture à 21h le vendredi et 19h30 le samedi. Plat autour de 10 US$.
Restaurant très apprécié par les locaux pour son *loco moco* (assiette de riz recouverte d'un steak, d'une omelette et de sauce) à manger sur place ou emporter.

■ **CAFE PESTO**
308 Kamehameha Avenue
✆ +1 808 969 6640 – cafepesto.com
hilo@cafepesto.com
Ouvert de 11h à 21h du lundi au jeudi et le dimanche. Jusqu'à 22h les vendredi et samedi. Comptez 15 US$ en moyenne le repas.
Un joli cadre avec des hauts plafonds, un sol en damier et une superbe vue sur la baie de Hilo en prime ! Cuisine italo-hawaiienne, avec pizzas, pâtes, sandwiches et salades.

■ **MIYO'S**
400 Hualani Street
✆ +1 808 935 2273
Ouvert du lundi au samedi de 11h à 14h et de 17h30 à 20h30. Repas à partir de 11 US$.
Un restaurant japonais où l'on mange comme au Japon car, outre les sushis, on y sert de nombreuses autres spécialités, comme les tempuras ou les nouilles udon. La cuisine est très bonne, mais la salle est parfois un peu trop remplie. Evitez les heures de pointe ou réservez.

■ **ROYAL SIAM**
70 Mamo Street
Prince Kuhio Shopping Plaza
✆ +1 808 961 6100
Fermé le dimanche. Moins de 10 US$ le repas.
Restaurant familial thaï où sont servies toutes les spécialités. Les crevettes grillées à l'ail et la noix de coco sont excellentes !

Sortir

Hilo est encore moins festive que Kailua-Kona, qui l'est déjà peu. C'est dire…
Les bars se comptent donc sur les doigts de la main et l'ambiance est souvent un peu éteinte. Enfin, les locaux n'aiment pas trop voir des nouvelles têtes dans leurs bars et s'énervent vite quand ils sont éméchés. Et les histoires de touristes violemment molestés ne sont pas rares ! Il faut donc savoir se faire tout petit si on veut vraiment prendre un verre à Hilo. Ou tout simplement laisser tomber.

CRONIE'S BAR

11 Waianuenue Avenue ✆ +1 808 961 6100

Bar des sports où, pour trouver de l'animation, il faut venir les soirs de concerts ou de matchs.

SHOOTER'S BAR & GRILL

121 Banyan Drive ✆ +1 808 969 7069

Un bar des sports qui se transforme en *night-club* à la nuit tombée. Musique *live* ou karaoké.

À voir – À faire

Les amateurs de farniente et de bronzette vont être déçus : les plages de Hilo sont rocheuses et ventées. On y voit cependant de jolis poissons et de nombreuses tortues.

AKAKA FALLS STATE PARK

A 30 minutes de route de Hilo, sur la Highway 19, légèrement au nord de Honomu. Accès piétons 1 US$ ou 5 US$ par voiture.

Un chemin de randonnée, aménagé au milieu d'une forêt tropicale luxuriante et odorante, permet d'accéder en 10 minutes à deux chutes d'eau impressionnantes : Kahuna (124 m) et Akaka (137 m). Toilettes et aire de pique-nique près du parking. Pour ne pas payer 5 US$ par voiture il suffit de se garer sur le bord de la route avant les barrières du parking.

BANYAN DRIVE

Cette avenue circulaire, bordée d'une cinquantaine de banians immenses et touffus, commence au niveau de l'hôtel Hawaiian Namiloa Resort (93 Banyan Drive). Ces arbres ont été plantés, entre 1933 et 1972, par des célébrités qui venaient visiter l'île.

À chaque star, son banian et sa plaque commémorative. Même Franklin Roosevelt a fait planter un arbre lors de son passage à Big Island, le 25 juillet 1934 ! Richard Nixon, alors qu'il était sénateur, en a fait planter un en 1952, mais il fut moins chanceux que Roosevelt : son arbre a été déraciné par une tempête... 20 ans plus tard, sa femme a replanté un arbre à ce même emplacement.

CARLSMITH BEACH PARK

Sur Kalanianaole Avenue, à l'est de Hilo.

Les différentes éruptions volcaniques ont créé à Carlsmith Beach Park une piscine naturelle protégée des vagues par de solides roches noires. L'eau est calme et les locaux viennent même y faire leurs longueurs avec lunettes et bonnet de bain ! Idéal donc pour nager en famille mais aussi pour observer les poissons et tortues qui viennent s'y reposer. Scrutez les rochers sur les bords pour trouver les carapaces souvent visibles depuis la surface.

HILO COFFEE MILL

17-995 Volcano Road ✆ +1 808 968 1333

hilocoffeemill.com

Ouvert de 7h à 16h30 du lundi au vendredi, jusqu'à 16h le samedi et 14h le mercredi. Visite guidée : 15 US$ par personne.

On oublie souvent que le café n'est pas seulement produit sur la côte de Kona mais aussi dans d'autres régions de Big Island, notamment autour de Hilo, comme en témoigne la compagnie Hilo Coffee Mill.

Cette entreprise produit son café sur place, mais elle travaille également avec de petits exploitants de la côte est. Le but ? Les soutenir financièrement et faire reconnaître cette partie de l'île comme une région de production de café à part entière. On peut se promener à travers les champs de café et observer les torréfacteurs en action. Une boutique vend du café fabriqué in situ : les prix sont un peu moins élevés que ceux du café Kona car la marque est moins connue.

Le Merrie Monarch Festival

Quand David Kalakaua accéda au trône en 1883, Hawaii était sous l'influence des missionnaires depuis un demi-siècle. Trouvant le *hula* trop sensuel, ces derniers avaient décidé d'interdire cette danse qui continua cependant d'exister dans la clandestinité. Or, David Kalakaua l'a réintroduit officiellement en intégrant un spectacle de *hula* à la cérémonie de son sacre. De manière générale, tout au long de son règne, il a poursuivi ce travail de réhabilitation de la culture traditionnelle hawaiienne. Son goût prononcé pour la danse et la musique lui ont même valu le surnom de « Merrie Monarch » (le monarque joyeux). Pour rendre hommage à ce roi bien-aimé, le dernier de Hawaii, un festival, baptisé « Merrie Monarch Festival », a lieu chaque année juste après Pâques, entre fin mars et début avril. Au programme, entre autres manifestations, une grande parade et un concours de danse *hula*, avec des participants originaires de toutes les îles du Pacifique.

Plus d'infos sur www.merriemonarch.com

BIG ISLAND

Honolii Beach Park.

Enfin, si vous partez de Hilo pour vous rendre dans le parc national des Volcans, la Hilo Coffee Mill est sur la route... Alors, autant y faire une halte pour déguster l'un de leurs délicieux cafés (dans le petit bistrot, à l'intérieur du bâtiment principal) !

■ HONOLII BEACH PARK

Au nord de Hilo, sur la Highway 19.

Un spot de surf avant tout. Les courants sont trop forts pour la baignade et l'étendue de sable trop réduite pour la bronzette.

■ IMILOA ASTRONOMY CENTER

UH Hilo Science & Technology Park
600 Imiloa Place
✆ +1 808 969 9700
www.imiloahawaii.org
info@imiloahawaii.org

Ouvert du mardi au dimanche de 9h à 17h. Adultes 17,50 US$, enfants (de 5 à 12 ans) 9,50 US$, gratuit pour les moins de 5 ans.

À la fois centre culturel hawaiien et musée d'astronomie, ce centre apporte de nombreux éléments pédagogiques sur les recherches conduites au sommet du Mauna Kea où rien n'est véritablement expliqué. Pour bien comprendre ce qui se passe au Mauna Kea, il est donc fortement conseillé de visiter l'Imiloa Astronomy Center avant. Tout prend sens une fois qu'on est au sommet et c'est passionnant. Nombreuses animations high-tech et projections au planétarium tout au long de la journée.

■ KAUMANA CAVES

Sur Saddle Road, entre les balises 4 et 5 miles.

Un dédale de grottes étonnant où des racines d'arbres pendent par endroits. Comme les tunnels ne sont absolument pas éclairés, un bon matériel de spéléologie est recommandé et il faut avoir au minimum une lampe frontale et des chaussures fermées non glissantes. Ne vous aventurez pas seul à l'intérieur : on se perd facilement. Claustrophobes s'abstenir.

■ LELEIWI BEACH PARK

Sur Kalanianaole Avenue, à l'est de Hilo.

Cette mer, fréquentée par les dauphins et les tortues marines, est un très bon spot de snorkeling. Aire de pique-nique à proximité.

■ LILIUOKALANI GARDENS

Banyan Drive
Lihiwai Street
✆ +1 808 961 8311

Ce parc de 12 ha a été créé au début du XXe siècle pour rendre hommage aux premiers immigrants japonais sur l'île. Pagodes, étangs à poissons, buissons savamment taillés… Tout rappelle l'univers des jardins nippons et leurs merveilles. Une très jolie promenade à faire !

■ LYMAN MUSEUM & MISSION HOUSE

276 Haili Street
✆ +1 808 935 5021
www.lymanmuseum.org

Ouvert du lundi au samedi de 10h à 16h30. Adultes 10 US$, retraités 8 US$, enfants 3 US$.

Construit en 1839 pour les missionnaires David et Sarah Lyman, c'est le plus ancien bâtiment en bois de Big Island. La maison (Mission House) a été restaurée et sa visite permet d'imaginer la vie quotidienne des missionnaires au XIXe siècle. Juste à côté, le Lyman Museum, construit en 1973, nous dispense différentes informations sur Hawaii, aussi bien sur la formation des îles et des volcans que l'histoire des premiers habitants de l'archipel ou les observatoires d'astronomie du Mauna Kea. Des artistes locaux sont aussi exposés régulièrement dans l'une des galeries

■ MAUNA LOA MACADAMIA FACTORY

Macadamia Road
✆ +1 808 966 8618
www.maunaloa.com
maunaloa@worldpantry.com
Ouvert de 8h30 à 17h. Entrée libre.
On se promène au milieu de plantations d'arbres de noix de macadamia qui s'étendent sur plusieurs hectares. Dans le Visitor's Center, on peut déguster des noix tandis qu'une vidéo décrit le processus de leur récolte. Une boutique de souvenirs vend des paquets de noix à tous les parfums, parfaitement conditionnés pour le transport en avion. Attention l'usine est fermée le weekend, il est donc préférable de faire la visite en semaine pour découvrir le processus d'élaboration du produit phare d'Hawaï.

■ NAHA AND PINAO STONES

300 Waianuenue Avenue
En face de la Hilo Public Library, se trouvent deux énormes pavés : Naha et Pinao. La pierre Pinao serait l'ancien pilier d'un temple construit près de la rivière Wailuku. Quant à la pierre Naha, elle aurait été soulevée par le roi Kamehameha du temps où il était adolescent… On dit qu'une prophétie hawaiienne avait prédit que celui qui serait capable d'un tel tour de force deviendrait le roi de toutes les îles. La prophétie s'est avérée vraie puisque c'est Kamehameha Ier qui a unifié l'archipel en 1810…

■ ONEKAHAKAHA BEACH PARK

Sur Kalanianaole Avenue, à l'est de Hilo.
Une petite plage de sable abritée des vagues idéale pour la baignade en famille. Toilettes, douches, aire de pique-nique.

■ PACIFIC TSUNAMI MUSEUM

130 Kamehameha Avenue
✆ +1 808 935 0926
www.tsunami.org
tsunami@tsunami.org
Ouvert du mardi au samedi de 10h à 16h. Adultes 8 US$, retraités 7 US$, enfants (de 6 à 17 ans) 4 US$, gratuit pour les enfants de 5 ans et moins.
Ce musée est dédié à toutes les victimes des tsunamis qui ont dévasté Hilo en 1946 et 1960. Des photos et des films d'archives racontent longuement ces deux catastrophes. À voir : la maquette du centre-ville de Hilo, tel qu'il était avant le premier tsunami.
Une salle présente les différentes parties du monde qui ont été frappées par les tsunamis au XXe siècle, notamment celui de 2004 en Asie.

■ PEEPEE FALLS – BOILING POTS

Waianuenue Avenue
À environ 3 miles (5 km) au nord-ouest de Hilo, sur la Waianuenue Avenue.
Quatre torrents de la rivière Wailuku se jettent du haut d'une barrière rocheuse, créant des tourbillons impressionnants qui ont valu à ces chutes, dites de Peepee, le surnom de « Boiling Pots » (théières en ébullition). Ce site est moins célèbre que celui des Rainbow Falls, mais il mérite qu'on s'y arrête, ne serait-ce que pour la photo.

■ PEPEEKEO SCENIC DRIVE

Cette route débute à environ 8 km au nord de Hilo, sur la Highway 19. Il faut alors suivre le panneau bleu qui indique la « Pepeekeo Scenic Drive ». Tout au long de cette route de près de 7 km, on traverse une jolie jungle tropicale et on a différents points de vue sublimes, dont beaucoup sur l'océan. A la fin de ce parcours, on regagne aisément la Highway 19 et on peut ainsi poursuivre sa découverte de la côte Hamakua.

Pacific Tsunami Museum.

RAINBOW FALLS
Waianuenue Avenue
Sur la Waianuenue Avenue, à 1 mile (1,6 km) du centre-ville, prenez la Rainbow Drive sur la droite.
De superbes chutes se jettent dans une rivière. Au lever du soleil, on aperçoit souvent un arc-en-ciel à travers la vapeur d'eau, d'où le nom de Rainbow Falls (les chutes de l'arc-en-ciel).

REEDS BAY BEACH PARK
Sur Banyan Drive et Kalanianaole Avenue.
Une crique aux eaux calmes et peu profondes, très agréable pour la baignade. Parfaite pour les tout-petits.

RICHARDSON BEACH PARK
Sur Kalanianaole Avenue, à l'est de Hilo.
Entretenue par des passionnés de la faune marine, Richardson Beach Park est un autre spot de snorkeling et d'observation des tortues. Attention cependant aux fortes vagues en hiver pour la baignade. Si vous êtes frileux, continuez à droite de la plage pour rejoindre les rochers qui forment des piscines naturelles peu profondes. Les tortues viennent s'y reposer et se nourrir pendant la journée. Pas besoin d'entrer dans l'eau pour les admirer.

Shopping

BIG ISLAND CANDIES
585 Hinano Street ✆ +1 808 935 8890
www.bigislandcandies.com
Magasin ouvert tous les jours de 8h30 à 17h, usine ouverte du lundi au vendredi de 8h30 à 15h45. Une institution à Hilo depuis 1977, Big Island Candies fabrique de délicieux biscuits sablés aromatisés aux noix de macadamia, chocolat et autres saveurs locales. De nombreuses dégustations vous permettront de vous faire une idée sur le produit mais aussi de choisir votre préféré. En semaine, vous pourrez observer les gateaux en cours de fabrication dans l'usine, ce qui rend la visite encore plus intéressante.

HILO FARMERS MARKET
400 Kamehameha Avenue
✆ +1 808 9331000
www.hilofarmersmarket.com
De 6h à 16h, le mercredi et le samedi.
Un marché en plein air typique à faire absolument si vous êtes à Hilo le mercredi ou le samedi ! Fruits et légumes locaux, artisanat, bijoux, souvenirs hawaiiens en tous genres... Tout y est !

MOST IRRESISTIBLE SHOP
256 Kamehameha Avenue
✆ +1 808 959 6515
Des souvenirs faits main en provenance de tout le Pacifique ! Comme le dit le nom du magasin, il est très difficile de résister et de ne rien acheter.

SUISAN FISH MARKET
93 Lihiwai St ✆ 808 935 9349
www.suisan.com
Ouvert du lundi au samedi de 8h à 17h.
Le marché de poissons Suisan est une institution à Hilo. Tous les matins les pêcheurs viennent y déposer les poissons qu'ils ont pêchés à l'aube. Vous pourrez donc y trouver des produits locaux et frais dont les prix dépendent de l'arrivage du moment. Si vous n'avez pas de quoi cuisiner chez vous, des plats sont préparés sur place avec les poissons du jour.

PEPEEKEO

Pepeekeo est une petite bourgade verdoyante où vous ne trouverez pas grand chose à faire en dehors de la visite du jardin botanique.

HAWAII TROPICAL BOTANICAL GARDEN
27-717 Old Mamalahoa Highway
✆ +1 808 964 5233 – www.htbg.com
A 15 minutes de route de Hilo. Ouvert de 9h à 17h, dernière admission à 16h. Entrée : 15 US$.
Environ 2 km après le début de la Pepeekeo Drive, on arrive à ce très beau Jardin botanique qui mérite une visite. Surplombant la belle baie d'Onomea, 7 ha de terrain réunissent plus de 2 000 espèces d'arbres, de plantes et de fleurs (orchidées, palmiers, broméliacées...). Un sentier aménagé permet de se promener dans ce petit coin de paradis.

HONOKAA

Cette petite ville d'environ 2 000 habitants était autrefois un des moteurs de l'industrie sucrière de la région, jusqu'à la fermeture de sa dernière usine dans les années 1990. Mais la ville n'est pas tombée en ruines pour autant... Ce sont à présent les magasins d'antiquités, les galeries d'art et les magasins de vente de vêtements de seconde main qui ont pris la relève. Honokaa est même devenue, au fil du temps, la deuxième ville refuge des hippies de Big Island, avec Pahoa. Malgré ces changements, Honokaa a su garder son charme d'antan, comme en témoignent les façades années 1920 des magasins de sa rue principale. Une halte à Honokaa, pour une petite balade ou du shopping, constitue donc un moment fort agréable lors du parcours de la côte Hamakua.

Transports

Sur la Highway 19, à une soixantaine de kilomètres de Hilo, prendre la route 240 qui mène à Honokaa.

WAIPIO VALLEY

Entourée par des montagnes de 620 m de haut, la vallée de Waipio était autrefois très appréciée des monarques hawaiiens qui y avaient établi leur résidence. Grâce à l'irrigation constante de la vallée par la rivière Waipio, la nature y est généreuse et de multiples arbres fruitiers y prospèrent ; on peut ainsi cueillir mangues, goyaves et noix de coco à volonté ! Alors que la vallée est quasiment inhabitée aujourd'hui, c'était une des régions les plus peuplées de l'île du XIIIe au XVIIe siècle. La capitale de l'île en somme. La population vivait alors essentiellement de la culture du taro (pomme de terre hawaiienne) qui, peu à peu, a cédé la place à la forêt tropicale qu'on voit actuellement, même s'il reste encore quelques champs de taro. Le tsunami de 1946, qui a durement frappé la vallée, a fait fuir définitivement la plupart des habitants de cette région, redevenue progressivement totalement sauvage (pour le plus grand bonheur des touristes !).

Transports

Pour accéder à la vallée, il faut remonter la Highway 19 jusqu'à Honokaa et prendre la route 240. Tout au bout se trouve le point de vue « Waipio Valley Lookout » et, à proximité, une route qui descend au cœur de la vallée. Le hic, c'est que le dénivelé de cette route est si important (20-35 %) qu'une simple voiture peut la descendre mais en aucun cas la remonter. Il faut donc avoir un 4X4 ou réserver une excursion à cheval. La solution la moins coûteuse est la marche ! Mais si le chemin est assez court (1,6 km) et vite parcouru, la montée au retour est beaucoup plus éprouvante, surtout s'il fait chaud !

À voir – À faire

■ **WAIPIO VALLEY LOOKOUT**

Joli point de vue sur la vallée de Waipio et sa plage. On peut même s'en contenter et ne pas descendre dans la vallée si c'est la beauté du panorama qu'on recherche avant tout. Plus bas, il n'existe en effet aucun autre point de vue qui puisse rivaliser avec le Waipio Valley Lookout.

Sports – Détente – Loisirs

▸ **Randonnée.** Outre la marche qui mène du parking du point de vue à la vallée, on peut faire différentes randonnées une fois qu'on est en bas. Deux sentiers mènent respectivement aux chutes d'eau de Kalauahine Falls et aux Hilawe Falls. Un troisième conduit à la plage Waipio Beach, qui est avant tout un spot de surf et où les courants sont trop forts pour la baignade. Cependant, ce sont des randonnées assez difficiles et il est recommandé de les faire avec un guide. L'agence Hawaiian Walkways organise ainsi régulièrement une randonnée vers les chutes d'eau.

▸ **Equitation.** Parcourir la vallée à cheval est aussi une très belle façon de découvrir la vallée et c'est beaucoup moins fatiguant qu'à pied !

Waipio Lookout.

BIG ISLAND

NAALAPA STABLES
✆ +1 808 775 0419
www.naalapastables.com
93,75 US$ (taxes comprises) par personne pour 2h30 de visite guidée à cheval.

WAIPIO RIDGE STABLES AND WAIPIO RIM BACKROAD ADVENTURES
✆ +1 808 775 7291 / +1 808 775 1122
www.waipioridgestables.com
85 US$ par personne pour 2h30 de visite guidée à cheval ou pour 3h d'excursion en 4X4.

Visites guidées

HAWAIIAN WALKWAYS
Honokaa
Mamane Street ✆ +1 808 775 0372
www.hawaiianwalkways.com
175 US$ par personne, repas et transport depuis la côte Ouest inclus.
Hawaiian Walkways vous propose de découvrir Waipio Valley sur une excursion à la journée. Un mini-bus viendra vous chercher le matin à votre hôtel pour vous emmener jusqu'au cœur de la vallée. Comptez ensuite 3 à 5 heures de balade pour rejoindre et traverser Black Sand Beach. Prévoyez des chaussures imperméables pour traverser les rivières. Un bon plan si vous logez sur la côte Ouest sans voiture.

WAIPIO VALLEY SHUTTLE
✆ +1 808 775 7121
www.waipiovalleyshuttle.com
Tours du lundi au samedi à 9h, 11h, 13h et 15h. Adultes 55 US$, enfants (de moins de 11 ans) 27,50 US$. Le tour n'est opérationnel qu'à partir de 2 participants adultes.
Visite guidée de la Waipio Valley en 4x4. Comptez de 1h30 à 2h le tour avec de nombreux arrêts intéressants.

LE CENTRE DE BIG ISLAND

La région du centre de Big Island est aussi vaste que variée. Au sud l'imposante silhouette de Mauna Kea semble être le géant à l'origine de la création du monde. Les Polynésiens y associent leurs légendes et les scientifiques l'ont transformé en l'un des centres de recherche les plus performants du monde. Au nord, Waimea est restée fidèle à ses traditions *paniolos* et vit des élevages et plantations. Un far west verdoyant où il fait bon vivre.

WAIMEA

Cette ville, qu'on appelle aussi « Kamuela », contraste avec le reste de Big Island. C'est avant tout une terre d'élevage dont tout le développement est lié au mythique Ranch Parker. Tout commence en 1793, quand George Vancouver offre un petit troupeau au roi Kamehameha Ier. Celui-ci fait se reproduire les animaux du troupeau et déclare qu'il est kapu (interdit) de les chasser. Le bétail a été ainsi protégé pendant 10 ans, tant et si bien qu'il a fini par envahir tous les terrains voisins ! Certains habitants ont même dû quitter leur maison pour céder la place à ces bêtes sacrées... Comme il devenait urgent de gérer au mieux ce troupeau, le roi décida de le confier à un certain John Palmer Parker. Ce dernier, accomplissant sa tâche parfaitement, devient vite le chouchou du roi, qui lui offre un lopin de terre à proximité du Mauna Kea. Parker s'approprie progressivement les terrains à proximité, à tel point que sa propriété finit par atteindre la superficie de 90 000 ha. C'est là qu'il établira le fameux Ranch Parker. Alors que le dernier héritier Parker, Samuel Smart, est mort il y a une dizaine d'années, la très riche corporation Parker reste le moteur économique principal de Waimea. Elle finance notamment l'hôpital public, une école privée et les festivals de la ville. Waimea est donc encore aujourd'hui une terre d'agriculture et d'élevage où l'on trouve de nombreuses fermes bio et où l'on croise souvent les fameux « paniolos » (cow-boys hawaiiens). La ville mérite donc qu'on lui consacre une journée, ne serait-ce que pour s'imprégner de cette ambiance « country » si étonnante à Big Island. On peut, par exemple, aller observer les étoiles au Mauna Kea, rentrer dormir à Waimea et visiter la ville le lendemain. C'est aussi le point de chute idéal pour ceux qui vont à Kailua-Kona ou à Hilo.

Transports

Comment y accéder et en partir

▶ **Voiture.** Située au pied des montagnes Kohala, au nord de Big Island, Waimea est à l'intersection de la Hawaii Belt Road (n° 19), qui dessert l'île de Kailua-Kona à Hilo, et de la Mamalahoa Highway (n° 190), qui relie directement Kailua-Kona à Waimea.

HELE-ON BUS
✆ +1 808 961 8521
www.heleonbus.org
Ticket de bus 2 US$.
La ligne Hilo/Kailua-Kona s'arrête au Parker Ranch Center dans les deux sens. Les horaires de la ligne ne permettent cependant pas de faire un aller-retour dans la journée.

Se déplacer

ALPHA STAR TAXI
64-204 Wailani Place
✆ +1 808 885 4771

Pratique

Argent

BANK OF HAWAII
67-1191 Mamalahoa Highway
✆ +1 808 885 7995

FIRST HAWAIIAN BANK
Parker Ranch
Mamalahoa Highway
✆ +1 808 885 7991

Moyens de communication

KAMUELA POST OFFICE
65-1197 Mamalahoa Highway
✆ +1 800 275 8777
Ouvert de 8h à 16h30 du lundi au vendredi. De 9h à 12h le samedi.

THELMA PARKER MEMORIAL LIBRARY
67-1209 Mamalahoa Highway
✆ +1 808 887 6067
Accès Internet avec la Visitor's Card de 3 mois (10 US$). Impossible de souscrire un abonnement pour une durée inférieure, mais la carte permet ensuite d'avoir accès à Internet dans toutes les autres bibliothèques de l'archipel.

Santé – Urgences

NORTH HAWAII COMMUNITY HOSPITAL
67-1125 Mamalahoa Highway
✆ +1 808 885 4444
nhchinfo@nhch.com

VILLAGE PHARMACY
65-1267 Kaiwaihae Road
✆ +1 808 885 4824
Ouvert de 8h30 à 17h30 du lundi au vendredi. De 8h30 à 14h le samedi.

Se loger

AAH, THE VIEWS !
66-1773 Alaneo Street
✆ +1 808 885 3455
www.aaahtheviews.com
209 US$ la chambre double pour une nuit, 189 US$ la nuit pour une réservation de deux nuits ou plus. Un sympathique Bed & Breakfast dans les hauteurs de Waimea. 4 chambres avec de grandes fenêtres qui permettent d'admirer la jolie vue sur la montagne et la rivière (d'où le nom du B&B). Chacune dispose d'une kitchenette avec frigo ainsi que du wi-fi. Parmi les autres services : un sauna ouvert à tous les clients, un masseur à disposition et des cours de yoga.

BELLE VUE
✆ +1 808 885 7732
www.hawaii-bellevue.com
De 95 US$ à 175 US$ l'appartement pour 2. Un Bed & Breakfast admirablement situé avec une « belle vue ». De la terrasse des appartements, le panorama est grandiose puisqu'on voit à la fois la ville de Waimea, le Mauna Loa, le Mauna Kea, la côte Kohala et l'océan ! Dans chaque suite : un salon, une cuisine, une chambre, la TV et un *lanai* (terrasse). Enfin, Viviane Baker, la maîtresse des lieux, parle couramment français et sera ravie de vous conseiller pendant votre séjour.

JACARANDA INN
65-1444 Kawaihae Road
✆ +1 808 885 8813
www.jacarandainn.com
Chambre double de 129 à 199 US$. Cottage 250 US$ pour 2 personnes, 350 US$ pour 4, 450 US$ pour 6. Petit déjeuner inclus.

L'histoire des paniolos

Au milieu du XIXe siècle, les *vaqueros* (cow-boys mexicains) sont venus à Big Island pour prêter main-forte aux Hawaiiens qui s'occupaient de troupeaux. Et ce sont eux qui leur ont enseigné les rudiments du métier de cow-boy !
Comme ils parlaient espagnol, les locaux les ont baptisés « Paniolos », qui est une déformation du mot « espagnol ». Ce mot désigne, depuis cette époque, les cow-boys hawaiiens en général.

Construit en 1897, cet établissement était autrefois la résidence du manager du Ranch Parker. La déco de la maison restaurée contraste vraiment avec le style des cow-boys de la région. Partout, des fleurs, comme le montrent les nombreux motifs muraux et les noms des chambres (Hibiscus, Orchidée, Bégonia, etc.). Au total, 8 chambres confortables dont la plupart ont un bain bouillonnant. Le cottage a proximité a été entièrement refait et ses résidents peuvent profiter du grand bain buillonnant extérieur.

WAIMEA GARDENS COTTAGE
✆ +1 808 885 8550
www.waimeagardens.com
De 160 US$ à 190 US$ le cottage pour 2. Possibilité d'ajouter une 3e personne (50 US$) dans le plus grand cottage. Petit déjeuner inclus. Réservation pour 3 nuits minimum et paiement total exigé 45 jours avant l'arrivée.
Au milieu d'un grand jardin fleuri, 3 cottages confortables et parfaitement équipés. Dans chaque maisonnette : un coin jardin, une cuisine, une salle de bains avec une grande baignoire et l'accès wi-fi. Le petit-déjeuner est en self-service.

Se restaurer

MERRIMAN'S
65-1227 Opelo Road
Opelo Plaza
✆ +1 808 885 6822
www.merrimanshawaii.com
office@merrimanshawaii.com
Ouvert du lundi au vendredi de 11h30 à 13h30 et de 17h30 à 21h. De 40 US$ à 50 US$ le repas.
La nouvelle cuisine hawaiienne concoctée par le célèbre chef Peter Merriman est véritablement excellente. Tous les produits sont bio et on peut même visiter les fermes dont ils proviennent. Parmi les plats qui ont le plus de succès, la palme revient sans aucun doute à l'ahi (poisson) au wok ou au Kahua Ranch lamb (agneau).

Sortir

THE SHOPS AT MAUNA LANI
68-1330 Mauna Lani Drive Suite 100
✆ +1 808 885 9501
www.shopsatmaunalani.com
Les lundis et jeudis à 19h.
La galerie marchande offre des spectacles de danse polynésienne gratuits tous les lundis et jeudis sur la scène centrale.

À voir – À faire

KAMUELA MUSEUM
66-1655 Kawaihae Road
✆ +1 808 885 4724
www.kamuelamuseum.com
Au croisement de la Highway 19 et de la Highway 250.
Une collection éclectique d'objets artisanaux de Hawaii et d'ailleurs. À voir : la collection d'armes hawaiiennes anciennes et la jolie table en bois de koa qui appartenait autrefois au Iolani Palace (palais royal) à Honolulu.

PARKER RANCH HISTORIC HOMES
✆ +1 808 885 5433
www.parkerranch.com
shop@parkerranch.com
Au sud de Waimea sur la Highway 190, tourner à droite au bout de 1,5 km environ. Ouvert de 8h à 16h du lundi au vendredi.
On peut visiter deux maisons de la famille Parker qui ont été particulièrement bien préservées : la Mana Hale et la Puuopelu. La plus récente, la Puuopelu (1862), abrite un musée où sont exposées plusieurs toiles impressionnistes que collectionnait Richard Palmer Smart, le dernier héritier Parker, qui était aussi chanteur à Broadway !

PARKER RANCH MUSEUM
67-1185 Mamalahoa Highway
✆ +1 808 885 7655
www.parkerranch.com
shop@parkerranch.com
Visite sur rendez-vous uniquement.
Le musée retrace l'épopée Parker, qui commence avec John Palmer Parker qui a fondé le ranch (1847) et finit avec son dernier descendant, disparu en 1992. On y découvre notamment que John Palmer Parker a épousé la petite-fille du roi Kamehameha et que donc ses petits-enfants étaient d'ascendance royale !

Sports – Détente – Loisirs

Vous jouiez aux cow-boys quand vous étiez petit ? Voilà une occasion de passer du rêve à la réalité ! Plusieurs agences organisent des balades à cheval dans les environs de Waimea et on s'y croirait !

PANIOLO ADVENTURES
Kohala Mountain Road
✆ +1 808 885 0057
www.panioloadventures.com
Balade de 1h : 69 US$; 1h30 : 89 US$; de 2h30 : 99 US$; de 4 : 175 US$.

Paniolo Adventures propose tout un panel de balades : au lever ou au coucher du soleil, avec ou sans repas. Elles s'adressent aux débutants comme aux passionnés.

MAUNA KEA

Faire une bataille de boules de neige ou du snow-board à Hawaii ? C'est possible au Mauna Kea, mais en hiver uniquement… Mauna Kea signifie en effet « montagne blanche » en hawaiien, car elle est parfois recouverte de neige en hiver. Cependant, les températures sont glaciales tout au long de l'année à son sommet en raison de ses 4 205 m d'altitude. Et si l'on mesure sa hauteur à partir de sa base sous-marine, c'est même la plus haute montagne du monde puisqu'elle mesure alors 10 230 m. L'Everest, avec ses 8 840 m d'altitude, est largement dépassé !

Mais ce n'est ni la neige ni même la taille du Mauna Kea qui en font une des montagnes les plus célèbres et les plus utiles du monde. C'est le ciel à son sommet. Grâce à cette incomparable pureté, Mauna Kea est le point le plus clair de la planète pour l'observation des astres. Le plus important observatoire d'astronomie du monde s'est donc tout naturellement installé à son sommet. Il regroupe 13 télescopes ultra perfectionnés, dont le CFHT (Canada-France-Hawaii), qui sont des outils de travail précieux pour les chercheurs originaires des onze pays qui financent l'observatoire. Si le ciel est si clair au sommet du Mauna Kea, ce n'est pas en raison de son altitude mais de la qualité de son atmosphère. L'air très sec, sans pollution, ni nuages ou humidité, permet de mesurer avec précision le rayonnement infrarouge des étoiles ou des planètes. Enfin, le Mauna Kea est bien à l'abri de toute interférence lumineuse en provenance des villes, ce qui rend le ciel parfaitement noir ; les astronomes peuvent alors l'étudier dans ses moindres détails. C'est ainsi qu'ils ont pu découvrir l'existence de satellites autour de Jupiter et de Saturne ou d'astéroïdes autour de Neptune. Les visiteurs ne peuvent pas pénétrer dans les différents observatoires, mais les passionnés d'astronomie se régaleront car c'est vraiment là qu'on observe le mieux les astres et les différentes constellations. Quant à ceux qui n'y connaissent rien, avant de se rendre au sommet du Mauna Kea, ils seraient bien inspirés de visiter l'Imiloa Astronomy Center, à Hilo, qui propose une véritable initiation à la science des étoiles. Enfin, l'attraction touristique majeure à cette altitude, c'est le spectacle sublime du coucher de soleil sur le Mauna Kea. Le ciel suspendu au-dessus de la mer de nuages revêt une couleur rose intense inoubliable.

Les Hawaiiens et la neige du Mauna Kea

Si vous allez visiter le Mauna Kea en plein hiver, période où la neige est la plus abondante sur la montagne, vous croiserez certainement des camions transportant de la neige qui redescendent la route. Ce ne sont pas des chasse-neige mais des camions appartenant à des locaux. Et vous vous demanderez sûrement : que font-ils donc de toute cette neige ?

Il s'agit en fait d'une fantaisie toute locale… Les Hawaiiens ne voient jamais la neige et pour eux c'est vraiment exotique ; ils en amassent donc un maximum au Mauna Kea pour pouvoir faire des bonhommes de neige dans leur jardin ou des batailles de neige sur la plage !

Les neiges du Mauna Kea.

Quelques recommandations

L'altitude : pour s'acclimater progressivement à l'altitude, il faut faire des petites haltes le long de la montée en voiture et s'arrêter pendant au moins 1h30 au Visitor's Center.Une fois là-haut, il ne faut pas courir ni faire d'efforts violents car la teneur en oxygène de l'air est réduite et on a tôt fait de s'épuiser ou même de faire un malaise. Il faut donc être en forme et reposé avant d'entreprendre l'excursion au Mauna Kea. Ceux qui ont fait de la plongée sous-marine dans les dernières 24h, qui prennent l'avion dans les 24h, qui souffrent de problèmes cardiaques ou respiratoires, les femmes enceintes ainsi que les enfants de moins de 16 ans, ne doivent pas aller jusqu'au sommet mais arrêter leur visite au niveau de l'Onizuka Visitor's Center où l'altitude est encore tolérable pour eux.

Le froid : même s'il neige surtout en hiver sur le Mauna Kea, les températures sont glaciales toute l'année. Prévoir impérativement des habits chauds, type polaires.

Transports

On accède au Mauna Kea uniquement par Saddle Road, la seule route qui traverse Big Island en son centre. Pour la rejoindre à partir de Kailua-Kona, il faut prendre la Highway 190 qui la croise sur sa droite avant d'arriver à Waimea.

À partir du centre-ville de Hilo, il faut suivre Waianuenue Avenue et continuer sur Kaumana Drive (au moment où la route se divise en deux), qui devient ensuite Saddle Road. La route en elle-même est tortueuse car elle monte doucement entre le Mauna Kea et le Mauna Loa qui sont des montagnes très élevées. Au niveau de la balise 28 miles, deux routes croisent Saddle Road : l'une va vers le nord et l'autre vers le sud. C'est celle vers le nord qui mène au Mauna Kea, l'autre va au Mauna Loa Observatory (un observatoire météo réservé aux scientifiques et fermé au public).

Depuis Hilo, le trajet jusqu'au Mauna Kea prend 1h30 en moyenne. Comptez 1h en partant de Waimea. Prévoir une bonne demi-journée pour la visite du Mauna Kea, trajet inclus.

Important. Louez une jeep pour aller jusqu'au sommet du Mauna Kea car la route caillouteuse et en zigzag ne permet pas de circuler en voiture de location. C'est même dangereux ! Ne prenez donc pas de risques inutiles. Si vous ne souhaitez pas louer de jeep, vous pouvez réserver une visite guidée du Mauna Kea auprès d'une agence touristique de l'île ; le transport aller-retour est inclus.

La lumière orange des lampadaires

Pour éviter toute pollution lumineuse du ciel, les autorités ont limité l'intensité des ampoules des lampadaires dans les villes aux alentours du Mauna Kea. C'est pourquoi ils ont cette étrange couleur orange.

Pratique

Tourisme – Culture

ONIZUKA VISITOR'S CENTER
✆ +1 808 961 2180
www.ifa.hawaii.edu/info/vis
Ouvert de 9h à 22h. Situé à 2 883 m d'altitude, l'Onizuka Visitor's Center est un excellent point d'observation du ciel.

Plusieurs télescopes sont à la disposition des visiteurs désireux de s'initier à l'astronomie. Une boutique vend livres, cartes et brochures pour ceux qui veulent aller plus loin. Tous les soirs, de 18h à 22h, a lieu une séance (gratuite) d'observation des étoiles, commentée par un spécialiste. Le centre organise également des excursions gratuites vers le sommet du Mauna Kea pendant le week-end. C'est également ici qu'il faut s'arrêter pour s'acclimater à l'altitude avant de poursuivre sa route vers le sommet.

Visites guidées

Les excursions vers le Mauna Kea partent en début ou milieu d'après-midi afin que les visiteurs puissent arriver à temps au sommet pour admirer le coucher de soleil.

À la nuit tombée, la plupart des agences touristiques organisent une séance d'observation des astres et fournissent jumelles ou télescopes.

ARNOTT'S LODGE & HIKING ADVENTURES
98 Apapane Road
Hilo ✆ +1 808 969 7097
www.arnottslodge.com
mahalo@arnottslodge.com
130 US$ pour les clients de l'auberge, 180 US$ pour les autres.
L'excursion part de Hilo et le minibus peut aller chercher les visiteurs directement à leur hôtel. Les guides ne sont pas des spécialistes d'astronomie mais s'y connaissent bien en culture polynésienne et ne manquent pas d'humour. Ils expliquent, avec beaucoup d'entrain, notamment comment les premiers habitants de Hawaii ont réussi à naviguer jusqu'à l'archipel en s'orientant uniquement d'après les étoiles. Le tour s'arrête au Visitor's Center le temps de s'acclimater à l'altitude, avant de s'attaquer à l'ascension finale pour voir le coucher de soleil. À la nuit tombée, le guide muni d'un laser longue portée fait un cours d'initiation à l'astronomie. Parkas fournies, mais dîner non inclus.

LA CÔTE DE KOHALA

Des plages superbes, des complexes hôteliers de luxe, des *heiau* (temples) sur la montagne Kohala, de jolies chutes d'eau et des ateliers d'artistes sont autant de multiples facettes de la côte de Kohala.

- **Le nord** de la côte de Kohala. La pointe nord de la côte de Kohala fait partie d'une des plus anciennes montagnes volcaniques de Big Island. Elle a été sculptée par les forts courants marins et les vents violents de la région. Hawi (938 habitants) et Kapaau (1 159 habitants) sont les seuls villages de la région. Ils étaient autrefois de véritables moteurs de l'industrie sucrière, mais, aujourd'hui, ils sont entourés de champs de canne et de voies de chemin de fer à l'abandon. C'est aussi au nord de la côte de Kohala qu'est né Kamehameha Ier, le roi qui a unifié les îles de l'archipel en 1810. La visite de cette partie de l'île permet donc à la fois de partir à la découverte d'une nature redevenue sauvage et de se plonger dans l'histoire des origines de Hawaii et de l'épopée sucrière.

- **Le sud** de la côte de Kohala. Avec les plus belles plages de Big Island et 363 jours d'ensoleillement par an, le sud de la côte de Kohala accueille tout naturellement les hôtels les plus luxueux. Il n'existe pas de ville sur cette partie de l'île, qui n'est finalement peuplée que par les touristes logeant dans les complexes hôteliers haut de gamme. En somme, le principal intérêt de cette région réside dans ses magnifiques plages.

HAWI

Hawi est une petite ville d'à peine mille âmes qui est surtout connue comme une des étapes importantes du triathlon Ironman. C'est aussi un bon pont de chute pour des bed & breakfast à prix doux. C'est un bon camp de base pour visiter la côte de Kohala !

Trucs et Astuces

Le petit plus de Hawaï c'est que les grands hôtels sont ouverts et accessibles aux visiteurs. Il faut d'ailleurs souvent les traverser pour atteindre les plages publiques. Profitez-en pour admirer leurs piscines et attractions éblouissantes. Voici deux astuces qui raviront vos enfants :

- **Le Four Season Resort Hualalai** qui donne accès à Kuki'o Beach dispose d'un lagon d'eau de mer accueillant une multitude de poissons et même une raie ! On peut alors mettre masque et tuba pour nager avec eux ou attendre 13h pour voir le personnel et les clients de l'hôtel nourrir la raie. Peut-être vous laisseront-ils essayer vous aussi... Il faut demander un beach pass à l'entrée pour pouvoir vous garer.

- **Le Hilton Waikoloa Village** compte quatre piscines réservées aux dauphins. Ils sont les stars du Dolphin Quest, une attraction payante pour nager avec eux mais vous pouvez admirer le spectacle en toute liberté depuis le bord de la piscine. Une démonstration de l'intelligence de ces animaux qui laissera perplexes même les plus grands. Il suffit de se garer à coté du Hilton et rejoindre le sentier en bord de mer.

Transports

Hawi est à l'intersection des routes 250 et 270 tandis que le village de Kapaau se trouve dans le prolongement ouest de la route 270, qui s'achève au point de vue de Pololu Valley Overlook. Pour accéder à cette région, mieux vaut être en voiture car le bus (www.heleonbus.org) n'y passe pas souvent (départ, à 6h20, de Kapaau, vers Hawi et la côte sud de Kohala ; retour, à partir du Hilton Waikola, à 16h15).

■ HAWI SHELL STATION
55-503 Hawi Road
✆ +1 808 889 5211

Pratique

Argent

■ BANK OF HAWAII
54-388 Akoni Pule Highway
✆ +1 808 889 1073

Moyens de communication

■ BOND MEMORIAL PUBLIC LIBRARY
54-3903 Akoni Pule Highway
Kapaau ✆ +1 808 889 6655
Accès Internet avec la Visitor's Card de 3 mois (10 US$).
Impossible de souscrire un abonnement pour une durée inférieure, mais la carte permet ensuite d'avoir accès à Internet dans toutes les autres bibliothèques de l'archipel.

■ HAWI POST OFFICE
55-515 Hawi Road
Kapaau
✆ +1 800 275 8777
Ouvert de 8h30 à 12h et de 12h30 à 16h du lundi au vendredi. De 9h à 10h le samedi.

Santé – Urgences

■ KAMEHAMEHA PHARMACY
54-3877 Akoni Pule Highway
Kapaau ✆ +1 808 889 6161
Ouvert de 9h à 12h30 et de 13h30 à 17h les lundi, mardi, jeudi et vendredi. De 9h à 13h le mercredi.

■ KOHALA HOSPITAL
54-383 Hospital Road
Kapaau ✆ +1 808 889 6211

Se loger

Pour camper sur l'île de Big Island, il faut demander un permis (payant) au bureau du comté. On peut leur écrire ou remplir une demande en ligne (www.hawaiicounty.gov). Par personne et par nuit, compter 21 US$ pour les adultes et les 13-17 ans et 20 US$ pour les moins de 12 ans.

■ KAPAA BEACH PARK
Sur la Highway 270, entre les balises 15 et 16 miles. Permis nécessaire.
Aire de camping près d'une plage au rivage rocheux mais dont les eaux calmes sont propices à la baignade. Toilettes et tables de pique-nique.

■ KOHALA'S GUEST HOUSE
52-277 Keokea Park Road
Kapaau
✆ +1 808 889 5606
www.kohalaguesthouse.com
kohalasguesthouse@hotmail.com
À quelques minutes de Keokea Beach Park et du Pololu Valley Lookout. À partir de 85 US$ la chambre double.
2 petites maisons. La première avec une chambre single, une cuisine et un séjour. La deuxième est un duplex avec une cuisine, 3 chambres doubles, une TV et un lave-linge.

■ MAHUKONA BEACH PARK
Off Highway 270
✆ +1 808 961 8311
Sur la Highway 270, au nord de Lapakahi Historical Park, entre les bornes 14 et 15 miles.
Douches, toilettes et électricité. Pas d'eau potable.
Le camping idéal pour les amateurs de snorkeling ou de plongée sous-marine. La mer est très claire ici et le fond riche en épaves et poissons multicolores. Autrefois, quand le sucre était la base économique de Kohala, ce port voyait de nombreux bateaux en attente de remplissage, aujourd'hui c'est un musée sous-marin qui vous attend, ne plongez que lorsque l'eau est calme.

Se restaurer

Hawi compte de nombreux petits restaurants de bon rapport qualité-prix.

■ BAMBOO RESTAURANT
55-3415 Akoni Pule Highway
✆ +1 808 889 5555
www.bamboorestaurant.info
Ouvert de 11h30 à 14h30 et de 18h à 20h du mardi au samedi. De 11h30 à 14h30 le dimanche. Comptez 20 US$ le repas en moyenne.

Une décoration tout en bambou pour un restaurant tout simple. Il est installé dans un hôtel qui hébergeait les travailleurs des plantations sucrières au début du XXe siècle. Cuisine hawaiienne authentique et à petits prix. Concerts d'artistes locaux tous les soirs.

■ KOHALA COFFEE MILL

Akoni Pule Highway ✆ +1 808 889 5577
En face du Bamboo Restaurant. Ouvert de 6h à 18h du lundi au vendredi. De 7h à 18h, samedi et dimanche. Entre 3 US$ et 5 US$ la boisson, environ 7 US$ le sandwich ou wrap et 3 US$ la glace.
Idéal pour le petit déjeuner ou le déjeuner. Un large choix de thés, cafés et smoothies. Des sandwiches consistants, des assiettes de pâtes et des glaces aux parfums variés.

À voir – À faire

■ HAPUNA BEACH

A 5 minutes de Waikoloa Village. Sur la route 19, entre les balises 69 et 70 miles. Accès autorisé de 7h à 20h. Baignade surveillée de 9h à 16h. 5 US$ par véhicule.
C'est incontestablement une des plus belles plages des États-Unis. L'image idéale qu'on se fait de Hawaii ! Ici, on peut nager en toute tranquillité car les eaux sont très calmes. En hiver, elles s'agitent un peu plus, pour la plus grande joie des *boogie-boarders* !

■ KING KAMEHAMEHA STATUE

A Kapaau, en face du Old Kohala Courthouse, près de la Highway 270.
La statue du roi a été sculptée à l'échelle réelle : Kamehameha était très imposant et mesurait près de 2 m !
Pour l'anecdote, cette statue devait, à l'origine, être installée dans le centre historique de Honolulu, sur King Street, en 1880, mais le bateau qui la transportait a coulé ! On l'a donc remplacée par une copie. Mais, deux ans plus tard, la statue originale fut retrouvée par un Américain au Port Stanley, dans les îles Falkland. Ce dernier la ramena à Big Island et les autorités décidèrent de l'installer près du lieu de naissance de Kamehameha. À croire que c'était une volonté d'outre-tombe du roi lui-même ! Il aurait en effet certainement désiré avoir une statue à son effigie sur sa terre natale et pas seulement sur Oahu.
Tous les 11 juin, jour du Kamehameha Day, la statue est recouverte de *lei* (colliers de fleurs hawaiiens).

■ POLOLU VALLEY

A 15 minutes de Hawi, au bout de la Highway 270.
Le point de vue du Pololu Valley Lookout est superbe : les vagues propulsées par le vent viennent s'écraser sur les montagnes rocheuses et une superbe plage de sable noir. À proximité, un sentier très raide descend dans la vallée et longe la côte.

■ WAIALEA BEACH – 69 BEACH

Sur la Highway 19, tourner dans Puako Road entre les balises 70 et 71 miles. Puis prendre la première à droite, au niveau du portail. Une route cabossée conduit ensuite au parking et à la plage.
Une plage si secrète et tranquille que les jeunes Hawaiiens l'ont surnommée avec malice « 69 Beach » … Très bon snorkeling à la pointe nord-est de la plage. Baignade sans danger.

King Kamehameha Statue.

Anaehoomalu Beach.

Sports – Détente – Loisirs

■ **ATV OUTFITTERS**
Kapaau
✆ +1 808 889 6000
www.outfittershawaii.com
atv@outfittershawaii.com
Le circuit en 4X4 : 129 US$ par conducteur pour 1h30 (80 US$ par passager), 179 US$ par conducteur pour 2h (130 US$ par passager), 249 US$ par conducteur pour 3h (130 US$ par passager).
Une manière originale de découvrir la côte Nord de Kohala : un groupe de touristes en 4X4 suivent un guide lui-même en 4X4. Plusieurs thèmes de visite : l'histoire, les chutes d'eau, la forêt tropicale…
Tous les guides sont natifs de la région et ont plein d'anecdotes à raconter.

WAIKOLOA VILLAGE

Le Waikoloa Village n'a rien de pittoresque contrairement à ce que laisse présager son nom. C'est une ville avant tout résidentielle avec un grand centre commercial où on trouve de tout.
Et c'est dans ce « village » que vous trouverez une série de sublimes complexes hôteliers de luxe tels que le Hilton Waikoloa village. Tous ces hôtels sont bordés de plages magnifiques qui valent le détour et sont accessibles à tous.

Se loger

■ **HILTON WAIKOLOA VILLAGE**
425 Waikoloa Beach Drive
✆ +1 808 886 1234
www.hiltonwaikoloavillage.com
À partir de 179 US$ la chambre double en saison creuse, 229 US$ en haute saison.
De vastes jardins, un lagon au centre, des terrains de tennis et de golf, un spa, des chambres très confortables dans un immense complexe hôtelier où rien ne manque… Le tout installé dans un immense terrain verdoyant desservi par un petit train pour ne pas se fatiguer à marcher. Les nombreux restaurants sont tous excellents mais vous apprécierez tout particulièrement le KPC, aux délicieuses spécialités de fruits de mer et poissons, dont la terrasse est installée au-dessus de la mer avec une vue sublime sur l'océan et le coucher de soleil (comptez 50 US$ le repas). Le *luau* sur place est à ne pas manquer : buffet et spectacle sont pour nous les meilleurs de l'île. Petite cerise sur le gâteau : vous pourrez observer des dauphins installés dans un grand bassin et même nager avec eux (service payant). En résumé, cet hôtel est sublime à tous points de vue et on vous le recommande !

À voir – À faire

Les plus belles plages de sable blanc de Big Island se trouvent sur la côte Kohala et elles méritent qu'on y consacre une journée, sauf si on n'aime ni la baignade ni la bronzette ! Pour y accéder, il faut souvent passer par les hôtels situés juste en face. Heureusement, ces plages sont restées publiques et gratuites !

■ **ANAEHOOMALU BEACH**
Parking gratuit pendant 4h dans la première rue à droite après le parking du Hilton Waikoloa Village. Suivre le chemin Shoreline Access et prendre le sentier à gauche une fois arrivé en bord de mer.

Encore une très jolie plage de sable blanc ! Bon spot de planche à voile mais aussi de baignade et de snorkeling.

KIHOLO BAY

A 15 minutes de Waikoloa village. Sur la Highway 19, prendre la route entre les balises 82 et 83 miles et rester sur la voie de droite quand la route se divise en deux. Accès 24h/24. Une étendue de sable plus réduite que sur les autres plages mais avec une eau tout aussi transparente. Les tortues marines viennent souvent pondre sur le rivage et, avec le snorkeling, c'est l'attraction touristique principale.

MAUNA KEA BEACH

A 20 minutes de Waikoloa village. Sur la route 19, entre les balises 68 et 69 miles. Accès autorisé du lever au coucher du soleil. Baignade surveillée à partir de 8h.
Une plage de sable blanc incurvée aux eaux turquoise qui figure sur de nombreuses cartes postales. Elle est parfaite pour la baignade toute l'année et, en hiver, c'est un bon spot de surf en raison d'une mer plus agitée.
On accède à la plage par le Mauna Kea Beach Hotel. Si on n'est pas client de l'hôtel, il faut demander un « Beach Parking Pass » à l'entrée, qui permet de laisser sa voiture au parking toute la journée. Attention : il faut venir tôt car les places s'envolent à vue d'œil !

MOOKINI HEIAU

A 30 minutes de route au nord de Waikoloa Village. Sur la Highway 270, suivre la direction « Upolu Airport » vers la balise 20 miles. Au niveau de l'aéroport, prendre le sentier parallèle à l'aéroport, à gauche. Attention : sentier boueux, à faire à pied ou en 4X4 uniquement.
Cet immense *heiau* (temple) a été construit en 480 apr. J.-C., en haut d'une montagne face au volcan Haleakala (île de Maui). Cet emplacement aurait, paraît-il, un *mana* (pouvoir spirituel) particulièrement fort. Il était dédié à Ku, dieu de la guerre, et c'est seulement dans les temples qui vouaient un culte à ce dieu qu'étaient pratiqués les sacrifices humains. On peut encore voir le pavé de roche volcanique où des centaines de gens ont été sacrifiés.
Cent mètres plus bas est indiqué le lieu de naissance de Kamehameha, en 1758.
Selon la légende, il est né pendant une nuit de tempête. Juste après sa naissance, le ciel se serait soudain puissamment illuminé et les Hawaiiens en auraient déduit qu'un grand homme venait de naître... D'après les astronomes, cette lumière aurait été due au passage de la comète de Halley, en 1758 justement.

PUUKOHOLA NATIONAL HISTORIC SITE

Sur la Highway 270, à Kawaihae.
Ouvert de 7h30 à 16h45. Entrée libre.
En 1790, un voyant avait prédit à Kamehameha que s'il faisait construire un *heiau* (temple) dédié au dieu de la guerre Ku en haut de la montagne Puukohola et qu'il y faisait sacrifier son principal rival, Keooua Kuahuula, il parviendrait à conquérir toutes les îles de Hawaii. Cette prophétie se concrétisa en 1810 !
À partir du Visitor's Center, il faut marcher un petit peu avant d'atteindre le *heiau* lui-même.
À voir également : le Mailekini Heiau, qui servait de point de repère aux navigateurs et qui aurait été construit en 1550.

Baie de Mahaiula, au sud de Waikoloa Village.

MAUI

Twin Falls,
sur la route de Hana.

Maui

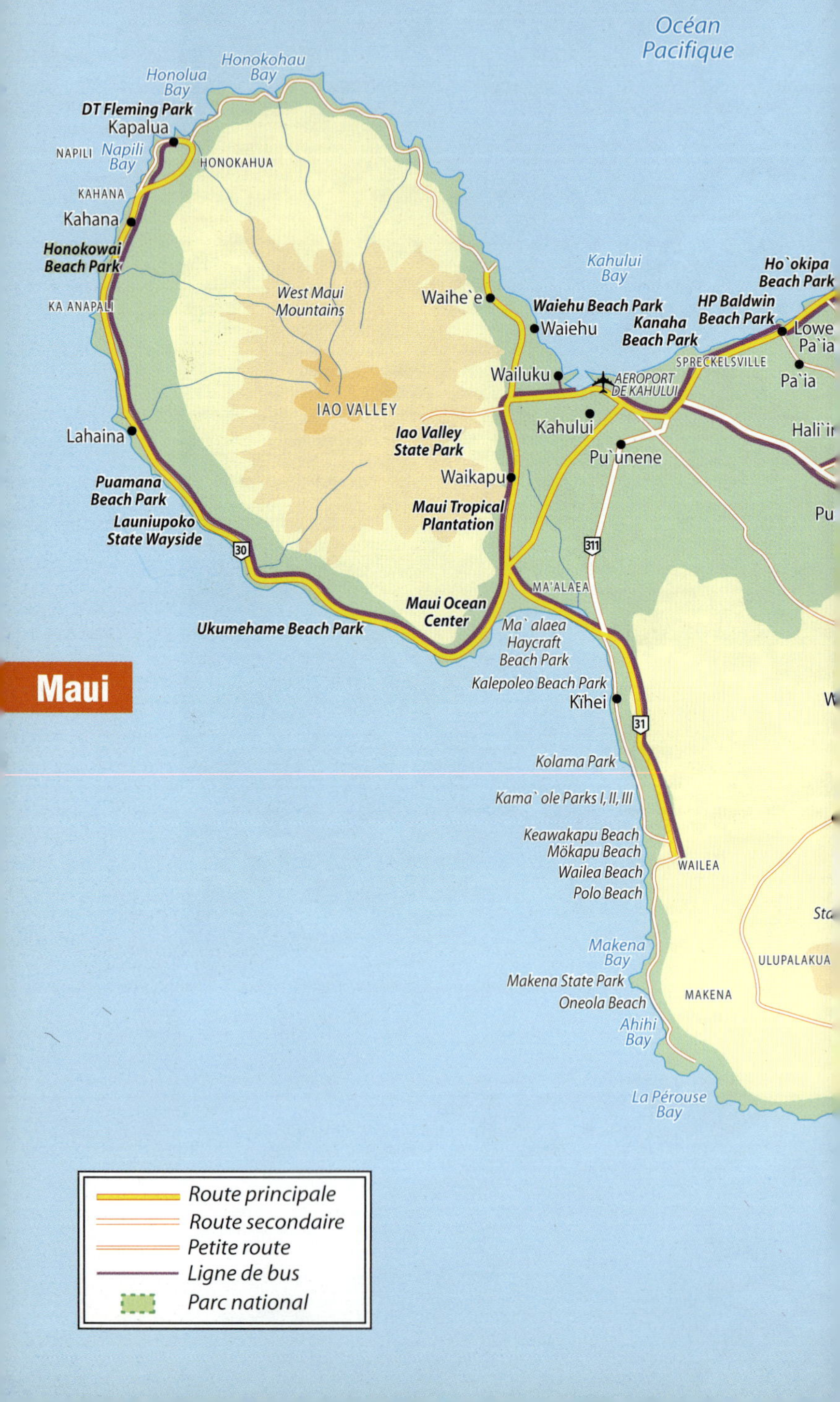
Océan Pacifique
Honokohau Bay
Honolua Bay
DT Fleming Park
Kapalua
NAPILI
Napili Bay
HONOKAHUA
KAHANA
Kahana
Honokowai Beach Park
KA`ANAPALI
West Maui Mountains
IAO VALLEY
Iao Valley State Park
Lahaina
Puamana Beach Park
Launiupoko State Wayside
30
Ukumehame Beach Park
Maui Ocean Center
Maui Tropical Plantation
Waikapu
Waihe`e
Waiehu Beach Park
Waiehu
Wailuku
Kahului Bay
Kanaha Beach Park
HP Baldwin Beach Park
Ho`okipa Beach Park
SPRECKELSVILLE
AEROPORT DE KAHULUI
Kahului
Pu`unene
Lowe Pa`ia
Pa`ia
311
MA'ALAEA
Ma`alaea Haycraft Beach Park
Kalepoleo Beach Park
Kīhei
31
Kolama Park
Kama`ole Parks I, II, III
Keawakapu Beach
Mökapu Beach
Wailea Beach
Polo Beach
WAILEA
Makena Bay
Makena State Park
Oneola Beach
Ahihi Bay
MAKENA
ULUPALAKUA
La Pérouse Bay
Route principale
Route secondaire
Petite route
Ligne de bus
Parc national

KAUAI
OAHU
MOLOKAI
LANAI
MAUI
BIG ISLAND
Ho`okipa Beach Park
HUELO
KAILUA
Kaumahina State Wayside
Waikamoi Ridge Trail
KE`ANAE
Ke`anae Pt
Makawao
Ke`anae Arboretum
Point de vue
36
Pi`ilanihale Heidu
HANA AIRPORT
Wai`anapana State Park
Häna
HAMOA
Haleakala National Park
Visitor's Center
Ohe`o Guich (Seven Pools)
KIPAHULU
Charles A. Lindbergh Grave
Palapala Ho`omau Church
sugar mill
Océan Pacifique
N
0
10 km

Maui

« Maui no ka oi ! » ont coutume de dire les habitants de Maui. Cette expression qui signifie « Maui est la meilleure ! » n'est finalement pas si loin de la réalité, quand on connaît les innombrables richesses de cette île. D'une superficie de 1 887 km² et peuplée de 135 000 habitants, Maui est la deuxième île la plus importante de l'archipel. Moins développée que sa voisine Oahu, et avec des paysages aussi somptueux que ceux de Kauai, c'est une île vivante où l'on ne s'ennuie jamais, mais c'est aussi une île reposante grâce à sa nature merveilleuse et paisible. Avec ses superbes plages de sable fin à l'ouest et au sud, ses excellents spots de surf et de planches à voile au nord, ses ballets de baleines à bosse à l'ouest, sa paradisiaque et tropicale route de Hana à l'est, son majestueux volcan Haleakala, comment ne pas succomber à tant de charme ? Et ce n'est pas tout, Maui rime aussi avec ruralité et authenticité. Champs de canne à sucre et d'ananas au centre, exploitations agricoles et jardins botaniques le long de la Kula Highway, vignes et ranchs dans l'arrière-pays sont autant d'occasions de s'immerger dans un certain art de vivre. Maui est également synonyme d'histoire et de culture. La ville de Lahaina, ancienne capitale du royaume de Hawaii et de l'épopée baleinière au XIXe siècle, regorge de musées et de sites passionnants. Quant à Paia, c'était la capitale hippie de Hawaii dans les années 1960. Compte tenu d'une telle diversité, le surnom de Maui, « île de la Vallée », peut sembler assez réducteur. C'est la géologie de l'île qui est à l'origine de ce nom : Maui est née de deux volcans sortis des eaux, il y a 2 millions d'années...
Aujourd'hui endormis et baptisés « West Maui », à l'ouest, et « Haleakala », à l'est, ils sont reliés par une grande vallée, qui a donc valu son surnom à l'île. Enfin, Maui est une porte ouverte sur les îles toutes proches de son comté, Lanai et Molokai, des perles sauvages dont on peut aisément combiner la visite lors d'un séjour sur l'île.

LA PLAINE CENTRALE

Entre les montagnes de West Maui et le volcan Haleakala, s'étend une vaste plaine au centre de Maui. Les vents forts et les pluies fréquentes y rendent les températures plus fraîches que sur la côte ouest. Essentiellement composée de champs de canne à sucre, cette région compte tout de même deux villes importantes sur sa côte nord, Kahului et Wailuku. Pas vraiment pittoresques, elles méritent cependant qu'on s'y arrête.

Avis aux sportifs

Comme ses compagnes, Maui est une île où les sports nautiques sont à l'honneur :

- **Kitesurf :** testez Kanaha Beach Park ou les plages de Kihei.
- **Planche à voile :** la renommée Ho'okipa bien sûr, ou Kanaha beach park, Kihei et Spreckelsville pour les débutants et intermédiaires.
- **Surf :** Ho'okipa et Peahi pour les pros, Honolua Bay, Paia bay ou Hamoa beach pour les intermédaires. Vous trouverez des cours pour débutants à Kihei et Lahaina. Les locaux ont leurs spots sur toutes les criques au nord de Kapalua.

KAHULUI

C'est ici que se trouvent le plus important port industriel de l'île et l'aéroport.
C'est ici également que se concentrent les zones commerciales et les grandes surfaces pour shopping en tout genre. Très urbanisée, avec des routes souvent congestionnées aux heures de pointe, Kahului réserve pourtant quelques bonnes surprises à ceux qui ne la fuiront pas dès le premier abord.

Transports

Comment y accéder et en partir

- **Taxi.** Compter entre 70 et 105 US$ de l'aéroport à la côte Ouest, entre 50 et 60 US$ pour la région de Wailea/Kihei.
- **Bus**. Les bus n° 40 et n° 35 desservent l'aéroport de 6h à 21h, toutes les heures

Les immanquables de Maui

- **Parcourir la route de Hana** et se baigner dans les eaux émeraude des Twin Falls.
- **Assister au lever du soleil** sur le volcan Haleakala et faire une randonnée dans le cratère.
- **Regarder les windsufeurs pros** défier les vagues à Hookipa Beach.
- **Faire une excursion de whale-watching** sur la côte ouest.
- **Faire du *stand up paddle board*** à Napili Bay.
- **Flâner dans les ruelles et le port de Lahaina** au coucher du soleil.
- **Manger de l'ananas frais** à la Maui Pineapple Plantation.
- **Déguster les vins de Maui** aux Tedeschi Vineyards, sur la route de Kula.
- **Nager avec les tortues** tout au long de la côte Ouest et Nord-Ouest.
- **S'initier au kitesurf** à Kanaha Beach.

en moyenne. Ils sont directs pour Kahului, Pukalani, Paia, Haiku. Pour les autres destinations, il faut changer de bus. Demandez conseil au chauffeur ou consultez la carte des bus (gratuite et présente sur un présentoir dans chaque bus) ou le site de Maui bus au préalable. 2 US$ le trajet. Attention, si votre bagage est trop gros pour être rangé sous votre siège, vous ne serez pas autorisés à monter dans le bus. Pour les voyageurs à sacs à dos, pas de problème.

- **Shuttle.** Les navettes Speedi et Roberts desservent l'aéroport. Les tickets peuvent être achetés sur place ou sur Internet. Comptez environ 48 US$ pour Lahaina, 26 US$ pour Kihei et 17 US$ pour Kahului.

HAWAIIAN AIRLINES
✆ +1 800 367 5320
www.hawaiianairlines.com
Vols inter-îles.

ISLAND AIR
✆ +1 808 484 2222 – www.islandair.com
Vols inter-îles.

KAHULUI INTERNATIONAL AIRPORT
1 Kahului Airport Rd
✆ +1 888 872 3830
hawaii.gov/ogg
C'est l'aéroport principal de l'île et le deuxième de Hawaii par l'importance de son trafic. Il accueille de nombreux vols directs de l'ouest des Etats-Unis et du Canada, et presque autant de vols inter-îles.

MAUI AIRPORT TAXI
✆ +1 808 281 9533 www.nokaoitaxi.com
nokaoitaxi@yahoo.com

MAUI TAXI SERVICE
✆ +1 808 344 4661
www.mauipleasanttaxi.com
info@mauipleasanttaxi.com
Comptez 75 US$ pour Lahaina et 85 US$ pour Kaanapali.

MOKULELE AIRLINES
✆ +1 808 426 7070
www.mokuleleairlines.com
Vols inter-îles.

SPEEDISHUTTLE
✆ +1 808 242 7777
www.speedishuttle.com
maui@speedishuttle.com
Prix en fonction de la destination. 38 US$ de l'aéroport à Wailea, 54 US$ pour Kaanapali.

Le Iao needle dans le Iao Valley State Park.

Se déplacer

▶ **Voiture de location**. C'est le moyen le plus pratique pour se déplacer dans l'île. Mais, attention, il faut réserver sa voiture à l'avance si l'on séjourne à Maui pendant la haute saison (hiver et été), sinon on ne trouve plus aucune voiture, à part les très chères voitures de luxe ! La plupart des compagnies de location de voitures sont à l'aéroport.

▶ **Bus.** Si on n'a pas trouvé de voiture de location à l'aéroport, ce qui arrive souvent en haute saison, il vous reste le bus. Le réseau dessert bien toute l'île, mais ne va pas dans l'arrière-pays ni près du volcan. Si les bus sont ponctuels, leurs passages sont peu fréquents. D'où une attente moyenne de 30 à 40 minutes à presque toutes les stations. Enfin, les arrêts sont peu nombreux dans les différentes zones desservies et il faut souvent encore marcher 15 à 30 minutes en moyenne. En conclusion, il vaut vraiment mieux se débrouiller pour avoir une voiture si on veut visiter toute l'île !

▶ **Deux-roues.** En raison de la circulation dense de Kahului, nous vous les déconseillons. Sur le reste de l'île, où le trafic est moins important, la moto ou le scooter peuvent être une bonne option, notamment si on n'a pas les moyens de louer une voiture et qu'on ne veut pas « galérer » en bus. Quant au vélo, l'île est beaucoup trop grande pour se contenter de ce seul moyen de transport, qui est cependant agréable si on l'utilise ponctuellement pour des randonnées ou en complément de la voiture, dans les zones où ce n'est pas dangereux. Vous pourrez louer votre moto à Lahaina ou à Kihei chez Island riders ou directement sur leur site web (www.islandriders.com)

■ **AVIS**
✆ +1 800 367 3367
www.avis.com
Agence de location de voitures.

■ **BUDGET**
✆ +1 800 527 0700
www.budget.com
Agence de location de voitures.

■ **DOLLAR**
✆ +1 808 877 2731
www.dollar.com
Agence de location de voitures.

■ **HERTZ**
✆ +1 808 893 5200
www.hertz.com
Agence de location de voitures.

■ **MAUI BUS**
www.mauicounty.gov/bus
2 US$ le trajet. 4 US$ le pass à la journée.
À partir du terminal de bus situé au Kaahumanu Center, on peut aller à Lahaina, Kihei, Wailea ou Maalaea.

Pratique

Argent

Tous les centres commerciaux sont équipés de distributeurs de billets.

■ **BANK OF HAWAII**
27 S. Puunene Avenue ✆ +1 808 871 8250
Emplacement pratique, avec un distributeur 24h/24.

Moyens de communication

■ **KAHULUI POST OFFICE**
138 S. Puunene Avenue
✆ +1 808 871 2487
Ouverte de 8h30 à 16h30 du lundi au vendredi. De 9h à midi le samedi.

■ **KINKO'S**
Dairy Center
395 Dairy Road ✆ +1 808 244 9056
Ouvert de 7h à 23h du lundi au vendredi, fermé le mercredi. De 8h à 21h le samedi et de 9h à 21h le dimanche. Internet haut débit à 20 cents la minute. Imprimante, scanner et fax. Vente de timbres et boîte aux lettres sur place.

Santé – Urgences

■ **LONG DRUGS**
Maui Mall – 70 E. Kaahumanu Avenue
✆ +1 808 877 0041
Pharmacie ouverte de 7h à minuit.

Orientation

La route principale de Kahului, la Kaahumanu Avenue, conduit à Wailuku tandis que la Dairy Road mène à Lahaina et Kihei, au sud. Situé à l'est de Kahului, l'aéroport est relié au centre par la Haleakala Highway et la Hana Highway.

Se loger

■ **MAUI BEACH HOTEL**
170 Kaahumanu Avenue
✆ +1 808 974 7421
www.mauibeachhotel.net
De 125 US$ à 179 US$ la chambre double, selon le confort et la vue. Shuttle gratuit pour l'aéroport de 6h à 21h. Wifi. Parking 5 US$ par jour.

À deux pas de l'aéroport, donc pratique si on prend l'avion tôt le matin. Chambres confortables et fonctionnelles. Club de *fitness* et belle piscine.

Se restaurer

On peut manger partout à Kahului et pour une somme modique. L'ennui, c'est que la plupart des restaurants sont des antennes locales des chaînes américaines de fast-food. Si on recherche une cuisine typique ou gastronomique, il faut passer son chemin.

■ DA KITCHEN
425 Koloa Street ✆ +1 808 871 7782
www.da-kitchen.com
dakitchen@hawaii.rr.com
Ouvert du lundi au samedi de 11h à 21h. Fermé le dimanche. Plats autour de 12 US$.
Spécialités hawaiiennes à prix fast-food. Formules à emporter. A noter : c'est Da Kitchen qui a été invitée pour cuisiner au *luau* d'investiture de Barack Obama à Washington !

■ PIZZA IN PARADISE
60 E. Wakea Avenue
✆ +1 808 871 8188
pizza-maui.com
Ouvert de 11h à 21h du lundi au jeudi. Jusqu'à 22h vendredi et samedi. Fermé le dimanche. Pizza entière environ 20 US$.
Pour les inconditionnels de la pizza ! Pizza entière ou part de pizza, au choix. Mention spéciale pour la recette locale de la « Paniolo meat lovers » à base de viande. Livraison possible de Kahului à Wailuku.

Sortir

■ MAUI ARTS & CULTURAL CENTER
1 Cameron Way ✆ +1 808 242 2787
www.mauiarts.org
Spectacles d'artistes locaux ou de stars internationales. Programme en ligne sur leur site. Également des projections dans le cadre du Maui Film Festival (www.mauifilmfestival.com)

À voir – À faire

■ KANAHA BEACH PARK
Amala Place
Entre le port et l'aéroport, Kanaha Beach est le terrain de jeux des windsurfeurs et des kiteboarders en raison de sa bonne exposition aux vents. L'eau trouble et agitée n'en fait pas un lieu de baignade agréable, mais l'aire de pique-nique aménagée à proximité attire les familles le week-end. Grand parking.

■ KANAHA POND BIRD SANCTUARY
Remonter la Hana Highway en direction du port. Un panneau indique l'entrée sur la droite. Ouvert du lever au coucher du soleil. Entrée libre. Parking. Nichée dans la baie de Kahului, cette réserve naturelle est le refuge d'oiseaux rares hawaiiens. On y rencontre notamment la foulque de Hawaii, une espèce endémique en voie de disparition. Jumelles conseillées.

Sports – Détente – Loisirs

▶ **Kitesurf.** Pour une initiation au kitesurf, Kanaha Beach est l'endroit rêvé. Plusieurs écoles de kite à proximité.

▶ **Windsurf ou planche à voile.** Pour louer sa planche à voile quand on est déjà un windsurfeur pro ou prendre un cours quand on n'y connaît rien, les bonnes adresses ne manquent pas à Kahului !

■ ACTION SPORTS MAUI
Kite Board School
98 Amala Place ✆ +1 808 871 5857
www.actionsportsmaui.com
fun@actionsportsmaui.com
2h30 de cours pour débutants : 199 US$ plus taxes pour le kitesurf, 89 US$ pour la planche à voile. Pour le surf comptez 59 US$ pour 2h de cours débutant.

Le kitesurf

Le kitesurf est un sport nautique de traction, on l'appelle aussi flysurf ou kite. Accroché à une barre, on se fait tracter par un cerf-volant (kite) distant d'une vingtaine de mètres, tout en glissant sur une planche de surf de taille plus réduite. Cette activité extrême, qui a souffert d'une mauvaise réputation par le passé (plusieurs accidents mortels), est aujourd'hui beaucoup plus accessible. Lancé par Manu Bertin, un champion de planche à voile français résidant à Hawaii dans les années 1990 et par les frères Legaignoux, le kitesurf connaît actuellement un fort succès touristique en raison des sensations fortes qu'il procure et de son esprit de liberté. Le spectacle est formidable, le kitesurfeur pouvant effectuer des sauts de 20 m de haut !

▶ **Pour toute information**, consulter le site de la Fédération française de kitesurf : www.kitesurf.fr

■ **MAUI WINDSURF COMPANY**
22 Hana Highway ✆ +1 808 877 4816
www.mauiwindsurfcompany.com
info@mauiwindsurfcompany.com
Cours individuel de planche à voile : 80 US$ de l'heure ; cours en groupe : 89 US$ les 2h30. Location à la journée : 57 US$ pour une planche à voile, 15 US$ pour une planche de surf et 24 US$ pour un stand up paddle.

■ **SECOND WIND**
111 Hana Highway
✆ +1 808 877 7467
www.secondwindmaui.com
info@secondwindmaui.com
Location de planches à voile à partir de 55 US$ la journée ; planche de surf 20 US$ la journée, Stand up paddle 35 US$ la journée et kitesurf 85 US$ la journée. Cours à partir de 89 US$.

Shopping

Les supermarchés se concentrent sur la Dairy Road et la Kaahumanu Avenue. Ce sont Wal-Mart, Kmart, etc. Impossible de les louper ! Rayons souvenirs bien fournis et moins chers que dans les petites boutiques de l'île.

■ **QUEEN KA'AHUMANU CENTER**
275 West Kaahumanu Avenue
✆ +1 808 877 4325
www.queenkaahumanucenter.com
Ouvert de 9h30 à 21h du lundi au samedi et de 10h à 17h le dimanche.
C'est LE centre commercial de Kahului. Vous y trouverez magasins divers et cinéma, mais surtout beaucoup d'activités culturelles gratuites. Chaque dernier vendredi du mois des artistes locaux se produisent de 18h à 20h. Des démonstrations de *hula* ont lieu tous les lundis à 10h30 sur la scène centrale et le marché fermier se tient tous les mardis, mercredis et vendredis de 8h à 16h.

WAILUKU

Capitale administrative du comté de Maui, Wailuku n'est pas vraiment une ville touristique, mais ses différents sites historiques et les devantures anciennes de ses boutiques lui donnent un cachet particulier, entre archaïsme et modernité.

Transports

■ **MAUI BUS**
www.mauicounty.gov/bus
Ticket 2 US$.
Bus desservant les principales villes de l'île.

Pratique

Tourisme – Culture

■ **MAUI VISITOR'S BUREAU**
1727 Wili Pa Loop ✆ +1 808 244 3530
www.visitmaui.com
maui@hvcb.org
Site d'information en ligne. Vous trouverez cartes et brochures à l'aéroport.

Argent

■ **AMERICAN SAVINGS BANK**
790 Eha Street ✆ +1 808 244 8162

■ **FIRST HAWAIIAN BANK**
27 Market Street
✆ +1 808 877 2377

Moyens de communication

■ **WAILUKU POST OFFICE**
250 Imikala Street ✆ +1 808 244 1653
Ouverte de 8h à 16h du lundi au vendredi et de 9h à 12h le samedi.

Santé – Urgences

■ **MAUI MEMORIAL MEDICAL CENTER**
221 Mahalani Street
✆ +1 808 244 9056
www.mauimemorialmedical.org
Ouvert 24h/24 avec un service d'urgences.

Se loger

■ **BANANA BUNGALOW**
310 North Market Street
✆ +1 808 244 3294
www.mauihostel.com
39 US$ par personne en dortoir, 89 US$ la chambre simple et 99 US$ la chambre double avec salle de bains à partager. Réservation à l'avance.
Sans aucun doute, la meilleure auberge de jeunesse de Maui pour faire la fête et se faire des amis des quatre coins de la planète, une légère ambiance de soirées étudiantes américaines. Mais le top, ce sont les circuits à travers Maui, quotidiens et gratuits, en minibus. Le programme change chaque jour et il suffit de s'inscrire la veille. Une occasion économique de découvrir l'île, tout en faisant connaissance avec ses voisins de bus, surtout quand on n'a pas de budget voiture ! À la fin de la journée, un pourboire au chauffeur et au guide sont tout de même les bienvenus… Autres services gratuits : le jacuzzi, Internet,

billard et baby-foot et surtout le café et la pâte à pancake tous les matins (en mix) pour se faire un super petit-déjeuner.

A savoir, certains tours sont très populaires (route de Hana et randonnée sur le volcan) et obtenir une place dans le van s'avère un vrai combat ! Le principe : il faut s'inscrire la veille sur une liste affichée près de la réception. La liste du lendemain est affichée au moment où le tour du jour démarre, c'est donc à cet instant qu'il faut être devant la liste pour être sûr de participer. Les places partent parfois en moins d'une demi-heure. Il faut également dormir à l'auberge la nuit du tour effectué. Beaucoup de conditions mais les tours en valent la peine, et les conditions sont plus flexibles pour les tours moins demandés ou en période creuse.

NORTHSHORE HOSTEL
2080 West Vineyard Street
✆ +1 808 986 8095
www.northshorehostel.com
33 US$ la nuit en dortoir, de 79 US$ à 99 US$ la chambre double. Petit déjeuner gratuit. Café et thé offerts.
Rien à voir avec l'ambiance de son concurrent direct le Banana, mais cette auberge est confortable et bien aménagée. Dortoirs spacieux et propres. 10 minutes d'appels locaux et internationaux gratuits par jour. Accès Internet offert. Cuisine parfaitement équipée. Le staff de l'établissement peut venir vous chercher gratuitement à l'aéroport ou vous y déposer.

Se restaurer

On mange pour pas cher à Wailuku et c'est vraiment « ono » (« délicieux » en hawaiien).

A.K'S CAFE
1237 Lower Main Street
✆ +1 808 244 8774
Ouvert de 17h à 20h30 sauf le weekend. Repas entre 15 US$ et 30 US$.
« Mangez mieux », telle est la devise de ce restaurant bio dont la chef, Elaine Rothermel, est une ancienne nutritionniste. Rien à dire ; non seulement c'est bon pour la ligne mais c'est bon tout court ! Spécialités hawaiiennes à l'honneur pour des prix très raisonnables.

À voir – À faire

Chaque premier vendredi du mois, North Market Street s'emplit d'échoppes et de musiciens à la tombée de la nuit. Vous n'aurez que l'embarras du choix entre un repas hawaiien, vietnamien, thaïlandais ou encore chinois ! Un régal pour les papilles, à déguster devant le chanteur de votre choix.

BAILEY HOUSE MUSEUM
2375 A Main Street ✆ +1 808 244 3326
www.mauimuseum.org
Ouvert du lundi au samedi de 10h à 16h. Fermé le dimanche. Entrée : 7 US$.
Ce musée présente l'une des plus belles collections d'objets artisanaux anciens de Maui. Construit en 1833, le bâtiment appartenait au couple de missionnaires Edward et Caroline Bailey et c'est ici que le couple inaugura le premier séminaire de Wailuku. À côté du mobilier d'époque, les nombreux paysages peints par M. Bailey sont autant de précieux témoignages sur Maui au XIXe siècle.

IAO VALLEY STATE PARK
À partir du centre de Wailuku, prendre la route 32 vers l'ouest. Le parc national se trouve à la fin de la route. Ouvert de 7h à 19h. Entrée 5 US$ par famille ou 1 US$ par piéton.
Une jolie vallée verdoyante surplombée par l'étonnant pic, le « Iao Needle », résultat de l'érosion volcanique pendant plusieurs milliers d'années. Les locaux l'appellent « Kukaemoku » car ce serait le phallus du dieu des océans ! 762 m tout de même… De nombreux *alii* (membres de la famille royale) ont été enterrés dans cette vallée. Mais elle a surtout été le théâtre de combats historiques. Le roi Kamehameha Ier, artisan de l'unification des îles de Hawaii, y a mené une violente bataille pour conquérir Maui, en 1790. Grâce à sa victoire, il prit possession de l'île et devint le premier roi de Hawaii, en 1792.
Le sentier balisé et bien entretenu de la vallée rend la randonnée agréable et facile. Le long du chemin, de nombreux points de vue et plantes locales. Comptez 40 minutes environ.

KEPANIWAI HERITAGE GARDENS
Iao Valley Road
Parc ouvert jusqu'à 19h ; entrée libre.
À travers sculptures et pavillons, le Kepaniwai Park rend hommage à tous les groupes de migrants venus s'installer à Maui et, plus généralement, à Hawaii. Ici un sablier anglais, plus loin une petite villa de style portugais, sans oublier les objets d'art chinois ou japonais.

Shopping

Pour faire ses emplettes à Wailuku, il faut se diriger vers North Main Street ou Market Street, où se succèdent antiquaires, librairies et galeries d'art.

■ **REQUEST MUSIC**
10 North Market Street
✆ +1 808 244 9315
requestshawaii.com
Ouvert du lundi au samedi de 10h à 18h. Une sélection étonnante et éclectique de disques neufs et d'occasion. Impossible d'en sortir les mains vides, vu le choix et les prix (de 5 à 10 US$).

PUUNENE

Ce petit village d'à peine 50 habitants, entouré de champs de canne, s'est vidé au moment du déclin de l'industrie sucrière, au XXe siècle.

■ **ALEXANDER & BALDWIN SUGAR MUSEUM**
3957 Hansen Road ✆ +1 808 871 8058
www.sugarmuseum.com
Ouvert de 9h30 à 16h. Adultes 7 US$, retraités 5 US$, enfants (de 6 à 12 ans) 2 US$, gratuit pour les moins de 5 ans. Si, aujourd'hui, l'industrie sucrière a quasiment disparu à Hawaii, elle a été pendant longtemps le principal moteur de son économie. Alexander & Baldwin faisait partie des « Big Five ». C'était donc l'une des cinq compagnies possédant le monopole de l'exploitation du sucre. À côté de la raffinerie de sucre encore en activité, une ancienne maison de directeur de plantation a été restaurée puis aménagée en musée. Photos et archives racontent le développement de l'industrie sucrière à Hawaii et l'arrivée massive de main-d'œuvre étrangère qu'elle a suscitée. Les ouvriers venaient de toute l'Asie et du Portugal. Cette immigration est directement à l'origine de l'important métissage des habitants de l'archipel.

L'OUEST DE L'ÎLE

Grâce à des plages sublimes et un fort ensoleillement, l'ouest de Maui est de loin la zone la plus touristique de l'île. Lahaina en est le pôle principal car c'est de là que partent la plupart des excursions en bateau (snorkeling, plongée sous-marine, *whale-watching*...) mais aussi car c'est la seule « vraie ville » de cette région avec des musées, des dizaines de boutiques et une vie nocturne animée.

LAHAINA

Lahaina signifie « soleil sans pitié » en hawaiien car il y fait souvent très chaud, surtout l'été ! Les habitants de la côte est, plutôt pluvieuse, viennent régulièrement s'y réfugier le week-end pour y retrouver le beau temps. Abritée par les montagnes de West Maui, la ville est en effet bien isolée des vents et donc des intempéries.
Mais un mythe hawaiien veut que la sécheresse ait frappé la ville pour des raisons plus sombres... Après être entré dans une folle colère, un chef de Maui aurait tué tous ses prêtres et peu après une chaleur intense s'abattit sur les lieux. Attention cette malédiction solaire frappe aussi les plaisanciers qui ne veulent pas sacrifier leur tube de crème solaire à Lahaina. Coup de soleil garanti !
Mais que de monde à Lahaina ! Pourquoi ? Tout simplement car c'est LE port touristique de l'île et donc le point de départ de tous les ferries vers les îles voisines de Lanai et Molokai. La recrudescence de boutiques souvenirs en tous genres n'a fait qu'amplifier le va-et-vient permanent de milliers de voyageurs. C'est en effet la seule ville de la côte Ouest qui ait un centre-ville digne de ce nom où on peut tout faire à pied. À côté de cette agitation parfois éprouvante, le centre regorge de sites historiques et fait office de mini-musée à lui tout seul. L'histoire d'Hawaii est effectivement intimement liée à celle de la ville. En 1798, le roi Kamehameha III choisit d'établir à Lahaina, la capitale du royaume de l'archipel qu'il vient d'unifier. Lahaina restera la capitale d'Hawaii jusqu'en 1845, date à laquelle Honolulu lui en vole le titre. Dans la première moitié du XIXe siècle, les marins européens venus chasser la baleine à bosse dans les eaux de Maui, très portés sur l'alcool et les femmes, vont faire régner sur la ville une atmosphère de débauche que les missionnaires protestants – débarqués quasi en même temps – ne vont avoir cesse de combattre. La vente de produits dérivés de baleines prospère jusqu'au milieu du siècle. C'est ensuite l'industrie du sucre qui permet à Lahaina de se développer, juste avant que le tourisme ne prenne le relais au XXe siècle.

Transports

Comment y accéder et en partir

▶ **Voiture.** Lahaina, située au milieu de la côte ouest, a pour avantage d'être traversée par la Highway 30 qui permet de sillonner rapidement

toute la côte. Il faut moins de 20 minutes pour gagner le Nord jusqu'à Kapalua.

Bus. Le bus local dessert plutôt bien Lahaina. La station d'où partent et arrivent tous les bus se trouve dans le centre commercial Wharf Cinema Center, au 658 Front Street, et elle en porte le nom. À partir de là, on peut gagner, sans changement, le Sud, direction Ma'alea par le bus n° 20, le Nord-Ouest jusqu'à Ka'anapali par le bus n° 25 et Kihei par le bus n°15. Le bus n° 23, le « Lahaina Villager », permet de faire le tour de la ville. Si vous envisagez de longs trajets en bus, préparez votre itinéraire au préalable sur le site de la compagnie de bus où vous trouverez tous les horaires (plus d'informations sur : www.mauicounty.gov/bus).

Taxi. Le taxi n'est vraiment pratique que pour ceux qui logent dans les environs de Lahaina car il est relativement cher et difficile à trouver si on ne le réserve pas à l'avance.

Ferry. C'est un moyen facile et bon marché pour se rendre sur les îles de Molokai et Lanai.

Moto. C'est un très agréable moyen de transport pour sillonner les plages de la côte ouest à partir de Lahaina.

MOLOKAI PRINCESS

✆ +1 808 667 6165
www.molokaiferry.com
info@molokaiferry.com

Embarquement au quai n° 3. 2 A/R par jour entre Lahaina et le port de Kaunakakai, à Molokai à 7h15 (sauf le dimanche) et 18h. Durée du trajet : 90 minutes. Se présenter 30 minutes avant pour le check-in, sous peine de perdre sa place. Bien prévoir son temps de trajet, surtout pour les départs au petit matin de Kaunakakai, qui impliquent un réveil à 4h du matin au moins. 71,51 US$ l'aller simple adulte ; 35,75 US$ pour les enfants de 4 à 12 ans. Pas de transport de voitures.

Traversée souvent mouvementée en raison du fort courant dans le canal. Sujet au mal de mer ? Prenez un cachet avant ou abstenez-vous. Rassurez-vous, l'équipage fournit des sachets aux plus nauséeux.

■ **EXPEDITIONS FERRY**
658 Front St # 127 ✆ +1 808 661 3756
www.go-lanai.com
Départs de Lahaina, sur le quai en face du Pioneer Inn, de 6h45 à 17h45. 30 US$ l'aller simple pour les adultes, 20 US$ pour les enfants. Se présenter 30 minutes avant l'embarquement.
C'est le moyen le moins coûteux et le plus rapide pour se rendre à Lanai en partant de Maui. 5 A/R par jour entre Lahaina et le port de Manele, à Lanai, et 2 en partant de Maalaea. La traversée dure 45 minutes. De décembre à avril, on peut facilement observer du bateau les baleines à bosse en pleine reproduction.

Se déplacer

Pour circuler dans Lahaina, mieux vaut éviter la voiture, car c'est une ville parfaitement adaptée aux piétons et elle manque cruellement de places de parking. Pour trouver des places gratuites il faut s'éloigner de l'hypercentre.

■ **ISLAND RIDERS**
2580 Kekaa Drive – Kaanapali Fairways Shops ✆ +1 808 831 2660
www.islandriders.com
A partir de 30 US$ les 3 heures de location de moto.
Location de scooters et motos.

■ **ISLAND TAXI**
✆ +1 808 667 5656
jusqu'à 23h

■ **PARADISE TAXI**
✆ +1 808 661 4455
jusqu'à 2h du matin

■ **WEST MAUI CYCLES**
1087 Limahana Place ✆ +1 808 661 9005
www.westmauicycles.com
De 15 US$ à 60 US$ la journée, selon qu'on loue un vélo de ville ou un VTT. Entre 60 US$ et 196 US$ la semaine selon les mêmes critères.

Pratique

Tourisme – Culture

■ **LAHAINA RESTORATION FOUNDATION**
www.lahainarestoration.org
Association à but non lucratif qui restaure les sites historiques de Lahaina et publie la brochure gratuite Lahaina : A Walking Tour of Historic and Cultural Sites. Disponible au Old Lahaina Courthouse Museum et à la bibliothèque.

■ **LAHAINA VISITOR'S CENTER**
648 Wharf Street
✆ +1 808 667 9193
www.visitlahaina.com
director@visitlahaina.com
Ouvert tous les jours de 9h à 17h.
Situé dans le Old Lahaina courthouse, l'ancien palais de justice, à côté du banian géant. Cartes et brochures très pratiques, en libre-service. Boutique souvenirs et musée retraçant l'histoire de la ville.

Argent

■ **BANK OF HAWAII**
880 Front Street ✆ +1 808 661 8781

■ **FIRST HAWAIIAN BANK**
215 Papalua Street
✆ +1 808 661 3655

Moyens de communication

■ **LAHAINA PUBLIC LIBRARY**
680 Wharf Street ✆ +1 808 662 3950
Ouverte de 12h à 20h le mardi, de 9h à 17h les mercredis et jeudis, de 10h30 à 16h30 les vendredi et samedi. Fermée les dimanches et lundis. Accès à internet à condition de prendre la carte d'abonnement de 3 mois à 10 US$.

Orientation

La ville, guère étendue, peut se résumer à son centre-ville. Front Street en est l'axe majeur. Parallèle à l'autoroute, la rue longe le bord de mer et ses multiples voies perpendiculaires mènent tout droit à l'autoroute.

Se loger

Comme on peut tout faire à pied à Lahaina et que les nuits y sont plutôt animées, se loger sur place est une bonne option. Les différents hôtels de charme au centre-ville et le camping à proximité sont de meilleur rapport qualité-prix que les chaînes hôtelières de luxe à Kaanapali, plus au nord dont les prix sont généralement élevés.

Bien et pas cher

■ **CAMP OLOWALU**
800 Olowalu Village Road
✆ +1 808 661 4303
www.campolowalu.com
Camping, à 10 miles au sud de Lahaina, juste après l'Olowalu Store.
15 US$ par personne en camping.
Camping simple sur la plage au sud de Lahaina situé sur un bon spot de snorkeling.

LAHAINE LAST RESORT
252 Lahainaluna Road ✆ 808 661 6655
lahainaslastresort.aimeesparadise.com
39 US$ par nuit en dortoir. Une auberge de jeunesse modeste qui a pour atout sa situation au centre de Lahaina. Des activités et cours de surfs à prix réduits sont proposés.

OLD LAHAINA HOUSE
407 Ilikahi Street ✆ +1 808 667 4663
www.oldlahaina.com
Chambres doubles de 99 US$ à 139 US$. Check in à partir de 15h.
Au cœur du quartier résidentiel, un hôtel cosy au confort simple. Impossible de manquer sa façade rose. Wifi et air conditionné dans les chambres. Piscine au milieu d'un petit jardin tropical.

Confort ou charme

LAHAINA INN
127 Lahainaluna Road
✆ +1 808 661 0577
www.lahainainn.com
A partir de 99 US$ la chambre double en basse saison, 129 US$ en haute saison. Parking gratuit à proximité. Check in à 15h.
Atmosphère début XXe, avec mobilier d'époque et absence de télé dans les chambres pour faire plus authentique... Un établissement moderne quand même puisqu'on y a installé le téléphone et la climatisation. Idéal pour les couples en quête de romantisme.

MAUI GUEST HOUSE
1620 Ainakea Road ✆ 808 621 8942
www.mauiguesthouse.com
relax@mauiguesthouse.com
Chambre double à 189 US$ et 20 US$ pour une personne supplémentaire. Check in à 14h.
Spacieux et moderne, ce Bed and Breakfast est une des perles de Lahaina. Chacune des quatre chambres comprend un lit Queen size, un réfrigérateur, une télévision et surtout un bain bouillonnant, l'idéal en fin de journée. Le matin un petit déjeuner frais et copieux vous attend. Côté activités, vous aurez le choix entre emprunter du matériel de snorkeling avant de rejoindre la plage ou profiter de la piscine à eau de mer.

THE PLANTATION INN
174 Lahainaluna Road ✆ 808 667 9225
www.theplantationinn.com
Chambre double de 158 US$ à 230 US$. Suite de 248 US$ à 272 US$ et 30 US$ par personne supplémentaire.
Situé en plein cœur du centre historique de Lahaina, le Plantation Inn est un établissement spacieux et raffiné. Le must c'est son petit déjeuner servi au bord de la piscine et préparé par Gérard, un Français établi à Hawaï depuis 1973. Son savant mélange entre cuisine française et produits hawaïens se retrouve tout au long de la journée dans son restaurant, logé dans les locaux du Plantation Inn. Piscine et bain bouillonnant.

Se restaurer

La ville regorge de restaurants divers et variés mais ils visent surtout une clientèle touristique, d'où des prix souvent majorés. Cependant, il reste possible de bien manger sans se ruiner.

Bien et pas cher

ALOHA MIXED PLATE
1285 Front Street ✆ +1 808 661 3322
www.alohamixedplate.com
Ouvert tous les jours de 8h à 22h. Plats à moins de 10 US$ et cocktails autour de 5 US$.
Restaurant en plein air, face à la mer. Cuisine multiculturelle typiquement hawaiienne, du *kailua pig* en passant par les *kalbi* coréens ou le canard laqué. Formules déjeuner avec différents assortiments de 6 à 12 US$. Ne pas manquer le Mahi Mahi Sandwich, avec sa délicieuse sauce sésame-aïoli. Grande variété de cocktails à déguster en terrasse face au coucher de soleil. Prévoir un peu d'attente à l'arrivée.

COOL CAT CAFE
658 Front Street ✆ +1 808 667 0908
www.coolcatcafe.com
Ouvert de 10h30 à 22h30. À l'intérieur du Wharf Cinema Center. Burgers et sandwichs autour de 10 US$. Large choix de burgers et de sandwiches dans un cadre très années 1970. Goûtez le Hula Ham pour sa succulente sauce au fromage et à l'ananas. Concerts tous les soirs.

INDIA EXPRESS
658 Front Street – Lower Level Suite 110
✆ +1 808 661 1207
www.indiaexpressmaui.com
Ouvert tous les jours de 10h à 21h30. Plats entre 10 US$ et 17 US$.
Pourquoi manger indien à Hawaï ? Parce qu'ici aussi les plats sont préparés avec des ingrédients frais et locaux. La spécialité de l'India Express est son Fresh Fish Curry qui a été déclaré « le meilleur de Maui ». Les crevettes fraîches sont aussi préparées avec des sauces indiennes, un régal.

KIMO'S
845 Front Street ✆ +1 808 661 4811
www.kimosmaui.com
Le restaurant ferme à 22h30 mais le bar reste ouvert jusqu'à 1h30. Plats autour de 15 US$ au déjeuner et 30 US$ le soir. Fruits de mer et burgers au menu. Vue imprenable sur le port, Molokai et Lanai. En dessert, ne manquez pas l'onctueuse glace Hula Pie.

PIONEER INN GRILL AND BAR
658 Wharf Street ✆ +1 808 270 4858
www.pioneerinnmaui.com
Juste en face des quais où l'on embarque pour Molokai et Lanai. Ouvert à partir de 7h du matin Petit-déjeuner à moins de 10 US$. Idéal pour le petit déjeuner avant de prendre le bateau pour Lanai ou Molokai. De la terrasse, on peut aisément voir la file du *check-in* et en partir au bon moment. Service rapide et attentionné dans un établissement historique dont le cadre début XXe a été joliment préservé. Recettes appétissantes d'œufs brouillés aux ingrédients variés. Les chouchous des voyageurs sont les pancakes aux noix de macadamia et les œufs Bénédicte.

SLAPPY CAKES
Honokowai Marketplace
3350 Lower Honoapiilani Road
✆ +1 808 419 6600
www.slappycakes.com
Entre 10 US$ et 15 US$ les assiettes déjà préparées. Comptez 8 US$ pour la pâte à pancake et de 2 US$ à 10 US$ pour les accompagnements. Créée en 2009 à Portland cette chaîne s'est rapidement développée aux Etats-Unis et à l'étranger. Et pour cause le concept est plus qu'original : ici c'est à vous de cuisiner ! On commence par choisir une pâte à pancake (chocolat, patate douce, sans-gluten...) puis on choisit ce qu'on veut mettre dessus : noix de macadamia, bananes, mangues, papayes, *lemon curd*, beurre de cacahuète à la noix de coco, et bien d'autres. On verse ensuite le tout sur la plaque chauffante située au centre de la table, on retourne, et on déguste, comme des pros ! Le coût est au final un peu cher car on a tendance à vouloir tout goûter, ceux qui veulent respecter leur budget pourront donc commander des assiettes déjà prêtes.

STAR NOODLES
286 Kupuohi Street ✆ +1 808 667 5400
www.starnoodle.com
Ouvert tous les jours de 10h30 à 22h. Autour de 10 US$ le plat de nouilles.
C'est ici que vous mangerez les meilleures nouilles de Maui ! Ce petit restaurant cosy, pourtant situé dans une petite rue dans une zone industrielle à l'écart du centre-ville, ne désemplit jamais. Les locaux viennent en effet y manger très souvent et sont complètement fans des nouilles qui y sont servies. A l'origine de ce succès : des recettes variées, des portions généreuses, des prix doux et un personnel adorable. Nous vous recommandons tout particulièrement les délicieuses *Pad thai noodles* et les *Singapore noodles*. Le bar permet d'attendre quand la file d'attente est trop longue.

Sortir

Lahaina est la ville qui bouge le plus sur Maui mais toutes proportions gardées... Rien à voir avec les nuits endiablées de Waikiki ! Pour trouver un peu d'ambiance, il faut se balader le long de Front Street où la plupart des restaurants reçoivent des groupes de musique dès le crépuscule. La ville compte plusieurs bars où se réfugient les fêtards invétérés, mais tous ferment à 2h au plus tard. Il existe deux très beaux *luaus* à Lahaina. À noter : tous les jeudis, le quotidien *Maui news* publie également un supplément – le *Maui Scene* – avec toutes les idées sorties du week-end.

THE FEAST AT LELE
505 Front Street ✆ +1 808 667 5353
www.feastatlele.com
Adultes 125 US$, enfants 93,75 US$. Prix hors taxes. Le spectacle débute à 17h30 en hiver et à 18h en été. Réservation recommandée.
« Lele » est le nom ancien de Lahaina. Le *luau* a lieu sur la plage où la famille royale de Maui avait pour habitude d'organiser des fêtes similaires. Dîner assis où défilent les plats les plus savoureux de Polynésie. Un voyage culinaire entre Hawaii, Tahiti, les îles Samoa ou Tonga. Le spectacle, bien ficelé, ponctue le dîner de saynètes aussi instructives que divertissantes. Côté prix, ce *luau* est de loin le plus cher de l'île, mais c'est le top du top.

HARD ROCK CAFE
900 Front Street ✆ +1 808 667 7400
www.hardrock.com/cafes/maui/
Ouvert jusqu'à 23h. Entrée payante après 22h.
C'est vrai que tous les Hard Rock Café se ressemblent, mais celui-là a une programmation plus originale que la moyenne car elle va du rock au reggae. Un bon spot pour découvrir les stars locales.

OLD LAHAINA LU'AU
1251 Front Street © +1 808 661 1998
www.oldlahainaluau.com
Adultes 105 US$, enfants (de 3 à 12 ans) 75 US$. Prix hors taxes. Réservation recommandée. Le spectacle débute à 17h15 d'octobre à mars et à 17h45 d'avril à septembre.
Le *luau* le plus authentique de Maui. Open bar et buffet de plats traditionnels hawaiiens avec, entre autres délices, du saumon *lomi lomi* (dés de saumon marinés à la tomate et aux oignons), du *ahi poke* (thon cru mariné au soja légèrement épicé) ou du *haupia* (pudding à la noix de coco). Les moments-clés de l'histoire de Hawaii, de l'arrivée des Tahitiens aux prémices du tourisme, sont racontés à travers chants et danses. Les danseurs pratiquent les deux formes de *hula*, ce qui est rare, le *hula* moderne et le *hula* ancien, dit « kahikiko ».

ULALENA
Maui Theatre
878 Front Street © +1 808 661 9913
www.ulalena.com
Adultes de 59,50 US$ à 79,50 US$; enfants à partir de 29,99 US$. Une comédie musicale de 1h15 digne de Broadway ! Inspiré du Cirque du Soleil, le spectacle mêle chants et danses traditionnels à des performances acrobatiques modernes pour raconter l'histoire de Hawaii depuis les origines.

À voir – À faire

Comptez une journée pour la visite du centre historique de Lahaina, riche en monuments et en musées. A savoir : certains sites ne sont pas accessibles au public.

BALDWIN HOME MUSEUM
696 Front Street © +1 808 661 3262
www.lahainarestoration.org
info@lahainarestoration.org
Ouvert de 10h à 16h. Adultes 7 US$, retraités 5 US$, gratuits pour les enfants de moins de 12 ans. Le billet donne aussi accès au Wo Hing museum. Construit entre 1834 et 1835, ce bâtiment en pierre et en corail était la maison du missionnaire et médecin, le révérend Dwight Baldwin. Il a fallu environ 5 mois au Dr. Baldwin et à sa famille pour arriver à Hawaii après avoir quitté leur Connecticut natal. Grâce à une restauration réussie et un mobilier préservé en l'état, la résidence du missionnaire reflète bien son époque. Mais le plus intéressant est la visite du dispensaire, la première clinique de Lahaina. On y découvre notamment que le docteur a sauvé la vie de plus de 10 000 habitants de Maui lors de la terrible épidémie de variole, en 1853.

BANYAN TREE
Banyan Square – Front Street
Entre Hotel Street et Canal Street.
Impossible de manquer ce banian immense – le plus grand des États-Unis – qui occupe toute une place ! Importé des Indes et planté en 1873 pour célébrer les 50 ans de présence des missionnaires à Lahaina, il est devenu une sorte d'oasis privilégiée et ombragée dans cette ville où le soleil frappe fort. Au coucher du soleil, il faut y faire une petite halte pour écouter la centaine de mainates qui viennent y chanter une douce mélodie ! Tous les week-ends, de nombreux artistes locaux y exposent toiles et sculptures. Enfin, chaque 24 avril, l'arbre a droit à son anniversaire, avec gâteau, bougies, spectacle et tout et tout…

HALE PA'AHAO
187 Prison Street © +1 808 667 1985
lahainarestoration.org
Ouvert de 10h à 16h. Entrée libre.

Tortues et requins

Le nombre de tortues présentes à Hawaï est en recrudescence depuis ces deux dernières années, grâce aux campagnes de sensibilisation qui ont été lancées pour les protéger. Aussi vous aurez de fortes chances d'en croiser un peu partout. Certains spots les attirent cependant plus que d'autres :

MANA BOAT RAMP
Mana boat ramp est un spot de plongée avec bouteilles car on peut apercevoir au bout de la jetée des requins à pointe blanche. Privilégiez une sortie guidée. Les tortues, quant à elles, viennent se nourrir plus près de la côte. On peut souvent repérer leurs carapaces depuis la plage. Il ne reste ensuite plus qu'à enfiler les palmes et le masque pour aller les rejoindre.

WAHIKULI WAYSIDE PARK
Au nord de Lahaina, parking et toilettes.
Laissez vos sacs sur la plage de sable puis remontez vers le nord en suivant les rochers. Des coraux et poissons multicolores y ont élu domicile, au grand bonheur des tortues qui viennent s'y nourrir.

Datant des années 1850, c'est la deuxième prison construite à Lahaina. Sa fonction était encore la même : remettre les marins débauchés dans le droit chemin, c'est-à-dire celui des missionnaires. Lors de la visite, on constate ainsi que les principaux chefs d'accusation étaient la fornication, l'alcoolisme et la conduite de chevaux en état d'ébriété. Littéralement, « Hale Pa'ahao » signifie « coincé dans la maison de fer », en référence aux boulets et aux chaînes des prisonniers.

■ HALE PA'I

980 Lahainaluna Road ✆ +1 808 661 3262
Ouvert du lundi au mercredi de 10h à 16h, sur rendez-vous jeudi et vendredi. Entrée libre.
« Hale Pa'i », ou la maison de l'imprimerie, est la première imprimerie de l'île. Elle est située à côté du lycée public de Lahaina, qui est l'ancien séminaire de Lahainaluna créé par les missionnaires en 1831. Six ans plus tard, ces derniers et leurs étudiants traduisaient la Bible en hawaiien, rédigeaient des textes historiques et créaient le premier journal de l'archipel (1834).

■ HOLY INNOCENTS EPISCOPAL CHURCH

561 Front Street ✆ +1 808 661 4202
Une petite église au style sobre construite en 1927. À noter : les oiseaux (sur les tableaux) qui ont aujourd'hui disparu mais qui étaient des espèces endémiques d'Hawaii.

■ JODO MISSION

12 Ala Moana Street ✆ +1 808 661 4304
Au bout de Aloa Moana Street, juste avant d'arriver au Lahaina Cannery Mall. Entrée libre.
Véritable havre de paix, cette mission bouddhique a été fondée en 1968 pour célébrer le centenaire de l'arrivée des premiers immigrants nippons. Les bâtiments de la mission ne sont pas ouverts au public, mais la promenade dans les jardins est très agréable et permet d'admirer la somptueuse pagode et l'impressionnant bouddha géant, le plus grand hors du Japon.

Temple de la Jodo Mission.

■ LAHAINA CANNERY MALL

1221 Honoapiilani Highway
✆ +1 808 661 5304
www.lahainacannerymall.com
info@lahainacannerymall.com
Ouvert tous les jours de 9h30 à 21h, fermeture à 19h le dimanche. À noter : le supermarché Safeway ouvert 24h/24.
Spectacles de *hula* gratuits tous les mardis et jeudis à 19h et spectacles de *hula* pour enfants les samedis et dimanches à 13h. Des cours de ukulele gratuits sont proposés tous les mardis à 17h45.

■ LAHAINA-KA'ANAPALI & PACIFIC RAILROAD

975 Limahana Place
✆ +1 808 667 6851
www.sugarcanetrain.com
Fermé jusqu'à fin 2015.
Balades à bord de la réplique de la locomotive à vapeur qui circulait à la grande époque de l'industrie sucrière. Cet ancien train de marchandise transformé en pittoresque attraction touristique emmène les visiteurs de Lahaina à Ka'anapali. De très belles vues panoramiques agrémentent la balade.

■ OLD LAHAINA COURTHOUSE

649 Wharf Street ✆ +1 808 661 0111
Ouvert de 9h à 17h. Entrée libre.
Édifié en 1859 et restauré en 1999, ce bâtiment a rempli successivement plusieurs fonctions : palais de justice de la ville, bureau du gouverneur, bureau de poste et tribunal de police. Aujourd'hui, le Lahaina Town Action Committee (le comité d'actions culturelles) et le Lahaina Heritage Museum occupent les lieux. On y trouve la brochure gratuite du Walking-Tour, un circuit de visite illustré d'une carte indiquant les principaux sites. Également sur place, une galerie d'art et la très active « Lahaina Arts Society » qui soutient les artistes locaux.

■ PETER LIK GALLERY

712 Front Street
✆ +1 808 661 6623
www.peterlik.com
Peter Lik est un photographe globe-trotter qui expose presque partout aux États-Unis, y compris à Hawaii.

SEAMEN'S HOSPITAL

1024 Front Street
Fermé au public.
Construit en 1833, l'édifice a d'abord servi de lieu de retraite au roi Kamehameha III qui, en cachette des missionnaires, pouvait y boire de l'alcool et y retrouver sa sœur, la princesse Nahi'ena'ena, avec laquelle il entretenait une relation incestueuse. En 1844, la structure, cédée aux États-Unis, devint un hôpital destiné à soigner les marins malades, très nombreux à l'époque baleinière.

WAIOLA CHURCH

535 Waine'e Street ✆ +1 808 661 4349
www.waiolachurch.org
grale@waiolachurch.com
Ouvert de 9h à 16h. Entrée libre.
Détruite à plusieurs reprises par un incendie et deux tempêtes au début du XIXe siècle, l'église a été restaurée en 1951. Juste à côté, le cimetière de Waine'e où reposent plusieurs monarques dont Kamehameha Ier.

WO HING MUSEUM

858 Front Street ✆ +1 808 661 5553
Ouvert de 10h à 16h. Adultes 7 US$, retraités 5 US$, gratuit pour les enfants de 12 ans et moins. Le billet donne aussi accès au Baldwin Home museum.
Visible au beau milieu de Front Street, ce temple chinois construit par la Wo Hing Society atteste de l'importance de l'immigration chinoise à Lahaina. Un musée intéressant, avec objets artisanaux et photos d'époque.

Sports – Détente – Loisirs

Les nombreux kiosques, le long de Front Street, proposent un très grand choix d'activités, sans compter les vendeurs de rue ultra motivés. Attention aux prix affichés ; les plus bas ne s'adressent souvent qu'aux clients qui ont un appartement en copropriété à Maui. Sauf en ce qui concerne les sorties bien spécifiques, comme les croisières ou le whale-watching, il vaut mieux bien réfléchir avant de réserver une activité chez les tours opérateurs de ces stands. On peut en effet en pratiquer beaucoup sans eux et gratuitement ! Plongée avec masque et tuba, promenade, boogie-board, surf ne coûtent pas un sou, si ce n'est une modique location de matériel.

- **Plongée.** La côte ouest a de nombreux et très bons spots de snorkeling et de plongée sous-marine. Les plus impressionnants sont ceux du cratère de Molokini ou de Lanai, qu'on peut rejoindre en bateau en partant du port de Lahaina. Un petit conseil : il vaut mieux plonger tôt le matin car le vent se lève à 12h et gâche la visibilité. Pour louer son équipement à Lahaina, compter 10 US$ maximum la journée.

- **Parachute ascensionnel.** Sensations fortes garanties ! Sujets au vertige s'abstenir. Attaché à un parachute et tracté par un bateau grâce à une corde solide, on admire le panorama pendant 7 à 10 minutes. Ça décoiffe ! Possible seulement de la mi-mai à la mi-décembre, pour ne pas jouer aux autotamponneuses avec les baleines qui occupent les eaux le reste de l'année.

- **Surf.** Les vagues des environs de Lahaina, notamment sur la plage de Baby Beach, sont douces et très abordables pour les débutants. D'où la concentration des écoles de surf autour du port. C'est le moment ou jamais de se jeter à l'eau pour ceux qui veulent apprendre à surfer !

ATLANTIS

Pioneer Inn Hotel (coté Front Street)
658 Wharf Street ✆ +1 800 381 0237
www.atlantisadventures.com
105 US$ pour un billet adulte, 38 US$ pour un enfant. 194 US$ pour un package avec luau.
Adepte du grandiose à l'américaine, Hawaï a son lot d'expériences hors du commun. Présente à Kona, Waikiki et Lahaina, la compagnie Atlantis vous invite à découvrir les fonds marins à bord d'un sous-marin. Et si c'est un peu cher pour une heure passée sous l'eau, l'expérience reste unique. Un bateau à moteur vous emmène au large où l'embarcation surgit soudainement, comme venue de nulle part. Une fois les 48 passagers installés devant leurs hublots, le navire descend en direction d'un premier récif, à une trentaine de mètres de profondeur, avant de s'enfoncer à plus de quarante mètres pour un deuxième arrêt. Le troisième stop est une épave de bateau coulée artificiellement pour permettre au corail de se développer, ambiance fantomatique garantie. On peut apercevoir corail, poissons, requins ou raies, au bon vouloir de Mère Nature.

BOSS FROG'S

150 Lahainaluna Road ✆ +1 808 856 4192
bossfrog.com
1,50 US$ par jour pour la location de palmes-masque-tuba, à partir de 49,95 US$ pour la sortie à Molokini, 29,95 US$ pour l'observation des baleines et 15 US$ par jour pour la location de vélos.

Whale-watching

Le *whale-watching*, soit l'observation des baleines sur un bateau, est devenu la principale attraction touristique de Maui. De décembre à mai, des milliers de baleines à bosse envahissent les eaux d'Hawaii pour s'y reproduire. Mais c'est en fait essentiellement près de Maui qu'elles se rassemblent car les eaux y sont calmes et protégées, surtout à l'Ouest. Ces baleines arrivent tout droit d'Alaska où elles passent l'été à se nourrir, constituant des réserves de graisse sur lesquelles elles vont vivre tout l'hiver, y puisant des forces pour se reproduire. Elles peuvent alors perdre jusqu'à un tiers de leurs poids ! Contrairement à ce que l'on pourrait penser, ces baleines n'ont pas de bosse ! Elles doivent leur nom au fait qu'elles font le dos rond en plongeant ce qui donne l'impression qu'elles ont une bosse. Ce sont surtout les mâles qui s'agitent car ils doivent séduire les femelles lors de parades sexuelles qui peuvent durer des heures voire la journée. Ils sautent très haut et se donnent régulièrement des coups de nageoire car la compétition est rude : plus de vingt mâles peuvent tourner autour de la même femelle ! Les mâles sont aussi les seuls à chanter et c'est un véritable mystère pour les scientifiques ! Comme ce n'est que pendant la période d'accouplement, certains spécialistes pensent que c'est un outil de séduction, d'autres que c'est un simple outil de communication car on a déjà observé des mâles chanter sans femelles aux alentours. Quant aux femelles, elles mettent souvent bas à cette période, leur progéniture ayant été conçue l'année précédente au même endroit et la gestation s'étalant sur 11 mois. On croise donc très souvent des mamans accompagnées de leur baleineau qu'on reconnait à leur petite nageoire. L'observation des baleines donne lieu à un spectacle unique d'acrobaties mais, même si elles sont joueuses et qu'elles recherchent le contact de l'homme, il est interdit aux bateaux de s'en approcher à moins de 100 mètres car c'est une espèce protégée depuis les années 1960. Impossible de les caresser donc mais comme elles sont gigantesques, on les aperçoit assez facilement. Pour ceux qui n'arriveraient pas à les localiser, il faut chercher le grand nuage d'eau en forme de chou-fleur provoqué par l'air qu'elles expulsent de leurs poumons, quand elles remontent à la surface. Des jumelles sont les bienvenues. Quant à l'appareil photo, mieux vaut l'oublier un peu pour une fois... En étant collé à son objectif, on a tendance à passer à côté du spectacle ! Les bateaux de *whale-watching* ne se comptent plus sur le port de Lahaina mais il faut porter son choix, sans hésiter, sur la « Pacific Whale Foundation ».

■ **PACIFIC WHALE FOUNDATION**
Ocean Store – 612 Front Street ✆ +1 808 667 7447 / +1 800 942 5311
www.pacificwhale.org
Adultes : 35,95 US$ en moyenne. Enfants : 18,95 US$ à partir de 7 ans et un enfant gratuit par adulte en-dessous.
Cet organisme à but non lucratif vise à protéger les baleines. Sur le bateau, de jeunes biologistes bénévoles racontent l'histoire passionnante de ces mammifères marins et toute une série d'anecdotes que les baleines en plein show illustrent magnifiquement bien. Le bateau est équipé d'un hydrophone ce qui permet d'écouter le chant étonnant des mâles. Un poster est offert à tous les participants au retour.

Boss Frog's sont des pros des activités nautiques mais aussi de la communication : nombreuses réductions sur le site internet et sur les brochures que vous trouverez à l'aéroport.

■ **GOOFY FOOT SURF SCHOOL**
505 Front Street
Suite 123 ✆ +1 808 244 9283
Cours de surf particulier : 150 US$ pour 2h ou 65 US$ en groupe.
Cours d'initiation au surf. Egalement des cours de stand-up paddle.

■ **LAHAINA DIVERS**
143 Dickenson Street
✆ +1 808 667 7496
www.lahainadivers.com
À partir de 149 US$ la sortie de plongée sous-marine et 79 US$ en palmes-masque-tuba.
Pour débutants et confirmés. Bateaux confortables.

MAUI DIVE SHOP
Lahaina Cannery Mall
✆ +1 808 661 6166
www.mauidiveshop.com
info@mauidiveshop.com
Excursion palmes-masque-tuba 89 US$, plongée 149 US$.
Excursions de snorkeling et de plongée sous-marine.

SNORKEL BOB'S
180 Dickenson Street
✆ +1 808 662 0104
www.snorkelbob.com
Sorties snorkeling. Egalement : vente et location de matériel de snorkeling.

WEST MAUI PARASAIL
Kiosque n° 15
Port de Lahaina
✆ +1 808 661 4060
www.westmauiparasail.com
Comptez 75 US$ par personne pour une sortie.
Parachute ascensionnel.

Visites guidées

MAUI NEI
505 Front Street
✆ 808 661 9494
www.mauinei.com
mauinei@mokuula.com
Adulte 45 US$ et enfant 22 US$. Tous les jours à 9h30.
Une association qui s'emploie à faire connaître l'histoire de Lahaina selon le point de vue des Hawaiiens natifs. Circuit de 2h avec des guides locaux où légendes et tradition orale sont à l'honneur.

Shopping

Avec ses innombrables boutiques qui se succèdent dans ses ruelles, Lahaina invite au shopping.

LAHAINA CENTER
900 Front Street
✆ +1 808 667 9216
Agréable centre commercial en plein air. Allez faire un tour chez Hilo Hattie, LA boutique de vêtements made in Hawaii, bon marché.

LAHAINA FOODLAND
840 Waine'e Street
✆ +1 808 661 0975
Ouvert de 6h à minuit tous les jours.
Supermarché avec un rayon souvenirs et confiserie à prix imbattables, comme dans la plupart des magasins de l'enseigne Foodland disséminés dans l'archipel.

PACIFIC WHALE FOUNDATION
Ocean Store
612 Front Street
✆ +1 808 667 7447
www.pacificwhale.org
C'est la boutique de la Pacific Whale Foundation, une association qui œuvre activement pour la protection des baleines sur l'archipel et à travers le monde.
T-shirts, casquettes, jeux éducatifs, sacs à dos sont tous estampillés du logo de la Fondation, une jolie petite baleine ! Et même si c'est un peu cher, on ferme les yeux parce que c'est pour la bonne cause. Tous les bénéfices servent en effet à protéger le mammifère menacé. On peut aussi réserver un de leurs circuits marins sur place : *whale-watching,* plongée avec masque et tuba... Ou comment être éco-responsable.

TAKE HOME MAUI
121 Dickenson Street ✆ +1 808 661 8067
www.takehomemaui.com
vickie@takehomemaui.com
Vente de produits locaux, essentiellement des ananas mais aussi de la papaye et des noix de macadamia.

KAANAPALI

Bordée d'une longue plage de sable blanc sur plusieurs kilomètres, Kaanapali est la zone touristique par excellence où s'alignent les plus grands hôtels de luxe. Malgré son manque de caractère, c'est l'endroit idéal pour la baignade et les sports nautiques.
La promenade « Ka'anapali Beach Walk », qui longe tous les complexes hôteliers, est particulièrement agréable au coucher de soleil.

Transports

- **Voiture.** En partant de Lahaina, compter 15 minutes en voiture vers le nord, sur la route 30.
- **Stationnement.** Les magnifiques plages de Kaanapali étant avant tout destinées aux clients des hôtels qui y vont à pied, on n'y accède pas facilement en voiture et le problème majeur est le stationnement.
La solution la plus pratique, c'est de se garer au centre commercial Whalers Village, mais attention, comme l'indique le panneau « No beach parking », ils ne doivent pas comprendre que vous vous garez juste pour aller à la plage.

Donc en sortant de la voiture, prenez vraiment peu d'indices avec vous et laissez le parasol à l'hôtel. Ils doivent vous prendre pour un client. Autre solution plus « licite » : se garer dans l'un des parkings des hôtels de luxe en tant que visiteur, mais c'est payant, 10 US$ en moyenne.

Se loger

■ HYATT REGENCY MAUI RESORT AND SPA

200 Nohea Kai Drive
✆ +1 808 661 1234 / +1 808 667 4498
www.maui.hyatt.com
A partir de 289 US$ la chambre double. Les prix augmentent en saison. Prix préférentiels pour les réservations à l'avance sur Internet. Un très beau complexe hôtelier en bord de mer qui se déploie sur plusieurs hectares au milieu d'un vaste oasis tropical. La piscine avec ses grottes et ses toboggans vertigineux, véritable signature de l'hôtel, en est un joli symbole. Les chambres sont parfaitement confortables comme le groupe Hyatt sait le faire, évidemment. Petit plus : un frigo et un mini bar se trouvent dans toutes les chambres. Côté restaurants, vous avez le choix ! Mais si vous êtes amateur de cuisine japonaise, attablez-vous sans hésiter au Japengo où de vrais Chefs japonais sont à l'œuvre ; ils vous concocteront des mets délicieux. Ne manquez pas non plus le festin du luau de l'hôtel, « Drums of The Pacific Luau », dont le spectacle est tout aussi sublime. Les massages du spa ne feront que vous détendre un peu plus. Nul doute : vous êtes bel et bien en vacances et cet établissement est un paradis à lui tout seul. Une très bonne adresse.

Plage de Kaanapali.

■ KAANAPALI BEACH HOTEL

2525 Ka'anapali Parkway
✆ +1 808 661 0011
www.kbhmaui.com
res@kbhmaui.com
Chambres doubles à partir de 179 US$ selon la vue et la saison. Chambres confortables et très bon rapport qualité-prix.

■ SHERATON MAUI RESORT & SPA

2605 Kaanapali Parkway
✆ +1 808 661 0031 – sheraton-maui.com
A partir de 310 US$ la chambre double. Prix variable selon la date.
Un immense et magnifique complexe hôtelier en bord de mer avec accès direct à la plage et une très belle piscine. Les chambres, très confortables, ont toutes une belle terrasse. Sur place, vous ne manquerez de rien... Vous trouverez 3 bars : le Black Rock Lounge, le Mai Tai Bar sur la plage en journée, et le Cliff Dive Grill pour l'apero d'où vous pourrez assister au plongeon spectaculaire et historique au Black Rock au moment du coucher du soleil. Pour ce qui est des restaurants, vous avez le choix entre le Teppan-Yaki Dan qui vous offre une vraie expérience culinaire japonaise à partager entre amis ou en famille, et le Black Rock Kitchen pour un repas convivial. Que demander de plus ? Un massage lomi-lomi ? Ce sera chose au faite au spa de l'hôtel, tout aussi sublime que le reste. Parmi les autres commodités : terrain de tennis, salle de fitness, boutiques-souvenirs. Ne manquez pas non plus le luau de l'hôtel : « le Kaanapali Sunset luau at Black Rock ». Une très belle adresse.

Se restaurer

Complexes hôteliers de luxe obligent, les restaurants sont souvent chers. Mieux vaut aller s'attabler à Lahaina où le choix est plus large et les prix moins élevés. Toutefois, quelques établissements présentent un bon rapport qualité-prix.

■ HULA GRILL

2435 Ka'anapali Parkway
Whalers Village ✆ +1 808 667 6636
www.hulagrill.com
Déjeuner autour de 15 US$ et dîner entre 30 US$ et 40 US$.

Toutes les tables ont une vue imprenable sur la mer et les îles de Lanai et Molokai. Spécialités : grillades et fruits de mer. Mention spéciale pour leur délicieux homard.

SANGRITA
The Fairway Shops
2580 Kekaa drive
✆ +1 808 662 6000
www.sangritagrill.com
Ouvert du lundi au samedi de 11h à 22h, et 21h le dimanche. Plats entre 15 US$ et 25 US$.
Créé en 2014 ce restaurant-bar allie cuisine mexicaine et produits hawaïens. Légumes et poissons frais sont mis à l'honneur dans des plats originaux et raffinés. La signature du Sangrita ce sont les nombreux cocktails maison à découvrir autour d'une assiette partagée pendant l'*happy hour* (de 15h à 18h).

À voir – À faire

BLACK ROCK BEACH
Juste en face de l'hôtel Sheraton.
Un des meilleurs spots à Maui pour pratiquer la plongée avec tuba. Les eaux de cette plage, protégée du vent par le volcan endormi Black Rock, sont limpides, les surfeurs la fréquentent peu et les poissons tropicaux sont partout. Allez-y plutôt le matin car la mer est plus claire.

CANOE BEACH
Comme l'indique son nom, cette plage est le point de départ des courses de canoës. Mais c'est aussi le bon endroit pour faire du jet-ski ou de la plongée avec tuba. Toilettes et douches sur place. Baignade surveillée tous les jours.

KAHEKILI BEACH PARK
À l'extrémité nord de Kaanapali.
Cette plage porte le nom de Kahekili, le dernier roi de Maui qui était réputé pour son physique imposant et terrifiant ; la moitié de son corps était couverte de tatouages obscurs. Plage familiale, jolie, calme et peu fréquentée en comparaison des autres. Tables de pique-nique, toilettes et douches à proximité. Parfait pour une initiation à la plongée avec bouteilles.

WHALERS VILLAGE MUSEUM
2435 Ka'anapali Parkway
Suite H16
✆ +1 808 661 5992
www.whalersvillage.com
info@whalersvillage.com
Entrée libre. Ouvert de 10h à 16h.
Petit musée qui retrace l'histoire baleinière de Lahaina au XIXe siècle.

DIG ME BEACH
On y vient surtout pour admirer le magnifique coucher de soleil. Plage idéale pour la baignade, les surfeurs débutants et les apprentis *boogie-boarders*.
Attention cependant aux forts courants en hiver.

Sports – Détente – Loisirs

KAANAPALI GOLF RESORT
2290 Ka'anapali Parkway
Whalers Village ✆ +1 808 661 3691
www.kaanapaligolfresort.com
Très beau terrain de golf. De 99 US$ à 255 US$ la partie.

MAUI DIVE SHOP
2435 Ka'anapali Parkway
Whalers Village-suite N
✆ +1 808 661 5117
www.mauidiveshop.com
5,95 US$ la location de l'équipement palmes-masque-tuba pour une journée. A partir de 29 US$ pour les appareils photos waterproof.
Location de matériel de plongée et snorkeling.

MAUI

Shopping

WHALERS VILLAGE
2435 Ka'anapali Parkway
✆ +1 808 661 4567
www.whalersvillage.com
info@whalersvillage.com
Centre commercial chic avec boutiques de haute couture et bijouteries de renom. Rien de très original, mais les multiples activités, entièrement gratuites, qui ont lieu sur place méritent qu'on aille y faire un tour.
Le programme mensuel complet est régulièrement mis à jour sur le site du Whalers Village. Entre autres réjouissances : cours de *hula*, shows de danse tahitienne, ateliers de fabrication de lei (les fameux colliers de fleurs)…

NAPILI – HONOKOWAI

Difficile de savoir où commencent et où finissent ces trois zones résidentielles, au nord de Kaanapali, appelées Honokowai, Kahana et Napili ! C'est une concentration successive d'hôtels et d'appartements construits pour les touristes. Il peut être intéressant d'y loger dans la mesure où l'hébergement est meilleur marché que les hôtels de Kaanapali et que tous sont à deux pas de sa magnifique plage, une des plus belles de Hawaii.

Se loger

HALE NAPILI
Napily Bay – 65 Hui Drive
✆ +1 808 669 6184
www.halenapili.com
Studios pour deux de 199 US$ à 299 US$. 15 US$ par personne supplémentaire (nombre limité). Réservations à l'avance.
Appartements confortables et pas chers, à Napili exclusivement. Vue imprenable sur la mer !

KULEANA MAUI
3959 Lower Honoapi'ilani Road
Lahaina ✆ +1 808 669 8080
www.kuleanaresorts.com
Entre 165 US$ et 225 US$ l'appartement pour 2 à 4 personnes.
Appartements parfaitement équipés, situés à Napili.

NAPILI KAI BEACH RESORT
5900 Lower Honoapiilani Road
✆ +1 808 669 6271
www.napilikai.com
A partir de 295 US$ la chambre double et 390 US$ le studio. Wifi gratuit.
Cet établissement bénéficie d'une situation exceptionnelle : il est sur la magnifique baie de Napili. La vue des chambres, des studios, ou des suites, est absolument incroyable. Côté déco, ici on est loin du style design des grands complexes... C'est le charme hawaiien d'antan qui prévaut dans tout l'hôtel d'à peine deux étages. Nombreuses activités possibles sur place : cours de *hula*, cours de fabrication de lei (collier de fleurs), cours de cuisine hawaiienne... Bref, impossible de s'ennuyer, sans oublier la piscine et la plage toute proche où vous adorerez lézarder. Si vous êtes là en famille, vous pourrez aussi laisser vos enfants au kids club où de nombreuses activités les attendent. Pour dîner, nous vous invitons à manger au moins une fois au Sea house, un très bon restaurant de fruits de mer et de poissons. Enfin, tous les mercredis et jeudis à 19h30, ne manquez pas le superbe concert de guitare *slack key* – l'autre guitare typiquement hawaiienne après le ukulélé – de George Kahumoku Jr et de ses amis.

NAPILI SURF BEACH RESORT
50 Napili Place – Napili
✆ +1 808 669 8002 – www.napilisurf.com
De 175 US$ à 254 US$ le studio pour 2 personnes. Prix variables selon la vue et la saison.
53 studios et appartements au confort simple, parfaits pour un séjour en couple ou en famille. Ils sont totalement équipés avec cuisine et salle de bains fonctionnelles, TV câblée, wifi. Sur place, deux petites piscines permettent aux enfants de se défouler et l'établissement n'est qu'à quelques minutes de la plage à pied. Une fois par semaine, le propriétaire organise une « mai tai party » avec *mai tai*, bières et sodas offerts ; des cours de yoga hebdomadaires sont également offerts et tous les vendredis matins le café et les donuts sont gratuits. Une adresse au très bon rapport qualité-prix. Réservez à l'avance, surtout en haute saison !

Se restaurer

GAZEBO
Napili Shores Resort
5315 Lower Honoapi'ilani Highway
Napili ✆ +1 808 669 5621
Ouvert de 7h30 à 14h. Petit déjeuner ou déjeuner uniquement. Comptez en moyenne 15 US$ le repas.
Restaurant très prisé pour sa superbe vue sur la baie de Napili et sa carte à prix très raisonnables en dépit d'un emplacement de rêve. Conséquence logique : environ 45 minutes d'attente avant d'avoir une table. Spécialités : omelettes portugaises, salades géantes et burgers en tout genre. Un régal !

SEA HOUSE
5900 Lower Honoapiilani Road
Honokowai ✆ +1 808 669 1500
seahousemaui.com
Ouvert de 7h à 21h. Petit-déjeuner et déjeuner entre 10 US$ et 15 US$ et environ 45 US$ le dîner.
Délicieuses spécialités locales de fruits de mer. Goûtez au crabe sur pain sucré hawaiien et aux crevettes à la noix de macadamia. Pensez à réserver une table près de la fenêtre pour profiter de l'incroyable vue sur Napili Bay.

SOUP NUTZ & JAVA JAZZ
3350 Lower Honoapiilani Road
Honokowai ✆ +1 808 667 0787
www.javajazzmaui.com
Ouvert de 6h à 21h. Petit-déjeuner et déjeuner entre 10 US$ et 15 US$ le midi, entre 20 US$ et 30 US$ le soir.
Une sorte de « restaurant-galerie d'art » car les œuvres du patron ont envahi l'espace ! Le tout donne une atmosphère chaleureuse et décalée. Bon rapport qualité-prix et musique *live* tous les soirs.

Sortir

SLACK KEY SHOW

Napili Kai Beach Resort
5900 Lower Honoapillani Road
✆ +1 808 669 3858
www.slackkey.com
37 US$ la place de concert.
Tous les mercredis et jeudis au aloha pavilion du Napili Kai Beach Resort, George Kahumoku Jr donne un concert de guitare *slack key* – l'autre guitare typiquement hawaiienne avec le ukulélé – avec ses amis. Début du concert à 19h30.

À voir – À faire

HONOKOWAI BEACH PARK

L'endroit parfait pour pique-niquer car on y trouve tables, barbecue, toilettes et terrain de jeux. Mais pour la baignade ou la bronzette, mieux vaut changer de plage car la vue n'est pas top et la mer est rocailleuse... Parking sur Honoapiilani Road.

KAHANA BEACH

Pas facile d'accès, en raison des appartements juste en face qui ont tendance à accaparer la plage. Du coup, l'accès grand public débouche sur une crique pleine de cailloux et il faut la longer pour accéder à la plage de sable fin. Le parking le plus proche est celui de Pohaku Park.

NAPILI BAY

Incontestablement, la plus belle plage des trois ! L'inconvénient, c'est que tout le monde y va... Donc, si c'est pour la sieste, fuyez ! Les cris des enfants risquent de vous mettre de mauvaise humeur. Mais pour faire du snorkeling ou nager, c'est « the place to be ». Si vous voulez vous mettre au stand-up paddle c'est aussi un excellent spot car les eaux de la baie sont calmes ; vous trouverez facilement des cours sur place ou le matériel de location nécessaire.
Pour se garer, pas facile, il faut tourner un bon moment pour trouver une place, vu que la plupart des parkings sont réservés aux résidences touristiques.

Shopping

Plusieurs épiceries ou marchés valent le coup d'œil et peuvent être utiles pour les achats de première nécessité si on ne veut pas se rendre dans les centres commerciaux de Lahaina. Quelques boutiques d'accessoires de sport également.

BOSS FROG'S DIVE AND SURF

4310 Lower Honoapiilani Road
Honokowai ✆ +1 808 669 6700
www.bossfrog.com
A partir de 6 US$ par jour pour le matériel de snorkeling.
Une bonne adresse pour louer un *boogie-board* ou du matériel de plongée. De nombreuses réductions dans les brochures à disposition à l'aéroport.

FARMERS' MARKET OF MAUI

3636 Lower Honoapiilani Road
Honokowai
✆ +1 808 669 7004
Ouvert mardi, mercredi et vendredi de 7h à 11h.
Produits frais et locaux. Bar à soupes et salades à emporter.

HONOKOWAI MARKETPLACE

Honokowai
Lower Honoapiilani Road
Ouvert tous les jours de 7h à 19h.
Plusieurs restaurants et snacks dans ce petit centre commercial. À noter : une épicerie y est ouverte jusqu'à 2h du matin.

KAPALUA

Avec ses plages sublimes et ses restaurants gastronomiques, Kapalua est la station balnéaire la plus chic et la plus glamour de la côté ouest de Maui. Il n'est pas rare d'y croiser des milliardaires ou des stars américaines qui viennent s'y faire dorer la pilule ou jouer au golf ; Kapalua est en effet très fréquentée par les passionnés de golf du monde entier.

Se loger

Pour ceux qui veulent se la jouer jet set, il suffit d'aller au grandiose Ritz-Carlton. Pour les autres, mieux vaut axer leurs recherches sur Honokowai, Kahana ou Napili, où la location est plus abordable.

RITZ-CARLTON KAPALUA

1 Ritz-Carlton Drive ✆ +1 808 669 6200
www.ritzcarlton.com
purchasinginquiries@ritzcarlton.com
A partir de 400 US$ la chambre double.
Quitte à faire les choses en grand, autant choisir le top ! Situé sur les hauteurs de Kapalua, le Ritz-Carlton s'étend sur 22 000 mètres carrés de luxe. Avec 463 chambres et 3 piscines, il faut se faire violence pour sortir de l'hôtel ! Les chambres sont toutes équipées d'une terrasse, frigo et machine à café, TV grand écran et baignoire.

Pour le repas, vous aurez le choix entre 6 restaurants qui vont de l'ambiance snack au menu gourmet. L'établissement est très orienté environnement et dispose de son propre jardin où sont cultivés les ingrédients que vous retrouverez dans votre assiette. Le programme de Jean-Michel Cousteau vous invite à découvrir les secrets de l'océan avec des sorties palmes-masque-tubas ou l'observation des baleines.

Se restaurer

On peut trouver à Kapalua quelques tables de qualité à prix accessibles.

■ PINEAPPLE GRILL

200 Kapalua Drive ✆ +1 808 669 9600
www.pineapplekapalua.com
Ouvert à partir de 11h en semaine et 8h le weekend pour le brunch. Compter 15 US$ pour déjeuner et environ 30 US$ pour dîner.
Plats sophistiqués et originaux où l'ananas a la part belle. Également un grand choix de fruits de mer et de grillades.

■ SANSEI SEAFOOD

600 Office Road
✆ +1 808 669 6286
www.sanseihawaii.com
Repas servi tous les jours de 17h15 à 22h. Sushis de 3 à 24 US$. Autres plats : de 7 US$ à 43 US$.
Réservation recommandée. Pour les fans de sushis et pour les amateurs de cuisine aux accents multiculturels. Mais la cerise sur le sushi, c'est le karaoké, tous les jeudis et vendredis soir, de 22h à 1h du matin, et à la japonaise s'il vous plaît !

À voir – À faire

■ D.T. FLEMING BEACH PARK

Souvent classée « plus belle plage » des États-Unis, D.T. Fleming Beach Park tient son nom de l'Écossais D.T. Fleming, un des directeurs historiques de la Maui Pineapple Company. Boogie-boarders et surfeurs y sont les grands habitués. Mais, l'hiver, les vagues violentes peuvent être dangereuses pour les plus téméraires. Grand parking pour une fois, mais il se remplit à la vitesse de la lumière.

■ KAPALUA BEACH

Une très jolie plage de sable blanc aux eaux cristallines comme on en rêve ! Plongée, baignade ou bronzette sont des activités qu'on peut y pratiquer sans problèmes. Même les phoques moines hawaiiens, dont l'espèce est menacée, aiment s'y promener ! Un hic cependant : le parking encore et toujours. Le succès de ce spot fait que les places de stationnement, en petit nombre, ont tôt fait de disparaître. En y allant vers 9h, on a plus de chances de pouvoir se garer.

■ KAPALUA COASTAL WALK

Hôtel Ritz-Carlton
Un sentier de 2,8 kilomètres relie les plages de DT Fleming Beach et Kapalua Bay. La première partie de la balade traverse l'immense propriété du Ritz-Carlton pour prendre un peu de hauteur avant de longer la route jusqu'à la belle plage d'Oneloa Bay. D'ici vous pourrez observer les surfeurs jouer avec les vagues tandis qu'au loin, les côtes de Molokai offrent leurs falaises déchiquetées. Vous rejoindrez ensuite les beaux resorts pour passer devant les roches sombres de Namalu Bay où les tortues viennent parfois se nourrir. La promenade se termine à Kapalua Bay où farniente et snorkeling sont les mots d'ordre. Des kayaks et *paddles* y sont en location.

■ MOKULEIA BAY ET HONOLUA BAY

Entre les balises 32 et 33 miles sur la Honoapiilani highway. A 10 minutes du centre de Kapalua.
Les baies de Mokuleia (aussi appelée Slaughterhouse Beach) et de Honolua sont des spots de snorkeling incontournables quand l'eau est calme, en été. En hiver, quand les vagues se déchaînent, ce sont les surfeurs qui prennent le relais. D'ailleurs, le mondial féminin de surf, la Billabong Pro Maui, s'y tient tous les ans en décembre. Les deux plages sont séparées par le Kalaepiha Point, le tout constituant une réserve marine protégée où il est interdit de pêcher. Sous l'eau, on aperçoit des poissons exotiques rares et même des dauphins à long bec. Pour l'occasion, l'achat d'un appareil photo jetable étanche n'est pas superflu.

■ NAKALELE BLOWHOLE

A 30 minutes de Kapalua. Prenez la Honoapiilani highway puis la Kahekili highway.
Entre la balise 38 et 39 miles, on arrive au Nakalele Point. Du parking, on aperçoit assez facilement l'impressionnant « blowhole », littéralement « le trou souffleur ». En empruntant le petit chemin à proximité, on peut le voir de plus près après 30 minutes de marche.

■ OLIVINE POOLS

A 30 minutes de Kapalua sur la Honoapiilani Highway.

© HAWAII TOURISM AUTHORITY (HTA) / TOR JOHNSON

Honolua Bay.

Juste après la balise 16 miles. Une piscine d'eau turquoise naturelle, entourée de rochers ! Une halte rafraîchissante et reposante.

■ ONELOA BEACH

Spot de boogie-board. Se baigner avec précaution en raison des courants parfois forts. Parking sur Ironwood Lane et accès à la plage juste en face.

■ POHAKU KANI

Un peu avant la balise 16 miles sur la Kahekili highway.

Sur le bord de la route, vous verrez une roche appelée « Pohaku kani » avec des points d'impact. C'est une « bellstone », une pierre à résonance métallique qui servait à envoyer des messages chez les Hawaiiens. En la frappant avec une pierre, on arrive à obtenir un bruit sourd, mais il faut s'y reprendre à plusieurs fois !

■ PUNALAU BEACH

A 15 minutes de Kapalua sur la Honoapiilani highway, après la balise 34 miles.

Un panneau indiquant « Punalau Beach » signale un chemin qui débouche sur la plage du même nom. Sentier accessible à pied exclusivement. Des rochers de lave et les nombreux cailloux en font une plage sauvage et insolite. Pour éviter les blessures, la baignade est à proscrire. En revanche, marche et pique-nique y sont très agréables.

■ WAIHEE RIDGE TRAIL

hawaiitrails.ehawaii.gov

Depuis la Kahekili highway, prenez la Maluhia Road sur une distance de 1 mile environ, un panneau indique ensuite l'entrée du chemin.

Le Waihee Ridge Trail est un sentier de randonnée assez facile mais, en cas de mauvais temps, mieux vaut laisser tomber car tous les points de vue panoramiques sur la côte seront cachés par les nuages. Au cours de la promenade, on arrive à des escaliers qui mènent à un temple restauré, le Kukuipuka Heiau, d'où la vue est superbe. La vue compense largement les 7 km aller-retour et la montée.

■ WAIHEE VALLEY

A 1h de Kapalua sur la Kahekili highway en direction de Wailuku.

En poursuivant la route en direction de Wailuku, on traverse la très luxuriante Waihee Valley.

Sports – Détente – Loisirs

Deux sortes de loisirs dans cette région : les sports nautiques et le golf. Et on y trouve en effet des terrains de golf magnifiques et les prix qui vont avec ! Comptez entre 215 US$ et 300 US$ la partie.

■ KAPALUA GOLF CLUB BAY COURSE

300 Kapalua Drive
✆ +1 808 669 8820
www.kapaluamaui.com
marketing@kapalua.com
A partir de 105 US$ la partie.

KAHAKULOA

Charmant petit village d'à peine 100 habitants. Au creux d'une vallée et bordé de plages de galets, il est dominé par l'imposant rocher Kahakuloa Head. Balade sympa dans les ruelles mais guère de visites possibles, si ce n'est celles des deux églises. Plusieurs échoppes vendent pain à la banane et shave ice, des remontants délicieux pour les conducteurs gourmands.

LE SUD DE L'ÎLE

De Maalaea à Makena, en passant par les villes de Kihei et Wailea, le sud de Maui est aussi vaste que diversifié. Son essor touristique remonte aux années 1970 et n'a jamais cessé depuis. Cette région concentre restaurants, boutiques et résidences hôtelières. Si les prix restent abordables à Kihei, il faut compter le double à Wailea qui est beaucoup plus chic. Plus au sud, on trouve les magnifiques plages dorées de Makena, avec leur vue imprenable sur Molokini Island.

MAALAEA

Peu de choses à faire à Maalaea qui est avant tout une zone résidentielle.

Transports

- **Bus.** Prendre le bus n° 20 à Kahului ou Lahaina, ou le n° 15 à Kihei et descendre à la station « Maalaea Harbor Village ». 2 US$ le trajet.
- **Voiture.** On peut rejoindre la ville par la Highway 30 en partant de Wailuku ou Lahaina.

Orientation

A l'extrême sud de la côte Ouest de Maui, Maalaea s'organise autour du village de son port (le Maalaea Harbor Village) et de son aquarium, le Maui Ocean Center.

Se restaurer

Snacks et restaurants se trouvent au Maui Ocean Center ou dans le Maalaea Harbor Village.

À voir – À faire

MAUI OCEAN CENTER
192 Maalaea Road
✆ +1 808 270 7000
www.mauioceancenter.com
info@mauioceancenter.com
Ouvert de 9h à 17h, jusqu'à 18h en juillet-août. Adultes 25,50 US$, retraités 22,50 US$, enfants (de 3 à 12 ans) 18,50 US$. Offres en ligne. Plongée avec les requins 199 US$.
Bel aquarium moderne et interactif où l'on découvre tous les poissons tropicaux des eaux hawaiiennes, mais aussi des tortues marines et des raies mantas. Pour les plus aventureux, une expérience unique est proposée : plonger dans le bassin des requins ! L'immersion dure 40 minutes et elle est précédée d'une présentation des espèces de l'aquarium.

Sports – Détente – Loisirs

Rendez-vous à Maalaea Harbor pour des excursions de snorkeling à Molokini, de la pêche sportive, une croisière au crépuscule ou encore du whale-watching (de janvier à mars).

FRIENDLY CHARTERS
Maalaea Harbor Rd
Slip 76-Maalea Harbor
✆ +1 808 244 1979
www.mauisnorkeling.com
44 US$ la sortie snorkeling à Molokini pour un adulte l'après-midi avec buffet et équipement, 33 US$ pour un enfants de 4 à 12 ans. 98 US$ la sortie du matin avec petit-déjeuner et buffet le midi.

Maui Ocean Center.

© HAWAII TOURISM AUTHORITY (HTA) / RON GARNET

Survol de Kihei.

A bord du catamaran Lani Kai, direction Molokini pour une sortie snorkeling. Avantage majeur : ce catamaran a une partie ombragée, bien agréable en plein cagnard !

■ **PRIDE OF MAUI**
✆ +1 808 242 0955
www.prideofmaui.com
discounts@prideofmaui.com
Dîner-croisière au moment du coucher du soleil : adultes 70 US$ et enfants 50 US$. 48 US$ la sortie whale-watching pour un adulte et 37 US$ pour un enfant (sorties seulement de janvier à mars). Cette agence propose des sorties de snorkeling et de plongée sous-marine mais nous vous recommandons avant tout la croisière du soir, la « Premium Sunset grill cruise », avec dîner et *open bar* qui est de très bon rapport qualité-prix et les sorties *whale-watching* qui sont vraiment bien.

KIHEI

Il y a encore 30 ans, Kihei était une petite ville que personne ne visitait. Aujourd'hui, un tiers de la population de Maui y vit et elle figure dans le hit-parade des villes américaines au développement le plus rapide. Malgré le bruit et la circulation incessante, Kihei attire de nombreux touristes, séduits par ses appartements bon marché, ses jolies plages, ses bars animés et ses excellents restaurants.

Transports

Comment y accéder et en partir

▸ **Bus.** Prendre le bus n° 15 à Maalaea Harbor ou le bus n° 10 à Kahului, au Kaahumanu Center. Tous deux desservent différents arrêts sur South Kihei Road.

Se déplacer

▸ **Vélo.** Des pistes cyclables sont aménagées le long des deux autoroutes de Kihei, mais attention les vélos ne sont encore que peu nombreux donc restez vigilants.

■ **SOUTH MAUI BICYCLES**
1993 S. Kihei Road ✆ +1 808 874 0068
www.southmauibicycles.com
À partir de 22 US$ la location à la journée et 99 US$ à la semaine.

Pratique

Argent

La plupart des banques se trouvent sur South Kihei Road et Piilani Highway. Toutes ont des distributeurs.

■ **AMERICAN SAVINGS BANK**
1215 S. Kihei Road
✆ +1 808 879 1977

■ **HAWAII NATIONAL BANK**
1325 S. Kihei Road
✆ +1 808 879 8877

Moyens de communication

■ **KIHEI POST OFFICE**
1254 S. Kihei Road
✆ +1 808 879 1987
Ouvert de 8h30 à 16h30 en semaine et de 9h à 13h le samedi.

Santé – Urgences

■ **LONG DRUGS**
1215 S. Kihei Road ✆ +1 808 879 2259
Pharmacie ouverte de 8h à minuit. Fermeture à 21h le lundi et samedi, 19h le dimanche.

URGENT CARE MAUI PHYSICIANS
1325 S. Kihei Road ✆ +1 808 879 7781
urgentcaremaui.com
Ouvert de 7h à 22h. Sans rendez-vous.

Orientation

Pas de vrai centre-ville à Kihei. Centres commerciaux, résidences hôtelières et restaurants s'alignent sur South Kihei Road, qui est donc très souvent bondée. On peut rejoindre assez facilement la Piilani Highway qui lui est parallèle et moins encombrée ; une route alternative pratique pour se rendre à Makena.

Se loger

Ni camping, ni auberge de jeunesse à Kihei mais des Bed and Breakfast et des appartements à louer pour des prix abordables, que ce soit pour une nuit ou un mois.

DREAMS COME TRUE ON MAUI
3259 Akala Drive
✆ +1 808 879 7099
www.mauibednbreakfast.com
De 109 US$ à 139 US$ la chambre double avec un minimum de 4 nuits. Petit déjeuner inclus. Cottage avec vue sur la mer sans petit déjeuner de 159 US$ à 199 US$. 15 US$ par personne supplémentaire.
Même si le nom de ce B&B fait très Disneyland, c'est une bonne affaire. Kitchenette et wi-fi dans chaque chambre.

KOA RESORT
811 S. Kihei Road
✆ +1 808 879 2744
www.kiheibeachresorts.com
A partir de 132 US$ la location pour 2 personnes et 10 US$ par personnes supplémentaires. 216 US$ pour un appartement avec deux chambres contenant jusqu'à 6 personnes. Réservation pour 4 nuits minimum.
Des appartements au confort simple, adaptés aux familles et petits budgets. Plage juste en face. Cuisine entièrement équipée avec micro-ondes et lave-linge. Bain bouillonnant, piscine et terrain de golf. Pour plus de calme, évitez les chambres qui donnent sur la très fréquentée South Kihei Road.

LUANA KAI
940 S. Kihei Road
✆ +1 808 879 1268
www.luanakai.com
luanakai@mauigateway.com
De 119 US$ à 199 US$ la nuit en appartement pour 2 personnes, de 149 US$ à 259 US$ l'appartement pour 4 personnes.
Les bâtiments et le mobilier datent un peu mais le tout est cosy et on se sent vite chez soi. Les appartements à louer ont toutes les commodités : lave-linge, TV, cuisine avec micro-ondes, wi-fi... En libre accès : Bain bouillonnant, sauna, piscine et courts de tennis. Attention, certaines chambres ne sont pas climatisées ; vérifier au moment de la réservation.

KAMAOLE SANDS
2695 S. Kihei Road ✆ +1 808 879 2778
A partir de 182 US$ l'appartement avec une chambre et 240 US$ pour deux chambres. Réservation pour 4 nuits minimum. Prix variables selon les saisons.
Une grande propriété au gazon verdoyant qui regroupe de petits immeubles aux appartements ravissants et modernes. Rien ne manque à l'intérieur : TV écran plat, cuisine entièrement équipée, lave-linge et sèche-linge, douche, baignoire, clic-clac pour les invités, matériel de plongée... Terrasse avec tables et chaises : parfait pour un petit déjeuner en douceur. Bain bouillonnant, piscine, courts de tennis et terrains de volley accessibles à tous. Pour gagner la plage Kamaole III, il suffit de traverser la rue. Réception ouverte 24h/24, avec accès Internet et impression offerts aux clients du complexe.

Sortir

Kihei est bien animée en soirée. Les bars sont concentrés à Kihei Kalama Village.
Il faut aller faire un tour dans au moins deux d'entre eux...

FRED'S
2511 South Kihei Road
✆ +1 808 891 8600
www.fredsmexicancafe.com
A partir de 2,95 US$ le tacos.
Cette chaine mexicaine propose des tacos et burritos à petits prix mais de bonne qualité. La réputation de Fred's est surtout due à ses nombreuses tequilas : on recense plus de 50 parfums différents ! Avis aux amateurs. Les mardis sont les Tacolicious Tuesdays avec tacos et boissons à prix réduits.

LIFE'S A BEACH
1913 S. Kihei Road
Kihei Kalama Village
✆ +1 808 891 8010
Ouvert de 11h à 2h du matin.
Somptueuse vue sur la plage. Clientèle de surfeurs et de jeunes fêtards tous azimuts. Soirées DJ ou Karaoké.

À voir – À faire

CHARLEY YOUNG BEACH

Jolie plage de sable fin. Parfaite pour la baignade et la bronzette. Maîtres nageurs sur place. Bon spot de plongée avec tuba au niveau du rocher volcanique

HAWAIIAN ISLANDS HUMPBACK WHALE NATIONAL MARINE SANCTUARY

726 S. Kihei Road
✆ +1 808 879 2818
hawaiihumpbackwhale.noaa.gov
Ouvert de 10h à 15h du lundi au vendredi. Entrée libre.
Bienvenue aux amoureux des baleines à bosse et aux fans de *whale-watching* ! Expositions scientifiques et brochures historiques sur ce mammifère marin qui vient chaque année se reproduire dans les douces eaux de Hawaii. Le Sanctuaire propose un point de vue idéal sur la baie pour observer les baleines. Si vraiment vous n'y voyez rien, un télescope est à votre disposition.

KALAMA BEACH PARK

Plage avec aire de pique-nique, toilettes et douches. Terrain de jeux des skateurs et volleyeurs. Baignade agréable.

KALEPOLEPO BEACH PARK

Petite plage ombragée, calme et peu profonde. Exactement ce qu'il faut pour les enfants. Aire de pique-nique avec tables et grill. Toilettes.

KAMAOLE BEACH PARK I, II ET III

La plus belle plage ! Elle est divisée en trois sections. Douches et maîtres nageurs. Parfait pour nager ou faire une initiation à la plongée avec tuba. Les débutants en surf y trouveront leur compte car les vagues sont à leur portée.

KEAWAKAPU BEACH

Belle plage. Moins fréquentée que les autres. Idéale pour s'initier au surf sans se prendre la honte…

MA POINA OEIAU BEACH PARK

Plage agréable avec douches et toilettes. Surf et planche à voile l'après-midi, quand le vent se lève. Pratique du kayak.

Sports – Détente – Loisirs

Les magnifiques plages de Kihei permettent de pratiquer de multiples sports comme le surf ou le snorkeling. Mais ces plages sont aussi très agréables pour se baigner ou bronzer.

BIG KAHUNA ADVENTURES

1913-C S. Kihei Road
✆ +1 808 875 6395
www.bigkahunaadventures.com
contact@bigkahunaadventures.com
Cours de surf de 2h pour 60 US$ et 89 US$ pour les cours de Stand up paddle. Visite guidée en kayak 89 US$ pour une durée de 3h à 5h.

BOSS FROG'S

2395 S. Kihei Road ✆ +1 808 875 4477
www.bossfrog.com
Location de matériel de snorkeling à partir de 1,50 US$ par jour et de 9 US$ la semaine.

Shopping

Grandes surfaces, *food courts* et marchés artisanaux s'enchaînent tout au long de Kihei Road.

Hawaiian Islands Humpback Whale National Marine Sanctuary.

COFFEE STORE
1279 S. Kihei Road
✆ +1 808 214 6095
Ouvert jusqu'à 20h. Fermeture à 17h le dimanche.
C'est le bon endroit pour acheter du café hawaiien. Ils ont une très bonne sélection.

HONOLUA SURF COMPANY
2411 S. Kihei Road
✆ +1 808 874 0999
Tenues tendance aux couleurs de Hawaii.

KIHEI KALAMA VILLAGE
1941 S. Kihei Road
✆ +1 808 879 3870
Centre commercial avec 40 boutiques (vêtements, artisanat local...) mais aussi des restaurants.

WAILEA

Avec ses hôtels de luxe et ses superbes terrains de golf, Wailea est beaucoup plus chère que sa voisine Kihei. Heureusement que ses plages de rêve sont gratuites !

Transports

- **Bus.** Prendre le bus n° 10 à Kahului, au Kaahumanu Center, ou au Piilani Shopping Center, à Kihei. Descendre à Wailea Ike Drive.
- **Shuttle.** Un shuttle gratuit relie les hôtels de luxe et les terrains de golf de Wailea. On peut le prendre et faire un ou deux arrêts pour visiter des hôtels à la classe tout simplement divine.

Se loger

Les hôtels de Wailea sont très chers. Il faut les voir comme des musées si vous n'avez pas les moyens d'y dormir. Pour rêver à quand vous serez riche, il suffit de visiter le plus beau de tous : le Grand Wailea hotel.

GRAND WAILEA RESORT HOTEL & SPA
3850 Wailea Alanui Drive
✆ +1 808 875 1234
www.grandwailea.com
De 369 US$ à 649 US$ la chambre double et à partir de 1 069 US$ la suite.
Avec ses 9 piscines, son jardin tropical, ses cocotiers, ses cavernes artificielles, ses chutes d'eau, ses hectares de gazon verdoyant, ses escaliers de marbre immaculés, le Grand Wailea est une sorte de paradis – un brin aseptisé – où absolument rien n'a été laissé au hasard. Lors de la visite de l'hôtel, glissez-vous discrètement dans l'une des piscines et allongez-vous sur un transat. Quelle sensation d'opulence ! Si une remarque vous fait descendre de votre petit nuage – eh oui, vous n'êtes pas client – un accès à la magnifique plage de Wailua vous permettra de prolonger le rêve autrement...

Se restaurer

Comme pour le reste, les restaurants ne sont pas donnés à Wailea... Mais en ce qui concerne la qualité : rien à redire.

JOE'S BAR & GRILL
131 Wailea Ike Place
Wailea Tennis Center
✆ +1 808 875 7767
bevgannonrestaurants.com/joes/
Ouvert tous les jours de 17h30 à 21h30. Compter de 30 US$ à 45 US$ le repas.
Avec ses chaises rustiques, ses poutres apparentes et son plancher, la grande salle du Joe's Bar fait très western, comme un clin d'œil aux *paniolos* locaux, ces cow-boys de Hawaii. C'est aussi une sorte d'ovni dans la mesure où le restaurant est situé dans un centre d'entraînement de... tennis, ce qui permet aux fans, près des baies vitrées, de suivre les matchs comme à Roland-Garros. L'étonnement se poursuit devant l'assiette où les recettes américaines bien continentales et les influences culinaires îliennes fusionnent avec brio. La palme revient à la délicieuse citrouille au four accompagnée de sa purée et ses piments au miel. A noter : cet établissement est l'un des restaurants de la célèbre Chef Bev Gannon ce qui en fait une valeur sûre au niveau culinaire.

TOMMY BAHAMA'S TROPICAL CAFÉ
3750 Wailea Alanui Drive
Shops at Wailea
✆ +1 808 875 9983
www.tommybahama.com
guestservices@tommybahama.com
Ouvert de 11h à 22h. Comptez entre 20 US$ et 30 US$ le déjeuner et 40 US$ le dîner.
Près de la boutique Tommy Bahama, le restaurant du même nom est une bonne surprise. Ventilos au plafond et bar en bambou plantent un décor postcolonial entre exotisme et modernité. Malgré son emplacement au Shops at Wailea – centre commercial de boutiques de luxe – les prix restent raisonnables. Spécialités de sandwiches et salades sur des thèmes caribéens, cubains ou polynésiens. La « Tahitian Tuna Salad » au poisson cru est un incontournable.

À voir – À faire

MOKAPU & ULUA BEACH

Pour accéder à ces deux plages, il faut d'abord se garer dans le parking près de l'hôtel Wailea Marriott. Un petit chemin à proximité mène directement à la plage : à droite, se trouve Mokapu Beach et, à gauche, c'est Ulua Beach. Le récif de corail protège les eaux des courants et sécurise la baignade malgré l'absence de maîtres nageurs. Ulua Beach est idéale pour le snorkeling et pour les débutants en plongée sous-marine. Le revers de la médaille, c'est que ses eaux claires attirent beaucoup de monde. Mokapu Beach est cependant bien plus tranquille. Douches et toilettes.

POLO BEACH

On arrive à la plage de Polo Beach en prenant le sentier qui la relie à Wailea Beach. Quand on voit le Fairmont Kea Lani Resort, on y est ! Baignade, snorkeling et bronzette sont à l'honneur. Sable doré et eaux translucides obligent ! Les transats de l'hôtel peuvent gêner, mais il reste encore beaucoup d'espace pour se prélasser. Aire de pique-nique, toilettes et douches.

WAILEA BEACH

Malgré l'omniprésence des clients du Four Seasons et du Grand Wailea, la Wailea Beach est une plage agréable où on peut étaler sa serviette. Les activités de prédilection sont les mêmes que pour ses voisines : snorkeling, baignade et bronzage ! Douches et toilettes.

Sports – Détente – Loisirs

Outre les innombrables sports nautiques possibles sur les plages, on peut pratiquer le golf.

WAILEA GOLF CLUB

100 Golf Club Drive
✆ +1 808 875 7450
www.waileagolf.com
info@waileagolf.com
200 US$ la partie en moyenne. Tarif dégressif selon l'heure.

Shopping

THE SHOPS AT WAILEA

3750 Wailea Alanui Drive
✆ +1 808 891 6770
theshopsatwailea.com
Gucci, Fendi, Louis Vuitton... toutes les marques sont dans ce centre commercial en plein air, lumineux, et où les gens ont l'air heureux de se promener. Mais c'est presque tout. Les prix exorbitants calmeront les ardeurs des plus grands accros au shopping. Quelques restaurants, comme le Tommy Bahama's valent le détour. Un point positif : le parking n'est pas payant et on peut y laisser sa voiture pour aller visiter les hôtels de luxe à proximité, comme le Grand Wailea qui est à 5 minutes de marche.

MAKENA

En conduisant vers le sud après Wailea, on arrive à Makena en à peine 10 minutes.
Quasi inhabitée et avec un seul hôtel Makena voit pourtant déferler des millions de touristes chaque année ! Pourquoi ? Réponse : pour les plages sublimes de sa baie.

Transports

Pas de bus jusqu'à Makena ! Voiture impérative. Pas de véhicule ? Faites du stop ! Cela marche plutôt bien en général.

Le comte de La Pérouse

Jean-François de Galaup, comte de La Pérouse, né en 1741 à Albi, est un navigateur et explorateur français des Lumières. En 1785, mandaté par Louis XVI, il partit pour une énième expédition à travers le monde, à bord des frégates L'Astrolabe et La Boussole. Bien que le capitaine anglais James Cook ait découvert les îles de Hawaii en 1778, il n'était jamais allé à Maui. Or, c'est lors de cette même expédition, en 1786, que le comte de la Pérouse accosta à Keoneoio, sur la pointe sud-ouest de Maui. Il fut chaleureusement accueilli par les Hawaiiens qui, sur 150 canoës, lui apportèrent fruits et cochons. Ils les troquèrent contre du métal, très prisé par les natifs, qui ne savaient pas en produire mais qui connaissaient le matériau introduit auparavant par le capitaine Cook sur les îles voisines. Une fois à terre, La Pérouse visita quatre villages de la baie, qui portent aujourd'hui son nom. Le comte de la Pérouse disparut en mer en 1788. On a officiellement identifié les épaves de ses frégates en 2005, au large des îles Salomon, dans le Pacifique Sud.

L'île de Kahoolawe

C'est une île inhabitée de 116 km², à 10 km au sud-ouest de Maui, qu'on peut apercevoir depuis les plages de Makena. Son climat aride n'a jamais permis aux Hawaiiens d'y vivre durablement.
Avec l'entrée des États-Unis dans la seconde guerre mondiale, en 1941, la population en a été définitivement évacuée et l'île est devenue une cible de bombardement dans le cadre d'entraînements de l'armée américaine, ce qu'elle est restée jusqu'au début des années 1990.
Cette activité militaire créant une mini catastrophe écologique, en 1993, sous la pression des Hawaiiens, Kahoolawe a finalement été déclarée réserve naturelle. Aujourd'hui il est interdit aux touristes de visiter cette île ultra protégée.

À voir – À faire

AHIHI-KINAU – LA PEROUSE BAY

En poursuivant sa route au-delà de Makena et, une fois Big Beach dépassé, on arrive sur une baie de rochers de lave qui datent de la dernière éruption du volcan Haleakala, en 1790. C'est là que se trouve la réserve naturelle d'Ahihi-Kinau où il est interdit de pêcher et donc très agréable de faire du snorkeling, la faune marine étant préservée et particulièrement bien abritée.
Un sentier de randonnée d'environ 9 km, le Hoapili Trail, part de la Pérouse Bay et s'achève à Kanaio Beach. De niveau facile, ce parcours au terrain accidenté nécessite de bonnes chaussures.
Prévoir chapeau et écran total car le soleil tape fort. On y voit des paysages lunaires surprenants formés par la lave durcie.

LITTLE BEACH

Pour accéder à Little Beach, il faut garer sa voiture dans le parking de Big Beach et marcher sur la plage en direction du Puu Olai, un cône volcanique en forme de colline qu'on ne peut pas manquer.
Un sentier un peu raide mène en haut de la colline d'où la vue sur la mer est imprenable. En descendant, on arrive à Little Beach, une petite plage où la plupart des gens sont… nus ! Le naturisme est illégal à Hawaii, mais bon, c'est comme ça depuis les années 1960 quand les hippies, venus à Maui pour communier avec la nature, en ont fait leur plage fétiche. Nage, snorkeling et *boogie-boarding* s'y pratiquent assez facilement.

MAKENA LANDING

Environ 2 miles après le centre commercial « The Shops at Wailea ».
Eaux calmes et transparentes, propices à la plongée avec tuba ou à une virée en kayak.

MALUAKA BEACH

Au bout de Makena Road, parking au niveau de l'église.
Aussi appelée Turtle Town cette plage de sable doré est propice aux rencontres marines. Isolée des chaînes de complexes hôteliers, vous y trouverez plus de place et de tranquillité.

ONELOA BEACH, OU BIG BEACH

Plage ultra préservée sans une maison ni un hôtel aux alentours. « Oneloa » signifie « longue étendue de sable » en hawaiien et on comprend pourquoi ! Sable moelleux et doré à perte de vue, une « big beach » dans le sens premier du terme, comme l'indique son surnom. C'est le lieu rêvé pour se faire dorer la pilule, mais attention aux vagues et aux courants, souvent violents. Même le surf y est déconseillé !
En cas de coup de chaleur, faites trempette juste au bord et renouvelez la manœuvre jusqu'à obtention du hâle souhaité ! Le coucher de soleil est sublime, mais il vaut mieux filer tout de suite après car la plage est vite déserte et des actes de malveillance ont été constatés à ces heures.

ONEULI BEACH, OU BLACK SAND BEACH

Roulez comme si vous alliez à Big Beach ; un peu avant d'arriver, vous apercevrez une route de traverse accidentée et sinueuse, sur la droite. En la prenant, vous arriverez à Oneuli Beach.
Cette petite plage sauvage doit son surnom de « Black Sand Beach » à son sable sombre hérité de l'activité volcanique. Baignade déconseillée à cause du corail coupant dès le rivage. En faisant attention, on peut faire du kayak et plonger avec tuba pour observer poissons et tortues marines, nombreux dans cette mer abritée.

LA CÔTE NORD

C'est la côte la plus exposée aux vents en hiver, ce qui attire les fans de voile et de surf du monde entier. C'est aussi un havre de paix luxuriant où l'on prend le temps de vivre. Pas étonnant que nombre de hippies y aient élu domicile dans les années 1960 et n'en soient jamais repartis.

PAIA

« Un esprit sain dans un corps sain » pourrait être la devise du village de Paia. Supermarchés bio, stages de yoga, galeries new-age, temples bouddhistes, tous ne jurent que par la santé et la zen attitude…

Dans les années 1980, Paia est devenue la capitale mondiale de la planche à voile grâce à la découverte du spot de Hookipa Beach.

Transports

- **Bus.** Prendre le bus n° 35 à Kahului, au Kaahumanu Center, et descendre à « Paia Community Center ».

Pratique

BANK OF HAWAII
35 Baldwin Avenue
✆ +1 808 579 9511
Distributeur 24h/24.

HAZ BEANZ COFFEE HOUSE
105 Baldwin Avenue
✆ +1 808 268 0149
Cybercafé. 2 US$ les 15 minutes de connexion. Sandwiches 4 et 5 US$.
Café cosy et coloré, à l'ambiance hippie. On y sert les meilleurs expressos de la ville et tous les produits sont bio.

POST OFFICE
120 Baldwin Avenue ✆ +1 808 579 8866
Ouvert de 8h30 à 11h et de 12h à 16h30 du lundi au vendredi. De 10h30 à 12h30 le samedi.

Orientation

Paia est au croisement de la Hana Highway (n° 36) et de la Baldwin Avenue, qui va jusqu'à Makawao, dans l'arrière-pays. Le centre-ville, de taille modeste, s'étend le long de la Hana Highway.

Se loger

Pas d'hôtels à Paia mais une auberge de jeunesse et des B&B.

MAUI BY THE SEA
523 Hana Highway
✆ +1 808 579 9865
www.mauibythesea.com
info@mauibythesea.com
250 US$ la nuit pour 1 à 2 personnes, 25 US$ le couchage supplémentaire. Wifi et appels locaux gratuits.
Joli cottage avec appartement lumineux. Belle terrasse à l'étage avec vue sur l'océan. Cuisine équipée et machine à laver.

Se restaurer

On peut se régaler à Paia et pour une somme modique.

CAFE DES AMIS
42 Baldwin Avenue
✆ +1 808 579 6323
www.cdamaui.com
Ouvert de 8h30 à 20h30. Crêpes de 4 US$ à 10 US$.
Des crêpes à Hawaii… Au gruyère, au Nutella et au sucre de canne, comme à la maison ! Et si on n'aime pas les crêpes, les onctueux *wraps* et leur sauce chutney devraient faire l'affaire pour les mêmes prix. Vous trouverez aussi des *smoothies* aux fruits frais et des currys indiens.

Shopping à Paia.

MAUI

■ **CAFE MAMBO**
30 Baldwin Avenue ✆ +1 808 579 8021
www.cafemambomaui.com
Ouvert de 8h30 à 21h. Comptez entre 10 et 15 US$ le repas.
Un parfum d'Andalousie se dégage de ce petit restaurant méditerranéen. Tapas, omelettes et *fajitas* à la carte.

■ **MAMA'S FISH HOUSE**
799 Poho Place ✆ +1 808 579 8488
www.mamasfishhouse.com
info@mamasfishhouse.com
Ouvert de 11h à 15h et de 16h15 à 21h. Plats entre 45 et 65 US$! Réservation impérative.
Décor de rêve pour ce restaurant d'inspiration polynésienne installé sur une plage abritée par des cocotiers. Un succès incontestable depuis 36 ans ! Son secret ? Des recettes de poisson et fruits de mer, originales et inventives. On se damnerait pour le dessert « Polynesian Pearl », une mousse de chocolat et sa crème aux fruits de la passion. Mais la qualité se paie... On regrette pourtant qu'à ce prix-là le service soit si aléatoire : les serveurs sont souvent désagréables car débordés et il arrive que, malgré votre réservation, l'attente soit très longue, jusqu'à 1 heure parfois !

■ **PAIA FISHMARKET**
100 Baldwin Avenue ✆ +1 808 579 8030
www.paiafishmarket.com
moon@paiafishmarket.com
Ouvert de 11h à 21h30. Comptez 15 US$ le repas.
Du poisson pour tous les goûts : dans les sandwiches, en sashimis ou en salade. Sans oublier les fish and chips et les pâtes au poisson ! Très bon rapport qualité-prix. Le must : le mahi burger, qu'on surnomme aussi « ono » burger (« délicieux » en hawaiien).

Véliplanchistes de Hookipa Beach.

Sortir

■ **CHARLEY'S**
142 Hana Highway
✆ +1 808 579 8085
www.charleysmaui.com
Ouvert tous les jours de 7h à 22h et jusqu'à 2h du matin le vendredi et samedi.
Concerts live et soirées DJ plusieurs soirs par semaine dans ce pub où le blues et la country sont à l'honneur.

À voir – À faire

■ **BALDWIN BEACH**
Prendre la Hana Highway vers l'ouest. Le panneau indiquant la plage apparaît au bout de 5 minutes.
Belle plage de sable blanc où on peut aussi bien se prélasser au soleil que nager. Vagues parfois violentes cependant. Aire de pique-nique, toilettes et douches.

■ **HOOKIPA BEACH**
Hookipa Park ; miles 9 ; est de Paia, sur la Hana Highway.
Pas top si on veut s'initier au surf ou à la planche à voile car les vagues peuvent y atteindre 10 m de haut. Mais pour admirer les surfeurs ou les véliplanchistes de haut niveau et faire de superbes photos, c'est parfait. Maîtres nageurs, aire de pique-nique, toilettes, douches.

■ **SPRECKLESVILLE TOWN BEACH, OU BABY BEACH**
En continuant sa route vers l'ouest après Baldwin Beach, on arrive à Sprecklesville Beach, appelée aussi « Baby Beach » car ses eaux calmes et abritées sont fréquentées par de nombreux enfants. Baignade surveillée, aire de pique-nique, douches et toilettes.

Shopping

■ **BIASA ROSE**
104 Hana Highway
✆ +1 808 579 8602
Ouvert de 10h à 18h.
Magasin de souvenirs pas ringards du tout et aux prix honnêtes.

MANA FOODS

49 Baldwin Avenue ✆ +1 808 579 8078
www.manafoodsmaui.com
Ouvert de 8h à 20h30.
Supermarché de produits locaux bio. Bon rapport qualité-prix et c'est bon pour le « mana » (le pouvoir spirituel, en hawaiien) !

MAUI GIRL

29 Baldwin Avenue
✆ +1 808 579 9266
www.maui-girl.com
Comptez 50 US$ le bikini en moyenne.
Bikinis ultra tendance *made in Hawaii* et adaptés aux surfeuses.

HAIKU

Petit village paisible, comme le poème japonais du même nom.

Né de la culture de la canne à sucre, au XIXe siècle, il est aujourd'hui bien loin de l'agitation et du travail intensif des plantations de la compagnie Alexander & Baldwin. Avec son minuscule centre-ville, sa végétation luxuriante, ses habitants accueillants, on s'y sent immédiatement bien.

Transports

- **Bus.** Prendre le bus n° 35 au Kaahumanu Center, à Kahului ou à Paia. 2 US$ le trajet.
- **Voiture.** Après avoir quitté Hookipa Beach, rouler vers l'ouest et prendre la Haiku Road. La ville est au croisement de la Haiku Road et de la Kokomo Road, qui mène à Makawao, dans l'arrière-pays.

Pratique

Banques, centre médical, pharmacies et cybercafé se trouvent tous dans le seul centre commercial de Haiku, le Haiku Marketplace.

POST OFFICE

770 Haiku Road ✆ +1 808 575 2614
Ouvert de 8h30 à 15h30 du lundi au vendredi et de 9h à 11h le samedi.

Se loger

Pour se sentir coupé du monde, dormir à Haiku est un bon choix. Hormis les moustiques, personne ne vous réveillera. Fêtards s'abstenir.

HAIKU PLANTATION INN

555 Haiku Road
✆ +1 808 298 6579 / +1 808 575 7500
www.haikuleana.net
À partir de 149 US$ la chambre double, petit déjeuner inclus. Parking.
Ce Bed & Breakfast était à l'origine une maison de la plantation. Construite en 1870, elle appartenait au médecin chargé de soigner les ouvriers. Mobilier d'époque, wi-fi et Jacuzzi. Atmosphère romantique.

Se restaurer

COLLEEN'S

810 Haiku Road – Haiku Marketplace
✆ +1 808 575 9211 – colleensinhaiku.com
Ouvert de 6h à 21h. 10 US$ le plat tout au plus.
Sandwichs et salades bio. Le steak des burgers vient des bœufs élevés à Maui et le poisson des pêcheurs de l'île.

L'EST DE L'ÎLE

La nature dans toute sa splendeur voilà comment on pourrait définir l'est de Maui. Très préservée, cette région trouve son expression ultime à travers la spectaculaire route de Hana qui est un immanquable de l'île. Il faut prévoir une journée au minimum pour découvrir cette partie de Maui.

LA ROUTE DE HANA

On appelle « route de Hana », une longue route sinueuse ponctuée de spectacles naturels grandioses, chutes d'eaux majestueuses, plages secrètes, forêts exotiques odorantes et panoramas superbes. Cette route part de Paia pour se terminer à Hana. Il faut environ 3h pour la parcourir, avec les différents arrêts. Comptez la journée pour l'aller-retour Paia/Hana car, même si on ne s'arrête pas au retour, le trafic est lent et encombré (300 voitures par jour en moyenne) car cette route reste l'une des attractions à succès de l'île et tous les touristes s'y bousculent ! Les locaux vous conseilleront de faire plutôt une boucle en revenant par le sud de l'île dont les paysages sont aussi époustouflants, surtout au coucher du soleil. La route comprend cependant une portion non goudronnée qui n'est pas toujours autorisée pour les voitures de location, renseignez-vous avant auprès de votre loueur. La troisième option reste de passer une nuit à Hana pour pouvoir prendre son temps et profiter de chaque endroit.

Caméléon dans la forêt de Twin Falls.

Se restaurer

■ NAHIKU COFFEE SHOP

Entre les balises 27 et 28 miles
✆ +1 808 248 8800
Café, pain à la banane et fruits secs pour recharger les batteries !

À voir – À faire

La route de Hana compte de nombreux arrêts incontournables qui ne sont pas toujours évidents à repérer. Prévoyez à l'avance ceux que vous souhaitez voir, en laissant du temps pour les pauses photos, pour que votre journée ne soit pas une course contre la montre.
En roulant dans le sens Paia vers Hana on trouve dans l'ordre :

- **Les Twin falls** où l'on peut se baigner, la balade en forêt du Waikamoi nature trail et le point de vue sur les Puhokamoa falls.
- **Viennent ensuite le Keanae Arboretum** pour une initiation à la flore locale et le Keanea Overlook. Vous pourrez faire une pause pour descendre sur la péninsule du même nom et observer les vagues qui s'y déchaînent.
- **Sur le bord de la route vous verrez les Waikani Falls** déferler ou les cascades du Pua'a Ka'a State Wayside Park accessibles en quelques pas, avant de découvrir les Kaeleku Caverns où l'eau à sculpté la roche.
- **Enfin, juste avant d'arriver à Hana, le Waianapapa State Park** offre de belles plages de sable noir et itinéraires de randonnée. Vous pourrez choisir vos arrêts en fonction de votre budget, du temps dont vous disposez et de vos préférences entre marche et baignade.

Quelques conseils avant de prendre la route…

Avant toute chose, la veille de votre départ, informez-vous du temps qu'il va faire. La route de Hana est souvent pluvieuse et il faut éviter d'y aller si des averses y sont prévues ; le spectacle serait gâché et certains chemins dangereux. Pensez à faire le plein à Paia car, après il n'y a plus une seule station d'essence ! Préparez des sandwichs la veille ou achetez-les dans une supérette de Paia car il n'y aura plus de supermarchés avant la ville de Hana.

■ HUELO ET KAILUA

Les deux pittoresques villages de Huelo et Kailua se trouvent entre les miles 5 et 6. Une atmosphère rurale comme on n'en voit plus à Maui.

■ KAELEKU CAVERNS

www.mauicave.com
simosoaf@msn.com
Juste après la balise 31 miles, prendre Ulaino Road et suivre le panneau qui indique les cavernes. Visite des cavernes de Kaeleku du lundi au samedi de 10h30 à 16h. Entrée : adultes 11,95 US$, gratuit pour les moins de 5 ans.
Une balade de 40 minutes dans les entrailles de la terre. Ce tunnel naturel a été formé au cours d'une éruption par le refroidissement de la lave au contact de l'air. L'humidité et l'érosion ont créé des pans entiers de stalactites marrons qui ressemblent étrangement à du chocolat fondu.

KAUMAHINA STATE WAYSIDE PARK

A la balise 12 miles. Ouvert de 8h à 18h. Entrée libre.

Petit arrêt pique-nique avec tables et toilettes. Belle vue sur la péninsule de Keanae.

KEANAE ARBORETUM

Un peu avant la balise 17 miles. Entrée libre.

Un parcours de 30 minutes dans le parc permet de parfaire son éducation en matière d'arbres et de plantes de Hawaii.

KEANAE OVERLOOK

Entre les balises 17 et 18 miles.

Point de vue sur le village de Keanae et ses champs de taro en forme de patchwork.

PIILANI HEIAU

Continuer sur Ulaino Road. Au bout de quelques minutes, on arrive aux vestiges du Piilani Heiau. Ouvert du lundi au samedi de 9h à 14h. 10 US$ l'entrée pour le temple et Kahanu Garden.

Ce temple, construit au XVIe siècle pour Piilani, roi de Maui, reste un lieu sacré pour les Hawaiiens qui n'ont jamais cessé de l'entretenir. Le jardin annexe présente une collection importante d'arbres à pain et plantes hawaïennes.

PUAA KAA STATE WAYSIDE PARK

Au mile 22.

Dernier spot pour se baigner dans les cascades. Un petit sentier vous mène à différentes piscines naturelles qui évoluent toute l'année en fonction des pluies. Cette oasis de fraîcheur est bienvenue pendant les chaleurs d'été. Vous aurez peut-être la chance d'apercevoir des chats sauvages et mangoustes qui peuplent la forêt. Toilettes et tables de pique-nique.

PUHOKAMOA FALLS

Près de la balise 11 miles.

Un pont permet de s'approcher des chutes Puhokamoa mais on ne peut pas y accéder. Tables de pique-nique à proximité.

TWIN FALLS

Vers la balise 2 miles.

Un sentier à proximité conduit aux sublimes chutes Twin Falls dont les eaux couleur émeraude invitent à la baignade. A noter : le chemin finit littéralement dans le ruisseau qui mène aux chutes. Pour ceux qui ne veulent pas mouiller l'appareil photo ou les baskets il faut revenir avant le début du canal pour prendre les sentiers qui se faufilent dans la forêt. Courants dangereux en cas d'averses.

WAIANAPANAPA STATE PARK

Un peu après la balise 32 miles.

La « Black Sand Beach », dont la couleur cendre du sable est due à l'ancienne activité volcanique, est parfaite pour la baignade. Les vagues ont creusé des grottes sous-marines dans les roches volcaniques que l'on peut visiter à l'aide d'un guide. L'air s'infiltrant dans ces trous émet des grognements surprenants. La *Coastal Walk* permet de longer le bord de mer sur 5 kilomètres pour découvrir les différentes formations rocheuses.

WAIKAMOI NATURE TRAIL

Entre les balises 9 et 10 miles.

Une petite boucle de 20 minutes en pleine forêt de bambous parfumés par les eucalyptus. Une rapide introduction à la nature hawaïenne.

WAIKANI FALLS

Entre les balises 21 et 22 miles. Au début du virage avant le pont.

Les plus belles chutes de la route de Hana.

Waikani Falls.

HANA

La route de Hana arrive à son terme… Hana est une petite ville tranquille bordée d'une jolie baie. Elle ne compte que quelques maisons nichées dans une végétation luxuriante. Le cadre idéal pour une retraite spirituelle !

Transports

■ CHEVRON

5200 Hana Highway
✆ +1 808 248 7256
Ouvert de 7h à 19h30.
La seule station-service de la ville.

Se loger

Voici quelques adresses pour dormir sur place si on est trop fatigué pour faire la route de Hana dans l'autre sens le même jour.

■ ALA'AINA OCEAN VISTA

Kipahulu
✆ 808 248 7824
www.hanabedandbreakfast.com
218 US$ la nuit, et 198 US$ à partir de 3 nuits. Petit déjeuner inclus.
Une chambre unique mais travaillée avec soin. Lumineuse et tout en bois, la suite fait face à l'océan, l'idéal pour un séjour zen. A disposition : des barbecues, une cuisine équipée, un lecteur DVD, des palmes masques et tubas, une grande terrasse et une piscine. Idéalement située à deux pas du Haleakala National Park et de la route de Hana.

■ BAMBOO INN

4869 Uakea Road
✆ 808 248 7718
bambooinn.com
bamboo@maui.net
Suites entre 195 US$ et 265 US$ par nuit. Wifi gratuit et petit déjeuner compris.
Nichées entre les arbres de la Baie d'Hana, les trois suites du Bamboo Inn prolongent la découverte de cette côte luxuriante. Construites en bois dans un style balinais et tahitien, les chambres sont tournées vers la mer et disposent d'un balcon sur lequel trône une baignoire ! Original pour profiter des levers de soleil bien au chaud, massé par les jets.

■ HOTEL TRAVAASA HANA

5031 Hana Highway ✆ +1 808 248 8211
travaasa.com/hana
Chambre doubles à partir de 350 US$. Suites à partir de 750 US$. Wifi gratuit.
Magnifique hôtel dans un écrin de verdure. Chambres spacieuses avec vue sur l'océan, 2 piscines, 1 spa, 2 courts de tennis, 1 terrain de golf… Une très belle adresse.

Se restaurer

Quasiment pas de restaurants à Hana, mis à part le restaurant de l'hôtel Travaasa. Mieux vaut faire des provisions avant d'arriver à Hana. Les rayons des deux seuls supermarchés de la ville ont en effet tôt fait d'être vidés et le choix vite réduit…

■ BAREFOOT CAFÉ

Hana Beach Park
Autour de 8 US$ le repas.
Burgers et salades sans prétention face à la mer.

À voir – À faire

■ GRAVE OF CHARLES LINDBERGH

Roulez un mile environ depuis Oheo Gulch. Sur la droite, vous verrez une ancienne sucrerie à l'abandon, prenez alors la route un peu cabossée sur votre gauche. À côté de l'église sans prétention qui domine la mer, se trouve la tombe du célèbre aviateur Charles Lindbergh.

Charles Lindbergh

Fils d'immigrants suédois, Charles Lindbergh naît en 1902 à Détroit, dans le Michigan. Passionné d'aviation, il abandonne ses études de mécanique en 1922 et passe son brevet de pilote. Les 20 et 21 mai 1927, il devient le premier pilote de l'histoire à traverser l'Atlantique de Paris à New-York. À bord d'un avion spécialement conçu pour l'occasion, le « Spirit of Saint Louis », il relie les deux villes en 33h30. Contrairement à une idée reçue, il n'est pas le premier à avoir fait un vol transatlantique ; un vol entre Terre-Neuve et l'Irlande avait eu lieu en 1919, mais la couverture médiatique fut moindre car ce n'était ni Paris ni New-York… Après une vie d'aventurier sous les feux des projecteurs, Charles Lindbergh, grand amoureux de Hawaii, choisit de finir ses jours à Maui. Il meurt d'un lymphome, quasiment dans l'anonymat, le 26 août 1974. Il est enterré à Hana.

Koki Beach.

HAMOA BEACH

Sur la Hana Highway en direction du sud, prendre la Haneoo Loop.

Charmante plage entourée de cocotiers et de végétation luxuriante. Les vagues font le bonheur des surfeurs et des *boogie-boarders.* On peut y nager mais en prenant garde aux courants.

HANA BEACH PARK

Le long de la baie de Hana. Plage de sable sombre bien protégée du vent et idéale pour la baignade, surtout des tout-petits. Maîtres nageurs en été, aire de pique-nique, toilettes, douches.

HANA CULTURAL CENTER MUSEUM

4974 Uakea Road
✆ +1 808 248 8622
www.hanaculturalcenter.org
hookele@emaui.net
Ouvert du lundi au vendredi de 10h à 16h. Entrée : 3 US$.

Petit musée avec exposition d'objets artisanaux et quilts (dessus-de-lit hawaiiens faits main). À voir : la réplique d'une chaumière traditionnelle hawaiienne appelée « kauhale ».

KOKI BEACH

À côté de Hamoa Beach. Un des meilleurs spots de surf de Maui. Baignade possible mais avec prudence à cause des fortes vagues.

OHEO GULCH

Piilani Highway
Au sud de Hana, à la balise 42 miles. 10 US$ pour l'entrée du Park National, valable pour aller au volcan. Empruntez le sentier qui mène tout droit aux piscines de mer, aussi appelées « Seven Sacred Pools », bien qu'on n'en compte plus de sept. Il fait bon s'y baigner ! Dommage que tant de monde ait la même idée !

PIPIWAI TRAIL

Environ 12 miles après Hana. 10 US$ l'entrée du Haleakala National Park, ticket valable pour O'eho Gulch et le volcan. Une des randonnées les plus aimées de Maui. Le sentier serpente sur 3,2 kilomètres à travers les banians géants et les forêts de bambous pour remonter le cours d'eau jusqu'à d'imposantes chutes. La première, Makahiku, s'élève à 60 mètres de hauteur et la seconde, Waimoku, à 120 mètres. Prévoyez des chaussures de marche car l'humidité rend le terrain glissant par endroits, et vous aurez probablemennt à traverser le cours d'eau sur la fin.

RED SAND BEACH

Pour accéder à la plage, en partant du centre de Hana, allez jusqu'au bout d'Ua Kea Road et garez-vous sur le parking situé avant l'hôtel Travaasa. Traversez la pelouse pour prendre le petit sentier scabreux qui descend entre les arbres avant de longer la falaise vers l'Ouest.

Ici, les couleurs sont incroyables. Le rouge du sable, dû à l'émiettement du cône volcanique surplombant la plage, côtoie le bleu intense d'une piscine de mer créée par un mur de lave sous-marin... Veillez cependant à ne pas photographier les quelques nudistes qui aiment venir flâner sur cette plage isolée ! Attention, les couleurs s'estompent dès que le soleil entame sa descente.

■ **WAILUA FALLS**
Mile 45.
Encore une cascade ? Oui, mais celle-là c'est la plus photographiée de Maui. Même si cette réputation est très probablement due au fait que ce soit la seule qui dispose d'un grand parking et soit indiquée sur la route, elle est néanmoins très jolie et imposante. Selon le niveau des pluies il est même possible de descendre à sa base pour s'y baigner.

Shopping

■ **HANA RANCH CENTER**
Mill Road ✆ +1 808 248 8015
Centre commercial. Ouvert de 7h à 19h30.
À l'intérieur : un bureau de poste, un supermarché et un distributeur.

■ **HASEGAWA GENERAL STORE**
5165 Hana Highway ✆ +1 808 248 8231
Ouvert de 7h à 19h du lundi au samedi. De 8h à 18h le dimanche. Fondé il y a 103 ans, c'est le plus vieux supermarché de Hana.

L'ARRIÈRE-PAYS

L'arrière-pays de Maui est une terre de contrastes. Entre le majestueux volcan Haleakala aux formes lunaires et les contrées verdoyantes de la route de Kula, les paysages n'ont rien à voir. Sans oublier la ville de Makawao où la tradition des « paniolos » (cow-boys hawaiiens) est encore très vivace... En somme, cette région est riche en visites intéressantes et on peut y consacrer facilement de 2 à 4 jours.

HALEAKALA NATIONAL PARK

Le Haleakala, « maison du soleil » en hawaiien, est un volcan endormi qui occupe les deux tiers de Maui. De sa base à son sommet de 3 055 m, le climat est très changeant : d'une chaleur tropicale, on passe à un froid polaire ! En partant de Kahului, il faut 2 heures pour parcourir les 38 miles (environ 61 km) qui mènent au cratère. Nulle part au monde, on ne peut passer du niveau de la mer à 3 000 m d'altitude en seulement 61 km... Pourtant, la montée en voiture, raide et sinueuse, peut paraître longue car on n'aperçoit le cratère que sur la fin du trajet et que les étapes sont nombreuses. Le Haelakala est aussi le lieu rêvé pour la randonnée ou le camping.

Transports

Une fois passée l'entrée du parc, la route devient une succession de virages qui montent de façon très raide. Il est impératif de respecter les limitations de vitesse pour des questions de sécurité. Attention aussi aux cyclistes et aux vaches sur la route. Prenez le temps de vous arrêter à toutes les étapes pour vous reposer et vous habituer à l'altitude. Au retour, utilisez le frein moteur pour éviter une panne ou une surchauffe du véhicule.

- **En partant de Kahului,** comptez 2h de trajet. Prenez la Hana Highway (route 36) vers l'est puis la Haleakala Highway (route 37). Continuez tout droit jusqu'à ce qu'un panneau annonce la Haleakala Crater Road (route 377). Suivez cette direction pour arriver au parc.
- **En partant de Kihei ou de Kaanapali,** comptez 2h45 de trajet. Dans tous les cas, pensez à faire le plein avant de prendre la route 377 sur laquelle il n'y a pas une seule station d'essence, et c'est le même problème dans tout le parc !

Le Haleakala en chiffres

- **Naissance :** il y a plus de 900 000 ans.
- **Point culminant :** 3 055 m.
- **Circonférence du cratère :** 34 km.
- **Profondeur du cratère :** 900 m.
- **Dernière éruption :** 1790.
- **Superficie du parc :** 11 600 ha de La Pérouse Bay à Kipahulu Valley, cratère inclus.
- **Classement par l'UNESCO :** Réserve mondiale de la biosphère, en 1980.

Haleakala National Park

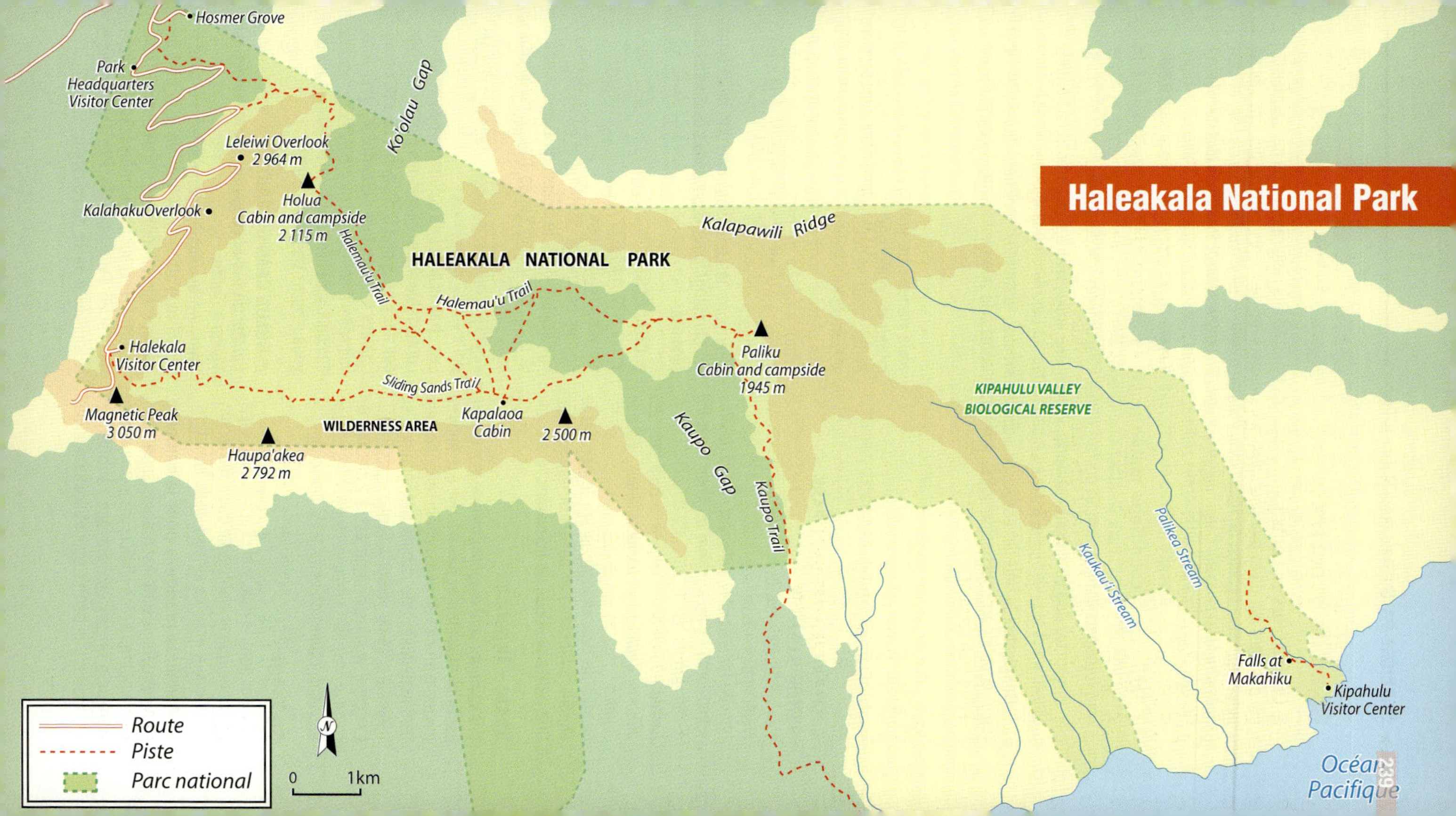

Conseils importants

▶ **Les visiteurs en petite forme,** ayant des problèmes respiratoires ou cardiaques ou qui auraient fait de la plongée sous-marine dans les dernières 24h, ne doivent pas se lancer dans l'ascension du Haleakala. Plus on monte et plus l'oxygène se raréfie, et cela peut être fatal si on est dans l'un de ces cas. En bonne santé ? Prudence tout de même ! Ne pas courir lors des différentes haltes, car on s'essouffle très vite. Marcher à allure modérée et, au moindre malaise ou vertige, s'asseoir, se reposer et boire beaucoup d'eau.

▶ **Vérifier les conditions météo** avant de prendre la route en appelant le ✆ +1 808 877 5111 (Park Weather Conditions). Vents forts, averses violentes et neige sont fréquents dans le parc, et parfois mieux vaut différer son départ de quelques jours.

▶ **Emporter des vêtements chauds.** Prévoir une vraie polaire, des gants et un bonnet. Sinon, c'est la pneumonie assurée à cause des 30 degrés en moins au sommet !

▶ **Respectez** le lieu qui est sacré pour les locaux. Nombreux sont ceux qui viennent s'y recueillir au coucher du soleil. Aussi n'adoptez pas une attitude déplacée et évitez d'être trop bruyant.

Pratique

Tourisme – Culture

■ **HALEAKALA NATIONAL PARK VISITOR'S CENTER**
✆ +1 808 572 4400
www.nps.gov/hale
Le premier Visitor's Center est ouvert de 8h à 15h45 et celui du sommet du lever de soleil à 15h, tandis que le parc est ouvert 24h/24. Entrée : 10 US$ par voiture, 5 US$ pour les piétons, cyclistes et motocyclistes ; valable 3 jours.
Centre de documentation sur le parc et le volcan. Brochures et cartes de randonnée. Une petite boutique de souvenirs.

Santé – Urgences

Les visiteurs sont responsables de leur propre sécurité. Ne comptez pas sur votre téléphone portable en cas de pépin car la réception est très mauvaise. Une cabine téléphonique se trouve à côté du visitor's center.
L'hôpital le plus proche est à 2 heures de route et, en cas de mauvais temps, les hélicos peuvent refuser de venir vous chercher !

Se loger

Camper dans le Haleakala Park est une expérience unique et inoubliable que nous recommandons à tous les amoureux de la nature.

▶ **Modalités pratiques pour le camping.** Camper dans le parc est gratuit. Cependant, les campings et les chalets en pleine nature auxquels on accède via des randonnées nécessitent un permis obligatoire sans lequel vous risquez de vous retrouver coincé au milieu de nulle part à la nuit tombée... A éviter, sauf si vous préparez la prochaine saison de Koh Lanta !
Les permis sont délivrés le jour même au visitor's center du parc, sur simple présentation entre 8h et 15h. Premiers arrivés, premiers servis !
Attention : les feux sont interdits dans tous les campings pour des raisons évidentes de sécurité.

■ **CHALETS**
✆ +1 877 444 6777
www.recreation.gov
Sur les campings de Holua et de Paliku. Egalement, dans le désert du Cinder Cone (à la fin du Sliding Sands Trail, 6 miles plus bas).
75 US$ la nuit par personne dans des chalets pour 1 à 12 personnes.
Les chalets sont une solution d'hébergement confortable mais obtenir des places est rude car il n'y en a que 3. Pour les heureux élus, chalets tout-confort : chauffage, gazinière, vaisselle, toilettes, eau (non potable) et jusqu'à 12 couchages avec des vrais matelas ! A noter : vous n'aurez pas d'électricité.

■ **HOLUA CAMPGROUND**
Permis gratuit et obligatoire à demander au Visitor's Center.
Camping accessible uniquement à pied à 2 115 m d'altitude. A 4 miles (6,5 km) du sentier de randonnée, Halemauu Trail. Toilettes. Eau sur place, mais la traiter avant de la boire. Possibilité de faire des balades à la journée à partir du camping.

HOSMER GROVE CAMPGROUND

Pas besoin de permis pour dormir dans ce camping.

Près du Visitor's Center, à 2 072 m d'altitude. Accessible en voiture. Eau potable, grill et tables. Toilettes.

PALIKU CAMPGROUND

Permis gratuit et obligatoire à demander au Visitor's Center.

Accès au camping possible au bout de deux sentiers de randonnée au choix : le Halemauu Trail et le Sliding Sands. Toilettes. Eau sur place mais à traiter avant de la boire.

À voir – À faire

HALEMAU'U TRAIL

A partir du parking de Halemau'u Trailhead.

En deux kilomètres seulement vous pourrez atteindre un point de vue sur la côte nord de Maui et sur le cratère. Cette balade est plus facile que les autres car on marche sur de la terre et non du sable. Le chemin continue encore sur 4 kilomètres pour atteindre le premier campement puis encore trois kilomètres pour rejoindre la Silversword Loop. Munissez-vous impérativement d'une carte.

HOSMER GROVE TRAIL

A 6 800 feet (2 072 m)

Juste à l'entrée du parc. A la balise 10,5 miles.

Sentier d'un demi-mile, faisable en 30 minutes. C'est la balade idéale pour découvrir les plantes et les arbres du parc.

KALAHAKU OVERLOOK

A 9 000 feet (2 743 m)

Beau point de vue sur le cratère. A ce niveau, on peut observer la très rare plante endémique, *ahinahina*, qui pousse uniquement sur les cônes volcaniques, dits *cinder cones*, et qu'on trouve aussi sur le Mauna Kea et le Kilauea, à Big Island. Facilement reconnaissable à ses aiguilles argentées (d'où son nom anglais *silversword* , ou sabre d'argent), cette plante vit environ vingt ans. Arrivée à maturité, elle produit de jolies fleurs violettes une seule et unique fois car elle meurt peu de temps après... Attention : la cueillette est tentante mais formellement interdite.

LELEIWI OVERLOOK

A 8 800 feet (2 682 m)

Au bout du parking, très beau premier point de vue sur le cratère.Les visiteurs arrivés là en fin d'après-midi pourront vivre une expérience à la *X-Files*. Le *broken specter* se trouvant au niveau des nuages à cette altitude, on voit son propre reflet dans les nuages, au milieu d'un arc-en-ciel ! Et ce n'est pas un effet de l'ivresse de l'altitude, c'est un vrai phénomène scientifique !

PUU ULAULA OVERLOOK

A 10 023 feet (3 055 m)

Le Puu Ulaula est le plus haut sommet de Maui (3 055 m). Une salle circulaire fermée et vitrée permet d'avoir un point de vue à 360 degrés. Accessible 24h/24 et à l'abri du vent glacial, cette pièce est l'endroit idéal pour assister au lever ou au coucher de soleil.

SLIDING SANDS TRAIL – KEONEHE'EHE'E TRAIL

A partir de Haleakala Visitor Center.

Un joli sentier qui vous mène au cœur même du cratère. Les 6,3 premiers kilomètres offrent des points de vue exceptionnels sur cinq cônes volcaniques désormais éteints. L'érosion a transformé la lave en sable de différentes teintes, créant une palette de couleurs exceptionnelle dans ce paysage lunaire. Pensez cependant que si ce chemin est très agréable à la descente, la remontée sera nettement plus difficile, surtout lorsque le sable se met à entrer dans les chaussures. Vous aurez le choix entre revenir sur vos pas ou rejoindre l'un des nombreux autres sentiers de randonnées. Ne partez pas sans une carte.

Ascension du cratère du Haleakala.

Lever de soleil au sommet

Assister au lever de soleil sur le cratère du Haleakala est devenu un must, à faire tout particulièrement le Jour de l'an ! Pour ne pas le louper, il faut bien calculer son temps de trajet et régler son réveil en fonction. Le soleil se lève entre 5h45 et 7h. Pour avoir l'horaire précis, achetez le *Maui News*, qui le publie chaque jour.

Sports – Détente – Loisirs

- **Randonnée.** En dehors de la randonnée Hosmer Grove loop trail, facile et bien balisée, il est fortement recommandé de privilégier les randonnées guidées. Celles des rangers du parc sont bien et gratuites ; il suffit de les réserver via le visitor's center. Les conditions climatiques sont en effet difficiles, le terrain immense et les risques de se perdre ou de mettre sa santé en danger sont bien réels. Pour les intrépides et les professionnels qui se lanceront dans des randonnées autonomes de 4 ou 8 heures, il est possible de dormir en camping, en pleine nature ou de faire la remontée en stop.
- **Découverte du cratère.** Il existe plusieurs possibilités pour découvrir le cratère : à cheval, à VTT, à bord d'un hélicoptère ou à pied. A vous de choisir selon vos goûts !

BLUE HAWAIIAN HELICOPTERS
4870 Ua Kea Road
Kahului
✆ +1 808 871 8844
www.bluehawaiian.com
Vols de 50 à 120 minutes de 222 US$ à 500 US$ le vol au-dessus du Haleakala et de la route de Hana. Promotions régulières sur le site internet.
La compagnie d'hélicoptères de loin la plus sûre de Hawaii. Le vol proposé, qui combine la route de Hana et le Haleakala, est vraiment spectaculaire. Départs de l'héliport de Kahului.

MAUI DOWNHILL
4870 Ua Kea Road
Kahului
✆ +1 808 871 2155
www.mauidownhill.com
De 129 US$ à 175 US$ le tour en VTT par personne.
Plusieurs formules de visites du volcan à VTT avec un guide professionnel.

PONY EXPRESS TOURS
✆ +1 808 667 2200
www.ponyexpresstours.com
info@ponyexpresstours.com
A partir de 180 US$ le tour avec pique-nique inclus. Promotions régulières sur le site internet.
Visite guidée du cratère à cheval avec un guide expérimenté pendant une journée.

PUKALANI

Ville résidentielle où les touristes ne s'arrêtent guère que pour retirer de l'argent et faire quelques emplettes.

Transports

- **Voiture.** En partant de Paia, prendre la Baldwin Avenue qui mène tout droit à Makawao.

De Kahului, il faut suivre la Haleakala Highway et bifurquer sur la Makawao Avenue au niveau de Pukalani. Le centre-ville de Makawao se trouve à l'intersection de la Baldwin Avenue et de la Makawao Avenue.

- **Bus.** Prendre le bus n° 40, ou le « Upcountry Islander », au Kaahumanu Center, à Kahului. Descendre à « Pukalani Terrace ».

Pratique

Banques, pharmacie et bureau de poste se trouvent tous dans le centre commercial Pukalani Terrace shopping center.

Sports – Détente – Loisirs

PUKALANI COUNTRY CLUB
360 Pukalani Street ✆ +1 808 572 1314
www.pukalanigolf.com
Partie de 25 US$ à 89 US$.
Golf 18-trous.

MAKAWAO

La seule ville qui bouge un peu dans l'arrière-pays ! Un vrai centre-ville, des boutiques, des restaurants, des galeries d'art et même un bar où on peut danser !
Makawao mérite qu'on s'y arrête, ne serait-ce que pour découvrir les cow-boys de Maui, les *paniolos*, et s'imprégner de son atmosphère très western. Si vous passez par là en été, ne manquez pas le légendaire rodéo qui s'y tient début juillet.

Transports

MINIT STOP
1100 Makawao Avenue
✆ +1 808 573 9295
Station-service. Ouvert de 5h à 23h.
Un distributeur de billets sur place.

Pratique

MAKAWAO PUBLIC LIBRARY
1159 Makawao Avenue
✆ +1 808 573 8785
Bibliothèque. Ouvert de 12h à 20h les lundi et mercredi et de 9h30 à 17h les mardi, jeudi et samedi. Nombreux ouvrages sur les paniolos de Makawao.

Se restaurer

HALI'IMAILE GENERAL STORE
900 Haliimaile Road ✆ +1 808 572 2666
bevgannonrestaurants.com/haliimaile
Ouvert du lundi au vendredi de 11h à 14h30 et du lundi au dimanche de 17h30 à 21h. Plats autour de 15 US$ à midi et entre 30 US$ et 45 US$ le soir. Installé dans l'ancien magasin de la plantation d'ananas, ce restaurant de la Chef Bev Gannon, cartonne depuis 25 ans. Le secret : des plats créatifs à base de produits frais et locaux. Choisissez de préférence un plat de la sélection « plats spéciaux » : vos papilles seront d'autant plus bluffées. Evitez cependant la salade Caesar qui est triste à mourir. Une bonne adresse au milieu de nulle part dans la campagne de l'arrière-pays.

POLLI'S
1202 Makawao Avenue ✆ +1 808 572 7808
Tous les jours de 11h à 22h. Plats autour de 12 US$ le midi et 20US$ le soir.
Restaurant qui mêle cuisines mexicaine, américaine et hawaiienne. Ne manquez pas le *happy-hour*, du lundi au vendredi de 16h à 17h30, quand les habitués font régner une ambiance bon enfant autour du bar. Le barman Ray ne manquera pas de vous faire une petite blague ou de parler des derniers films qu'il a vus, car c'est un sacré cinéphile ! Mention spéciale pour les délicieux *pupus*.

Sortir

CASANOVA'S
1188 Makawao Avenue
✆ +1 808 572 0220
www.casanovamaui.com
Club après 22h. Entrée : entre 5 US$ et 10 US$. C'est l'endroit pour faire la fête à Makawao ! Ce restaurant italien se transforme en discothèque après 22h. Et on peut y manger de vraies pizzas à l'italienne jusqu'à 23h30 ! Soirées à thème et concerts *live*. Programmation à consulter sur le site Internet.

À voir – À faire

HUI NOEAU VISUAL ART CENTER
2841 Baldwin Avenue ✆ +1 808 572 6560
www.huinoeau.com
info@huinoeau.com
Ouvert de 10h à 16h. Entrée libre.
Un peu à l'écart du centre-ville et des autres galeries, le Visual Art Center propose, tout au long de l'année, des expositions d'artistes locaux. Le Centre organise aussi des stages de peinture, photographie, sculpture sur bois, poterie, pour tous les âges et niveaux (280 US$ les 6 cours). Inscriptions sur leur site Internet. Sur place également : une boutique de souvenirs artisanaux à prix raisonnables.

Hui Noeau Visual Art Center.

LA ROUTE DE KULA

La Kula Highway traverse tout le centre de l'île. Depuis Pukalani, elle longe le Haleakala sur son flanc ouest et termine sa course dans les plaines d'Ulupakua.

Cette route ne vaut pas celle de Hana, bien sûr, mais elle permet d'apprécier l'aspect rural de Maui, avec ses champs de lavande, ses vignes, ses troupeaux de vaches et ses sublimes jardins botaniques.

Transports

- **Voiture.** À partir de Kahului, suivre la Haleakala Highway (route 37). Passé Pukalani, elle devient la Kula Highway.

Se loger

KULA LODGE

15200 Haleakala Highway
✆ +1 808 878 1535 – www.kulalodge.com
info@kulalodge.com
Sur la Kula Highway, prendre la bifurcation vers la Haleakala Highway (route 37) au niveau de Makawao Avenue. Le Kula Lodge est à proximité.
Chalet de 2 à 4 personnes : de 150 US$ à 225 US$ la nuit. Wifi accessible seulement dans le restaurant.
Perchés sur une colline, 5 chalets rustiques et intimes, malgré la décoration un peu kitsch. Très belle vue sur les îles de Lanai et Molokai.

Se restaurer

GRANDMA'S COFFEE HOUSE

9232 Kula Highway
✆ +1 808 878 2140
www.grandmascoffee.com
grandmasmauicoffee@yahoo.com
Ouvert tous les jours de 7h à 17h et jusqu'à 20h du mercredi au samedi.
LE petit restaurant à côté duquel il serait vraiment dommage de passer... Excellent café maison, omelettes variées et appétissantes, le tout dans une ambiance locale à souhait avec des cow-boys locaux hauts en couleur.

À voir – À faire

ALII KULA LAVENDER

1100 Waipoli Road
✆ +1 808 878 3004
www.aliikulalavender.com
Ouvert de 9h à 16h. Entrée : 3 US$. Visite guidée (40 minutes) à 9h30, 10h30, 11h30, 12h et 14h30 : 12 US$.
Un parfum de Provence à Hawaii ! Des hectares de lavande à perte de vue et une boutique où on découvre toutes les vertus de cette plante à la fois antiseptique, relaxante et anti-moustiques. Parmi les cadeaux insolites : un *lei* de lavande séchée ! Salon de thé agréable où l'on déguste des infusions à la lavande, évidemment.

KULA BOTANICAL GARDENS

638 Kekaulike Avenue
✆ +1 808 878 1715
www.kulabotanicalgarden.com
Ouvert de 9h à 16h. Entrée : adultes 10 US$, enfants de 6 à 12 ans 3 US$. Gratuit pour les moins de 6 ans.
Toutes les plantes de Hawaii sont dans ce beau jardin tropical de presque 3 hectares. Un petit paradis qui n'a pas échappé aux oies nene et autres grues africaines qui y ont trouvé refuge.

ULUPAKUA RANCH & TEDESCHI VINEYARDS

Kula Highway
✆ +1 808 878 6058
www.mauiwine.com
À 5 minutes de route du Grandma's Coffee, sur la Kula Highway vers le sud.
Ouvert de 10h à 17h30. Entrée libre. Visite guidée à 10h30 et 13h30.
A l'Ulupakua Ranch, une ancienne plantation sucrière, sont produits les seuls vins de Maui sur plus de 10 000 hectares. La dégustation est gratuite. On est cependant loin de la qualité des vins californiens ou européens, la production étant surtout locale et anecdotique. Certains assemblages improbables valent le détour... Le plus étonnant et le plus vendu est le « Pineapple Wine », du vin à l'ananas. Dans un joli cottage, à proximité des vignes, une exposition retrace l'histoire des cow-boys de Maui, les fameux *paniolos*. Juste en face, un snack vend des hamburgers succulents (8 US$).

Sports – Détente – Loisirs

THOMSON RANCH AND RIDING STABLES

Polipoli Road
Keokea ✆ +1 808 878 1910
www.thompsonranchmaui.com
tthompson8@hawaiiantel.net
Sur la Kula Highway, sortir à Polipoli Road.
60 US$ la balade à cheval d'1h30. Groupe de 8 personnes maximum.
Pour découvrir les contrées de Kula à cheval comme un vrai cow-boy !

POLIPOLI STATE PARK

Magnifique parc naturel à 2 000 m d'altitude sur le flanc ouest du Haleakala. Sa forêt verdoyante de séquoias et d'eucalyptus est le poumon vert de la région. Parfois fermé en cas de sécheresse pour prévenir les incendies, il peut aussi être glissant et boueux en cas de fortes pluies. C'est un des meilleurs spots de l'île pour camper et faire de superbes randonnées, à pied ou à vélo.

Transports

Il est recommandé de circuler en 4X4 dans le parc car les routes sont cabossées et boueuses. En descendant la Kula Highway, bifurquer sur la Waipoli Road. C'est une route pleine de virages qui permet d'accéder à l'entrée du Polipoli State Park en 40 minutes environ.

Pratique

■ **DEPARTMENT OF LAND AND NATURAL RESSOURCES**

✆ +1 808 587 0300 – camping.ehawaii.gov

Le permis obligatoire pour camper dans le parc est à demander online sur le site du *department of land and natural ressources.*

Se loger

■ **CAMPING**

Une fois qu'on a passé le kiosque de l'entrée du parc, la route devient mauvaise et il est recommandé d'avoir un 4X4. Ceux qui n'en ont pas, gareront leur voiture à l'entrée et termineront la route à pied via le sentier de randonnée.

18 US$ par tente (jusqu'à 6 personnes). Cabane 90 US$. Permis obligatoire.

Attention, camping spartiate ! Des toilettes et une aire de pique-nique ont été aménagées, mais il n'y a ni eau potable ni douche... Les températures sont souvent glaciales et le temps très humide. Et, côté campeurs, c'est assez insolite : la plupart sont des locaux venus chasser le cochon dans la forêt. Alors, à moins d'adorer la chasse ou le cochon grillé, difficile de se faire des amis sur place !

Pour les tentes ou les cabanes, demander, au préalable (https://camping.ehawaii.gov).

Sports – Détente – Loisirs

Plusieurs randonnées très agréables à faire dans le parc. Mais des précautions s'imposent car on est en pleine réserve de chasse ! Portez des vêtements clairs et restez sur les chemins balisés.

Des cartes de randonnées sont disponibles au kiosque, à l'entrée du parc.

▶ **Plus d'informations** sur les randonnées sur : www.hawaiitrails.org

■ **BOUNDARY-WAIOHULI LOOP**

Longueur : 4,4 miles (7 km). Durée : 4h. Niveau de difficulté : modéré. Vélos autorisés.

Pour trouver le Boundary-Waiohuli Loop, il faut remonter Waipoli Road. Quand la route devient boueuse, on aperçoit le portail d'un ranch et, à droite, l'entrée du sentier. Même paysage que celui du Waiakoa Loop Trail, avec des ruisseaux en plus et de jolis points de vue sur la forêt de Kula et le centre de Maui.

■ **WAIAKOA LOOP TRAIL**

Longueur : 3 miles (5 km). Durée : 2h. Niveau de difficulté : modéré. Vélos autorisés. L'entrée du sentier se trouve près du kiosque d'accueil.

La balade, souvent en montée, se fait au milieu d'une forêt de pins et de plantes endémiques.

LANAI

Hulopoe Bay.

Lanai

Lanai est une petite île tranquille, loin de l'agitation d'Oahu ou de Maui.
Pas de feux de signalisation, seulement 3 200 habitants, des paysages naturels à perte de vue où les éléments urbains sont pratiquement absents, à l'exception de Lanai City, l'unique ville de Lanai ! C'est aussi une porte ouverte sur l'aventure grâce à ses nombreuses routes sinueuses et sauvages qui mènent toutes à des sites d'exception, tels que la réserve naturelle de Kanepuu ou le mystérieux Garden of the Gods. Sans oublier les superbes plages de Shipwreck Beach et de Hulopoe Bay. Bien que la plupart des touristes partent de Maui en ferry pour une excursion d'une journée à Lanai, nous pensons que c'est un peu court pour explorer toute l'île. Pour vraiment visiter Lanai, il faut prévoir un minimum de deux à trois nuits sur place.

Géographie

Née de l'activité volcanique, comme les autres îles de Hawaii, il y a 1,4 million d'années, Lanai n'a cependant pas un relief très marqué. Son sommet le plus élevé culmine à 1 026 m au-dessus de la plaine du Palawai Basin, le cratère de son volcan éteint.
D'une superficie de seulement 364 km², c'est aussi la plus petite des îles habitées de l'archipel accessibles aux touristes.

Flore et faune

La végétation de Lanai est bien moins tropicale que celle des îles voisines. Les cocotiers n'y ont guère de place et ont été supplantés depuis longtemps par des centaines de pins colonnaires. Autre originalité : les champs d'ananas abandonnés et desséchés depuis la fin de l'épopée de la plantation Dole.

Les immanquables de Lanai

- **Faire la randonnée** du « Munro trail ».
- **Découvrir les terres rougoyeantes** de « Garden of the Gods ».
- **Se baigner à Hulopoe Beach.**
- **Se promener dans les rues paisibles** de Lanai City.

Côté faune, daims et dindes sauvages se promènent un peu partout dans l'île. Sans oublier, bien sûr, les baleines à bosse qu'on peut observer au large pendant leur saison de reproduction, de décembre à avril, ou encore les dauphins à long bec qui fréquentent les eaux de Hulopoe Bay.

Histoire

Du XIXe siècle jusqu'au début du XXe siècle, l'activité économique principale de Lanai était l'élevage ; l'un des plus importants ranchs de Hawaï était d'ailleurs installé au centre de l'île. En 1922, James Doles, le magnat de l'ananas a racheté les terres et fondé la plus grande plantation d'ananas du monde dont les champs occupaient toute la plaine du Palawai Basin. Jusqu'au début des années 1990, l'ananas Dole resta roi et fit la renommée de Lanai surnommée à l'époque la « Pineapple Isle » (l'île des ananas). Un surnom qu'elle a gardé, mais sans les ananas, l'exploitation ayant fait faillite.

Économie

En juin 2012, à 67 ans, Larry Ellison, le PDG des logiciels Oracle (6e fortune du monde) s'offre l'île. Le géant de l'informatique aurait payé environ 600 millions de dollars pour en devenir le propriétaire. L'achat réalisé par Larry Ellison représente les 98% de l'île de Lanai, soit 35 600 hectares de terre dont deux hôtels de luxe, deux parcours de golf, des commerces et des immeubles résidentiels. Les 2% restant de l'île de Lanai restent détenus par l'Etat hawaiien, le comté de Maui et certains habitants. Jusqu'alors l'île était la propriété du millionnaire David Murdock (374e personne la plus riche du monde), magnat de l'immobilier et propriétaire de l'un des plus gros producteurs de bananes au monde, Dole Food. Il conserve cependant sa maison sur l'île et la possibilité d'y construire un parc éolien pour alimenter en électricité l'île d'Oahu via un câble sous-marin. Larry Elison s'est engagé développer l'économie touristique de Lanai et à créer de nouveaux emplois.

Population

Pour travailler dans les champs d'ananas, les dirigeants de la plantation Dole ont fait appel à des migrants du monde entier :

Chinois, Portugais, Philippins, Coréens, Portoricains, etc., d'où le métissage très varié des 3 200 habitants de Lanai, presque tous issus d'au moins quatre mélanges !

Tourisme

En 1993, la fermeture de la compagnie Dole, victime de l'importation de l'ananas philippin moins cher, a entraîné la reconversion de tous ses employés dans l'industrie touristique.
Les deux luxueux établissements de la chaîne Four Seasons ont ainsi été une aubaine pour de nombreux habitants reclassés dans les professions classiques de l'hôtellerie.
Le tourisme est aujourd'hui une manne financière pour cette petite île qui accueille aujourd'hui 100 000 visiteurs par an !

LANAI CITY

Facilement accessible, Lanai City (3 200 habitants) est l'unique ville de Lanai ; c'est là que se concentrent tous les habitants de l'île ! Avec ses petites rues aux maisons colorées et son faible trafic routier – les feux tricolores sont inexistants – Lanai City est un village pittoresque où tout le monde se connaît depuis des générations.
Presque tous les habitants ont pour ancêtres des travailleurs de la plantation d'ananas Dole, établie sur l'île au début du XXe siècle. D'ailleurs, si James Dole a décidé de faire construire Lanai City en 1922, c'est avant tout pour y loger ses ouvriers. Bien que le climat y soit plus frais que sur les plages de Lanai, en raison de sa situation à 500 m d'altitude, les visiteurs aiment venir à Lanai City pour se promener dans ses boutiques et galeries d'art, sans oublier ses restaurants de cuisines variées pour tous budgets.

Transports

Comment y accéder et en partir

EXPEDITIONS FERRY
658 Front St # 127 ✆ +1 808 661 3756
www.go-lanai.com
30 US$ l'aller simple pour les adultes, 20 US$ pour les enfants. Se présenter 30 minutes avant l'embarquement.
C'est le moyen le moins coûteux et le plus rapide pour se rendre à Lanai en partant de Maui. 5 A/R par jour entre Lahaina et le port de Manele, à Lanai, et 2 en partant de Maalaea (suspendus au moment de la rédaction de ce guide). La traversée dure 45 minutes. De décembre à avril, on peut facilement observer du bateau les baleines à bosse en pleine reproduction.

HAWAIIAN AIRLINES
✆ +1 800 367 5320
www.hawaiianairlines.com
Hawaiian Airlines propose entre trois et cinq vols quotidiens entre Honolulu et Lanai City.

ISLAND AIR
✆ +1 800 388 1105
www.islandair.com
Island Air propose cinq liaisons quotidiennes entre Honolulu et Lanai Airport.

LANAI AIRPORT
1 Manele Bay Rd
✆ +1 808 565 7942
hawaii.gov/lny
À seulement 10 minutes de voiture de Lanai City.
A moins d'être un ami de Bill Gates, qui s'est marié à Lanai, et de lui emprunter son jet privé, le choix est mince en matière de compagnies aériennes desservant l'aéroport de Lanai. La plupart des vols partent d'Oahu et, plus rarement, de Maui. L'aller-retour Honolulu/ Lanai City revient à 100 US$ en moyenne.

MOKULELE AIRLINES
✆ +1 808 270 8767
www.mokuleleairlines.com
Vols vers Lanai City depuis Honolulu, Big Island (Kailua-Kona) et Kahului (Maui).

Se déplacer

En ville. On peut se contenter d'un vélo car les distances sont courtes ou tout faire à pied. Les plus paresseux préfèreront recourir au shuttle qui dessert les principaux points de Lanai city.

Shuttle. Un shuttle effectue des rotations régulières pour aller chercher les clients des principaux hôtels de Lanai. Tarif unique de 36 US$; c'est un peu cher, mais le ticket permet de prendre à volonté et durant tout son séjour le shuttle qui dessert les principaux sites de Lanai City. Les touristes qui ne souhaitent pas visiter le reste de l'île, se limitent à ce seul moyen de transport qui devient, dès lors, très pratique.

Du port au centre-ville. Le shuttle va aussi chercher les voyageurs au port de Manele pour les déposer à leur hôtel ou dans le centre-ville. 10 US$ l'aller-retour.

Navette pour les voitures de location. Une navette achemine régulièrement les voyageurs qui ont réservé un véhicule auprès du principal loueur, « Dollar », basé à Lanai City. 5 US$ l'aller-retour en navette, mais gratuit pour la personne qui vous accompagne.

Voiture et véhicule tout-terrain. Le réseau routier de Lanai compte environ 50 km de routes goudronnées :
la Keomuku Road, de Lanai City à Shipwreck Beach, au nord-est ; la Manele Road (Highway 440), qui part du centre de l'île pour rejoindre Manele Bay au sud-est ; et la Kaumalapau Highway, qui relie le centre de Lanai à Kaumalapau Harbor, à l'ouest.
Toutes les autres routes sont cabossées et boueuses. On ne saurait donc trop conseiller à qui veut visiter toute l'île de louer un 4X4. Penser à s'équiper d'une bonne carte routière car on se perd facilement sur ces routes secondaires qui se ressemblent toutes !

DOLLAR RENT A CAR
1036 Lanai Avenue ✆ +1 808 565 7227
www.dollar.com
rhelpdesk@dollar.com
Location à partir de 139 US$ par jour pour une Jeep et 129 US$ pour un minivan. Comptez entre 60 et 129 US$ par jour pour une location de voiture. Pour les conducteurs de moins de 25 ans, ajoutez une surtaxe de 15 US$ par jour.
Réservez à l'avance en raison du parc automobile réduit.

A noter : si vous louez une voiture plutôt qu'une jeep, sachez qu'un accord conclu avec le loueur interdit de s'aventurer sur les routes non goudronnées.

TAXIS RABACA'S LIMOUSINE
552 552 Alapa Street ✆ +1 808 565 6670
Service 24h/24. De 10 à 15 US$ la course pour aller à Lanai City ou à Manele Harbor.
Il y a aussi des Jeeps pour rouler sur les routes non pavées.

Pratique

Tourisme – Culture

LANAI VISITOR'S BUREAU
Suite A – 431 7th Street (Seventh Street)
✆ +1 808 565 7600
www.gohawaii.com/lanai
info@hvcb.org
Ouvert de 8h à 16h.
Office de tourisme de l'île. Cartes et brochures disponibles gratuitement sur place. Bon accueil.

Argent

BANK OF HAWAII
480 8th Street (Eighth Street)
✆ +1 808 565 6426
Distributeur 24h/24.

FIRST HAWAIIAN BANK
644 Lanai Avenue ✆ +1 808 565 6929
Distributeur 24h/24.

Moyens de communication

LANAI CITY POST OFFICE
620 Jacaranda Street
✆ +1 808 565 6517
Poste. Ouverte de 9h à 16h du lundi au vendredi et de 11h30 à 16h30 le samedi.

LANAI PUBLIC LIBRARY
555 Fraser Avenue
✆ +1 808 565 7920
Ouvert de 9h à 16h30 du lundi au mercredi et le vendredi, de 14h à 20h le jeudi.
Internet disponible.

Santé – Urgences

STRAUB CLINIC AND HOSPITAL
628 7th Street
✆ +1 808 565 6423 / +1 808 565 6411
www.straubhealth.org
Ouvert de 8h à 16h30, fermé le week-end.
Service d'urgences 24h/24.

Adresse utile

LANAI POLICE DEPARTMENT
855 Fraser Street
✆ +1 808 565 6428
Ouvert de 7h45 à 16h30.
Urgences assurées 24h/24 par le service de garde.

Orientation

Lanai City est un enchevêtrement de rues à angle droit. Au centre se trouve le Dole Park bordé par les 7th Street et 8th Street où se concentrent magasins et restaurants. Une série de rues parallèles au parc ont la particularité d'être toutes numérotées, de la 3rd Street au nord à la 13th Street au sud. La Fraser Avenue à l'ouest et la Lanai Avenue à l'est marquent, quant à elles, les limites ultimes de la ville.

Se loger

Même si Lanai est plutôt réputée pour ses hôtels 5 étoiles, il existe des hébergements à prix accessibles à Lanai City. Une seule condition : réserver à l'avance.

■ DREAMS COME TRUE

1168 Lanai Avenue ✆ +1 808 565 6961
www.dreamscometruelanai.com
hunters@aloha.net
141 US$ la chambre double, 564 US$ toute la villa avec les 4 chambres doubles. Petit déjeuner inclus dans le prix des chambres doubles, pas dans celui de la location de villa. Location de 4x4 pour 125$ par jour.
Très bon rapport qualité-prix pour ce B&B tenu, depuis une vingtaine d'années, par Michael Hunter et sa femme Susan. Ce sont deux globe-trotters qui ont choisi de s'installer à Lanai et qui adorent parler voyage avec leurs hôtes. TV et baignoire dans toutes les chambres. Cuisine commune parfaitement équipée.

■ FOUR SEASONS RESORT LODGE AT KOELE

1 Keomuku Road
✆ +1 808 565 4000
www.fourseasons.com/koele
À partir de 449 US$ la chambre double. L'hôtel sera fermé pendant une partie de l'année 2015.
Sur les hauteurs de Lanai City et entouré de pins immenses, le Four Seasons Resort Koele est idéalement situé. Baptisé Koele en référence aux nuages qui descendent des montagnes vers Lanai City, c'est un des hôtels les plus luxueux de Hawaii. Avec son grand salon, ses deux immenses cheminées, ses jardins très *British*, il est d'une élégance rare. Chaque après-midi, une cérémonie du thé se tient dans le très classieux salon de l'entrée. De 15h à 17h, sont servis différentes variétés de thé et de délicieux biscuits (29 US$). Tout le monde est convié, y compris ceux qui ne séjournent pas à l'hôtel. Nombreux services sur place : 4 restaurants, un terrain de golf, une piscine, une salle de gym, etc.

■ HOTEL LANAI

828 Lanai Avenue
✆ +1 808 565 7211
www.hotellanai.com
De 149 à 199 US$ la chambre double et 299 US$ le cottage. Petit déjeuner inclus.
Un hôtel confortable au cœur de la ville. 11 chambres à la décoration originale sur le thème des ananas d'antan. Ce n'est pas innocent, car c'est le fondateur de la plantation lui-même, James Dole, qui a fait construire l'hôtel en 1923 pour y loger les managers de sa société. Et c'est resté l'unique hôtel de l'île jusqu'aux années 1990. Demandez une chambre avec lanai (terrasse), c'est le top pour prendre son petit déjeuner ou l'apéro !

Se restaurer

■ BLUE GINGER CAFE

409 7th Street
✆ +1 808 565 6363
www.bluegingercafelanai.com
Ouvert de 6h à 20h, jusqu'à 14h le mardi et le mercredi. Comptez 10 US$ pour le déjeuner et 15 US$ pour le dîner.
Cuisine locale et familiale. De l'omelette portugaise au délicieux mahi-mahi (spécialité hawaiienne de poisson cru assaisonné), le choix est large pour une somme modique.

■ CANOES

419 7th Street
✆ +1 808 565 6537
Petit déjeuner et déjeuner uniquement. Comptez environ 10 US$ le repas.
Très apprécié des locaux, ce restaurant de quartier sert des burgers, des omelettes consistantes ainsi que des plats philippins.

■ LANAI CITY GRILLE

Hôtel Lanai – 828 Lanai Avenue
✆ +1 808 565 4700
www.hotellanai.com
Ouvert du mercredi au dimanche de 17h à 21h. Comptez 40 US$ le repas.
Restaurant sobre et chic à la fois. Cuisine nouvelle hawaiienne élaborée par la célèbre chef locale, Beverly Gannon, également propriétaire du restaurant Hali'imaile General Store, à Makawao, sur Maui. Les plats mêlent influences hawaiienne, asiatique et américaine de manière créative. Légumes bio et poissons pêchés le jour même. Goûtez le tartare de thon accompagné de ses avocats fraîchement cueillis : un délice !

■ PELE'S OTHER GARDEN

811 Houston Street
✆ +1 808 565 9628
www.pelesothergarden.com
Ouvert du lundi au vendredi de 11h à 20h, le samedi seulement pour le dîner. Comptez de 8 à 20 US$ le plat.
Restaurant de style new-yorkais, tenu par Mark et Barbara, qui ont fui la folie urbaine de Big Apple pour vivre en toute tranquillité à

Lanai. Sandwiches et salades bio à l'heure du déjeuner. Le soir, le Pele's devient un bistrot italien romantique, avec pâtes et pizzas.

Sortir

Tout comme le reste de l'île, Lanai City n'est pas le temple de la fête où l'on fait la tournée des bars jusqu'au bout de la nuit. La raison est simple : la ville ne compte que deux bars et ils ferment tôt.

■ FOUR SEASONS RESORT LODGEAT KOELE

1 Keomuku Road ✆ +1 808 565 4000
www.fourseasons.com/koele
Ouvert de 19h à 23h.
Le bar lounge de l'hôtel est très agréable pour l'apéro. Parallèlement, des spectacles, de hula notamment, ont lieu dans le grand hall. L'occasion de faire d'une pierre deux coups et d'amortir le prix des boissons relativement élevé !

■ LANAI CITY GRILLE

Hôtel Lanai – 828 Lanai Avenue
✆ +1 808 565 4700
www.hotellanai.com
Comptez de 6 à 10 US$ pour une boisson.
Un large choix de vins et de cocktails au bar du restaurant de l'hôtel Lanai. Des concerts le week-end.

■ LANAI THEATER AND PLAYHOUSE

465 7th Street
✆ +1 808 565 7500
Le seul cinéma de toute l'île. Programme affiché à l'entrée.

À voir – À faire

■ LANAI CULTURE AND HERITAGE CENTER

730 Lanai Avenue
✆ +1 808 565 7177
www.lanaichc.org
info@lanaichc.org
Ouvert de 8h30 à 15h30 du lundi au vendredi et de 9h à 13h le samedi. Fermé le dimanche. Entrée libre mais donations bienvenus.
De taille modeste, ce musée est entièrement géré par une association à but non lucratif créée par des résidents soucieux de préserver la culture de leur île. Il s'emploie à faire connaître le passé de Lanai, dont il retrace près de mille ans d'histoire, de ses premiers habitants jusqu'à la plantation Dole (1922-1993). Tenues de travail, outils et photos d'archives en vitrine nous plongent dans le quotidien difficile de ces ouvriers des champs d'ananas venus du Portugal, de Chine, du Japon, des Philippines, de Corée ou bien de Porto Rico. Tous se sont installés durablement à Lanai, ce qui a eu pour résultat l'exceptionnel métissage de ses habitants.

■ LANAI ART CENTER

339 7th Street
✆ +1 808 565 7503
www.lanaiart.org
Expositions d'artistes de toute l'île. Également des stages de peinture, sculpture ou photo, ouverts à tous. Ensuite, on peut vendre ou emporter son œuvre, si on veut. Les touristes peuvent s'inscrire avec leurs enfants. Tarifs très raisonnables.

■ MIKE CARROLL GALLERY

443 7th Street
✆ +1 808 565 7122
www.mikecarrollgallery.com
mike@mikecarrollgallery.com
Le peintre Mike Carroll a quitté Chicago pour vivre au plus près des paysages de Lanai, sa principale source d'inspiration. Le résultat : des peintures à l'huile aux couleurs éblouissantes qui invitent irrésistiblement à l'exploration de l'île.

■ MUNRO TRAIL

Prendre la Keomuku Highway en direction du nord sur 1,6 km. Peu de temps après, on aperçoit un sentier sur la droite ; il mène à l'entrée du Munro Trail.
Ce sentier de 9 miles (presque 15 km) débute à Koele, derrière le Four Seasons Resort Lodge, et se poursuit avec une montée ardue dans une superbe forêt de pins. La randonnée se termine au plus haut point de l'île, à 3 370 feet (1 026 m), aussi appelé le Lanaihale (maison de Lanai). Le panorama y est imprenable par temps clair puisqu'on peut apercevoir la plupart des îles hawaiiennes. D'où l'utilité de bien se renseigner sur la météo la veille car, à cette altitude, si le temps est mauvais, le spectacle est gâché. Prévoir un bon K-way et un pull en raison de la chute des températures au sommet et des vents violents qui l'accompagnent.
Les moins sportifs pourront parcourir le sentier en Jeep. Mais il faut rouler avec prudence : nombreux randonneurs sur la route ! Pour couper la poire en deux, on peut faire la randonnée à pied et se faire prendre en stop en Jeep à la fin du sentier, histoire de ne pas refaire le même chemin en sens inverse.

George Munro

Le Munro Trail tient son nom de George Munro, le directeur du ranch de Lanai, qui, au début du XXe siècle, avait fait planter des centaines de pins colonnaires sur l'île pour améliorer l'irrigation des terres. C'est en entendant constamment tomber des gouttes d'eau sur son toit qu'il a réalisé qu'elles venaient du grand pin qui surplombait sa maison.

Il se rendit compte que l'eau provenait des nuages et du brouillard (celui du Lanaihale) qui masquaient le sommet de l'arbre. Plus l'arbre était haut et plus l'eau s'écoulait. Il décida donc de faire planter presque partout à Lanai des pins colonnaires, qui sont des arbres parmi les plus hauts.

L'œuvre de reforestation initiée par George Munro continue depuis plus d'un siècle puisque les autorités locales plantent encore et toujours ces immenses pins, ayant bien compris et constaté leur utilité. C'est pourquoi on les voit partout !

Sports – Détente – Loisirs

■ ADVENTURE LANAI ECOCENTER

338 8th Street
✆ +1 808 565 7373
www.adventurelanai.com
info@adventurelanai.com

Pour 110 US$ de plus : masque de plongée et tuba, boogie-board, planche de surf et glacière sont fournis avec la Jeep de location.

Adventure Lanai propose des Jeep et du matériel nautique en location. Si on préfère le VTT ou le quad, on peut en louer un sur place pour une visite guidée. Réserver tôt dans tous les cas. Une navette gratuite vient chercher les clients (qui ont réservé) à leur descente du ferry. Possibilité de sorties palmes-masque-tuba guidées les matins.

Randonneurs du Munro Trail.

■ THE EXPERIENCE AT KOELE

1 Keomuku Road
Four Seasons Lodge at Koele
✆ +1 808 565 4000
www.fourseasons.com/koele

190 US$ la partie pour les clients de l'hôtel et 225 US$ pour les autres. En rénovation début 2015.

Beau terrain de golf boisé, à 600 m au-dessus de la mer. 18 trous.

■ LANAI GRAND ADVENTURES

Four Seasons Lodge at Koele1 Keomuku Road
✆ +1 808 5639385 / +1 801 23678721
www.lanaigrandadventures.com/
info@LanaiGrandAdventures.com

166$ la balade à cheval guidée de 1h30.

Un guide vous emmène à travers les paysages grandioses de Lanai pour découvrir sa faune sauvage qui se cache à l'ombre des pins colonnaires.

■ LANAI SURF SCHOOL

✆ +1 808 306 9837
lanaisurfsafari.com
info@lanaisurfsafari.com

Tarif dégressif en fonction du nombre de participants : 200 US$ par personne à partir de deux. Les surfeurs aguerris peuvent louer leur planche de surf pour 58 US$ la journée contre une caution de 125 US$.

Nick et sa femme Alex sont les seuls à dispenser des cours de surf sur l'île. Ils ont mis en place le très original « 4X4 Safari », un circuit de 4h en 4X4 à travers Lanai, dont 2h d'initiation au surf sur des spots secrets.

Shopping

■ **DIS'N DAT**
418 8th Street ✆ +1 808 565 9170
www.disndatshop.com
disndatshop@gmail.com

Cette maison verte est une véritable caverne d'Ali-Baba qui regorge de bijoux d'artistes locaux. La médaille revient aux sublimes et discrets pendentifs ananas de SuzieO's. Parfait pour un souvenir ou un cadeau de qualité à prix accessible.

LE NORD DE L'ÎLE

C'est la partie de l'île la plus sauvage et la plus insolite en raison de nombreux sites aux paysages étonnants comme le lunaire Keahikawelo, aussi appelé le « Garden of the gods ». Vous ne trouverez aucune ville ou village dans le nord de l'île, mais une nature époustouflante, avec bien sûr de très belles plages également.

Important : pour accéder à tous les sites de la côte Nord, il vous faudra obligatoirement louer un 4x4. En voiture, c'est risqué et votre loueur ne prendra pas en charge les frais de réparation si vous vous aventurez en voiture dans cette partie de l'île (c'est généralement précisé dans le contrat de location)

KEAHIAKAWELO – GARDEN OF THE GODS

Un immense plateau désert de couleur ocre rouge parsemé de rochers semblables à des petites tours, voilà le « Garden of the Gods » (jardin des dieux). Ce paysage lunaire déconcertant, que l'érosion a modelé pendant un million d'années, est aux antipodes d'un luxuriant jardin d'Eden. C'est pourtant le jardin des dieux dans la mythologie hawaiienne, pour la bonne et simple raison que, selon la tradition, ce seraient les dieux eux-mêmes qui auraient façonné ces rochers.
Même si les touristes et les locaux sont passés par là depuis, apportant leur touche personnelle au tableau divin, arrangeant, de-ci, de-là, quelques pierres à leur goût, certains rochers à la forme étrange semblent être là depuis toujours… et laissent songeur. Il faut visiter le site en fin d'après-midi pour pouvoir admirer des teintes rougeoyantes et dégradées que revêtent les pierres au moment du coucher de soleil.

Transports

4X4 indispensable. À 30 minutes de Lanai City. Prendre la Keomuku Highway puis la Polihua Road. Passer la Kanepuu Reserve et rouler encore 10 minutes.

KANEPUU PRESERVE

Une forêt de 200 ha classée réserve naturelle parce qu'elle abrite une quarantaine de plantes rares et endémiques de Hawaii.

LANAI

Garden of the Gods, Keahiakawelo.

Polihua Beach.

Une promenade de 15 minutes sur un sentier balisé et illustré de panneaux explicatifs permet de se familiariser avec ces différentes plantes.

Transports

Le 4x4 est obligatoire. De Lanai City, prendre la Keomuku Highway puis la Polihua Road.

POLIHUA BEACH

Une magnifique plage sauvage au sable doré avec, en prime, une très belle vue sur Molokai. « Poli-hua » signifie littéralement « la baie des œufs », car les tortues marines aiment venir y pondre. Des phoques moines hawaiiens y viennent aussi lézarder au soleil. La baignade ou le surf sont cependant à proscrire à cause de courants particulièrement forts et dangereux. Seule alternative : imiter les phoques qui font bronzette dans ce havre de paix.

Transports

Accessible en 4X4 exclusivement. Au bout de la Polihua Road. Après avoir passé The Garden of the Gods, continuer tout droit.

SHIPWRECK BEACH

La plage de rêve par définition : eaux turquoise, sable blanc et rochers de lave durcie, une épave de navire à l'horizon...Tout y est ! À une différence près : on ne peut pas se baigner ! Les courants du Kalohi Channel qui relie Molokai à Lanai sont en effet très dangereux. Et c'est pourquoi la plage porte le nom prometteur de « Shipwreck Beach » (plage du naufrage) ! Depuis le XIXe siècle, on ne compte plus les navires qui ont coulé dans ces eaux. Ironie du sort, le bateau rouillé de la Marine américaine, qu'on aperçoit du rivage, s'est échoué là pendant la deuxième guerre mondiale à la suite d'une banale erreur de navigation... Cette plage est donc surtout un lieu de bronzette ou de balade. À partir du parking de la plage, un petit chemin conduit à un énorme rocher orné de pétroglyphes représentant des silhouettes d'hommes, des guerriers probablement.

Transports

Accessible en 4X4 exclusivement. Au bout de la Keomuku Road, suivre la route vers le nord.

L'EST DE L'ÎLE

C'est la côte sous le vent de l'île, elle est donc plus propice au surf que les plages du nord. Les vagues de Lopa Beach valent le détour.

KEOMUKU

A la fin du XIXe siècle, le village de Keomuku était peuplé de 2 000 habitants qui travaillaient tous pour l'industrie sucrière, la *Maunalei Sugar Company*. La société a fait faillite en peu de temps et, au cours de la première moitié du XXe siècle, la région s'est progressivement vidée de ses habitants. Du village, il ne reste plus que son église en bois, la « Ka Lanakila O Ka Malamalama », qui a été retapée par des bénévoles et qu'on peut visiter.

Transports

4x4 nécessaire. Prendre la Keomuku Road vers le nord puis la route non pavée à droite. Rouler 25 minutes.

NAHA

Ancien vivier de pêche dont on aperçoit les vestiges à marée basse.
C'était un étang aménagé de façon à piéger les poissons.
Attirés à marée haute, ils se retrouvaient coincés dans le bassin au moment de la marée basse. C'est resté depuis un très bon spot de pêche !

Transports

4X4 obligatoire. À l'extrémité sud de la route non pavée qui part de Keomuku Road.

LOPA BEACH

Jolie plage de sable fin à l'eau transparente. Très bon spot pour s'initier au surf ! Attention toutefois aux courants parfois imprévisibles.

Transports

4x4 indispensable. Prendre la Keomuku Highway vers le nord puis la route cabossée à droite. Une fois passé Halepalaoa, c'est à environ 15 minutes.

LE SUD DE L'ÎLE

Le Sud de l'île est le deuxième pôle touristique de l'île après Lanai City. On y trouvera un hôtel de luxe, l'unique camping de Lanai, plusieurs restaurants et quelques sites à visiter. Le must : Hulopoe Beach, l'une des plus belles plages de Hawaii.

KAUMALAPAU HARBOR

C'est le port de commerce de Lanai. Il a été construit en 1926 par la compagnie Dole qui souhaitait exporter sa production d'ananas. Les touristes n'ont pas grand-chose à y faire, si ce n'est d'admirer le coucher de soleil. Des quais, la vue est en effet dégagée et imprenable.
Attention, l'accès au port est limité le jeudi en raison de l'importance du fret.

Transports

De Lanai City, l'accès est direct par la Kamalapau Highway.

KAUNOLU

C'est un site archéologique intéressant installé sur les ruines de l'ancien village de pêcheurs, Kaunolu, où aimait venir se reposer le roi Kamehameha Ier.
À ne pas manquer : les vestiges bien conservés d'un important heiau (temple) consacré au dieu de la pêche, Kuula.

Transports

Suivre la Kaumalapau Road à partir de Lanai City et passer l'aéroport. Tourner à gauche pour prendre le sentier de Kaupili. Continuer jusqu'à une intersection en hauteur où il faut prendre la route de droite vers l'océan. 4X4 indispensable.

LUAHIWA PETROGLYPHS

C'est la plus importante collection de pétroglyphes de Lanai. Sur une trentaine de roches disséminées sur 2 hectares, on distingue des dessins naïfs d'animaux et d'hommes qui dateraient des XVIIIe et XIXe siècles. Il est bien sûr formellement interdit d'ajouter sa petite gravure sur ces pierres !

Transports

4X4 nécessaire. De Lanai City, prendre la Manele Road vers le sud. Vers le mile 7, prendre le sentier à gauche. Continuer tout droit.

MANELE BAY

Bordée par de hautes falaises, résultat de l'ancienne activité volcanique, la jolie baie de Manele fait partie d'une réserve marine où il est interdit de pêcher. Elle abrite aussi le très fréquenté port de plaisance de Lanai, le Manele Harbor. C'est là qu'accostent les navettes et les bateaux touristiques en provenance de Maui, le retour se faisant à partir du même port. En dépit de ses eaux cristallines, le fort trafic maritime y exclut toute baignade. Depuis la construction du port de Kaumalapau (1926) qui accueille les bateaux de commerce, Manele Harbor s'est cependant désengorgé. Côté pratique, l'aire de pique-nique et les toilettes sur place permettent de faire une petite halte, à l'arrivée sur l'île ou avant de prendre le bateau du retour.

Se loger

■ CASTLE & COOK RESORTS CAMPGROUND

Entre la 7th et la 8th Avenue
✆ +1 808 565 3979
Sur Manele Bay, à côté de Hulopoe Beach. Accessible à pied de Manele Harbor. 30 US$ le permis. 15 US$ par nuit et par personne. Permis valable 3 nuits. Réservations longtemps à l'avance. Camping agréable et ombragé, avec douches, toilettes et barbecue.

■ FOUR SEASONS RESORT LANAI AT MANELE BAY

1 Manele Bay Road
✆ +1 808 565 2000
www.fourseasons.com/manelebay
À partir de 536 US$ la chambre double.
Comme son jumeau le Four Seasons Lodge at Koele, cet établissement est d'un raffinement rare. Une décoration à la fois asiatique et méditerranéenne, une situation exceptionnelle au-dessus de la superbe plage de Hulopoe Bay, une sublime piscine, un bar en plein air pour siroter des cocktails, 4 restaurants, un court de tennis, un spa, un terrain de golf… sans oublier des chambres au confort de rêve. C'est vrai que la nuit est chère, mais le jeu en vaut la chandelle !

Se restaurer

■ KAILANI

Four Seasons Resort Lanai at Manele Bay
✆ +1 808 565 2000
www.fourseasons.com/manelebay
Ouvert de 11h à 16h et de 18h à 21h30. À partir de 35 US$ le plat.
Cuisine italienne raffinée aux accents hawaiiens. Un régal ! La vue sur la baie et la piscine créent une atmosphère romantique.

■ VIEWS AT MANELE CLUBHOUSE

1 Manele Bay Road
Four Seasons Resort Lanai
✆ +1 808 565 2230
www.fourseasons.com/manelebay
Ouvert de 11h à 15h30, pour le déjeuner uniquement. 25 US$ le repas en moyenne.
Restaurant en face du terrain de golf, parfait pour casser la croûte après une partie tout en profitant de la magnifique vue sur Manele Bay. Bon rapport qualité-prix. De 15h à 18h le restaurant propose également des cocktails et pupus.

Sports – Détente – Loisirs

■ THE CHALLENGE AT MANELE

1 Manele Bay Road
Four Seasons Resort Lanai at Manele Bay
✆ +1 808 565 2000
www.fourseasons.com/manelebay
190 US$ la partie pour les clients de l'hôtel et 225 US$ pour les autres.
Superbe terrain de golf qui épouse la côte au-dessus de la plage de Hulopoe. 18-trous.

HULOPOE BEACH

C'est certainement l'une des plus belles plages de Hawaii. Elle a même été classée parmi les plus belles plages des États-Unis ! Située dans la baie de Manele qui la protège des vents, Hulopoe Beach fait aussi partie de la réserve marine. Ses eaux transparentes et calmes en font un fantastique spot de snorkeling ; les récifs attirent en effet de nombreux poissons multicolores. La plage est aussi le terrain de jeux des dauphins à long bec qui adorent y faire des petits plongeons. Sauf dans les rares cas où la mer est agitée, la baignade est agréable et sans risques. Surfeurs débutants et body-*boarders* bienvenus. Aire de pique-nique avec barbecue, toilettes et douches sur place.

Transports

Prendre la route de Manele Road et continuer vers le sud. La plage n'est pas loin de l'hôtel Four Seasons.

Sports – Détente – Loisirs

La plage de Hulopoe est un très bon spot de snorkeling car ses eaux font partie d'une réserve marine ; les poissons multicolores y sont légion !

Sweetheart Rock, ou Puupehe

L'îlot isolé qu'on aperçoit au large de la plage de Hulopoe a été baptisé « Sweatheart Rock » (le rocher de ma chérie) en référence à une triste légende de Lanai. Un mari jaloux aurait caché sa femme, Pehe, dans une grotte de cette île pour la mettre à l'abri du regard des autres hommes. Un jour de tempête, une vague déferla sur le rocher et noya la belle. Son époux, ravagé par le chagrin, l'enterra au sommet du rocher avant de se jeter dans le vide…

MOLOKAI

Panneau indiquant les Mule ride.

Molokai

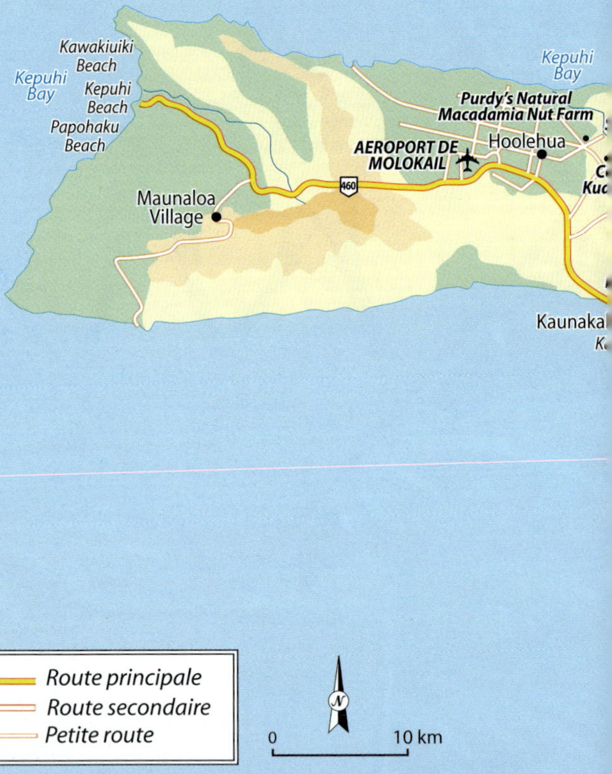
Kawakiuiki Beach
Kepuhi Bay
Kepuhi Beach
Papohaku Beach
Maunaloa Village
460
AEROPORT DE MOLOKAIL
Purdy's Natural Macadamia Nut Farm
Hoolehua
Kepuhi Bay
Kaunaka
Route principale
Route secondaire
Petite route
N
0
10 km

AEROPORT DE KALAUPAPA
Halawa Bay
Halawa
Kalua'aha Church
450
Kamalo
St-Joseph's Church
Kamalo Wharf
Kamalo Harbor
KAUAI
OAHU
MOLOKAI
LANAI
MAUI
BIG ISLAND
Principales îles d'Hawaii

Molokai

Trop souvent délaissée par les touristes, Molokai est pourtant une île qu'il faut prendre le temps de découvrir, quelle que soit la durée de votre séjour dans l'archipel. Ne serait-ce que pour ses paysages préservés ou l'histoire bouleversante des habitants de sa péninsule. Deux à quatre jours suffisent pour visiter les principaux sites.
Les voyageurs pour qui la fête est une priorité absolue peuvent cependant passer leur tour. Bars de nuit et discothèques sont quasi-inexistants à Molokai ! C'est l'anti-Waikiki...

Géographie

D'une superficie de 673 km², Molokai est la cinquième île de l'archipel par la taille. Née de l'activité volcanique il y a environ 1,5 million d'années, elle compte deux anciens volcans : le Maunaloa, sec et érodé, à l'ouest, et le Kamakou, humide et très élevé (1 515 m), à l'est. Les plus hautes falaises du monde se trouvent à l'extrémité nord de Kamakou ; leur point culminant est l'Umilehi Point (1 005 m).

Histoire

Molokai a cependant un passé plutôt sombre... De 1866 à 1969, des milliers de lépreux ont été exilés sur la péninsule de Kalaupapa. En quarantaine, coupés du monde, ces malades venaient de toutes les îles de Hawaii. Arrachés à leur famille sans explications, ils se sont retrouvés ici livrés à eux-mêmes et sans encadrement. Ils vivaient dans des conditions sanitaires terribles, jusqu'à l'arrivée du père Damien, en 1873. Ce prêtre belge décida de leur porter secours durablement et les aida à construire un village digne de ce nom. Depuis les années 1940, la lèpre n'est plus contagieuse et se soigne. La quarantaine a donc été levée sur la péninsule en 1969, mais certains patients ont choisi de ne pas quitter Kalaupapa. À ce jour, on dénombre 27 survivants dans l'ancienne colonie de lépreux. C'est avec le plus grand respect pour ces anciens patients que « Damien Tours » organise une visite guidée quotidienne de leur village. On est loin du voyeurisme ; il s'agit de préserver la mémoire et l'histoire de ces hommes et femmes.

Les immanquables de Molokai

- **Profiter de la douceur de vivre de Kaunakakai** et prendre le temps de discuter avec les locaux.
- **Descendre à dos de mule** jusqu'au village de Kalaupapa.
- **Contempler un coucher de soleil** à travers la cocoteraie de Kapuaiwa.
- **Piquer une tête** à Papohaku Beach.

Art de vivre et population

« L'île la plus hawaiienne », tel est le surnom de Molokai. Elle l'est au sens propre du terme puisque 40 % de ses 8 000 habitants descendent directement des Polynésiens, les premiers à avoir peuplé Hawaii. Mais sa réputation d'authenticité, Molokai la doit surtout au sens de l'« aloha » de ses habitants, à la fois amicaux et chaleureux. Tout touriste que vous êtes, tout le monde vous salue dans la rue ou en voiture. Cela surprend au début mais on s'habitue très vite à la gentillesse ! Enfin, quel calme... Ni feux de signalisation ni embouteillages ou boîtes de nuit. Comme le dit le panneau à l'aéroport, « Slow down, you're in Molokai » (ralentissez, vous êtes à Molokai).

Tourisme et activisme

Molokai accueille 30 fois moins de touristes que Maui, et c'est l'île la moins visitée de Hawaii. Malgré une nature sauvage et préservée, de magnifiques plages et un art de vivre paisible, Molokai n'est en effet guère adaptée au tourisme. Elle n'a qu'un seul hôtel, aucune station balnéaire et les voyageurs s'y sentent bien souvent désorientés. Pourquoi ? Alors qu'ils n'ont rien contre les touristes eux-mêmes, près de la moitié des habitants de Molokai sont contre le développement touristique de leur île.
Ils ne veulent tout simplement pas la voir défigurée par des constructions en béton, comme ont pu l'être certaines régions d'Oahu ou de Maui. Pour caricaturer, on pourrait dire que Molokai est en quelque sorte la Corse de Hawaii ! Des activistes vont jusqu'à menacer clairement les promoteurs immobiliers qui n'auraient pas compris. Bien qu'ils soient rares à l'avouer (la question est assez tabou, sans aller jusqu'à l'omerta !), c'est la principale

raison de la fermeture du Molokai Ranch, le deuxième plus grand ranch de Hawaii, au printemps 2008. Conséquence directe : hôtels, restaurants et cinémas à proximité ont fermé définitivement. Et les touristes ont continué à déserter. Dommage.

LE CENTRE DE L'ÎLE

Le centre de Molokai est la partie la plus urbanisée de l'île, toutes proportions gardées car la plus grande ville compte moins de 2 000 habitants. On y trouve les logements et restaurants les plus économiques. C'est ici aussi que se réservent la plupart des activités et excursions.

KAUNAKAKAI

Avec ses 1 200 habitants, Kaunakakai est la plus importante ville de Molokai. C'est le seul endroit véritablement animé de l'île. On y trouve restaurants, supermarchés, banques et agences touristiques. Le centre-ville s'organise autour d'Ala Malama Street, où s'alignent boutiques et restaurants ; leurs devantures en bois font très western. Le temps, ici, semble s'être arrêté. Pas de feux rouges, pas d'embouteillages, une ville qui n'en est pas une... Ce sont ses habitants qui font son âme ; il faut flâner et prendre le temps de discuter. Les plus âgés peuvent passer des heures à vous raconter l'histoire passionnante de leur île à la terrasse d'un café ! Le champion du bavardage est James Keliipio Kahea, un musicien septuagénaire, baptisé par tous les habitants « Mayor Molokai » (le maire de Molokai) car c'est vraiment un personnage-clé de l'île ! Si vous ne le trouvez pas dans Ala Malama Street, interrogez les passants, ils vous conduiront vers lui. Il attend les lecteurs du Petit Futé avec impatience !

Transports

Comment y accéder et en partir

▶ **Avion**. Molokai est plutôt mieux desservie par avion que par ferry. L'aéroport principal est celui de Hoolehua (en shuttle, comptez environ 20 US$ la course de l'aéroport jusqu'à Kaunakakai). Il se trouve à une dizaine de kilomètres à l'ouest de Kaunaukakai. Vols directs en provenance de Maui ou d'Oahu. Quant au petit aéroport de Kalaupapa, il permet surtout d'accéder facilement au village isolé du même nom.

▶ **Ferry**. C'est un moyen bon marché de se rendre à Molokai depuis Lahaina, à Maui. Dommage que les horaires ne soient pas très pratiques et la mer souvent agitée (ce qui peut donner le mal de mer) !

■ **MOLOKAI PRINCESS**
✆ +1 808 667 2585
www.molokaiferry.com
info@molokaiferry.com
En moyenne, 2 A/R par jour entre Lahaina (Maui) et le port de Kaunakakai, à Molokai. Durée du trajet : 90 minutes. Départ de Lahaina pour Kaunakakai tous les jours à 7h15 (sauf le dimanche) et à 18h. Départ de Kaunakakai pour Lahaina tous les jours à 5h15 (sauf le dimanche) et à 16h. Se présenter 30 minutes avant pour le check-in, sous peine de perdre sa place. Bien prévoir son temps de trajet, surtout pour les départs au petit matin de Kaunakakai, qui impliquent un réveil à 4h du matin au moins. 71,51 US$ l'aller simple adulte ; 35,75 US$ pour les enfants à partir de 3 ans ; en dessous, c'est gratuit. Pas de transport de voitures.
Traversée souvent mouvementée en raison du fort courant dans le canal. Crainte du mal de mer ? Prendre un cachet avant, ou s'abstenir ! L'équipage, qui a l'habitude de ce genre d'incidents, fournit des sacs en papier aux plus nauséeux.

■ **PACIFIC WINGS**
Kahului – 1 Kahului Airport Rd # 30, à Maui ✆ +1 808 873 0877
www.pacificwings.com
En plus des vols vers l'aéroport principal de Molokai, la compagnie assure les liaisons Honolulu/Kalaupapa et Hoolehua/Kalaupapa.

Se déplacer

Pour visiter Molokai, il est nécessaire de louer une voiture car l'île n'a pas de transports en commun. Le réseau routier est simple, avec une seule autoroute qui parcourt l'île d'ouest (Highway 460) en est (Highway 450). Rouler de jour est un jeu d'enfant. Mais à la nuit tombée, attention ! Hors de Kaunakakai, l'éclairage public est absent. Une fois qu'on quitte l'autoroute, toutes les routes secondaires se ressemblent et on a tôt fait de se perdre !

Si c'est le cas, demandez votre chemin à un automobiliste ou retournez vers Kaunakakai (avant 21h, car après tout le monde dort) si la route où vous vous êtes arrêté est décidément déserte (ça arrive souvent !). Sachez aussi que vous trouverez seulement deux stations d'essence sur l'île : l'une à Kaunakakai et l'autre à Maunaloa.
Penser à la réserver à l'avance car le parc automobile de Molokai est réduit. Tous les loueurs sont à l'aéroport, à l'exception d'Island Kine qui est à l'hôtel Molokai. Depuis le port, demander l'envoi d'une navette afin de se faire conduire à l'agence. Comptez de 40 à 60 US$ la journée de location en basse saison. Jusqu'à 90 US$ en haute saison.

Distances en voiture. À partir de l'aéroport de Hoolehua, compter 10 minutes pour arriver à Kaunakakai et 25 minutes pour atteindre la côte ouest.

ALAMO RENT A CAR
Aéroport de Hoolehua
✆ +1 808 567 6289 / +1 808 567 6381
www.alamo.com
Agence de location de voitures.

MOLOKAI OFF-ROAD TOURS AND TAXI
✆ +1 808 553 3369

MOLOKAI OUTDOORS
✆ +1 808 553 4477
www.molokai-outdoors.com
Location de voitures à partir de trois jours.

Pratique

Tourisme – Culture

MOLOKAI VISITOR'S BUREAU
2 Kamoi Street
Suite 200 ✆ +1 808 553 3876
www.gohawaii.com/molokai
webmaster@gohawaii.com
Ouvert du lundi au vendredi de 8h à 16h30. Brochures et cartes gratuites. Une liste assez complète d'hébergements sur l'île.

Argent

AMERICAN SAVINGS BANK
40 Ala Malama Avenue
✆ +1 808 553 8391
Distributeur 24h/24.

BANK OF HAWAII
20 Ala Malama Avenue
✆ +1 808 553 3273
Distributeur 24h/24.

Moyens de communication

MOLOKAI MINI MART
35 Mohala Street ✆ +1 808 553 4447
Ouvert jusqu'à 23h tous les jours.
Deux postes avec accès Internet dans ce petit supermarché. 10 cents la minute.

MOLOKAI PUBLIC LIBRARY
15 Ala Malama Avenue ✆ +1 808 553 3273
Ouvert lundi et mercredi de 12h à 20h. Accès Internet avec une « Visitor's Card », à 10 US$ pour 3 mois (pas d'abonnement possible pour une durée d'utilisation inférieure).

POST OFFICE
120 Ala Malama Avenue
✆ +1 808 553 5845

Santé – Urgences

MOLOKAI DRUGS
Molokai Professional Center28 Kamoi Street ✆ +1 808 553 5790
Pharmacie. Ouvert du lundi au vendredi de 8h45 à 17h45, et le samedi de 8h45 à 14h. Fermé le dimanche. A côté des produits pharmaceutiques, des CDs de musique locale et des livres sur Molokai.

MOLOKAI GENERAL HOSPITAL
280 Puali Street ✆ +1 808 553 5331

Adresse utile

POLICE STATION
110 Ainoa Street ✆ +1 808 553 5355

Orientation

Kaunakakai est au croisement des autoroutes 460 à l'ouest, et 450 à l'est. C'est en fait la même autoroute qui se prolonge jusqu'à la pointe nord-est de l'île ; elle change juste de nom. Le centre-ville correspond à l'Ala Malama Avenue, qui va de la station-service Chevron à Kamoi Street.

Se loger

Il existe 2 campings gratuits, mais le permis de camper est obligatoire. Il faut le demander à l'avance par mail à l'adresse suivante : www.hawaiistateparks.com.

AQUA HOTEL MOLOKAI
1300 Kamehameha V Highway
✆ +1 808 553 5347
www.aquahotelmolokai.com
De 174 à 279 US$ la chambre double. Réserver bien à l'avance.

Construit sur le modèle d'un ancien village hawaiien, près de l'agréable plage de Kamiloloa, ce charmant complexe hôtelier est constitué de maisonnettes en bois de 2 étages au milieu d'un superbe jardin tropical. On ne se croirait vraiment pas dans un hôtel ! Confort simple et rustique des chambres mais... avec téléviseur LCD et wi-fi ! Parmi les autres commodités : appels locaux gratuits, machine à café et recharges de café à disposition. Jolie piscine à proximité du bar-restaurant en plein air. Concerts en soirée. C'est le seul hôtel de l'île, et il se défend bien face à la concurrence des B&B pourtant moins coûteux

■ KA HALE MALA BED & BREAKFAST
7 Kamakana Place ✆ +1 808 553 9009
www.molokai-bnb.com
cpgroup@aloha.net
Juste avant la balise 5 miles, tournez à gauche pour aller à Kamakana Place.
90 US$ la chambre double avec petit déjeuner, 80 US$ sans. Personne en extra : 20 US$ la nuit avec petit déjeuner et 15 US$ sans. Pas de CB. Paiement en espèces.
Très bon rapport qualité-prix pour ce B&B chaleureux et bien tenu. Jack et Cheryl, les propriétaires, sont des fins connaisseurs de Molokai et donnent plein de bons conseils à leurs invités, qu'ils vont même chercher à l'aéroport sur simple demande. 4 chambres doubles qui peuvent accueillir jusqu'à 2 personnes en extra. Cuisine équipée, terrasse, coin salon, TV et wi-fi dans chaque chambre. Prenez la formule petit déjeuner pour déguster le délicieux buffet de fruits frais du jardin.

■ ONE ALII BEACH PARK I
Sur la Highway 450 à l'est, au niveau de la balise 4 miles. Permis de camper obligatoire à demander à l'avance.
Sympathique camping en bord de mer, avec électricité, barbecue, eau potable, douches et toilettes. Des fêtes sont régulièrement organisées par des locaux le week-end sur l'aire de pique-nique. Ambiance garantie !
La plage porte le nom d'« alii » (nobles hawaiiens) car elle était autrefois très prisée par les membres de la royauté. Cependant, cette plage n'est pas propice à la baignade ou le surf en raison de ses forts courants et de ses eaux troubles. Séjour limité à 3 nuits.

■ PALAAU STATE PARK
Ala fin de la route Highway 470
✆ +1 808 984 8109
www.hawaiistateparks.org
Toilettes, aire de pique-nique, mais ni eau potable ni douches. Accès libre au camping à condition de s'être procuré au préalable un permis (gratuit) sur le site officiel : www.hawaiistateparks.org.

Se restaurer

■ KAMOI SNACK-N-GO
28 Kamoi Street ✆ +1 808 553 3742
Ouvert de 9h à 21h du lundi au samedi. De 12h à 21h le dimanche. De 3 à 7 US$.
Snack réputé pour ces délicieuses glaces aux parfums plus qu'originaux (patate douce, thé vert...).

■ MOLOKAI DRIVE INN
15 Kamoi Street ✆ +1 808 553 5655
Ouvert de 6h à 22h du lundi au jeudi et le dimanche ; de 6h30 à 22h30 les vendredi et samedi. Environ 5 US$ le sandwich ou le plat rapide.
Fast-food avec des spécialités US et locales, telles que le *saimin* (recette hawaiienne de nouilles), à prix défiant toute concurrence. On se régale facilement pour pas cher et on n'a vraiment plus faim après.

■ MOLOKAI PIZZA CAFE
15 Kaunakakai Place
✆ +1 808 553 3288
Ouvert de 10h à 22h du lundi au jeudi, de 6h30 à 22h30 le samedi et de 11h à 22h le dimanche. Burgers de 7 à 10 US$, pâtes de 7 à 11 US$, salades de 3 à 8 US$.
Restaurant populaire et familial très fréquenté par les locaux. L'ambiance à elle seule vaut le détour. Côté plats, c'est bon et rassasiant pour une somme vraiment modique. Mention spéciale pour les pizzas, qui sont exquises ! 6 portent le nom des principales îles hawaiiennes et certaines en sont emblématiques ; ainsi, la pizza Lanai, par exemple, est tout naturellement à l'ananas.

■ PADDLERS' INN
10 Mohala Street
✆ +1 808 553 3300
molokaipaddlersinn.com
Ouvert à partir de 7h pour le petit déjeuner. Compter 15-20 US$ le plat.
Un des rares restaurants-bars de l'île avec celui de l'hôtel Molokai. La spécialité de la maison ce sont les grillades de viandes ou de poissons. Un délice ! Décoration boisée et cosy sur le thème des canoës. Ambiance romantique à la nuit tombée quand les *tikis* (torches hawaiiennes) s'allument.

Sortir

À l'image de tout le reste de l'île, Kaunakakai n'est pas une ville festive. On s'y couche tôt et on s'y lève tôt ! Deux bars en ville seulement, et ils ferment à 22h.

■ PADDLERS' INN

10 Mohala Street ✆ +1 808 553 3300
molokaipaddlersinn.com
Bar du restaurant du même nom.

À voir – À faire

■ KALOKOELI FISHPOND

Sur la Highway 450, vers la balise 6 miles à l'est de Kaunakakai.

Les « fishponds » ou « étangs à poissons » sont des systèmes de pêche ingénieux élaborés par les premiers Hawaiiens. On en trouve beaucoup sur la côte sud de Molokai ; ils auraient été construits au XIIIe siècle et le Kalokoeli Fishpond est l'un des plus importants. Ce sont des piscines artificielles dont les parois étaient trouées de manière à laisser entrer les petits poissons et les empêcher d'en sortir. Ou comment pêcher intelligemment !

■ KAPUAIWA COCONUT GROVE

Sur la Highway 460, après la balise 1 mile.

Magnifique cocoteraie de près de 5 ha. Elle a été baptisée « Kapuaiwa » en hommage au roi Kamehameha V, dont c'était le surnom. Dans les années 1860, il avait fait planter sur cette plage 1 000 cocotiers, chacun de ces arbres représentant un soldat de sa puissante armée. Au-delà du symbole, cette mini forêt était surtout destinée à procurer de l'ombre à la famille royale, à laquelle cette plage était réservée. Il ne reste guère plus qu'une centaine de cocotiers aujourd'hui mais les autorités s'efforcent d'en réimplanter progressivement grâce à un programme de volontaires.

> **Les vertus de la noix de macadamia**
>
> La noix de macadamia est reconnue pour ses propriétés énergétiques et anti-oxydantes. Elle contient 78 % de graisses mono insaturées qui aident à abaisser le taux de cholestérol et les risques cardiaques. Des études cliniques ont démontré que si on consomme de 5 à 20 noix par jour, le taux de cholestérol peut diminuer jusqu'à 7 % en quatre semaines !

▶ **Attention** : la balade dans la cocoteraie est interdite – et fortement déconseillée en raison des chutes de noix de coco qui peuvent causer de graves traumatismes crâniens. Très belles photos à prendre, principalement au moment du lever ou du coucher de soleil.

■ KAUNAKAKAI WHARF

Ce quai de près de 400 m est le plus long quai de toutes les îles de Hawaii. Il permet d'avoir une jolie vue sur les montagnes de Molokai. C'est là qu'accostent le ferry et les bateaux de commerce qui ravitaillent l'île. À l'est du quai, tôt le matin, des pêcheurs vendent régulièrement leur prise à des prix défiant toute concurrence. Le samedi matin, on peut assister aux entraînements de canoë des minimes de Molokai.

■ MOLOKAI ART FROM THE HEART

Ala Malama Street ✆ +1 808 553 8018
Ouvert de 9h30 à 17h30 du lundi au vendredi et de 9h30 à 14h30 le samedi. Fermé le dimanche.
Plus de 90 artistes de Molokai exposent leurs œuvres dans cette galerie qui fait aussi office de boutique de souvenirs. Pour tous budgets.

Sports – Détente – Loisirs

Les activités de loisirs en tant que telles sont assez limitées à Kaunakakai, mais c'est le centre névralgique du tourisme à Molokai. C'est seulement là qu'on peut louer du matériel de sport et réserver la plupart des circuits à thème organisés sur l'île.

▶ **Kayak.** Les eaux calmes de Kaunakakai sont idéales pour la pratique du kayak. Le seul loueur de l'île est « Molokai Fish and Dive ».

▶ **Surf.** Les plages ne sont pas très belles à Kaunakakai et l'eau n'y est pas vraiment transparente. Peu de surfeurs, donc. Un conseil : louez le matériel à Kaunakakai et aller surfer sur les belles plages de l'Ouest (attention cependant aux courants, parfois forts sur ces spots).

▶ **Whale-watching.** Molokai, ou comment faire du *whale-watching* en toute sérénité. S'il est vrai que Maui est l'île de prédilection des adeptes du *whale-watching*, le pratiquer à Molokai est particulièrement judicieux car, ici, les embouteillages de bateaux qui se bousculent pour approcher la même baleine, ça n'existe pas !

■ ALYCE C.

Kaunakakai Wharf ✆ +1 808 558 8377
www.alycecsportfishing.com
À partir de 70 US$ par personne pour une excursion de 3h.

Même si cela peut paraître un peu paradoxal, cette compagnie propose aussi bien de la pêche sportive que du *whale-watching*. Et elle fait bien les deux !

AMA LUA
Molokai Fish and Dive61 Ala Malama Street ✆ +1 808 553 5926
www.molokaifishanddive.com
79 US$ par personne pour 2h30 de whale-watching ou snorkeling, 69 US$ pour la demi-journée de kayak.
Whale-watching, plongée sous-marine, snorkeling et pêche sportive sont les nombreuses sorties proposées par cette agence.

IRONWOODS HILLS GOLF COURSE
Highway 470
Kualapuu ✆ +1 808 567 6000
Sur la Highway 470, juste avant le Molokai Museum. À partir de 20 US$ la partie.
Petit terrain de golf de 9-trous entouré d'eucalyptus et de séquoias. Jolies vues sur la mer.

MOLOKAI BICYCLE
90 Mohala Street ✆ +1 808 553 3931
www.bikehawaii.com
webmaster@bikehawaii.com
A partir de 15 US$ la location de vélo pour une journée.
Cette agence propose des vélos de route ou VTT en location à la journée ou à la semaine.

MOLOKAI OUTDOORS
✆ +1 808 553 4477
www.molokai-outdoors.com
info@molokai-outdoors.com
A partir de 79 US$ l'excursion baleines, snorkeling ou randonnée. 42 US$ la location de kayak à la journée.
Organise des excursions en milieu aquatique et sur terre. Si vous voulez visiter Molokai depuis Maui, le circuit le plus intéressant est le « Alii Tour ». A partir de 217 US$, il permet de visiter en une journée les principaux sites de Molokai, y compris la péninsule de Kalaupapa.

MOLOKAI SURF
130 Kamehameha V HighwaySuite 103
✆ +1 808 553 5093
Location de planches et cours de surf à 75 US$/h.

Shopping

FRIENDLY MARKET
90 Ala Malama Avenue ✆ +1 808 553 5595
Ouvert du lundi au vendredi de 8h30 à 20h30. Le samedi fermeture à 18h30.
Bien que de taille modeste, c'est le plus important supermarché de Molokai.

MOLOKAI MINI MART
35 Mohala Street
✆ +1 808 553 4447
Ouvert jusqu'à 23h tous les jours.
Petit supermarché où on trouve l'essentiel. Le premier de l'histoire de Kaunakakai à rester ouvert jusqu'à 23h !

OUTPOST NATURAL FOODS
70 Makaena Place
✆ +1 808 553 3377
Ouvert de 9h à 18h du lundi au jeudi, 16h le vendredi.
Nourriture et produits bio.

KUALAPUU

Avec un peu moins de 2 000 habitants, le village de Kualapuu, au beau milieu de la campagne, est on ne peut plus paisible. Depuis la fermeture de la plantation de café «Coffees of Hawaii» en 2010, le coin est encore plus calme, pour ne pas dire désert. Les touristes apprécieront cependant la visite du R.W.Meyer Sugar Mill and Molokai Museum.

KUALAPU'U COOKHOUSE
Uwao street
✆ +1 808 567 9655
Au croisement d'Uwao Street et de la Highway 470.
Entre 5 et 10 US$.
Le seul restaurant de Kualapuu ! Une ambiance chaleureuse, campagnarde et locale. Sandwiches, salades et plats dans la pure tradition hawaiienne. Idéal pour un déjeuner original et pas cher.

R.W. MEYER SUGAR MILL AND MOLOKAI MUSEUM
Highway 470
✆ +1 808 567 6436
Dans la montée de la Highway 470, tourner à gauche après le terrain de golf et avant la balise 4 miles. Ouvert du lundi au samedi de 10h à 14h. Entrée : 5 US$.
Une ancienne sucrerie construite par un ingénieur allemand du nom de Rudolph Wilhelm Meyer, venu s'installer à Hawaii en 1850. Grâce aux panneaux explicatifs, on peut aisément visiter par soi-même les installations restaurées de cette industrie. Mais c'est surtout le musée, le seul de Molokai, qui mérite la visite. Il retrace de façon intéressante l'histoire de l'île depuis les origines.

HOOLEHUA

Une petite bourgade calme où il n'y a rien à faire en dehors de la visite de la ferme de noix de macadamia que les gourmands apprécieront !

■ HOOLEHUA AIRPORT

Airport loop
✆ +1 808 567 9660
hawaii.gov/mkk
L'aéroport principal est celui de Hoolehua (en shuttle, comptez environ 20 US$ la course de l'aéroport jusqu'à Kaunakakai). Il se trouve à une dizaine de kilomètres à l'ouest de Kaunaukakai. Vols directs en provenance de Maui ou d'Oahu. Quant au petit aéroport de Kalaupapa, il permet surtout d'accéder facilement au village isolé du même nom.

■ PURDY'S MACADAMIA NUT FARM

Lihipali Avenue
✆ +1 808 567 6601
www.molokai-aloha.com/macnuts
Ouvert de 9h30 à 15h30 en semaine et de 10h à 14h le samedi. Prendre rendez-vous pour une visite le dimanche ou pendant les vacances scolaires. Entrée libre.
Une cinquantaine d'arbres, dont certains presque centenaires, se dressent sur le terrain de la seule et unique ferme de Molokai produisant des noix de macadamia. Sans pesticides ! Des noix parfaitement bio, donc.
Une visite guidée très pédagogique nous apprend tout sur le cycle de l'arbre de macadamia et comment la fleur se transforme en noix. Au programme : une dégustation gratuite de miel de macadamia, et de noix, bien sûr. Les plus gourmands repartent en général avec plusieurs produits à base de macadamia achetés dans la boutique de la ferme.

PALAUU STATE PARK

Un parc agréable de 100 ha avec des sentiers balisés et toutes les commodités (aire de pique-nique, toilettes). Le parc étant à 310 m d'altitude, les températures y sont plus fraîches qu'à Kaunakakai. Prévoir une laine. Les principaux points d'intérêt du parc sont :

- **Le Kalaupapa Lookout :** un superbe point de vue sur le village de Kalaupapa, avec des panneaux explicatifs qui retracent l'histoire des malades et du père Damien.

- **Le Kauleonanahoa, ou phallus de Nanahoa :** selon la légende, une femme du nom de Nanahoa aurait retrouvé la fertilité en faisant des offrandes à cette énorme pierre de forme phallique. C'est resté un lieu sacré pour les Hawaiiens ; des femmes stériles continuent à s'y recueillir en espérant tomber enceintes à leur retour à la maison.

Transports

Accès en voiture à la fin de la highway 470.

KALAUPAPA

Les paysages sauvages et préservés de la péninsule de Kalaupapa sont d'une grande beauté. La descente à pied ou à dos de mule jusqu'au village de Kalaupapa est l'attraction majeure de l'île.
Pourtant, pendant près d'un siècle, Kalaupapa est restée coupée du monde car elle abritait une communauté de lépreux qui y vivaient reclus, rejetés de tous.
Quelques malades et leurs descendants y résident encore aujourd'hui. La visite de Kalaupapa et de son village reste gravée dans la mémoire, tellement l'histoire de ses habitants est bouleversante.

Transports

- **Une réglementation particulière.** Quel que soit le moyen de transport choisi pour se rendre à Kalaupapa, il faut réserver à l'avance via Father Damien tours. Il est en effet interdit de prendre le chemin de Kalaupapa par soi-même et sans autorisation, même si on entreprend la randonnée de façon autonome. Dans le cas contraire, au bout du sentier, après la difficile randonnée, vous vous ferez refouler de la péninsule par le gardien du parc ! C'est cruel mais c'est ainsi. Et n'espérez pas pouvoir négocier, les gardiens sont intraitables. Venir sans autorisation est aussi considéré comme un manque de respect pour les habitants de la péninsule. Enfin, en raison d'une loi ancienne, les moins de 16 ans ne sont pas admis sur la péninsule.

- **Accès en avion.** Vous pouvez faire l'aller-retour depuis Honolulu par avion avec une visite complète à la journée pour 298 US$ par personne. Réservation via Father Damien tours.

- **Accès en voiture au parc de Kalaupapa.** Pour les randonnées à dos de mule ou à pied, il faut généralement se rendre directement au parc en voiture. En partant de Kaunakakai, prendre la Highway 460 puis la Highway 470. Une fois qu'on a dépassé les « mules stables » (écuries des mules), l'entrée du sentier de randonnée (Pali Trail) est à environ 10 minutes.

L'histoire de Kalaupapa

La péninsule de Kalaupapa a été formée par un ancien volcan qui s'est agrégé à l'île, plus ancienne, de Molokai. Avant d'accueillir les lépreux, au XIXe siècle, la péninsule était habitée depuis déjà neuf siècles par les Hawaiiens, qui vivaient surtout de la pêche et de la culture de la patate douce.

Le site, en proie aux pires intempéries et difficilement accessible en raison de son relief très accidenté, a été tout naturellement choisi comme lieu d'exil des lépreux par le roi Kamehameha V. C'est en 1835 que surviennent les premiers cas de lèpre à Hawaii. La maladie est surnommée *mai pake*, ou « maladie chinoise » car ce sont des immigrants chinois qui l'auraient introduite dans l'archipel. En 1860, une importante épidémie frappe Hawaii, décimant une partie de la population. Pour protéger son royaume de la contagion, Kamehameha V décide, à partir de 1866, d'exiler tous les lépreux à Kalawao, au sud-est de la péninsule de Kalaupapa, les habitants de la péninsule étant alors chassés par le roi pour laisser place aux malheureux indésirables. Considérés comme très contagieux et incurables, les malades sont traités sans ménagement. Ils sont séparés de leur famille sans explications et, lors de leur acheminement en bateau, on les jette à l'eau près des côtes. La plupart se noient, trop faibles pour gagner le rivage ou, tout simplement, parce qu'ils ne savent pas nager. Une fois arrivés à Kalawao, où il n'y a rien, les survivants se construisent des habitations de fortune. Ils se nourrissent de pêche et de cultures qu'ils développent peu à peu. Mais les conditions de vie et d'hygiène déplorables augmentent considérablement le taux de mortalité de la communauté, qui devient un cimetière à ciel ouvert.À partir de 1870, des missionnaires chrétiens viennent aider les malades de Kalawao, mais ils n'y restent que quelques mois tout au plus. Mais, en 1873, Joseph de Veuster, un prêtre catholique belge, plus connu sous le nom de père Damien, bouleversé par la souffrance et le dénuement de cette communauté, décide de ne pas repartir et de lui venir en aide durablement. Avec le concours des patients les plus valides, il entreprend la construction de 300 maisonnettes, d'une église, d'un dispensaire et d'un cimetière. Après onze ans de travail acharné, il est malheureusement atteint de la lèpre à son tour et meurt en 1889. Il reste à tout jamais le saint de Kalaupapa, et l'Église catholique le béatifie en 1995.

Plus récemment, Benoît XVI a décidé de le canoniser (donc de l'élever au rang de « saint »). L'événement a eu lieu le 11 octobre 2009 à Rome où des centaines de Hawaiiens se sont rendus pour assister à la cérémonie.

Au début des années 1890, la communauté de malades quitte Kalawao pour aller vivre à Kalaupapa, où la terre est plus hospitalière et le climat plus clément. Les premiers antibiotiques contre la lèpre, découverts en 1941, sont administrés cinq ans plus tard à Kalaupapa. (À partir des années 1960, la maladie, devenue curable, n'est plus considérée comme dangereuse.)

C'est en 1959 que Hawaii devient le 50e État des États-Unis ; mais les années passent et la démocratie américaine semble oublier les lépreux de Molokai. La mise en quarantaine demeure prescrite encore 10 ans sur la péninsule ! Une des lois sanitaires les plus cruelles était d'enlever les nouveau-nés à leur mère juste après l'accouchement ; ces derniers étaient alors adoptés à l'extérieur. Il faut attendre 1969 pour que la quarantaine soit levée et que les 1 800 habitants de Kalaupapa soient libres de quitter leur village. Cependant, leur réintégration au monde extérieur est difficile et peu encadrée. La plupart des malades ont finalement quitté Kalaupapa pour s'installer sur différentes îles hawaiiennes ; ils y rejoignent souvent une famille dont ils ont été séparés pendant des décennies.

Il ne reste aujourd'hui que 27 anciens patients qui ont choisi de rester vivre à Kalaupapa. Ils meurent peu à peu de vieillesse. Le dernier en date est Richard Marks, en décembre 2008. C'était une figure active de la communauté. Il dirigeait le « Father Damien Tours », la seule agence de visite guidée de Kalaupapa. Un important hommage lui a été rendu à Honolulu, le jour de ses funérailles à Kalaupapa.

A dos de mule. C'est le moyen le plus folklorique de descendre à Kalaupapa et de loin l'attraction la plus célèbre de Molokai. Le hic, c'est qu'il faut être patient : l'excursion dure 7h ! Sans compter un certain mal aux fesses, dû à la position assise prolongée, et quelques bonnes frayeurs dans les virages. Mais le guide est là pour vous rassurer et aucune mule n'a encore fait le saut de l'ange… Une chose est sûre : à la fin de la balade, vous pourrez, après beaucoup d'autres, reprendre à votre compte la formule « J'ai survécu au sentier de Kalaupapa ». Molokai Mule Ride est la seule agence à organiser ce type de circuit. Ceux qui pensent venir en avion à Kalaupapa, achèteront leur place pour la « mule ride » avant de réserver leur vol sous peine de trouver toutes les randonnées complètes à leur arrivée. Réservez deux semaines à l'avance pour ne pas avoir ce problème.

A pied. C'est la façon la moins coûteuse de gagner le village de Kalaupapa et le seul moyen de prendre de superbes photos en toute tranquillité. La descente vers le village de Kalaupapa prend 1h30, en incluant les arrêts aux points de vue. Le sentier commence à plus de 500 m au-dessus du niveau de la mer et descend de façon abrupte jusqu'au village en seulement 5 km. Le chemin en lacet, qui compte 26 virages, n'est pas conseillé à ceux qui ont peur du vide. Il faut marcher prudemment en raison du terrain accidenté et des passages étroits qui favorisent les chutes. Enfin, il est recommandé de faire cette randonnée tôt le matin, avant 8h. Surtout si l'on est allergique aux crottes des mules, nombreuses après cette heure, à être fraîchement déposées tout au long du sentier. Au bout du chemin, un panneau indique le village vers la droite. On passe devant une plage de sable noir, mais n'allez surtout pas vous y rafraîchir : ses courants sont très dangereux. Juste après, on parviendra aux bancs où l'on attendra le bus de la visite guidée de Father Damien Tours.

KALAUPAPA AIRPORT
✆ +1 808 838 8701
hawaii.gov/lup

PACIFIC WINGS
✆ +1 808 873 0877
www.pacificwings.com
Liaisons régulières Honolulu/Kalaupapa et Hoolehua/Kalaupapa

Pratique

KALAUPAPA NATIONAL HISTORIC PARK
✆ +1 808 567 6802
www.nps.gov/kal
Ouvert tous les jours, sauf le dimanche.
La péninsule de Kalaupapa et le sentier qui y conduit font intégralement partie du parc national du même nom. Avant de se rendre dans le parc, où il n'existe pas d'autres commodités que les toilettes, faire un stop à Kaunaukakai pour y acheter de l'eau minérale, de la crème solaire et une bonne bombe antimoustiques !

Vous avez dit lèpre ?

Définition. La lèpre est une maladie infectieuse chronique qui touche les nerfs périphériques, la peau et les muqueuses. Elle provoque des infirmités sévères, telles que la perte totale de sensibilité d'un membre ou son atrophie.

Transmission. La maladie touche essentiellement les personnes sous-alimentées et les couches pauvres de la population. La transmission de la maladie est favorisée par un contact physique étroit avec les lépreux. D'autres facteurs liés à la pauvreté, comme la promiscuité et les mauvaises conditions d'hygiène, favorisent la propagation de la maladie. La lèpre n'est pas héréditaire.

Appellation. Depuis 1949, les États-Unis ont banni les mots « lèpre » et « lépreux » des textes officiels car les autorités ont pris conscience de l'image dégradante et stigmatisante que ces termes renvoyaient aux personnes atteintes de cette maladie. On l'appelle désormais « maladie de Hansen », du nom du scientifique qui l'a diagnostiquée. Désigner les habitants de Kalaupapa comme des « lépreux » serait donc pour eux particulièrement vexant. Pensez-y.

Plus d'informations sur le site de la Fondation Raoul Follereau, qui lutte contre la lèpre : www.raoul-follereau.org

À voir – À faire

FALAISES DE KALAUPAPA

Le dernier arrêt du circuit, pour pique-niquer, se fait à Judd Park, d'où l'on distingue parfaitement les fameuses falaises de la côte Nord de Molokai, les plus hautes du monde ! Un panorama à couper le souffle.

MONUMENT DU PÈRE DAMIEN

Près de la tombe de mère Marianne, une grande croix celtique rend hommage au père Damien.

SAINT FRANCIS CHURCH

Une église peinte en blanc et à l'architecture sobre. Construite en 1899, elle a été en partie détruite par un incendie en 1906. Le prêtre André, qui la fit reconstruire en 1907, lui donna un style plus gothique. À l'intérieur, vous trouverez plusieurs portraits du père Damien.

SAINT PHILOMENA CHURCH

L'église Saint Philomena se trouve à Kalawao. L'une des premières tâches du père Damien à Kalaupapa a été de réparer le toit de cette église qui, depuis, a subi de nombreuses transformations. Étrangeté du sort, l'histoire s'achève d'ailleurs où elle a commencé puisque la tombe du père Damien se trouve à proximité. Ce n'est cependant pas là que repose le prêtre, même s'il y a d'abord été enterré. Son corps, exhumé en 1936 et rapatrié en Belgique, son pays d'origine, a été inhumé dans la cathédrale de Louvain. L'expatriation de la dépouille du père Damien fut un véritable drame pour les patients de Kalaupapa. Après moult protestations de la communauté, la main droite du religieux a été retirée, en 1995, du cercueil belge et déposée symboliquement dans la tombe d'origine, près de cette église.

TOMBE DE MÈRE MARIANNE

À proximité de l'église, se trouve la tombe de mère Marianne Cope (1838-1918). Moins connue que le père Damien, mère Marianne a pourtant joué un rôle fondamental au sein de la communauté de Kalaupapa. Alors qu'elle travaillait dans un hôpital de la région new-yorkaise, dans les années 1880, elle entendit parler des missions à Kalaupapa et du travail du père Damien. Avec six sœurs franciscaines, elle décida d'aller s'y installer. Elles débarquèrent en 1888 et créèrent rapidement un pensionnat pour les femmes seules de la communauté. Mère Marianne a travaillé sans relâche jusqu'à la fin de sa vie. Elle a énormément aidé le père Damien. Quand elle s'est éteinte, en 1918, le chagrin a été immense à Kalaupapa. Elle est considérée comme une sainte par tous les habitants du village. L'Église catholique l'a béatifiée en 2005.

> ## La sagesse du père Damien
>
> Beaucoup d'écrivains et d'intellectuels ont visité Kalaupapa. Parmi eux, Robert-Louis Stevenson ou encore Jack London. Tous, dans leurs ouvrages, ont rendu unanimement hommage au dévouement du père Damien. En 1969, l'État de Hawaii a installé une statue du prêtre à l'entrée du State Capitol de Honolulu. Mahatma Gandhi a déclaré à son sujet : « Ni le monde politique ni le monde journalistique n'a produit ne serait-ce qu'un seul homme comparable au père Damien... Il est intéressant de comprendre les origines d'un tel héroïsme » (tiré de *Gandhi looks at leprosy,* M.S.Mehendale).

VILLAGE DE KALAUPAPA

www.fatherdamientours.com

Visite de 8h à 15h. Que vous veniez à dos de mule ou à pied, le rendez-vous est fixé au niveau des bancs, près de l'enclos des mules. La visite se fait à bord d'un grand bus bleu de Father Damien Tours ; le guide est en général un ancien patient ou un habitant de Kalaupapa. Pour préserver l'intimité des résidents, les bâtiments publics comme l'hôpital ne sont pas accessibles aux touristes. Il est par ailleurs formellement interdit de photographier un habitant, malade ou pas. Le bus sillonne d'abord Kalaupapa, puis Kalawao où s'était installée la première colonie. Nombreux arrêts au niveau des sites clés.

VISITOR'S CENTER

Pas d'horaires fixes dans la mesure où seules les visites guidées organisées par les agences permettent d'accéder au site (visite libre non autorisée) et que le visitor's center est toujours ouvert au moment de ces visites.

Un mini musée et une librairie. Exposition de photos d'archives et vente de livres sur Kalaupapa. Les deux livres les plus riches en témoignages de patients et en photos sont *The Separating Sickness* et *Kalaupapa, a portrait.* Également des objets de la vie quotidienne adaptés par les patients de façon à pouvoir être utilisés par leurs membres atrophiés, comme cette cuillère à laquelle est soudé un bracelet métallique et qui servait ainsi aux malades privés de l'usage de leur main.

Visites guidées

MOLOKAI MULE RIDE
Ho'olehua – 290 Puu Kapele Avenue
✆ +1 808 567 6088
www.muleride.com
Les Molokai Mule Stables se trouvent sur la Highway 470, avant le sentier Pali Trail.
Comptez 199 US$ pour la descente en mule et 69 US$ à pied.
Une formule qui inclut la randonnée à dos de mule ou à pied, le permis d'entrée dans le parc, la visite guidée du village de Kalaupapa par Damien Tours et, en prime, un diplôme souvenir de l'expédition !

DAMIEN TOURS
✆ +1 808 567 6171
www.fatherdamientours.com
Comptez 298 US$ la journée. L'agence délivre des permis pour effectuer la randonnée pédestre et organise les visites guidées du village de Kalaupapa. Le tour comprend l'aller-retour en avion depuis O'ahu et Maui.

L'OUEST DE L'ÎLE

C'est en quelque sorte, au niveau touristique, la partie sinistrée de Molokai. Depuis la fermeture, au printemps 2008, du Molokai Ranch qui était la principale attraction de la côte ouest, les hôtels et les restaurants ont cessé toute activité. Quand on se promène dans le coin, on a d'ailleurs l'impression étrange de rouler dans une ville fantôme... Heureusement, les magnifiques plages de l'ouest de l'île n'ont pas, elles, déserté la région ! Et c'est en effet sur la côte ouest, ensoleillée et sauvage, que se trouvent les plus belles plages de l'île.

MAUNALOA

Au bout de la Highway 460. C'est dans cette petite ville endormie que se trouvait le siège du Molokai Ranch. Et ça se sent ! Malgré les quelques habitants qui vivent encore dans les parages, on entendrait une mouche voler. Les seules attractions de la ville sont un étonnant magasin de cerfs-volants artisanaux et un supermarché...

Se loger

- **Camping**. Permis de camper obligatoire, à demander à l'avance au Department of Parks Land and Natural Resource.

DEPARTMENT OF PARKS LAND AND NATURAL RESOURCES
90 Ainoa Street – Kaunakakai
✆ +1 808 553 3204
www.hawaiistateparks.org
Camping.

PAPOHAKU BEACH PARK CAMP
Très agréable camping près d'une plage de rêve. Sur place, toutes les commodités : douches, toilettes, eau potable.

À voir – À faire

KAPUKAHEHU BAY
Dans le prolongement de Kaluakoi Road, au sud de Papohaku Beach.
Petite plage tranquille et bon spot de surf quand le vent se lève. Les autres jours, elle est parfaite pour le snorkeling ou le *bodyboarding*. Bronzette et baignade possibles toute l'année, et sans contre-indications !

KAWAKIU BEACH
Accessible uniquement en 4X4. Au moment où la Kaluakoi Road tourne à gauche, prendre le sentier à droite.
Un petit banc de sable fin et une eau transparente... l'endroit est idéal si l'on veut se sentir coupé du monde. Mais pour la trempette uniquement ! Mieux vaut éviter d'y nager en raison des forts courants.

KEPUHI BEACH
Accessible en passant dans les jardins des anciennes Kaluakoi Villas, sur Kaluakoi Road.
Un kilomètre de sable blanc qui contraste avec le noir des rochers de lave durcie et une mer bleu azur. Les eaux relativement paisibles sont propices à la baignade ou au snorkeling. Attention toutefois de ne pas nager trop près des rochers, histoire de ne pas s'y faire projeter par une vague capricieuse ! En hiver, ces eaux peuvent même parfois être dangereuses ! Toilettes et douches sur place.

PAPOHAKU BEACH
Sur Kaluakoi Road, peu après avoir passé Kepuhi Beach.
La plage la plus célèbre de Molokai, ne serait-ce qu'en raison des spectacles de hula qui s'y déroulent chaque année dans le cadre du « Ka Hula Piko Festival ». Si elle

a été choisie, c'est aussi parce que, avec ses 5 km de sable doré, c'est de loin la plus belle plage de Molokai. À condition de rester au bord, on peut s'y baigner sans risque (dès qu'on s'éloigne, les courants deviennent dangereux). C'est également un bon spot de plongée mais mieux vaut être encadré en raison des courants. Toilettes, douches et aire de pique-nique.

Shopping

BIG WIND KITE FACTORY AND PLANTATION GALLERY
120 Maunaloa Highway ✆ +1 808 552 2364
www.bigwindkites.com
Vente de cerfs-volants faits main, tous plus beaux les uns que les autres. L'atelier de fabrication est dans l'arrière-boutique ; on peut y prendre un cours gratuit pour apprendre à confectionner soi-même un cerf-volant ! En vente également, de nombreux livres sur Molokai et des CDs de musique hawaiienne.

MAUNALOA GENERAL STORE
200 Maunaloa Highway
✆ +1 808 552 2346
Ouvert du lundi au samedi de 8h à 18h.
Petit supermarché aux rayons assez bien fournis. Commode pour se ravitailler quand on loge dans un appartement du Kaluakoi Resort, tout proche.

L'EST DE L'ÎLE

Entre la réserve naturelle de Kamakou, la vallée d'Hanalei et les plages désertes de son littoral, l'est de l'île est la région la plus préservée de Molokai mais aussi la moins visitée. La beauté de ses paysages mérite cependant qu'on y consacre au moins une journée, surtout si on est un amoureux de la nature. Autrefois centre névralgique de l'industrie de l'ananas, la côte sud-est a été progressivement vidée de ses habitants partis chercher du travail ailleurs, à la fin du XXe siècle. Cependant, quelques sites méritent qu'on s'attarde sur cette partie de l'île.

KAMALO

Sur la Highway 450, juste après la balise 10 miles, se trouve le petit village de Kamalo qui était autrefois le centre commercial de l'île, du temps où l'industrie de l'ananas fleurissait à Molokai.
De son port de marchandise, il ne reste que le « Kamalo Wharf », un quai abandonné qui permet toutefois d'avoir un point de vue imprenable sur le mont Kamakou. C'est aussi un bon spot de pêche. Mais évitez les très tentants plongeons, vous pourriez bien finir en pâtée pour… requins. Ils adorent le coin !

CHURCH OF SAINT JOSEPH
Sur la Highway 450, à la balise 11 miles. Une église toute simple construite en 1876 par le père Damien, le bon prêtre de Kalaupapa (voir l'encadré « Kalaupapa »). Juste en face, sa statue ornée de *lei* (collier de fleurs) et une plaque commémorative qui retrace son parcours.

KALUAAHA CHURCH
A 10 minutes de Kamalo.
Une église à la décoration sobre, construite en 1835 par les premiers missionnaires arrivés sur l'île.

LADY OF SORROWS CHURCH
Sur la highway 450 à l'Est, entre les balises 14 et 15 miles. A proximité de l'église Kaluaaha church.
L'église a été construite par le père Damien, en 1874. Elle a été restaurée à l'identique en 1966. Une grande croix en bois marque son entrée.

SMITH BRONTE LANDING
Sur la Highway 450, à la balise 11 miles. A deux miles à l'est de Kamalo.
Un panneau en bois indique le lieu d'un atterrissage catastrophe historique, en 1927. Ernie Smith et Emory B. Bronte décollent d'Oakland le 14 juillet et sont bien décidés à être les premiers aviateurs à relier le continent US à Honolulu. Malheureusement, ils tombent en panne d'essence et sont contraints d'atterrir de toute urgence à Molokai. Finalement sains et saufs, ils ont tout de même effectué le premier vol de l'histoire entre les États-Unis et Hawaii. Le vol aura duré 25 heures et 2 minutes !

KAMAKOU FOREST PRESERVE

Pour être coupé du monde ou se ressourcer, rien ne vaut une randonnée dans la forêt de Kamakou !

Se loger

PUU O HOKU RANCH

Highway 450 ✆ +1 808 558 8109
www.puuohoku.com

À la fin de la Highway 450, près de la balise 25 miles. A partir de 200 US$ pour une chambre double dans un cottage.

Le Ranch possède 11 chambres, 9 salles de bains et une très grande cuisine. Il est installé au milieu de près de 6 000 ha de forêts et de pâturages avec, en prime, de très belles vues sur la mer ! Sur place, on peut faire de l'équitation ou suivre des cours de yoga. Il faut dire que le lieu s'y prête vraiment !

À voir – À faire

HALAWA BEACH PARK

Au bout de la Highway 450

Cette plage est en fait constituée de deux plages qui s'incurvent en formant comme le haut d'un cœur ! Kamalaaea Beach est à gauche, et Kawili Beach à droite. Pas de sable fin mais des cailloux sur cette très jolie baie de la vallée de Halawa. Ses eaux abritées sont propices à la baignade, à condition de rester au bord. L'hiver, les vagues se réveillent et la plage devient un très bon spot de surf. Enfin, une aire de pique-nique en fait un agréable lieu pour se prélasser après une randonnée dans la vallée du même nom. Toilettes sur place.

HALAWA VALLEY

En partant de Kaunakakai, prendre la route 450 en direction de l'est. C'est tout au bout ! C'est dans cette vallée que s'était établie, au VIIe siècle, la plus ancienne communauté de Molokai. Ces Hawaiiens, originaires des îles Marquises, ont vécu de la pêche et de la culture du taro (pomme de terre locale) jusque dans les années 1950. Mais, en 1946 et 1957, deux énormes tsunamis ont détruit leurs habitations et imprégné durablement leurs terres de sel, les rendant impropres à la culture. Depuis une vingtaine d'années, tout a été mis en œuvre pour rendre les sols de nouveau fertiles, notamment grâce à un système d'irrigation élaboré. Les plants de *taro* nécessitent en effet beaucoup d'eau pour arriver à maturité. Les Hawaiiens sont d'autant plus attachés au *taro* que c'est pour eux une plante sacrée dont seraient issus leurs ancêtres et dont certains dieux auraient pris la forme. Une randonnée guidée permet de bien explorer la vallée.

KAMAKOU PRESERVE

Accessible uniquement en 4X4. De Kaunakakai, prendre la Highway 460 à l'ouest. Tourner à droite avant la balise 4 miles, en direction du cimetière. Continuer tout droit.

La réserve naturelle de Kamakou s'étend sur 1 200 ha au pied de la plus haute montagne de Molokai, le Kamakou Peak, qui culmine à plus de 1 500 m.

Plusieurs randonnées sont possibles dans cette forêt tropicale qui abrite plus de 200 espèces de plantes qu'on ne trouve qu'à Hawaii. Il vaut mieux être accompagné d'un guide car on se perd très facilement, même avec un plan ! Prévoir des manches longues contre les insectes et un K-way pour se protéger des pluies fréquentes.

WAIALUA BEACH PARK

Sur la Highway 450, à la balise 20 miles.

Jolie plage de sable fin aux eaux transparentes et peu profondes. Excellent spot de snorkelling.

Visites guidées

HALAWA VALLEY COOPERATIVE

P.O. Box 140
Kaunakakai
✆ +1 808 553 9803
www.molokaifishanddive.com

La randonnée complète revient à 75 US$ pour un adulte et 45 US$ pour un enfant (gratuit en dessous de 7 ans). Durée : une demi-journée, avec un départ à 9h15. Appeler à l'avance pour réserver.

La Halawa Valley Cooperative, à la tête du projet de réhabilitation de la vallée, organise une randonnée guidée pour présenter ses travaux mais aussi les autres sites intéressants de la vallée, comme ses multiples heiau (temple traditionnel hawaiien) et ses superbes chutes d'eaux, les Moa'ula Falls. L'agence Molokai Fish and dive organise aussi cette randonnée pour le même prix.

NATURE CONSERVANCY'S MOLOKAI OFFICE

23 Pueo Place
Kaunakakai
✆ +1 808 553 5236
www.nature.org

Fournit tous les plans de randonnées de la Kamakou Preserve. Une randonnée guidée, le premier samedi de chaque mois en général. Appeler pour la réserver. Rien à payer mais dons bienvenus !

KAUAI

Kauai Museum.

Kauai

Avec ses paysages magnifiques et préservés, dont la Na Pali Coast et le Waimea Canyon sont des exemples particulièrement emblématiques, Kauai est vraiment l'île des amoureux de la nature.
Les sports de plein air y sont à l'honneur, notamment les activités nautiques, grâce aux multiples spots de surf ou de boogie-board des côtes nord et sud. C'est aussi un lieu parfait de détente et de repos, que ce soit sur une plage isolée ou lors d'une balade en forêt. Si vous venez de visiter Oahu et que vous avez trop festoyé à Waikiki, voici l'endroit rêvé pour récupérer et vous ressourcer.
Avec ses 1 435 km², Kauai est la quatrième plus grande île de l'archipel. C'est aussi la plus ancienne géologiquement puisqu'elle serait née il y a 5 millions d'années. Le volcan à l'origine de sa formation est éteint depuis bien longtemps et son point culminant, le mont Waialeale (1 569 m), est tout ce qu'il en reste. Tout comme le reste de l'île, il a été progressivement érodé par les pluies diluviennes qui s'abattent sur ses sommets chaque année. Ce sont ces mêmes précipitations qui ont peu à peu sculpté l'île et, notamment, ses plus beaux sites, comme le prodigieux Waimea Canyon ou la sublime Na Pali Coast. Mais rassurez-vous, il ne pleut pas tout le temps à Kauai !
Ce sont souvent des pluies localisées dans les reliefs, violentes certes, mais courtes. En tout cas, c'est à elles que Kauai doit l'étonnante luxuriance de sa végétation, qui lui a valu

Les immanquables de Kauai

- **Voir le Waimea Canyon.**
- **Faire une randonnée dans la Na Pali Coast** ou la survoler en hélicoptère.
- **Découvrir la forêt de Kokee.**
- **Faire du kayak** sur la rivière Wailua.
- **Lézarder sur les plages** de Poipu.

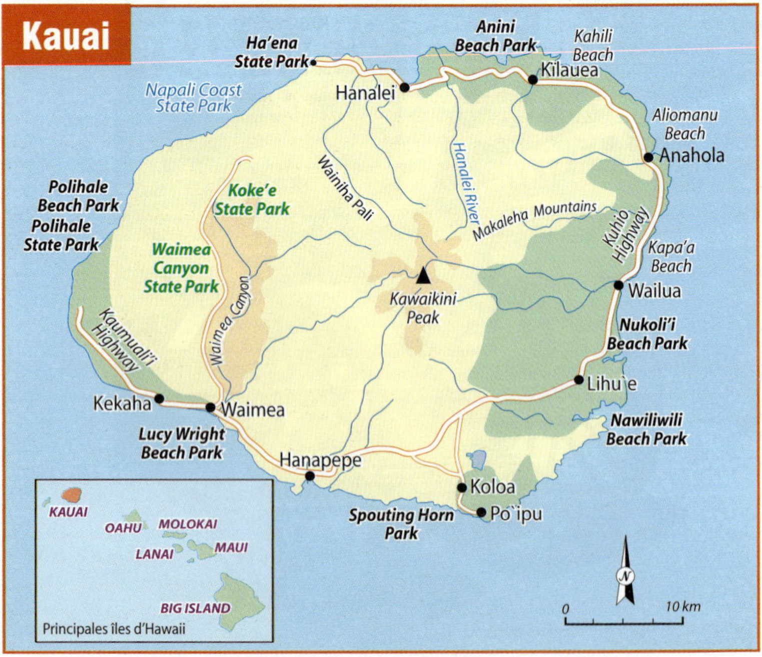

son surnom de « Garden Isle » (île jardin). Très rurale, Kauai ne compte pas de très grandes villes. Les plus grandes ont tout au plus une dizaine de milliers d'habitants. Tous sont d'ailleurs très attachés à leur rythme de vie paisible et ne veulent surtout pas d'un Waikiki chez eux ! Ils ont même voté une loi interdisant que la hauteur des constructions dépasse celle des cocotiers. Même si les trois côtes touristiques de l'île (la côte des cocotiers, la côte nord et la côte sud) se sont pas mal urbanisées, les complexes hôteliers n'y défigurent pas le paysage. Ces dernières années, ce sont d'ailleurs plutôt les fermes bio et les activités liées à l'écotourisme qui tendent à se développer.

LA CÔTE EST

L'essentiel de la population de l'île se concentre sur la côte est. Celle-ci s'étend de Lihue, la capitale du comté, à la « Coconut Coast » (côte des cocotiers), une des trois zones balnéaires de Kauai avec les côtes sud et nord.

LIHUE

La plus grande ville de Kauai, son centre commercial et politique. Nombreux restaurants et supermarchés. Un passage obligé pour le shopping et les sorties festives ou culturelles.

Transports

Comment y accéder et en partir

Plusieurs compagnies aériennes assurent des vols directs entre le continent US et Lihue. On compte cependant moins de vols directs du continent américain vers Kauai que vers Maui, Oahu ou Big Island. Il faut donc souvent prendre un vol inter-îles Maui/Kauai, Oahu/Kauai ou encore Big island/Kauai qui sont assez nombreux.

■ ALASKA AIRLINES
✆ +1 800 426 0333
www.alaskaair.com
Vols depuis la côte Ouest des Etats-Unis.

■ AMERICAN AIRLINES
✆ +1 800 223 536
www.aa.com

■ HAWAIIAN AIRLINES
✆ +1 800 367 5320
www.hawaiianairlines.com
Vols depuis O'ahu et Maui.

■ ISLAND AIR
✆ +1 800 652 6541
www.islandair.com
Vols inter-îles.

■ LIHUE AIRPORT
3901 Mokulele Loop
✆ +1 808 274 3800
hawaii.gov/lih
airkauai@hawaii.gov
Situé à 5 km à l'est de Lihue, le Lihue Airport est le principal aéroport de Kauai.

© HAWAII TOURISM AUTHORITY (HTA) / TOR JOHNSON

Koloa Rum, Kilohana Mansion.

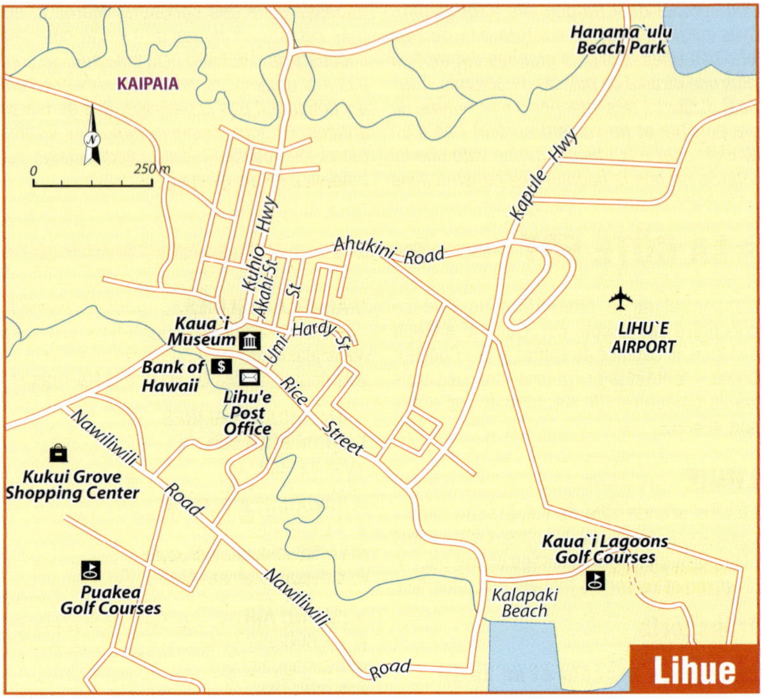

Il est tout petit, en plein air et on s'y repère assez facilement. Les grands hôtels proposent souvent des navettes pour venir vous chercher à l'aéroport. Il existe d'autres moyens d'en partir :

- **Shuttle.** Speedi shuttle dessert l'aéroport, les tickets peuvent être achetés sur place ou sur Internet.
- **Bus.** Deux lignes de bus desservent quotidiennement l'aéroport de 5h27 à 22h40 en semaine et de 6h21 à 17h50 le weekend.
- **Voitures de location.** Des navettes vous emmènent à votre compagnie de location.

UNITED AIRLINES
✆ +1 800 241 6522
www.ual.com

Se déplacer

- **Taxi.** Compter 50 US$ pour aller à Poipu, 80 US$ pour la côte est et 100 US$ pour la côte nord.
- **Voiture de location.** On trouve à Kauai les mêmes compagnies qu'en France et en Europe. Les bureaux des grandes sociétés de location sont à la sortie de l'aéroport, mais il faut prendre une navette pour aller chercher son véhicule. Réservez votre voiture à l'avance pour avoir les meilleurs prix, surtout pendant les périodes de haute saison touristique. Circuler en voiture est Le meilleur moyen pour visiter l'île. Deux axes autoroutiers majeurs partent de Lihue. La Kuhio Highway (Highway 56) parcourt les côtes est et nord de l'île. La Kaumualii Highway (Highway 50) dessert les côtes sud et ouest. Les deux routes s'achèvent à la Na Pali Coast, qui est inaccessible en voiture. Il faut 3h pour les parcourir de bout en bout. En raison du relief très montagneux du centre, il n'existe pas de routes qui « coupent l'île » et qui pourraient servir de raccourcis. Ne vous fiez pas aux distances pour évaluer la durée des trajets car la vitesse est limitée à 50 mph (80 km/h) sur toute l'île.
- **Vélo.** Le vélo est très agréable sur la côte Est, mais pas de piste cyclable sur le reste de l'île.
- **Scooter.** Si vous n'avez pas loué de voiture, le scooter est un bon moyen de parcourir l'île, à condition qu'il ne pleuve pas trop bien sûr...

AKIKO'S TAXI
1970 Hanalima Street
✆ +1 808 822 7588
www.akikostaxikauai.com
Disponible de 5h à 22h.

CITY CAB
✆ +1 808 639 7932
Compagnie de taxis.

KAUAI TAXI COMPANY
✆ +1 808 246 9554
Compagnie de taxis.

KRUZIN KAUAI
3366 Waapa Street – Lihue
✆ +1 808 246 4734
Location de scooters. 75 US$ par jour.

NATIONAL
✆ +1 808 245 5636
www.nationalcar.com
Location de voitures.

NORTH SHORE CAB
✆ +1 808 826 4118
northshorecab.com
Compagnie de taxis.

THE KAUAI BUS
3220 Hoolako Street
✆ +1 888 435 9462
www.kauai.gov
mayor@kauai.gov
2 US$ le trajet. Interdiction de transporter des planches de surf et des valises encombrantes (elles doivent pouvoir être glissées sous le siège). Pas de bus le dimanche et fréquence de passage réduite le samedi et pendant les vacances scolaires. Vélos acceptés et accrochés au porte-vélos.
L'île est desservie par le « Kauai Bus », de Kekaha à l'ouest à Hanalei au nord via 6 lignes. Même si les bus peuvent dépanner, mieux vaut ne pas compter sur ce seul moyen de transport si on veut visiter toute l'île, en raison de leur faible fréquence de passage (sans parler de leur quasi-absence le samedi et de leur inexistence le dimanche).

Pratique

Tourisme – Culture

KAUAI VISITORS BUREAU
4334 Rice Street
Suite 101 ✆ +1 808 245 3971
www.kauaidiscovery.com
Renseignements sur le site internet.

Argent

BANK OF HAWAII
4455 Rice Street ✆ +1 808 245 6761
Distributeur 24h/24.

Moyens de communication

CYBER CONNECTIONS
3366 Wapaa Road
Suite 508
✆ +1 808 246 3831
www.kauaiinternetcafe.com
Ouvert de 9h à 17h du lundi au samedi. Fermeture à minuit le mercredi. Face au parking du centre commercial Anchor Cove.
Imprimante, ordinateurs, wifi et fax à disposition.

LIHUE POST OFFICE
4441 Rice Street
Ouvert de 8h à 16h du lundi au vendredi et de 9h à 13h le samedi.

LIHUE PUBLIC LIBRARY
4344 Hardy Street
✆ +1 808 241 3222
Ouvert de 11h à 19h le lundi et le mercredi. De 9h à 16h30 le mardi, jeudi et vendredi.
Accès Internet avec une « Visitor's Card » à 10 US$ pour 3 mois (pas d'abonnement possible pour une durée d'utilisation inférieure). 6 postes.

Santé – Urgences

LONG DRUGS
Kukui Grove Shopping
Center3-2600 Kaumualii Highway
✆ +1 808 245 7771
Pharmacie. Ouverte de 8h à 20h du lundi au vendredi, 18h le samedi. De 9h à 18h le dimanche.

WILCOX MEMORIAL HOSPITAL
3420 Kuhio Highway
✆ +1 808 245 1100
www.wilcoxhealth.org
Urgences assurées 24h/24.

Orientation

Rice Street est l'axe majeur du centre-ville. Parallèlement, Nawiliwili Street part de Nawiliwili Harbor pour remonter jusqu'au Kukui Grove, le plus grand centre commercial de Kauai. À partir de là, on peut prendre la Highway 50 qui mène aux côtes sud et ouest ou la Highway 56 qui longe la côte est puis la côte nord jusqu'à la Na Pali Coast.

Se loger

Lihue compte de nombreux hôtels à prix accessibles, beaucoup moins chers que ceux des stations balnéaires de l'île.

Bien et pas cher

■ GARDEN ISLAND INN

3445 Wilcox Road
✆ +1 808 245 7227
www.gardenislandinn.com
De 103 à 134 US$ la chambre double. 10 US$ par personne supplémentaire. Suites pour 2 à 6 personnes de 144 à 164 US$ la nuit.
À deux pas du Nawiliwili Harbor et de toutes ses animations, un confortable hôtel de 21 chambres. TV, micro-ondes, kitchenette, café Kona (café de Hawaii) et wi-fi gratuits dans toutes les chambres. Personnel chaleureux.

■ MOTEL LANI

4240 Rice Street
✆ +1 808 245 2965
De 60 à 80 US$ la chambre double. Pas de CB.
Un hôtel en plein centre de Lihue, idéal pour les petits budgets. Chambres au confort simple, avec frigo mais sans télé. Certaines ont une kitchenette.

■ THE KAUAI INN

2430 Hulemalu Road
✆ +1 808 245 9000
www.kauaiinn.com
info@kauai-inn.com
De 95 à 149 US$ la chambre double. À partir de 129 US$ la chambre pour 4.
Établissement familial au milieu d'un superbe jardin tropical. wi-fi, micro-ondes, frigo et terrasse dans chaque chambre. Petite piscine. Très bon rapport qualité-prix.

Confort ou charme

■ KAUAI BEACH RESORT

4331 Kauai Beach Drive
✆ +1 808 245 1955
www.kauaibeachresorthawaii.com
kauaibeach@aquaresorts.com
A partir de 169 US$ la chambre double et 329 US$ la suite. Wifi et shuttle pour l'aéroport sont gratuits. Promotions online régulières avec des chambres doubles à partir de 140 US$.
Un bel établissement qui ressemble aux plantations d'antan en face d'une longue et superbe plage. A la fois vintage et moderne, l'hôtel est bien situé : près de l'aéroport et des centres commerciaux. Parmi les commodités sur place : quatre piscines, deux restaurants, un toboggan aquatique installé dans un tube de roche volcanique, un centre de *fitness* et un spa.

Luxe

■ KAUAI MARRIOTT RESORT & BEACH CLUB

3610 Rice Street
✆ +1 808 245 5050
www.marriott.com/lihhi
A partir de 279 US$ la chambre double en fonction de la vue et la saison. 40 US$ par couchage supplémentaire. Suites à partir de 429 US$.
Un superbe établissement situé sur la belle plage de Kalapaki Beach. L'immense piscine de l'hôtel, la plus grande de Kauai, présente une architecture originale et contient 5 jacuzzis. 7 restaurants sur place, dont le très animé Duke's et l'excellent Café Portofino. Des chambres très confortables, avec terrasse, wi-fi, TV et café offert. Un bel établissement de luxe avec beaucoup de charme tropical.

Se restaurer

Bien et pas cher

■ CAFÉ PORTOFINO

Kauai Marriott Resort
Beach Club3481 Hoolaulea Street – Nawiliwili
✆ +1 808 245 2121
www.cafeportofino.com
villaportofinohi@aol.com
Ouvert de 17h à 21h30. Uniquement pour dîner. Plat entre 19 US$ et 40 US$. Réservation recommandée.
Un restaurant gastronomique et romantique créé par un vrai italien de Portofino. Musique live tous les soirs et une très jolie vue sur l'océan, tous les soirs également.

■ DANI'S RESTAURANT

4201 Rice Street
✆ +1 808 245 4991
Ouvert de 5h à 13h du lundi au vendredi. Jusqu'à 11h le samedi. Plats pour moins de 10 US$.
Une adresse qui ravira les adeptes de bons petits déjeuners. Comment résister en effet aux pancakes fondants de la maison ? À la banane, à la papaye, à l'ananas… Impossible de s'arrêter. C'est aussi le restaurant idéal pour déjeuner à la hawaiienne. On y sert toutes les spécialités locales et c'est beaucoup moins

cher que dans un *luau* (banquet traditionnel hawaiien avec spectacle) : *laulau* (poisson ou porc cuit à l'étouffée dans des feuilles de *taro*), *lomi salmon* (dés de saumon marinés avec oignons et tomates), *kailua pig* (porc cuit à l'étouffée). Le tout dans une ambiance chaleureuse, avec des habitués qui adorent parler de leur île adorée.

DUKE'S CANOE CLUB & BAREFOOT BAR
Kauai Marriott Resort
Beach Club3610 Rice Street – Nawiliwili
✆ +1 808 246 9599
www.dukeskauai.com
Restaurant ouvert de 11h à 22h. Bar jusqu'à 23h. Compter 15 US$ pour déjeuner et 25 US$ pour dîner.
Bar-restaurant identique à celui de Waikiki sur Oahu, sauf qu'il est sur la Kalapaki Beach, à Kauai ! Très belle vue sur la mer et soirées animées avec de nombreux concerts live. Déco très hawaiienne, agrémentée de photos du champion de surf Duke Kahanamoku. Cuisine américaine aux fortes influences locales. Au menu : sandwiches, salades, grillades et *pupus* (en-cas salés pour l'apéritif).

HAMURA'S SAIMIN STAND
2956 Kress Street
✆ +1 808 245 3271
Ouvert du lundi au jeudi de 10h à 22h30. Les vendredi et samedi jusqu'à minuit. Le dimanche de 10h à 21h30. Moins de 7 US$ le bol de nouilles.
Petit restaurant familial qui, depuis son ouverture en 1951, ne désemplit pas. Son secret : ses délicieuses recettes de « saimin » (soupe de nouilles hawaiienne). Consistants et à petits prix, les bols de nouilles se distribuent comme des petits pains, et il y en a pour tous les goûts !

Bonnes tables

GAYLORD'S
3-2987 Kaumualii Highway
✆ +1 808 245 9593
www.gaylordskauai.com
Ouvert de 11h à 14h30 puis de 17h30 à 20h30. Environ 15 US$ au déjeuner, le double au dîner.
C'est le restaurant de la Kilohana Plantation et c'est l'un des plus chic de l'île. Au menu, vous vous régalerez d'une cuisine contemporaine hawaïenne préparée par le Chef Jonathan Pflueger et son frère Dylan Scott, avec les vins qui vont avec ! Ambiance tamisée le soir venu. Idéal pour un dîner en tête à tête.

Sortir

DUKE'S CANOE CLUB & BAREFOOT BAR
Kauai Marriott Resort
Beach Club3610 Rice Street – Nawiliwili
✆ +1 808 246 9599
www.dukeskauai.com
Ouvert jusqu'à 23h. Pupus 10 US$, plats entre 10 US$ et 15 US$. Bières et cocktails entre 6 et 10 US$. L'atmosphère, festive et tropicale, vaut à elle seule le détour. Très agréable au moment de l'apéritif, histoire d'assister au coucher de soleil sur la jolie plage de Kalapaki Beach tout en dégustant les consistants *pupus* (en-cas salés hawaiiens) de la maison. Musique *live* tous les soirs, de 16h à 18h. Restaurant à l'étage.

HARBOR MALL
3501 Rice Street ✆ +1 808 245 5255
www.harbormall.net
joanne@harbormall.net
Sur le port de Nawiliwili.
Spectacle et cours de *hula* gratuits tous les mercredis à 12h15. Wifi gratuit, le mot de passe est affiché au magasin du Trolley.

LUAU KALAMAKU
Kilohana Plantation
3-2087 Kaumualii Highway
✆ 1 877 622 1780 – luaukalamaku.com
info@luaukalamaku.com
Adulte 104 US$, de 13 à 17 ans 69 US$ et 39 US$ à partir de 3 ans. Les mardis et vendredis à 17h.
Le luau Kalamaku commence avec deux sérieux avantages : son emplacement et son chef. Le spectacle se déroule dans l'enceinte de la magnifique Kilohana Plantation qui est en elle-même un lieu de visite, ce qui lui permet de bénéficier de la cuisine du Gaylord's, le restaurant très prisé de la plantation. A cela s'ajoute un bon jeu d'acteur, de belles performances et une histoire enrichissante.

SOUTH PACIFIC
4331 Kauai Beach Drive
Hilton Kauai Beach Resort
✆ +1 808 245 5055
www.southpacifickauai.com
Tous les mercredis à 17h15. 85 US$ par adulte, 35 US$ par enfant (de 6 à 12 ans), gratuit pour les moins de 5 ans.
Une comédie musicale de Broadway créée dans les années 1950. L'histoire se passe à Kauai, bien sûr. 3h de spectacle avec cocktail et dîner.

À voir – À faire

ALEKOKO FISHPOND

En arrivant du centre-ville de Lihue ou du port de Nawiliwili, prendre la Nawiliwili Road puis la Niumalu Road et, enfin, la Hulemalu Road.
Aussi appelé « Menehune fishpond », cet « étang à poissons » aurait été créé, il y a environ mille ans, par les menehune, des elfes ingénieux qui peuplaient les forêts et avaient un don pour la pêche. Ils auraient construit la paroi rocheuse de cet étang, longue de 279 m et haute de 1,55 m, en une nuit. Le but : piéger un maximum de poissons pour la famille royale hawaiienne qui en mangeait beaucoup. Au-delà de cette légende, le point de vue sur l'étang mérite qu'on s'y arrête.

GROVE FARM HOMESTEAD MUSEUM

4050 Nawiliwili Road
✆ +1 808 245 3202
grovefarm.org
De Lihue, prendre la Nawiliwili Road (Highway 58) vers le nord.
Visite guidée sur réservation, le lundi, mercredi et jeudi à 10h et 13h : adultes 20 US$, enfants 10 US$.
En 1864, George N. Wilcox, fils d'un missionnaire, fondait une des premières plantations de canne à sucre de Hawaii. Cette exploitation, où il avait également sa demeure, est devenue un musée à sa mort, en 1933. Photos, mobilier d'époque et archives retracent le travail des ouvriers et permettent de mieux comprendre cette période de manne sucrière qui enrichit les investisseurs mais aussi la population hawaiienne grâce au métissage qu'allait entraîner l'arrivée de la main-d'œuvre étrangère.

HANAMAULU BEACH PARK

De Lihue, prendre la Highway 51 vers l'est.
Dans la baie de Hanamaulu, une jolie plage abritée, parfaite pour les enfants, les débutants en surf et *boogie-board*, et les nageurs. Douches et aire de pique-nique dans le parc à proximité.

KALAPAKI BEACH

Du centre-ville, prendre la Nawiliwili Road ou Rice Street vers le sud.
Bien qu'elle soit dans un environnement très urbain et à deux pas du port, Kalapaki Beach est une plage de sable blanc très préservée. Ses eaux calmes en font un excellent lieu de baignade et un très bon spot d'initiation au surf ou au *boogie-board*. Douches, toilettes et aire de pique-nique au « Nawiliwili Park », à l'ouest de la plage.

KAUAI MUSEUM

4428 Rice Street
✆ +1 808 245 6931
www.kauaimuseum.org
director@kauaimuseum.org
Ouvert de 10h à 17h du lundi au samedi. Fermé le dimanche. Entrée : adultes 10 US$, retraités 8 US$, scolaires (de 13 à 17 ans) 6 US$, enfants (de 6 à 12 ans) 2 US$. Visite guidée à 10h30 du lundi au vendredi (incluse dans le prix du billet d'entrée). 1er samedi du mois : Tarif réduit pour des activités sur place.

Niihau, l'île interdite

Niihau est une île privée de 180 km², située à une trentaine de kilomètres au sud-ouest de Kauai. Elle appartient à la famille Robinson depuis 1864, date à laquelle ils l'ont achetée au roi Kamehameha IV pour 10 000 US$.
Les 200 habitants de Nihau résident à Puuwai, l'unique localité de l'île. Ils y vivent essentiellement d'élevage et de pêche. Et, aussi incroyable que cela puisse paraître, pour préserver un mode de vie traditionnel, ils n'ont toujours pas l'électricité ni l'eau courante...
Cette population parle encore couramment le hawaiien, une langue qui avait pourtant quasiment disparu sur le reste de l'archipel, jusqu'à une volonté récente de la réintroduire dans certaines écoles. Niihau est interdite aux visiteurs. Seule la compagnie d'hélicoptères « Niihau Helicopter » (✆ +1 808 335 3500 – www.niihau.us) a le droit de survoler l'île et de déposer ses passagers pour quelques heures sur Niihau Beach (mais avec l'interdiction d'en bouger). Comptez tout de même 385 US$ l'excursion d'une demi-journée ! Départ possible à partir de 5 personnes minimum.
Les minuscules coquillages assemblés en *lei* (colliers) par les femmes de Niihau sont très prisés et très chers. On les trouve en général dans les bijouteries de l'archipel.

Petit musée qui nous dit tout ce qu'il faut savoir de l'histoire de Kauai, de la découverte de l'île par le capitaine Cook (1778) à l'ère sucrière en passant par la monarchie hawaiienne. Ne manquez pas la salle qui expose de très beaux dessus-de-lit hawaiiens.

KAUAI PLANTATION RAILWAY

3-2087 Kaumualii Highway
Sur le site de la Kilohana Plantation
✆ +1 808 245 7245
www.kauaiplantationrailway.com
Du lundi au samedi de 10h à 14h. Entrée : adultes 18 US$, enfants 14 US$. Avec randonnée 75 US$.
Balade de 40 minutes à travers la plantation Kilohana, dans un petit train qui est une réplique des locomotives de l'époque du roi Kalakaua (1836-1891). Une visite commentée et instructive, consacrée à l'agriculture, la botanique et l'histoire de l'exploitation. Les enfants apprécieront tout particulièrement le stop pour nourrir cochons et chèvres.

KILOHANA MANSION

3-2087 Kaumualii Highway
✆ +1 808 245 5608
www.kilohanakauai.com
Ouvert du lundi au samedi de 9h30 à 21h30. Le dimanche de 9h30 à 16h. Entrée libre.
Gaylord Parke Wilcox était le neveu de G. N. Wilcox. Tout aussi richissime que son oncle, en tant que propriétaire de plantation sucrière, mais beaucoup plus m'as-tu-vu, il décida de faire construire une maison qui porterait le nom de « Kilohana » (qui signifie « inégalable ») car il la voulait la plus belle de toutes à Kauai. La construction de cette demeure aux allures de manoir (1935) coûta tout de même 200 000 US$, l'équivalent de 5 millions de dollars aujourd'hui. Mais la visite ne coûte pas un centime et on peut même s'asseoir dans les fauteuils. Meubles et œuvres d'art ont été conservés en l'état. Un restaurant, le « Gaylord's » s'est installé dans l'ancienne salle à manger tandis que galeries et boutiques ont fleuri un peu partout à l'intérieur du palace. Garder du temps pour visiter les magnifiques jardins de la propriété qui s'étendent sur 14 ha.

Ne manquez pas la boutique de rhum, Koloa Rum, près du parking : des séances de dégustation gratuites y ont lieu toute la journée ! Le rhum de Kauai, qui n'est commercialisé que depuis 2009, n'est pas exceptionnel mais la séance de dégustation est très animée et amusante ! C'est à faire absolument mais ne buvez pas tous les mini verres car vous risquez de ne pas conduire droit au moment du retour, ce rhum particulièrement sucré est vraiment traitre, consommez-en avec modération... Plus d'informations sur www.koloarum.com

WAILUA FALLS

De Lihue, prendre la Highway 50 vers le nord puis la Maalo Road à gauche. Les chutes sont au bout de la route. À 5 minutes de voiture de Lihue.
Hautes de 25 m, ces impressionnantes chutes d'eau se jettent dans un lac. Les alii (membres de la famille royale) avaient pour habitude, afin de prouver leur courage, de plonger dans ce lac en se jetant du sommet des Wailua Falls. Il est impossible d'accéder directement aux chutes, pour des raisons de sécurité, mais il est très facile de les admirer depuis un point de vue qui a été aménagé juste en face. Il suffit de garer sa voiture sur le parking installé à proximité. Venir tôt le matin pour profiter sereinement du spectacle : les visiteurs sont nombreux l'après-midi.

Wailua Falls.

© HAWAII TOURISM AUTHORITY (HTA) / TOR JOHNSON

Wailua River.

Visites guidées

HAWAII MOVIE TOUR

Roberts Hawaii
HANALEI ✆ +1 800 831 5541
ask.me@robertshawaii.com
Visite guidée de 7h à 15h. 109 US$ par adulte, 56,50 US$ par enfant. Départs de Princeville avec supplément de 9,50 US$.
Organisée par l'agence Robert's Hawaii, le « Hawaii Movie tour » est une visite guidée de 6 heures en minibus pour découvrir tous les lieux de tournage des films à succès d'Hollywood à Kauai avec de multiples arrêts. Vous découvrirez où ont été filmés notamment : *Jurassic Park*, *King Kong*, *Pirates des Caraïbes*, *The Descendants* (stop à la baie d'Hanalei), *Blue Hawaii* (stop à l'hôtel désaffecté Coconut Palms, normalement fermé aux visiteurs). Un très bon circuit, passionnant et de bon rapport qualité-prix.

WAILUA STATE PARK

Les premiers Tahitiens arrivés à Hawaii se seraient installés à Wailua, qui est resté pendant longtemps le cœur de la communauté tahitienne de Hawaii. Au XXe siècle, les activités touristiques se sont développées sur la Wailua River – la seule rivière navigable de l'archipel hawaiien – et des complexes hôteliers sont apparus de mer. La rivière de Wailua, d'une longueur de 34 km, s'écoule du mont Waialeale (1 596 m) au Lydgate Park, où elle se jette dans l'océan. C'est la seule rivière navigable de Hawaii. C'était « le terrain de jeux » favori des membres des familles royales hawaiiennes, les *alii*. Ils adoraient y faire du canoë et s'y baigner. Tout au long de la rivière, a donc été construite une série de heiau (temple) en leur honneur. Seulement sept sont visibles, les autres étant sur mont Waialeale. Pour faire la traversée de la rivière, plutôt que de prendre un billet d'excursion sur un des gros bateaux touristiques, il vaut mieux opter pour le kayak. Certes, c'est plus fatigant mais c'est le moyen idéal pour profiter des paysages en toute tranquillité. Il est accessible à tous les âges et même aux non sportifs, car la rivière est très calme. Avec un bon plan, il est en outre impossible de se perdre.

Se loger

KAUAI BEACH VILLAS

4330 Kauai Beach Drive ✆ +1 808 245 8841
www.kauaivacationrentals.com
aloha@kvrre.com
A partir de 105 US$ par nuit ou 807 US$ la semaine l'appartement pour 2 à 4 personnes. A partir de 1 050 US$ la semaine pour 6. La plupart des réservations sont à la semaine mais possibilité de négocier pendant les périodes creuses.
Un très bon choix pour un couple ou une famille. Des appartements spacieux et parfaitement équipés. Mobilier en bambou et décoration aux couleurs hawaiiennes. Piscine, courts de tennis, terrain de volley et barbecue.

Sortir

SMITH TROPICAL PARADISE

174 Wailua Road
✆ +1 808 821 6895
www.smithskauai.com
Luau. Début du spectacle à 16h45 de novembre à février et à 17h de mars à octobre. Seulement le lundi, mercredi et vendredi de novembre à janvier ; de février à octobre, également le jeudi ; de juin à octobre, comptez une représentation de plus le mardi. Adultes 88 US$, enfants de 3 à 6 ans 19 US$, de 7 à 13 ans 30 US$. Promotions online.

C'est un des plus beaux luaus (spectacle et dîner traditionnels hawaiiens) de Kauai. Le cadre y est pour beaucoup puisque le banquet se tient dans les sublimes jardins du Smith Tropical Paradise. On y mange de délicieuses spécialités hawaiiennes et le spectacle n'est pas kitsch du tout.

À voir – À faire

FERN GROTTO

174 Wailua Road © +1 808 821 6892
www.smithskauai.com
Accessible par la rivière uniquement et en bateau de croisière. Tarifs pour la traversée en bateau : adultes 20 US$, enfants (de 2 à 12 ans) 10 US$. Départs de la Wailua Marina à 9h30, 11h, 14h et 15h30.
« Fern grotto », ou « la grotte aux fougères », était autrefois un sanctuaire dédié au dieu Lono, le dieu des moissons et de la fertilité. Un sentier ombragé, boisé et balisé mène du ponton, où vous dépose le bateau, à la fameuse grotte. Durée de la visite guidée et de la traversée : 1h20.

HIKINA A KA LA HEIAU

Près de l'embouchure de la Wailua River.
C'est un des sept heiaus visibles le long de la Wailua River et c'est sans aucun doute le plus facile d'accès. Malheureusement, il n'en reste qu'un entassement de pierres, par-ci, par-là. Les archéologues ont daté la construction de ce temple des environs de 1300. « Hikina A Ka La Heiau » signifie « lever du soleil » car les prêtres y célébraient l'aube.

POLIAHU HEIAU

Sur la Kuamoo Road, un peu avant d'arriver aux Opaekaa Falls.
Des cérémonies religieuses étaient célébrées dans ce *heiau* jusqu'à la christianisation officielle de Hawaii, en 1819. À proximité, un joli point de vue sur la Wailua River et un panneau explicatif qui évoque l'importance de ce *heiau* pour la royauté.

Pourquoi les temples hawaiiens sont-ils toujours en ruines ?

Quand on va voir un *heiau* pour la première fois, on est souvent déçu de ne trouver que des ruines ; au mieux quelques murs encore debout. Pourquoi ?
C'est tout simplement parce qu'au moment de l'évangélisation officielle de Hawaii, en 1819, le roi Kamehameha II a fait détruire tous les *heiau* et les idoles de l'archipel afin faire disparaître la religion hawaiienne paienne ancestrale. Ce n'est qu'à partir du XXe siècle que les sites des *heiaus* seront progressivement réhabilités et protégés.

KAMOKILA HAWAIIAN VILLAGE

(Kuamoo Road)
Highway 580 © +1 808 823 0559
villagekauai.com
villagekauai@villagekauai.com
Un panneau indique la direction du village hawaiien en face des Opaekaa Falls, sur la gauche. Prendre la route un peu cabossée qui descend. C'est à 5 minutes. Ouvert de 9h à 17h. Entrée : adultes 5 US$, enfants 3 US$.
Un village hawaiien traditionnel parfaitement reconstitué. Des panneaux explicatifs reviennent sur tous les rites et coutumes des premiers habitants de Hawaii. C'est une bonne façon de parfaire ses connaissances en la matière. Une brochure et un plan illustré sont fournis à l'entrée.

Poliahu Heiau.

■ **LYDGATE STATE PARK**

De Lihue, prendre la Kuhio Highway (n° 56) vers le nord et tourner à droite sur Leho Drive.

Un charmant parc verdoyant avec aire de repos, que longe l'agréable Lydgate Beach, une petite plage avec deux piscines naturelles d'eau de mer. L'une, peu profonde, est parfaite pour les enfants et l'autre, plus grande, est idéale pour le snorkeling. Toilettes et douches dans le parc à proximité.

■ **OPAEKAA FALLS**

Juste après le Poliahu Heiau.

Deux chutes d'eau impressionnantes avec point de vue aménagé qui permet de faire de belles photos !

■ **SLEEPING GIANT – NOUNOU TRAIL**

Plusieurs sentiers de randonnée mènent au Sleeping Giant, une montagne qui doit son nom à sa forme de géant allongé. Le sentier le plus facile est celui qui part de Haleilio Road, au deuxième feu à gauche à partir de la Wailua river en allant vers le nord. Une courte promenade en forêt vous amène à un sommet dégagé où l'on peut admirer le bord de mer à l'est et les chaînes de montagnes à l'ouest. Si vous poussez encore quelques mètres après le panneau indiquant la fin de la randonnée vous obtiendrez une vue à 360 degrés.

■ **SMITH TROPICAL PARADISE**

174 Wailua Road ✆ +1 808 821 6895
www.smithskauai.com

Sur la Wailua Marina. Ouvert de 8h30 à 16h. Entrée : adultes 6 US$, enfants (de 3 à 12 ans) 3 US$.

Superbe jardin tropical de 12 ha. Une vingtaine d'arbres fruitiers, une forêt de bambous et un ravissant jardin japonais sur une petite île. Un merveilleux endroit pour une petite promenade ou pour pique-niquer.

Sports – Détente – Loisirs

■ **KAUAI WATERSKI & SURF COMPANY**

kauaiwaterskiandsurf.com

Tous sports nautiques confondus, comptez 90 US$ les 30 minutes et 175 US$ l'heure.

Cette nouvelle agence organise des sorties sur la Wailua River pour faire du ski nautique, du kneeboard (sport nautique qui consiste à se laisser glisser sur l'eau en position à genoux sur une planche) et de l'hydrofoil (hydroplane) avec leur bateau, le « Malibu boat ». Tous les niveaux sont acceptés, y compris les débutants. Possibilité de prendre des cours de surf sur la Wailua Bay.

■ **OUTRIGGER CANOE RIDES**

Kamokila Hawaiian Village Highway 580 (Kuamoo Road)
✆ +1 808 823 0559
villagekauai.com
villagekauai@villagekauai.com

20 US$ les visites guidées d'une heure, 30 US$ la visite de 3h. 35 US$ la location à la journée.

Le staff du Kamokila Hawaiian Village, un village hawaiien primitif reconstitué, organise des visites guidées en canoë des principaux sites de la Wailua River (Secret Falls, Fern Grotto ou le Swimming Hole). Possibilité de louer des canoës à la journée.

■ **WAILUA KAYAK ADVENTURES**

6575 Kuamoo Road
Kapaa
✆ +1 808 822 5795
kauaiwailuakayak.com
sacredriver@hawaiian.net

À la journée : 25 US$ la location du kayak monoplace et 50 US$ pour le biplace. 85 US$ par couple pour le tour de Secret Falls et le Jungle Safari, 50 US$ pour la randonnée.

Il existe aussi différentes formules de visites guidées de la Wailua River à la demi-journée. Possibilité de louer des kayaks à la journée.

KAPAA

Située au milieu de la touristique côte est, Kapaa, avec environ 10 000 habitants, est avant tout une ville résidentielle, pourtant elle mérite qu'on s'y attarde. Les restaurants y sont moins chers qu'ailleurs et le logement aussi. Pour preuve : on y trouve les deux seules auberges de jeunesse de Kauai !

Les devantures très colorées des magasins donnent à la ville un air de far west, pourtant l'heure est à la détente : une piste cyclable et piétons y a été aménagée en bord de mer, l'idéal pour explorer la côte Est. Vous y trouverez de bons restaurants et toutes les commodités nécessaires aux voyageurs.

Transports

■ **COCONUT COASTERS**

4-1586 Kuhio Highway – Kapaa
✆ +1 808 822 7368
www.coconutcoasters.com
info@coconutcoasters.com

Location de vélos à partir de 18 US$ la demi-journée et 20 US$ par jour.

Loueur sur la côte Est, aussi appelée « Coconut Coast », d'où le nom de la boutique. Réservation à l'heure possible sur demande.

KAUAI CYCLE AND TOUR
934 Kuhio Highway – Kapaa
✆ +1 808 821 2115
www.kauaicycle.com
kauaicycle@hawaii.rr.com
De 20 à 45 US$ la location de VTT pour 24h.

Pratique

BANK OF HAWAII
1407 Kuhio Highway
✆ +1 808 822 3471

FIRST HAWAIIAN BANK
1366 Kuhio Highway
✆ +1 808 822 4966

KAPAA PUBLIC LIBRARY
1464 Kuhio Highway
✆ +1 808 822 4422
Ouvert de 9h à 17h les lundi, mercredi et vendredi. De 12h à 20h le mardi.
Accès Internet avec une « Visitor's Card » à 10 US$ pour 3 mois (pas d'abonnement possible pour une durée d'utilisation inférieure).

Se loger

Bien et pas cher

KAUAI BEACH HOUSE
4-1552 Kuhio Highway
✆ +1 808 652 8162
www.kauaibeachhouse.net
kbhhostel@gmail.com
32,99 US$ la nuit en dortoir pour une personne et 74,88 US$ pour une chambre double, avec 20 US$ de plus pour une troisième personne. Taxes non incluses. Réservations recommandées.
Une auberge de jeunesse au personnel chaleureux. Des dortoirs spacieux et une salle commune agréable dans un patio qui donne sur l'océan.

KAUAI INTERNATIONAL HOSTEL
4532 Lehua Street ✆ +1 808 823 6142
kauaihostel.com
30 US$ la nuit en dortoir et 65 US$ la chambre double. Wifi gratuit.
Une auberge de jeunesse dont la clientèle, comme son nom l'indique, est très internationale. L'idéal pour les voyageurs en solo qui veulent nouer de nouvelles amitiés ou découvrir l'île à plusieurs. Café à volonté, cuisine commune et salle TV. Le tout à deux pas de la plage de Kapaa et des principaux commerces.

Confort ou charme

COURTYARD MARRIOTT
650 Aleka Loop ✆ +1808 822 3455
www.courtyardkauai.com
De 149 à 249 US$ la chambre double. Wifi gratuit.
A 15 minutes en voiture de l'aéroport de Lihue, ce tout nouvel hôtel Marriott est installé face à la place de Coconut Beach, loin de la ville, pour le plus grand bonheur des amateurs de calme et d'océan. La propriété verdoyante est sur la coconut plantation, réputée pour son grand nombre de cocotiers. Vous apprécierez cet établissement à taille humaine, de trois étages à peine, à l'atmosphère familiale et à la belle piscine avec accès direct à la plage. Les chambres sont grandes, modernes, confortables et la touche tropicale de la décoration apporte beaucoup de raffinement à l'ensemble. Préférez les chambres face à la mer, pour une vue imprenable sur l'océan... Sur votre balcon, vous aurez le sentiment d'être sur une île déserte, seul au monde. Parmi les commodités sur place : lounge, restaurant, valet, parking gratuit, salle de *fitness*, spa... En résumé, c'est une excellente adresse !

FERN GROTTO INN
4561 Kuamoo Road ✆ +1 808 821 9836
info@ferngrottoinn.com
Cottages entre 140 US$ et 200 US$ par nuit.
Une perle sur la côte Est pour ceux qui cherchent le confort et la tranquillité. Cinq cottages et une suite nichés dans la verdure n'attendent que vous. Construits en bois mais parfaitement équipés, ils sont modernes et fonctionnels. Des kayaks, vélos et un espace barbecue sont à disposition pour profiter des alentours.

KAUAI COUNTRY INN
6440 Olohena Road ✆ +1 808 821 0207
www.kauaicountryinn.com
De 169 à 209 US$ la suite pour 2 personnes. 30 US$ par personne supplémentaire. Petit déjeuner inclus. Parking et wifi gratuits.
Mike et Martina Hough ont quitté leur vie stressante de Los Angeles pour celle, autrement plus paisible, qu'ils mènent à Kauai. Ils y tiennent une charmante maison d'hôtes, composée de plusieurs appartements intimes et confortables, tous parfaitement équipés. On n'y manque de rien : wi-fi gratuit, TV, lecteur DVD, cuisinettes spacieuses, salles de bains modernes, dont une avec bain bouillonnant... Un petit havre de paix où il fait bon passer quelques jours.

Se restaurer

Kapaa compte beaucoup de restaurants de qualité et à petits prix. A la sortie nord de la ville, des roulottes proposent de la restauration rapide de qualité avec notamment des fish tacos, de la nourriture mexicaine et... des crêpes !

Sur le pouce

■ **JAVA KAI**
4-1384 Kuhio Highway
✆ +1 808 823 6887
www.javakai.com
info@javakai.com
Petit déjeuner à moins de 10 US$ et déjeuner autour de 12 US$.
Réputé pour ses cafés et chocolats chauds, ce petit coffee shop sert aussi de bons petit déjeuners et déjeuners. Les jus de fruits frais, smoothies et glaces sont fait avec des produits locaux.

Bien et pas cher

■ **ART CAFE HEMINGWAY**
4-1495 Kuhio Hwy
✆ +1 808 822 2250
www.art-cafe-hemingway.com
Ouvert du mecredi au dimanche de 8h à 14h et de 18h à 21h. Petit déjeuner autour de 10 US$.
L'endroit préféré des locaux pour prendre le petit déjeuner. Le choix est vaste entre les crêpes salées ou sucrées, les céréales, viennoiseries, omelettes ou autres délices. Le restaurant a un accent résolument italien, l'idéal pour manger du fromage qui vient à manquer après quelques semaines sur les îles.

■ **BUBBA' S**
4-1421 Kuhio Highway
✆ +1 808 823 0069
www.bubbaburger.com
Ouvert de 10h30 à 20h. Sandwiches à moins de 8 US$.
Une très bonne adresse pour les amateurs de hamburgers. Juteux, dorés et croquants, ils comptent de nombreux fans parmi les locaux. Le « burger fish », uniquement à base de poisson frais, est une des spécialités à succès du Bubba.

■ **OLYMPIC CAFE**
4-1354 Kuhio Highway ✆ +1 808 822 5825
www.olympiccafekauai.com
Ouvert de 7h à 22h toute la semaine. Petit déjeuner et déjeuner autour de 12 US$. Diner entre 15 US$ et 25 US$.
Quand on s'attable au l'Olympic Café, on est sûrs de ne plus avoir faim en sortant ! La maison semble mettre son point d'honneur à servir des portions gargantuesques tout en gardant ses petits prix. Une cuisine familiale, comme à la maison. Il faut s'installer à l'étage car la vue sur la mer, de la baie vitrée, est vraiment exceptionnelle. Le petit déjeuner est délicieux : pancakes, omelettes, café expresso.

■ **ONO FAMILY RESTAURANT**
1292 Kuhio Highway ✆ +1 808 822 1710
Ouvert de 7h à 14h. De 10 à 15 US$ le plat.
Restaurant familial où le petit déjeuner est à prendre au moins une fois ! Recettes d'omelettes variées et pancakes à la noix de macadamia ou à l'ananas garantissent aux gourmands un réveil en grande forme.

■ **TIKI TACOS**
Waipouli Complex
4-961 Kuhio Hwy
✆ +1 808 823 8226
Ouvert tous les jours de 11h à 20h30. 5 US$ par tacos.
Qualifiée de « meilleurs fish tacos » de Kauai, les Tiki Tacos sont assurément une façon de manger du poisson frais à petit prix. Ouvert depuis 2012, cet établissement mélange avec brio produits locaux et recettes mexicaines. Tout est fait maison, de la sauce à la tortilla.

Bonnes tables

■ **CAFFE COCO**
4-369 Kuhio Highway
✆ +1 808 822 7990
Ouvert de 17h à 21h. Plats entre 20 et 30 US$.
Plats équilibrés à base de produits exclusivement bio. Cadre intime et romantique, éclairé par des *tiki* (torches hawaiiennes) allumés dès le crépuscule. Musique *live* du jeudi au samedi soir, dans le patio.

Sortir

■ **TREES LOUNGE**
440 Aleka Loop
✆ +1 808 652 4342
www.treesloungekauai.com
A proximité de l'hôtel Courtyard Marriott et du Coconut Marketplace.
Ouvert de 17h à 23h30. Fermé le dimanche. Boissons de 5 à 7 US$. Assortiments de pupus autour de 10 US$ et plats 15 US$.
C'est l'un des bars les plus animés de l'île. Vous y trouverez toujours de l'ambiance

quel que soit le jour de la semaine avec de la musique live tous les soirs de 18h30 à 19h30 puis de 20h à 23h30. L'ambiance est bon enfant avec une clientèle de locaux qui se connaissent tous et des touristes qui apprennent à les connaître. Discussions et drague vont bon train. Les boissons sont à prix doux et, si vous avez faim, les assortiments de *pupus* comme les « Kingston Shrimps » ou le « Kauai grilled steack » sont un délice. Une vraie bonne adresse !

À voir – À faire

C'est au nord de Kapaa que se trouvent les plus belles plages de la côte est, le long de la Kuhio Highway, en direction de Kilauea. On peut s'arrêter sur chacune d'elles en y consacrant au moins une demi-journée.

■ ANAHOLA BEACH

Entre les balises 13 et 14 miles, prendre Anahola Road. Jolie plage surtout fréquentée par les locaux, d'où les regards parfois insistants. Ses eaux relativement calmes sont propices au snorkeling en été et au surf en hiver. La vue sur les montagnes en fait un bon spot pour pique-niquer.

■ DONKEY BEACH

Un peu après la balise 11 miles

Une fois garé sur le petit parking qui dessert la plage, il faut prendre un sentier balisé qui descend doucement jusqu'à Donkey Beach. Isolée et tranquille, c'est une oasis de paix pour qui veut bronzer en solo, mais les nageurs doivent s'abstenir à cause des forts courants. Nombre de surfeurs viennent en revanche y défier des vagues indomptables ; seuls les confirmés, bien sûr, car ce serait téméraire, voire périlleux, pour un débutant. La « Donkey Beach » (la plage de l'âne) doit son nom aux ânes qui travaillaient dans les plantations de sucre voisines et à qui il arrivait de se promener sur la plage.

■ KAPAA BEACH PARK

Moins exceptionnelle que Waipouli Beach, elle présente l'avantage d'avoir des toilettes et une aire de pique-nique dans son parc. Elle est plutôt fréquentée par les kitesurfers et les pêcheurs que par les touristes.

■ KEALIA BEACH

Juste après la balise 10 miles.

Une très belle plage de sable fin mais où l'on peut seulement faire trempette, en raison des fortes vagues. C'est, par opposition, le paradis absolu des surfeurs et des *boogie-boarders.*

■ WAIPOULI BEACH PARK (BABY BEACH)

Certainement l'une des plus belles plages du coin. À marée haute, grâce à une barrière rocheuse, s'y forme une piscine naturelle peu profonde. Sympa pour y faire trempette entre deux séances de bronzage sur le sable doré.

Sports – Détente – Loisirs

Kapaa compte peu de magasins, à l'exception des boutiques de sports nautiques. C'est là qu'on pourra aller acheter ou louer des planches pour partir surfer sur les plages au nord de Kapaa, beaucoup plus propices à ce sport que celles de Kapaa même. Même chose pour le *boogie-boarding.*

■ TAMBA SURF COMPANY

4-1543 Kuhio Highway

✆ +1 808 823 6942

www.tambasurfcompany.com

Ouvert de 9h à 17h. 25 US$ la location d'une planche de surf à la journée et 10 US$ pour une location de bodyboard. Tarifs à la semaine : 95 US$ pour une planche de surf et 40 US$ pour un bodyboard.

Une boutique aux prix vraiment compétitifs.

Shopping

■ COCONUT MARKET PLACE

4-484 Kuhio Highway

✆ +1 808 822 3641

www.coconutmarketplace.com

Ouvert de 9h à 21h du lundi au samedi et de 10h à 18h le dimanche.

Au sud de Kapa'a, cette galerie marchande est un endroit apprécié des locaux et touristes pour trouver des produits frais et souvenirs. Le marché en plein air se tient tous les mardis et jeudis de 9h à midi. Des spectacles de *hula* gratuits ont aussi lieu le mercredi à 17h et le samedi à 13h.

Old Kapaa Town Art Walk

Chaque premier samedi du mois les rues de Kapaa s'animent pour la Old Kapaa Town Art Walk. De 17h30 à 20h30 les galeries ouvrent leurs portes et les concerts se multiplient dans la rue. C'est l'occasion de goûter des spécialités locales auprès des vendeurs ambulants.

LA CÔTE NORD

Malgré la station balnéaire de Princeville et ses nombreux complexes hôteliers, la côte nord de Kauai reste relativement sauvage et préservée. Grâce à de nombreuses précipitations, principalement en hiver, c'est une des parties les plus verdoyantes de l'île.

KILAUEA

Jusqu'au début du XXe siècle, la bourgade de Kilauea, d'un peu plus de 2 000 habitants, était au cœur d'une région de plantation sucrière. La fin de cette époque prospère ne l'a cependant pas précipitée dans le business touristique. Kilauea est restée très rurale et ce sont surtout les fermes bio qui s'y sont développées ces dernières années. Surfeurs, hippies et oiseaux rares y ont aussi trouvé refuge.

Se loger

■ ANINI BEACH COUNTY PARK

Camping. Prendre la Highway 56 en direction de Kilauea puis la Kalihiwai Road. Anini Beach Road, sur la gauche, mène tout droit à la plage. Permis de camper obligatoire : 3 US$ par nuit, 4 nuits maximum sur place.

Un camping très populaire car il est près de la très belle plage d'Anini Beach.

Demander le permis de camper à l'avance, à l'adresse suivante : Permits Division of Kauai County Parks and Recreation, 4193 Hardy Street, Lihue HI 96766 (✆ +1 808 241 6660).

■ NORTH COUNTRY FARMS

Kahlili Makai Street ✆ +1 808 828 1513

www.northcountryfarms.com

A partir de 160 US$ la chambre double. 10 US$ par personne supplémentaire et gratuit pour les moins de 18 ans. L'écotourisme comme on en rêve ! La famille Roversi tient cette ferme bio qui fait office de Bed and Breakfast grâce au charmant petit cottage au fond du jardin. Tous les matins, au petit déjeuner, on se régale avec les fruits et légumes de la maison ! Pour les accros au monde moderne, ça compensera peut-être l'absence de télé dans la chambre !

Se restaurer

■ KAUAI NUT ROASTERS

4270 Kilauea Rd, Ste. 12-3

✆ +1 808 828 1105

www.kauainutroasters.com

A partir de 6 US$ un sachet.

Des noix de macadamia il y en a partout à Hawaï, mais ici elles dorlotées, grillées, enrobées, épicées et mixées avec soin. Et l'avantage c'est qu'on peut toutes les goûter ! De quoi se régaler, sans bien sûr en abuser. Deux autres magasins se trouvent à Hanalei (5-5190 Kuhio Highway, Ching Young Village Building E) et Koloa (5356 Koloa Road).

■ KAUAI NUT ROASTERS

4270 Kilauea Rd, Ste. 12-3

✆ +1 808 828 1105

www.kauainutroasters.com

A partir de 6 US$ un sachet.

Des noix de macadamia il y en a partout à Hawaï, mais ici elles dorlotées, grillées, enrobées, épicées et mixées avec soin. Et l'avantage c'est qu'on peut toutes les goûter ! De quoi se régaler, sans bien sûr en abuser. Deux autres magasins se trouvent à Hanalei (5-5190 Kuhio Highway, Ching Young Village Building E) et Koloa (5356 Koloa Road).

■ KILAUEA FISH MARKET

4270 Kilauea Road ✆ +1 808 828 6244

Ouvert du lundi au samedi de 11h à 20h. 15 US$ maximum le repas. Bienvenue aux amateurs de poisson frais ! Corienna Rogers en prépare à toutes les sauces, mais ceux qui préfèrent le cuisiner eux-mêmes peuvent aussi lui en acheter. Formules spéciales pour les végétariens. Vente à emporter.

■ KILAUEA & PAU HANA PIZZA

Kong Lung Center – Kilauea Road

✆ +1 808 828 2020

Ouvert de 6h à 21h. Compter 8 US$ au petit déjeuner et 20 US$ pour les autres repas.

Grande variété de thés, café, cookies et autres gourmandises pour le petit déjeuner. Au déjeuner et au dîner, c'est un vrai festival de pizzas à l'italienne. Salades et soupes pour ceux qui sont au régime. Produits frais et bio uniquement.

Sortir

Chaque dernier samedi du mois, le Stone Building (4270 Kilauea Road) s'anime pour la Kilauea Art Night de 17h à 20h. L'occasion de découvrir les artistes locaux.

À voir – À faire

Les meilleures plages se trouvent autour de la petite ville de Kalihiwai, sur Kalihiwai Road.

ANINI BEACH PARK

Sur la Kalihiwai Road, prendre à gauche l'Anini Beach Road, qui mène tout droit à la plage.
Un banc de sable de près de 3 km borde des eaux transparentes, protégées par l'Anini Reef, le plus important récif de l'archipel. C'est donc le paradis pour les nageurs et les fans de snorkeling. Mais surfeurs et véliplanchistes ne sont pas en reste, les vents favorables à leur sport balayant la partie ouest de la plage. Toilettes, douches et aire de pique-nique.

KAHILI QUARRY BEACH

Après la balise 11 miles sur la Highway 56, suivre la route cabossée qui descend.
Une plage isolée où nage, snorkeling et surf sont les activités reines.

KALIHIWAI BEACH

Au bout de Kalihiwai Road.
Les surfeurs et boogie-boarders confirmés fréquentent régulièrement cette plage de la baie de Kalihiwai où les vagues se déchaînent.

KILAUEA NATIONAL WILDLIFE REFUGE

Kilauea Road
✆ +1 808 828 0168
www.kilaueapoint.org
janekpnha@yahoo.com
Au bout de Kilauea Road. Ouvert de 10h à 16h. Entrée : adultes 5 US$, gratuit pour les enfants de moins de 16 ans.
La réserve naturelle de Kilauea, qui existe depuis 1985, héberge de nombreuses espèces d'oiseaux rares et endémiques de Hawaii. On y observe, tout au long de l'année, fous à pied rouge et oies *nene* qui sont en voie de disparition.

SECRET BEACH

Sur Kalihiwai Road. Prendre la route à droite après le premier virage.
Du parking, un sentier mène au sable fin de Secret Beach, l'une des plus grandes plages de Kauai. Elle est plutôt fréquentée par les surfeurs, friands de ses vagues, la mer n'étant pas ici propice à la nage. Mais en allant à l'extrémité droite de la plage, on accède à une jolie crique, protégée par des rochers de lave durcie où on peut se baigner, sans risques, dans des eaux translucides.

Sports – Détente – Loisirs

KAUAI MINI GOLF

5-2723 Kuhio Highway
✆ +1 808 828 2118
www.kauaiminigolf.com
Ouvert du mardi au dimanche de 11h à 20h. 18 US$ pour les plus de 11 ans, 10 US$ pour les enfants de 5 à 10 ans, gratuit pour les moins de 4 ans. Un mini-golf de 18 trous atypique car, on est loin de l'univers classique des mini golfs avec des cibles en forme de têtes de clowns et tout ce qui s'ensuit... Le parcours a été aménagé dans un jardin botanique où sont symbolisées les différentes époques de Hawaii. On peut donc s'amuser tout en s'instruisant sur la flore et l'Histoire de Hawaï.

Anini Beach Park.

■ WINDSURF KAUAI
Anini Beach ✆ +1 808 828 6838
windsurf-kauai.com
100 US$ les deux heures de cours de planche à voile, et on peut garder celle-ci tout le reste de la journée pour le même prix ! Location 25 US$ de l'heure.

Shopping

■ KONG LUNG CENTER
Kilauea Road
✆ +1 808 828 1822
www.konglung.com
shop@konglung.com
Sur la Highway 56, prendre la sortie Kilauea Road.
Un ancien village hippie qui a été réaménagé en centre commercial en plein air. T-shirts, bijoux, robes hawaiiennes et autres souvenirs... On y trouve de tout mais c'est un peu cher.

PRINCEVILLE

A 45 km au nord de Lihue par la Highway 56, Princeville est une station balnéaire de luxe où se concentrent hôtels haut de gamme et terrains de golf.

Pratique

■ BANK OF HAWAII
4280 Kuhio Highway
✆ +1 808 826 6551

■ FIRST HAWAIIAN BANK
4280 Kuhio Highway
✆ +1 808 826 1560

■ PRINCEVILLE POST OFFICE
4280 Kuhio Highway
✆ +1 808 828 0217
Ouvert de 10h30 à 14h30 du lundi au vendredi, de 10h à 12h le samedi.

■ PRINCEVILLE PUBLIC LIBRARY
4343 Emmalani Drive
✆ +1 808 826 4310
Ouvert de 10h à 17h le mardi et du jeudi au samedi, de 13h à 20h le mercredi.
Accès Internet avec une « Visitor's Card » à 10 US$ pour 3 mois (pas d'abonnement possible pour une durée d'utilisation inférieure). 3 ordinateurs.

Se loger

On trouve surtout des hôtels haut de gamme à Princeville. Si vous voulez faire une folie, autant prendre une chambre dans le plus luxueux hôtel St Régis qui est une valeur sûre. Quant aux restaurants, la plupart se trouvent dans les hôtels de luxe et sont vraiment trop chers. À éviter. Mieux vaut aller dîner à Kilauea ou à Hanalei, où le rapport qualité-prix est bien plus intéressant.

■ THE ST REGIS PRINCEVILLE HOTEL
5520 Ka Haku Road
✆ +1 808 826 9644
www.stregisprinceville.com
A partir de 535 US$ la chambre double. Suites entre 1 760 et 5 500 US$.
Là tout n'est qu'ordre et beauté, et ce dès l'arrivée dans le lobby. Tout, absolument tout, est beau, et parfait. Rien n'a été oublié ni laissé au hasard. Des courts de tennis, 3 restaurants, un terrain de golf, un immense spa, des chambres spacieuses avec vue, etc.

■ THE WESTIN
3838 Wyllie Road
✆ +1 808 827 8700
www.westinprinceville.com
A partir de 270 US$ le studio et 400 US$ la chambre avec cuisine séparée. Wifi gratuit.
Dans l'écrin de luxe qu'est Princeville, le Westin a su allier grandeur et efficacité. Il existe deux types de chambre : les studios et les chambres, plus spacieuses et avec cuisine séparée. Les deux ont un canapé-lit dans le salon pour les personnes supplémentaires et sont équipées d'un réfrigérateur, de plaques et d'un micro-ondes, l'idéal pour se cuisiner un repas après une longue journée ou pour faire des économies. De même, des barbecues et tables sont mis à disposition dans le jardin pour profiter de la douceur du climat hawaïen et pourquoi pas rencontrer ses voisins. A cela s'ajoutent quatre piscines, dont une où l'on peut observer les baleines en saison, une salle de sport, des tables de massages et des activités organisées tous les jours. Vous y verrez de nombreuses familles et habitués le sourire aux lèvres.

À voir – À faire

■ HIDEAWAYS BEACH (PALI KE KUA BEACH)
Cette plage au sable doré et à l'eau transparente s'étend au pied du Princeville Hotel. Un sentier partant à proximité d'un des courts de tennis mène directement à la plage. Prudence sur le chemin car la descente est rude et on y glisse facilement. Le snorkeling est le sport idéal à Hideaways Beach, mais attention aux forts courants en hiver.

PUU POA BEACH
Située au niveau du Princeville Hotel, cette plage est cependant beaucoup plus grande que la Hideaways Beach. Eaux peu profondes et protégées par une barrière rocheuse. Un bon endroit où nager, même pour les tout-petits. Le snorkeling s'y pratique aisément pour les mêmes raisons.

Sports – Détente – Loisirs

PRINCEVILLE RANCH
5-4280 Kuhio Highway
✆ +1 808 826 7669
princevilleranch.com
Entre 99 US$ et 145 US$ les balades à cheval. Entre 125 US$ et 145 US$ les formules de zipline simple ou avec baignade, kayak ou cheval.
Entreprise familiale depuis 1978, le ranch de Princeville était l'un des pionniers en matière d'élevage bovin. S'il a su se moderniser pour offrir des prestations touristiques originales, vous retrouverez cette riche histoire en parcourant les immenses champs qui appartiennent encore à la propriété. La mode actuelle étant à la zipline, le Ranch a suivi le pas en développant des excursions en forêt alliant parcours dans les arbres et sports aquatiques. Préparez-vous à vivre les paysages autrement depuis la cime. Réservation obligatoire.

HANALEI

Le village de Hanalei, sur la baie du même nom, est bien plus animé que Princeville, grâce à une population de surfeurs attirée par les spots de la région et les prix moins chers. L'ambiance y est celle d'une communauté un peu alternative où il fait bon vivre et où tout le monde se connait. Les deux centres commerciaux d'Hanalei drainent également pas mal de monde.

Pratique

HANALEI POST OFFICE
5226 Kuhio Highway
✆ +1 808 826 1290
Ouvert du lundi au vendredi de 10h à 16h. De 10h à midi le samedi.

Se loger

HANALEI COLONY RESORT
Haena 5-7130 Kuhio Highway
✆ +1 808 826 6235
www.hcr.com
Appartement pour 4 personnes à partir de 299 US$ vue jardin, 399 US$ vue mer. 15 US$ par personne supplémentaire.
Idéalement situés à mi-chemin entre la ville d'Hanalei et le début de la randonnée de Na Pali Coast, les appartements de Hanalei Colony Resort sont avantageux pour les groupes de 4 ou 5. Ils s'étendent entre une grande plage de sable et les imposantes montagnes de Kauai. Un air de bout du monde qui convient parfaitement après une journée de marche.

HANALEI INN
5-5468 Kuhio Highway
✆ +1 888 773 4730
www.hanaleiinn.com
info@hanaleiinn.com
A partir de 149 US$ l'appartement équipé pour deux personnes.
Des chambres au confort simple, avec toutes les commodités sauf le téléphone. Barbecue, hamacs, lave-linge à disposition. À 5 minutes de Hanalei Beach en voiture.

Hanalei et Princeville.

HANALEI VACATION HOUSE

4483 Aku road ✆ +1 808 826 0006
www.hanaleivacationhouse.com
Chambres à partir de 115 US$ par nuit pour 2. 5 US$ par personne supplémentaire.
Jim et Shannon ont fait le tour du monde sur leur voilier, et c'est à Hanalei qu'ils ont décidé de larguer les amarres pour le long terme. Et on les comprend, Hanalei offre de somptueux paysages de mer et de montagnes dans une ambiance paisible. Ils ont construit une grande maison divisée en 4 studios qui fonctionnent indépendamment. Chacun contient sa propre cuisine et salle de bains, le tout très bien aménagé et décoré. Les grands groupes peuvent réserver plusieurs studios ou la maison entière.

Se restaurer

THE DOLPHIN

Hanalei Dolphin Center
5-5016 Kuhio Highway
✆ +1 808 826 6113
www.hanaleidolphin.com
Marché aux poissons ouvert tous les jours de 10h à 19h, le Sushi bar de 17h30 à 21h30 et le restaurant de 11h30 à 15h puis de 17h à 21h. Plats entre 15 US$ et 30 US$.
Amateurs de poissons et fruits de mer, c'est ici qu'il faut aller. The Dolphin est à la fois un restaurant, un sushi bar et un marché aux poissons. Les produits frais sont amenés tous les jours et vous pourrez choisir entre *mahi mahi*, *poke* ou autres spécialités à préparer à votre sauce. Si toutefois l'envie de cuisiner ne se fait pas sentir, prenez une table et laissez le Chef vous dorloter.

Sortir

TAHITI NUI

5-5134 Kuhio Highway
✆ +1 808 482 4829 / +1 808 826 6277
thenui.com
Luau : adultes 75 US$, retraités 65 US$, enfants (de 12 à 17 ans) 45 US$, enfants (de 3 à 11 ans) 35 US$.
Ce bar-restaurant, tenu par des Tahitiens, est célèbre depuis qu'une séquence du film *The Descendants* avec George Clooney y a été tournée. Des photos du tournage du film sont accrochées sur les murs de l'établissement et les responsables en sont très fiers. On peut même s'asseoir sur la chaise où George Clooney était installé durant la scène : les fans de Mr « What Else » ne manqueront pas de faire une petite photo sur ce siège sacré. Le bar est aussi très animé car, tous les soirs, vous pouvez y écouter de la musique *live* à partir de 18h30 et le vendredi, à partir de 16h30, un groupe joue de la guitare « slack key », l'autre instrument hawaiien populaire après le ukulélé. Côté restauration, la cuisine est familiale à base de plats de viande ou de fruits de mer parfumés à la noix de coco ou à la noix de macadamia, et des pizzas.
Mais la spécificité du Tahiti Nui c'est son luau (dîner-spectacle traditionnel hawaiien), le seul *luau* familial de toute l'île ; il a lieu tous les mercredis de 17h à 20h.

MCMASTER SLACK KEY CONCERTS

Hanalei Community Center
Manolo Road ✆ +1 808 826 1469
www.mcmasterslackkey.com
Le vendredi à 16h et dimanche à 15h. Ticket 20 US$.
Doug et Sandy McMaster présentent deux fois par semaine les traditions musicales hawaïennes. Entre récits et démonstrations de ukulélé et guitare *slack key* ils vous font revivre l'arrivée des différents immigrés sur les îles. Un must pour les amateurs de musique.

À voir – À faire

Les plages du nord sont très agréables pour la baignade en été, mais, en hiver, la mer y est très agitée. Seuls les surfeurs vraiment expérimentés s'aventurent dans leurs vagues. Vous pourrez alors vous tourner vers la rivière où les kayaks et paddles peuvent circuler toute l'année.

HANALEI BEACH PARK

Prendre Aku Road puis tourner à droite sur Weke Road. Surveillée de 9h à 17h.
Cette plage ombragée est propice à la baignade et au *boogie-boarding*. Une aire de pique-nique a été aménagée à proximité. Douches et toilettes.

HANALEI PIER

Hanalei Beach Park
Situé à l'embouchure de la rivière d'Hanalei, cette jetée servait autrefois à amarrer les bateaux de ravitaillement. Si la construction n'a rien de spectaculaire en soi, elle est un bon spot pour observer les tortues en journée et admirer le coucher de soleil le soir venu.

HANALEI VALLEY LOOKOUT

Environ 5 miles (8 km) après Kilauea, sur la Kuhio Highway.
Un parking au bord de la route permet de se garer. Le point de vue offre un panorama

exceptionnel, avec, au premier plan, un champ de taros qui se présente comme un patchwork vert, gris et marron (la couleur variant en fonction de l'irrigation des plants). Au loin, on distingue le point culminant de Kauai, le mont Waialeale.
La vallée de Hanalei est aussi une réserve naturelle pour nombre d'oiseaux en voie de disparition. On ne peut malheureusement pas la visiter.

OKOLEHAO TRAIL
Avant d'arriver à Hanalei, tournez à gauche sur Okiki Road après le pont métallique qui traverse la rivière.
Roulez sur Okiki Road en longeant les champs de taro sur 0,25 miles. Le parking est sur la gauche, en face d'un pont en bois qu'il faut emprunter pour commencer la balade. Il faut ensuite prendre la première à droite au bout de quelques mètres, passer une barrière pour les voitures et enfin commencer l'ascension sur la gauche. Cette randonnée de 4 kilomètres aller offre de très jolis points de vue sur la baie d'Hanalei et les champs de *taro* qui prennent des allures de rizières thaïlandaises. Le sentier est très pentu et boueux quand il a plu, prévoir des chaussures et vêtements en conséquence.

WAIKOKO BEACH
À la balise 4 miles, sur la Highway 56.
Une toute petite plage aux eaux peu profondes, parfaites pour la pêche ou le snorkeling.

WAIOLI BEACH PARK
À partir d'Aku Road, aller sur Weke Road puis sur Hee Road.
Une jolie et grande anse de sable fin où les surfeurs et kitesurfeurs sont rois. L'été, s'y déroulent de nombreux cours d'initiation ; l'hiver, seuls les champions peuvent en défier la vague sans risques.

WAIOLI MISSION HOUSE MUSEUM
5-5363 Kuhio Highway
✆ +1 808 245 3202
www.hawaiimuseums.org
Juste derrière l'église du même nom. Entrée libre. Ouvert de 9h à 15h les mardi, jeudi et samedi. Visite guidée sur réservation.
Construite en 1837, cette ancienne maison de missionnaires a été transformée en musée. Le mobilier et la décoration sont d'époque. Le musée raconte l'histoire de ces missionnaires venus de Nouvelle-Angleterre et la façon dont ils s'y sont pris pour évangéliser les Hawaiiens. Une fort bonne initiation à l'histoire de la christianisation de l'archipel en général.

Sports – Détente – Loisirs

HANALEI SURF COMPANY
Ching Young Village 5-8420 Kuhio Highway
✆ +1 808 826 9000
www.hanaleisurf.com
info@hanaleisurf.com
Cours et location de matériel.

PEDAL'N PADDLE
Ching Young Village 5-8420 Kuhio Highway
✆ +1 808 826 9069
www.pedalnpaddle.com
solson20@yahoo.com
Ouvert de 9h à 18h. Location d'un kayak monoplace : 20 US$ la journée et 80 US$ la semaine. Le biplace : 40 US$ la journée et 160 US$ la semaine. Équipement complet de snorkeling : 5 US$ la journée et 20 US$ la semaine. Paddle 40 US$ la journée.

KAUAI

Waioli Mission House.

Kee Beach.

Visites guidées

■ **HAWAII MOVIE TOUR**
Roberts Hawaii
✆ +1 800 831 5541
Voir page 284.

HAENA

A 10 km de distance, soit 20 minutes de Hanalei par la Kuhio Highway, une toute petite ville rurale, peu animée. Mais toutes les plages ainsi que la nature environnante sont magnifiques et propices à de nombreuses activités.

Cascade du Limahuli Garden.

À voir – À faire

■ **HAENA BEACH PARK**
Sur la Kuhio Highway, avant la balise 9 miles.
Une jolie plage avec vue sur les montagnes. Malheureusement, là encore, il est exclu d'y nager à cause des courants marins violents. Grâce à son aire de pique-nique aménagée, ses douches et ses toilettes, c'est cependant un bon endroit où bronzer et se détendre, quitte à faire simplement trempette sur le rivage !

■ **KEE BEACH**
Au bout de la Kuhio Highway.
Une plage de sable fin aux eaux cristallines et que surplombent les magnifiques montagnes de la Na Pali Coast. La baignade y est assez sûre. On y croise souvent des randonneurs qui viennent se détendre après la rude randonnée de Kalalau Trail.

■ **LIMAHULI GARDEN**
5-8291 Kuhio Highway
✆ +1 808 826 1053
www.ntbg.org – administration@ntbg.org
Sur la Kuhio Highway, après la balise 9 miles. Ouvert du mardi au samedi de 9h30 à 16h. Entrée : adultes 20 US$, gratuit pour les enfants. Visite guidée sur réservation : adultes 40 US$ (à partir de 18 ans), enfants de moins de 10 ans non autorisés pour la visite guidée.
Un jardin tropical qui se donne comme objectif de sensibiliser le public à la protection des plantes natives de Hawaii. La plupart d'entre elles sont en effet menacées de disparition par des espèces importées qui sont devenues invasives. Des panneaux explicatifs présentent aussi les aspects médicinaux et décoratifs de ces végétaux dans la tradition hawaiienne.

LUMAHAI BEACH

Sur la Kuhio Highway, après la balise 5 miles. L'une des plus belles plages de l'île. Elle apparaît sur de nombreuses cartes postales de Kauai ! Cependant, les courants y sont forts et la baignade y est déconseillée. L'été, on peut aller nager à l'est dans la petite anse baptisée « Kahalahala Beach », qui est protégée par les rochers. Le snorkeling y est aussi très agréable, à condition qu'il n'y ait pas trop de monde ce jour-là !

MANINIHOLO DRY CAVE

Sur la Kuhio Highway, juste avant la balise 9 miles. Une grotte d'environ 30 m de profondeur s'est formée dans la roche. Selon la légende, c'est un pêcheur du nom de Maniniholo qui l'aurait creusée pour retrouver un esprit malin qui lui volait son poisson !

TUNNELS BEACH

Sur la Kuhio Highway, après la balise 8 miles. Tunnels Beach est en réalité la partie Est de Haena Beach, il faut donc se garer sur le parking de cette dernière et marcher sur le sable jusqu'à la pointe. Ce sont les surfeurs qui ont donné son nom à cette plage, en raison de ses rouleaux hivernaux que seuls les plus expérimentés d'entre eux peuvent défier. Grâce à ses récifs, c'est aussi un excellent spot de snorkeling ou de plongée sous-marine. Attention toutefois à ne pas se blesser sur les rochers, même si les maîtres nageurs surveillent la plage.

WET CAVES

Sur la Kuhio Highway, avant Kee Beach. Deux grottes, avec de l'eau cette fois-ci, qui se seraient formées il y a 4 000 ans. Ne pas s'y baigner en raison des pierres qui pourraient vous tomber sur la tête et du fort risque de leptospirose.

NA PALI COAST

Des montagnes verdoyantes et acérées se succèdent sur une trentaine de kilomètres au-dessus de l'océan, de Kee Beach au Polihale State Park, formant la Na Pali Coast (« Na Pali » signifie « falaises »).
Ce paysage époustouflant a été sculpté pendant plusieurs millions d'années par des vents puissants et de fortes pluies qui venaient grossir les eaux des rivières issues du mont Waialeale.
Des centaines de cascades se sont créées avec le temps et elles continuent de creuser un relief toujours plus aiguisé, au point qu'il en semble irréel.
Jusqu'au début du XXe siècle, des Hawaiiens vivaient pourtant dans les vallées de la Na Pali Coast, où ils se sentaient protégés. Le climat humide leur permettait de vivre de leurs cultures, notamment de celle du taro. Des maisons et une école y ont été construites, mais tout a aujourd'hui disparu, comme annihilé par les forces d'une nature surpuissante.
Cette prodigieuse côte est inaccessible par la route. On ne peut y accéder que de trois façons : à pied, par la mer ou par les airs.

Pratique

KAUAI STATE PARKS OFFICE

3060 Eiwa Street
Room 306, Lihue
✆ +1 808 274 3444
Permis de camping 20 US$ par nuit et par personne.
Attention, en été, les deux tiers des permis sont refusés en raison de la trop forte demande. Le seul moyen d'en obtenir un pour cette période, c'est de s'y prendre avec un mois d'avance.

KAUAI

Vue sur le Makana peak depuis Tunnels Beach.

À voir – À faire

KALALAU TRAIL

Ce sentier de 18 km a été conçu, à l'origine, pour la circulation des hommes et de leurs marchandises, du temps où les vallées étaient habitées.

Il traverse les cinq principales vallées de la Na Pali : Hanakapiai, Hoolulu, Waiahuakua, Hanakoa et Kalalau (d'où le nom du sentier). Le Kalalau Trail est cependant une randonnée difficile et longue (8h l'aller). Il faut donc être dans une parfaite condition physique pour l'effectuer. Des toilettes et une aire de pique-nique permettent heureusement de faire des pauses.

Et les efforts payent. Les panoramas merveilleux se suivent et ne se ressemblent pas. On en prend vraiment plein la vue, et on oublie vite sa fatigue. C'est beau à en pleurer. Un permis de randonnée est obligatoire pour tous ceux qui souhaitent aller au-delà de la vallée Hanakapiai (la première). Il est aussi possible de planter sa tente à Hanakapiai et de continuer la randonnée le lendemain matin ; dans ce cas également, un permis est nécessaire.

Ce système de permis a été établi dans le but de limiter la trop forte affluence dans ces montagnes dont l'écosystème est fragile. C'est, à titre d'exemple, l'habitat de plus d'une centaine d'espèces de plantes hawaiiennes menacées de disparition.

Pour obtenir le fameux sésame, il faut demander un permis en ligne sur le site du Kauai State Parks Office basé à Lihue.

Pour ceux qui ne veulent pas faire le chemin en entier, d'autres options s'offrent à vous sans permis nécessaire : en 20 minutes aller vous trouverez un joli point de vue sur Kee Beach, encore 20 minutes plus loin vous apercevrez la Napali Coast. Ici ceux qui veulent continuer pourront aller jusqu'à Hanakapiai Beach (3 km) ou jusqu'aux cascades du même nom (6 km). Enfin les plus courageux pourront pousser jusqu'aux Hanakoa Falls (9,5 km).

▶ **Mise en garde** : s'il a plu la veille ou s'il pleut, ne tentez pas la randonnée car le sol est alors très glissant et les sentiers étroits deviennent périlleux, pouvant entraîner une chute mortelle.

Par ailleurs, nous déconseillons aux personnes qui ont le vertige de se lancer dans la randonnée car le sentier est à une altitude impressionnante et c'est la panique assurée si vous êtes sujet au vertige.

Sports – Détente – Loisirs

▶ **Kayak.** Se rendre à la Na Pali Coast en kayak est un vrai challenge sportif, mais le spectacle vous en récompense au-delà de toute espérance. Attention : si la mer est agitée, il n'est pas recommandé de faire l'excursion... Les loueurs ne vous loueront pas de kayak dans ces cas-là de toute façon.

▶ **Hélicoptère.** Admirer la Na Pali Coast en hélicoptère est certes cher mais, si vous devez vous permettre une folie pendant votre séjour, optez pour celle-là. Le spectacle de la nature vue du ciel est d'une splendeur telle qu'il restera gravé à jamais dans votre mémoire. Ne vous attendez pas à atterrir pour une petite promenade ; c'est formellement interdit

Panorama du Kalalau.

aux hélicoptères. En même temps, une fois là-haut, on ne voit pas vraiment comment un hélicoptère pourrait se poser sans se crasher, tant le relief est aiguisé !
Un conseil : ne mangez pas avant de vous envoler, sinon c'est la nausée garantie et... tout ce qui s'ensuit.

■ **CAPTAIN ANDY'S SAILING ADVENTURES**
4353 Waialao
Eleele ✆ +1 808 335 6833
www.capt-andys.com
Prix de l'excursion : 149 US$ par adulte et 109 US$ par enfant.
Plusieurs formules pour se rendre à Na Pali en catamaran et y faire du snorkeling. Au programme : 5h d'excursion, avec pique-nique, cocktail ou dîner inclus en fonction de la traversée choisie. Notre excursion préférée est la « Na Pali dinner Sunset sail » : repas et boissons alcoolisées en open bar pendant une superbe croisière avec une magnifique vue sur la Na Pali coast et le coucher de soleil... Comme tous les passagers boivent, l'ambiance se détend vite et les blagues fusent. C'est la croisière s'amuse sur un catamaran !

■ **JACK HARTER**
4231 Ahukini Road
Lihue ✆ +1 808 245 3774
www.helicopters-kauai.com
269 US$ les 60 minutes de vol. Promotions sur Internet.
Jack Harter, le fondateur de cette compagnie d'hélicoptères, est l'initiateur des survols de Kauai. En particulier de la Na Pali Coast. Pendant le vol, le pilote fait une présentation détaillée des falaises de la Na Pali. Le tout sur fond musical ! Il s'agit des bandes originales de tous les films tournés sur ou près de ce site. Vous reconnaîtrez sûrement Jurassic Park ! Si on réserve sur le site Internet, on peut bénéficier de petites réductions.

■ **LIKO KAUAI CRUISES**
Kekaha Boat Harbor
Waimea ✆ +1 808 338 0333
www.liko-kauai.com
likokauai@msn.com
Adultes 140 US$, enfants 95 US$ (de 4 à 12 ans).
Excursion à la journée à Na Pali. Snorkeling et *whale-watching* (en hiver).

■ **OUTFITTERS KAUAI**
2827 A Poipu Road
Poipu
✆ +1 808 742 9667
www.outfitterskauai.com
info@outfitterskauai.com
Tarif : 243,75 US$ (déjeuner, guide et location du kayak inclus).
Cette agence, spécialisée en sorties sportives à travers Kauai, organise des excursions en kayak à la journée vers la Na Pali Coast. Elles n'ont lieu que de la mi-mai à la mi-septembre car la mer est beaucoup trop agitée le reste de l'année.

■ **SAFARI HELICOPTERS**
3225 Akahi Street
Lihue
✆ +1 808 246 0136
www.safarihelicopters.com
Compter 239 US$ le vol de 60 minutes et 304 US$ le vol de 90 minutes. Réductions en ligne.
Une compagnie sérieuse, avec plus de 25 ans d'expérience, et au personnel chaleureux. Le circuit en hélicoptère d'une heure propose un survol de la Na Pali coast mais aussi du Waimea canyon et du Waialeale crater. Le plus : possibilité de se poser au pied de la chute de Jurassic Park sur la Na Pali coast (en supplément). Sachez enfin que si vous réservez directement votre tour sur internet, vous bénéficierez de réductions intéressantes sur le vol.

LA CÔTE SUD

La côte sud est très touristique car c'est la partie la plus ensoleillée de Kauai et que c'est l'un des rares endroits où on peut se baigner tout au long de l'année, y compris en hiver (les courants ne sont pas dangereux comme au nord). Poipu abrite un grand nombre de complexes hôteliers assez luxueux, tandis que la petite ville de Koloa n'a rien perdu de son cachet et garde un charme historique certain.

POIPU

Si Poipu est très fréquentée par les touristes, c'est principalement pour ses divines plages de sable fin. Cette station balnéaire regroupent les hôtels haut de gamme des grandes chaînes américaines, tous très beaux évidemment. Les activités culturelles et nocturnes ont d'ailleurs lieu dans leurs bars et restaurants.

De Lihue, il faut 30 minutes pour arriver jusqu'à Poipu par la Highway 50.

Se loger

A côté des hôtels de luxe, il existe quand même des hébergements d'un très bon rapport qualité-prix.

■ GRAND HYATT KAUAI RESORT & SPA

1571 Poipu Road
✆ +1 808 742 1234
kauai.hyatt.com/en/hotel/home.html
res@hyatt.com
De 440 à 880 US$ la chambre double. Suites à partir de 935 US$.
Le plus bel hôtel de Kauai ! Incontestablement. Tout y a été étudié dans les moindres détails. Tout y est si parfait qu'on pourrait y passer des mois sans même éprouver le besoin d'en sortir. Le paradis reconstitué, en somme. 3 courts de tennis, 1 terrain de golf, 6 restaurants, 4 bars à cocktails, 8 magasins, 1 spa d'un luxe rare, un centre de remise en forme, une énorme piscine dont une partie à remous, le tout au sein d'un jardin tropical luxuriant, face à la très jolie Shipwreck Beach. Que demander de plus ?

■ POIPU BEACH SURF SONG

5135 Hoona Road
Poipu Beach
✆ +1 808 742 2331
www.surfsong.com
info@surfsong.com
Location à la semaine à partir de 430 US$ le studio et 780 US$ l'appartement pour 3 personnes. Réservation bien à l'avance.
A 5 minutes de la plage Baby Beach, 3 studios et un appartement parfaitement agencés qui donnent sur un joli jardin. Vraiment une très bonne affaire. Chaque logement est équipé d'une kitchenette, d'un micro-ondes, d'un frigo, d'un lave-linge et d'une machine à café. C'est la détente assurée, comme le laisse entendre le doux nom de l'établissement.

■ WYNDHAM KOLOA LANDING AT POIPU BEACH

2641 Poipu Road
✆ +1 808 240 660
www.wyndham.com
info@koloalanding.com
A partir de 449 US$ la chambre double.
Installé dans une oasis luxuriante, entre lagons et chutes d'eau, cet hôtel offre des chambres ultra confortables et parfaitement équipée. Plage accessible à pied.

Se restaurer

■ DONDERO'S

Grand Hyatt Kauai Resort & SPA
1571 Poipu Road ✆ +1 808 742 1234
Ouvert pour le dîner. Plats de 20 à 40 US$.
Chic et romantique à la fois, ce restaurant italien, parfait pour un dîner en tête à tête, propose une cuisine authentique et traditionnelle parmi les meilleures de l'île. Son osso bucco et ses lasagnes aux fruits de mer sont de vrais chefs-d'œuvre gastronomiques.

■ JOE'S ON THE GREEN

Kiahuna Golf Club – 2545 Kiahuna Plantation Drive ✆ +1 808 742 9696
www.joesonthegreen.com
Ouvert à partir de 7h. Réductions si vous vous présentez avant 8h. Plats autour de 12 US$.
Un petit restaurant en face du terrain de golf. Clientèle de golfeurs et de locaux.
Au déjeuner, grand choix de sandwiches et de salades.

■ KEOKI'S PARADISE

2360 Kiahuna Plantation Drive
Poipu Shopping Village
✆ +1 808 742 7534
www.keokisparadise.com
Ouvert de 11h à 23h30. De 20 à 30 US$ le plat.
Poissons et fruits de mer déclinés en salades, plats hawaiiens ou sandwiches. Les grillades de bœuf sont à la fois croustillantes et onctueuses. Au dessert, le « hula pie » *made in* Lahaina (ville de Maui) est un péché de gourmandise irrésistible. Musique *live* tous les soirs.

■ PLANTATION GARDENS

Kiahuna Plantation Resort 2253 Poipu Road ✆ +1 808 742 2121
www.pgrestaurant.com
Ouvert tous les jours de 17h30 à 21h. Plats autour de 30 US$. Situé dans une ancienne maison de plantation, au milieu d'un superbe jardin tropical, ce restaurant marie avec brio recettes hawaiiennes et méditerranéennes. De plus, tous les ingrédients proviennent de Kauai et sont bio !

Sortir

■ LUAU « HAVAIKI NUI »

Grand Hyatt Kauai Resort
Spa1571 Poipu Road ✆ +1 808 742 1234
www.grandhyattkauailuau.com
Spectacle le dimanche et le jeudi à 17h45. Entrée : adultes 95 US$.

Un *luau* (dîner-spectacle hawaiien), avec buffet délicieux et spectacle bluffant.

POIPU SHOPPING VILLAGE

2360 Kiahuna Plantation Drive
✆ +1 808 742 2831
Tous les mardis et jeudis à 16h30, vous pouvez venir regarder un spectacle de danse tahitienne gratuitement au Poipu shopping village.

RUM FIRE

Sheraton Kauai Resort
2440 Poipu Beach Road
✆ +1 808 742 1661
www.rumfirekauai.com
Ouvert de 17h30 à 22h du mardi au jeudi et jusqu'à 23h le vendredi et samedi. Cocktails autour de 10 US$.
S'étalant face à la mer, le Rum Fire est un bar chic et cosy où passer la soirée en sirotant des cocktails de qualité. Chaque mardi, mercredi et vendredi de 17h à 18h de nouveaux vins sont présentés pendant la Social Hour, une idée fort agréable pour découvrir les saveurs du pays. Le repas ou l'apéritif pourra être accompagné de la douce mélodie des musiciens qui jouent en direct les mardis, jeudis et vendredis de 19h à 21h.

STEVENSON'S LIBRARY

Grand Hyatt Kauai Resort
Spa1571 Poipu Road ✆ +1 808 742 1234
10 US$ environ le cocktail.
Bar raffiné aux lumières tamisées. Des sandwichs, snacks et sushis pour les petites faims. Live jazzy de 20h à 23h tous les soirs. Cocktails variés. Billards et jeux d'échecs à disposition.

À voir – À faire

BABY BEACH

Près de Hoone Road
Plage protégée des courants par un récif. Idéale pour les enfants. Attention toutefois aux quelques rochers.

BRENNECKE'S BEACH

À l'est de Poipu Beach
Excellent spot de *boogie-board.*

KIAHUNA BEACH

Parking public près du Sheraton.
Le banc de sable fin de cette plage s'étend du Sheraton au Kiahuna Plantation Resort. *Boogie-board,* surf, snorkeling et nage peuvent s'y pratiquer sans danger. La mer est même trop calme pour les surfeurs, qui doivent aller chercher la vague au large.

LAWAI BEACH (BEACH HOUSE)

Sur Lawai Road
Petite plage où l'on pratique surtout surf et *boogie-board.* Les courants sont trop forts pour la nage. À l'ouest de la plage, près du restaurant, les eaux peu profondes sont propices au snorkeling.

MAHAULEPU BEACH

A partir du Hyatt, prendre Poipu Road et suivre la direction de Kaiwaloa Bay.
Une plage souvent déserte, aussi y jouit-on d'un calme qui encourage le farniente. Kitesurf et baignade au bord, attention aux courants. En 1795, en vue de conquérir Kauai, Kamehameha (le futur empereur qui sera à l'origine de l'unification des îles de Hawaii, en 1810) accoste sur cette plage à la tête de ses troupes. Mais celles-ci, en partie décimées par une précédente tempête, sont devenues trop faibles pour combattre celles du roi Kaumualii. Elles se font massacrer et perdent la bataille. L'idéal est de la rejoindre en marchant depuis le Grand Hyatt par le joli sentier de 40 minutes qui longe la mer. Prévoir des baskets et de l'eau.

MAHA'ULEPU HERITAGE TRAIL

A partir de la plage du Grand Hyatt.
Une balade très facile qui part de l'extrêmité est de la plage du Grand Hyatt pour longer la mer en passant devant des formations rocheuses originales créées par les vagues et l'érosion. Le chemin arrive jusqu'à la sauvage Maha'ulepu beach et ses pétroglyphes qui ne sont visibles qu'en de rares occasions, pour ensuite poursuivre vers Ka-wai-loa Bay. Effet bout du monde garanti. Gardez un œil sur la mer et vous apercevrez probablement des tortues, phoques moines ou baleines en saison.

MC BRYDE AND ALLERTON GARDENS

4425 Lawai Road
✆ +1 808 742 2623
www.ntbg.org
donations@ntbg.org
L'entrée est à payer au Visitor Center, juste avant le Spouting Horn. Ouvert de 8h30 à 17h. Visite libre de Mc Bryde : adultes 20 US$, enfants 10 US$. Visite guidée de Allerton : adultes 40 US$, enfants 15 US$.
Le Mc Bryde et l'Allerton Gardens sont deux magnifiques jardins qui abritent de nombreux arbres et plantes endémiques de Hawaii. L'Allerton Gardens fut habité par la reine Emma, dans les années 1860.

■ **POIPU BEACH PARK**
Près de Poipu Shopping Village
Une des plages les plus populaires de la côte, parfaite pour la baignade et le coucher de soleil. C'est aussi un très bon spot pour s'initier au surf. Enfin, si vous avez de la chance, vous pourrez peut-être apercevoir des tortues et des phoques dormant sur la plage au milieu des touristes, sereins.

■ **POIPU SHOPPING VILLAGE**
2360 Kiahuna Plantation Drive
✆ +1 808 742 2831
poipushoppingvillage.com
Le Poipu Shopping Village présente chaque lundi et jeudi à 16h30 des danses tahitiennes sur sa scène centrale. Des spectacles de qualité et gratuits qui risquent de vous donner envie d'essayer en rentrant le soir ! Le troisième vendredi du mois un concert de musique hawaïenne se tient sur la même scène de 19h30 à 20h30.

■ **SHIPWRECK BEACH**
En face du Hyatt
Belle plage de sable fin, mais assez ventée. Pratique du *boogie-board*.

■ **SPOUTING HORN**
Sur Kukuiula Bay, près du Prince Kuhio Park
Une curiosité géologique et sonore. À travers un trou creusé dans la roche, la mer se propulse en un geyser qui peut atteindre jusqu'à 3 m de haut et le phénomène s'accompagne d'une sorte de gémissement. Selon la légende, ce seraient les cris plaintifs d'un lézard femelle géant (Mo'o) resté coincé dans le trou.

Poipu Beach.

Sports – Détente – Loisirs

■ **CJM COUNTRY STABLES**
Poipu Road
✆ +1 808 742 6015
www.cjmstables.com
cjmstables@hawaii.rr.com
2,8 kilomètres après le Grand Hyatt sur Poipu Road
A partir de 110 US$ pour deux heures de balade. Départs tous les jours sauf le dimanche.
C'est le seul centre équestre de Kauai qui propose des balades en bord de mer, l'idéal pour s'initier à l'équitation en profitant du soleil et de la vue. Le choix se fait entre la Scenic Beach and Valley Ride, une balade de deux heures qui traverse la vallée de Maha'ulelpu avant de rejoindre la plage ; ou la Secret Beach Picnic Ride qui allie deux heures de balade et une pause plage et repas d'environ une heure.

■ **NUKUMOI SURF CO**
2100 Hoone Road
✆ +1 808 742 8019
www.nukumoi.com
christine@nukumoi.com
Ouvert tous les jours de 8h au coucher du soleil. 75 US$ pour 2h de cours de surf. 6 US$ la journée pour de la location de matériel PMT, chaises de plage et boogie board. A partir de 25 US$ la location de planche à la journée.
Poipu Beach est la plage idéale où s'essayer au surf à Kauai. Ses eaux sont calmes toute l'année. Spécialistes du Surf, Nukumoi donne des cours deux fois par jour, tous les jours, pendant 2h. Le matériel est également en location libre.

KOLOA

La plus ancienne ville sucrière de Hawaii. C'est là qu'un jeune Américain du nom de William Hooper fonda, en 1835, la première plantation de l'archipel.
Il est très agréable de se promener dans le centre-ville historique de Koloa et dans ses boutiques.
Un charme d'antan qui contraste avec l'atmosphère souvent surfaite de Poipu.
À partir de la Highway 50, on accède à Koloa, en 10 minutes, par la Poipu Road ou la Maluhia Road.

Pratique

■ **FIRST HAWAIIAN BANK**
3506 Waikomo Road
Distributeur 24h/24.

Koloa Sugar Monument.

KOLOA POST OFFICE
5485 Koloa Road
✆ +1 800 255 877
Ouvert du lundi au vendredi de 9h à 16h et de 9h à 11h le samedi.

SOUTH SHORE PHARMACY
5330 Koloa Road
✆ +1 808 742 7511
Ouverte de 9h à 17h.

Se loger

MARJORIE'S KAUAI INN
Lawai
P.O. Box 866 ✆ +1 800 717 8838
www.marjorieskauaiinn.com
Alexis@MarjoriesKauaiInn.com
Chambre de 170 US$ à 225 US$ pour deux personnes, petit déjeuner inclus. 20 US$ par personne supplémentaire.
Situé à quelques kilomètres au nord de Koloa, dans le village de Lawai, Marjorie's est un charmant bed and breakfast. Les trois chambres ont leur propre terrasse et offrent des vues panoramiques sur la vallée de Lawai et sa végétation luxuriante. Les chambres ont toutes une entrée privée et une mini cuisine pour se sentir chez soi. La Sunset Room a même un bain bouillonnant sur la terrasse pour buller en regardant le coucher de soleil.

Se restaurer

THE BEACH HOUSE RESTAURANT
5022 Lawai Road
www.the-beach-house.com
Ouvert de 11h à 22h. Comptez 20 US$ le déjeuner et 40 US$ le diner.
Ce restaurant est l'un des meilleurs de Kauai depuis une dizaine d'années. Deux raisons à cela : il est situé sur une plage superbe, face à l'océan, et sa cuisine contemporaine fusion, à la fois européenne et hawaiienne, est un vrai délice. Une très bonne adresse. Ne manquez pas les couchers de soleil avant le dîner !

À voir – À faire

KOLOA HISTORY CENTER
Koloa Road
www.oldkoloa.com
Ouvert de 9h à 21h.
Diaporama de photos qui datent de l'ère sucrière. Les boutiques à proximité ont toutes une origine récente, mais une plaque apposée devant chaque bâtiment évoque l'histoire des hommes qui y travaillaient à l'époque de la plantation.

KOLOA SUGAR MONUMENT
En face du Koloa History Center.
Un monument en pierre, inspiré par la forme circulaire d'une meule, rend hommage à tous les ouvriers de la plantation de Koloa. Sept personnages de bronze y représentent les principaux groupes ethniques auxquels appartenaient ces ouvriers : hawaiien, chinois, japonais, portoricain, coréen, philippin et portugais. À Hawaii en général, l'industrie sucrière, en plein essor au XIXe siècle, avait fait appel à une importante main-d'œuvre étrangère. Les ouvriers qui venaient de ces différents pays d'émigration se sont installés durablement dans l'archipel, donnant naissance à la population métissée que l'on connaît aujourd'hui.

TREE TUNNELS
Si vous venez de l'ouest ou de l'est par la Highway 50, et que vous voulez aller à Koloa, prenez la magique Maluhia Road, qu'un long tunnel d'eucalyptus recouvre jusqu'à l'arrivée en ville. De jolies photos à prendre !

LA CÔTE OUEST

Cette région est peu peuplée et ne compte que quelques villes. Elles ne servent guère que de points d'entrée aux différents parcs nationaux : Waimea Canyon State Park, Polihale State Park, Kokee Park. Les paysages de ces sites, beaux à couper le souffle, resteront gravés dans votre mémoire.

HANAPEPE

Hanapepe, ancienne ville de plantation, a été entièrement construite par migrants chinois venus pour travailler dans l'industrie sucrière. Le vieux centre de la ville mérite une visite, surtout le vendredi soir quand les galeries d'art s'animent pour l'Art Fair hebdomadaire. Les fans de Disney y reconnaîtront peut être les décors de *Lilo et Stitch*.

HANAPEPE ET LE SWINGING BRIDGE

Sur la Highway 50, suivre la direction de Hanapepe. L'attraction d'Hanapepe, c'est le « swinging bridge » le « pont qui se balance ». Il relie les deux parties de la ville au-dessus de la Hanapepe River. Construit en 1911, il a été partiellement détruit par un ouragan en 1992 puis restauré. Il est amusant de le prendre pour se donner un petit air d'Indiana Jones !

KAUAI COFFEE MUSEUM

870 Halewili Road
Kalaheo. Près d'Hanapepe
✆ +1 808 3355497
www.kauaicoffee.com

Ouvert de 9h à 17h. Entrée libre. Installée, dans les années 1980, sur une ancienne plantation de canne à sucre, c'est la plus grande exploitation de café de Hawaii. Dès l'arrivée au parking, on aperçoit les champs de caféiers qui s'étendent sur plus de 1 000 ha. Et on peut aller regarder les plants de café de plus près, si on le souhaite. A l'arrivée au musée, les visiteurs sont invités à déguster les différents cafés produits par la maison. Donc, autant y aller dès l'ouverture pour prendre son petit déjeuner sur place ! Pour compléter le café offert, la boutique du musée vend des petits gâteaux.

SALT POND BEACH PARK

Sur la Highway 50, en direction de Hanapepe, à la balise 17 miles.
Jolie plage de sable fin incurvée. Baignade sans danger toute l'année. Très bon spot de body-board et de planche à voile. La plage doit son nom aux marais salants situés à son extrémité est, qui sont encore utilisés par les locaux pour s'approvisionner en sel.

PAKALA BEACH

Un des meilleurs spots de surf de la côte ouest. Pour les surfeurs expérimentés seulement.

Transports

- **Voiture.** Sur la Highway 50, après la balise 21 miles.

RUSSIAN FORT ELIZABETH STATE HISTORICAL PARK

Les vestiges de ce fort nous apprennent que Hawaii a bien failli être russe ! Certes, l'aventure n'a duré que de 1815 à 1817, mais il s'en est fallu de peu pour que les danseuses de hula parlent une tout autre langue. C'est Kamehameha Ier qui a finalement chassé les Russes de l'archipel. Construit en forme d'étoile, avec des pierres volcaniques, ce fort a été appelé « Elizabeth » en hommage à la femme du tsar Alexandre Ier. Des brochures racontent l'histoire étonnante de ce fort, dont on peut visiter les quelques ruines librement.

Transports

- **Voiture.** Sur la Highway 50, après la balise 22 miles. Juste avant d'arriver à Waimea.

WAIMEA CANYON STATE PARK

La vue sur les montagnes rougeâtres de Waimea est l'une des plus sublimes de l'île. Quiconque voit ce relief étonamment sculpté ne peut s'empêcher de penser au Grand Canyon. C'est cette similitude qui a d'ailleurs valu son nom au Parc national. Sauf que celui de Kauai, avec ses 1105 m de profondeur et ses 19 km de longueur, est beaucoup plus petit. C'est un important séisme qui aurait dessiné le canyon, en précipitant de nombreux cours d'eau dans la Waimea River, la seule rivière du site. Ces cours d'eau ont provoqué une érosion intense des sols pendant plusieurs millions d'années. La roche s'est en quelque sorte rouillée, ce qui a donné cette jolie couleur latérite du relief. Plusieurs façons de découvrir le canyon : l'arrêt en voiture aux différents points de vue, les randonnées ou un survol en hélicoptère.

Transports

Voiture. Le canyon est à une trentaine de kilomètres de Waimea. Une fois sur la Highway 50, on peut prendre la Waimea Canyon Drive (Highway 550), mais la route est étroite et accidentée. Mieux vaut choisir l'autre itinéraire : rester sur la Highway 50 jusqu'à Kekaha et prendre la Kokee Road (Highway 55).

Sortir

KALAPAKI JOE'S

9400 Kaumuali`i Highway
✆ +1 808 338 1666
kalapakijoes.com
Petit-déjeuner et pupus autour de 10 US$. Plats entre 10 US$ et 15 US$. Cocktails autour de 9 US$.
Idéalement situé au pied du Waimea Canyon, Kalapaki Joe's est l'endroit rêvé pour se reposer après une longue journée de marche. Des groupes locaux viennent s'y produire tous les mardis, jeudis et vendredis à partir de 18h. Les boissons et snacks sont à moitié prix pendant l'*happy hour*, tous les jours de 15h à 18h.

À voir – À faire

Plusieurs points de vue sur le canyon se succèdent le long de la route ; ne tombez pas dans « le marathon des points de vue », comme la plupart des visiteurs ! Les premiers donnent sur le Canyon et les cascades et les deux derniers, au bout de la route, donnent sur les falaises de Napali coast et Kalalau Valley. Les vues sont superbes par beau temps.

PUU HINA HINA LOOKOUT

Entre les balises 13 et 14 miles.
Le plus haut des points de vue, à 1 034 m (3 336 feet) d'altitude.

PUU O KILA LOOKOUT

Au bout de la route 550. Situé à la toute fin de la route qui traverse le Waimea Canyon et Kokee Forest National Park, le Puu O Kila Lookout offre une vue sublime sur la vallée de Kalalau et la Na pali Coast. Attention cependant, les nuages aiment l'endroit autant que nous, et ont tendance à y élire domicile dès 11h du matin. Mieux vaut y aller tôt donc. Le *lookout* est aussi le point de départ de la randonnée Pihea Trail qui descend dans la forêt pour offrir de belles vues également. De difficulté modérée, elle se transforme en patinoire quand il pleut.

WAIMEA LOOKOUT

Entre les balises 10 et 11 miles.
Vraiment le plus beau point de vue sur le canyon. A ne pas manquer !

Sports – Détente – Loisirs

Randonnée. On dénombre pas mal d'itinéraires de randonnées à faire dans le canyon. Nous avons choisi de vous présenter les deux principales randonnées. Plus de sentiers de randonnée sur www.kokee.org (rubrique : « Trails-Waimea Canyon »).

Hélicoptère. Le Waimea Canyon étant facilement accessible en voiture ou à pied, contrairement à la Na Pali Coast, le vol en hélicoptère est une option chère qui n'est pas forcément justifiée, même si les paysages vus d'en haut sont sublimes.

Waimea Canyon.

■ **CANYON TRAIL**

Sur la Waimea Canyon Road, au niveau des balises 14 et 15 miles.

Un sentier de randonnée, de niveau facile et balisé. Il mène jusqu'à des chutes d'eaux d'environ 3 mètres au bout de 1h30 de marche. Comptez donc un peu plus de 3h l'aller-retour. Pour se rafraîchir, on peut se baigner sans danger dans le lac au pied des chutes.

■ **JACK HARTER**

4231 Ahukini Road
Lihue
✆ +1 808 245 3774
www.helicopters-kauai.com

269 US$ les 60 minutes de vol. Promotions sur Internet.

Jack Harter, le fondateur de cette compagnie d'hélicoptères, est celui qui a initié les survols de Kauai. Pendant le vol, le pilote fait une présentation détaillée du Waimea Canyon. Le tout sur fond musical. Si on réserve sur le site Internet, on peut bénéficier de petites réductions.

■ **WAIPOO FALLS TRAIL**

Au niveau du Puu Hina Hina Lookout, à deux pas de la station satellite de la NASA.

Sentier de 3h aller-retour qui mène directement aux Waipoo Falls. Ce chemin est beaucoup plus riche en végétation que celui du Canyon Trail.

KOKEE STATE PARK

La forêt tropicale de Kokee, de 1 700 ha de superficie, est à seulement 25 km de la ville de Waimea, et au bout de la Highway 550. C'est l'endroit le plus pluvieux de Kauai ; il faut donc prévoir un K-way ou une polaire : il y fait beaucoup plus frais que sur les côtes. De nombreuses plantes et arbres natifs de Hawaii constituent la forêt de Kokee. Daims, sangliers et chèvres sont les principaux animaux qui y vivent.

Se loger

■ **CAMP SLOGGETT**

✆ +1 808 335 6060
www.campingkauai.com
info@campingkauai.com

15 US$ par personne en tente ou en dortoir. A partir de 120 US$ le cottage pour 4 personnes et 200 US$ pour deux lits doubles en lodge. Les prix augmentent le weekend. Situé en plein cœur de la forêt de Kokee le camp Sloggett accueille les visiteurs et groupes en camping, dortoir, lodge ou cabines privées. Les conditions sont basiques mais s'adaptent à tous les budgets et permettent d'être au plus près des sentiers de randonnée.

À voir – À faire

■ **KOKEE NATURAL HISTORY MUSEUM**

✆ +1 808 335 9975
www.kokee.org

Ouvert de 9h à 16h30. Entrée libre mais donation appréciée.

Un musée un peu vieillot qui nous parle de géologie, de la faune et de la flore de Kauai. On peut regretter la présence des animaux empaillés dans la salle du fond alors qu'on est en pleine réserve naturelle… L'intérêt principal du musée est sa boutique, où on peut acheter de très bonnes cartes de randonnée et des ouvrages intéressants sur Kauai.

Sports – Détente – Loisirs

▸ **Randonnée.** Il existe une multitude de sentiers de randonnées à parcourir à Kokee, mais on ne saurait trop conseiller de ne pas s'y aventurer sans être guidé par un spécialiste. La forêt est touffue et on s'y perd très facilement, même avec une carte. Sans compter les conditions météo parfois effroyables (averses violentes, brouillard) qui brouillent d'autant plus les pistes. Aussi, sauf à vouloir figurer dans un nouveau film à la « Blairwitch », ne partez pas sans un guide expérimenté. La solution la moins coûteuse consiste à faire une réservation pour les randonnées guidées gratuites du Kokee Museum (2 randonnées de 2h par semaine : l'une le samedi et l'autre le dimanche). Les guides sont tous des passionnés qui travaillent bénévolement pour le musée ; ils connaissent la forêt et Hawaii sur le bout des doigts. Vous ne risquez pas de vous ennuyer ! Avec un peu de chance, vous tomberez sur Mark, qui est conteur pour enfants et qui connaît toutes les légendes hawaiiennes par cœur. Il vous racontera notamment les aventures des différents dieux hawaiiens liés à la forêt.

▸ **Pour ceux qui veulent vraiment tenter l'aventure en solo,** toutes les randonnées de la forêt de Kokee sont détaillées sur le site du musée : www.kokee.org (rubrique : « trails-Kokee State Park »). Avant de partir, pensez à acheter une carte à la boutique du musée et à leur demander le bulletin météo du jour pour ne pas faire la randonnée sous la pluie !

PENSE FUTÉ

Vue sur le Waimea canyon State Park.

Pense futé

ARGENT

Monnaie

L'unique monnaie est le dollar US. Pièce se dit *coin* et monnaie se dit *change*. Le dollar est divisé en 100 cents. La pièce de 25 cents est appelée *quarter* (quart de dollar), celle de 10 cents *dime* (de très petite taille), celle de 5 cents *nickel* (plus grande que le *dime*) et celle de 1 cent appelée *penny* (toute petite) sert à faire l'appoint. Il existe aussi, mais d'un usage plus rare, des pièces d'un demi-dollar et d'un dollar. Toujours avoir une bonne réserve de *quarter*. Y consacrer même une bourse particulière, parce que ces pièces servent toute la journée : bus, téléphone, parkings (attention les contractuelles sont rapides). Personne ne vous en échangera sur le trottoir. Côté billet on trouve des 1, 2, 5, 10, 20, 50 et 100 US$. Ils sont à l'effigie des premiers présidents américains, de George Washington pour 1 US$ à Benjamin Franklin pour 100 US$. Les billets de 1 dollar sont également très prisés pour les pourboires et pour faire l'appoint, là encore veillez à en avoir toujours sur vous.

Taux de change

Le taux de change en mars 2015 était d'environ 1,13 US$ pour 1 €. 1 US$ équivalait à 0,88 €.

Coût de la vie

Le coût de la vie est un peu plus élevé qu'aux États-Unis pour tous les produits fabriqués sur le continent en raison des coûts d'acheminement : vêtements et chaussures de marque, produits de beauté, maroquinerie… Au niveau de la nourriture, ce sont globalement les mêmes prix qu'aux États-Unis mais plus on mange local et moins c'est cher. Ce qui revient le plus cher finalement à Hawaii, c'est le logement mais en se débrouillant bien et en réservant à l'avance, on peut trouver des chambres à bas prix (entre 50 et 100 US$ la chambre double).

- **Quelques idées de prix**. Un cocktail 8-10 US$, une chemise hawaiienne 15-35 US$, une robe hawaiienne 12-35 US$, un sandwich 4-8 US$, une salade 6-10 US$, une crème solaire 6-12 US$, une serviette de plage 7-15 US$, un paréo 10-20 US$, un ticket de bus 1-2,50 US$, une location de voiture à la journée 30-40 US$, une place pour un *luau* (dîner-spectacle hawaiien) 80-120 US$

Budget

- **Petit budget :** environ 80 US$ par jour (hébergement 25 US$-50 US$, restauration 40 US$, bus : 2,50 US$ le ticket).
- **Budget moyen :** environ 150 US$ par jour (hébergement 80 US$, restauration 60 US$, voiture de location de 30 US$ à 40 US$ par jour).
- **Gros budget :** environ 240 US$ par jour (hébergement 120 US$-150 US$, restauration 80 US$, voiture de location de 30 US$ à 40 US$ par jour).
- **Transports.** Bus : de 1 à 2,50 US$ le ticket selon les îles. Gratuit à Big Island. Voiture de location : de 30 à 40 US$ par jour. Vol A/R inter-îles : entre 80 et 150 US$. A ajouter selon le programme : les vols A/R inter-îles entre 80 et 150 US$.

Banques et change

Les deux principales banques hawaiiennes sont la First Hawaiian Bank et la Bank of Hawaii. Elles sont généralement ouvertes du lundi au vendredi, de 9h à 15h. Si vous souhaitez changer vos euros, sachez cependant que les frais de change peuvent être multipliés par cinq d'un bureau de change à un autre (ces frais sont souvent déjà inclus dans le taux de change affiché). On constate la même pratique en France. Vous pouvez aussi opter pour la carte bancaire. Pour les paiements comme les retraits par carte, le taux de change utilisé pour les opérations s'avère généralement plus intéressant que les taux pratiqués dans les bureaux de change (A ce taux s'ajoutent des frais bancaires, indiqués ci-dessous.)

Carte bancaire

Si vous disposez d'une carte bancaire (Visa, MasterCard, etc.), inutile d'emporter des sommes importantes en espèces. Dans les cas où la carte n'est pas acceptée par le commerçant, rendez-vous simplement à un distributeur automatique de billets.

En cas de perte ou de vol de votre carte à l'étranger, votre banque vous proposera des solutions adéquates pour que vous poursuiviez votre séjour en toute quiétude. Pour cela, pensez à noter avant de partir le numéro d'assistance indiqué au dos de votre carte bancaire ou disponible sur internet. Ce service est accessible 7j/7 et 24h/24. En cas d'opposition, celle-ci est immédiate et confirmée dès lors que vous pouvez fournir votre numéro de carte bancaire. Sinon, l'opposition est enregistrée mais vous devez confirmer l'annulation à votre banque par fax ou lettre recommandée.

▶ **Conseils avant départ.** Pensez à prévenir votre conseiller bancaire de votre voyage. Il pourra vérifier avec vous la limitation de votre plafond de paiement et de retrait. Si besoin, demandez une autorisation exceptionnelle de relèvement de ce plafond.

Retrait

▶ **Trouver un distributeur.** Vous trouverez de nombreux distributeurs en ville, ouverts 24h/24. Pour connaître le distributeur le plus proche, des outils de géolocalisation de distributeurs sont à votre disposition. Rendez-vous sur visa.fr/services-en-ligne/trouver-un-distributeur ou sur mastercard.com/fr/particuliers/trouver-distributeur-banque.html.

▶ **Utilisation d'un distributeur anglophone.** De manière générale, le mode d'utilisation des distributeurs automatiques de billets (« ATM » en anglais) est identique à la France. Si la langue française n'est pas disponible, sélectionnez l'anglais. « Retrait » se dit alors « withdrawal ». Si l'on vous demande de choisir entre retirer d'un « checking account » (compte courant), d'un « credit account » (compte crédit) ou d'un « saving account » (compte épargne), optez pour « checking account ». Entre une opération de débit ou de crédit, sélectionnez « débit ». (Si toutefois vous vous trompez dans ces différentes options, pas d'inquiétude, le seul risque est que la transaction soit refusée). Indiquez le montant (« amount ») souhaité et validez (« enter »). A la question « Would you like a receipt ? », répondez « Yes » et conservez soigneusement votre reçu.

▶ **Frais de retrait.** L'euro n'étant pas la monnaie du pays, une commission est retenue à chaque retrait. Les frais de retrait varient selon les banques et se composent en général d'un frais fixe d'en moyenne 3 euros et d'une commission entre 2 et 3% du montant retiré. Certaines banques ont des partenariats avec des banques étrangères ou vous font bénéficier de leur réseau et vous proposent des frais avantageux ou même la gratuité des retraits.

Renseignez-vous auprès de votre conseiller bancaire. Notez également que certains distributeurs peuvent appliquer une commission, dans quel cas celle-ci sera mentionnée lors du retrait.

Cash advance. Si vous avez atteint votre plafond de retrait ou que votre carte connaît un disfonctionnement, vous pouvez bénéficier d'un *cash advance*. Proposé dans la plupart des grandes banques, ce service permet de retirer du liquide sur simple présentation de votre carte au guichet d'un établissement bancaire, que ce soit le vôtre ou non. On vous demandera souvent une pièce d'identité. En général, le plafond du *cash advance* est identique à celui des retraits, et les deux se cumulent (si votre plafond est fixé à 500 €, vous pouvez retirer 1 000 € : 500 € au distributeur, 500 € en *cash advance*). Quant au coût de l'opération, c'est celui d'un retrait à l'étranger.

Paiement par carte

De façon générale, évitez d'avoir trop d'espèces sur vous. Celles-ci pourraient être perdues ou volées sans recours possible. Préférez payer avec votre carte bancaire quand cela est possible.

Les frais sont moindres que pour un retrait à un distributeur et la limite des dépenses permises est souvent plus élevée.

Notez que lors d'un paiement par carte bancaire, il est possible que vous n'ayez pas à indiquer votre code pin. Une signature et éventuellement votre pièce d'identité vous seront néanmoins demandées.

Acceptation de la carte bancaire. La grande majorité des établissements liés au tourisme (hôtels, restaurants, etc.) acceptent la carte bancaire (Visa, MasterCard, etc.) Certaines pensions, petits commerçants ou restaurants peuvent la refuser mais vous trouverez alors souvent des distributeurs à proximité.

Frais de paiement par carte. Hors zone Euro, les paiements par carte bancaire sont soumis à des frais bancaires. En fonction des banques, s'appliquent par transaction : un frais fixe entre 0 et 1,20 € par paiement, auquel s'ajoutent de 2 à 3 % du montant payé par carte bancaire. Le coût de l'opération est donc globalement moins élevé que les retraits à l'étranger. Renseignez-vous auprès de votre conseiller bancaire.

Transfert d'argent

Avec ce système, on peut envoyer et recevoir de l'argent de n'importe où dans le monde en quelques minutes. Le principe est simple : un de vos proches se rend dans un point MoneyGram® ou Western Union® (poste, banque, station-service, épicerie...), il donne votre nom et verse une somme à son interlocuteur. De votre côté de la planète, vous vous rendez dans un point de la même filiale. Sur simple présentation d'une pièce d'identité avec photo et la référence du transfert, on vous remettra aussitôt l'argent.

Pourboires, marchandage et taxes

Pourboire. Le pourboire est obligatoire ! Comme dans tous les États américains, le service n'est pas inclus dans l'addition. Au

Végétation de Kauai.

restaurant, dans les bars ou les discothèques, il faut donc ajouter entre 15 % et 20 % de l'addition hors taxes en guise de pourboire. Il est aussi bienvenu de donner 1 US$ de pourboire minimum aux guides touristiques, chauffeurs de taxis et bagagistes.

- **Marchandage.** Pas de marchandage en général ! Sauf avec les commerçants d'origine asiatique, notamment à Chinatown dans Honolulu et à l'International Market Place à Waikiki.
- **Taxes.** La taxe à la vente de l'État de Hawaii est de 4,16 %. Elle s'applique sur tous les achats,

y compris de nourriture. La taxe d'une chambre d'hôtel s'élève quant à elle à 7,25 % et il faut y ajouter la taxe à la vente de 4,16 %.

Si pour les petits achats, la différence entre le prix hors taxes et toutes taxes incluses est négligeable, il est judicieux de la calculer à l'avance quand les frais engagés sont plus conséquents (ex : séjour à l'hôtel) afin de mieux définir son budget.

Duty Free

Puisque votre destination finale est hors de l'Union européenne, vous pouvez bénéficier du Duty Free (achats exonérés de taxes). Attention, si vous faites escale au sein de l'Union européenne, vous en profiterez dans tous les aéroports à l'aller, mais pas au retour. Par exemple, pour un vol aller avec une escale, vous pourrez faire du shopping en Duty Free dans les trois aéroports, mais seulement dans celui de votre lieu de séjour au retour.

BAGAGES

Que mettre dans ses bagages ?

Maillot de bain et paréo ! Les tongs sont de rigueur, impossible d'y échapper. Une paire de tongs étanches pour ne pas s'user les pieds en bord de mer serait un choix judicieux. Prenez des vêtements légers en coton, mais qui couvrent suffisamment le corps contre les moustiques.

Deux pulls maxi pour le soir et une tenue plus chaude pour le voyage (aller/retour). Un vêtement de pluie au cas où et une tenue « chiffon » à mettre lors des excusions dans les forêts tropicales ou sur les rivières, accompagnée d'un sac à dos et de chaussures de randonnées. Enfin, une casquette, ou un chapeau, pour se protéger du soleil semble réellement indispensable. Crème solaire et répulsifs contre les moustiques.

Matériel de voyage

AU VIEUX CAMPEUR

www.auvieuxcampeur.fr
infos@auvieuxcampeur.fr
Fondé en 1941, Au Vieux Campeur est une des références incontournables lorsqu'il s'agit d'articles de sport et loisirs.

DELSEY

www.delsey.com
La deuxième marque mondiale dans le domaine du bagage, présente dans plus de 110 pays, avec 6 000 points de vente. Delsey offre un grand choix de sacs de voyages.

INUKA

www.inuka.com
Ce site vous permet de commander en ligne tous les produits nécessaires à votre voyage, du matériel de survie à celui d'observation en passant par les gourdes ou la nourriture lyophilisée.

© HAWAII TOURISM AUTHORITY (HTA) / RON DAHLQUIST

Coucher de soleil sur la côte ouest de Molokai.

SAMSONITE
www.samsonite.com
Samsonite est le leader mondial de l'univers des solutions de voyage. Les produits sont distribués sous les marques Samsonite, Samsonite Black Label, American Tourister, Lacoste et Timberland.

TREKKING
www.trekking.fr
Trekking propose dans son catalogue tout ce dont le voyageur a besoin : trousses de voyage, ceintures multipoche, sacs à dos, sacoches, étuis... Une mine d'objets de qualité pour voyager futé et dans les meilleures conditions.

DÉCALAGE HORAIRE

12h en moins par rapport à l'heure française. Ex : quand il est minuit à Paris, il est 12h à Hawaii.
En hiver, comptez seulement 11h de décalage car Hawaii n'observe pas le passage de l'heure d'été à l'heure d'hiver, contrairement à la France. L'astuce pour ne pas souffrir de cet important décalage horaire c'est de régler sa montre à l'heure hawaiienne dans l'avion et, une fois sur l'archipel, de ne dormir qu'à la nuit tombée. Selon les médecins, la luminosité et le soleil aideraient à régler l'horloge biologique : une bonne raison de filer à la plage dès son arrivée !

ÉLECTRICITÉ, POIDS ET MESURES

Électricité

110/115 volts (60 cycles). Les fiches sont plates donc il vaut mieux partir avec un adaptateur (pas toujours évident à trouver sur place : en acheter à l'aéroport ou au rayon électricité des grandes surfaces).

Poids et mesures

▶ **Capacités.** 1 gallon : 3,785 litres – 1 quart : 0,946 litres – 1 pint : 0,473 litres.

▶ **Distances.** 1 mile : 1,609 km, 1 foot : 30, 48 cm, 1 km : 0,62 mile, 1 m : 3,28 feet.
Pour convertir mentalement les distances et les vitesses (en miles per hours), ajouter au chiffre donné 50% puis 10%. Le bon vieux système métrique n'est quasiment jamais appliqué.

▶ **Poids.** 1 pound (lb.) : 0,4536 kg – 1 once (oz.) : 28,35 g.

Températures

La conversion entre les degrés Fahrenheit (°F) en vigueur aux États-Unis, et les degrés Celsius (°C) est plus difficile à faire de tête. Le calcul exact consiste à retirer 32 au chiffre indiqué, à multiplier le résultat par 5 puis diviser par 9. Plus facile mais un peu moins exact : soustraire 30 aux degrés Fahrenheit, diviser par deux et ajouter 10 %.

FORMALITÉS, VISA ET DOUANES

Obtention du passeport

Les passeports délivrés en France sont désormais biométriques. Ils comportent votre photo, vos empreintes digitales et une puce sécurisée.
Pour l'obtenir, rendez-vous en mairie muni d'un timbre fiscal, d'un justificatif de domicile, d'une pièce d'identité et de deux photos d'identité. Le passeport est délivré sous trois semaines environ.
Il est valable dix ans. Les enfants doivent disposer d'un passeport personnel (valable cinq ans).

▶ **Conseil futé.** Avant de partir, pensez à photocopier tous les documents que vous emportez avec vous. Vous emporterez un exemplaire de chaque document et laisserez l'autre à quelqu'un en France. En cas de perte ou de vol, les démarches de renouvellement seront ainsi beaucoup plus simples auprès des autorités consulaires. Vous pouvez également conserver des copies sur le site Internet officiel mon.service-public.fr – Il vous suffit de créer un compte et de scanner toutes vos pièces d'identité et autres documents importants dans l'espace confidentiel.

Formalités et visa

▸ **Il vous faut être en possession** d'un passeport biométrique ou électronique, ou d'un passeport individuel à lecture optique en cours de validité et émis avant le 26 octobre 2005. Si vous êtes titulaire d'un autre passeport et que vous désirez vous rendre sur le territoire américain, il vous faudra le faire refaire auprès de la préfecture de police de votre domicile permanent.

▸ **La France fait toujours partie du programme « Visa Waiver Pilot »,** qui autorise tous les ressortissants français à entrer sur le sol américain sans visa, et ce pour un séjour d'une durée maximale de 90 jours. Pour entrer, il suffit donc d'avoir un passeport à lecture optique en cours de validité, l'autorisation ESTA ainsi qu'un billet aller-retour non remboursable aux Etats-Unis et ne pas avoir l'intention de prolonger son séjour.
Depuis 2009, les voyageurs doivent obtenir une autorisation ESTA au plus tard 72 heures avant leur départ. Il faut pour cela remplir un dossier sur le site officiel et payer la somme de 14 US$ par carte bancaire. La procédure est très simple et rapide.

▸ **Pour tout séjour d'une durée supérieure à 90 jours,** le visiteur doit être en possession d'un visa. Plusieurs types de visas existent (étudiant, de travail, etc.), mais ils sont tous assez difficiles à obtenir. Pour tout savoir sur le type de visa à demander et les démarches à suivre, consultez le site Internet de l'ambassade des Etats-Unis en France : french.france.usembassy.gov
Si vous le souhaitez, vous pouvez faire appel à des sociétés spécialisées qui se chargeront de votre demande de visa pour vous.

■ **ESTA**
https://esta.cbp.dhs.gov

■ **VSI**
19-21, avenue Joffre
Epinay-sur-Seine
✆ 0 826 46 79 19
www.vsi-visa.com
contact@vsi-visa.com
Spécialiste des visas d'affaires, touristiques et de groupe, VSI se charge des vos formalités à votre place, y compris dans l'urgence. VSI facilite ainsi le voyage de chacun et garantit de partir dans le pays indiqué.

Douanes

Autorisés

▸ **Alcool.** 4 litres de vin, plus 1 litre d'alcool de plus de 22°, ou 2 litres de moins de 22° (le voyageur doit être âgé de 17 ans au moins).

▸ **Tabac.** 200 cigarettes ou 50 cigares ou 250 g de tabac à rouler.

▸ **Marchandises dans bagages personnels.** Le montant total ne doit pas dépasser 430 US$ (aérien et maritime), 300 € (autres moyens de transports). Pour les moins de 15 ans ; 150 €.

▸ **Nourriture.** Tout aliment industriellement sous vide est autorisé (donc les boites de conserves industrielles).

▸ **Gels et aréosols.** Depuis le 26 septembre 2006, les liquides, gels et aérosols sont de nouveau autorisés dans les bagages cabine. Ces articles doivent être rangés dans un sac plastique transparent refermable, sans dépasser pour chacun 100ml. Le volume total du sac ne devra pas dépasser 1 litre. Les articles achetés en duty free sont, eux, autorisés quelle que soit leur contenance.

Réglementation phytosanitaire renforcée à Hawaii

Les douaniers sont encore plus stricts à ce sujet à cause des nombreuses espèces invasives – végétales et animales – introduites par le passé qui menacent encore aujourd'hui les écosystèmes des différentes îles. On vous demandera donc de remplir un questionnaire dans l'avion à ce sujet, même si vous avez déjà été contrôlé à votre arrivée sur le continent américain.
Juste avant d'enregistrer pour votre vol retour vers le continent américain ou la France, les douaniers vérifient également que vous n'emportez pas d'espèces protégées hawaiiennes dans vos bagages. Après contrôle, ils apposent une étiquette sur votre valise et ce n'est qu'après obtention de cette étiquette qu'on vous autorisera à enregistrer. Prévoir donc un peu plus de temps pour l'enregistrement de votre vol retour, en raison de ce contrôle supplémentaire où il faut souvent faire la queue !

Interdits

- **Certaines denrées alimentaires** (viandes, fruits et légumes frais, fromages autres qu'à pâte dure).
- **Les articles dangereux** (couteaux, limes, ciseaux, objets tranchants, allumettes...) sont interdits dans les bagages à main mais autorisés dans les bagages en soute. Depuis 2005, les briquets sont interdits en cabine et en soute.
- **Certains produits pharmaceutiques** sans une ordonnance traduite en anglais.

Chiens et chats

- **Le certificat sanitaire** et le certificat de vaccination à jour sont nécessaires.
- **La vaccination antirabique** doit remonter à plus d'un mois et à moins d'un an.
- **Identification.** L'animal doit être muni d'une marque d'identification claire. Cette identification doit être inscrite dans les certificats. Il n'y a pas de quarantaine (sauf pour les îles).

DOUANES FRANÇAISES – INFO DOUANE SERVICES
✆ 0 811 20 44 44 / +33 1 72 40 78 50
www.douane.gouv.fr
ids@douane.finances.gouv.fr
Le service de renseignement des douanes françaises à la disposition des particuliers est ouvert du lundi au vendredi de 8h30 à 18h. Les téléconseillers sont des douaniers qui répondent aux questions générales, qu'il s'agisse des formalités à accomplir à l'occasion d'un voyage, des marchandises que vous pouvez ramener dans vos bagages ou des informations utiles pour monter votre société d'import-export. A noter qu'une application mobile est également disponible sur le site de la douane.

HORAIRES D'OUVERTURE

Les horaires d'ouverture des magasins sont très variables. Il semble cependant que plus l'île est petite, plus ils ferment tôt. Pour les centre commerciaux, la règle est la même pour toutes les îles : ils ouvrent vers 9-10h et ferment entre 20h et 21h. À Waikiki, sur Honolulu, les commerces restent ouverts beaucoup plus tard et ferment généralement à 22h30. Enfin, sur tout l'archipel, les supermarchés ouvrent généralement à 7h et ferment entre 17h et 20h. Certains restent ouverts 24h/24.

JOURS FÉRIÉS

Toutes les administrations sont fermées les jours fériés mais pas les magasins.
Hawaii a trois jours fériés en plus que les autres États américains.

- **Nouvel an** : 1er janvier.
- **Martin Luther King Day** : 3e lundi de janvier.
- **President's Day** : 3e lundi de février.
- **Prince Kuhio Day** : 26 mars.
- **Vendredi saint et Lundi de Pâques** : mi-avril mais les dates sont variables.
- **Lei Day** : 1er mai.
- **Memorial Day** : dernier lundi de mai.
- **Kamehameha Day** : 11 juin.
- **Independence Day** : 4 juillet.
- **Admission Day** : 3e vendredi d'août.
- **Labor Day** : 1er lundi de septembre.
- **Columbus Day** : 2e lundi d'octobre.
- **Election Day** : 1er mardi de novembre, l'année de l'élection présidentielle.
- **Veteran's Day** : 11 novembre.
- **Thanksgiving** : 4ejeudi de novembre.
- **Christmas** : 25 décembre.

LANGUES PARLÉES

On ne parle généralement pas le français à Hawaii. Les deux langues officielles sont l'anglais et le hawaiien mais c'est l'anglais qui est parlé par tous. Seule une vingtaine de mots et expressions en hawaiien sont utilisées au quotidien et personne ne parle couramment cette langue (excepté sur l'île privée de Niihau). Si vous parlez anglais et que vous apprenez le « vocabulaire de survie » en hawaiien, vous vous débrouillerez donc comme un chef ! Et si vraiment vous voulez passer pour un local, mettez-vous au *pidgin*, le créole hawaiien, qui est l'argot local.

Apprendre la langue. Il existe différents moyens d'apprendre quelques bases de la langue et l'offre pour l'auto-apprentissage peut se faire sur différents supports : CD, DVD, cahiers d'exercices ou même directement sur Internet.

ASSIMIL
11, rue des Pyramides (1er)
Paris ✆ 01 42 60 40 66 / 01 45 76 87 37
www.assimil.com
Métro Pyramides (lignes 7 et 14).
Précurseur des méthodes d'auto-apprentissage des langues en France, Assimil reste la référence lorsqu'il s'agit d'apprendre à parler ou écrire une langue étrangère avec une méthodologie qui a fait ses preuves : l'assimilation intuitive.

POLYGLOT
www.polyglot-learn-language.com
Ce site propose à des personnes désireuses d'apprendre une langue d'entrer en contact avec d'autres dont c'est la langue maternelle. Une manière conviviale de s'initier à la langue et d'échanger.

TELL ME MORE ONLINE
www.tellmemore-online.com
Sur ce site Internet, votre niveau est d'abord évalué et des objectifs sont fixés en conséquence. Ensuite, vous vous plongez parmi les 10 000 exercices et 2 000 heures de cours proposés. Enfin, votre niveau final est certifié selon les principaux tests de langues.

POSTE

On trouve des bureaux de poste dans les villes importantes de chaque île (tous sont référencés dans ce guide).

Du lundi au vendredi, ils ouvrent vers 8h et ferment à 17h. Le samedi, ils sont ouverts le matin uniquement.

QUAND PARTIR ?

Climat

Il fait beau à Hawaii toute l'année, donc il n'y a pas vraiment de période à privilégier de ce côté-là.

MÉTÉO CONSULT
www.meteoconsult.fr
Sur ce site français, vous trouverez les prévisions météorologiques pour le monde entier.

Haute et basse saisons touristiques

Hawaii a deux hautes saisons touristiques : l'hiver et l'été. Ces deux périodes correspondent en fait aux vacances scolaires des États-Unis, d'où les pics de fréquentation. Ce sont les saisons les plus chères, il vaut mieux partir au printemps ou à l'automne.

Les cartes postales futées !

Pour les amoureux de carte postale, en envoyer peut être parfois compliqué voire mission impossible. Trouver la bonne carte, un timbre, mais aussi une boite aux lettres pour éviter de traverser tout l'aéroport en fin de séjour, relève parfois de la gageure. L'astuce c'est d'utiliser l'Application OKIWI depuis votre smartphone. Vous sélectionnez l'une de vos photos sur votre téléphone, vous écrivez votre message puis l'adresse de votre destinataire, seule une connexion wifi est nécessaire. L'avantage, OKIWI imprime votre carte et s'occupe de l'envoyer directement par la Poste à votre correspondant. Voilà au moins vous êtes sur d'envoyer une photo qui vous plaît, et puis surtout qu'elle n'arrive pas deux mois après votre retour. Sur internet www.okiwi-app.com et disponible sur *Appstore* et *Android Market*.

▶ **L'hiver** est très prisé par les amateurs de sports nautiques car c'est la période où les vagues sont idéales pour leur pratique. Mais il faut avoir une bonne expérience en la matière car dans certains coins, les rouleaux atteignent 10 m de haut !
C'est d'ailleurs pour cette raison que le championnat du monde de surf, « Triple Crown of Surfing » qui se déroule sur la côte nord d'Oahu, a lieu en hiver.
Mais rassurez-vous de nombreuses plages sont aussi très bien pour nager ou se baigner en toute sécurité en hiver.

▶ **L'été**, les eaux de l'archipel sont plus calmes et parfaites pour la baignade, le farniente ou le snorkeling.

SANTÉ

Hormis peut-être quelques problèmes d'adaptation au climat et à la nourriture, il est peu probable que vous connaissiez de sérieux ennuis de santé au cours de votre voyage à Hawaii. Il faut cependant se méfier des moustiques et avoir toujours une bombe répulsive avec soi – surtout dans les zones humides – car une épidémie de dengue a tout de même frappé l'archipel en 2001... Pour vous informer de l'état sanitaire du pays et recevoir des conseils, n'hésitez pas à consulter votre médecin.

Conseils

▶ **Soleil.** Même si vous avez l'habitude du soleil, protégez votre peau à la plage car le soleil est traître à Hawaii ; n'oubliez pas que les îles sont proches du Tropique du Cancer ce qui rend les rayons plus forts. Emportez donc votre crème solaire et prévoyez un indice de 30 minimum pour les premiers jours car un coup de soleil a tôt fait d'arriver. Buvez également beaucoup d'eau pour prévenir tout risque de déshydratation ou d'insolation.

▶ **Baignade.** Il faut faire vraiment attention aux courants car même dans une eau paradisiaque, on a tôt fait de se noyer ! Si la plage est surveillée, il vaut toujours mieux demander l'avis des sauveteurs pour savoir si vous pouvez vous éloigner du rivage.
Si la plage n'est pas surveillée et que presque personne ne se baigne, c'est en général que les courants sont dangereux. Les locaux connaissent leurs plages sur le bout des doigts, alors n'hésitez pas à leur demander conseil... Ne vous fiez cependant pas aux éventuels surfeurs dans l'eau car ils maîtrisent en général très bien les courants, contrairement à vous ! Au moindre doute, il est prudent et sans risques de se baigner au niveau du rivage.

▶ **Plongée.** Que vous fassiez de la plongée sous-marine ou du palmes-masques-tuba, il ne faut jamais toucher le corail : en plus de le détruire, vous risquez de vous faire une plaie profonde ! Attention aussi aux méduses qui sont féroces dans les eaux hawaiiennes et aux oursins très nombreux sur les rochers.
Concernant les requins auxquels tout le monde pense systématiquement sous l'eau, sachez que le risque de vous faire dévorer par l'un d'entre eux comme dans « les Dents de la Mer » est quasiment nul. Seules 8 espèces de requins se rencontrent près des côtes et vous pouvez donc croiser un de ces individus, si vous faîtes du snorkeling mais sachez que ces derniers sont sans danger pour l'homme. Évitez cependant de plonger à l'aurore ou au crépuscule car c'est l'heure où les requins se rapprochent des côtes pour se nourrir...
Le seul requin d'Hawaii qui peut attaquer l'homme est le requin tigre : on le reconnaît à sa nageoire caudale pointue et aux rayures verticales de son corps. Mais pas de panique : les attaques de requin sont rares et ne se produisent qu'une à trois fois par an. Enfin ces blessures sont rarement mortelles : le requin mord l'homme mais ne le mange pas ! Ouf.

▶ **En eau douce.** Évitez de vous baigner dans une rivière les jours d'orage car des crues subites peuvent subvenir et le courant vous emporter en moins de temps qu'il ne faut pour le dire !
Ne vous baignez pas dans les étangs en raison du risque de leptospirose.

▶ **En altitude.** Lors de l'ascension du Haleakala (3 055 m) à Maui, du Mauna Kea (4 205 m) du Kilauea (1 222 m) à Big Island, il faut impérativement marquer plusieurs arrêts au fur et à mesure qu'on s'élève.
En effet, les sommets de ces volcans étant accessibles par la route assez rapidement le corps n'a pas le temps de s'habituer au changement d'altitude...
Si vous ressentez des maux de tête, un mal de cœur, des vertiges, asseyez-vous et reposez-vous ; vous avez très probablement le mal de l'altitude. Ne faîtes pas d'efforts violents à une

altitude élevée car l'oxygène est plus pauvre dans l'air et on a très vite du mal à respirer. Si jamais vous avez plongé ou pris l'avion dans les dernières 24h, il est dangereux d'aller si haut en raison des changements de pression brutaux et des risques d'embolie qui pourraient en résulter. Enfin, il est déconseillé aux jeunes enfants, femmes enceintes, personnes cardiaques ou asthmatiques d'entreprendre une telle ascension.

GLOBE-DOCTEUR

www.globe-docteur.com

Globe-Docteur est un service qui permet d'entrer en contact avec un médecin, afin d'obtenir des conseils et avis dans le domaine de la santé. En se connectant au site, chacun pourra lancer une conversation par messagerie avec un docteur afin de lui poser les questions de son choix. Les membres pourront également prendre rendez-vous avec le médecin de leur choix. Le RDV se déroule soit par téléphone, soit par visio-conférence sécurisée. Globe-Docteur permet ainsi d'obtenir rapidement des réponses précises issues de professionnels de la santé, qui ont tous une expérience de plusieurs dizaines d'années.

Centres de vaccination

CENTRE DE VACCINATION AIR FRANCE

148, rue de l'Université (7e)
Paris ✆ 01 43 17 22 00 / 0 892 68 63 64 / 01 48 64 98 03

Ouvert du lundi au vendredi de 8h45 à 18h – nocturne le jeudi jusqu'à 20h – le samedi de 8h45 à 16h. Fermeture les dimanches et jours fériés uniquement.

Autre adresse : 3, place Londres Bâtiment Uranus 95703 Roissy Charles de Gaulle.

INSTITUT PASTEUR

209, rue de Vaugirard (15e)
Paris ✆ 0 890 710 811 / 03 20 87 78 00
www.pasteur.fr

Sur le site Internet, vous pouvez consulter la liste des vaccins obligatoires pays par pays.

L'Institut Pasteur, créé en 1888 par Louis Pasteur, est une fondation privée à but non lucratif dont la mission est de contribuer à la prévention et au traitement des maladies, en priorité infectieuses, par la recherche, l'enseignement, et des actions de santé publique. Tout en restant fidèle à l'esprit humaniste de son fondateur Louis Pasteur, le centre de recherche biomédicale s'est toujours situé à l'avant garde de la science, et a été la source de plusieurs disciplines majeures : berceau de la microbiologie, il a aussi contribué à poser les bases de l'immunologie et de la biologie moléculaire. Le réseau des Instituts Pasteur, situé sur les 5 continents et fort de 8 500 collaborateurs fait de cette institution une structure unique au monde.

Autre adresse : 1, rue du Professeur Calmette 59019 Lille.

Assistance rapatriement – Assistance médicale

Assurance – Assistance médicale. Sachez tout d'abord qu'il est possible de bénéficier des avantages de la Sécurité sociale, même à l'étranger. A l'international, des garanties de sécurité sociale s'appliquent et sont mises en œuvre par le Centre des liaisons européennes et internationales de sécurité sociale (www.cleiss.fr) chargé d'aiguiller les ressortissants dans leurs démarches. Mais cette prise en charge a ses limites. C'est pourquoi souscrire à une assurance maladie peut s'avérer très utile. Les prestations comprennent la plupart du temps le rapatriement, les frais médicaux et d'hospitalisation, le paiement des examens de recherche ou le transport du corps en cas de décès.

Rapatriement sanitaire par les opérateurs de cartes bancaires. Si vous possédez une carte bancaire Visa® et MasterCard®, vous bénéficiez automatiquement d'une assurance médicale et d'une assistance rapatriement sanitaire valables pour tout déplacement à l'étranger de moins de 90 jours (le paiement de votre voyage avec la carte n'est pas nécessaire pour être couvert, la simple détention d'une carte valide vous assure une couverture). Renseignez-vous auprès de votre banque et vérifiez attentivement le montant global de la couverture et des franchises ainsi que les conditions de prise en charge et les clauses d'exclusion.

Si vous n'êtes pas couvert par l'une de ces cartes, n'oubliez surtout pas de souscrire une assistance médicale avant de partir.

■ SÉCURITÉ SOCIALE
11, rue de la Tour des Dames Cedex 09
75436 Paris ✆ 01 45 26 33 41
www.cleiss.fr
Plus d'informations sur l'assistance médicale à l'étranger au Centre des Liaisons Européennes et Internationales de la Sécurité sociale (Cleiss).

Médecins parlant français

Les hawaiiens ne parlent pas français et les médecins non plus ! L'anglais est donc de mise pour décrire votre mal. Un conseil : révisez le vocabulaire du corps humain avant de partir ou ayez un mini-dictionnaire sur vous.
On peut consulter un médecin dans les cliniques et hôpitaux des différentes îles (référencés dans ce guide), avec ou sans rendez-vous (se renseigner avant). La plupart des hôtels de luxe ont également un médecin sur place et ses consultations sont ouvertes à tous.
Le service médical à Hawaii est, comme sur le reste des États-Unis, de très bonne qualité mais il est aussi cher ! Si votre assurance ne prend pas en charge l'avance des frais médicaux, il vous faudra débourser entre 150 US$ et 200 US$ pour une consultation chez le généraliste. Il faut bien garder les factures avec vous, y compris celle des médicaments ! Une fois de retour, il vous faudra envoyer les originaux (garder une copie par sécurité) à la sécurité sociale puis à votre mutuelle qui vous rembourseront dans un délai de 3 mois en moyenne. L'assurance prendra en charge le reste.

Urgences

Pour appeler la police, les pompiers ou une ambulance, il faut composer le même numéro : ✆ 911. Vous pouvez aussi vous rendre à l'hôpital le plus proche où les urgences fonctionnent généralement 24h/24 (se reporter à la rubrique « Pratique/santé » de la zone géographique concernée).
Un réflexe aussi à avoir : contacter le consulat français. Il se chargera de vous aider, de vous accompagner et vous fournira la liste des médecins francophones. En cas de problème grave, c'est aussi lui qui prévient la famille et qui décide du rapatriement. Pour connaître les urgences et établissements aux standards internationaux : consulter les sites www.cimed.org, www.diplomatie.gouv.fr et www.pasteur.fr.

SÉCURITÉ ET ACCESSIBILITÉ

Dangers potentiels et conseils

Les problèmes de sécurité à Hawaii sont rares mais il convient de rester sur ses gardes comme dans tous les lieux à haute fréquentation touristique.
Il ne faut rien laisser en vue dans sa voiture, surtout si on est garé près d'une plage, d'un site à visiter ou d'un sentier de randonnée. Plus l'endroit est désert et plus il faut faire attention.
En dehors des risques de vols, on dénombre quelques agressions de touristes tard le soir dans Honolulu et parfois sur Waikiki ; mais c'est plus souvent le fait de gens ivres. Dans l'arrière-pays où les locaux ne voient pas beaucoup de touristes, il se peut que vous ressentiez « un froid » en entrant dans un bar... mieux vaut ne pas rester en général car on vous fera comprendre, plus ou moins gentiment et l'alcool aidant, que vous n'êtes pas le bienvenu... Souriez et partez.

▶ **Pour connaître les dernières informations sur la sécurité sur place,** consultez la rubrique « Conseils aux voyageurs » du site du ministère des Affaires étrangères : www.diplomatie.gouv.fr/voyageurs. Sachez cependant que le site dresse une liste exhaustive des dangers potentiels et que cela donne parfois une image un peu alarmiste de la situation réelle du pays.

Femme seule en voyage

Hawaii est un État dans lequel voyager seule ne présente aucun danger. Les rapports en société entre hommes et femmes et les codes vestimentaires sont similaires à ceux que l'on connaît en France. Grâce à cette similarité, il est assez facile d'analyser les situations et d'interagir avec bon sens.
Se promener seule, manger seule au restaurant n'est pas plus étonnant qu'en France. Évitez cependant de traîner dans les bars seule et tard car la police compte tout de

même un nombre non négligeable de viols de touristes sur l'archipel chaque année... Le plus souvent le fait de locaux qui donnent rendez-vous à des jeunes filles seules et tard ; allez y accompagnée ou n'y allez pas.

Voyager avec des enfants

Hawaii est une destination très familiale. Tous les hôtels ou presque ont des animations quotidiennes destinées aux enfants ou encore une garderie. Quant aux attractions pour enfants, les principales sont à Oahu : le Honolulu zoo, l'aquarium de Waikiki, le Sealife Park sur la côte est (près de Waimanalo), le « Science Adventure Center » dans le Bishop Museum à Honolulu s'adresse surtout aux enfants par sa présentation interactive et ludique des volcans.

Voyageur handicapé

Comme à travers tous les autres États américains, les lieux publics, hôtels et restaurants sont bien équipés pour accueillir les voyageurs handicapés (ascenseurs, rampes d'accès...). Mais pour ce qui est des bus des différentes îles, il n'existe pas de système d'accès aménagé pour les fauteuils roulants (comme on trouve aux Etats-Unis ou dans certains bus de la Ratp). Donc, il vaut mieux que le voyageur handicapé soit accompagné par une personne valide qui la conduira en voiture.

Si vous présentez un handicap physique ou mental ou que vous partez en vacances avec une personne dans cette situation, différents organismes et associations s'adressent à vous.

ACTIS VOYAGES
www.actis-voyages.com
Voyages adaptés pour le public sourd et malentendant.

ADAPTOURS
www.adaptours.fr – info@adaptours.fr

AILLEURS ET AUTREMENT
www.ailleursetautrement.fr
contact@ailleursetautrement.fr
Pour des personnes souffrant de handicap physique et/ou mental.

ASSOCIATION DES PARALYSÉS DE FRANCE
www.apf.asso.fr
Informations, conseils et propositions de séjours, en partenariat avec Événements et Voyages.

ÉVÉNEMENTS ET VOYAGES – ADAPTOUR
www.evenements-et-voyages.com
contact@evenements-et-voyages.com
Sports mécaniques, sports collectifs, festivals et concerts, Événements et Voyages propose à ses voyageurs d'assister à la manifestation de leur choix tout en visitant la ville et la région. Grâce à son département dédié aux personnes handicapées, Événements et Voyages permet à ces derniers de voyager dans des conditions confortables.

HANDI VOYAGES
12, rue du Singe
Nevers ✆ 03 86 57 25 41 /
09 52 32 90 91 / 06 80 41 45 00
handivoyages.free.fr
L'Association Handi Voyages est une association d'entraide entre voyageurs, de mise en relation entre handivoyageurs pour partage d'expériences, d'aide à l'organisation de voyages pour les PMR, de mise en relation entre des handivoyageurs et les professionnels du tourisme qui correspondent au mieux à leurs attentes. C'est aussi une association de recrutements de volontaires accompagnateurs, de mise en relation de partenaires de voyages qui se conviennent au mieux... D'autres services inédits sont actuellement en cours d'élaboration.

OLÉ VACANCES
www.olevacances.org
info@olevacances.org
Olé Vacances propose d'accompagner des personnes adultes handicapées mentales.

YOOLA
84, quai de Jemmapes (10e)
Paris ✆ 01 83 64 70 06
www.yoola.fr – info@yoola.fr
Possibilité de devis en ligne.

Coucher de soleil sur la côte ouest de Molokai.

Voyageur gay ou lesbien

Il n'existe pas de discriminations envers les homosexuels et la société hawaiienne est au contraire très tolérante à ce sujet. C'est à Oahu, l'île de la capitale d'État, que se trouve la plus importante communauté d'Hawaii.

Au niveau des bars gays à Honolulu, le plus connu est le « Hula's bar an lei stand ». Côté discothèque, c'est le « Fusion Waikiki » qui est le « Queen » local !

▶ **Plus d'informations sur le site** : www.gayhawaii.com

TÉLÉPHONE

Comment téléphoner ?

▶ **Indicatif du pays** : 808. Les numéros sont composés de 10 chiffres (indicatif inclus).

▶ **Pour joindre Hawaii depuis la France** : Composer le 001 (indicatif des États-Unis) puis le numéro de 10 chiffres.
Avec l'ADSL, les appels sont gratuits et illimités vers les téléphones fixes (Freebox, Neufbox, Livebox...) et même mobiles (abonnés Freebox uniquement).

▶ **Pour joindre la France depuis Hawaii** : Composer le 00 33 puis le numéro sans le premier 0 (ex : 00+33+1+48 87 43 21).
On peut téléphoner des cabines avec des cartes prépayées (qu'on achète dans les supermarchés ou les épiceries) mais aussi avec des pièces (mais il faut en prévoir un paquet et en glisser dans la fente aussi vite que l'éclair !).

▶ **À l'intérieur de l'archipel** : il n'existe pas d'indicatif spécifique par île. Quand on veut appeler dans une même île, il est inutile de composer l'indicatif général d'Hawaii, soit le 808, devant les 7 chiffres du numéro. Mais dès lors qu'on appelle une autre île, il faut mettre l'indicatif 808 systématiquement devant les 7 chiffres du numéro !

Téléphone mobile

▶ **Sim locale.** L'idéal, si votre téléphone est désimlocké, c'est d'acheter une carte Sim sur place – type mobicarte dit « Pay as you go plan » aux USA – qui est sans abonnement et qui se recharge régulièrement (avec la CB Visa/Amex ou par les tickets en vente au niveau des caisses des supermarchés). La marque la plus répandue et la plus facile d'utilisation est « Pay as you go » distribuée par AT&T mobile (www.att.com). Mais T-Mobile (www.t-mobile.com) et Virgin Mobile (www.virginmobileusa.com) vendent aussi des cartes Sim « Pay as you go ». Si jamais votre portable n'est pas désimlocké, il est aussi possible d'acheter un mobile sur place avec carte Sim (comptez 70 US$ en moyenne le portable premier prix avec Sim). Pour se procurer ces différents produits de téléphonie mobile, il faut aller dans les grands centres commerciaux des villes principales de l'archipel car on n'en trouve pas partout. Si jamais vous faites un stop sur le continent américain avant de reprendre l'avion pour Hawaii, profitez-en pour acheter carte Sim ou téléphone car on en vend partout (magasins d'électronique, épiceries, supermarchés, aéroport...).
Enfin, si vos proches en France sont équipés de la freebox, ils pourront vous appeler en illimité sur votre mobile !

▶ **Utiliser son téléphone mobile.** Si vous souhaitez garder votre forfait français, il faudra avant de partir, activer l'option internationale (généralement gratuite) en appelant le service clients de votre opérateur. Qui paie quoi ? La règle est la même chez tous les opérateurs. Lorsque vous utilisez votre téléphone français à l'étranger, vous payez la communication, que vous émettiez l'appel ou que vous le receviez. Dans le cas d'un appel reçu, votre correspondant paie lui aussi, mais seulement le prix d'une communication locale. Tous les appels passés depuis ou vers l'étranger sont hors forfait, y compris ceux vers la boîte vocale.
Les mobiles français émettent généralement sans problème d'Hawaii mais, même avec un abonnement pour les appels internationaux, la facture peut vite être salée et c'est le cas chez tous les opérateurs... Il faut donc n'utiliser son portable qu'occasionnellement, sous peine de mauvaises surprises au retour.

Cabines et cartes prépayées

On peut téléphoner des cabines avec des cartes prépayées (qu'on achète dans les supermarchés ou les épiceries) mais aussi avec des pièces (mais il faut en prévoir un paquet et en glisser dans la fente aussi vite que l'éclair !).

S'informer

À VOIR – À LIRE

Films

- ***Waikiki Wedding***, Frank Tuttle (1937.)
- ***From here to eternity***, Fred Zinneman (1953).
- ***Blue Hawaii***, Norman Tauroq (1961).
- ***Waikiki Wedding***, Frank Tuttle (1937).
- ***Pearl Harbor***, Michael Bay (2001).
- ***Lilo et Stitch***, Walt Disney (2002).
- ***Amour et amnésie***, Peter Segal (2004).
- ***Sans Sarah rien ne va !***, Nicholas Stoller, (2009).
- ***The Descendants***, Alexander Payne (2011).

Séries TV

- ***Magnum***.
- ***Hawaii, Police d'État.***
- ***Lost.***
- ***Hawaii 5-0***.

Livres

- ***À la dure***, Mark Twain (1872).
- ***Voyages à Hawaii***, Robert-Louis Stevenson (1890).
- ***Moby Dick***, Herman Melville (1851).
- ***Blu's Hanging***, Lois-Ann Yamanaka (1998).
- ***Duke*, a great hawaiian**, Sandra Kimberley Hall (2004).
- ***The Separating Sickness***, Ted Gugelyk (1989).
- ***Kalaupapa, a portrait***, Levin & Law (1989).
- ***Les rêves de mon père***, Barack Obama (2004).
- ***A Concise History of the Hawaiian Islands***, Phil Barnes (1999).
- ***Hawaiian Mythology***, Martha Warren Beckwith (1977).
- ***The Legends and Myths of Hawaii : the fables and Folklore of a Strange People***, D. Kalakaua (1972).
- ***Becoming an ironman***, Kara Douglass Thom (2002).
- ***North Shore Chronicles : Big Wave Surfing in Hawaii***, Bruce Jenkins (2005).
- ***Sleeping in the Shorebreak and Other, Hairy Stories***, Don Wolf (1999).
- ***Bikini***, James Patterson (2009).
- ***Tiki Pop, l'Amérique rêve de son paradis polynésien***, de Sven Kirsten. Catalogue de l'exposition du musée du Quai Branly (2014).

Musique

Quelques icones hawaiiennes dont il faut se procurer les un CD si on veut s'initier à la musique locale :

- **Israel Kamakawiwio'ole.**
- **Jake Shimabukuro** (un vituose du ukulélé) : www.jakeshimabukuro.com
- **Kealii Reichel** (chanteur de *hula*) : www.kealiireichel.com
- **Genoa Keawe** (une chanteuse octogénaire qui se produit essentiellement à Oahu).
- **Répertoire de musique traditionnelle** : www.genoakeawe.com

Cartographie

Des cartes routières gratuites sont à disposition dans tous les offices de tourismes, aéroports et agences touristiques. Il faut donc ne pas hésiter à se servir ! La plupart du temps, votre loueur vous en donne une au moment de la signature de votre contrat de location, mais bizarrement la carte est souvent sommaire par rapport aux cartes gratuites qu'on peut récupérer par ailleurs…

AVANT SON DÉPART

AMBASSADE DES ÉTATS-UNIS – CONSULAT AMERICAIN DE PARIS
4, avenue Gabriel (8e)
Paris ✆ 01 43 12 22 22 / 08 10 26 46 26
french.france.usembassy.gov
Consulat ouvert du lundi au vendredi de 9h à 11h, à l'exception des jours fériés français et américains. L'accès n'est possible que sur rendez-vous. Parmi les cinq consulats américains en Europe, seul celui de Paris est habilité à délivrer des visas. La demande d'autorisation électronique ESTA ne nécessite pas de déplacement. Elle s'obtient à partir du site web de l'ambassade ou directement sur le site https://esta.cbp.dhs.gov

OFFICE DU TOURISME – USA
Visit USA Committee France
✆ 0 899 70 24 70
www.office-tourisme-usa.com
Les informations touristiques sur les Etats-Unis sont données exclusivement par mail ou par téléphone (1,35 €/appel + 0,34 €/min.).
Le Visit USA Committee France est une association loi 1901 à but non lucratif qui a été créée en mai 1996 à la fermeture de l'office de tourisme des Etats-Unis dans le monde entier.
Aujourd'hui composée d'une centaine de membres, elle assure la promotion de la destination USA sur le marché français.

SERVICE ARIANE
www.diplomatie.gouv.fr
Ariane est un portail, proposé sur le site du Ministère des Affaires étrangères, qui permet, lors d'un voyage de moins de 6 mois, de s'identifier gratuitement auprès du Ministère. Une fois les données saisies, le voyageur pourra recevoir des recommandations liées (par SMS ou mail) à la sécurité dans le pays. En outre, la personne désignée par le voyageur comme « contact » en France sera prévenue en cas de danger. De nombreux conseils et avertissements sont également fournis grâce à ce service !

SUR PLACE

Ambassades et consulats

La France et la Canada ne sont pas représentés à Hawaii.

CONSULAT DE SUISSE
4321 Papu Circle – HONOLULU
✆ +1 808 737 5297

CONSULAT HONORAIRE DE BELGIQUE
707 Richard Street – HONOLULU
✆ +1 808 533 3999

Tourisme

HAWAII VISITOR'S AND CONVENTION BUREAU
2270 Kalakaua Avenue
Suite 801
HONOLULU
✆ +1 808 923 1811
Voir page 89.

MAGAZINES ET ÉMISSIONS

Presse

COURRIER INTERNATIONAL
www.courrierinternational.com
Hebdomadaire regroupant les meilleurs articles de la presse internationale en version française.

GÉO
www.geo.fr
Le mensuel accorde une large place aux reportages photographiques. Il propose aussi des articles et actualités, l'ensemble étant désormais imprimé sur du papier provenant de forêts gérées durablement.

GRANDS REPORTAGES
www.grands-reportages.com
info@grands-reportages.com
Le magazine de l'aventure et du voyage propose des dossiers, reportages photo et articles divers sur les peuples, civilisations, paysages et monuments. Chaque sujet est

complété par un important volet pratique pour préparer son voyage.

■ **PETIT FUTÉ MAG**
www.petitfute.com
Notre journal vous offre une foule de conseils pratiques pour vos voyages, des interviews, un agenda, le courrier des lecteurs... Le complément parfait à votre guide !

■ **RANDOS-BALADES**
www.randosbalades.fr
Magazine mensuel sur les randonnées en France et à l'étranger. L'approche est thématique (sentiers du littoral, itinéraires sauvages, thèmes culturels...) et la publication est riche en actualités, trucs et astuces, tests matériels, fiches topographiques et, bien sûr, en guides de randonnée.

■ **TERRE SAUVAGE**
www.terre-sauvage.com
courrier@terre-sauvage.com
Ce mensuel est spécialisé dans la faune et la flore sauvages. Au sommaire : des aventures dans le sillage des expéditions scientifiques, la découverte des écosystèmes, des enquêtes sur la protection de l'environnement ou encore des rubriques plus pratiques avec, par exemple, des conseils photo.

Radio

■ **RADIO FRANCE INTERNATIONALE**
www.rfi.fr
89 FM à Paris. Pour vous tenir au courant de l'actualité du monde partout sur la planète.

Télévision

■ **ESCALES**
✆ 01 49 22 20 01
www.escalestv.fr
contact@abweb.com
Chaîne thématique.
Depuis avril 1996, Escales est une des chaînes dédiées à l'évasion et de la découverte par le voyage. Rattachée au groupe AB, la programmation est constituée de séries documentaires et de rediffusions d'émissions axées aussi bien sur le national et ses régions, que des destinations lointaines à travers de nombreux thèmes (agenda, bons plans, art de vivre, bien-être, aventure, croisière mais aussi gastronomie, loisirs, nature, patrimoine, culture, etc.). Escales s'est entre autres donné pour objectif de servir de guide aux touristes voyageurs ; objectif largement atteint.

■ **FRANCE 24**
www.france24.com
Chaîne d'information en continu, France 24 apporte 24h/24 et 7j/7, un regard nouveau à l'actualité internationale. Diffusée en 3 langues (français, anglais, arabe) dans plus de 160 pays, la chaîne est également disponible sur internet (www.france24.com) et les mobiles, pour vous accompagner tout au long de vos voyages.

■ **PLANÈTE**
Depuis plus de 20 ans, Planète propose de découvrir le monde, ses origines, son fonctionnement et son probable devenir avec une grille de programmation documentaire éclectique : civilisation, histoire, société, investigation, reportages animaliers, faits divers, etc.

■ **RMC DECOUVERTE**
12, rue d'Oradour-sur-Glane (15e)
Paris ✆ 01 71 19 11 91
www.rmc-decouverte.fr
RMC Découverte s'est imposée comme une chaîne originale, novatrice et incontournable dans l'univers du documentaire. Avec des programmes d'un genre nouveau, axés sur le divertissement et la connaissance et incarnés par des personnalités expertes, RMC Découverte est la seule chaîne de la TNT qui réunit sciences et histoire, aventure et investigation, technologie, voyage, exploration du monde animal jusqu'aux métiers de l'extrême... RMC Découverte, plus fort que la fiction ! Sur le canal 24 de la TNT.

■ **TV5 MONDE**
www.tv5.org
La chaîne de télévision internationale francophone diffuse des émissions de ses partenaires nationaux (France Télévisions, RTBF, TSR et CTQC) et ses propres programmes.

■ **USHUAÏA TV**
www.ushuaiatv.fr
La chaîne découlant du magazine éponyme a un slogan clair : « Mieux comprendre la nature pour mieux la respecter ». Elle se veut télévision du développement durable et de la protection de la planète et propose nombre de documentaires, reportages et enquêtes.

■ **VOYAGE**
www.voyage.fr – info@voyage.fr
Terres méconnues ou inconnues, grands espaces et mégapoles, lieux incontournables ou insolites, cultures et nouvelles tendances : Voyage TV vous propose d'explorer le monde dans toute sa richesse à l'aide de documentaires ou en compagnie de guides éclairés.

Tout le monde a envie de rester à Hawaii après y avoir séjourné, mais il faut bien garder à l'esprit qu'Hawaii est un État américain et qu'obtenir un visa long séjour ou de travail est très, très difficile. Si jamais, vous avez cette chance sachez tout de même que les secteurs les plus porteurs au niveau emploi sont ceux de l'hôtellerie et de la restauration. Les autres services, notamment financiers et immobiliers, sont relativement sinistrés depuis la crise économique qui a déferlé sur les États-Unis et le monde.

ÉTUDIER

Pour étudier ou poursuivre vos études supérieures, il vous faut prendre contact avec le service des relations internationales de votre université. Préparez-vous alors à des démarches longues. Mais le résultat d'un semestre ou d'une année à l'étranger vous fera oublier ces désagréments tant c'est une expérience personnelle et universitaire enrichissante. C'est aussi un atout précieux à mentionner sur votre CV.
Si vous arrivez à décrocher un visa américain long séjour pour faire des études à Hawaii, gardez tout de même à l'esprit que l'année universitaire est très chère comme partout ailleurs aux États-Unis.

AGENCE POUR L'ENSEIGNEMENT FRANÇAIS À L'ÉTRANGER
23, place de Catalogne (14e)
Paris ✆ 01 53 69 30 90
www.aefe.fr
Sous la tutelle du ministère des Affaires étrangères, l'AEFE est chargée de l'animation de plus de 480 établissements à travers le monde.

Autre adresse : 1, allée Baco, BP 21509 – 44015 Nantes Cedex 1 ✆ 02 51 77 29 03.

CAMPUS FRANCE
www.campusfrance.org/fr
Rubrique sur le programme BFE (boursiers français à l'étranger). Obtenir une bourse d'études supérieures à l'étranger.

CIDJ
www.cidj.com
La rubrique « Europe et International » sur le serveur du C.I.D.J. fournit des informations pratiques aux étudiants qui ont pour projet d'aller étudier à l'étranger.

ÉDUCATION NATIONALE
www.education.gouv.fr
Sur le serveur du ministère de l'Éducation nationale, une rubrique « International » regroupe les informations essentielles sur la dimension européenne et internationale de l'éducation.

GLOBAL VILLAGE HAWAII
Suite 1100, 11e étage – 1440 Kapiolani Boulevard – Ala Moana – HONOLULU
✆ +1 808 943 6800
www.gvenglish.com
Tarifs : consulter le site Internet sous l'onglet Prices *ou alors envoyer un e-mail (en français ou anglais) à l'école avec une indication de votre choix de cours, durée du séjour et option de logement préférée (famille d'accueil, résidence, appartement privée ou hôtel). Les cours sont dispensés à partir d'un minimum d'une semaine à une durée indéterminée.*
Située à deux minutes à pied de la galerie marchande Ala Moana Center, Global Village Hawaii est facile d'accès par bus. Véritable institution de l'enseignement de la langue anglaise à Hawaii, Global Village Hawaii est la première école accréditée par IALC à Honolulu. Suivis par des enseignants hautement qualifiés, les étudiants venant de tous horizons sont bien encadrés. L'institut offre plusieurs formules d'enseignement de l'apprentissage de l'anglais : des formations plus académiques telles que l'IELTS, à la préparation au diplôme de Cambridge ou le TOEIC. Pour ceux qui souhaitent poursuivre leurs études universitaires aux USA, Global Village Hawaii coopère avec plusieurs universités américaines grâce à son programme intitulé « pathways ». Différentes options d'hébergements sont proposées : chez l'habitant, en résidence ou en appartement. En plus des cours, tout un programme d'activités est offert au quotidien afin de profiter de ce séjour linguistique pour découvrir la culture hawaiienne. C'est donc l'endroit idéal pour parfaire son anglais tout en profitant du cadre exceptionnel que représente Hawaii.

■ IIE HAWAII (INSTITUT OF INTENSIVE ENGLISH)

Suite 700, 7e étage
2155 Kalakua Avenue
Waikiki – HONOLULU (États-Unis)
✆ +1 808 924 2117
www.IIEHawaii.com
info@IIEHawaii.com
Tarifs : consulter le site Internet sous l'onglet Tuition and Fees ou alors envoyer un e-mail à l'école avec une indication de votre choix de cours, durée du séjour et option de logement préférée. Vous avez le choix de correspondre en français ou en anglais.
Idéalement située à deux pas de la mer et en plein cœur de Waikiki, IIE propose un enseignement d'anglais courant tout autant que d'anglais académique (Cambridge FCE et CAE, TOEFL). Fort de son « Best Nationality Mix », le mélange des nationalités des étudiants est propice à encourager la pratique constante de l'anglais au sein de l'école. Les 13 classes de l'école ne dépassent pas 15 élèves, favorisant ainsi un enseignement de qualité et de proximité. En alternance avec les cours, de nombreuses activités sont proposées afin de mieux s'initier à la culture hawaiienne et la découverte de l'île (cours de surf, cours de *hula*, randonnées). Les formules de logements varient entre famille d'accueil, logement en résidence, appartement ou hôtel. Le participant est libre d'arranger son logement ou de le faire à travers l'école. L'école propose aussi un Summer Camp pour les plus jeunes de 6 à 17 ans qui comprend des activités organisées le matin suivi de cours d'anglais. IIE est accréditée par plusieurs des agences officielles américaines et étrangères.

■ MINISTÈRE DES AFFAIRES ÉTRANGÈRES

www.diplomatie.gouv.fr
Les informations mises à disposition dans l'espace culturel du serveur du ministère des Affaires étrangères sont fort utiles.

INVESTIR

■ UBIFRANCE

www.ubifrance.fr
Adhésion annuelle de 45 €.
Le site Internet de l'Agence pour le développement international des entreprises françaises, qui travaille donc en étroite collaboration avec les missions économiques, recense toutes les actions menées, les événements programmés et renvoie sur la page du VIE (Volontariat International à l'Étranger).

TRAVAILLER – TROUVER UN STAGE

■ ASSOCIATION TELI

27, route de la Fruitière
Chavanod ✆ 04 50 52 26 58
www.teli.asso.fr
Le Club TELI est une association loi 1901 sans but lucratif d'aide à la mobilité internationale créée il y a 20 ans. Elle compte 4 000 adhérents en France et dans 65 pays. Si vous souhaitez vous rendre à l'étranger, quel que soit votre projet, vous découvrirez avec le Club TELI des infos et des offres de stages, de jobs d'été et de travail pour francophones.

■ CAPCAMPUS

www.capcampus.com
Capcampus est le premier portail étudiant sur le Net en France et possède une rubrique spécialement dédiée aux stages, dans laquelle

vous trouverez aussi des offres pour l'étranger. Mais le site propose également toutes les informations pratiques pour bien préparer votre départ et votre séjour à l'étranger.

COUNCIL OF INTERNATIONAL EDUCATIONAL EXCHANGE

www.ciee.org

Site officiel de l'organisme Parenthèse qui représente le Council of International Educational Exchange (CIEE) et qui permet d'effectuer des stages et des jobs d'été aux Etats-Unis. Offres de stages et renseignements.

MAISON DES FRANÇAIS DE L'ÉTRANGER

48, rue de Javel (15e)
Paris
✆ 01 43 17 60 79
www.mfe.org
mfe@mfe.org
M°/RER Javel.
Ouvert de 14h à 17h du lundi au vendredi.

La Maison des Français de l'étranger (MFE) est un service du ministère des Affaires étrangères qui a pour mission d'informer tous les Français envisageant de partir vivre ou travailler à l'étranger et propose le *Livret du Français à l'étranger* et 80 dossiers qui présentent le pays dans sa généralité et abordent tous les thèmes importants de l'expatriation (protection sociale, emploi, fiscalité, enseignement, etc.). Également consultables : des guides, revues et listes d'entreprises et, dans l'espace multimédia, tous les sites Internet ayant trait à la mobilité internationale.

VOLONTARIAT INTERNATIONAL

www.civiweb.com

Si vous avez entre 18 et 28 ans et êtes ressortissant de l'Espace économique européen, vous pouvez partir en volontariat international en entreprise (VIE) ou en administration (VIA). Il s'agit d'un contrat de 6 à 24 mois rémunéré et placé sous la tutelle de l'ambassade de France. Tous les métiers sont concernés et vous bénéficiez d'un statut public protecteur. Offres sur le site Internet.

WEP FRANCE

81, rue de la République (2e)
Lyon
✆ 04 72 40 40 04
www.wep-france.org
info@wep.fr

Wep propose plus de 50 projets éducatifs originaux dans plus de 30 pays, de 1 semaine à 18 mois. Année scolaire à l'étranger, programmes combinés (1 semestre scolaire avec 1 projet humanitaire ou 1 chantier nature ou 1 vacances travail), projets humanitaires mais également stages en entreprise en Europe, Australie, Nouvelle-Zélande, Canada et États-Unis, et Jobs & Travel (visa vacances travail) en Australie et Nouvelle-Zélande : voici un petit aperçu des nombreuses possibilités disponibles.

Paddlesurfeur.

Index

I-J

K

petit futé
Des guides de voyage
sur plus de 700 destinations
VERSION NUMÉRIQUE
OFFERTE POUR L'ACHAT
DE TOUT GUIDE PAPIER
www.petitfute.com

■ L ■

Collaborez à la prochaine édition Hawaii

Collaborez à la prochaine édition

Hawaii